公司法
理解适用与案例指引

范世乾 ◎ 主编

GONGSIFA
LIJIE SHIYONG YU ANLI ZHIYIN

中国法制出版社
CHINA LEGAL PUBLISHING HOUSE

缩略语对照表

法律和立法解释

	简　称	全　称
1	《宪法》	《中华人民共和国宪法》（2018年3月11日修正）
2	《民法典》	《中华人民共和国民法典》（2020年5月28日通过）
3	《民法通则》	《中华人民共和国民法通则》（2009年8月27日修正，已失效）
4	《民法总则》	《中华人民共和国民法总则》（2017年3月15日通过，已失效）
5	《公司法》（1993）	《中华人民共和国公司法》（1993年12月29日通过，已失效）
6	《公司法》（2005）	《中华人民共和国公司法》（2005年10月27日修订，已失效）
7	《公司法》（2013）	《中华人民共和国公司法》（2013年12月28日修正，已失效）
8	《公司法》（2018）	《中华人民共和国公司法》（2018年10月26日修正，已失效）
9	《公司法（2021修订草案）》一审稿	《中华人民共和国公司法（2021修订草案）》一审稿
10	《公司法》	《中华人民共和国公司法》（2023年12月29日修订）
11	《商标法》	《中华人民共和国商标法》（2019年4月23日修正）
12	《民事诉讼法》	《中华人民共和国民事诉讼法》（2023年9月1日修正）
13	《涉外民事关系法律适用法》	《中华人民共和国涉外民事关系法律适用法》（2010年10月28日通过）

续表

	简　称	全　称
14	《合伙企业法》	《中华人民共和国合伙企业法》（2006年8月27日修订）
15	《劳动合同法》	《中华人民共和国劳动合同法》（2012年12月28日修正）
16	《劳动法》	《中华人民共和国劳动法》（2018年12月29日修正）
17	《社会保险法》	《中华人民共和国社会保险法》（2018年12月29日修正）
18	《工会法》	《中华人民共和国工会法》（2021年12月24日修正）
19	《商业银行法》	《中华人民共和国商业银行法》（2015年8月29日修正）
20	《企业破产法》	《中华人民共和国企业破产法》（2006年8月27日通过）
21	《行政许可法》	《中华人民共和国行政许可法》（2019年4月23日修正）
22	《刑法》	《中华人民共和国刑法》（2023年12月29日修正）
23	《证券法》	《中华人民共和国证券法》（2019年12月28日修订）
24	《企业国有资产法》	《中华人民共和国企业国有资产法》（2008年10月28日通过）
25	《合同法》	《中华人民共和国合同法》（1999年3月15日通过，已失效）
26	《公务员法》	《中华人民共和国公务员法》（2018年12月29日修订）
27	《保险法》	《中华人民共和国保险法》（2015年4月24日修正）
28	《证券投资基金法》	《中华人民共和国证券投资基金法》（2015年4月24日修正）

续表

	简　称	全　称
29	《个人独资企业法》	《中华人民共和国个人独资企业法》（1999年8月30日通过）
30	《企业所得税法》	《中华人民共和国企业所得税法》（2018年12月29日修正）
31	《会计法》	《中华人民共和国会计法》（2017年11月4日修正）
32	《立法法》	《中华人民共和国立法法》（2023年3月13日修正）
33	《农民专业合作社法》	《中华人民共和国农民专业合作社法》（2017年12月27日修订）
34	《出境入境管理法》	《中华人民共和国出境入境管理法》（2012年6月30日通过）
35	《行政处罚法》	《中华人民共和国行政处罚法》（2021年1月22日修订）
36	《注册会计师法》	《中华人民共和国注册会计师法》（2014年8月31日修正）
37	《关于〈中华人民共和国刑法〉第一百五十八条、第一百五十九条的解释》	《全国人民代表大会常务委员会关于〈中华人民共和国刑法〉第一百五十八条、第一百五十九条的解释》（2014年4月24日通过）
38	《外商投资法》	《中华人民共和国外商投资法》（2019年3月15日通过）
39	《中外合资经营企业法》	《中华人民共和国中外合资经营企业法》（2016年9月3日修正，已失效）
40	《侵权责任法》	《中华人民共和国侵权责任法》（2009年12月26日通过，已失效）
41	《反不正当竞争法》	《中华人民共和国反不正当竞争法》（2019年4月23日修正）
42	《行政诉讼法》（2014）	《中华人民共和国行政诉讼法》（2014年11月1日修正，已被修改）
43	《公职人员政务处分法》	《中华人民共和国公职人员政务处分法》（2020年6月20日通过）

行政法规、部门规章和部门文件

	简　称	全　称
1	《企业经营范围登记管理规定》	《企业经营范围登记管理规定》（2015年8月27日公布，已失效）
2	《市场主体登记管理条例》	《中华人民共和国市场主体登记管理条例》（2021年4月14日通过）
3	《市场主体登记管理条例实施细则》	《中华人民共和国市场主体登记管理条例实施细则》（2022年2月9日通过）
4	《上市公司监管指引第1号》	《上市公司监管指引第1号——上市公司实施重大资产重组后存在未弥补亏损情形的监管要求》（中国证券监督管理委员会公告〔2012〕6号）
5	《上市公司监管指引第8号》	《上市公司监管指引第8号——上市公司资金往来、对外担保的监管要求》（中国证券监督管理委员会公告〔2022〕26号）
6	《首次公开发行股票注册管理办法》	《首次公开发行股票注册管理办法》（2023年2月17日通过）
7	《上市公司股东大会规则》	《上市公司股东大会规则》（中国证券监督管理委员会公告〔2022〕13号）
8	《上市公司治理准则》	《上市公司治理准则》（中国证券监督管理委员会公告〔2018〕29号）
9	《上市公司独立董事管理办法》	《上市公司独立董事管理办法》（2023年7月28日通过）
10	《上市公司章程指引》（2023）	《上市公司章程指引》（中国证券监督管理委员会公告〔2023〕62号）
11	《企业国有资产交易监督管理办法》	《企业国有资产交易监督管理办法》（2016年6月24日公布）
12	《国有企业公司章程制定管理办法》	《国有企业公司章程制定管理办法》（国资发改革规〔2020〕86号）
13	《董事会试点中央企业专职外部董事管理办法（试行）》	《董事会试点中央企业专职外部董事管理办法（试行）》（国资发干二〔2009〕301号，已失效）

续表

	简　称	全　称
14	《关于全面推进法治央企建设的意见》	《关于全面推进法治央企建设的意见》（国资发法规〔2015〕166号）
15	《国务院办公厅关于建立国有企业违规经营投资责任追究制度的意见》	《国务院办公厅关于建立国有企业违规经营投资责任追究制度的意见》（国办发〔2016〕63号）
16	《中央企业主要负责人履行推进法治建设第一责任人职责规定》	《中央企业主要负责人履行推进法治建设第一责任人职责规定》（国资党发法规〔2017〕8号）
17	《中央企业违规经营投资责任追究实施办法（试行）》	《中央企业违规经营投资责任追究实施办法（试行）》（2018年7月13日发布）
18	《央企合规指引》	《中央企业合规管理指引（试行）》（国资发法规〔2018〕106号）
19	《优先股试点管理办法》（2023）	《优先股试点管理办法》（2023年2月17日修订）
20	《非上市公众公司监督管理办法》（2023）	《非上市公众公司监督管理办法》（2023年2月17日修订）
21	《关于支持上市公司回购股份的意见》	《关于支持上市公司回购股份的意见》（中国证券监督管理委员会公告〔2018〕35号）
22	《公司债券发行与交易管理办法》	《公司债券发行与交易管理办法》（2023年10月12日通过）
23	《公司信用类债券信息披露管理办法》	《公司信用类债券信息披露管理办法》（2020年12月25日发布）
24	《可转换公司债券管理办法》	《可转换公司债券管理办法》（2020年12月31日发布）
25	《企业会计准则——基本准则》	《企业会计准则——基本准则》（2014年7月23日修改）
26	《企业会计准则第2号——长期股权投资》	《企业会计准则第2号——长期股权投资》（财会〔2014〕14号）
27	《金融企业财务规则》	《金融企业财务规则》（2006年12月7日发布）

续表

	简　称	全　称
28	《外资企业合并分立规定》	《关于外商投资企业合并与分立的规定》（2015年10月28日修正）
29	《上市公司国有股权监管办法》	《上市公司国有股权监督管理办法》（2018年5月16日发布）
30	《外资并购规定》	《商务部关于外国投资者并购境内企业的规定》（2009年6月22日修改）
31	《关于依法做好外商投资企业解散和清算工作的指导意见》	《商务部办公厅关于依法做好外商投资企业解散和清算工作的指导意见》（商法字〔2008〕31号，已失效）
32	《关于全面推进企业简易注销登记改革的指导意见》	《工商总局关于全面推进企业简易注销登记改革的指导意见》（工商企注字〔2016〕253号）
33	《外商投资企业授权登记管理办法》	《外商投资企业授权登记管理办法》（2022年3月1日发布）
34	《劳务派遣暂行规定》	《劳务派遣暂行规定》（2014年1月24日发布）
35	《关于规范外国公司分支机构名称的通知》	《国家工商行政管理总局关于规范外国公司分支机构名称的通知》（工商外企字〔2003〕第64号）
36	《常驻代表机构登记管理条例》	《外国企业常驻代表机构登记管理条例》（2018年9月18日修订）
37	《上市公司收购管理办法》	《上市公司收购管理办法》（2020年3月20日修正）
38	《股份有限公司规范意见》	《股份有限公司规范意见》（体改生〔1992〕31号，已失效）
39	《有限责任公司规范意见》	《有限责任公司规范意见》（体改生〔1992〕31号，已失效）
40	《企业法人法定代表人登记管理规定》	《企业法人法定代表人登记管理规定》（1999年6月23日修订，已失效）
41	《加快完善市场主体退出制度改革方案》	《加快完善市场主体退出制度改革方案》（发改财金〔2019〕1104号）
42	《电子营业执照管理办法（试行）》	市场监管总局关于印发《电子营业执照管理办法（试行）》的通知（国市监注〔2018〕249号）

续表

	简 称	全 称
43	《政府信息公开条例》	《中华人民共和国政府信息公开条例》（2019年4月3日修订）
44	《关于促进市场公平竞争维护市场正常秩序的若干意见》	《国务院关于促进市场公平竞争维护市场正常秩序的若干意见》（国发〔2014〕20号）
45	《企业信息公示暂行条例》	《企业信息公示暂行条例》（2014年7月23日通过）
46	《证券公司分支机构监管规定》（2020）	《证券公司分支机构监管规定》（2020年10月30日修正）
47	《外资保险公司管理条例》	《中华人民共和国外资保险公司管理条例》（2019年9月30日修订）
48	《外资银行管理条例实施细则》	《中华人民共和国外资银行管理条例实施细则》（2019年12月18日修订）
49	《金融控股公司关联交易管理办法》	《金融控股公司关联交易管理办法》（中国人民银行令〔2023〕第1号）
50	《企业所得税法实施条例》	《中华人民共和国企业所得税法实施条例》（2019年4月23日修订）

司法解释和司法文件

	简 称	全 称
1	《关于审理公司登记行政案件若干问题的座谈会纪要》	《最高人民法院办公厅关于印发〈关于审理公司登记行政案件若干问题的座谈会纪要〉的通知》（法办〔2012〕62号）
2	《民事案件案由规定》	《最高人民法院关于印发修改后的〈民事案件案由规定〉的通知》（法〔2020〕347号）
3	《关于为自由贸易试验区建设提供司法保障的意见》	《最高人民法院关于为自由贸易试验区建设提供司法保障的意见》（法发〔2016〕34号）
4	《民事诉讼法解释》（2014）	《最高人民法院关于适用〈中华人民共和国民事诉讼法〉的解释》（2014年12月18日通过，已失效）

续表

	简　称	全　称
5	《民事诉讼法解释》（2023）	《最高人民法院关于适用〈中华人民共和国民事诉讼法〉的解释》（2023年9月1日修正）
6	《关于对〈关于审理公司登记行政案件若干问题的座谈会纪要〉的疑问的答复》	《最高人民法院关于对〈关于审理公司登记行政案件若干问题的座谈会纪要〉的疑问的答复》
7	《公司法司法解释（一）》（2014）	《最高人民法院关于适用〈中华人民共和国公司法〉若干问题的规定（一）》（法释〔2014〕2号修正）
8	《公司法司法解释（二）》（2020）	《最高人民法院关于适用〈中华人民共和国公司法〉若干问题的规定（二）》（法释〔2020〕18号修正）
9	《公司法司法解释（三）》（2011）	《最高人民法院关于适用〈中华人民共和国公司法〉若干问题的规定（三）》（法释〔2011〕3号，已失效）
10	《公司法司法解释（三）》（2020）	《最高人民法院关于适用〈中华人民共和国公司法〉若干问题的规定（三）》（法释〔2020〕18号修正）
11	《公司法司法解释（四）征求意见稿》（2016）	《最高人民法院关于适用〈中华人民共和国公司法〉若干问题的规定（四）》（征求意见稿）（2016年4月12日发布）
12	《公司法司法解释（四）》（2017）	《最高人民法院关于适用〈中华人民共和国公司法〉若干问题的规定（四）》（法释〔2017〕16号，已失效）
13	《公司法司法解释（四）》（2020）	《最高人民法院关于适用〈中华人民共和国公司法〉若干问题的规定（四）》（法释〔2020〕18号修正）
14	《公司法司法解释（五）》（2020）	《最高人民法院关于适用〈中华人民共和国公司法〉若干问题的规定（五）》（法释〔2020〕18号修正）
15	《民法典担保制度解释》	《最高人民法院关于适用〈中华人民共和国民法典〉有关担保制度的解释》（法释〔2020〕28号）

续表

	简　称	全　称
16	《九民纪要》	《全国法院民商事审判工作会议纪要》（法〔2019〕254号）
17	《民法典婚姻家庭编解释（一）》	《最高人民法院关于适用〈中华人民共和国民法典〉婚姻家庭编的解释（一）》（法释〔2020〕22号）
18	《债券纠纷会议纪要》	《全国法院审理债券纠纷案件座谈会纪要》（法〔2020〕185号）
19	《企业改制司法解释》（2020）	《最高人民法院关于审理与企业改制相关的民事纠纷案件若干问题的规定》（法释〔2020〕18号修正）
20	《变更追加当事人规定》（2020）	《最高人民法院关于民事执行中变更、追加当事人若干问题的规定》（法释〔2020〕21号修正）
21	《关于企业法人营业执照被吊销后，其民事诉讼地位如何确定的复函》	《最高人民法院关于企业法人营业执照被吊销后，其民事诉讼地位如何确定的复函》（法经〔2000〕24号函）
22	《审理公司强制清算案件工作座谈会纪要》	《最高人民法院印发〈关于审理公司强制清算案件工作座谈会纪要〉的通知》（法发〔2009〕52号）
23	《关于审理企业破产案件若干问题的规定》	《最高人民法院关于审理企业破产案件若干问题的规定》（法释〔2002〕23号）
24	《企业破产法若干问题的规定（一）》	《最高人民法院关于适用〈中华人民共和国企业破产法〉若干问题的规定（一）》（法释〔2011〕22号）
25	《企业破产法若干问题的规定（二）》	《最高人民法院关于适用〈中华人民共和国企业破产法〉若干问题的规定（二）》（法释〔2020〕18号）
26	《买卖合同纠纷解释》	《最高人民法院关于审理买卖合同纠纷案件适用法律问题的解释》（法释〔2020〕17号修正）
27	《立案追诉标准（二）》	《最高人民检察院、公安部关于公安机关管辖的刑事案件立案追诉标准的规定（二）》（法发〔2010〕22号）
28	《关于审理证券市场虚假陈述侵权民事赔偿案件的若干规定》	《最高人民法院关于审理证券市场虚假陈述侵权民事赔偿案件的若干规定》（法释〔2022〕2号）

续表

	简　称	全　称
29	《关于审理涉及会计师事务所在审计业务活动中民事侵权赔偿案件的若干规定》	《最高人民法院关于审理涉及会计师事务所在审计业务活动中民事侵权赔偿案件的若干规定》（法释〔2007〕12号）
30	《关于金融机构为企业出具不实或者虚假验资报告资金证明如何承担民事责任问题的通知》	《最高人民法院关于金融机构为企业出具不实或者虚假验资报告资金证明如何承担民事责任问题的通知》（法〔2002〕21号）
31	《关于严格依法办理虚报注册资本和虚假出资抽逃出资刑事案件的通知》	《最高人民检察院、公安部关于严格依法办理虚报注册资本和虚假出资抽逃出资刑事案件的通知》（公经〔2014〕247号）
32	《人民法院强制执行股权的规定》	《最高人民法院关于人民法院强制执行股权若干问题的规定》（法释〔2021〕20号）
33	《关于渎职侵权犯罪案件立案标准的规定》	《最高人民检察院关于渎职侵权犯罪案件立案标准的规定》（高检发释字〔2006〕2号）
34	《关于审理商标民事纠纷案件适用法律若干问题的解释》	《最高人民法院关于审理商标民事纠纷案件适用法律若干问题的解释》（法释〔2020〕19号修正）
35	《关于审理民间借贷案件适用法律若干问题的规定》	《最高人民法院关于审理民间借贷案件适用法律若干问题的规定》（法释〔2020〕17号修正）

行　业　规　定

	简　称	全　称
1	《上海证券交易所股票上市规则》	《上海证券交易所股票上市规则》（上证发〔2023〕127号）
2	《深圳证券交易所股票上市规则》	《深圳证券交易所股票上市规则》（深证上〔2023〕701号）
3	《上海证券交易所公司债券上市规则》	《上海证券交易所公司债券上市规则》（上证发〔2023〕164号）

续表

	简　称	全　称
4	《上海证券交易所公司债券存续期业务指南第1号》	《上海证券交易所公司债券存续期业务指南第1号——公司债券持有人会议规则（参考文本）》（上证函〔2020〕2685号）
5	《北京证券交易所股票上市规则（试行）》	《北京证券交易所股票上市规则（试行）》（北证公告〔2023〕49号）
6	《上海证券交易所上市公司自律监管指引第1号》	《上海证券交易所上市公司自律监管指引第1号——规范运作》（上证发〔2023〕129号）
7	《深圳证券交易所上市公司自律监管指引第1号》	《深圳证券交易所上市公司自律监管指引第1号——主板上市公司规范运作》（深证上〔2023〕703号）
8	《深圳证券交易所上市公司自律监管指引第2号》	《深圳证券交易所上市公司自律监管指引第2号——创业板上市公司规范运作》（深证上〔2023〕704号）
9	《中小企业股转系统定向发行规则》	《全国中小企业股份转让系统股票定向发行规则》（股转公告〔2023〕40号）

目　录
Contents

第一章　总　　则 ··· 001
 第 一 条　【立法目的】 ··· 001
 第 二 条　【公司类型】 ··· 002
 第 三 条　【公司法律地位】 ··· 006
 第 四 条　【股东责任形式及股东权利】 ······································· 011
 第 五 条　【公司章程】 ··· 015
 第 六 条　【公司名称权】 ··· 021
 第 七 条　【公司名称】 ··· 025
 第 八 条　【公司住所】 ··· 027
 第 九 条　【公司经营范围】 ··· 031
 第 十 条　【公司法定代表人的产生及辞任】 ······························· 035
 第十一条　【法定代表人的代表权】 ··· 040
 第十二条　【公司形式变更】 ··· 046
 第十三条　【子公司与分公司】 ··· 049
 第十四条　【转投资及其限制】 ··· 054
 第十五条　【向其他企业投资或者为他人提供担保】 ··················· 058
 第十六条　【职工权益保护与职业教育】 ····································· 068
 第十七条　【工会与民主管理制度】 ··· 069
 第十八条　【党组织】 ··· 071
 第十九条　【公司经营活动基本原则】 ··· 072

第二十条　　　【公司社会责任】 …………………………………… 073
  第二十一条　　【禁止股东滥用权利】 ………………………………… 075
  第二十二条　　【禁止关联交易损害公司利益】 ……………………… 082
  第二十三条　　【公司法人人格否认】 ………………………………… 084
  第二十四条　　【电子通信方式开会】 ………………………………… 095
  第二十五条　　【股东会、董事会决议无效】 ………………………… 096
  第二十六条　　【股东会、董事会决议的撤销】 ……………………… 100
  第二十七条　　【股东会、董事会决议不成立】 ……………………… 106
  第二十八条　　【决议被宣告无效、撤销或者确认不成立的
　　　　　　　　 法律后果】 ……………………………………………… 113

第二章　公司登记 ………………………………………………………… 117
  第二十九条　　【公司设立登记】 ……………………………………… 117
  第三十条　　　【设立公司所需材料】 ………………………………… 118
  第三十一条　　【公司设立登记规定】 ………………………………… 121
  第三十二条　　【公司登记事项】 ……………………………………… 122
  第三十三条　　【公司营业执照】 ……………………………………… 123
  第三十四条　　【公司变更登记】 ……………………………………… 125
  第三十五条　　【公司变更登记材料规定】 …………………………… 129
  第三十六条　　【变更换发营业执照】 ………………………………… 130
  第三十七条　　【公司注销登记】 ……………………………………… 131
  第三十八条　　【分公司登记】 ………………………………………… 131
  第三十九条　　【公司登记欺诈法律责任】 …………………………… 134
  第四十条　　　【公司信息公示事项】 ………………………………… 136
  第四十一条　　【提升公司登记服务水平】 …………………………… 137

第三章　有限责任公司的设立和组织机构 ……………………………… 139
  第一节　设　　立 ………………………………………………………… 139
    第四十二条　　【有限责任公司的股东人数限制】 ………………… 139
    第四十三条　　【有限责任公司设立协议】 ………………………… 141
    第四十四条　　【有限责任公司设立时的股东责任】 ……………… 145

第四十五条	【公司章程制定】	148
第四十六条	【公司章程内容】	150
第四十七条	【有限责任公司的注册资本】	153
第四十八条	【股东出资方式】	155
第四十九条	【股东出资义务的履行】	161
第五十条	【股东出资连带责任】	164
第五十一条	【董事催缴义务及责任】	167
第五十二条	【股东失权制度】	170
第五十三条	【抽逃出资】	173
第五十四条	【股东出资加速到期】	175
第五十五条	【出资证明书】	177
第五十六条	【有限责任公司股东名册】	179
第五十七条	【股东知情权】	181

第二节 组织机构 … 185

第五十八条	【股东会的组成及法律地位】	185
第五十九条	【股东会的职权与书面议事方式】	186
第六十条	【一人有限责任公司股东行使职权的要求】	193
第六十一条	【首次股东会会议】	194
第六十二条	【定期会议和临时会议】	195
第六十三条	【股东会会议的召集和主持】	196
第六十四条	【股东会会议的通知和记录】	200
第六十五条	【股东表决权】	203
第六十六条	【股东会的议事方式和表决程序】	208
第六十七条	【董事会的地位和职权】	213
第六十八条	【董事会的组成】	218
第六十九条	【审计委员会】	220
第七十条	【董事任期、辞任】	221
第七十一条	【董事的解任及赔偿】	223
第七十二条	【董事会会议的召集和主持】	225

第七十三条　【董事会的议事方式、表决程序和会议记录】…… 229

第七十四条　【经理的任免和职权】…… 231

第七十五条　【设董事不设董事会的情形】…… 234

第七十六条　【监事会的设置、组成和监事会会议】…… 236

第七十七条　【监事的任期、选任和辞任】…… 240

第七十八条　【监事会的一般职权】…… 241

第七十九条　【监事的质询权、建议权和监事会的调查权】…… 243

第 八 十 条　【监事会的知情权及董事、高级管理人员的
　　　　　　　协助义务】…… 244

第八十一条　【监事会的会议制度】…… 245

第八十二条　【监事会履职费用的承担】…… 247

第八十三条　【不设监事会、监事的情形】…… 248

第四章　有限责任公司的股权转让 …… 249

第八十四条　【股权转让规则及优先购买权】…… 249

第八十五条　【强制执行程序转让股权时的股东优先购买权】…… 252

第八十六条　【公司违反股权登记义务拒绝或者在合理期限内
　　　　　　　不予答复时对股东的救济】…… 255

第八十七条　【转让股权后关于出资证明书的规定】…… 259

第八十八条　【瑕疵出资股权转让后的责任承担】…… 262

第八十九条　【公司股权回购的情形】…… 267

第 九 十 条　【股东资格的继承】…… 271

第五章　股份有限公司的设立和组织机构 …… 275

第一节　设　　立 …… 275

第九十一条　【设立方式】…… 275

第九十二条　【发起人的限制】…… 276

第九十三条　【发起人的义务】…… 279

第九十四条　【公司章程制定】…… 280

第九十五条　【公司章程内容】…… 281

第九十六条　【注册资本】…… 284

第九十七条　【发起人认购股份】……………………………… 285

第九十八条　【足额缴纳股款与出资方式】……………………… 287

第九十九条　【发起人间的连带责任】…………………………… 288

第一百条　【募集股份的公告和认股书】………………………… 289

第一百零一条　【验资】…………………………………………… 291

第一百零二条　【股东名册】……………………………………… 292

第一百零三条　【公司成立大会的召开】………………………… 293

第一百零四条　【公司成立大会的职权和表决程序】…………… 295

第一百零五条　【返还股款、不得任意抽回股本】……………… 297

第一百零六条　【申请设立登记】………………………………… 299

第一百零七条　【出资瑕疵、抽逃出资】………………………… 299

第一百零八条　【有限责任公司变更为股份有限公司的要求】… 300

第一百零九条　【重要资料的置备】……………………………… 301

第一百一十条　【股东的查阅、复制、建议、质询权】………… 302

第二节　股东会……………………………………………………… 305

第一百一十一条　【股东会的组成与地位】……………………… 305

第一百一十二条　【股东会的职权】……………………………… 306

第一百一十三条　【股东会和临时股东会的召开】……………… 307

第一百一十四条　【股东会会议的召集与主持】………………… 309

第一百一十五条　【股东会的通知期限、临时议案】…………… 311

第一百一十六条　【股东表决权的计算方法以及股东会决议】… 314

第一百一十七条　【累积投票制】………………………………… 316

第一百一十八条　【股东委托代理人出席股东会会议行使表决权】…………………………………………………… 318

第一百一十九条　【股东会会议记录】…………………………… 319

第三节　董事会、经理……………………………………………… 321

第一百二十条　【董事会的组成、任期及职权】………………… 321

第一百二十一条　【审计委员会】………………………………… 323

第一百二十二条　【董事长的产生及职权】……………………… 325

第一百二十三条	【董事会会议的召集】	326
第一百二十四条	【董事会会议的议事规则】	327
第一百二十五条	【董事会会议的出席及责任承担】	329
第一百二十六条	【经理的任免与职权】	330
第一百二十七条	【董事会成员兼任经理】	331
第一百二十八条	【设董事不设董事会的情形】	332
第一百二十九条	【高级管理人员的报酬披露】	333

第四节 监 事 会 334

第一百三十条	【监事会的组成及任期】	334
第一百三十一条	【监事会的职权及费用】	336
第一百三十二条	【监事会会议】	337
第一百三十三条	【设监事不设监事会的情形】	338

第五节 上市公司组织机构的特别规定 339

第一百三十四条	【上市公司的定义】	339
第一百三十五条	【特别事项的通过】	340
第一百三十六条	【独立董事】	342
第一百三十七条	【上市公司审计委员会职权】	343
第一百三十八条	【董事会秘书】	344
第一百三十九条	【会议决议的关联关系董事不得表决】	346
第一百四十条	【依法信息披露及禁止违法代持】	347
第一百四十一条	【禁止上市公司交叉持股】	348

第六章 股份有限公司的股份发行和转让 350

第一节 股 份 发 行 350

第一百四十二条	【股份及其形式】	350
第一百四十三条	【股份发行的原则】	354
第一百四十四条	【类别股的发行】	355
第一百四十五条	【类别股的章程记载】	357
第一百四十六条	【类别股股东表决权的行使规则】	358
第一百四十七条	【公司股票及注名股票】	360

第一百四十八条	【股票发行的价格】	361
第一百四十九条	【股票的形式及载明事项】	362
第一百五十条	【股票的交付】	363
第一百五十一条	【发行新股的决议】	364
第一百五十二条	【授权董事会发行新股的条件】	365
第一百五十三条	【授权董事会发行新股的程序】	367
第一百五十四条	【公开募集股份及招投说明书内容】	368
第一百五十五条	【股票承销】	369
第一百五十六条	【代收股款】	370

第二节 股份转让 … 371

第一百五十七条	【股份转让】	371
第一百五十八条	【股份转让场所和方式】	372
第一百五十九条	【股票转让】	373
第一百六十条	【股份转让限制】	374
第一百六十一条	【异议股东回购请求权】	375
第一百六十二条	【公司回购股份的情形及要求】	377
第一百六十三条	【禁止财务资助】	379
第一百六十四条	【股票遗失、被盗、灭失的救济】	380
第一百六十五条	【上市公司中的股票交易】	381
第一百六十六条	【上市公司的信息披露】	381
第一百六十七条	【股东资格的继承】	382

第七章 国家出资公司组织机构的特别规定 … 383

第一百六十八条	【国家出资公司的概念】	383
第一百六十九条	【代表国家出资人的职责和权益】	386
第一百七十条	【国家出资公司的党组织】	387
第一百七十一条	【国有独资公司的章程】	389
第一百七十二条	【国有独资公司股东权的行使】	390
第一百七十三条	【国有独资公司的董事会】	393
第一百七十四条	【国有独资公司的经理】	395

第一百七十五条	【国有独资公司高层人员的兼职禁止】	396
第一百七十六条	【国有独资公司不设监事会和监事的情形】	398
第一百七十七条	【国家出资公司的内部合规管理】	399

第八章 公司董事、监事、高级管理人员的资格和义务 401

第一百七十八条	【董事、监事、高级管理人员的资格禁止】	402
第一百七十九条	【董事、监事、高级管理人员的基本义务】	407
第一百八十条	【董事、监事、高级管理人员的忠实、勤勉义务】	408
第一百八十一条	【董事、监事、高级管理人员的禁止行为】	415
第一百八十二条	【董事、监事、高级管理人员自我交易和关联交易的限制】	420
第一百八十三条	【禁止篡夺公司商业机会】	425
第一百八十四条	【同业竞争的限制】	428
第一百八十五条	【关联董事表决权】	431
第一百八十六条	【董事、监事、高级管理人员违法所得收入应当归公司所有】	435
第一百八十七条	【董事、监事、高级管理人员对股东会的义务】	440
第一百八十八条	【董事、监事、高级管理人员的损害赔偿责任】	442
第一百八十九条	【公司权益受损的股东救济】	446
第一百九十条	【股东直接诉讼】	451
第一百九十一条	【董事、高级管理人员与公司的连带责任】	456
第一百九十二条	【控股股东、实际控制人的连带责任】	461
第一百九十三条	【董事责任保险】	465

第九章 公司债券 471

第一百九十四条	【公司债券的定义、发行与交易】	471
第一百九十五条	【公司债券募集的注册和公告】	476
第一百九十六条	【公司债券票面必须载明的事项】	478
第一百九十七条	【公司债券应记名】	479
第一百九十八条	【债券持有人名册的置备及其应当载明的事项】	480

第一百九十九条　【债券登记结算机构的制度要求】…… 482
第 二 百 条　【公司债券的转让价格与转让规则】…… 483
第二百零一条　【公司债券的转让方式】…… 485
第二百零二条　【可转换公司债券的发行及载明事项】…… 486
第二百零三条　【可转换公司债券的转换】…… 488
第二百零四条　【债券持有人会议】…… 490
第二百零五条　【债券受托管理人的聘任】…… 494
第二百零六条　【债券受托管理人的义务与责任】…… 496

第十章　公司财务、会计…… 499

第二百零七条　【公司财务与会计制度】…… 499
第二百零八条　【财务会计报告】…… 500
第二百零九条　【财务会计报告的公示】…… 502
第二百一十条　【法定公积金、任意公积金与利润分配】…… 503
第二百一十一条　【违反利润分配的法律责任】…… 505
第二百一十二条　【利润分配期限】…… 505
第二百一十三条　【股份有限公司资本公积金】…… 506
第二百一十四条　【公积金的用途】…… 507
第二百一十五条　【聘用、解聘会计师事务所】…… 510
第二百一十六条　【真实提供会计资料】…… 511
第二百一十七条　【会计账簿】…… 512

第十一章　公司合并、分立、增资、减资…… 513

第二百一十八条　【公司的合并】…… 513
第二百一十九条　【简易合并和小规模合并】…… 516
第二百二十条　【公司合并的程序】…… 518
第二百二十一条　【公司合并前债权债务的承继】…… 522
第二百二十二条　【公司的分立】…… 525
第二百二十三条　【公司分立前的债务承担】…… 529
第二百二十四条　【公司减资】…… 530
第二百二十五条　【简易减资】…… 534

第二百二十六条　【违法减资的法律后果】…… 537

第二百二十七条　【增资优先认缴（购）权】…… 541

第二百二十八条　【公司增资】…… 545

第十二章　公司解散和清算 …… 548

第二百二十九条　【公司解散原因】…… 548

第 二 百 三 十 条　【特殊解散情形下的公司存续】…… 551

第二百三十一条　【司法强制解散公司】…… 552

第二百三十二条　【清算义务人和清算组】…… 555

第二百三十三条　【法院指定清算组】…… 557

第二百三十四条　【清算组职权】…… 558

第二百三十五条　【债权人申报债权】…… 559

第二百三十六条　【清算分配】…… 561

第二百三十七条　【破产申请】…… 563

第二百三十八条　【清算组成员的义务和责任】…… 564

第二百三十九条　【清算结束后公司的注销】…… 566

第 二 百 四 十 条　【简易程序注销登记】…… 566

第二百四十一条　【公司登记机关依职权强制注销公司登记】…… 568

第二百四十二条　【公司破产清算】…… 569

第十三章　外国公司的分支机构 …… 571

第二百四十三条　【外国公司的概念】…… 571

第二百四十四条　【外国公司分支机构的设立程序】…… 575

第二百四十五条　【外国公司分支机构的设立条件】…… 576

第二百四十六条　【外国公司分支机构的形式要件】…… 577

第二百四十七条　【外国公司分支机构的法律地位】…… 578

第二百四十八条　【外国公司分支机构的权利义务】…… 582

第二百四十九条　【外国公司分支机构的撤销】…… 582

第十四章　法 律 责 任 …… 587

第 二 百 五 十 条　【欺诈取得公司登记的法律责任】…… 587

第二百五十一条　【未依法公示有关信息的法律责任】…… 594

第二百五十二条	【虚假出资的法律责任】	595
第二百五十三条	【抽逃出资的法律责任】	598
第二百五十四条	【另立会计账簿及财务会计报告失真的法律责任】	602
第二百五十五条	【公司未通知债权人的法律责任】	605
第二百五十六条	【公司清算违法行为法律责任】	609
第二百五十七条	【中介机构违法行为的法律责任】	611
第二百五十八条	【公司登记机关未依法履职的法律责任】	615
第二百五十九条	【冒用公司名义的法律责任】	620
第二百六十条	【逾期未营业、不当停业及未依法变更登记的法律责任】	622
第二百六十一条	【外国公司擅自设立分支机构的法律责任】	625
第二百六十二条	【利用公司名义危害国家安全与社会公共利益的法律责任】	626
第二百六十三条	【民事赔偿优先原则】	627
第二百六十四条	【刑事责任的追究】	628

第十五章　附　则 629

第二百六十五条	【法律用语】	629
第二百六十六条	【生效日期和出资期限】	636

后　记 642

第一章　总　　则

◆ **本章概述**

本章规定的是公司法的立法目的、公司的概念和特征、公司的种类、公司权利能力和行为能力、股东责任和权利等概览性内容。总则体现了公司法的基本原则和属性，后面各章节的条文内容均不得违反总则中的相关规定。

> **第一条　【立法目的】**
> 为了规范公司的组织和行为，保护公司、股东、职工和债权人的合法权益，完善中国特色现代企业制度，弘扬企业家精神，维护社会经济秩序，促进社会主义市场经济的发展，根据宪法，制定本法。

◆ **新旧对照解读**

本条是在《公司法》（2018）第一条的基础上修改而成，新增了"职工""完善中国特色现代企业制度，弘扬企业家精神""根据宪法"的内容。立法目的增加保护"职工"合法权益，并将"职工"置于"债权人"之前，体现了《公司法》对职工利益保护的突出重视。中国特色现代企业制度是社会主义市场经济体制的重要内容，企业家精神是企业核心竞争力的重要来源。党的十八大以来，党中央高度重视以法治思维和法治方式激发市场主体活力，优化营商环境，党的二十大报告明确提出，要完善中国特色现代企业制度，弘扬企业家精神，加快建设世界一流企业，本次修订，将完善中国特色现代企业制度从政策层面上升到了法律层面。"根据宪法"制定本法，明确《公司法》的上位法是《宪法》。

◆ **条文释义**

本条规定的是立法目的。

《公司法》旨在调整公司内外法律关系，规范公司组织和行为，鼓励投资，繁荣市场经济。公司是在市场经济条件下，依法设立的企业法人，作为市场主体之一，其设立和行为是否规范，治理结构是否科学合理，关系到公司能否持续经营，实现营利目的，在经济社会生活中发挥其特有的作用。

我国《公司法》自实施以来，始终贯彻保护公司、股东和债权人合法权益的理念，立法目的在原来的基础上增加保护职工合法权益，是公司社会责任的进一步彰显。公司是营利性组织，涉及众多利益主体，既是股东利益所在，也必然涉及与公司发生经济往来的交易相对方的利益，同时，当公司过度追逐利润，损害职工、消费者等社会公众利益的时候，法律应当进行主动的规范与调整，从而维护社会经济秩序。中国特色现代企业制度是立足于我国国情的企业制度，有机结合了党的政治优势和现代企业市场优势，在我国深入推进企业市场化改革的竞争环境下，完善中国特色现代企业制度，弘扬企业家精神，能够促进公司治理结构的优化，激励企业成为真正的市场主体，自主经营、自负盈亏。

市场经济活动中各方利益权衡是动态调整的过程，立法层面也在通过不断完善法律规则配置，为市场主体提供公平、有序的发展环境，实现对各方当事人利益的均衡保护，从而促进社会主义市场经济的发展。

第二条　【公司类型】

本法所称公司，是指依照本法在中华人民共和国境内设立的有限责任公司和股份有限公司。

◆ **新旧对照解读**

本条是在《公司法》（2018）第二条的基础上修改而成，将"中国"修改为"中华人民共和国"，我们国家全称为"中华人民共和国"，简称"中国"，根据我国《宪法》第一条的内容，① 遵照法的统一性，作此修改后，文义更加科学精准。

我国的公司类型设置一直保持着《公司法》（1993）中的规定，沿袭大陆法系传统，分为股份有限公司（股份公司）和有限责任公司（有限公司），即"二分法"。② 一方面，本次《公司法》修订仍保持原有类型，以有限责任公司和股份有限公司为基础设置章节，对两种公司形态的规范采取"统分结合"的结构安排；另一方面，无论是"统"的部分还是"分"的部分，均既有共同性的规定，又有区分两种公司形态的专门性规定。③ 但在"分"的部分，具体条文内容还是存在较多规范重复设置的问题。《公司法》在历次修改中都对这些问题作了调整，特别是《公司法》（2005）作了大规模的修改，后再经 2013 年、2018 年修正和本次修订，在降低公司的设立门槛，健全公司内部机构的监督机制，明确参与主体的权利义务、相应责任和救济途径，赋予市场主体自治权利，平衡多种利益关系等方面，公司法都积极回应了市场经济发展需求，但这些修改还是在原有的框架内作增减，其体系一直没有变化。

◆ **相关规定**

《民法典》第七十六条

◆ **条文释义**

本条是关于公司类型的规定。

一、公司概念及公司类型

关于公司的概念，《公司法》没有明确，结合本法第三条和《民法典》第七十六条有关公司特征的规定，可以将公司定义为：公司是依法设立的以营利为目的的企业法人。

本条既是对我国公司类型的规定，也是对公司法调整范围的规定，本法所称

---

① 《宪法》第一条第一款："中华人民共和国是工人阶级领导的、以工农联盟为基础的人民民主专政的社会主义国家。"
② 沈朝晖：《公司类型与公司法体系效益》，载《清华法学》2022 年第 2 期。
③ 钱玉林：《我国〈公司法〉体系的重构——一种解释论的观点》，载《政治与法律》2021 年第 2 期。

公司是指在中华人民共和国境内设立的有限责任公司和股份有限公司，因此，在我国只能设立这两种公司。

二、公司的分类

学理上公司的类型多种多样，按照不同的标准，有不同的分类：

1. 根据股东对公司所负责任形式的不同，可分为有限责任公司、无限责任公司、股份有限公司、两合公司，这是大陆法系国家的公司的通常类型。有限责任公司和股份有限公司股东仅以出资为限对公司债务承担责任，即股东承担有限责任，公司以全部财产对外承担无限责任。无限责任公司各股东对公司债务承担无限连带责任。两合公司由有限责任股东和无限责任股东共同出资所组成。

2. 根据公司资本筹措方式及股份转让方式的不同，可分为封闭式公司和开放式公司，这主要是英美法系国家的公司的基本类型。封闭式公司又称为私公司，全部股份由设立公司的股东持有，股份转让受到严格限制，不能在证券市场上自由转让。开放式公司又称为公开公司或公众公司，是指以法定程序公开招股，股东人数无法定限制，股份可以在公开的市场进行自由转让的公司。股份有限公司中的上市公司是真正意义上的开放式公司。股份有限公司中的非上市公司也属于开放式公司，但具有一定的封闭性。

3. 根据公司成立的基础和对外信用的不同，可分为资合公司、信合公司、资合兼信合公司。资合公司以股东的出资为基础设立，对股东资格没有特别要求，经营活动以公司资本和资产条件作为信用基础，公司的资本越雄厚，其信用越好，股份有限公司是典型的资合公司。信合公司，又称人合公司，是以股东的信誉为基础设立，该类公司对外进行经济活动时，依据的是股东个人的信用状况，因此对股东资格有严格要求，人合公司的股东对公司债务承担无限连带责任，无限责任公司是典型的人合公司。资合兼信合公司既考虑股东出资，也考虑股东个人信誉，是把资合公司与信合公司的特点结合在一起设立的公司，其典型是股份两合公司。

4. 根据公司在控制与被控制关系中所处地位的不同，可分为母公司和子公司，它们都具有法人资格，可以独立承担民事责任。母公司是直接或者间接地控制、支配其他公司的公司，一般通过拥有股权或者协议方式对其他公司进行实际控制，母公司可拥有一个或者若干子公司。子公司是受其他公司实际控制的公司，它在法律上和经济上是独立的，自主经营，自负盈亏，子公司还可以有自己的子公司。

5. 根据公司在管辖与被管辖中所处地位的不同，可分为总公司与分公司。总公司是管辖其他公司的企业总机构，处于领导、支配地位。分公司是受总公司支配控制的分支机构，不具有法人资格，在法律上和经济上不具有独立地位，其设立程序简单。企业的分支机构名称应当冠以其所属总公司的企业名称，境外企业分支机构还应当在名称中标明该企业的国籍及责任形式。

6. 根据公司国籍的不同，可分为本国公司、外国公司、跨国公司。本国公司是具有本国国籍并依据本国公司法设立的公司。外国公司是拥有外国国籍并依据外国公司法设立的公司，外国公司没有依照所在国的法律登记成立，若要在所在国开展经营，需通过设立分支机构，获得所在国的批准后才可以在该国开展营业活动。跨国公司是以一国为基地，通过对外投资，在其他国家设立办事处、分公司或者子公司，从事国际性生产经营活动的经济组织，跨国公司在法律上不是独立的法律实体。在认定公司的国籍问题上，各国的标准不尽相同，我国对公司国籍的认定采用"住所"加"登记"标准。

三、我国公司制度发展进程

我国企业的发展自1949年新中国成立以来至改革开放前，经历了私营公司的全面退出到公有制企业占主导地位的过程，1950年12月30日发布的《私营企业暂行条例》曾规定了五种公司形式，即无限公司、有限公司、两合公司、股份有限公司和股份两合公司。[①]

1979年7月8日开始实施的《中外合资经营企业法》，[②] 正式以法律文件形式确立了企业制度，该法第四条第一款规定："合营企业的形式为有限责任公司。"

随着改革开放的深入推进，公司数量逐渐增多，为推动国有企业的公司化改制，1992年由国家体改委会同有关部门制定了《股份有限公司规范意见》和

[①] 朱慈蕴：《论中国公司法本土化与国际化的融合——改革开放以来的历史沿革、最新发展与未来走向》，载《东方法学》2020年第2期。

[②] 该法已于2020年1月1日废止。

《有限责任公司规范意见》。① 关于法人资格和有限责任，在 1987 年 1 月 1 日开始实施的《民法通则》第三章中已确立。

1992 年以后，为推进转换国有企业经营机制，建立市场经济体制，1993 年 11 月 14 日，党的十四届三中全会通过了《中共中央关于建立社会主义市场经济体制若干问题的决定》，确立了建立"产权清晰、权责明确、政企分开、管理科学"的现代企业制度的国有企业改革方向，使企业真正成为市场主体。

1993 年 12 月 29 日我国第一部《公司法》获得通过，通过条文对比可以看到，《公司法》（1993）选取了有限责任公司和股份有限公司两种公司形态，由分别调整有限责任公司和股份有限公司的两部意见合并汇总而成，在体系上采取"统分结合"的立法模式。公司制度发展到今天，就现实而言，我国的公司分为有限公司和股份公司，股份公司分为上市公司和非上市公司。②

第三条　【公司法律地位】

公司是企业法人，有独立的法人财产，享有法人财产权。公司以其全部财产对公司的债务承担责任。

公司的合法权益受法律保护，不受侵犯。

◆ **新旧对照解读**

本条是在《公司法》（2018）第三条第一款、第五条第二款基础上修改而来，条款内容与原来的规定没有变化，只是将公司所享有的权利和应当承担的义务整合在同一条文中，内部逻辑结构更严密。

◆ **相关规定**

《民法典》第五十七条、第六十条

---

① 两个规范意见已于 2015 年 5 月 30 日废止。
② 刘俊海：《论消费者友好型〈公司法〉的价值定位和制度设计》，载《法律适用》2022 年第 3 期。

◆ 条文释义

本条是关于公司法律地位的规定。

一、公司是企业法人

根据《民法典》的规定，法人分为营利法人、非营利法人、特别法人三种类别，公司是营利法人的典型代表。我国《民法典》取消了企业法人的概念，企业法人、非企业法人系《民法通则》中的分类，2022年3月1日起施行的《市场主体登记管理条例》同时废止了《企业法人登记管理条例》《企业法人法定代表人登记管理规定》。"企业"是在经济活动中客观存在的经济实体，理论上的分类也非常多，如国有企业、集体企业和私营企业，独资企业、合伙企业和公司等，企业并非严格意义上的法律概念。《民法典》对法人的分类已改变，《公司法》此处仍保留原来的分类。

二、公司的权利能力和行为能力

公司的权利能力是公司成为合法民事主体的基础，公司权利能力始于公司成立、终于公司终止。公司作为法律拟制的"人"，可以享有名称权、名誉权、自主经营权和财产权等，其权利能力与自然人相比，在性质和法律上都有限制，如自然人在生命权、健康权、身体权、继承权等方面的权利，公司无法享有，也无享有的必要。公司的权利能力为法律所赋予，同时也受到法律的严格限制，如《公司法》第九条关于经营范围的限制，第十四条公司向其他企业投资的限制，以及《民法典》和最高人民法院司法解释中关于公司提供担保的限制。

公司的行为能力是指公司以自己独立的意思表示，取得权利和承担义务的能力，公司的行为能力与权利能力同时产生，同时终止，行使范围和受限制范围也一致。公司行为能力的行使通过法定代表人实现，根据《公司法》第十条、第十一条的规定，公司法定代表人以公司名义所实施的法律行为即为公司的法律行为，其法律后果由公司承担。

三、公司法人财产及法人财产权

公司具有独立的法律人格，独立的诉讼地位，公司的法人地位决定了其应当有自己独立的财产，享有法人财产权。公司的财产包括股东在公司设立时的出资投入以及在经营过程中积累的资产，包括货币、实物、知识产权、土地使用权、股权、债权等。本次《公司法》修订增加了股权和债权可以作为财产出资。关于法人财产权的内涵，条文表述上，目前我国《公司法》采用的依然是"法人财产权"，未明确法人对公司财产享有的权利内容。对此，理论界有很多学说，比较有代表性的如经营权说、法人财产占有说、所有权说、双重所有权说、综合权说等。

根据《民法典》第二百六十九条第一款的规定，营利法人对其不动产和动产依照法律、行政法规以及章程享有占有、使用、收益和处分的权利。此处规定的营利法人的权利，从物权角度看，是绝对的支配权，公司独立法人人格地位早已获得法律的承认，那么不管是拟制的还是实在的，公司对其全部财产都享有独立支配的权利。股东以自己的财产出资，其原始产权转化为股权（股份）和法人财产权，股东对公司承担有限责任，财产所有权属于公司，公司享有法人财产权是构成公司人格独立的基础，法人财产权的确立与归属是公司治理的基础与保障，是公司治理权力分化与制衡的出发点及归宿。[1]笔者支持综合权说，即法人财产权不是单一的权利，而是包括所有权、经营权、债权、知识产权等诸多民事权利在内的一种综合性民事权利，其权利主体非出资的股东而是法人自己。[2]

四、公司合法权益的保护

公司合法权益的保护包含对公司财产及财产权、人格权的保护，侵犯公司利益的主体可能是公司内部人员、公司债务人，还可能是行政机关或者司法机关。合法权益的保护，应当包括从法律规定上完善公司内外部管理制度，防范可能损害公司利益的行为发生，也包括在发生侵权行为，公司遭受损失后的权利救济措施。侵犯公司合法权益的，应当追究法律责任。

---

[1] 赵旭东：《公司法人财产权与公司治理》，载《北方法学》2008年第1期。
[2] 同上。

◆ **案例指引**

陈某诉甲生物公司股东会决议无效纠纷案——导致公司丧失法人财产权及法人独立地位的股东会决议无效案①

【裁判要旨】

依据《公司法》（2018）第三条第一款规定，公司享有法人财产权，有自己独立的财产是公司能够自主经营、自负盈亏、对外独立承担责任的物质基础。公司享有法人财产权，才能体现公司的独立法人人格。股东滥用其权利，致使公司财产与股东财产混同，势必会损害公司法人的财产权利，也会损害其他股东的合法权利。

【案号】

一审：（2018）京0105民初11232号

【案情】

原告：陈某。

被告：北京泰康生物科技有限责任公司（以下简称甲生物公司）。

甲生物公司成立于2013年11月8日，注册资本100万元，股东为乙公司和陈某，乙公司认缴出资99万元，持股比例99%；陈某认缴出资1万元，持股比例1%。2017年9月8日，甲生物公司召开2017年定期股东会会议，并作出股东会决议，决议内容有一项为：审议通过《关于甲生物公司全权委托母公司（即乙公司）代为经营管理的议案》。经过公司股东会讨论，决定于2017年9月15日前完成下列事项的变更及交接：1. 公司所有文件、资料及印鉴包括但不限于人事档案、账册、合同、印章及银行U盾均交由乙公司统一管理；2. 公司的财务由乙公司统一进行调整、分配及整理，其中，公司产品收入均由客户直接汇入乙公司账户，经由公司扣除相应的生产及销售成本后将剩余利润按月结算，再汇入甲生物公司账户；3. 公司产品、服务及品牌的对外公关、推广、策划及维护均由乙公司统一进行任务分配及统筹管理。议案1人同意、1人反对、0人弃权，同意者占会议有表决权股份总数的99%。

---

① 北京市朝阳区人民法院2021年发布中小股东权利保护十大典型案例之四。

陈某称：2017年9月8日，甲生物公司的股东乙公司派遣代表主持召开甲生物公司2017年定期股东会会议，会议作出《甲生物公司2017年定期股东大会会议决议》（以下简称《2017年决议》），决议第二项内容违反《公司法》的相关规定，属于控股股东滥用股东权利损害公司或者其他股东利益的行为，而且损害了公司的独立法人地位，故该决议第二项应属无效。

陈某诉至法院，要求确认甲生物公司作出的《2017年决议》第二项无效。

【审判】

北京市朝阳区人民法院经审理认为：《公司法》（2018）第三条第一款规定："公司是企业法人，有独立的法人财产，享有法人财产权。公司以其全部财产对公司的债务承担责任。"该条规定的法人财产权包括物权、知识产权、债权和对外投资的股权等。公司对于其财产，有权在合法的范围内占有、使用、处分并获得收益。这种对公司财产的直接支配权只能由公司享有，可以排除包括股东、债权人和经营者在内的第三人的干涉、妨碍和限制。而公司的股东在其将财产出资给公司之后，不再对这些财产享有任何直接的支配权，即不再享有物权，而只作为股东享有股权。虽然股东可以通过行使股权达到从内部控制公司的目的，但股东行使股权时应当以符合法律规定为前提，不得滥用股东权利损害公司或者其他股东的利益，也不得滥用公司法人独立地位和股东有限责任损害公司债权人的利益。

本案中，乙公司作为甲生物公司持股99%的控股股东，通过召开股东会会议，在陈某明确表示反对的情况下，以其占绝对优势的表决权通过《2017年决议》，该决议第二项规定甲生物公司的所有文件、资料及印鉴交由乙公司管理，财务由乙公司统一进行调整、分配及管理，收入由客户直接汇入乙公司账户，甲生物公司的产品、服务及公关、策划等亦由乙公司统一进行管理。因此而导致的后果是乙公司实际控制并支配甲生物公司，并且混同了甲生物公司的财产与乙公司的财产，干涉了甲生物公司的日常经营，使得甲生物公司丧失法人财产权和独立的法人人格，同时也损害了陈某和债权人的合法权益。由此可见，《2017年决议》第二项的内容违反了《公司法》（2018）第三条第一款和第二十条第一款的规定，应属无效。

北京市朝阳区人民法院作出判决：甲生物公司于2017年9月8日作出的《甲

生物公司 2017 年定期股东大会会议决议》中"二、审议通过了《关于甲生物公司全权委托母公司（即乙公司）代为经营管理的议案》"无效。

一审宣判后，双方均服判，未提起上诉。

> **第四条　【股东责任形式及股东权利】**
>
> 有限责任公司的股东以其认缴的出资额为限对公司承担责任；股份有限公司的股东以其认购的股份为限对公司承担责任。
>
> 公司股东对公司依法享有资产收益、参与重大决策和选择管理者等权利。

◆ 新旧对照解读

本条是在《公司法》（2018）第三条、第四条的基础上修改而成，第二款中增加了"对公司"的内容，明确股东权益。本条规定的是股东的责任形式，股东责任以出资范围为限，股东的责任范围在历次公司法修改过程中未作变更，但股东的出资时限在逐步放宽。《公司法》（1993）规定的全部实缴制；《公司法》（2005）规定先实缴 20% 即可成立公司，剩余部分可在公司成立后两年内缴清，投资公司可以在五年内缴足，即部分实缴部分认缴制，但是一人有限责任公司的股东还是要全部实缴出资；《公司法》（2013）改为全面认缴制，并沿用至本次修订。认缴制下，股东在认缴一定数额公司资本后，注册成立公司，认缴期限规定在公司章程中，立法上并未对认缴期限做明确限制。此制度下，股东出资自由进一步实现。本次《公司法》修订的显著变化就是对有限责任公司股东认缴期限作出重大调整，规定全体股东认缴的出资额按照公司章程的规定自公司成立之日起五年内缴足，而股份有限公司全面实行实缴制，不允许分期缴纳出资。

《公司法》（1993）规定公司股东作为出资者按投入公司的资本额享有所有者的资产收益、重大决策和选择管理者等权利。《公司法》（2005）将"作为出资者按投入公司的资本额享有"删除了，改为"公司股东依法享有资产收益、参与重大决策和选择管理者等权利"，原则上股东按照出资比例或者持股比例享有相应的权利,但股东约定或者章程规定不按照上述原则执行的除外,扩大了股东在红利分配和公司管理方面的自由权。

◆ 相关规定

《民法典》第一百二十五条、第二百六十八条

◆ 条文释义

本条规定的是公司股东对公司承担有限责任,以及股东享有的权利。

一、公司股东对公司承担有限责任

公司是拟制法人,当公司具备必需的资本而有效成立并合规经营时,其独立人格就将出资人(股东)的风险责任锁定在其出资范围内,而不会因公司经营失败让股东承担更多责任。股东不承担出资以外的责任。[①] 全面认缴制下,股东不用在公司成立时就将出资数额全部缴齐,可以通过公司章程自由约定出资的期限。本次《公司法》修订增加了有限责任公司股东认缴出资的加速到期制度、欠缴出资的失权制度和未足额缴纳出资的赔偿责任,以及股份有限公司股东资本充实责任。股东出资信息记载于公司章程并依法登记公示后,股东的出资义务具有法定性和强制性。股东认缴或者认购的出资额范围不仅是责任界限,也是出资义务范围。

二、股东权利

股东是公司的投资者,享有对公司的股权,主要体现为资产收益权、参与公司重大决策权和选择管理者的权利,具体又可分为利润分配请求权、股东会召集和表决权等多项股东权利。本次《公司法》修订加强了股东权利保护。

(一)资产收益权

股东将自己的财产投资到公司,完成认缴或者认购的出资额,获得收益是其投资的主要目的。原则上有限责任公司按照股东实缴的出资比例分配利润,股份有限公司按照股东所持有的股份比例分配利润,公司章程另有约定的按约定分配。在有限责任公司股东认缴制下,股东若有未履行或者未全面履行出资、抽逃

---

① 朱慈蕴:《股东出资义务的性质与公司资本制度完善》,载《清华法学》2022年第2期。

出资情形的，公司可通过章程约定或者股东会决议限制股东的资产收益权。

是否分配利润属于股东和公司自治范畴，实践中由于控制股东压榨中小股东、董事会控制等原因导致不分配利润的，股东可提起诉讼请求公司分配利润，根据《公司法司法解释（四）》（2020）第十五条的规定，需要提交载明股东会通过的具体分配方案的决议。以下三种情况均属于未提交决议，原则上都会被驳回诉讼请求：股东没有提交任何股东会决议；或者提交了仅要求分配利润，但未有具体方案的决议；或者关于不分配利润的决议。

（二）参与公司重大决策权

公司重大决策包括：修改公司章程；增加或者减少注册资本；审议批准利润分配方案和弥补亏损方案；公司合并、分立、解散、清算、变更公司形式或者主营业务；发行公司债券；对外投资、融资；提供担保等。公司重大决策权应当根据公司章程规定的表决方式或者议事规则通过股东会来行使，股东个人没有决定权。

（三）选择管理者的权利

股东通过股东会作出决议的方式选举公司的董事、监事。新《公司法》第五十九条第一款第（一）项将"选举和更换非由职工代表担任的董事、监事"修改为"选举和更换董事、监事"，表述虽有变化，但内容实质未变。因为《公司法》在其他条文已经明确规定了职工董事和职工监事由职工代表大会、职工大会或者其他形式民主选举产生，因此即使删除"非由职工代表担任的"字样，也不会产生错误认识。选择管理者的权利应当根据公司章程规定的表决方式或者议事规则通过股东会来行使，股东个人没有直接决定权。

（四）公司股东的合法权益受法律保护

在现有制度下，公司重大事项的决定权掌握在资本占多数的股东手中，针对实践中出现的问题，《公司法》规定了在某些条件下可以突破股东有限责任，如规定公司股东滥用股东权利、关联关系或者通过控制的其他公司，损害公司或者其他股东的利益，应当承担连带责任。有限责任公司的股东可以查阅会计账簿、会计凭证，新《公司法》增加了股东可以委托会计师事务所、律师事务所等专业机构行使查阅权；强化董事、监事、高级管理人员维护公司资本充实的责任，保护好公司资产，即是保护股东的权益；在公司具体事项的决定上，给予更多的自治权,这样可以使中小股东在公司设立之初,制定公司章程时通过平等协商来维护自己的权利,这些制度将对切实保护股东权益,维护公平、公正起到积极的作用。

三、股东权利的分类

股东权利分类的意义主要在于不同的股东权利行使基准不同,不同种类的股东权利所追求的价值目标也不同。① 具体的股东权利按照不同的标准有不同的分类:

1. 以股权行使的利益主体为标准,股东权利可分为自益权与共益权。自益权是指股东为从公司获取财产利益而享有的一系列权利;共益权是指股东为参与公司决策、经营、管理、监督和控制而享有的一系列权利,不含有直接的财产内容。自益权与共益权均是股东的法定权利,原则上不受剥夺。自益权与共益权在内在逻辑上有紧密联系,股东投资设立公司的目的是实现自益权,实现方式是行使共益权,而股东行使共益权的前提是享有完整的自益权,两者不可分割。

2. 以股东行使权利是否受到持股数额的限制为标准,股东权利可分为少数股东权与单独股东权。少数股东权是指持股数额必须达到一定标准才能行使的权利;单独股东权是指没有持股数额的限制,股东持有一股即可单独行使的权利。② 少数股东权如股东会召集和主持权、召开临时股东会提议权、提案权、股份公司派生诉讼权等,如《公司法》第一百一十五条第二款规定:"单独或者合计持有公司百分之一以上股份的股东,可以在股东会会议召开十日前提出临时提案并书面提交董事会。临时提案应当有明确议题和具体决议事项。"单独股东权如股东享有的查阅权、表决权、优先购买权、利润分配请求权、直接诉权和有限公司的派生诉权等。

---

① 陈彦晶:《认缴还是实缴:股东权利行使基准的追问》,载《法学》2018年第12期。
② 朱慈蕴:《公司法原论》,清华大学出版社2011年版,第248页。

> **第五条　【公司章程】**
> 设立公司应当依法制定公司章程。公司章程对公司、股东、董事、监事、高级管理人员具有约束力。

◆ **新旧对照解读**

本条是将《公司法》（2018）第十一条调整到此处，内容上将原来的"必须"依法制定公司章程修改为"应当"依法制定公司章程。

◆ **相关规定**

《民法典》第七十九条

◆ **条文释义**

本条规定的是公司章程及其约束力。设立公司，应当依法制定公司章程。

一、公司章程的制定和内容

公司章程是公司成立必备文本之一，是调整公司内部关系和经营活动的基本规范，构成对外公示的基础，《公司法（2021修订草案）》一审稿新增了公司登记机关应当将公司章程通过统一的企业信息公示系统向社会公示的规定，但二审稿中删除了该项内容。根据《市场主体登记管理条例》第九条规定，公司章程属于备案事项，并不需要在国家企业信用信息公示系统上向社会公示，但可以私下查询。公司章程必须由全体股东或者发起人根据意思自治原则共同制定，并在公司章程上签名或者盖章。修改公司章程需要经过股东会决议，有限责任公司应当经代表三分之二以上表决权的股东通过，股份有限公司应当经出席会议的股东所持表决权的三分之二以上通过。

公司章程的内容是关于公司经营中最根本事项的规定，是确定股东权利义务的依据，分为绝对必要记载事项和任意记载事项。绝对必要记载事项是由《公司法》第四十六条规定的章程里必须载明的内容，在申请设立公司时向公司登记机关提交，一经登记即具有法律效力。任意记载事项可由股东自由协商，具体内容散见于《公司法》各个条款中，如果章程中有规定，按照章程执行，如果章程中没有规定，则按照本法的规定执行。公司章程内容不能作与《公司法》强制性规范不相符的记载事项，也不应当排除某些《公司法》规则的适用。

二、公司章程的约束力

公司章程对公司、股东、董事、监事、高级管理人员具有约束力，因章程是公司内部文件，所以其效力范围通常仅涉及公司及公司内部成员，对公司以外的第三人不具有约束力。但是公司经营不只是股东和公司间或者股东与股东间的事务，在对外经济交往中，为避免公司或者股东依据章程规定作出损害第三人利益的行为，《公司法》也制定了一些强制性规范进行调节，平衡公司章程的意思自治与第三人的权益保护，如规定公司章程对法定代表人职权、董事会权力的限制不得对抗善意相对人，这也是《公司法》本次修改的新增条文。

◆ 适用疑难解析

一、公司章程的性质

对于公司章程性质的理解直接涉及公司章程在法律制度中的定位、公司章程功能的发挥、公司章程与公司法的关系等一系列问题。[1]关于公司章程的性质，理论界有自治规则说、合同说、宪章说、权利法定说和秩序说等，其中自治规则说和合同说占多数，通说采自治规则说。自治规则说主张公司章程是依法制定的关于公司组织及行动自治性规则的书面文件。合同说又称契约说，该理论将公司章程视为公司股东或者发起人间订立的契约，体现了股东的共同意志。

司法实践中，多持自治规则说的观点，具体案例中也常用自治规范、自治规章来表述公司章程的性质。如最高人民法院的观点为：公司章程作为公司最为重要的自治规则，是公司组织与活动最基本与最重要的准则，对全体股东均具有约束力，经登记备案具有公示性，具有较高的证明力。[2]江苏省高级人民法院在江苏宁宜置业有限公司与宜兴市兰山房地产开发有限公司股东投资纠纷案中指出：公司章程是调整公司内部组织和公司经营行为的自治规则，约束的对象除了公司自身和公司经营管理人员外，还包括签署章程的股东等，具有约束相关主体行为的

---

[1] 常健：《公司章程论》，中国社会科学出版社2011年版，第33页。
[2] (2013) 民申字第1102号、(2018) 最高法民终88号。

作用。① 四川省高级人民法院在袁某等与黄某等公司利益责任纠纷上诉案中的观点为：公司章程是调整公司内部组织关系和公司经营行为的自治规范，体现的是公司全体股东的共同意思。② 但具体司法实践中，法院的裁判观点也在改变。

二、公司章程的"对外"效力

关于公司章程的"对外"效力问题，学理上存在两种相反的观点，一种认为公司章程所要约束的公司内部行为不具有对外效力；一种则认为公司章程经登记后具有对抗第三人的效力。本次《公司法》修订后，增加了公司章程的有些规定不得对抗善意相对人（如第六十七条）的条文。笔者认为这是肯定了登记后的公司章程具有对外效力，意味着非善意相对人要受到公司章程记载事项的约束。

因公司章程对外效力问题引起争议比较多的是公司对外担保条款，《公司法》（2005）第十六条第一款规定："公司向其他企业投资或者为他人提供担保，依照公司章程的规定，由董事会或者股东会、股东大会决议；公司章程对投资或者担保的总额及单项投资或者担保的数额有限额规定的，不得超过规定的限额。"该条将对外担保的决定权交给了公司章程。

司法实践中，早期多采用公司章程是内部自治规则，不具有对外效力的观点。如最高人民法院在中建材集团进出口公司诉北京大地恒通经贸有限公司、北京天元盛唐投资有限公司、天宝盛世科技发展（北京）有限公司、江苏银大科技有限公司、四川宜宾俄欧工程发展有限公司进出口代理合同纠纷案③这一公报案例中，认为：公司章程作为公司内部决议的书面载体，不具有对世效力，它的公开行为不构成第三人应当知道的证据，强加给第三人对公司章程的审查义务不具有可操作性和合理性。

但基于《公司法》对公司章程应当进行商事登记或者变更登记的规定，公司章程对交易第三人是产生公信力的，第三人应当承担审慎审查义务，至少有形式审查义务。因为没有具体的规定，法院在案件中虽适用相同裁判规则，但认定审查义务标准常常不同。最高人民法院在 2017 年巢某风诉常州恒基置业有限公司

---

① （2015）苏商初字第 00016 号。
② （2016）川民终第 950 号。
③ 载《最高人民法院公报》2011 年第 2 期（总第 172 期）。

等民间借贷纠纷案①中裁定：作为担保债权人，应当对担保人提供担保的意思表示尽到一定的审查义务。但最高人民法院在 2021 年中兴天恒能源科技（北京）股份公司、中国华融资产管理股份有限公司江西省分公司合同纠纷案②中认为：只要债权人能够证明其在订立担保合同时对董事会决议或者股东会决议进行了审查，同意决议的人数及签字人员符合公司章程的规定，应当认定其构成善意。公司章程和内部制度对相关担保的决议机关规定属于约定限制，相对人的审查义务应当以形式审查为限。根据《市场主体登记管理条例》第九条的规定，公司章程应当向登记机关办理备案，而备案事项一般是不对外公示的，所以相对人进行审查时需要公司授权。

◆ 案例指引

童某芳等 13 人诉上海康达化工有限公司确认决议无效纠纷上诉案——与公司法强制性规范冲突的公司章程条款无效案③

【裁判要旨】

公司章程属于自治性规则，股东可根据意思自治原则制定、修改公司章程，但不得违反《公司法》的强制性规范，否则不具有法律效力。

【案号】

一审：（2006）浦民二（商）初字第 2800 号

二审：（2007）沪一中民三（商）终字第 172 号

【案情】

原告：童某芳等 13 人。

被告：上海康达化工有限公司。

被告上海康达化工有限公司登记股东为 49 名自然人，原告童某芳等 13 名自然人系该公司的股东。2006 年 7 月 29 日，被告召开股东会会议，讨论修改公司章程事宜。会议记录表明：应当出席 54100 股，实际出席 53891 股，出席股东所持表决权占全部股权的 99.6%；经表决，同意 42451 股，不同意 11440 股（其中

---

① （2017）最高法民申 3542 号。
② （2021）最高法民申 1267 号。
③ 沙洵：《与公司法强制性规范冲突的公司章程条款无效》，载《人民司法·案例》2008 年第 8 期。

13名原告的表决意见均为不同意），同意的比例为78.8%，不同意的比例为21.2%，同意的比例超过三分之二。

修改后引起争议的章程内容有：(1) 第二十五条规定了股东享有的权利，共有七项。该条第（四）项规定："按照出资比例分取红利，公司新增资本时，按照股东会决议可以优先认缴出资。"(2) 第二十四条规定了自然人死亡后其股权的处置办法，其中第（二）项规定，合法继承人只继承部分股东权利（继承章程第二十五条规定的七项股东权利中的四项）和所有义务；第（三）项规定继承人可以出席股东会，必须同意由股东会作出的各项有效决议。(3) 第二十九条规定，股东会作出的决议，须经出席会议的股东所持表决权过半数通过。但股东会作出有关公司增加或者减少注册资本，分立、合并、解散或者变更公司形式及修改公司章程的决议必须经出席会议的股东所持表决权的三分之二以上通过。(4) 第四十一条规定，公司不设监事会，设监事一名，由公司工会主席担任。

股东会决议还对被告公司原有章程的其他部分内容作了修改。

原告认为，被告不顾原告的反对，操纵股东会强行通过《上海康达化工有限公司关于修改公司章程的决议》。上述决议内容实质上是公司的少数大股东利用优势表决权，损害甚至剥夺其他股东的合法权益，达到其完全操纵公司的目的。由于上述章程条款内容违法，应属无效，且基于上述无效条款是章程的一部分，故原告诉至法院，请求确认2006年7月29日通过的《上海康达化工有限公司关于修改公司章程的决议》无效。

【审判】

法院经审理认为：公司章程是调整一个公司所有股东之间、股东与公司之间法律关系的必备性文件，它是股东意思自治的体现，但章程的自治性是相对的，以不违反法律、行政法规的强制性规范为前提。

1. 该公司章程第二十四条第（二）项、第（三）项内容的效力。《公司法》(2005) 第四十三条规定："股东会会议由股东按照出资比例行使表决权；但是，公司章程另有规定的除外。"第七十六条规定："自然人股东死亡后，其合法继承人可以继承股东资格；但是，公司章程另有规定的除外。"基于公司所具有的人合性，法律允许公司章程对已故股东的继承人成为公司股东设置一定的限制条件，然而一旦章程规定继承人可以继承死亡股东的股东资格，则该继受取得资格的股东就应当依法享有法律所赋予的股东权利，不应当对其股东权利加以随意限制。股东在股东会上有表决权，这是股东基于投资人特定的地位对公司的有关事项发表意见的基本权利，公司章程可以规定另外的行使表决权的方式，但并不能因此剥夺股东行使表决权的权利。修改后的公司章程第二十四条第（二）项、第（三）项显然剥夺了继承股东的上述权利，违反法律的规定，应当确认无效。

2. 公司章程第二十五条第（四）项内容的效力。《公司法》（2005）第三十五条规定："股东按照实缴的出资比例分取红利；公司新增资本时，股东有权优先按照实缴的出资比例认缴出资。但是，全体股东约定不按照出资比例分取红利或者不按照出资比例优先认缴出资的除外。"据此，在有约定的情况下，可以不按照出资比例优先认缴出资，但必须经过全体股东的约定。修改后的公司章程第二十五条第（四）项的内容违反了上述法律的规定，应当确认无效。

3. 公司章程第二十九条内容的效力。《公司法》（2005）第四十四条规定："股东会的议事方式和表决程序，除本法有规定的外，由公司章程规定。股东会会议作出修改公司章程、增加或者减少注册资本的决议，以及公司合并、分立、解散或者变更公司形式的决议，必须经代表三分之二以上表决权的股东通过。"修改后的公司章程第二十九条内容违反了公司法对于公司上述事项法定表决方式的规定，亦属无效。

4. 公司章程第四十一条内容的效力。本案被告注册资金达500多万元，且股东人数较多，被告应当设立监事会。现被告不设监事会，仅设监事一名，显然与《公司法》（2005）第五十二条的规定不符。监事会应当包括股东代表和适当比例的公司职工代表，股东代表由股东会选举产生，职工代表由公司职工通过职工代表大会、职工大会或者其他形式民主选举产生。现被告通过公司章程直接规定监事由公司的工会主席担任，剥夺了一部分职工（未加入工会的职工）依法享有的选举监事的权利，与公司法规定不符。

由于被告对2006年7月29日《上海康达化工有限公司关于修改公司章程的决议》的表决程序和方式没有异议，故除上述四条内容因违反法律规定而无效外，章程其余条款均依法有效。原告主张上述决议和章程全部无效无事实和法律依据，法院不予支持。

综上，法院判决如下：被告上海康达化工有限公司2006年7月29日通过的

《上海康达化工有限公司关于修改公司章程的决议》中"上海康达化工有限公司章程"第二十四条第（二）项、第（三）项，第二十五条第（四）项，第二十九条，第四十一条的内容无效；对原告童某芳等13人的其余诉讼请求不予支持。

宣判后，原告童某芳等13人不服一审判决，向上海市第一中级人民法院提起上诉。二审法院经审理判决驳回上诉，维持原判。

> **第六条　【公司名称权】**
> 公司应当有自己的名称。公司名称应当符合国家有关规定。
> 公司的名称权受法律保护。

◆ 新旧对照解读

本条是《公司法》新增条文，源自《民法典》总则编和人格权编中的相关规定。《民法典》编纂秉持"民商合一"的传统，采取"提取公因式"的办法，将《公司法》中具有普遍适用性的规定写入"总则"编。[①]《民法典》颁布实施前，《民法通则》《民法总则》《侵权责任法》《反不正当竞争法》等都有关于名称权保护的规定。在完善社会主义市场经济法律体系的背景下，立法对人格权制度日益重视，特别是《民法典》将人格权独立成编，凸显了人格权在民事权利体系中的重要地位。

根据2021年1月1日开始实施的《民事案件案由规定》内容，对照《民法典》的相关规定，增加了第三级案由"名称权纠纷"，强化了对公司名称权的法律保护。修改前的《民事案件案由规定》关于名称权纠纷的案由设在"知识产权与竞争纠纷"项下的相关案由中，如"企业名称（商号）合同纠纷""侵害企业名称（商号）权纠纷""擅自使用他人企业名称、姓名纠纷"。为周延对名称权的案由编排，修改后的《民事案件案由规定》专门在人格权纠纷项下增加"名称权纠纷"案由。适用上述案由时需要注意：因对企业名称（商号）的转让、许可使用、盗用、冒用等发生的纠纷，适用"知识产权与竞争纠纷"项下对应的第三

[①] 郭富青：《论公司法与邻近法律部门的立法协同》，载《法律科学》2021年第6期。

级案由；企业以外其他法人或者非法人组织名称权纠纷，适用"人格权纠纷"项下的第三级案由"名称权纠纷"。①

◆ **相关规定**

《民法典》第五十八条、第一百一十条第二款、第一千零一十三条、第一千零一十六条

◆ **条文释义**

本条规定的是公司名称及名称权的保护。

一、公司名称

公司名称主要由四部分组成：行政区域名称、字号、行业或者经营特点、组织形式，其中字号是核心要素。具有自己的名称是公司成为法人的一个重要条件，有自己特有的名称也是公司区别于其他公司或者其他组织的标志。《市场主体登记管理条例》第十条规定："市场主体只能登记一个名称，经登记的市场主体名称受法律保护。市场主体名称由申请人依法自主申报。"一个公司应当只有一个名称，公司名称需进行申报登记，名称的选取要符合国家规定，经依法审批或者核准使用后，公司的合法名称受法律保护。

二、名称权的保护

根据《民法典》人格权编中与名称权相关的规定，名称权是法人、非法人组织对其名称依法享有的决定、使用、变更、转让或者许可他人使用自己的名称的权利。《民法典》第一百一十条第二款确认了法人具有的三项具体人格权，法人、非法人组织享有名称权、名誉权和荣誉权，公司系企业法人，其法律地位表明了它具有独立的法律人格。名称权是人格权，公司名称权受侵害时，权利主体可要求侵权人停止侵权、排除妨害，同时公司名称权具有财产属性，可以就财产损失提起经济赔偿，但起诉请求精神损害赔偿的，人民法院不予支持。

---

① 载《人民司法（应用）》2021年第13期。

◆ **适用疑难解析**

一、公司名称权和商标权权利冲突的侵权认定与法律适用

（一）公司名称权和商标权侵权行为产生的原因

根据我国《商标法》和 TRIPs 协定[①]对商标含义的表述，商标是指能够区分商品或者服务来源的可视性标志。商标权是指商标所有人或者注册商标所有权人对自己依照法定程序获得核准登记的注册或者未注册的商标所享有的权利。商标权主体对其商标享有独占权，有权禁止或者许可其他人使用。

根据《关于审理商标民事纠纷案件适用法律若干问题的解释》第一条第（一）项规定，"将与他人注册商标相同或者相近似的文字作为企业的字号在相同或者类似商品上突出使用，容易使相关公众产生误认的"，属于侵犯他人注册商标专用权的行为。

商标权和名称权是市场主体的两项重要标识性权利，商标权与企业名称权的冲突实质上是商标权与字号权（或者商号权）的冲突，企业名称侵犯商标的行为中最典型最常见的是将他人的注册商标作为企业名称中的字号使用。[②] 商标具有一定的社会知名度，能够为公众所知悉，商业价值高，一些经营者将其注册为企业名称中的字号部分，利用他人的商业信誉来提升自己的知名度。市场上存在很多不同企业生产的不同类别的商品，使用的商标、企业名称具有相同或者相似内容，这会误导社会公众认为上述商品系同一家企业生产，上述行为构成企业名称权与商标权冲突或者侵权纠纷，以及不正当竞争。

公司名称权和商标权登记管理体制的分离也是两者产生冲突的客观原因，商标的登记注册管理由国家商标局负责，企业名称的登记管理由市场监督管理部门负责，且企业名称的登记管理具有行政地域性特点。

（二）公司名称权和商标权侵权行为的认定和法律适用

擅自使用他人企业名称或者商标，构成侵权的前提是企业名称或者商标要具有一定影响，两者权利冲突时存在竞争关系或者足以造成相关公众混淆。在立法上，我国公司名称权和商标权的保护主要规定在《公司法》《商标法》《民法典》

---

① 全称：《与贸易有关的知识产权协定》。
② 张晔、蔡永民：《论企业名称权和商标权冲突的法律适用》，载《时代法学》2019 年第 4 期。

中，在具体适用上，应当根据具体案件的不同情况来选择，并遵循保护在先权利原则、诚实信用原则和利益平衡原则。

二、企业简称侵权

公司简称的保护也是对公司名称权的保护。在经济交往中，企业常使用简称代替其正式名称，经过长期使用，企业的特定简称已经在特定地域内获得相应的市场知名度，社会公众也认为企业简称与其正式名称所指代对象为同一企业，企业简称就具有了识别该企业的商业标识意义。但是，简称省略了某些具有限定作用的要素，可能会不适当地扩大正式名称所指代的对象范围，不同企业拥有相同简称的情况引发了大量的争议与纠纷。因此，企业简称能否特指某企业，取决于该企业简称是否为相关社会公众所认可，并在相关社会公众中建立起与该企业稳定的关联关系。在现行法律法规中，并没有关于保护企业名称简称的直接规定，但最高人民法院在 2009 年发布的《关于当前经济形势下知识产权审判服务大局若干问题的意见》中规定，对于具有一定市场知名度、为公众所熟知、已实际具有商号作用的企业名称中的字号、企业或者企业名称的简称，视为企业名称并给予制止不正当竞争的保护。

◆ 案例指引

网络竞价排名侵害名称权案——用竞争对手名称设置搜索关键词进行商业推广构成侵害名称权案[①]

【裁判要旨】

名称权是企业从事商事活动的重要标识性权利，已逐渐成为企业的核心资产。他人合法注册的企业名称受保护，任何人不得通过"蹭热点""傍名牌"等方式侵害他人企业名称权。

【案号】

一审：（2021）粤 0192 民初 8510 号

二审：（2021）粤 01 民终 21436 号

[①] 最高人民法院 2022 年发布九个民法典颁布后人格权司法保护典型民事案例之三。

【案情】

原告：乙公司。

被告：甲公司、某虎公司。

某虎公司系某搜索引擎运营商，旗下拥有搜索广告业务。甲公司为宣传企业购买了上述服务，并在3年内间断以同行业"乙公司"的名称为关键词对甲公司进行商业推广。通过案涉搜索引擎搜索乙公司关键词，结果页面前两条词条均指向甲公司，而乙公司的官网词条却相对靠后。乙公司认为甲公司在网络推广时，擅自使用乙公司名称进行客户引流，侵犯其名称权，某虎公司明知上述行为构成侵权仍施以帮助，故诉至法院，要求甲公司、某虎公司停止侵权，赔礼道歉，消除影响并连带赔偿损失30万元。

【审判】

广州互联网法院经审理认为：依照《民法典》第一千零一十三条、第一千零一十四条的规定，法人、非法人组织享有名称权，任何组织或者个人不得以干涉、盗用、假冒等方式侵害其名称权。乙公司作为具有一定知名度的企业，其名称具有一定的经济价值。甲公司擅自使用乙公司名称进行营销，必然会对其造成经济损失，已侵犯其名称权。某虎公司作为案涉搜索引擎运营商，对外开展付费广告业务，其对甲公司关键词设置的审查义务，应当高于普通网络服务提供者。某虎公司仅对知名商标、驰名商标作出主动屏蔽，未对其他关键词设置进行必要的技术审查，未尽到合理审慎的注意义务，主观上存在过错，客观上对案涉侵权行为提供了帮助，构成共同侵权。

广州互联网法院作出民事判决：甲公司、某虎公司书面赔礼道歉、澄清事实、消除影响并连带赔偿65000元。

原告乙公司与被告某虎公司均不服一审判决，提起上诉。

广东省广州市中级人民法院经审理后判决：驳回上诉，维持原判。

第七条 【公司名称】

依照本法设立的有限责任公司，应当在公司名称中标明有限责任公司或者有限公司字样。

> 依照本法设立的股份有限公司，应当在公司名称中标明股份有限公司或者股份公司字样。

◆ **新旧对照解读**

本条是将《公司法》(2018)第八条调整到此处，两个条款中的"必须"均修改为"应当"。

◆ **条文释义**

本条规定的是公司在名称中要明确其责任形式。

一、公司名称责任形式

公司名称是公司设立时法定登记事项之一，也是章程中应当载明的事项，经公司登记机关依法登记后，即可以市场主体名义开展经营活动。为了使社会公众能够通过公司名称，了解公司的性质、责任形式，评价公司的信用，维护公司及交易相对人的合法权益，保障交易安全，维护社会经济秩序，选定公司名称应当真实反映公司种类，主要是其责任形式。[1] 本条明确规定，依照本法设立的有限责任公司，必须在公司名称中标明有限责任公司字样，可简化为有限公司，依照本法设立的股份有限公司，必须在公司名称中标明股份有限公司字样，可简化为股份公司。

二、公司名称组成

公司名称一般由四部分构成：(1)公司的组织形式。即标明有限责任公司或者股份有限公司字样。(2)具体名称。它是公司名称中的核心要素，公司的组织形式、营业种类和行政区域可以完全相同，但具体名称是社会公众将不同公司区分开来的标识。公司名称内容也应当依法确定，公司不得采用法律、行政法规禁止使用的名称，比如，对国家、社会公共利益有损害的名称，政党、党政军机关、群团组织名称及其简称，外国国家（地区）名称，国际组织名称等，都不得

---

[1] 全国人民代表大会常务委员会法制工作组委员编：《中华人民共和国公司法释义》（最新修正版），法律出版社2013年版，第30页。

作为公司名称使用。(3) 营业种类。法律对此无强制性规定,一般是要求公司名称应当与其营业规模和营业种类相适应。(4) 公司所在地的名称。便于社会公众通过公司名称大体了解该公司的所在地,如北京某某公司。

> **第八条　【公司住所】**
> 公司以其主要办事机构所在地为住所。

◆ 相关规定

《民法典》第六十三条

《民事诉讼法》第二十二条第二款、第二十七条

◆ 条文释义

本条规定的是公司住所。

一、公司住所的确定

经公司登记机关登记的公司住所只能有一个,通常营业执照上登记的住所就是公司主要办事机构所在地。公司在经营过程中,存在两个及两个以上营业场所的,应当确定一个为主要办事机构。公司设立分公司时,以总公司所在地为住所。公司住所依法确定后,不得任意变更,公司主要办事机构所在地如需变动,应当依法办理变更登记。

二、确定公司住所的意义

1. 确定管辖地。公司住所通常是公司决策机关和管理中心的所在地,是法律关系的连结点。确定公司住所便于国家有关机关对公司实施监管,同时也是确定诉讼管辖地的依据。根据《民事诉讼法》第二十二条第二款规定,对法人或者其他组织提起的民事诉讼,由被告住所地人民法院管辖。

2. 确定法律文书送达地址的依据。送达是民事诉讼过程中的关键环节,确定法定送达地址是解决司法实践中"送达难"的有效手段。根据《民事诉讼法》的规定,送达诉讼文书,应当直接送交受送达人;直接送交有困难的,可以邮寄送达;无论以哪种方式送达,地址均为公司住所。《民事诉讼法》第九十条规定:

"经受送达人同意，人民法院可以采用能够确认其收悉的电子方式送达诉讼文书。通过电子方式送达的判决书、裁定书、调解书，受送达人提出需要纸质文书的，人民法院应当提供。采用前款方式送达的，以送达信息到达受送达人特定系统的日期为送达日期。"近年来，随着司法领域全面推进无纸化办公，对自然人采用电子送达的方式越来越普及，对法人或者其他组织，经受送达人同意，电子送达应当也会被越来越多地应用。

3. 确定债务履行地。《民法典》第五百一十一条第（三）项规定："履行地点不明确，给付货币的，在接受货币一方所在地履行；交付不动产的，在不动产所在地履行；其他标的，在履行义务一方所在地履行。"对公司来说，其债务履行地应当为其住所地。

4. 确定涉外民事法律关系的准据法。根据《涉外民事关系法律适用法》第十四条规定："法人及其分支机构的民事权利能力、民事行为能力、组织机构、股东权利义务等事项，适用登记地法律。法人的主营业地与登记地不一致的，可以适用主营业地法律。法人的经常居所地，为其主营业地。"这里的主营业地即公司的主要办事机构所在地，在处理涉外因素的案件时，法院首先需要就一国法院是否有管辖权进行判断，因此，确定公司主要办事机构所在地对适用涉外民事法律关系的准据法具有极其重要的法律意义。

◆ 适用疑难解析

公司"住所"与实际经营地分离

公司在生产经营过程中，随着规模扩大，市场领域扩张，实际营业地可能会增加，且会有跨区域或者跨国的情况，公司住所与经营场所分离是常见现象。对申请人填报的企业住所地址，登记机关只进行形式审查，不进行实质审查。经营场所则不属于企业设立时登记的事项，如果企业登记住所的地址与实际地址不相符，造成无法通知其参加诉讼，企业有可能丧失为自己辩护的权利，并承担缺席判决的不利后果。

同时，在知识经济时代，随着网络信息技术的运用，一些企业特别是电子商务公司对经营场所的依赖逐渐淡化。互联网经营企业拓展业务、扩张规模，不再依赖或者受制于实体经营场地；纯线上运作的互联网企业，往往无实体营业网点与柜台，使传统企业通过物理网点拓展客户和渠道失去价值。① 在发生纠纷时，根据属地主义原则确定诉讼管辖法院，给实际操作带来很多不便，甚至增加诉讼成本。

◆ **案例指引**

联奇开发股份有限公司与上海宝冶集团有限公司等侵害发明专利权纠纷案②
【裁判要旨】
基于同一事实的确认不侵犯专利权诉讼与专利侵权诉讼均属独立的诉讼，司法实践中，如何确定上述两类案件的管辖，应当遵循司法活动的基本规律和特点，坚持"两便"原则，并非均需移送管辖合并审理。

【案号】
一审：（2018）粤73民初3447号、3448号
二审：（2019）最高法知民辖终1号、2号

【案情】
上诉人（原审被告）：上海宝冶集团有限公司（以下简称宝冶公司）。
被上诉人（原审原告）：联奇开发股份有限公司（以下简称联奇公司）。
原审被告：超视埒国际科技（广州）有限公司（以下简称超视埒公司）。
原审被告：中国建筑一局（集团）有限公司（以下简称中建一局）。
原审被告：柏诚工程股份有限公司（以下简称柏诚公司）。
原审被告：江西汉唐系统集成有限公司（以下简称汉唐公司）。
原审被告：中国电子系统工程第二建设有限公司（以下简称中电二建）。

2018年11月14日，联奇公司向广州知识产权法院同时提起两起专利侵权诉讼：第一件为产品专利侵权诉讼，联奇公司请求判令被告停止侵犯其专利号为ZL200410048826.1、名称为"混凝土楼板预留开孔的成型装置"发明专利的行为，案号为（2018）粤73民初3448号。第二件为方法专利侵权诉讼，联奇公司请求判令被告停止侵犯其专利号为ZL200810083903.5、名称为"一种混凝土楼板预留开孔的施工方法"发明专利的行为，案号为（2018）粤73民初3447号。广州知识产权

---

① 孙洁：《冲击与变革：互联网条件下的传统百货业态转型研究》，载《上海经济》2016年第1期。
② 载《最高人民法院公报》2020年第2期（总第280期）。

法院在两案中均进行了证据保全。另查明，上海惠亚铝合金制品有限公司（以下简称惠亚公司）于2018年7月24日向上海知识产权法院提起诉讼，请求确认其"奇氏筒"产品不落入联奇公司专利号为ZL200410048826.1、名称为"混凝土楼板预留开孔的成型装置"发明专利保护范围，案号为（2018）沪73民初753号。上海知识产权法院受理并进行了审理。

宝冶公司提出管辖权异议认为：宝冶公司的住所地在上海市，两案应当由上海知识产权法院管辖，请求将案件移送至上海知识产权法院审理。

一审法院广州知识产权法院裁定驳回宝冶公司对两案管辖权提出的异议。

宝冶公司不服，向最高人民法院提起上诉。宝冶公司上诉请求：依法撤销原审裁定，将本案移送上海知识产权法院审理。事实和理由：联奇公司住所地在我国台湾地区台南市，宝冶公司住所地在上海市宝山区，且上海知识产权法院已经受理惠亚公司诉联奇公司确认不侵害专利权纠纷一案，惠亚公司是本案被诉侵权产品的生产、销售商，本案应当移送上海知识产权法院一并审理。

【审判】

广州知识产权法院认为：两案均为侵害发明专利权纠纷，由于其中一被告超视堺公司的住所地位于广州市增城区，属于广州知识产权法院管辖范围之内，故广州知识产权法院对本两案均具有管辖权。且从案件的初步证据及证据保全情况来看，涉嫌侵权的"奇氏筒"施工方法及"奇氏筒"产品的使用地点均位于广东省广州市增城经济技术开发区内，依照《民事诉讼法解释》（2014）第二十四条之规定，广州市增城区为本两案的侵权行为地，广州知识产权法院亦依法对本两案具有管辖权。因此，宝冶公司所提管辖权异议缺乏事实及法律依据。故裁定驳回宝冶公司对两案管辖权提出的异议。

最高人民法院认为：本案争议焦点为原审法院对本案是否具有管辖权，以及本案是否需移送上海知识产权法院审理。

从便于当事人诉讼的原则出发，上海知识产权法院受理的确认不侵犯专利权诉讼，当事人为原告惠亚公司、被告联奇公司，广州知识产权法院受理的两起专利侵权诉讼，原告均为联奇公司，被告均为宝冶公司、超视堺公司、中建一局、柏诚公司、汉唐公司、中电二建等六家单位，若将本案移送至上海知识产权法院审理，因方法专利侵权诉讼仍应当由广州知识产权法院审理，将产生上述六被告以及联奇公司都分别在上海、广州两地参加诉讼的情况,当事人为参加诉讼都将投入更多的时间和更高的经济成本。如果两起专利侵权诉讼均在广州知识产权法院审理,更有利于节约当事人诉讼成本,符合诉讼经济原则,也更便于多数当事人参加诉讼。

从便于人民法院公正高效行使审判权的原则出发,广州知识产权法院受理了与本案成型装置专利关联度较高的有关该成型装置专利施工方法的侵权案件,且已在其辖区内对该项目中使用的"奇氏筒"产品和施工方法进行了证据保全,本案由原审法院审理便于人民法院查明案件事实并依法裁判和执行。

因此,依据《民事诉讼法》及司法解释的相关规定,广州知识产权法院受理上述两起专利侵权案件符合民事诉讼法关于地域管辖的规定,其对本案具有管辖权。同时从有利于保障和便利当事人诉讼,有利于人民法院公正高效审理案件出发,本案不宜移送至上海知识产权法院审理。

综上,最高人民法院作出终审裁定:驳回上诉,维持广州知识产权法院作出的(2018)粤73民初3447号、3448号民事裁定中驳回宝冶公司对(2018)粤73民初3448号案件管辖权异议的裁定。

第九条　【公司经营范围】

公司的经营范围由公司章程规定。公司可以修改公司章程,变更经营范围。

公司的经营范围中属于法律、行政法规规定须经批准的项目,应当依法经过批准。

◆ 新旧对照解读

本条是在《公司法》(2018)第十二条的基础上修改而成,删除了第一款中的"并依法登记""但是应当办理变更登记"的规定,"改变"经营范围修改为"变更"经营范围。公司在经营过程中,根据需要可以调整经营范围,根据原条文的规定,调整经营范围必须依照法定程序修改公司章程,进行变更登记,依法调整的经营范围不能超出法律、行政法规的限制。《民法典》第六十四条规定:

"法人存续期间登记事项发生变化的,应当依法向登记机关申请变更登记。"新《公司法》删除了改变经营范围后必须办理变更登记程序的规定,只需修改公司章程,根据《市场主体登记管理条例》的规定向登记机关办理备案。①《公司法》作为《民法典》的特别法,有不一致规定时,优先适用《公司法》。删除办理变更登记的强制性规定,有利于公司商事交易活动的快捷性,降低公司交易成本。

◆ 相关规定

《民法典》第六十五条、第五百零五条
《市场主体登记管理条例》第十四条、第二十六条

◆ 条文释义

本条规定的是公司经营范围。

一、公司经营范围的登记公示

公司经营范围是指公司所从事的业务活动的法律界限,是需记载于公司章程和营业执照中的法定事项,并依法向登记机关进行备案。公司经营范围是公司民事权利能力和行为能力的核心内容,关系着公司、股东和第三人的利益平衡。经营范围可以反映企业的业务内容和经营项目,便于公司业务合作方、社会公众更好地了解公司,公司的相关登记信息均通过国家企业信用信息公示系统公示。

二、公司经营范围在法律规定上的变化

《公司法》(1993)第十一条规定:"设立公司必须依照本法制定公司章程。公司章程对公司、股东、董事、监事、经理具有约束力。公司的经营范围由公司章程规定,并依法登记。公司的经营范围中属于法律、行政法规限制的项目,应当依法经过批准。公司应当在登记的经营范围内从事经营活动。公司依照法定程序修改公司章程并经公司登记机关变更登记,可以变更其经营范围。"《公司法》(2005)第十二条规定:"公司的经营范围由公司章程规定,并依法登记。公司可以修改公司章程,改变经营范围,但是应当办理变更登记。公司的经营范围中属

---

① 《市场主体登记管理条例》第二十九条规定:"市场主体变更本条例第九条规定的备案事项的,应当自作出变更决议、决定或者法定变更事项发生之日起 30 日内向登记机关办理备案。农民专业合作社(联合社)成员发生变更的,应当自会计年度终了之日起 90 日内向登记机关办理备案。"

于法律、行政法规规定须经批准的项目，应当依法经过批准。"对比条款规定，《公司法》（2005）删除了"公司应当在登记的经营范围内从事经营活动"的内容，并沿用至今。在经营项目上从限制性条款规定到须经批准的项目应当依法经过批准，表明公司权利能力在不断拓宽。

◆ 适用疑难解析

一、公司超越经营范围订立的合同的效力

公司在经营过程中根据业务结构，需要调整经营范围的，可以通过修改公司章程改变经营范围。公司若超越经营范围与交易相对方订立合同，其效力问题《公司法》未作规定，根据《民法典》第五百零五条规定："当事人超越经营范围订立的合同的效力，应当依照本法第一编第六章第三节和本编的有关规定确定，不得仅以超越经营范围确认合同无效。"因此，关于公司超越经营范围订立的合同效力问题，不得仅以超越经营范围确认合同无效，合同的具体效力问题按照《民法典》中认定民事法律行为效力的规则来确定。若具有无效事由，则应当认定合同无效；如果属于可撤销民事法律行为，则依照撤销权人的意志确定撤销还是不撤销；如果是效力待定的民事法律行为，则应当依照具体规定处理。如果不存在这些方面的法定事由，那么合同就是有效的，不能仅仅以订立合同超越了经营范围就确认合同无效。

同时，根据《民法典》第六十五条规定："法人的实际情况与登记的事项不一致的，不得对抗善意相对人。"如果相对人非善意，则应当依据上述民事法律行为的基本规则确定合同的效力。

二、分公司的经营范围

在已废止的《企业经营范围登记管理规定》中明确规定无特殊情形外，分支机构的经营范围不得超出所隶属企业的经营范围。[①] 《市场主体登记管理条例》

[①] 《企业经营范围登记管理规定》第十二条："不能独立承担民事责任的分支机构（以下简称分支机构），其经营范围不得超出所隶属企业的经营范围。法律、行政法规或者国务院决定另有规定的除外。审批机关单独批准分支机构经营前置许可经营项目的，企业应当凭分支机构的前置许可经营项目的批准文件、证件申请增加相应经营范围，并在申请增加的经营范围后标注'（分支机构经营）'字样。分支机构经营所隶属企业经营范围中前置许可经营项目的，应当报经审批机关批准。法律、行政法规或者国务院决定另有规定的除外。"

《市场主体登记管理条例实施细则》实施后，对分公司的经营范围能否超出总公司的经营范围没有明确规定，《企业经营范围登记管理规定》中的规定不再有效。因此，分公司的经营范围是否可以与其隶属企业不相同存在疑义。分公司的经营范围依法应当办理登记，在办理设立登记时，经营范围等信息需要由其隶属企业盖章确认，分公司以自己的名义从事民事活动，产生的民事责任由其隶属公司承担。

◆ 案例指引

丹阳市珥陵镇鸿润超市诉丹阳市市场监督管理局不予变更经营范围登记案[①]

【裁判要旨】

市场经营主体申请变更登记经营范围，市场监管部门依据地方政府文件规定不予办理，人民法院经审查认为该规范性文件相关内容违反上位法规定，存在限制市场公平竞争等违法情形的，该规范性文件不作为认定被诉行政行为合法的依据。市场经营主体起诉要求市场管理部门办理变更登记的，人民法院应予支持。

【案号】

（2015）丹行初字第00052号

【案情】

原告：丹阳市珥陵镇鸿润超市（以下简称鸿润超市）。

被告：丹阳市市场监督管理局（以下简称市市场监管局）。

2015年2月，鸿润超市向该市市场监管局提交个体工商户变更登记申请书，申请在经营范围内增加蔬菜零售项目。2015年2月，该局向鸿润超市出具个体工商户变更登记受理通知书，随后审查材料，赴实地调查核实，认定鸿润超市经营场所距丹阳市珥陵农贸市场不足200米，其申请不符合丹阳市人民政府丹政办发〔2012〕29号《关于转发市商务局〈丹阳市菜市场建设规范〉的通知》中"菜市场周边200米范围内不得设置与菜市场经营类同的农副产品经销网点"的规定，遂作出了驳回通知书，决定对其变更申请不予登记。

鸿润超市不服诉至法院，请求撤销该驳回通知书，判令对其申请事项进行变更登记。

---

① 载《最高人民法院公报》2018年第6期（总第260期）。

【审判】

江苏省丹阳市人民法院一审认为：根据《行政诉讼法》（2014）第六十三条第一款、第三款规定，人民法院审理行政案件，以法律和行政法规、地方性法规为依据，参照规章。申请办理个体工商户登记，申请登记的经营范围不属于法律、行政法规禁止进入的行业的，登记机关应当依法予以登记。

本案中，原告鸿润超市申请变更登记增加的经营项目为蔬菜零售，不属于法律、行政法规禁止进入的行业，被告市市场监管局依法应予以登记。但被告却适用丹阳市人民政府丹政办发〔2012〕29号规范性文件中的规定，以原告经营场所距珥陵农贸市场不足200米为由，对原告的申请作出不予登记行为。由于丹阳市人民政府的上述规定与商务部《标准化菜市场设置与管理规范》有关场地环境之选址要求第三款"以菜市场外墙为界，直线距离1公里以内，无有毒有害等污染源，无生产或贮存易燃、易爆、有毒等危险品的场所"的规定不一致，与商建发〔2014〕60号《商务部等13部门关于进一步加强农产品市场体系建设的指导意见》第（七）项"积极发展菜市场、便民菜店、平价商店、社区电商直通车等多种零售业态"的指导意见不相符，也违反《个体工商户条例》关于对个体工商户实行的市场平等准入、公平待遇的原则。根据《行政诉讼法》（2014）第五十三条、第六十四条的规定，人民法院经审查认为地方人民政府制定的规范性文件不合法的，不作为认定行政行为合法的依据。据此，丹政办发〔2012〕29号规范性文件不能作为认定被诉登记行为合法的依据。

综上，江苏省丹阳市人民法院作出判决：撤销涉案驳回通知书，被告于判决生效后15个工作日内对原告的申请重新作出登记。

一审宣判后，双方当事人均未上诉，被告已为原告重新办理了变更核准登记。

第十条　【公司法定代表人的产生及辞任】

公司的法定代表人按照公司章程的规定，由代表公司执行公司事务的董事或者经理担任。

> 担任法定代表人的董事或者经理辞任的，视为同时辞去法定代表人。
>
> 法定代表人辞任的，公司应当在法定代表人辞任之日起三十日内确定新的法定代表人。

◆ **新旧对照解读**

本条第一款是在《公司法》（2018）第十三条的基础上修改而成，删除了法定代表人"依法登记"和"公司法定代表人变更，应当办理变更登记"的规定，第二款、第三款为新增内容。结合公司组织机构设置的实际情况，法定代表人的范围由原先的"由董事长、执行董事或者经理担任"修改为"由代表公司执行公司事务的董事或者经理担任"，法定代表人的范围扩展，人选更加灵活。在第二章"公司登记"中，法定代表人的姓名属于公司登记事项之一，并且第三十四条规定："公司登记事项发生变更的，应当依法办理变更登记。公司登记事项未经登记或者未经变更登记，不得对抗善意相对人。"如此修改，避免条文内容规定的重复，逻辑结构上更严谨。第二款和第三款对法定代表人的辞任、新选任时间作了明确规定。修订后的内容，对法定代表人担任者提出了具体要求，淡化了法定代表人的法定代表性，强化了监督与责任。[1]

◆ **相关规定**

《民法典》第八十一条

《民事诉讼法》第五十一条

◆ **条文释义**

本条规定的是公司法定代表人的产生、辞任机制。

所谓法定代表人，是指依照法律或者法人章程的规定，代表法人从事民事活

---

[1] 徐强胜：《公司治理结构中的法定代表人》，载《国家检察官学院学报》2023年第6期。

动的负责人。① 公司法人的经营决策经股东会、董事会或者有权主体作出后，还是属于公司内部决议性质，并不直接对外发生效力，需要外部表示机构以行为意思或者语言意思和表示行为来实现，因此设置法定代表人，对外进行民事活动。法定代表人制度在设计上首先关注的是公司对外的关系，交易相对人审查代表权限的注意义务减少，交易行为结果原则上由公司承受。

对外，法定代表人是公司设立时法定登记事项之一，通过国家企业信用信息公示系统向社会公示。对内，法定代表人的信息在公司章程中应当载明的内容由"公司法定代表人"变更为"公司法定代表人的产生、变更办法"，即新《公司法》不要求将法定代表人的姓名记载于公司章程。将法定代表人姓名记载于公司章程中，法定代表人变更，则公司章程应当随之修改。而修改章程属于股东会职权，公司股东会需要按照法律规定和公司章程相关规定召开，股东以书面形式一致同意的，可以不召开股东会，由全体股东在决定文件上签名或者盖章。如此修改，可简化公司程序性事务流程管理。

法定代表人与公司其他人员相比，有一项特别风险，即当公司成为被执行人时，法定代表人可能会被关联采取强制措施，这对"挂名"担任法定代表人和离职后未作变更登记的群体来说，非常不利。根据以往法律规定，变更法定代表人需要公司作出决议或决定，并办理变更登记手续，如果公司拒不配合或者故意拖延，还要另行启动诉讼维权。新《公司法》规定如果担任法定代表人的董事或经理离职的，则视为同时辞去法定代表人，该规则赋予法定代表人本人"卸任"的主动权，可解决过去为规避法律责任而存在的"借名""挂名"法定代表人现象，同时可以避免实务中法定代表人辞任后仍需要对外承担责任的问题。

法定代表人辞任，公司应在辞任之日起三十日内确定新的法定代表人，时间与《市场主体登记管理条例》第二十四条规定同步，② 结合新《公司法》第二章公司登记的条款，由变更后的法定代表人予以申请登记，该规定为法定代表人依法行使职权，主张公司履行相应义务提供了明确的法律指引。

---

① 王利明、王叶刚：《中国民法典释评·总则编》，中国人民大学出版社2020年版，第194页。
② 《市场主体登记管理条例》第二十四条："市场主体变更登记事项，应当自作出变更决议、决定或者法定变更事项发生之日起30日内向登记机关申请变更登记。市场主体变更登记事项属于依法须经批准的，申请人应当在批准文件有效期内向登记机关申请变更登记。"

◆ **适用疑难解析**

法定代表人的权责失衡

在公司治理结构中，法定代表人以法人名义从事活动具有一般的、广泛的代表权，股东会、董事会、监事会等内部机构各司其职，应是分权制衡，公司意思经股东会决议、董事会决议内部形成，由法定代表人对外作出意思表示。本条规定可以担任法定代表人的是代表公司执行公司事务的董事或者经理，均属于具有公司业务执行权的管理者。董事会成员由股东会选任，董事会是公司权力机构的执行机构，经理是根据公司章程的规定或者董事会选任，对董事会负责。担任法定代表人的自然人同时是公司内部决策层的人员，具有双重身份，在公司治理实践中，他们基本都是由大股东或者控股股东兼任，职务身份不同，权力范围不同，但在具体行使时，权利的内部集中和控制不可避免。同时，法定代表人的表意脱离公司内部决议的行为也很常见，如实践中法定代表人不作为、越权代表、越权担保纠纷等，会给公司治理带来很大的规制成本。

法定代表人的产生、变更、免职等职务变动属于公司自治范畴，现行法律层面并无明确其职权和未履行义务的法律责任的规定。即使公司章程或法人权力机构对其权力进行限制，但这种内部限制也只对非善意相对人有效，缺乏有效的监督和制约。法定代表人的违法违规行为损害赔偿责任有待完善。

◆ **案例指引**

张某玲与武汉兴新业经贸有限公司请求变更公司登记纠纷案——法定代表人任免属公司自治范畴[①]

【裁判要旨】

公司法定代表人的任免或者更换，本质上属于公司自治范围，是公司内部治理问题，并非法律强制管理范畴。为保持公司的活力，人民法院应当充分尊重公司的意思自治，充分保护公司股东选择公司法定代表人和管理者的权利，而不应当进行干预。

---

① 蔡小碧、曹文兵：《法定代表人任免属公司自治范畴》，载《人民司法·案例》2022 年第 2 期。

【案号】

一审：（2019）鄂 0192 民初 3931 号

二审：（2020）鄂 01 民终 10587 号

【案情】

原告：张某玲。

被告：武汉兴新业经贸有限公司（以下简称兴新公司）。

兴新公司成立于 2004 年 3 月 9 日，股东为杨某、张某炳，分别持股 20%、80%。公司章程规定，公司不设董事会，执行董事为法定代表人；执行董事任期每届 3 年，任期届满，连选可以连任，任期届满前，股东会不得无故解除其职务，因特殊原因要解除的，须以代表三分之二以上表决权的股东通过。2004 年 3 月 11 日，兴新公司召开股东会，形成决议免去张某炳执行董事职务，选举张某玲为执行董事、法定代表人。2004 年 3 月 16 日，湖北省武汉市工商行政管理局核准兴新公司法定代表人由张某炳变更为张某玲，张某玲同时担任执行董事。2018 年 12 月 28 日，兴新公司出具离职证明，载明张某玲原系公司员工，担任执行董事职务，经双方协商一致，即日解除双方的劳动合同关系。鉴于张某玲同时为公司法定代表人，在其离职后，公司将随后召开股东会及完成股东会决议，届时张某玲须配合公司完成法定代表人的变更，否则相关责任由张某玲自己承担。2017 年 6 月 19 日，兴新公司被吊销营业执照，但兴新公司法定代表人、执行董事仍登记为张某玲。2019 年 7 月，张某玲向法院提起诉讼，请求变更登记兴新公司法定代表人为公司股东杨某，其不再被登记为兴新公司的法定代表人。

【审判】

一审法院认为：兴新公司章程规定法定代表人由执行董事担任，执行董事的选举和解除等由公司股东会决定。张某玲为兴新公司登记的法定代表人，兴新公司于 2018 年 12 月 28 日向张某玲出具离职证明，载明双方即日起解除劳动合同关系，兴新公司在张某玲离职后，应当及时召开股东会变更法定代表人，但张某玲并无证据证实兴新公司已召开股东会并形成了有效的决议，并且由于召开股东会并作出变更法定代表人的决议属于公司内部事务，人民法院无权直接判令该公司变更法定代表人或者判决张某玲不担任法定代表人，因此，张某玲的诉讼请求不能成立。依照《公司法》（2018）第十三条的规定，法院驳回了张某玲的诉讼请求。

一审宣判后,张某玲不服,向武汉市中级人民法院提起上诉。

二审法院经审理,驳回张某玲的上诉,维持原判。

第十一条　【法定代表人的代表权】

法定代表人以公司名义从事的民事活动,其法律后果由公司承受。

公司章程或者股东会对法定代表人职权的限制,不得对抗善意相对人。

法定代表人因执行职务造成他人损害的,由公司承担民事责任。公司承担民事责任后,依照法律或者公司章程的规定,可以向有过错的法定代表人追偿。

◆ **新旧对照解读**

本条是《公司法》新增条文,源自《民法典》第六十一条、第六十二条的规定。与《民法典》规定相比,除了将"法人"表述更改为"公司",将"法人权力机构"表述更改为"股东会",其他内容完全一致。《民法典》和《公司法》之间的关系是普通法与特别法的关系。《民法典》是所有民商事法律的基本法,因此也是《公司法》的普通法,《公司法》可以视为《民法典》的特别法。特别法优于普通法,所以《公司法》有别于《民法典》中的规定应当优先适用。但是,如上所述,《公司法》中的规定与《民法典》并无实质区别,因此从立法技术角度来说,这一条《公司法》中的内容是重复规定,即使《公司法》没有这一条规定,也完全可以直接适用《民法典》。《公司法》更应当规定关于法定代表人的特殊内容。

这一点,《民法典》第五百零四条可以佐证。该条规定:"法人的法定代表人或者非法人组织的负责人超越权限订立的合同,除相对人知道或者应当知道其超越权限外,该代表行为有效,订立的合同对法人或者非法人组织发生效力。"所有类型法人的法定代表人超越权限订立的合同，都适用这一条，公司的法定代表人也不例外。所以，《公司法》中也没有重复规定这一项内容。

◆ 相关规定

《关于审理民间借贷案件适用法律若干问题的规定》第二十二条

◆ 条文释义

本条规定的是公司法定代表人的代表权，以及公司应当对法定代表人的代表行为承担法律责任。

一、法定代表人的地位

（一）法定代表人是公司对外执行机关

法定代表人是代表公司对外执行业务的人，是公司的常设机关。自然人的意思与表示基本是一致的，尤其是大脑的意思行为必然体现为相对应的表示行为，也就是大脑一定会指挥手脚等器官的行为。而公司作为组织体，其意思表示不同于自然人，需要区分"意思行为"和"表示行为"。所以，公司的组织机构分为内部决策机构和外部表示机构。公司的法定代表人就是公司的外部表示机构，也就是说，公司内部机构的决策或者通过法定代表人这一外部表示机构来实现，或者通过经理、雇员等代理人的代理行为来实现。

法定代表人作为公司对外执行机构，其行为即为公司的行为，公司依据代表理论对外承担责任，这就是第一款"法定代表人以公司名义从事的民事活动，其法律后果由公司承受"的含义所在。在此意义上，法定代表人的代表权与公司权力几乎没有区别。

（二）法人代表权与职务代理权具有同质性

《民法典》第一百七十条规定："执行法人或者非法人组织工作任务的人员，就其职权范围内的事项，以法人或者非法人组织的名义实施的民事法律行为，对法人或者非法人组织发生效力。法人或者非法人组织对执行其工作任务的人员职权范围的限制，不得对抗善意相对人。"据此，经理、雇员等执行公司工作任务的人员，其法律地位是公司的代理人，其执行公司事务的行为由公司根据代理理论来承担责任，其代理权限的范围根据职权范围而不同。总经理的职权范围最大，在某种意义上与法定代表人对外代表权差异不大，但主要职责是负责公司内部经营管理，因此同时是公司内部决策机构之一。法定代表人仅仅是公司的外部执行机构，一般没有公司内部决策权。法定代表人可以由董事或者经理担任，其内部决策权是基于董事或者经理身份，而不是法定代表人的身份享有的。副总经理、各级部门经理、雇员则在各自职责范围内享有代理权。这种代理权是基于职责范围天然赋予的，不需要他人授权，因此类似于"法定代理权"。其他人基于有权主体的委托而获得的代理权则是单纯依据代理而产生，如法定代表人授权公司员工代理其参加诉讼、为合同签字等。

结合《公司法》的相关规定，"执行法人工作任务的人员"是指法人及作为对外代表机构的法定代表人之外的人员，职务代理的代理人在其职权范围内从事法律行为。① 从法律行为结果的归属上，代表和代理只是理论概念上的区分。从交易过程来看，由于法人交易对代表机关的标准化和常态化要求，法定代表人的权限实则系概括的、不受限制的存在。②在职务代理情形下，《民法典》第一百七十条所创设的相关规则并非为了解决公司内部表意机制需求，而是为了解决交易相对人的信赖问题。③

二、代表权的限制

（一）法定限制

法定代表人的代表权可能受到法律的限制，换句话说，对于一些特殊行为，法律规定其他主体享有公司对外的代表权。例如，在法定代表人与公司之间的诉讼中，法定代表人不能代表公司。在公司股东代位诉讼中，根据条件的不同，董事会、监事会、股东都可能具有提起诉讼的代表权。

（二）约定的限制

第二款规定了法定代表权的约定限制，但这种限制不能对抗善意第三人。《民法典》第五百零四条更加明确了善意相对人的含义，该条规定："法人的法定代表人或者非法人组织的负责人超越权限订立的合同，除相对人知道或者应当知

---

① 职务代理权与一般的委托代理权不同，是基于代理人在法人或者非法人组织中的职务，不具有这样的身份则不能构成职务代理。
② 朱广新：《法定代表人的越权代表行为》，载《中外法学》2012 年第 3 期。
③ 刘斌：《公司治理视域下公司表意机制之检讨》，载《中国政法大学学报》2021 年第 2 期。

道其超越权限外,该代表行为有效,订立的合同对法人或者非法人组织发生效力。"也就是说,只要相对人"知道或者应当知道其超越权限",就不属于善意相对人。

三、代表人侵权行为的法律责任

法定代表人的职务行为视为公司本身的行为,所以法定代表人因执行职务造成他人损害的,由公司承担民事责任,这是公司的直接责任和自己责任。但如果法定代表人的侵权行为不是基于职务造成的,此时其行为视为法定代表人的个人行为,由其自行承担责任,公司不对此行为担责。

非法定代表人的行为不可能带来公司的自己责任,但公司可能承担转承责任。《民法典》第一千一百九十一条规定:"用人单位的工作人员因执行工作任务造成他人损害的,由用人单位承担侵权责任。用人单位承担侵权责任后,可以向有故意或者重大过失的工作人员追偿。劳务派遣期间,被派遣的工作人员因执行工作任务造成他人损害的,由接受劳务派遣的用工单位承担侵权责任;劳务派遣单位有过错的,承担相应的责任。"根据该条规定,公司的工作人员因执行工作任务造成他人损害的,由公司承担侵权责任。这是一种雇主转承责任,即雇主对他人行为而非自己行为承担的责任,是一种自己责任的例外。

四、法定代表人与公司承担共同责任的情形

《关于审理民间借贷案件适用法律若干问题的规定》第二十二条规定:"法人的法定代表人或者非法人组织的负责人以单位名义与出借人签订民间借贷合同,有证据证明所借款项系法定代表人或者负责人个人使用,出借人请求将法定代表人或者负责人列为共同被告或者第三人的,人民法院应予准许。法人的法定代表人或者非法人组织的负责人以个人名义与出借人订立民间借贷合同,所借款项用于单位生产经营,出借人请求单位与个人共同承担责任的,人民法院应予支持。"

根据该条规定,在借贷法律关系中,如果存在以下两种情形,法定代表人与公司应当承担共同责任:第一,法定代表人以公司名义与出借人签订民间借贷合同,有证据证明所借款项系法定代表人个人使用。第二,法定代表人以个人名义与出借人订立民间借贷合同,所借款项用于公司生产经营。

这两种情形都是实际使用借贷的债务人与名义债务人存在不同,从保护债权人的角度,让实际债务人承担连带责任。

◆ 案例指引

张某明与周某等民间借贷纠纷案——公司违规为实际控制人提供担保无效案①

【裁判要旨】

公司实际出资人向第三人借款,公司法定代表人未经股东会决议加盖公司印章为实际出资人的借款提供担保,属于越权担保;因法律已规定公司为股东提供担保必须经股东会决议,故第三人理应知晓并遵守该规定;第三人没有审查公司章程,没有要求提供股东会决议,未尽审慎注意义务,不构成对法定代表人越权担保行为的善意,不属于受法律所保护的善意相对人。第三人要求公司承担担保责任的,不予支持。

【案号】

一审:(2018)苏 0281 民初 14453 号

二审:(2019)苏 02 民终 297 号

【案情】

原告:张某明。

被告:周某、连云港罗瑞尔化学有限公司(以下简称罗瑞尔公司)。

2015 年 12 月至 2016 年 6 月,周某因资金周转需要,分十次向张某明合计借款 920 万元,并约定了利息,张某明提供还款承诺、银行对账单、情况说明等材料共计十余组(具体略)予以证明款项已经交付。2016 年 12 月 31 日,罗瑞尔公司在上述十份还款承诺书上担保人处盖章,法定代表人陈某阳签字,罗瑞尔公司对周某的还款承担担保责任。2018 年 8 月 30 日双方进行了对账,明确周某结欠张某明借款本金 6282825 元及利息 5909539.59 元,周某签字,罗瑞尔公司作为担保人盖章,法定代表人陈某阳签字。

张某明称:2016 年 12 月 31 日,罗瑞尔公司统一在还款承诺上盖章提供担保责任,提供担保时,张某明没有要求罗瑞尔公司提供股东决议或者董事会决议等材料。周某称:罗瑞尔公司有 4 个股东,陈某阳是法定代表人并持股 57%,陈某

---

① 载《人民司法·案例》2020 年第 11 期。

阳是其妹夫，帮其代持股份。

张某明诉至法院，请求周某归还借款本息，罗瑞尔公司承担连带担保责任。

【审判】

江苏省江阴市人民法院经审理认为：周某向张某明借款，由罗瑞尔公司提供担保，罗瑞尔公司法定代表人陈某阳就该担保行为签名确认并加盖公章，但陈某阳的代表行为应当属越权担保，且张某明应当知道陈某阳已超越代表权限，故该代表行为对罗瑞尔公司不生效力。理由是：

第一，陈某阳作为罗瑞尔公司法定代表人，其虽然可以代表公司对外开展经营活动，但其应当在法律、公司章程等规定的权限范围内活动。本案中，周某称陈某阳是其妹夫，帮其代持股份，故根据周某的陈述，陈某阳系罗瑞尔公司的名义股东，周某系罗瑞尔公司的实际出资人。根据《公司法》（2018）第十六条第二款"公司为公司股东或者实际控制人提供担保的，必须经股东会或者股东大会决议"，及第三款"前款规定的股东或者受前款规定的实际控制人支配的股东，不得参加前款规定事项的表决。该项表决由出席会议的其他股东所持表决权的过半数通过"的规定，罗瑞尔公司为实际出资人周某提供担保，必须经公司股东会决议，且周某（陈某阳）本人没有表决权。根据已查明的事实，陈某阳（周某）代表罗瑞尔公司为周某向张某明借款提供担保，罗瑞尔公司没有形成股东会决议。故陈某阳虽为罗瑞尔公司法定代表人，但其代表公司为周某借款提供担保的行为已超越代表权限，该代表行为应当属越权担保。

第二，《最高人民法院关于适用〈中华人民共和国担保法〉若干问题的解释》第十一条规定："法人或者其他组织的法定代表人、负责人超越权限订立的担保合同，除相对人知道或者应当知道其超越权限的以外，该代表行为有效。"因此，陈某阳越权担保行为对罗瑞尔公司是否有效，取决于担保权人张某明是否知道或者应当知道陈某阳已超越了代表权限。对公司为他人或者其股东提供担保这种无对价的特殊关联交易，《公司法》（2018）第十六条第二款已作出限制性规定，即"公司为公司股东或者实际控制人提供担保的，必须经股东会或者股东大会决议"。该规定不仅调整公司内部管理事务，亦规范公司外部交往。因为法律既已将公司为他人或者股东担保的行为予以明文规定，即具有公开宣示效力，担保权人理应知晓并遵守该规定，不得以不知法律有规定或者宣称对法律有不同理解而免于适用该法律。因此，罗瑞尔公司为周某借款提供担保是否经股东会决议，理应成为担保权人张某明应当知道的内容。

第三，张某明出借资金，从交易风险控制角度而言，张某明亦应当查阅罗瑞尔公司章程，并依章程指引，进一步对公司担保是否经股东会决议进行形式审查，并以此证明自己的善意第三人身份。在陈某阳不能提供罗瑞尔公司股东会决议的情况下，张某明理应知道陈某阳代表罗瑞尔公司为借款提供担保的行为，违反了《公司法》的强制性规定，但张某明没有要求陈某阳、周某提供罗瑞尔公司的股东会决议，故张某明未尽审慎注意义务，不构成对陈某阳越权代表行为的善意，不属于受法律所保护的善意相对人。现没有证据证明罗瑞尔公司对担保行为知情，故张某明主张罗瑞尔公司承担连带保证责任的诉讼请求，于法无据，法院不予支持。

江阴市法院作出民事判决：周某归还借款本金及利息；驳回张某明其他诉讼请求。

张某明不服一审判决，提起上诉，认为罗瑞尔公司应当与周某共同承担责任。

江苏省无锡市中级人民法院经审理认为：陈某阳的代表行为对罗瑞尔公司不生效，张某明主张罗瑞尔公司对周某的借款行为承担连带责任依据不足。无锡中院遂判决驳回上诉，维持原判。

第十二条 【公司形式变更】

有限责任公司变更为股份有限公司，应当符合本法规定的股份有限公司的条件。股份有限公司变更为有限责任公司，应当符合本法规定的有限责任公司的条件。

有限责任公司变更为股份有限公司的，或者股份有限公司变更为有限责任公司的，公司变更前的债权、债务由变更后的公司承继。

◆ 新旧对照解读

本条与《公司法》(2018) 第九条内容一致。

从 1993 年制定《公司法》开始，"有限责任公司变更为股份有限公司，应当符合本法规定的股份有限公司的条件"这一规定，以及有限责任公司变更为股份有限公司，原有限责任公司的债权、债务由变更后的股份有限公司承继的规定，在之后公司法的历次修正、修订时一直沿用，从未修改。

◆ 相关规定

《公司法》第五十九条、第六十六条、第一百零八条、第一百一十二条、第一百一十六条

《市场主体登记管理条例实施细则》第三十七条第一款

《企业改制司法解释》(2020) 第四条、第五条

◆ 条文释义

本条是关于公司形式变更应当遵守的条件及变更后债权、债务归属的规定。

1. 公司组织形式的合法变更制度，避免了先行解散再依法设立"新公司"的复杂程序，采"一步法"的"直接变更"规制模式，这不仅是基于对组织变动效率的追求，还涉及对债权人是否需要豁免清算及注销程序，以及对股东权益如何换算承继的考量。①

2. 为保护市场经济的安全和秩序，无论是有限责任公司变更为股份有限公司，还是股份有限公司变更为有限责任公司，都须严格按照法定程序进行，并符合变更后公司的法定设立条件。

本条第一款认可合法变更公司组织形式这一制度，但为了防止条文的重复、烦琐现象，未对变更中涉及程序和条件作出具体规定或者指引，而是在之后的章节中，对于"变更公司形式"所涉及的相关事宜作出规定。如，本法第五十九条、第六十六条、第一百一十二条、第一百一十六条，确定了有限责任公司、股

---

① 蒋大兴：《论公司/组织法上的类型转换》，载《法学评论》2021 年第 3 期。

份有限公司的股东会职权包括"变更公司形式",且股东会决议必须经代表三分之二以上表决权的股东通过。本法第一百零八条,对有限责任公司变更为股份有限公司的净资产折股问题及增资募股问题作出了原则性规定。

3. 由于组织形式发生变更只是公司类型的变化,变更前的公司与变更后的公司仍是同一独立法人,因此变更前公司的债权债务应当由变更后公司来承继。

◆ **适用疑难解析**

有限责任公司整体变更为股份有限公司的"变"与"不变"

有限责任公司整体变更为股份有限公司是公司组织形式的改变,同时也会引起公司名称、公司章程、公司组织机构、股东责任的变更。首先,根据本法第七条的规定,"依照本法设立的有限责任公司,应当在公司名称中标明有限责任公司或者有限公司字样。依照本法设立的股份有限公司,应当在公司名称中标明股份有限公司或者股份公司字样"。因此,公司组织形式的变更会引起公司名称的改变。其次,公司章程是公司必备的对公司、股东、董事、监事及高级管理人员具有约束力的调整公司内部关系和经营行为的自治规则。公司名称、组织形式变更,以及按照股份有限公司要求建立的组织机构的变更,都会引起公司章程的变动。最后,公司组织形式改变后股东责任也会发生细微改变。如,根据本法规定,作为有限责任公司的股东,以其认缴的出资额为限对公司承担责任;股份有限公司的股东以其所认购的股份为限对公司承担责任。虽然这两种责任都是有限责任,但仍有细微区别:"出资额"是一个常量,仅指公司设立时股东的投资,表现为一定绝对数量的财产;而"股份"是一个变量,代表股东在公司总股本中所享有的"份额",该份额随着公司经营状况的好坏及公司股价的变动而处于变化之中。[1] 但是,这种组织形式的改变,不会导致公司的股东人数、股权结构、债权债务承担的变更,公司的法人主体资格没有中断、变更,是法定的自然承继的过程。[2]

---

[1] 江平、李国光:《最新公司法理解与适用》,人民法院出版社2006年版,第585页。
[2] 刘艳珍:《有限责任公司整体变更为股份有限公司的法律适用》,载《华北水利水电学院学报(社科版)》2012年第3期。

> **第十三条　【子公司与分公司】**
>
> 　　公司可以设立子公司。子公司具有法人资格，依法独立承担民事责任。
>
> 　　公司可以设立分公司。分公司不具有法人资格，其民事责任由公司承担。

◆ **新旧对照解读**

本条是在《公司法》（2018）第十四条规定的基础上修改而成的，主要变化在于删除了"设立分公司，应当向公司登记机关申请登记，领取营业执照"这一规定，删除部分独立列为第三十八条，作为第二章"公司登记"中的条文。同时，本条还调整了公司可设立分公司和子公司两条款的顺序。

◆ **相关规定**

《民法典》第七十四条
《商业银行法》第十九条、第二十二条
《证券公司分支机构监管规定》（2020）第二条

◆ **条文释义**

本条是关于子公司、分公司的规定。

子公司是相对于母公司而言的，它是独立于向它投资的母公司的法人主体。子公司具有如下特征：第一，母公司对子公司有控制权，子公司的重大事务由母公司实际决定；第二，子公司是独立法人，虽然子公司在经济上和管理上受母公司的支配和控制，但在法律上它具有独立的法人资格，如，拥有独立的公司名称和章程，以自己的名义开展经营活动，具有独立的组织机构，拥有独立的财产并独立核算，独立承担一切民事责任。[①]

分公司是相对于总公司而言的，它是总公司的分支机构，是总公司的一个组

[①] 《中华人民共和国公司法（实用版）》，中国法制出版社2017年版，第9—10页。

成部分。分公司无论在经济上还是法律上，都不具有独立性。分公司的非独立性主要表现在以下方面：第一，分公司不具有法人资格，不能独立享有权利、承担责任，其一切行为的后果及责任由总公司承担；第二，分公司没有独立的公司名称及章程，其对外从事经营活动必须以总公司的名义，遵守总公司章程；第三，分公司在人事、经营上没有自主权，其主要业务活动及主要管理人员由总公司决定并委任，并根据总公司的委托或者授权进行业务活动；第四，分公司没有独立的财产，其所有资产属于总公司，并作为总公司的资产列入总公司资产负债表中。

◆ 适用疑难解析

分公司的民事诉讼主体地位及责任承担

关于分公司的诉讼主体地位以及责任承担，《民事诉讼法》和本法都有相关的规定。但是由于规定有所"冲突"，相关解释也不是很明晰，审判实务中对分公司的诉讼主体地位及责任承担方式意见不一，产生许多问题。

（一）分公司是否具备当事人能力

1. 分公司可以作为原告。分公司以自己名义在总公司的授权范围内进行民商事活动，一旦分公司的权益受到侵害，虽然其不具备独立法人资格，但依据《民事诉讼法》第五十一条、第一百二十二条，《民事诉讼法解释》（2023）第五十二条第（五）项的规定，依法设立并领取营业执照的分公司一样可以作为其他组织维护自身利益。如果涉及确权等与总公司有关或者可能有关的纠纷，则视情况需要追加总公司为第三人参加诉讼。

2. 分公司是否可以作为被告，需视情况而定。《民事诉讼法解释》（2023）第五十三条规定："法人非依法设立的分支机构，或者虽依法设立，但没有领取营业执照的分支机构，以设立该分支机构的法人为当事人。"因此，没有依法设立或者没有领取营业执照的分公司不可以作为诉讼当事人，此时应当以总公司作为被告。

（二）分公司的民事责任承担

《民法典》第七十四条第二款规定："分支机构以自己的名义从事民事活动，产生的民事责任由法人承担；也可以先以该分支机构管理的财产承担，不足以承担的，由法人承担。"《公司法》第十三条第二款规定："……分公司不具有法人资格，其民事责任由公司承担。"这两条规定表述上略有差别，由于分公司没有注册资本，是总公司的一个组成部分，其财产即为总公司财产，因此上述条款实质上均认可分公司的民事责任最终由总公司承担，且不是连带责任。

◆ 案例指引

孟某生等与李某国等建设工程施工合同纠纷再审案[①]

【裁判要旨】

根据《公司法》（2018）第十四条之规定，分公司的财产即为公司财产，分公司的民事责任由公司承担。以分公司名义依法注册登记的，应当受到该既有规则调整。当事人之间有关公司、分公司内部经营模式、权责关系的特别约定，不足以对抗公司注册登记的公示效力，亦不足以对抗案外第三人。

【案号】

一审：（2014）长民二初字第5号

二审：（2015）吉民一终字第72号

再审：（2016）最高法民再149号

【案情】

再审申请人：孟某生、长春圣祥建筑工程有限公司（以下简称圣祥公司）。

被申请人：李某国。

一审被告：长春市腾安房地产开发有限公司（以下简称腾安公司）。

长春东亚建筑工程有限公司（以下简称东亚公司，圣祥公司的前身）成立于1993年7月9日，经营范围为承揽国内外建筑工程。2006年3月，东亚公司向吉林省长春市工商行政管理局申请设立分支机构东亚公司建和分公司（以下简称建和分公司）后，长春市工商行政管理局颁发了建和分公司营业执照，经营范围为在所隶属的公司经营范围内，从事工程承包经营，其民事责任由所属的公司承担。建和分公司成立后，与东亚公司签订内部承包合同，约定承包范围为资质证书中规定的工业与民用建筑承包范围；建和分公司每年向东亚公司缴纳3万元业

[①] 载《人民司法·案例》2019年第23期。

务费用，每年向东亚公司缴纳10万元工程费用。2013年5月29日后，建和分公司的负责人为李某国。

2011年3月4日，东亚公司与沈阳军区空军军官住房发展中心长春办事处签订建筑安装工程承包合同书，承建蓝天佳苑二期工程，合同价款为8356.1772万元。后经庭审确认，该工程实际由建和分公司及李某国承建。

2012年1月9日，孟某生因与东亚公司、腾安公司、东亚公司祥泽分公司（以下简称祥泽分公司）产生买卖合同纠纷，起诉至吉林省长春市中级人民法院。2012年9月28日，长春中院作出（2012）长民四初字第2号民事判决：一、东亚公司给付孟某生钢材款并支付违约金；二、腾安公司对东亚公司支付以上款项承担连带保证责任，腾安公司承担保证责任后，有权向债务人追偿；三、驳回孟某生的其他诉讼请求。

2012年12月18日，长春中院冻结建和分公司在九台农商银行长春大街支行账户存款850万元，实际冻结5850435.10元。上述款项系沈阳军区空军军官住房发展中心于2012年12月17日转入建和分公司的蓝天佳苑小区二期工程的工程款。因李某宾、李某国以其所有的两套房屋提供置换担保，长春中院遂裁定解除对建和分公司账户存款人民币5850435.10元中80万元的冻结。2013年6月5日，孟某生向长春中院申请执行。在执行过程中，李某国提出异议，以长春中院查封的5850435.10元款项是李某国承包建和分公司并承建蓝天佳苑二期工程所得收益，请求解除对该款项的冻结。长春中院于2014年5月14日作出执行裁定，驳回李某国的异议。为此，李某国提起案外人执行异议之诉，请求在长春中院停止对建和分公司5050435.10元银行存款的执行，解除对该款项的冻结。

2015年2月12日，长春中院作出（2014）长民二初字第5号民事判决。该判决认为，东亚公司与建和分公司并非普通总公司与分公司之间的关系，而是东亚公司将建和分公司发包出去，其不对建和分公司进行统一经营、管理，东亚公司对建和分公司的盈利方式通过收取管理费实现；李某国作为建和分公司的实际承包人，其对建和分公司名下的财产享有权利，根据《最高人民法院关于人民法院执行工作若干问题的规定（试行）》第七十八条第二款规定，李某国就本案执行标的享有足以排除强制执行的民事权益，据此判决支持了李某国的诉讼请求，在（2013）长执字第155号执行案件中不得对建和分公司账户内的存款

5050435.10元进行执行。孟某生不服，提起上诉。吉林高院于2015年7月7日作出（2015）吉民一终字第72号民事判决，认为建和分公司系圣祥公司合法注册成立的分公司，其与圣祥公司的关系当然是总公司与分公司的关系。案涉关键在于，建和分公司是否已由他人承包，其账户上款项是否为该承包人的投入及收益？李某国为实际投资人，亦为蓝天佳苑二期工程的实际施工人，可以认定建和账户上的款项属于李某国在承包过程中的投入及收益。据此判决驳回上诉，维持一审判决。

判决生效后，孟某生、圣祥公司向最高人民法院申请再审，请求撤销原判决，依法改判驳回李某国的诉讼请求。2015年12月17日，最高人民法院作出（2015）民申字第2547号民事裁定，对本案予以提审。

【审判】

本案争议焦点为：案外人李某国对建和分公司账户内的案涉争议款项提出的执行异议是否成立，是否足以阻却人民法院的强制执行。

最高人民法院经提审认为：

1. 建和分公司作为圣祥公司的分公司在工商行政管理机关依法注册登记，其与圣祥公司之间即形成法律上的公司与分公司之间的关系，应当受到公司法所确立的公司与分公司之间既有法律规则的调整，即分公司的财产为公司财产，分公司的民事责任由公司承担。

2. 李某国提出的其与圣祥公司关于建和分公司的经营模式、权责义务等内部约定，不足以对抗分公司注册登记的公示效力，进而不足以对抗案外第三人。建和分公司、李某国如认为其为圣祥公司承担责任有违三者之间的内部约定，可与圣祥公司协商解决。

3.《最高人民法院关于人民法院执行工作若干问题的规定（试行）》第七十八条中规定予以保护的承包或者租赁经营，应当是法律所准许的承包、租赁形式。李某国举示的建和分公司与圣祥公司所签之内部承包合同，其实质为建设工程施工企业资质租赁或者有偿使用。该情形属于法律及司法解释明令禁止的行为，故即便能够认定李某国与圣祥公司就建和分公司存在事实上的承包、租赁关系，因其具有违法性，故不应当被包含于第七十八条保护范围。

4. 法律作为一种约束人们各项行为之规范的总和，其一项重要价值即在于保护合法权益。法院认为并倡导，遵法守法依法行事者，其合法权益必将受到法律保护；反之，不遵法守法甚至违反法律者，因其漠视甚至无视规则，就应当承担不受法律保护或者受到法律追究的风险。李某国在知道或者应当知道法律对于借用资质从事施工行为持否定态度，以及公司与分公司之间既有法律规则的情形下，坚持选择实施违法行为并获取收益，其应当承担由此带来的不受法律保护的风险。

5. 实际施工人是《最高人民法院关于审理建设工程施工合同纠纷案件适用法律问题的解释》中规定的概念，因其规范之特定性，在建设工程施工合同纠纷案件中，方适宜对实际施工人身份作出认定。本案系案外人执行异议之诉，并非建设工程施工合同纠纷，且未针对施工各方权利义务进行审理，故不宜对李某国是否具有实际施工人身份作出认定。

综上，最高人民法院作出再审判决：撤销一、二审民事判决；驳回李某国的诉讼请求。

第十四条　【转投资及其限制】

公司可以向其他企业投资。

法律规定公司不得成为对所投资企业的债务承担连带责任的出资人的，从其规定。

◆ **新旧对照解读**

本条是在《公司法》（2018）第十五条规定的基础上修改而成的，主要变化在于：将《公司法》（2018）中关于公司不得成为对所投资企业的债务承担连带责任的出资人的一般性规定，更改为例外性规定，即原则上允许公司成为对所投资企业的债务承担连带责任出资人，除非法律另有规定。

◆ **相关规定**

《合伙企业法》第二条、第三条

◆ 条文释义

本条是关于公司转投资的规定。

公司作为法人，具有独立的人格，能够以自己的名义参加民事活动，拥有独立的财产，能够独立承担民事责任。公司对外投资属于公司的经营自主权，因此，公司使用自己财产进行转投资是被法律允许的。公司不仅可以向其他有限责任公司或者股份有限公司投资，也可以向其他企业投资。除法律另有规定的外，允许公司对外投资中作为承担连带责任的出资人，如债务加入行为，或者成为合伙企业的普通合伙人等。

《合伙企业法》第三条规定："国有独资公司、国有企业、上市公司以及公益性的事业单位、社会团体不得成为普通合伙人。"这属于本条所述的"法律规定公司不得成为对所投资企业的债务承担连带责任的出资人的，从其规定"的情形之一。

◆ 适用疑难解析

公司分立与投资行为的区分

公司分立与投资的核心区别在于：一是股东构成不同。公司分立属于公司组织法的问题，强调的是公司组织的变更。公司分立后，分立公司与新设公司或者承继公司之间发生股东构成的重叠，即新设立公司的部分或者全部股东是原公司的部分或者全部股东；而在转投资中，转投资公司获得新设公司或者接受投资公司的全部或者部分股权，即投资公司成为被投资公司的部分或者全部股东。二是公司资产数量变化不同。公司分立必然导致公司资产数量减少；公司转投资不发生公司资产数量变化，只是公司资产的形态发生变化。以现金、实物、无形资产作为转投资的，其资产的实物形态变为股权形态。三是公司相互之间的关系不同。公司分立后，分立前的公司与分立后的公司之间属于并列平行关系，相互之间不存在控制和被控制关系；而公司转投资则是纵向关系，相互之间存在控制和被控制关系。四是决议程序不同。公司分立应当由公司的股东作出特别决议，在有限责任公司中应当经代表三分之二以上表决权的股东通过，而在股份有限公司中应当经出席会议的股东所持表决权的三分之二以上通过；而公司转投资，依照公司章程的规定，由董事会或者股东会决议，因此不一定都需要股东会决议。而且即使是股东会决议，也只需要作出普通决议，有限责任公司按照公司章程规定的议事方式和表决程序进行表决，股份有限公司经出席会议的股东所持表决权过半数通过即可。五是债务承继不同。在公司分立中，分立公司与新设公司承担连带责任；在公司转投资中，投资公司与被投资公司之间并不存在债务承继问题。当投资公司无法清偿自身债务时，债权人可以申请执行转投资收益，即用被投资公司到期应当分得的股息、红利偿还，也可以通过受让转让公司的股份或者转让转投资公司的出资获得债权保护。①

◆ 案例指引

江苏省南京市县郊化工公司与朝阳减水剂厂与公司有关的纠纷案②

【裁判要旨】

认定企业变动的法律性质，应当以工商登记资料为准。企业投资设立公司的行为并不导致法人财产的减少，只是资产形态发生变化，即由实物形态转变为股权形态，不适用公司分立责任的承担。

【案号】

一审：（2006）栖民二初字第 35 号

二审：（2007）宁民二终字第 152 号

【案情】

原告：玄武湖信用社。

被告：南京市化工容器厂（以下简称化工容器厂）、江苏省南京市县郊化工公司（以下简称县郊化工公司）、新朝阳公司。

1992 年 11 月，被告县郊化工公司与栖霞区岔路口容器厂合资开办被告化工容器厂。栖霞岔路口容器厂出资现金 44 万元，县郊化工公司以其厂房、土地、水电齐全等作价 56 万元出资。但县郊化工公司并未履行出资义务，而是将其厂房、土地等固定资产租赁给化工容器厂。

1995 年 4 月，被告县郊化工公司在其原下属的分支机构基础上出资 60 万元，

---

① 樊荣禧、曹艳：《公司分立和转投资的区别与认定》，载《人民司法·案例》2008 年第 6 期。
② （2007）宁民二终字第 152 号。

成立了具有独立法人资格的独资企业——朝阳减水剂厂。该厂公司章程规定：朝阳减水剂厂的资金来源是公司调拨，法定代表人由县郊化工公司任命，企业人员来自县郊化工公司职工。同时，被告县郊化工公司将其95%的固定资产（包括土地、厂房、机器设备等价值120万元）调拨朝阳减水剂厂，并进行了工商登记。工商登记资料载明：注册资金为60万元，投资人为县郊化工公司。

1996年7月，被告县郊化工公司的主管部门下发批文，同意县郊化工公司与朝阳减水剂厂分立。2005年，朝阳减水剂厂进行"三联动"改制，由新朝阳公司出价1200万元购买朝阳减水剂厂整体产权，朝阳减水剂厂更名为新朝阳公司。

2001年6月5日，被告化工容器厂向原告玄武湖信用社贷款70万元。至2007年初，因化工容器厂未按照借款合同约定履行还款义务，原告玄武湖信用社诉至法院，请求法院判令：（1）化工容器厂归还借款本金及利息共计100万元；（2）县郊化工公司在60万元内承担出资不到位的补充赔偿责任；（3）新朝阳公司对县郊化工公司的债务承担连带责任。

【审判】

江苏省南京市栖霞区人民法院经审理认为：原告玄武湖信用社与被告化工容器厂订立的借款合同系双方真实意思表示，应当受法律保护。化工容器厂未能按照合同约定履行还款义务，应当承担相应的还款责任及违约责任。被告县郊化工公司与栖霞区岔路口容器厂合资开办化工容器厂，但并未履行56万元的出资义务，应当对化工容器厂的债务在其出资不到位的范围内承担补充赔偿责任。被告新朝阳公司系由朝阳减水剂厂改制而来，而朝阳减水剂厂的前身为县郊化工公司的分支机构，系由县郊化工公司调拨资金及人员而开办，县郊化工公司的主管机关亦下文同意朝阳减水剂厂与县郊化工公司分立，故县郊化工公司与朝阳减水剂厂应当属分立关系，县郊化工公司与朝阳减水剂厂应当对其分立前的债务承担共同清偿责任。朝阳减水剂厂改制为新朝阳公司后，其债权债务由新朝阳公司负担，故新朝阳公司应当对县郊化工公司与朝阳减水剂厂分立前的债务承担共同清偿责任。据此，法院判决：化工容器厂于判决生效之日起3日内偿还玄武湖信用社借款本金及利息共计100万元；县郊化工公司、新朝阳公司在56万元的范围内对上述债务承担连带清偿责任。

宣判后，被告新朝阳公司不服一审判决，向江苏省南京市中级人民法院提起上诉。

二审法院经审理认为，本案的关键问题是朝阳减水剂厂与县郊化工公司之间是分立关系还是投资关系。

从朝阳减水剂厂的成立过程看，该厂是由县郊化工公司调拨人员、资金，在其原来的分支机构化工厂的基础之上成立的具有独立法人资格的独资企业。虽然县郊化工公司以及其主管部门南京化学工业总公司在成立朝阳减水剂厂的各种公文、批复中使用了分立字样，但在朝阳减水剂厂的设立过程中，工商登记资料及验资报告均载明组建单位和投资人是县郊化工公司，注册资金为60万元。认定企业变动的法律性质，应当以工商登记资料为准，故县郊化工公司成立朝阳减水剂厂的行为属于企业投资行为。关于玄武湖信用社的债权问题，县郊化工公司投资设立朝阳减水剂厂的行为，并不导致法人财产的减少，只是资产的形态发生变化，即由实物形态转变成股权形态。县郊化工公司与朝阳减水剂厂是两个具有独立资格的法人，当县郊化工公司不能清偿债务时，玄武湖信用社作为债权人可以通过执行县郊化工公司在朝阳减水剂厂的股权的方式实现债权，而不能要求朝阳减水剂厂承担清偿责任。据此，二审法院改判被告新朝阳公司不承担连带责任。

第十五条 【向其他企业投资或者为他人提供担保】

公司向其他企业投资或者为他人提供担保，按照公司章程的规定，由董事会或者股东会决议；公司章程对投资或者担保的总额及单项投资或者担保的数额有限额规定的，不得超过规定的限额。

公司为公司股东或者实际控制人提供担保的，应当经股东会决议。

前款规定的股东或者受前款规定的实际控制人支配的股东，不得参加前款规定事项的表决。该项表决由出席会议的其他股东所持表决权的过半数通过。

◆ 新旧对照解读

本条源自《公司法》（2018）第十六条。本次修订调整为第十五条，并进行了一些文字性修改。一是将"依照"改为"按照"，二是删除了"股东大会""或者股东大会"的表述，三是将原第二款中的"必须"修改为"应当"，实质内容没有变化。新《公司法》中，有限责任公司和股份有限公司的权力机构统称"股东会"，因此，本条删除了"股东大会""或者股东大会"的表述。

◆ 相关规定

《民法典》第六十一条、第五百零四条

《民法典担保制度解释》第七条至第十二条、第十七条

《九民纪要》第十七条至第二十三条

◆ 条文释义

本条是关于有限责任公司对外投资或者为他人提供担保的规定。

一、有限责任公司向其他企业投资

公司可以向其他企业投资。为科学决策、防范风险，有限公司可以根据公司经营管理情况，通过公司章程对公司对外投资的决策权主体、对外投资总额及单项投资数额进行规定。可以将公司对外投资的决策权授予股东会或者董事会；可以对股东会或者董事会的权限进行划分，如规定超过某一数额的由股东会决议，其他由董事会决议；也可以全部授予董事会。股东会或者董事会作出的决议可以是普通决议，也可以是特别决议，具体由公司章程规定。如果公司章程对公司对外投资总额及单项投资数额有限制规定的，股东会或者董事会在作出决议时不得超过该规定的限额。

二、公司为他人提供担保

除担保公司外，公司为他人提供担保通常不属于公司日常经营活动，且对外提供担保意味着承担责任的风险。为维护公司、股东尤其是中小股东的合法权益，本条对公司为他人提供担保作了比较严格的限制，实质上限制了公司法定代表人的对外代表权限。公司为自己债务提供担保不适用本条规定。

(一) 公司为股东或者实际控制人之外的人提供担保

1. 公司为他人提供担保应当按照公司章程的规定由股东会或者董事会作出决议。

公司为他人提供担保不是法定代表人、董事、经理等个人能够单独决定的事项，必须按照公司章程的规定由股东会或者董事会作出决议。公司章程可以根据本公司实际明确规定公司为他人提供担保属于股东会决议事项还是董事会决议事项，也可以根据担保额度大小在股东会和董事会之间进行分权；可以明确这些决议事项是特别决议事项还是普通决议事项。

2. 公司为他人提供担保，不得超过公司章程规定的限额。

公司可以根据自身实际通过公司章程对公司为他人提供担保的总额及单项担保限额作出规定。公司章程对担保总额或者单项担保限额有规定的，股东会或者董事会在作出担保决议时，不得超过公司章程规定的限额。

(二) 公司为股东或者实际控制人提供担保

1. 公司为股东或者实际控制人提供担保的，应当经股东会决议。

公司法并不禁止公司为股东或者实际控制人提供担保。但实践中，控股股东或者实际控制人往往也会控制公司董事会，为防止股东或者实际控制人利用公司为其提供担保掏空公司资产损害公司和其他股东合法权益，本条第二款规定，公司为公司股东或者实际控制人提供担保的，应当经股东会决议。对此，公司章程不能作出相反规定。

2. 公司为股东或者实际控制人提供担保的，关联股东须回避表决。

为维护股东会决议的公正性，也为防止控股股东滥用资本多数决损害公司和中小股东合法权益，在股东会对是否为股东或者实际控制人提供担保作出决议时，该股东或者该实际控制人控制的股东没有表决权，该决议必须由出席会议的其他股东所持表决权的过半数通过才有效。这就避免了控股股东或者实际控制人通过控制股东会使公司为自己提供担保从而损害公司和中小股东利益的情况。

◆ 适用疑难解析

违反《公司法》第十五条规定的公司决议程序对外提供担保的行为的法律效力

《公司法》第十五条规定了公司对外提供担保的决议程序。但长期以来，我国公司在对外提供担保方面，未经公司决议程序径行对外提供担保的情况大量存在。法定代表人未经决议程序对外提供担保的，担保合同是否有效？主要存在如下几种观点：第一，应当推定交易相对人明知，担保行为无效。第二，未履行公司内部决议程序的公司担保，应当认定为未获得公司权力机构授权，担保合同未生效。第三，该规定属于管理性规范，违反该规定不影响民事法律行为的效力，即使担保人未向债权人出具股东会或者董事会决议，担保行为有效。第四，公司为股东担保的效力应当结合个案作出判断，交易相对人尽到注意义务（就注意义务的具体内容也存在争议，如交易相对人是否需要审查股东会决议等）的，应当认定担保合同有效，反之，应当认定担保合同未生效。为了统一裁判规则，最高人民法院先后通过公报案例、司法解释等方式予以澄清。但最高人民法院对此问题的认识也经历了一个转变过程。2019年《九民纪要》出台，终结了这种观点的混乱。2021年实施的《民法典担保制度解释》基本延续了《九民纪要》的规定。

违反《公司法》第十五条对外提供担保的行为的法律效力，主要涉及以下几个问题：

（一）《公司法》第十五条的规范性质

长期以来，学界和实务界将认定越权担保行为效力的关键放在《公司法》第十五条（旧法第十六条）规范性质的判断上，即该条到底是管理性强制性规定还是效力性强制性规定。在相当长的一段时间内，司法实践的主流观点认为，该条在性质上属于管理性规定，即便法定代表人违反该条规定，未经公司决议程序擅自对外提供担保，也不影响担保合同的效力。如在中建材集团进出口公司诉北京大地恒通经贸有限公司、北京天元盛唐投资有限公司、天宝盛世科技发展（北京）有限公司、四川宜宾俄欧工程发展有限公司进出口代理合同纠纷案①中，北京市高级人民法院认为，旧法第十六条"并未明确规定公司违反上述规定对外提供担保导致担保合同无效；该条款并非效力性强制性的规定"。在招商银行股份有限公司大连东港支行与大连振邦氟涂料股份有限公司、大连振邦集团有限公司借款合同纠纷案②中，最高人民法院认为，旧法第十六条第二款"是关于公司内部控制管理的规定，不应当以此作为评价合同效力的依据"。

但是，如果认为《公司法》第十五条属于管理性规定，违反该条并不影响担保合同的效力，则会导致架空该条的后果。因此，在2019年的《九民纪要》中，最高法采用了代表权限制说，将旧法第十六条（新法第十五条）视为对公司法定代表人代表权限的法定限制，即担保行为不是法定代表人所能单独决定的事项，必须以公司股东会、董事会等公司机关的决议作为授权的基础和来源。关于该条的规范性质，认为该条属于公司法组织规范的范畴，因效力性规定和管理性规定是对强制性规定所作的区分，而强制性规定、任意性规定本身属于行为规范的范畴，因此不能简单地将该条归入管理性规定或者效力性规定。③ 2021年实施的《民法典担保制度解释》延续了此观点，认为违反旧法第十六条关于对外提供担保的决议程序的规定，法定代表人超越权限代表公司与相对人订立担保合同的，构成越权代表，应当根据《民法典》第六十一条和第五百零四条等规定认定其法律效力。至此，对《公司法》第十五条的规范属性达成共识，其既不是效力性强制性规定，也不是管理性强制性规定，违反该条的法律后果并不直接导向担保合同的效力评价，法院不能再以该条属于管理性强制性规定或者效力性强制性规定来认定法定代表人越权签订的担保合同的效力。④

（二）相对人的审查义务

长期以来，关于相对人是否负有审查义务以及审查义务的范围和标准等也存在诸多争议。关于相对人是否负有审查义务，学界主要有肯定说、否定说和区分

---

① 载《最高人民法院公报》2011年第2期。
② 载《最高人民法院公报》2015年第2期。
③ 参见最高人民法院民事审判第二庭：《〈全国法院民商事审判工作会议纪要〉理解与适用》，人民法院出版社2019年版，第181页。
④ 参见高圣平：《民法典担保制度及其配套司法解释理解与适用》，中国法制出版社2021年版，第59页。

说三种观点，最高人民法院的态度也不尽一致。如在薛某盟与山东兴康医疗器械有限公司等民间借贷纠纷申诉案①中，最高人民法院认为，旧法第十六条第一款"系规范公司治理的管理性规范，在公司内部对股东、董事、监事及高级管理人员具有普遍约束力，但对外并不发生影响合同效力的法律约束力，债权人对公司担保是否经决议机关决议或者是否经股东同意不负审查义务"。而最高人民法院在招商银行股份有限公司大连东港支行与大连振邦氟涂料股份有限公司等借款合同纠纷再审案中，明确认可相对人在接受公司提供担保时负有形式审查义务。②在认可相对人负有审查义务的观点中，相对人审查义务的范围和标准又存在诸多争议。学界通说和司法实践普遍接受的观点是相对人在接受担保时负有形式审查义务，但对于形式审查义务的范围又存在诸多争议，如是否只需要审查法定代表人的身份、公司法人印章的真实性、股东会担保决议盖有的担保人公司印章的真实性③，是否应当要求担保人提供公司决议并对公司决议进行审查④，是否需要审查公司章程并根据公司章程对公司决议进行相关审查等均存在不同认识。高圣

---

① （2016）最高法民再 194 号。
② 参见（2012）民提字第 156 号，载《最高人民法院公报》2015 年第 2 期。
③ 在招商银行股份有限公司大连东港支行诉大连振邦氟涂料股份有限公司等借款合同纠纷案 [（2012）民提字第 156 号] 中，最高人民法院认为"担保债权人基于对担保人法定代表人身份、公司法人印章真实性的信赖，基于担保人提供的股东会担保决议盖有担保人公司真实印章的事实，完全有理由相信该《股东会担保决议》的真实性，无须也不可能进一步鉴别担保人提供的《股东会担保决议》的真伪"。
④ 在强某延、曹某波股权转让纠纷再审民事案 [（2016）最高法民再 128 号] 中，最高人民法院认为：案涉《增资协议书》载明"瀚霖公司已通过股东会决议，原股东同意本次增资……"《补充协议书》载明"甲方（瀚霖公司）通过股东会决议同意本次增资扩股事项……基于《增资协议书》及《补充协议书》的上述表述，强某延有理由相信瀚霖公司已对包括提供担保在内的增资扩股一揽子事项通过股东会决议，曹某波已取得瀚霖公司授权代表公司对外签订担保条款，且瀚霖公司在本案审理中亦没有提交其他相反证据证明该公司未对担保事项通过股东会决议，故应当认定强某延对担保事项经过股东会决议已尽到审慎注意和形式审查义务"。而在吴某俊与泰州市天利投资发展有限公司、周某英民间借贷纠纷申请再审民事案 [（2014）民申字第 1876 号] 中，最高人民法院认为："法律规定具有公示作用，吴某俊应当知晓。因法律有明确规定，吴某俊应当知道天利公司为戴某进的债务提供担保须经天利公司股东会决议，而其并未要求戴其进出具天利公司的股东会决议，吴某俊显然负有过错，因而其不能被认定为善意第三人。"在河北敬业担保有限公司与永年县圣帝隆房地产有限公司、邯郸市兆亿贸易有限公司等追偿权纠纷申诉、申请民事案 [（2016）最高法民申 2633 号] 中，最高人民法院认为："谢某明在代表圣帝隆房地产公司向敬业担保公司出具《反担保证书》时未提供《公司法》第十六条第一款规定的圣帝隆房地产公司董事会或者股东会决议等相关文件，而敬业担保公司作为专门从事担保业务的专业机构，本应当对谢某明是否越权尽到更为谨慎的审查义务，但其并未进行形式上的审查，因此不构成善意。"

平教授认为，对公司担保决议的形式要件的审查，不限于审查公司是否提交了股东或者董事签署的公司担保决议，相对人应当进一步与公司章程比对决议上签章的股东的一致性（但并不审查签章的真实性），计算签章股东所持表决权是否达到公司法或者公司章程所定最低比例。①

2019年出台的《九民纪要》在统一旧《公司法》第十六条的规范属性的同时，区分关联担保和非关联担保，明确了债权人"善意"的认定以及审查义务的范围和标准。对于关联担保，债权人应当提供证据证明其在订立合同时对股东会决议进行了审查，决议的表决程序符合公司法的规定，即在排除被担保股东表决权的情况下，该项表决由出席会议的其他股东所持表决权的过半数通过，签字人员也符合公司章程的规定；对于非关联担保，除非公司能够证明债权人明知公司章程对决议机关有明确规定的外，债权人只要证明其在订立担保合同时对董事会决议或者股东会决议任一决议进行了审查，同意决议的人数及签字人员符合公司章程的规定，就应当认定其构成善意。债权人对公司机关决议内容的审查一般限于形式审查，只要求尽到必要的注意义务即可，公司以机关决议系法定代表人伪造或者变造、决议程序违法、签章（名）不实、担保金额超过法定限额等事由抗辩债权人非善意的，人民法院一般不予支持。

2021年实施的《民法典担保制度解释》基本吸收了《九民纪要》的规定，但并未明确规定相对人审查义务的范围，只是在第七条第三款概括规定"相对人有证据证明已对公司决议进行了合理审查，人民法院应当认定其构成善意，但是公司有证据证明相对人知道或者应当知道决议系伪造、变造的除外"。《民法典担保制度解释》将《九民纪要》的"形式审查"修改为"合理审查"。"合理审查"将审查义务履行程度与一般注意义务标准等同②，既非宽松的"形式审查"，也非严苛的"实质审查"，而是"审慎的形式审查"③，实际上对相对人提出了更高的要求，进一步强化了相对人的审查义务。在"合理审查"标准下，相对人应当对公司决议、公司章程等文件进行审查，审查是否有公司决议，公司决议是否为

---

① 高圣平：《公司担保中相对人的审查义务——基于最高人民法院裁判分歧的分析和展开》，载《政法论坛》2017年第5期。
② 甘培忠、马丽艳：《公司对外担保制度的规范逻辑解析——从〈公司法〉第16条属性认识展开》，载《法律适用》2021年第3期。
③ 参见高圣平：《再论公司法定代表人越权担保的法律效力》，载《现代法学》2021年第6期。

适格决议，适格决议中股东或者董事的身份是否属实、关联担保中应当回避表决的股东是否参与了表决等。对关联担保，股东会决议是适格决议，相对人应当对股东会决议进行审查。对非关联担保，如果公司章程未作规定，董事会决议或者股东会决议均是适格决议；如果公司章程规定由董事会决议的，根据"举轻以明重"的解释原则，股东会决议也是适格决议；如果公司章程规定由股东会决议的，董事会决议不是适格决议，法定代表人仅提交董事会决议，相对人接受的，不能认定为善意相对人。①

(三) 越权担保的法律效果归属

对于越权担保的法律效果归属，当相对人是善意时，担保合同对公司发生效力，由公司承担担保责任，这一点没有争议。但当相对人是恶意时，越权担保的法律效果如何，学界和司法实践中仍存在争议。

根据《九民纪要》规定，缔约时相对人是恶意的，合同无效，公司不承担担保责任，但原则上应当承担担保无效的缔约过失责任。若公司举证证明债权人明知法定代表人超越权限或者机关决议系伪造或者变造的，债权人请求公司承担合同无效后的民事责任的，因"这时公司法定代表人虽然形式上具有法定代表人的身份，但实质上已经纯粹是自然人了，与公司法定代表人是两个民事主体，既然债权人明知，就失去了让公司承担责任的法律基础"②，公司不承担责任。

根据《民法典担保制度解释》第七条和第十七条规定，相对人非善意的担保合同对公司不发生效力，相对人请求公司承担赔偿责任的，公司按照担保合同无效的有关规定承担民事责任。尽管在语言表述上，《民法典担保制度解释》与《民法典》第五百零四条保持一致，回归越权代表规则的效果归属属性，但将"担保合同对公司不发生效力"的效果等同于担保合同无效。《民法典担保制度解释》基于越权代表与无权代理的不同，认为法定代表人的行为本质上属于履职行为，即便越权行为不对公司发生效力，由法定代表人个人承担责任也缺乏依据。因此，在相对人非善意的情况下，越权代表的担保行为不对公司发生效力，公司

---

① 参见最高人民法院民事审判第二庭：《最高人民法院民法典担保制度司法解释理解与适用》，人民法院出版社2021年版，第136页。
② 参见最高人民法院民事审判第二庭：《〈全国法院民商事审判工作会议纪要〉理解与适用》，人民法院出版社2019年版，第193页。

不承担基于有效担保产生的担保责任，但基于对法定代表人的选人监督过错以及公章管理等方面的过错等公司自身过错，公司应当承担缔约过失责任。若相对人明知决议是伪造或者变造仍然接受担保，往往可以认定为法定代表人与相对人恶意串通损害公司利益，公司可以据此免责。①

尽管《民法典担保制度解释》将"担保合同对公司不发生效力"的效果等同于担保合同无效，但学界诸多学者对此持不同意见，认为在法定代表人越权担保情形下，若相对人非善意，则不仅担保合同对公司不发生效力，而且公司无须基于缔约过失责任承担赔偿责任。②

◆ 案例指引

交通银行股份有限公司哈尔滨北新支行、奥瑞德光电（东莞）有限公司金融借款合同纠纷案

【裁判要旨】

《公司法》（2018）第十六条（新《公司法》第十五条）并非禁止关联担保，而是通过公司内部治理的特别决议机制来确保公司对外提供担保的意思表示为公司的真实意思表示，进而防止公司大股东利用关联担保损害公司或者小股东利益。当公司其他股东未实缴出资而不享有表决权，被担保股东为该公司唯一享有表决权的股东时，公司的决策经营管理权均由该股东行使，并无适用关联股东回避表决的有关规定的前提条件。

【案号】

一审：（2018）黑民初43号

二审：（2020）最高法民终180号

【案情】

原告：交通银行股份有限公司哈尔滨北新支行（以下简称交行北新支行）。

---

① 参见最高人民法院民事审判第二庭：《最高人民法院民法典担保制度司法解释理解与适用》，人民法院出版社2021年版，第136-138页。

② 参见王建文：《〈民法典〉框架下公司代表越权担保裁判规则的解释论》，载《法学论坛》2022年第5期；参见高圣平：《再论公司法定代表人越权担保的法律效力》，载《现代法学》2021年第6期；参见蒋大兴：《超越商事交易裁判中的"普通民法逻辑"》，载《国家检察官学院学报》2021年第2期；参见甘培忠、马丽艳：《公司对外担保制度的规范逻辑解析——从〈公司法〉第16条属性认识展开》，载《法律适用》2021年第3期。

被告：奥瑞德光电（东莞）有限公司（以下简称东莞奥瑞德公司）。

2018年2月22日，交行北新支行与哈尔滨奥瑞德公司签订《借款合同》。同日，哈尔滨奥瑞德公司向交行北新支行提交了《额度使用申请》。2018年3月16日，交行北新支行与东莞奥瑞德公司签订了保证合同，为哈尔滨奥瑞德公司与北新支行签订的《借款合同》项下主债权本金及利息等提供连带责任保证。同日，东莞奥瑞德公司向交行北新支行出具了《关于承担经济担保事项的决议及授权书》，落款处加盖东莞奥瑞德公司的公章，股东（签字）处加盖哈尔滨奥瑞德公司的公章，无另一股东张某的签名。东莞奥瑞德公司还向交行北新支行出具了《授信业务保证核保书》。

交行北新支行向一审法院起诉请求宣布交行北新支行与哈尔滨奥瑞德公司签订的《借款合同》提前到期，哈尔滨奥瑞德公司立即偿还本金、利息等；东莞奥瑞德公司等对哈尔滨奥瑞德公司所欠债务承担连带清偿责任。

保证人东莞奥瑞德公司等主张，保证人为案涉借款提供担保，未经公司权力机关决议，保证人不应当承担保证责任。

【审判】

黑龙江省高级人民法院经审理判决驳回交行北新支行对东莞奥瑞德公司的诉讼请求。

交行北新支行不服一审判决，向最高人民法院提起上诉。

最高人民法院经审理认为：东莞奥瑞德公司与交行北新支行于2018年3月16日签订《保证合同》，并于同日向交行北新支行出具《关于承担经济担保事项的决议及授权书》《授信业务保证核保书》。虽然《关于承担经济担保事项的决议及授权书》上仅加盖了哈尔滨奥瑞德公司的公章，无另一股东张某的签名，但根据东莞奥瑞德公司章程规定，股东会会议由股东按照实缴出资比例行使表决权。而据《企业信用信息公示报告》载明的事实，截至2018年东莞奥瑞德公司与交行北新支行签订《保证合同》时，仅有哈尔滨奥瑞德公司实缴出资，张某实缴出资额为0元，因此，根据东莞奥瑞德公司章程规定，张某并不享有表决权。东莞奥瑞德公司出具的《关于承担经济担保事项的决议及授权书》已经由享有全部表决权的哈尔滨奥瑞德公司签章同意，该决议有效。东莞奥瑞德公司为哈尔滨奥瑞德公司提供担保的行为符合《公司法》关于"公司为公司股东或者实际控制人提供担保的，必须经股东会或者股东大会决议"的规定。虽然根据《公司法》

规定,哈尔滨奥瑞德公司不得参加东莞奥瑞德公司股东会为其提供担保事项的表决,但根据东莞奥瑞德公司章程,《关于承担经济担保事项的决议及授权书》出具时,该公司另一股东张某未实缴出资而不享有表决权,哈尔滨奥瑞德公司为该公司唯一享有表决权的股东,公司的决策经营管理权均由其行使,并无适用前述规定的前提条件。另外,公司法并非禁止关联担保,而是通过公司内部治理的特别决议机制来确保公司对外提供担保的意思表示为公司的真实意思表示,进而防止公司大股东利用关联担保损害公司或者小股东利益。而本案中东莞奥瑞德公司作为唯一有表决权的股东同意提供担保,不仅体现股东意志,也体现公司意志,不能依据该条款的规定认定仅有股东哈尔滨奥瑞德公司签章的公司决议非东莞奥瑞德公司真实意思表示。

最高人民法院二审判决改判东莞奥瑞德公司对黑龙江省高级人民法院(2018)黑民初43号民事判决第一项债务承担连带清偿责任。

> **第十六条 【职工权益保护与职业教育】**
> 公司应当保护职工的合法权益,依法与职工签订劳动合同,参加社会保险,加强劳动保护,实现安全生产。
> 公司应当采用多种形式,加强公司职工的职业教育和岗位培训,提高职工素质。

◆ 新旧对照解读

本条是在《公司法》(2018)第十七条的基础上修改而成的,将原第一款中的"必须"改为"应当"。该条款修改后在含义上没有实质区别,但更符合法律上义务性规范的表述习惯。

◆ 相关规定

《劳动合同法》第二条第一款、第三条、第十条

《劳动法》第十六条、第五十二条、第五十四条、第六十八条

《社会保险法》第十二条、第二十三条、第三十五条、第四十四条、第五十三条

◆ 条文释义

本条是关于保护公司职工合法权益的规定。

公司保护职工的合法权益主要体现在：

1. 应当本着平等自愿、协商一致的原则，依法与职工签订劳动合同，确立劳动关系、明确双方的权利和义务，充分尊重和保障职工的劳动权益。劳动合同应当为书面形式。

2. 依法为职工办理社会保险，交纳保险费是公司的一项法定义务，使劳动者在年老、患病、工伤、失业、生育等情况下获得帮助和补偿。

3. 为劳动者提供安全、卫生的劳动条件，并不断加以改善，要消除和预防生产经营过程中可能发生的伤亡、职业病和其他伤害劳动者的事故，保障劳动者能以健康的体力参加生产经营活动。根据法律的要求，公司在组织生产经营过程中，必须采取各项保护措施，对劳动者进行保护。

本条属于概括性的条款，有关具体的规定由专门的劳动法及其配套的法律法规来加以规定，如《劳动法》《劳动合同法》《社会保险法》《工伤保险条例》以及原劳动部印发的《关于贯彻执行〈中华人民共和国劳动法〉若干问题的意见》等。

第十七条 【工会与民主管理制度】

公司职工依照《中华人民共和国工会法》组织工会，开展工会活动，维护职工合法权益。公司应当为本公司工会提供必要的活动条件。公司工会代表职工就职工的劳动报酬、工作时间、休息休假、劳动安全卫生和保险福利等事项依法与公司签订集体合同。

公司依照宪法和有关法律的规定，建立健全以职工代表大会为基本形式的民主管理制度，通过职工代表大会或者其他形式，实行民主管理。

> 公司研究决定改制、解散、申请破产以及经营方面的重大问题、制定重要的规章制度时，应当听取公司工会的意见，并通过职工代表大会或者其他形式听取职工的意见和建议。

◆ 新旧对照解读

本条是在《公司法》（2018）第十八条的基础上修改而成的，主要明确了"职工代表大会"为公司职工民主管理制度的基本形式，并将听取工会和职工意见的范围扩展至解散、申请破产等，进一步强化了对职工权益的保护。同时，本条还完善了需要签订集体合同的相关事项范围。

◆ 相关规定

《工会法》第六条、第二十条

《劳动合同法》第四条第二款、第四条第三款

◆ 条文释义

本条是关于公司职工依法组织工会和参与民主管理的规定。

公司职工有权依照《工会法》的规定，开展工会活动。工会的基本职责是维护职工合法权益。工会参与管理法律规定的事务，可以更好地代表和维护职工的合法权益，并为调动职工的积极性，促进公司的发展提供支持和帮助。为此，公司应当提供必要的条件，支持工会的工作。[1] 同时，本条明确了以职工代表大会为基本形式的公司民主管理制度，有利于维护职工合法权益，构建和谐劳动关系，促进企业持续健康发展，加强基层民主政治建设。

---

[1] 安建主编：《〈中华人民共和国公司法〉释义（最新修正版）》，法律出版社2013年版，第42-43页。

> **第十八条 【党组织】**
>
> 在公司中，根据中国共产党章程的规定，设立中国共产党的组织，开展党的活动。公司应当为党组织的活动提供必要条件。

◆ 新旧对照解读

本条与《公司法》（2018）第十九条内容一致。

◆ 条文释义

本条是关于公司中中国共产党基层组织活动的规定。

我国宪法序言规定："中国各族人民将继续在中国共产党领导下，在马克思列宁主义、毛泽东思想、邓小平理论、'三个代表'重要思想、科学发展观、习近平新时代中国特色社会主义思想指引下，坚持人民民主专政，坚持社会主义道路，坚持改革开放，不断完善社会主义的各项制度，发展社会主义市场经济，发展社会主义民主，健全社会主义法治，贯彻新发展理念，自力更生，艰苦奋斗，逐步实现工业、农业、国防和科学技术的现代化，推动物质文明、政治文明、精神文明、社会文明、生态文明协调发展，把我国建设成为富强民主文明和谐美丽的社会主义现代化强国，实现中华民族伟大复兴。"该规定明确指出了中国共产党在我国政治生活和经济建设中的领导地位。《中国共产党章程》第三十条规定："企业、农村、机关、学校、医院、科研院所、街道社区、社会组织、人民解放军连队和其他基层单位，凡是有正式党员三人以上的，都应当成立党的基层组织。党的基层组织，根据工作需要和党员人数，经上级党组织批准，分别设立党的基层委员会、总支部委员会、支部委员会。基层委员会由党员大会或代表大会选举产生，总支部委员会和支部委员会由党员大会选举产生，提出委员候选人要广泛征求党员和群众的意见。"根据该条规定，符合条件的公司中设立中国共产党的组织，开展党的活动。公司应当为党组织的活动提供必要条件。

> **第十九条　【公司经营活动基本原则】**
> 公司从事经营活动，应当遵守法律法规，遵守社会公德、商业道德，诚实守信，接受政府和社会公众的监督。

◆ 新旧对照解读

本条是在《公司法》（2018）第五条第一款的规定基础上修改而成的，将"必须遵守法律、行政法规"修改为"应当遵守法律法规"。这样表述，一是用"法律法规"更为准确周延，因为法规包括行政法规和地方性法规等多种法规，二是"必须"改为"应当"更符合法律上义务性规范的表述习惯。

◆ 条文释义

本条是关于公司经营活动基本原则的规定。

1. 公司从事经营活动应当遵守法律法规，依法进行，这是公司最重要的义务。

2. 公司应当遵守社会公德和商业道德。社会公德是指各个社会主体在社会交往过程中应当遵循的公共道德规范；商业道德是指从事商业活动应当遵循的道德规范。这两种规范在市场主体的活动中相互交融，对法律起着较好的补充作用。

3. 公司从事经营活动，应当诚实守信，这是民事主体从事民事活动的基本原则，也是公司应当遵循的原则。在实际生活中，许多公司能够诚实经营，并有良好的效益，但也有相当一些公司，采用虚假出资、虚报业绩、做假账等欺骗手段非法经营，丧失了诚实守信的原则，严重损害了有关交易相对人的合法利益。针对这一现象，本条强调公司从事经营活动要诚实守信，并在有关章节中规定了相应的具体制度。

4. 公司的经营活动要接受政府和社会公众的监督。公司的经营行为是否符合法律，是否符合商业道德规范，由政府和社会公众来进行监督。通过监督促使公司的行为规范化，更有效地维护国家利益、社会公众利益和公司自身的合法权益，维护市场秩序，促进公司的健康发展。

> **第二十条　【公司社会责任】**
>
> 公司从事经营活动,应当充分考虑公司职工、消费者等利益相关者的利益以及生态环境保护等社会公共利益,承担社会责任。
>
> 国家鼓励公司参与社会公益活动,公布社会责任报告。

◆ **新旧对照解读**

本条大部分内容为新增。为贯彻党的十八届四中全会通过的《中共中央关于全面推进依法治国若干重大问题的决定》有关要求,本次《公司法》修订加强公司社会责任建设,在《公司法》(2018)第五条第一款的基础上增加了"公司从事经营活动,应当充分考虑公司职工、消费者等利益相关者的利益及生态环境保护等社会公共利益""鼓励公司参与社会公益活动,公布社会责任报告"等内容,并强调了《公司法》(2018)第五条第一款规定的公司应当"承担社会责任"。

◆ **条文释义**

本条文是关于加强公司社会责任建设的规定。

关于公司应当承担的社会责任,早在 2005 年我国把"社会责任"写入《公司法》之前就已经有了相关规定,主要体现在我国《公司法》非常强调职工参与公司治理和民主决策以及职工利益的保护。[1] 党的十八届四中全会首次提出"加强企业社会责任立法"后,《公司法》开始在立法层面以一般性条款对公司承担社会责任作出宣示性规定。但公司的社会责任是抽象概括的理念,推动其落到实处必须依靠立法、执法、司法等多个制度要素的有机整合。

◆ **适用疑难解析**

一、公司社会责任是否有可诉性?

本条规定了公司应当承担的相关社会责任,但没有明确划定公司社会责任的

---

[1] 施天涛:《〈公司法〉第 5 条的理想与现实:公司社会责任何以实施?》,载《清华法学》2019 年第 5 期。

边界，也未对违反该条款应当承担的法律责任作出规定。因此，对于公司未承担本条所规定的相关社会责任是否具有可诉性的问题，可能产生争议。

公司社会责任如果不能进入司法裁判程序，有关法律规定就会成为一纸空文。无论原则性条款还是强化社会责任的具体条款，都应当成为司法裁判的尺度。

因此，在司法实践中，应当主动而审慎地推动公司社会责任诉讼，为增强法律适用的确定性，可以通过制定相关司法解释、发布指导性案例等方式，明确法官裁量的主要考量因素或者适用的具体标准。①

二、公司社会责任的理论在司法判例中的适用

在司法判决中，公司应当"承担社会责任"可以作为一个法律支撑点，同时也可以作为一个分析的起点。② 如在孙某等与上海米蓝贸易有限公司等决议效力纠纷案③中，存在小股东利用该否决权侵害其他股东或者公司（包括利益相关者）权利的特殊情形，一审法院〔（2013）普民二（商）初字第58号〕认为："首先，商事主体延续存在比消亡更有益于社会……股东虽然是公司的所有者，但公司的职工也是公司组织体上的利益相关者，股东的利益是投资收益，职工的利益是获取报酬，公司解散对股东的风险是丧失投资利益，对职工的风险则是失去工作，股东一意孤行罔顾职工利益的做法是不可取的……公司的商业伙伴和债权人也是公司经营活动的利益相关者，公司的良好经营不仅能保障债权的顺利实现，也能提供相应的交易机会，而公司的倒闭解散则会严重影响交易活动的正常开展，债权债务无论是否必需都不得不进入清理程序，致交易链、资金链产生障碍甚至脱节，从而对方方面面造成各种程度的负面影响……根据公司维持的理念，在某些解散事由出现后，如果不存在必然阻止公司存立的事由，只要公司成员愿意公司继续存在，则尊重公司继续经营，这较之于公司进行清算并由公司成员另行设立新的公司更为经济、效率。"本案虽然经（2015）沪二中民四（商）再终字第3号再审判决改判，但一审法院在分析审查小股东是否正当地行使了其否决权时，以公司社会责任的理

---

① 张世君：《企业社会责任不能沦为"花瓶"》，载《人民日报》2015年4月28日07版。
② 雷驰：《公司法变迁背景下的企业社会责任——兼谈〈公司法〉第5条的理解与适用》，载《经济法研究》2008年第1期。
③ （2015）沪二中民四（商）再终字第3号。

论作为其中一个法律支撑点,是一个值得肯定的法律适用探索方向。

> **第二十一条 【禁止股东滥用权利】**
> 公司股东应当遵守法律、行政法规和公司章程,依法行使股东权利,不得滥用股东权利损害公司或者其他股东的利益。
> 公司股东滥用股东权利给公司或者其他股东造成损失的,应当承担赔偿责任。

◆ 新旧对照解读

本条为《公司法》(2018)第二十条有关股东滥用股东权利部分的规定内容。

◆ 相关规定

《民法典》第八十三条第一款

◆ 条文释义

本条是关于公司股东应当依法行使权利的规定。股东权利是法律和公司章程规定的股东可依法行使的基本权利。股东依法正当行使权利受法律的保护,滥用权利则将承担相应的法律后果。

本条有利于规范股东的行为,促使股东依法、正当地行使权利。对于股东滥用股东权利导致公司或者其他股东利益受损的情况,提供了两种救济路径,即公司请求权和股东请求权;其中公司利益受损时,可通过公司直接诉讼或者股东代表诉讼来维权。

◆ 适用疑难解析

公司股东滥用股东权利的界定及常见形式

(一)滥用股东权利的标准

关于何谓"滥用"股东权利,本法没有作出进一步解释,实务中可以掌握几

个标准:

1. 一般指其行使权利在形式上是合法的。比如股东在股东会中行使表决权,依据公司章程的特别授权行使权利等都属于形式上的合法行为。但是,若该股东行使权利的目的已经背离了法律或者公司章程赋予其权利的目的,并非为了公司利益或者全体股东的正当利益,而是为了谋求自己的非正当利益时,就构成"滥用"。

2. 股东行使该权利使得其或者其关联企业获得利益。例如,大股东利用表决权对公司形成绝对控制,以股东会决议的形式将公司的利益、商业机会或者优质资产转移给自己或者关联企业,损害公司利益;或者以增资及与关联企业合并等方式稀释中小股东股权等,直接损害中小股东利益。

3. 实际发生了公司或者中小股东利益受损的后果。

(二) 实务中常见的股东滥用权利的形式

1. 根据本法第五十七条、第一百一十条之规定,公司股东享有知情权,但若要求查阅公司会计账簿、会计凭证的,前提是有限责任公司股东应当有正当的目的,股份有限公司连续一百八十日以上单独或者合计持有公司百分之三以上股份的股东有理由怀疑公司业务执行违法违规或者违反章程的,一般情况为公司的经营活动中有损害股东利益的嫌疑的。如果股东为了个人利益需要,以查账为由,窃取公司商业秘密,构成股东滥用权利。

2. 在出售公司重大资产时,公司控股股东无视公司章程的规定,不经法定程序,强令公司出售该资产,构成股东权利的滥用。

3. 控股股东或者实际控制人利用优势地位进行关联交易损害公司及其他股东利益,构成滥用股东权利。

4. 控股股东违反公司章程或者《公司法》的规定,未对担保事项进行依法表决,直接强令公司为其个人债权提供担保的,构成滥用股东权利。

5. 控股股东利用股东会决议无故免除第三方债务,损害公司利益,构成滥用股东权利。

6. 控股股东利用对公司掌控权,长期不召开股东会,不向小股东通报经营及财务状况,以变相分配利润、隐瞒或者转移公司利润等方式故意不分配公司利润,损害其他股东利益,构成滥用股东权利。

除此之外，股东滥用控制权还可以具体表现为解除少数股东雇佣、控制权转让、挤出合并、表决权变化、宣告公司破产、自愿解散公司、向董事经营管理者支付过高薪酬等方式。

◆ 案例指引

海南海钢集团有限公司与中国冶金矿业总公司、三亚度假村有限公司损害股东利益责任纠纷案

【裁判要旨】

1. 当股东自身权益受到直接侵害时，其可提起股东直接诉讼，而当股东因公司利益受损而股东权益间接受损时，则可以股东代表诉讼来维护自身权益。股东直接诉讼与股东代表诉讼的重要区别在于侵权行为所致损害后果对象以及由此引发的诉讼利益归属之不同。

2. 对于股东因其固有的、非经股东自身同意不可剥夺的权利，遭受控股股东侵害请求救济的，应予以支持；对属于资本多数决处分范围的股东权，要尊重公司多数股东的意志；对虽属资本多数决原则处分范围的股东权，但被控股股东滥用权利予以侵害的，应当依照《公司法》关于不得滥用权利的规定，保护少数股东的正当权益。但在本案中，就度假村公司与海韵公司合作事宜，各股东均参与了讨论与决策，并按照出资比例正常行使表决权，符合法律及公司章程的规定，最终决议系由度假村公司董事会董事长根据股东表决结果作出。并无证据表明中冶公司侵害其他股东的表决权等自有权利，或者纠集其他股东，滥用资本多数决的优势，操控股东会强行通过该项决议，恶意侵害公司及其他股东利益。

【案号】

一审：（2012）琼民二初字第1号

二审：（2013）民二终字第43号

【案情】

原告：海南海钢集团有限公司（以下简称海钢集团）。

被告：中国冶金矿业总公司（以下简称中冶公司）。

第三人：三亚度假村有限公司（以下简称度假村公司）。

海南钢铁公司与中冶公司于1996年9月在海南省三亚市注册成立度假村公

司，注册资本6601.9万元。其中中冶公司占总出资比例的60%，海钢集团占总出资比例的40%。2002年11月度假村公司进行增资扩股，扩股后度假村公司的总股本为16291.89万元，其中中冶公司占总出资比例的49.70%；海钢集团占总出资比例的33.30%；中海石油化学有限公司（以下简称石化公司）占总出资比例的9.21%；中国人福新技术有限公司（以下简称人福公司）占总出资比例的3.93%；三亚市人口与计划生育局（以下简称三亚市计生局）占总出资比例的1.53%；三亚湾园林花木有限公司（以下简称园林公司，占总出资比例的2.33%。2006年2月，石化公司将其持有的9.21%的股权无偿划转给中海石油投资控股有限公司。

2006年11月9日，度假村公司董事会向各股东致函，要求各股东针对度假村公司与三亚海韵实业发展有限公司（以下简称海韵公司）的合作开发事项进行表决，并将表决结果于2006年11月15日前发送至董事会指定的传真号或者邮箱。度假村公司的六家股东除人福公司弃权未表决外，其余五家股东均向度假村公司董事会送达了表决意见。其中中冶公司、石化公司、园林公司投赞成票，以上三家股东共持有61.24%的股份；海钢集团、三亚市计生局投反对票，以上两家股东共持有34.83%的股份。根据这一表决结果，形成了《三亚度假村有限公司股东会决议》，通过了度假村公司和海韵公司的合作开发方案。该决议落款为"三亚度假村有限公司董事会，董事长邹某"，并加盖度假村公司公章。

2006年11月28日，度假村公司与海韵公司签订《三亚度假村合作开发协议》及《备忘录》，双方又于2007年5月12日签订《补充协议（一）》《补充协议（二）》及第二份《备忘录》。以上协议约定度假村公司将其70亩土地及地上建筑物的所有权和开发权交给海韵公司，作价8033万元；海韵公司向度假村公司支付7181万元用于度假村公司在另一块23.9亩土地上建造约12000平方米的四星级酒店；海韵公司为度假村公司职工解决2130平方米的职工宿舍，按每平方米4000元计算以及将1350万元用于职工房改安置补偿款一次性付给度假村公司，由度假村公司分别付给职工个人。海韵公司按此约定共计应当向度假村公司支付9383万元。双方还约定如有一方违约，除应当赔偿给对方造成的损失外，还应当向对方支付违约金1000万元。其后，度假村公司和海韵公司前期合作相互配合，海韵公司将职工宿舍建成（但尚未交付使用）并支付度假村公司职工补偿款1350万元，为度假村公司兴建的四星级酒店支付工程款4111.926614万元。但从2008年3月开始，双方因度假村公司应当过户给海韵公司的70亩土地是否符合土地转让条件，能否办理项目变更手续等问题产生分歧，于2008年6月和8月分别提起诉讼。经过诉讼，"三亚湾国际公馆"1号、2号楼项目及其占有的70.26亩土地使用权已于该案判决前先予执行过户到海韵公司名下，度假村公司尚未向海韵公司支付违约金1000万元。

海钢集团曾于2009年4月28日向中冶公司发送《律师函》，要求中冶公司与其协商如何承担赔偿责任的问题。中冶公司分别于2010年4月2日和9月28日向海钢集团发（回）函称，就股东权益问题待度假村公司与海韵公司的诉讼有了结论后双方再协商处理办法或者通过法律途径解决。

海钢集团于2007年1月向三亚市城郊人民法院提起诉讼，请求确认度假村公司2006年11月17日的股东会决议无效并撤销该决议。该院于2007年7月9日作出（2007）城民二初字第22号民事判决，判令撤销2006年11月17日的《三亚度假村有限公司股东会决议》。度假村公司不服提起上诉，三亚市中级人民法院于2008年4月25日作出（2007）三亚民二终字第19号民事裁定，撤销一审判决，发回三亚市城郊人民法院重审。海钢集团于2011年12月26日向三亚市城郊人民法院申请撤回起诉，该院于2011年12月28日裁定准许海钢集团撤回起诉。

海钢集团认为由于中冶公司不顾其他股东的反对意见，决定度假村公司与海韵公司合作，导致度假村公司数亿元的损失，其中海钢集团损失2.344亿元，遂提起本案诉讼。请求法院：（1）认定中冶公司在通过2006年11月17日的《三亚度假村有限公司股东会决议》过程中滥用股东权利；（2）判令中冶公司赔偿海钢集团经济损失2.344亿元人民币或者赔偿海钢集团同类地段、同类价格、同等数量的土地使用权（21.3亩）；（3）判令中冶公司赔偿海钢集团因度假村公司支付海韵公司1000万元人民币违约金产生的333万元人民币损失；（4）判令中冶公司承担本案诉讼费。

【审判】

一审中，海南省高级人民法院经审理认为：

1. 关于在2006年11月17日《三亚度假村有限公司股东会决议》形成过程中，中冶公司是否滥用了股东权利的问题。2006年11月17日，中冶公司要求股东对度假村公司和海韵公司土地开发合作事宜进行表决，其中持有 61.24% 股份的股东赞成，持 34.83% 股份的股东投了反对票，其他股东弃权，未达到我国《公司法》（2005）第四十四条所规定的经代表三分之二以上表决权的股东通过。中冶公司利用其董事长邹某同时为度假村公司董事长的条件和掌管度假村公司公章的权力自行制作《三亚度假村有限公司股东会决议》，系滥用股东权利，并由此侵犯了海钢集团的合法权益。

2. 关于度假村公司与海韵公司合作过程中，是否造成了海钢集团的损失，该损失有多少，该损失是否应当由中冶公司承担的问题。中冶公司在 2006 年 11 月 17 日《三亚度假村有限公司股东会决议》的形成中滥用股东权利，侵犯了海钢集团的合法权益，由此给海钢集团造成的损失应当由中冶公司进行赔偿。海钢集团请求中冶公司赔偿的损失分为两部分：第一部分为度假村公司过户给海韵公司的 70.26 亩土地的土地使用权中海钢集团所占的相应份额：根据经生效判决认定的评估报告，海钢集团的损失应当为该土地的总价值 10758.7941 万元减去度假村公司已获得的对价 9383 万元，乘以海钢集团持有度假村公司 33.3% 的股份，即为 458.139435 万元。第二部分为度假村公司应当支付给海韵公司的 1000 万元违约金，由于该违约金度假村公司尚未向海韵公司支付，损失未实际发生，故对海钢集团请求中冶公司赔偿的该部分的损失在本案中尚不能得到支持。综上，度假村公司与海韵公司合作过程中，因中冶公司滥用股东权利，造成了海钢集团损失共计 458.139435 万元。

3. 关于海钢集团起诉的法律依据问题。本案海钢集团依据我国《公司法》（2005）第二十条提起本案诉讼，该条第一款、第二款规定："公司股东应当遵守法律、行政法规和公司章程，依法行使股东权利，不得滥用股东权利损害公司或者其他股东的利益；不得滥用公司法人独立地位和股东有限责任损害公司债权人的利益。公司股东滥用股东权利给公司或者其他股东造成损失的，应当依法承担赔偿责任。"本案中，由于中冶公司在 2006 年 11 月 17 日《三亚度假村有限公司股东会决议》的形成过程中滥用了股东权利，故我国《公司法》（2005）第二十条是海钢集团起诉要求中冶公司赔偿其损失的正确的法律依据。

综上所述，作出一审判决：（1）中冶公司在通过 2006 年 11 月 17 日《三亚度假村有限公司股东会决议》的过程中滥用股东权利；（2）中冶公司于判决生效之日起 30 日内向海钢集团赔偿经济损失 458.139435 万元；(3) 驳回海钢集团的其他诉讼请求。

二审中，最高人民法院经审理认为二审争议焦点是：(1) 本案诉讼当事人是否适格；(2) 中冶公司是否滥用了股东权利并由此给海钢集团造成损失。

其中争议焦点二，关于中冶公司是否滥用了股东权利并由此给海钢集团造成损失的问题分析如下：最高人民法院认为，在度假村公司股东会进行上述表决过程中，中冶公司作为该公司的股东投了赞成票，系正当行使其依法享有表决权的行为，该表决行为并不构成对其他股东权利及利益的侵害。基于全体股东的表决结果，度假村公司董事会制定了《三亚度假村有限公司股东会决议》，其载明："根据公司法规定：度假村公司股东会通过度假村公司与海韵公司合作开发方案。"此后，双方签订了合作开发协议，并将之付诸实施。这些行为及经营活动均是以"度假村公司董事会、董事长"名义而实施，其对内为董事会行使职权，对外则代表"度假村公司"的法人行为，没有证据证明是中冶公司作为股东而实施的越权行为。尽管大股东中冶公司的法定代表人邹某同时担任度假村公司董事会的董事长，但此"双重职务身份"并不为我国公司法及相关法律法规所禁止，且该董事长系由度假村公司股东会依公司章程规定选举产生，符合《公司法》(2005) 第四十五条第三款的规定。在此情形下，度假村公司及其股东中冶公司均为人格独立的公司法人，不应当仅以两公司的董事长为同一自然人，便认定两公司的人格合一，进而将度假村公司董事会的行为认定为中冶公司的行为，这势必造成公司法人内部决策机制及与其法人单位股东在人格关系上的混乱。此外，两公司人格独立还表现为其财产状况的独立和明晰，在没有证据证明公司与其股东之间存在利益输送的情况下，此类"董事长同一"并不自然导致"法人人格否认原理"中的"人格混同"之情形，不能据此得出中冶公司的表决行为损害了度假村公司及其股东海钢集团利益的结论。因此，原审判决依"中冶公司利用其董事长邹某同时为度假村公司董事长的条件和掌管度假村公司公章的权力自行制作《三亚度假村有限公司股东会决议》"，认定中冶公司"系滥用股东权利，并由此侵犯了海钢集团的合法权益"，没有事实和法律依据。

关于本案中度假村公司股东会的表决程序及结果的合法性与中冶公司是否滥用股东权利两者之间的关系问题。度假村公司的《有限责任公司章程》第八条第

（六）项"议事规则"规定"股东会一般一年召开一次，股东会的决议，修改章程必须经三分之二以上的股东表决通过"。二审期间，海钢集团、中冶公司对该条款规定的"三分之二以上的股东表决通过"是否适用本案的表决存有不同理解。即"股东会的决议"是指股东会的所有决议，还是仅指关于"修改章程"的决议。最高人民法院认为，该争议问题涉及股东会表决程序及结果是否符合《公司法》及公司章程的规定，无论其合法性如何认定，都是度假村公司董事会行使职权的行为，其责任归于董事会，而不应当作为判定中冶公司在表决中是否滥用了股东权利的依据。此外，本案"土地开发合作事宜"属于该公司一般性的经营活动，《公司法》（2005）第四十四条并未规定该决议必须经代表三分之二以上表决权的股东通过，故原审认定股东会就土地开发合作事宜进行的表决未达到该条规定的表决权不当。

关于海钢集团所主张损失的性质问题。最高人民法院认为，海钢集团据此主张由中冶公司赔偿其相应的损失，没有事实和法律依据，理由是：（1）度假村公司在该合作开发项目中的"损失"不属于本案审理的范围，最高人民法院在此不能作出判定；（2）即使该"损失"存在，请求该项"损失"救济的权利人应当是度假村公司，而非海钢集团；（3）如海钢集团代度假村公司主张权利，则诉讼权利受益人仍是度假村公司，这与本案不属于同一法律关系，亦不属于本案审理范围。

综上，最高人民法院作出二审判决，撤销一审民事判决、驳回海钢集团的诉讼请求。

第二十二条　【禁止关联交易损害公司利益】

公司的控股股东、实际控制人、董事、监事、高级管理人员不得利用关联关系损害公司利益。

违反前款规定，给公司造成损失的，应当承担赔偿责任。

◆ **新旧对照解读**

本条与《公司法》（2018）第二十一条内容基本一致。

◆ 相关规定

《民法典》第八十四条

《公司法》第一百八十二条、第二百六十五条

《上市公司监管指引第 8 号》第二条、第三条、第五条及第十一条

《公司法司法解释（五）》（2020）第一条

◆ 条文释义

本条是关于公司控股股东、实际控制人以及董事、监事、高级管理人员利用关联关系损害公司利益的禁止性规定及法律责任的规定。

公司控股股东、实际控制人及董事、监事、高级管理人员通过投资关系、协议或者其他安排，能够实际支配公司行为，对公司有实质性影响，在缺少有效监管的情况下，极易滥用控制权，损害公司和其他股东的利益。公司控股股东、实际控制人及董事、监事、高级管理人员利用关联关系导致公司利益转移、损害公司利益，就是滥用控制权的一种主要形式，具体方式主要包括股权转让与投资、资产处置、债务重组、商品服务的采购与销售等。本条第二款规定的救济途径相较于第一款，只规定了公司请求权的救济思路。

本条追究控股股东、实际控制人及董事、监事、高级管理人员的民事责任，是基于侵权的法律责任，此时应当适用侵权行为责任的一般构成要件，即有侵权行为、侵权后果、因果关系及主观过错，而不考虑上述人员在实施侵权行为时的主观心理状态是故意还是过失。[1]

---

[1] 金晓文：《中国公司法原理与适用》，中国法制出版社 2017 年版，第 384 页。

> **第二十三条　【公司法人人格否认】**
>
> 公司股东滥用公司法人独立地位和股东有限责任,逃避债务,严重损害公司债权人利益的,应当对公司债务承担连带责任。
>
> 股东利用其控制的两个以上公司实施前款规定行为的,各公司应当对任一公司的债务承担连带责任。
>
> 只有一个股东的公司,股东不能证明公司财产独立于股东自己的财产的,应当对公司债务承担连带责任。

◆ 新旧对照解读

本条是在《公司法》(2018)第二十条第三款规定的基础上修改而成的,将"公司股东滥用公司法人独立地位和股东有限责任"这一情形从其他股东禁止行为中独立出来成条,并结合《公司法》(2018)第六十三条内容,新增了第二款和第三款的内容。

本条新增的第二款、第三款内容,扩大了《公司法》(2018)第二十条第三款的适用范围,横向增加了同一股东控制的关联公司之间的连带责任,进一步补充、完善了我国公司法人人格否认制度,使得公司法人人格否认制度更加严密。该第二款内容,在司法判例中体现已久,如2013年公布的最高人民法院指导案例15号"徐工集团工程机械股份有限公司诉成都川交工贸有限责任公司等买卖合同纠纷案"中,法院在遵循立法本意的基础上,参照《公司法》(2018)第二十条第三款的规定,明确提出"关联公司人格混同,严重损害债权人利益的,关联公司相互之间对外部债务承担连带责任"的裁判规则。

◆ 相关规定

《九民纪要》第十条

《民法典》第八十三条第二款

◆ 条文释义

本条是关于公司法人人格否认制度的规定。

公司法人人格独立和股东有限责任是公司法的基本原则，本法第三条、第四条亦作出明确规定。本条在承认上述基本原则的前提下，明确了滥用公司法人独立地位和股东有限责任使公司财产不足以清偿公司债务，损害债权人利益的情况下，该股东或者股东所控制的关联企业，须对公司债务承担连带责任。这一制度旨在矫正有限责任制度在特定法律事实发生时对债权人的保护失衡现象，同时也完善了公司法人制度，并能促进公司治理结构的科学化。值得注意的是，本条对公司独立人格的否认，只是在个案中的否定，并非永久、全面地否定，且只针对实施了滥用公司法人独立地位和股东有限责任的股东，这种连带责任不及于其他股东。

但该条作出的规定偏原则性，缺乏可操作性，如何理解和适用这一制度在司法实践中一直存在较大分歧。

◆ **适用疑难解析**

一、适用公司法人人格否认制度规则的要件[①]

根据我国司法实践，适用公司法人人格否认制度规则，应当具备以下三个方面的要件：

（一）主体要件

主体要件包括原告和被告两个方面，原告只能是因公司法人人格被滥用受到损害的公司债权人或者其他利益相关方；被告只能是公司法人人格的滥用者，包括积极实施了滥用公司人格和股东有限责任行为的股东和股东利用其控制权、用以实施上述滥用公司人格行为的其他公司。公司的董事、经理和其他高级管理人员虽然也可能利用职务之便滥用公司法人人格，向公司转移风险，损害债权人利益，以谋取自己的私利，但上述人员不能成为本类型案件的被告，只能根据公司章程和《公司法》有关规定追究董事、高级管理人员之责任。由于不同身份将涉及不同的责任，所以尽管现实中公司的董事、高级管理人员通常是由公司股东出任的，但人民法院必须将控制股东与公司董事、高级管理人员的身份区别开来，

[①] 参见李国光、王闯：《审理公司诉讼案件的若干问题——贯彻实施修订后的〈公司法〉的司法思考》，载最高人民法院民事审判第二庭编：《民商事审判指导》（总第8辑），人民法院出版社2006年版，第67-70页。

只有在以股东身份滥用公司法人人格时，才可能因符合适用要件而揭开公司面纱，直索公司背后控制股东的责任。

(二) 行为要件

公司人格利用者实施了滥用公司人格和股东有限责任的行为，是适用公司法人人格否认制度的行为要件。该滥用行为主要包括两类：滥用公司法人人格规避合同或者法律义务的行为，以及公司法人人格形骸化的行为。

1. 滥用公司法人人格规避合同或者法律义务的行为。其中，滥用公司法人人格规避合同义务的行为主要为：负有交易上巨额债务的公司控制股东，通过抽逃资金或者解散该公司或者宣告公司破产后，再以原有的营业场所、董事会、公司职员等设立经营目的完全相同的新公司，以达到逃脱原来公司法人债务之不正当目的；负有竞业禁止等合同上特定的不作为义务的当事人为规避该义务而设立新公司，或者利用旧公司掩盖其真实行为；利用公司对债权人进行欺诈以逃避合同义务等。滥用公司法人人格规避法律义务的行为主要表现为：控制股东利用新设公司或者既存公司的独立法人人格，人为改变强制性法律规范的适用，达到规避法律义务的目的，从而使法律规范的目的和实效性落空。例如，为防止公司业务的不法行为可能导致的巨额赔偿，将本属于一体化的企业财产分散设立若干公司，使每一公司资产难以补偿受害人之损失，或者利用公司形式逃避税务责任、社会保险责任或者其他法定义务等。

2. 公司法人人格形骸化的行为，实质上是指公司与股东完全混同，使公司成为股东或者另一个公司的一部分，或者成为工具。通常而言，公司形骸化的重要表征是人格、财产、业务等发生混同，公司与股东之间或者公司与其他公司之间没有严格的分别。

此外，在行为要件中，关于股东滥用公司法人人格的行为是否需要具备主观标准，一直存在主观滥用论和客观滥用论之争。主观滥用论认为，为了确保法的安定性，防止公司法人人格否认制度被滥用，控制股东的主观滥用意图即主观目的要件必须确定，即公司背后的法人人格利用者必须具有违法或者不当目的。客观滥用论则认为，强调主观要件不合乎社会的需要，而且会导致受害债权人举证困难。由于法人人格否认制度的本质是通过利益衡量的方法对因公司法人人格被滥用而失衡的利益体系进行调整，以维护公司法人制度的公平、正义之价值目标的实现，体现司法权对公司自治的一种干预，终归是利益衡量的体现。鉴于修订后的《公司法》并未明确规定法人人格利用者必须在主观上具备恶意的不当目的或者违法意图，因此我们认为在公司法人人格否认诉讼中不宜过分强调权利滥用的主观要件。

（三）结果要件

结果要件是指公司法人人格利用者滥用法人人格的行为必须给他人或者社会造成损害。对于该要件，应当把握三个要点：其一，该行为必须给公司债权人造成严重的损害，影响平衡的利益体系。其二，该行为与造成的损失之间具有直接的因果关系。其三，这种损害不能通过起诉公司自身获得赔偿。如果控制股东滥用公司人格和股东有限责任实现其不正当目的，但公司有足够的财产弥补债权人损失，公司债权人就不能提起揭开公司面纱之诉。

二、滥用行为的具体情形

根据《九民纪要》的规定，股东滥用行为的常见情形包括：

（一）人格混同

认定公司人格与股东人格是否存在混同，最根本的判断标准是公司是否具有独立意思和独立财产，最主要的表现是公司的财产与股东的财产是否混同且无法区分。在认定是否构成人格混同时，应当综合考虑以下因素：

1. 股东无偿使用公司资金或者财产，不作财务记载的；

2. 股东用公司的资金偿还股东的债务，或者将公司的资金供关联公司无偿使用，不作财务记载的；

3. 公司账簿与股东账簿不分，致使公司财产与股东财产无法区分的；

4. 股东自身收益与公司盈利不加区分，致使双方利益不清的；

5. 公司的财产记载于股东名下，由股东占有、使用的；

6. 人格混同的其他情形。

在出现人格混同的情况下，往往同时出现以下混同：公司业务和股东业务混同；公司员工与股东员工混同，特别是财务人员混同；公司住所与股东住所混同。人民法院在审理案件时，关键要审查是否构成人格混同，而不要求同时具备其他方面的混同，其他方面的混同往往只是人格混同的补强。

需要注意的是，此处所说的人格混同实际上是指财产混同，在不存在财产混同的情形下，不能依据其他方面的混同来认定法人格否认。

（二）过度支配与控制

公司控制股东对公司过度支配与控制，操纵公司的决策过程，使公司完全丧失独立性，沦为控制股东的工具或躯壳，严重损害公司债权人利益，应当否认公司人格，由滥用控制权的股东对公司债务承担连带责任。实践中常见的情形包括：

1. 母子公司之间或者子公司之间进行利益输送的；

2. 母子公司或者子公司之间进行交易，收益归一方，损失却由另一方承担的；

3. 先从原公司抽走资金，然后再成立经营目的相同或者类似的公司，逃避原公司债务的；

4. 先解散公司，再以原公司场所、设备、人员及相同或者相似的经营目的另设公司，逃避原公司债务的；

5. 过度支配与控制的其他情形。

控制股东或实际控制人控制多个子公司或者关联公司，滥用控制权使多个子公司或者关联公司财产边界不清、财务混同，利益相互输送，丧失人格独立性，沦为控制股东逃避债务、非法经营，甚至违法犯罪工具的，可以综合案件事实，否认子公司或者关联公司法人人格，判令承担连带责任。

（三）资本显著不足

资本显著不足指的是，公司设立后在经营过程中，股东实际投入公司的资本数额与公司经营所隐含的风险相比明显不匹配。股东利用较少资本从事力所不及的经营，表明其没有从事公司经营的诚意，实质是恶意利用公司独立人格和股东有限责任把投资风险转嫁给债权人。由于资本显著不足的判断标准有很大的模糊性，特别是要与公司采取"以小博大"的正常经营方式相区分，因此在适用时要十分谨慎，应当与其他因素结合起来综合判断。

我们认为，将资本显著不足作为法人格否认的理由存在以下难以克服的障碍和不利后果，包括：

第一，资本显著不足缺乏"欺诈"这一主观过错，因此难以证明其正当性。我国《公司法》在2013年修订时取消了公司最低注册资本，这本身传递的就是不要求公司有最低注册资本限额的监管思想。而在此背景下，又要求股东在没有

"欺诈"意图的前提下,对于资本显著不足承担法人格否认的不利后果,显然是说不通的,是与公司法改革的根本目的相冲突的。

第二,资本充足的认定标准并不确定。是所有的公司都应该要求一个最低水平的资本(这退回到过去规定公司最低注册资本的旧有规制范式之上),还是应该根据企业从事的具体经营领域和规模来确定一个资本水平?

第三,资本充足是否只涉及计算股东出资?任何公司都可能采取不同的融资策略。公司如果主要依靠债权融资来提供启动资本,并且可以让公司顺利开展经营活动,是否满足资本充足要求?还是说公司的股权—债权比率应该有一个合理的标准?如果有,这个比例标准应该如何确定?

第四,资本充足应该是在公司初始设立之时充足,还是贯穿公司存续始终?如果是前者,公司可以通过设立之后的交易行为来减少公司资产,从而很容易规避该要求。如果是后者,那么股东有限责任制度就形同虚设,因为这相当于要求公司股东随时需要为公司补足出资,这是彻头彻尾的无限责任制度。而且,公司经营必然带来经营领域和规模的变化。那么,如果经营领域或规模发生变化,原来充足的资本现在是否应该认定为不充足?而且,企业在不同发展阶段对资本的需求也是不同的,资本充足认定是否应该与企业发展阶段相匹配?

第五,公司的失败可能有多种原因。这些原因包括欺诈、管理失败、财务失败、未能适应变化(例如,竞争压力、政治变化、经济变化、社会变化和技术变化),法律和性质限制,大顾客的损失,特定市场的严重失败,劳动力短缺,经济衰退,过度负债等。很明显,资本显著不足仅仅是经营失败的一个普通原因,但它与破产之间不一定存在必然的因果联系。如果经营失败是资本显著不足之外的其他原因造成的,或者主要是其他原因造成的,是否应该依资本显著不足事由来追究股东责任?还是说,只有资本显著不足是公司经营失败的唯一要素时才能适用法人格否认规则?

第六,如果认可资本显著不足是法人格否认的理由,如何确定公司破产时股东的责任程度?是应该要求股东对公司的债务承担无限责任?还是责任限于认缴资本与本应该提供的充足资本所需要的资本数量之间的差额?而且,因为自愿债权人(如合同债权人)可以预知公司的情况,也可以通过合同限制自己的风险,因此是否应该不加区分地对其提供与非自愿债权人(如侵权债权人)一样的保护,还是法律规则应该主要保护非自愿债权人,让自愿债权人主要通过合同来实现自我保护?①

有鉴于此,我们建议取消资本显著不足作为股东滥用行为类型。在有关规定出台之前,应该坚持将资本显著不足作为非独立要素,即只有在存在财产混同的前提下,资本显著不足才能作为补充要素来认定法人格否认。

三、人格混同的举证责任分配

对于人格混同的相关事实,应当由公司债权人承担举证责任,但只有一个股东的公司除外。公司债权人能够提供初步证据证明股东存在滥用公司独立法人地位和股东有限责任的行为的,但因公司经营情况的证据由公司掌握而无法进一步提供证据予以证明的,人民法院可以根据公平原则和诚实信用原则,确定进一步证明是否存在滥用法人人格行为的举证责任由公司或者股东承担。

◆ 案例指引

中国长城资产管理公司沈阳办事处与新东北电气(沈阳)高压隔离开关有限公司等金融不良债权追偿纠纷案

【裁判要旨】

虽然公司之间在经营场所、经营范围、办事人员等方面存在时间或者空间上交叉的情形,存在公司人格混同的若干外在表征,但上述外在表征尚不足以证实上述公司在财产、组织机构、业务等方面存在持续的重叠情形,更不足以证实上述外在表征与公司丧失独立承担民事责任资格的后果具有因果关系的,不应当认定公司人格混同,不应当适用公司法人人格否认制度。判断公司与其他公司是否构成人格混同,应当从公司之间是否存在财产混同、组织机构混同以及业务混同等方面进行综合分析判断。

【案号】

一审:(2011)辽民二初字第31号

二审:(2013)民二终字第66号

---

① 范世乾:《构建良好营商环境 慎用资本不足情形下法人人格否认规则》,载《审计观察》2020年第12期。

【案情】

原告：中国长城资产管理公司沈阳办事处（以下简称长城资产公司）。

被告：新东北电气（沈阳）高压隔离开关有限公司（以下简称隔离开关公司）、沈阳北富机械制造有限公司（以下简称北富机械制造公司）、沈阳新泰仓储物流有限公司（以下简称新泰仓储物流公司）、沈阳兆利高压电气设备有限公司（以下简称兆利电气设备公司）、东北电气发展股份有限公司（以下简称东北电气公司）、沈阳高压开关有限责任公司（以下简称高压开关公司）、王某杰、俞某民。

1986年12月25日至2003年9月22日，沈阳高压开关厂、高压开关公司（后更名为沈阳高压开关有限公司）与中国工商银行沈阳市分行技术改造信贷部（以下简称工行沈阳分行）、中国工商银行沈阳市分行市府大路支行（以下简称工行市府路支行）先后签订40份借款合同，累计借款金额35175万元，到期均未偿还。

2005年7月15日，长城资产公司与中国工商银行辽宁省分行（以下简称工行辽宁省分行）签订《债权转让协议》，约定：债权转让的范围为债务人高压开关公司所欠工行辽宁省分行的在本协议附件中列明的贷款本金及相应利息，但不包括工行辽宁省分行已转让给华融资产管理公司的表内应收利息；转让债权的账面价值，截至2005年4月30日（转让基准日），账面价值为本金人民币39675万元及相应利息。2005年11月11日，长城资产公司与工行辽宁省分行在辽宁日报上发布《债权转让通知暨债务催收联合公告》，对高压开关公司履行了债权转让通知义务，并进行了催收。2007年9月29日，长城资产公司在辽宁日报上发布债务催收公告，对包括高压开关公司在内的债务人进行公告催收。

2009年7月7日，长城资产公司就案涉借款以高压开关公司、隔离开关公司、北富机械制造公司、新泰仓储物流公司、兆利电气设备公司、东北电气公司、德佳公司为被告向辽宁省高级人民法院提起诉讼，请求判令：高压开关公司偿还借款本金35175万元及逾期利息；东北电气公司在出资不实的范围内对高压开关公司的债务承担赔偿责任；东北电气公司等其他被告对高压开关公司的债务承担连带偿还责任；各被告共同负担案件诉讼费。2011年11月30日，长城资产公司提交变更被告申请书，将被告德佳公司变更为王某杰、俞某民，请求判令王某杰、俞某民承担德佳公司应负的责任。

【审判】

辽宁省高级人民法院重审后作出一审判决：一、高压开关公司于判决生效后10日内偿还长城资产公司借款本金35175万元。二、高压开关公司于判决生效后10日内偿还长城资产公司借款本金35175万元的利息（以每笔借款本金为基数，自逾期3个月之日起，按照中国人民银行规定的同期逾期贷款利率标准计至判决确定的给付之日止）；如高压开关公司未按照判决确定的期间履行金钱给付义务，则按照修改前《民事诉讼法》第二百二十九条之规定，加倍支付迟延履行期间的债务利息。三、王某杰、俞某民按照出资比例在德佳公司受让高压开关公司在隔离开关公司74.4%股权、北富机械制造公司95%股权以及新泰仓储物流公司82.8%股权的价值范围内对高压开关公司的上述债务承担连带偿还责任。四、驳回长城资产公司的其他诉讼请求。

二审法院认为，本案基础法律关系是借款法律关系，同时还涉及股东出资、公司人格否认、公司人格混同、侵权等多个法律关系。长城资产公司为追回其债权，不仅起诉了债务人高压开关公司，还起诉了高压开关公司设立时的股东东北电气公司、股权转让之前的子公司隔离开关公司、北富机械制造公司、新泰仓储物流公司、兆利电气设备公司，以及受让高压开关公司股权的德佳公司的股东王某杰、俞某民。其中，长城资产公司对原审法院关于东北电气公司、隔离开关公司、北富机械制造公司、新泰仓储物流公司、兆利电气设备公司不承担高压开关公司债务责任的判决部分不服，提起上诉。根据本案当事人的上诉请求、理由以及答辩意见，二审争议的焦点问题是：（1）东北电气公司是否应当为沈阳高压开关厂6811万元债务承担连带清偿责任；（2）东北电气公司1995年出资设立高压开关公司时，是否履行了全面出资义务；（3）东北电气公司是否利用其对高压开关公司及其他关联公司的实际控制权，滥用高压开关公司独立法人地位，严重损害高压开关公司债权人利益，是否应当揭开高压开关公司法人面纱，判令东北电气公司对高压开关公司的债务承担连带清偿责任；（4）东北电气公司、隔离开关公司、北富机械制造公司、新泰仓储物流公司、兆利电气设备公司等是否构成人格混同；（5）隔离开关公司、北富机械制造公司、新泰仓储物流公司、兆利电气设备公司是否参与实施了东北电气公司操纵高压开关公司的逃债行为，是否构成

共同侵权,是否应当对本案债务承担连带清偿责任。对上述焦点问题中关于人格混同问题的分析评判如下:

1. 东北电气公司是否有滥用高压开关公司独立法人地位,严重损害高压开关公司债权人利益的行为,是否应否认高压开关公司法人人格,判令东北电气公司对高压开关公司的债务承担连带责任。

长城资产公司诉请东北电气公司对高压开关公司债务承担连带责任的依据是,东北电气公司是高压开关公司的实际控制人,其利用对高压开关公司及隔离开关公司、北富机械制造公司、新泰仓储物流公司、兆利电气设备公司等关联公司的控制权,通过股权置换等手段逃废高压开关公司的债务,违背了法人制度设立的宗旨,严重损害了债权人利益,故应当揭开高压开关公司面纱,判令实际控制人东北电气公司对高压开关公司的债务承担连带清偿责任。

根据本案查明的事实,在2004年高压开关公司与东北电气公司股权置换时,东北电气公司通过对添升公司、万里公司、新峰公司、诚安公司的控股关系实际控制着高压开关公司,但股权置换行为已被最高人民法院判决予以撤销,股权也实际回转到高压开关公司名下,高压开关公司的责任能力已被恢复。其后高压开关公司又将股权转让给德佳公司,此时因添升公司已于2004年6月将持有的万里公司90%的股权转让他人,东北电气公司对高压开关公司股权上的控制关系已然隔断。对于高压开关公司将股权转让给德佳公司以及德佳公司又将股权转让的事实,长城资产公司未举出充足证据证明是受东北电气公司实际控制而为或者与东北电气公司有直接关系。因此本案证据尚不足以认定东北电气公司实际控制高压开关公司实施了逃废债务的行为。

另外,长城资产公司主张揭开高压开关公司面纱,即否认高压开关公司法人人格。《公司法》(2005年)第二十条规定了公司法人人格否认制度,即"公司股东……不得滥用公司法人独立地位和股东有限责任损害公司债权人的利益……公司股东滥用公司法人独立地位和股东有限责任,逃避债务,严重损害公司债权人利益的,应当对公司债务承担连带责任"。根据该条规定,适用法人人格否认制度应当具备三个条件:一是主体要件,即滥用的主体限于公司股东;二是行为要件,即存在滥用公司独立人格和股东有限责任的行为;三是结果要件,即严重损害了公司债权人的利益。而本案中,虽然东北电气公司在高压开关公司设立时的确是高压开关公司的股东，但之后东北电气公司将所持高压开关公司股权全部转让，不再是高压开关公司的股东。本案情形不符合上述法人人格否认制度适用的条件。因此，长城资产公司关于东北电气公司滥用高压开关公司法人独立地位，损害债权人利益，要求揭开高压开关公司面纱的主张，缺乏事实和法律依据，最高人民法院不予支持。

2. 东北电气公司、高压开关公司、隔离开关公司、北富机械制造公司、新泰仓储物流公司、兆利电气设备公司等是否构成人格混同。

判断公司与其他公司是否构成人格混同，应当从公司之间是否存在财产混同、组织机构混同以及业务混同等方面进行综合分析判断。财产混同是公司人格混同的重要考察要素，其外在表征主要有，公司在经营场所、主要办公、生产设备以及财务等方面混同，其本质则是财产混同情形违背了公司财产与股东财产相分离、公司资本维持和公司资本不变的基本原则，严重影响了公司对外清偿债务的物质基础。本案中，长城资产公司从上述公司部分实物资产的实际占用人与权利人不相符以及公司经营场所曾经在同一地址等方面进行了举证说明，但未进一步提供证明上述公司在生产设备、财务、账目等其他方面混同的证据。公司组织机构混同的外在表征主要有，公司的股东、董事、经理、负责人与其他公司的同类人员相混同，其本质则是组织机构混同情形导致公司不能形成独立的完全基于本公司利益而产生的意志，致使公司的独立性丧失，独立承担责任的基础丧失。本案中，根据长城资产公司所举证据，上述公司的部分高级管理人员确实存在交叉任职的情况，但该种情形是否足以导致公司丧失独立性则无相应证据予以证明。公司业务混同的外在表征主要有，公司之间的经营业务、经营行为、交易方式、价格确定等持续混同，其本质则是业务混同情形导致公司失去了经营自主权和独立人格。本案中，从上述公司企业法人营业执照记载的经营范围看，高压开关公司与隔离开关公司、兆利电气设备公司的经营范围确实存在部分重合，其他公司的经营范围未有明显交叉；除此之外，长城资产公司未提交证明上述公司业务混同的其他证据。

综合分析以上事实和证据，虽然上述公司在经营场所、经营范围、高级管理人员任职等方面确实存在时间或者空间上交叉的情形，存在公司人格混同的若干外在表征，但上述外在表征尚不足以证实上述公司在财产、组织机构、业务等方面存在持续的重叠情形,更不足以证实上述外在表征与长城资产公司所主张的高压开关公司丧失独立承担民事责任资格的后果具有因果关系。因此,长城资产公司关于上述公司人格混同的主张,缺乏事实和法律依据,最高人民法院不予支持。

3. 隔离开关公司、北富机械制造公司、新泰仓储物流公司、兆利电气设备公司是否应当对高压开关公司的债务承担连带责任。

长城资产公司主张上述四公司承担连带责任的依据是,该四公司接收了高压开关公司的财产,并配合东北电气公司及高压开关公司转移财产,参与实施了逃废高压开关公司债务的行为,构成共同侵权。

根据本案查明的事实,高压开关公司出资与其他法人设立上述公司,是企业正常的股东投资行为,其只是使高压开关公司的财产形态由实物形态转变为股权形态,高压开关公司的责任资产并未因此而减少,高压开关公司的责任能力并未因此而受损。在最高人民法院撤销高压开关公司与东北电气公司股权置换行为后,高压开关公司又将上述公司的股权转让给德佳公司,德佳公司之后又予以转让。上述公司虽然参与了高压开关公司实物资产、股权资产的变动过程,但在无充分证据证实其与高压开关公司、东北电气公司人格混同、东北电气公司操纵逃废高压开关公司债务的情况下,亦无法认定上述公司参与实施了逃债行为。因此长城资产公司要求上述四公司对高压开关公司债务承担连带责任的主张,缺乏事实和法律依据,最高人民法院不予支持。

最高人民法院于 2013 年 12 月 14 日作出(2013)民二终字第 66 号民事判决:驳回上诉,维持原判。

第二十四条 【电子通信方式开会】

公司股东会、董事会、监事会召开会议和表决可以采用电子通信方式,公司章程另有规定的除外。

◆ 新旧对照解读

本条为《公司法》新增条文。

◆ 条文释义

随着电子商务技术和网络技术的突飞猛进，从方便股东、董事、监事参与会议，节约会议成本、促进会议效率等角度，利用电子邮件、微信、电视会议、可视电话会议、网络视频会议、网络投票平台等电子通信方式召开股东会、董事会、监事会会议和表决具有必要性和可行性。本条款原则上允许公司采用电子通信方式进行股东会、董事会、监事会会议的召开和表决，除非公司章程禁止。

第二十五条　【股东会、董事会决议无效】
公司股东会、董事会的决议内容违反法律、行政法规的无效。

◆ 新旧对照解读

本条源自《公司法》（2018）第二十二条第一款。本次修订对股东会、董事会决议效力瑕疵制度进行了体系性修改，吸收了《公司法司法解释（四）》（2020）的部分内容，增加了决议不成立制度，形成第二十五条至第二十八条四个条文。第二十五条是股东会、董事会决议无效制度，本次修订只进行了文字性修改，删除了"或者股东大会"的表述。

◆ 相关规定

《公司法司法解释（四）》（2020）第一条、第三条

◆ 条文释义

本条是关于股东会、董事会决议无效的规定。

股东会、董事会作出决议，必须遵守法律、行政法规、公司章程的规定。股东会、董事会决议内容违反法律、行政法规的，该决议无效。《民法典》明确将决议行为纳入民事法律行为，结合《民法典》第一百五十三条关于民事法律行为无效的规定，此处"违反法律、行政法规"应当解释为违反法律、行政法规的强制性规定。违反法律、行政法规强制性规定的决议行为因不符合民事法律行为的

有效要件而自始无效、当然无效。为确保公司决议的稳定性与公信力，认为公司决议无效应当向法院提起无效确认之诉，由法院宣告该决议行为无效。该无效的股东会、董事会决议自始没有法律约束力。

本条并没有规定提起决议无效之诉的主体，《公司法司法解释（四）》（2020）第一条对此作了规定。股东、董事、监事之外的人是否可以提起无效确认之诉？根据《民事诉讼法》关于起诉条件的规定，提起无效确认之诉的应当是与诉争决议存在直接利害关系的人，如当债务人公司违反借款合同之约定而继续举债或者为他人提供担保时，银行债权人可对相关决议提起无效确认之诉；当涉及公司改制或者并购的决议损害职工利益时，职工亦应当对该瑕疵决议享有诉权。① 笔者认为，这与决议无效的性质有关，无效决议行为本身属于当然无效、自始无效的行为，法院只是对其无效事由进行审查确认并宣告其无效，因此，凡与该无效决议存在利害关系的人，均应当赋予其原告资格，以启动法院审查程序，确认其无效。

◆ **适用疑难解析**

决议无效的具体情形

关于公司决议的无效，我国《公司法》仅进行了概括规定，并未明确列举具体情形。《公司法司法解释（四）》（2017）制定过程中，曾经就决议无效的类型化作出过探索性努力②，但因尚有斟酌的余地未获通过。具体哪些情形属于决议无效情形，理论界和实务界仍存有争议。结合理论界认识和司法实践的认定，下列情形往往被认定为决议无效情形：

第一，侵害股东优先认缴权的增资决议无效。

侵害股东优先认缴权的增资决议是否无效，学界观点并不一致，实践中也存在分歧，有的认定为可撤销决议，有的认定为无效。但若该增资决议不仅仅是未通知到股东、侵害了股东优先认缴增资的权利，而是存在滥用权利恶意稀释股东

---

① 刘俊海：《公司法学》（第三版），北京大学出版社2020年版，第277-278页。
② 《公司法司法解释（四）征求意见稿》（2016）第六条："股东会或者股东大会、董事会决议存在下列情形之一的，应当认定无效：（一）股东滥用股东权利通过决议损害公司或者其他股东的利益；（二）决议过度分配利润、进行重大不当关联交易等导致公司债权人的利益受到损害；（三）决议内容违反法律、行政法规强制性规定的其他情形。"

股权比例、实质性改变股权结构侵害股东权益的则往往会被认定为无效。在徐某与北京立马水泥有限公司公司决议效力确认纠纷再审案中，北京市高级人民法院认为，因《公司法》关于股东优先认缴增资的规定并非效力性强制性规定，尽管涉案决议侵害了徐某享有的增资优先认缴权，但本案中增资具有正当性，不存在部分股东滥用资本多数决故意稀释小股东持股比例的情形，故涉案决议有效。① 而在夏某中与贵州省黔西交通运输联合有限公司、何某阳等公司决议纠纷再审案中，原告原本持有93.33%股权，被告采用定向增资方式将原告股权稀释至7.37%，几乎完全改变公司股权结构和原告的控股股东地位。最高人民法院认为，2010年3月30日、6月20日、6月24日、6月29日黔西交通运输联合有限公司召开的股东会所作出的关于增加注册资本以及修改公司章程的股东会决议内容，没有经过当时仍持有公司93.33%股权的夏某中的同意，也没有证据证明夏某中就公司的该次增资已知悉并明确放弃了优先认缴权，故上述决议内容违反了《公司法》关于"股东有权优先按照实缴的出资比例认缴出资"的规定，侵犯了夏某中认缴增资的合法权益，应当认定无效。②

第二，侵害公司、债权人利益的决议无效。

"滥用权利侵害债权人、社会公共利益的决议，因超出了公司决议自治的范围，且具有违法性、危害性"，决议当属无效；"滥用权利侵害公司利益的决议，表面上看仍旧属公司决议自治范围内的争议，但实际上当公司决议侵害公司利益时，往往公司的人格已经形骸化，决议等同于股东或者董事合谋侵害'第三人'即公司利益，并且还会间接侵害债权人利益"，③ 如违反"无盈不分"原则的股利分配决议。叶林教授认为，违反"无盈不分"原则进行利益分配的决议，实质上损害了公司利益，属于违反公司本质的决议，应当无效。④ 在尚某涛、上海鼎虎工业设备有限公司公司决议效力确认纠纷案中，山东省青岛市中级人民法院认为："三份股东会决议涉及的款项是青岛鼎虎与上海鼎虎之间的代理结算款，该款项并未在青岛鼎虎账务资料中体现，现无证据证明已经按照上述法律规定形成

---

① 参见（2019）京民申6018号。
② 参见（2016）最高法民申334号。
③ 吴飞飞：《公司决议无效事由的扩大解释与限缩澄清》，载《社会科学》2022年第1期。
④ 叶林：《股东会决议无效的公司法解释》，载《法学研究》2020年第3期。

未分配利润，并已经提取法定公积金及弥补亏损，故青岛鼎虎的两股东分配该款项违反了上述法律规定，可能会损害公司不特定债权人的利益，由此形成的股东会决议应当认定为无效。"①

第三，擅自处分股东股权的股东会决议无效。

处分股东股权并非决议机关职权范围内事务，也非公司共益性事务，认定该类决议无效既不影响公司治理决策安定性，也不会损害善意第三人合理信赖利益。② 擅自处分股东股权的决议应当属无效决议。如在贵州贵阳元驰石油运输有限公司、李某生公司决议纠纷再审案件中，最高人民法院认为："元驰公司黔筑元综〔2015〕38 号《股东大会决议》中关于'激励股为全体股东平均持有'的决议内容，实质上是对已经由李某生个人所有的激励股的所有权作出处置，侵犯了李某生的财产所有权，该决议内容当属无效。"③

第四，违法解除股东资格的决议无效。

在张某才与北京世纪天鼎商品交易市场有限公司公司决议纠纷再审案④中，北京市高级人民法院认为："股东资格是股东的基本权益，非经法定程序，任何组织及个人不得非法剥夺。""世纪天鼎公司也没有提交证据证明，存在张某才未履行出资义务或者抽逃全部出资的情形，或者张某才有其他应当被剥夺股权的情形。"现诉争决议内容是"同意公司注册资本由 1200 万元减少至 1138.2 万元人民币，其中减少张某才全部实缴货币出资 61.8 万元人民币，取消张某才股东资格"。《公司法》（2013）及世纪天鼎公司章程均规定，世纪天鼎公司股东会的职权包括"对公司增加或者减少注册资本作出决议"。但该职权不等同于可以直接减少张某才的实缴出资为 0，取消张某才股东资格。诉争决议内容违反《公司法》（2013）及世纪天鼎公司章程赋予股东会的职权范围，并且严重侵害张某才的股东权利。该决议内容无效。

第五，违反《公司法》第一百七十八条规定，选举不得担任公司董事、监事的人员为公司董事、监事的，该选举决议无效。

---

① （2018）鲁 02 民终 2383 号。
② 参见吴飞飞：《公司决议无效事由的扩大解释与限缩澄清》，载《社会科学》2022 年第 1 期。
③ （2019）最高法民申 296 号。
④ （2018）京民再 64 号。

第二十六条 【股东会、董事会决议的撤销】

公司股东会、董事会的会议召集程序、表决方式违反法律、行政法规或者公司章程，或者决议内容违反公司章程的，股东自决议作出之日起六十日内，可以请求人民法院撤销。但是，股东会、董事会的会议召集程序或者表决方式仅有轻微瑕疵，对决议未产生实质影响的除外。

未被通知参加股东会会议的股东自知道或者应当知道股东会决议作出之日起六十日内，可以请求人民法院撤销；自决议作出之日起一年内没有行使撤销权的，撤销权消灭。

◆ 新旧对照解读

本条源自《公司法》（2018）第二十二条第二款、第三款。本次修订主要有以下修改：一是借鉴《公司法司法解释（四）》（2020）第四条增加规定仅有轻微程序瑕疵的决议豁免撤销的制度。公司决议属于组织法上的法律行为，会议形成决议的成本巨大，动辄撤销决议，会影响公司经营效率、法律关系的稳定和交易安全。因此，本次修订借鉴《公司法司法解释（四）》（2020）第四条，规定股东会、董事会会议的召集程序或者表决方式仅有轻微瑕疵，对决议未产生实质影响的，可以豁免撤销。

二是完善了撤销之诉的起诉期限的规定，增加规定未被通知参加股东会会议的股东撤销权期限的起算时点及撤销权的最长行使期限。对于60日期限的起算时点，旧法统一规定为"自决议作出之日"起算。但实践中，股东会会议召集程序有瑕疵，未通知所有股东，未被通知参加会议的股东可能根本不知道决议已经作出，可能知道时已经超过60日，仅规定自决议作出之日起60日内起诉，显然对这些未被通知参加会议的股东是不公平的。因此，新法增加规定，"未被通知参加股东会会议的股东自知道或者应当知道股东会决议作出之日起六十日内，可以请求人民法院撤销"。由于"知道或者应当知道"决议作出的时点是个不确定的时点，为避免公司决议长期处于不稳定状态，新法同时规定了未被通知参加股东会会议的股东撤销权的最长行使期限为"自决议作出之日起一年"。

三是删除了旧法第二十二条第三款关于要求股东提供相应担保的规定。旧法规定的原告股东担保制度的目的是促使股东正当行使诉权，预防股东滥诉。但旧法并没有对担保的对象等作出规定，造成了法律适用上极大的不确定性;[1] 在实践中又常被被告滥用，阻碍了许多善意的中小股东正常行使诉权。[2] 有学者认为，要求提起决议撤销之诉的原告提供担保，具有法理缺陷，该制度从根本上违背了民事诉讼的基本原理，打破了原被告双方诉讼权利和义务的平衡分配，易被被告滥用。如果公司能够证明并使法院确信股东的起诉构成滥诉或者公司对原告股东会产生损害赔偿请求权，那么正确的做法应当是由法院直接驳回原告的起诉而不是以原告提供担保的方式继续诉讼，否则甚至会出现原告提起的恶意诉讼最后反而胜诉的荒谬结果。[3]《公司法（2021 修订草案）》一审稿曾对公司要求提供担保增加了"不正当目的"的举证义务，最终新法删除了该制度，降低了股东提起撤销之诉的成本。

新法更有利于保障瑕疵决议当中股东的诉权，同时又兼顾了公司决议效力的稳定性，有利于维护中小股东和公司的合法权益。

◆ 相关规定

《民法典》第八十五条

《公司法司法解释（一）》（2014）第三条

《公司法司法解释（四）》（2020）第二条至第四条

◆ 条文释义

本条规定的是股东会、董事会决议的撤销。

一、撤销事由

决议可撤销是以决议成立为前提的。根据本条规定，股东会、董事会决议可撤销的事由包括以下三种：

---

[1] 参见丁勇：《公司决议瑕疵诉讼担保制度检讨及立法完善》，载《法学》2014 年第 5 期。
[2] 参见刘俊海：《公司法学》（第三版），北京大学出版社 2020 年版，第 283 页。
[3] 参见丁勇：《公司决议瑕疵诉讼担保制度检讨及立法完善》，载《法学》2014 年第 5 期。

第一，会议召集程序违反法律、行政法规、公司章程，如由没有召集权的人召集，会议通知没有向部分股东发出，或者通知时间、通知方式不合法或者不适当，或者通知内容不齐全，或者会议主持人没有主持资格等。

第二，表决方式违反法律、行政法规、公司章程，如由于股东会或者董事会现场对参会者或者其代理人身份查验不严，非股东或者非董事的代理人参与了表决；会议主持人拒绝适格代理人行使表决权；股东会或者董事会主席无正当理由限制或者剥夺股东的发言权或者辩论权等。①

第三，决议内容违反公司章程。从尊重股东和公司自治、维护决议所涉及的法律关系的稳定性等角度出发，内容违反公司章程的决议为可撤销决议。

二、提起决议撤销之诉的主体

股东会、董事会决议一旦依法作出并生效，即变为公司的意志，对公司及股东具有约束力。因此，股东会及董事会决议对股东关系重大，股东对公司决议具有诉的利益，当股东会、董事会决议存在可撤销事由时，股东有权请求人民法院撤销。请求撤销股东会、董事会决议的原告，应当在起诉时具有公司股东资格。

三、撤销权行使期限

股东行使撤销诉权的期限是60日，超过60日提起诉讼的，法院不予受理。60日的起算时间，一般自决议作出之日起算。对于未被通知参加股东会会议的股东来说，60日的起算时间自"知道或者应当知道股东会决议作出之日"起算；但不管股东是否知道或应当知道股东会决议已经作出，只要自股东会"决议作出之日起一年内"没有提起决议撤销之诉，撤销权即消灭。

因此，对于未被通知参加会议的股东来说，有两个起诉期限，一个是60日期限，该期限的起算点是股东"知道或者应当知道股东会决议作出之日"；另一个是1年期限，该期限的起算点是股东会"决议作出之日"，属于撤销权的最长行使期限，超过该期限未起诉的，撤销权消灭。

四、轻微程序瑕疵的豁免撤销

公司决议瑕疵豁免撤销的条件有二：一是股东会、董事会会议仅召集程序或者表决方式违反法律、行政法规或者公司章程，即仅存在程序瑕疵，内容违反公

---

① 参见刘俊海：《公司法学》（第三版），北京大学出版社2020年版，第280页。

司章程的决议不适用撤销豁免；二是该程序瑕疵显著轻微，且对决议未产生实质影响。"轻微"与"实质"都是程度的描述，前者是指程序违法的程度，后者是指违法所致后果的程度，是否可以豁免撤销，应当将"程序瑕疵轻微"与"未对决议产生实质影响"结合起来判断。

"程序轻微瑕疵"包括违反提前通知的时限或者通知的议案缺失非主要部分，但并未影响股东或者董事参加会议、行使表决权；虽然计票人、监票人的选拔有失公正或者未公开计票，但未影响票数的真实统计等。"未对决议产生实质影响"，不仅要考虑是否影响表决结果达到法律或者公司章程规定的通过比例，而且要考虑对股东参加会议、行使表决权等相关权利行使的实质影响；要结合对决议结果的影响和对股东权利的影响两个方面判断是否产生"实质影响"。① "不宜在程序瑕疵轻微与表决结果之间建立因果关系链"②，出资比例1%甚至更少的股东，即使其参会也不会撼动股东会的决议结果，尽管如此，没有通知其参会，也不构成轻微瑕疵，因为未通知其参会直接剥夺了其发言权、辩论权、质询权、表决权等股东权利，直接损害了程序正义的独立价值，还会导致控制股东和内部控制人更任性、更蔑视中小股东及少数派董事的声音，并催生更多的公司决议瑕疵。因此，临时股东会就召集通知中未载明的事项作出决议、公司未通知反对派小股东或者董事参会、公司不合理提前并缩短参会注册时间并将无法注册的反对股东或者董事排斥于会议室门外等，都不属于轻微瑕疵。③

◆ 适用疑难解析

决议撤销之诉的原告资格

哪些人具有决议撤销之诉的原告资格，理论界和实务界一直存有争议。争议主要包括两个方面：一是股东之外的董事、监事是否应当成为撤销之诉的原告；二是对股东的原告资格是否应当作限制解释，是否要求从决议时到诉讼结束都始终具有股东资格等。

---

① 邓峰、许德峰、李建伟主编：《最高人民法院公司法解释（四）理解适用专题讲座》，中国法制出版社2018年版，第42-43页。
② 李建伟：《公司法学》（第五版），中国人民大学出版社2022年版，第325页。
③ 刘俊海：《公司法学》（第三版），北京大学出版社2020年版，第282页。

（一）董事、监事的原告资格

对于董事、监事的原告资格，我国主流观点认为董事、监事也有权提起公司决议撤销之诉，理由主要包括：一方面，董事、监事可能对决议撤销之诉具有诉的利益；另一方面，公司决议本质上属于公司的意思表示，决议撤销之诉与决议无效、决议不成立之诉一样，不仅仅为股东利益，也关涉公司利益，董事、监事对公司负有信义义务，肩负守护公司利益之责，不是为自己利益而是为公司利益起诉，也是履行职责的体现；同时，董事、监事直接参与公司日常经营管理活动，更容易发现决议的程序瑕疵，也更有能力纠正程序瑕疵。[1] 也有观点认为，应当区分股东会决议和董事会决议确定决议撤销之诉的原告。对于股东会决议来说，可撤销决议通常侵害的是股东权利，是否撤销应当交由权利受到侵害的股东来决定，若由董事、监事越俎代庖，则违背了法律以可放弃的撤销权及有限的撤销权期间尽可能照顾公司安定性的目的，也有违董事对公司而非股东所负的勤勉义务；仅在决议损害公司利益时，董事、监事才可享有撤销权。对于董事会决议来说，董事、监事只可在董事会无法自我纠正时提起诉讼，而对股东诉权应当比照代表诉讼要求进行限制。[2]《公司法（2021修订草案）》一审稿曾增加规定董事、监事有权提起公司决议撤销之诉，但新法保持了股东作为唯一享有撤销权的主体的规定。因此，根据新《公司法》规定，当股东会、董事会决议存在可撤销事由时，董事、监事不具有原告资格。

（二）股东的原告资格

对于股东的原告资格是否应当进行限制，主要涉及以下两个问题：

第一，是否要求决议作出至诉讼期间始终具有股东资格？学界主要有以下几种观点：（1）提起撤销权诉讼的股东，须在"决议时"和"起诉时"均具备股东资格。（2）决议后取得股东资格的，如果属于继受取得，是否具有撤销权取决于原有股东是否具有撤销权；如果是原始取得，一般不享有撤销权，但如果瑕疵决议影响其利益的，应当赋予其撤销权。（3）提起撤销权诉讼的股东，须从起诉

---

[1] 参见李建伟：《公司法学》（第五版），中国人民大学出版社2022年版，第326页；参见邓峰、许德峰、李建伟主编：《最高人民法院公司法解释（四）理解适用专题讲座》，中国法制出版社2018年版，第86页。

[2] 参见丁勇：《组织法的诉讼构造：公司决议纠纷诉讼规则重构》，载《中国法学》2019年第5期。

时至判决生效期间始终具备股东资格。① （4）提起撤销权诉讼的股东，不要求决议时必须具有股东资格，也不应当要求诉讼全程必须保持股东身份，否则将构成对股权转让自由的不合理限制。②《公司法司法解释（四）》（2017）第二条的演变历程也反映了实务界存在的争议。2012年的征求意见稿规定原告"应当在会议决议形成并至起诉时持续具有公司股东身份"，2016年的征求意见稿则规定原告"应当在起诉时具有公司股东身份。案件受理后不再具有公司股东身份的，应当驳回起诉"，而最终出台的《公司法司法解释（四）》（2017）第二条仅规定原告"应当在起诉时具有公司股东资格"。③ 从此演变过程可知，最高人民法院最终采纳的意见是：提起公司决议撤销之诉的原告，限于起诉时具有股东资格。作出决议时是否具有股东资格在所不问；诉讼中转让股权的，按照《民事诉讼法》有关诉讼当事人恒定和诉讼继承原则的规定处理。股东将股权全部转让的，不影响其原告的主体资格和诉讼地位。人民法院作出的发生法律效力的判决、裁定对股权受让人具有拘束力。受让人申请参加诉讼的，人民法院可予准许。受让人申请替代转让股东承担诉讼的，因该诉讼并不存在有损国家利益、集体利益、第三人利益的情形，应予准许。④

第二，股东原告资格是否受表决权之有无、会议出席情况、表决情况、持股数量差异之限？学界通说认为，缺席会议的股东、无表决权的股东均有原告资格，也不受持股数量的限制；但出席会议且未对决议瑕疵提出异议的股东是否具有原告资格，仍存在分歧。有学者认为，"对股东会或董事会的召集程序和决议方法未当场表示异议的股东不得提起公司决议撤销之诉。否则，将允许这些股东任意反复，影响公司安定甚巨，法律秩序亦不允许任意干扰。这样，既可消除个别股东见风使舵的投机心理，也可督促股东对股东会或董事会召集程序和决议方法方面的瑕疵当场提出反对意见，从而便利股东会或董事会及时修正瑕疵，最终

---

① 刘俊海：《公司法学》（第三版），北京大学出版社2020年版，第280页。
② 参见丁勇：《组织法的诉讼构造：公司决议纠纷诉讼规则重构》，载《中国法学》2019年第5期。
③ 参见邓峰、许德峰、李建伟主编：《最高人民法院公司法解释（四）理解适用专题讲座》，中国法制出版社2018年版，第85页。
④ 参见杜万华主编：《最高人民法院公司法司法解释（四）理解与适用》，人民法院出版社2017年版，第65页。

提高公司决议的效率和稳定性"。① 也有学者认为，赋予出席会议且未对决议瑕疵提出异议的股东原告资格，"可以保护那些尽管在表决中同意议案，但当时并不知道召集程序、表决方法有瑕疵的股东，且能督促内部人严格按照程序要求进行会议的召集、主持与表决行为"。② 最高人民法院认为，股东并非能够在表决之时即已全部明确知晓会议存在的程序瑕疵问题，亦未必能够在会议表决之时就对决议内容是否违反章程约定作出明确判断，因股东并非以公司经营为常业；而股东对公司决议撤销之诉的诉权是公司法赋予股东通过诉讼程序矫正公司内部治理瑕疵的共益权，在公司法未就股东投票情况作出特别限定的情况下，应从宽把握。③ 因此，《公司法司法解释（四）》（2020）第二条仅规定请求撤销公司决议的原告应当在起诉时具有公司股东资格，并未对股东是否出席会议、是否享有表决权、持股数量以及表决情况等作出限定。股东提起公司决议撤销之诉，不受表决权之有无、会议出席情况、表决情况、持股数量差异之限。

> **第二十七条　【股东会、董事会决议不成立】**
> 有下列情形之一的，公司股东会、董事会的决议不成立：
> （一）未召开股东会、董事会会议作出决议；
> （二）股东会、董事会会议未对决议事项进行表决；
> （三）出席会议的人数或者所持表决权数未达到本法或者公司章程规定的人数或者所持表决权数；
> （四）同意决议事项的人数或者所持表决权数未达到本法或者公司章程规定的人数或者所持表决权数。

◆ 新旧对照解读

本条是《公司法》新增条文，源自《公司法司法解释（四）》（2020）第

---

① 刘俊海：《公司法学》（第三版），北京大学出版社2020年版，第280页。
② 李建伟：《公司法学》（第五版），中国人民大学出版社2022年版，第326页。
③ 参见杜万华主编：《最高人民法院公司法司法解释（四）理解与适用》，人民法院出版社2017年版，第64页。

五条。

股东会、董事会决议的成立和效力是两个不同的问题。决议的效力以决议的成立为前提。旧法只规定了股东会、董事会决议的无效和可撤销，但司法实践中存在虚构决议等事实上不存在的决议。因此，本次修订借鉴《公司法司法解释（四）》（2020）第五条增加规定了股东会、董事会决议不成立的情形。

新法在引入《公司法司法解释（四）》（2020）第五条内容时，对列举的四项事由进行了文字性修改，从语言表述上作了改变，实质内容没有变化。其中第一项删除了司法解释中"依据公司法第三十七条第二款或者公司章程规定可以不召开股东会或者股东大会而直接作出决定，并由全体股东在决定文件上签名、盖章的除外"的规定。但根据新法第五十九条规定，有限责任公司未召开股东会会议而是由全体股东一致同意并签名或者盖章作出的书面决议自然不属于决议不成立的情形。

另外，新法删除了司法解释中第五项兜底性条款。四种决议不成立情形在本质上也属于程序瑕疵，与可撤销事由中的程序瑕疵只是严重程度不同。兜底条款的存在使得实践中在认定其他程序瑕疵是否严重到决议不能成立时，会存在决议可撤销和决议不成立界限模糊的问题，而且决议可撤销和决议不成立在起诉期限等方面也有不同。不严格限制兜底条款的解释，将会存在"掏空决议撤销之诉制度，进而危及公司决议的稳定性"[①] 的风险。本次修订删除了兜底条款，将决议不成立事由限定在列举的四种严重的程序瑕疵情形，避免了上述兜底条款的弊端。

◆ **条文释义**

本条是关于股东会、董事会决议不成立的规定。

一、股东会、董事会决议不成立的情形

股东会、董事会决议不成立是指该决议不具备成立要件，或者欠缺一个或者数个成立要件。公司决议不成立的情形包括以下四种：

第一，未召开股东会、董事会会议作出决议。

通常情况下，会议召开的事实，是公司决议成立的条件。实践中，大股东操

---

① 刘俊海：《公司法学》（第三版），北京大学出版社2020年版，第284页。

控公司，在没有召开股东会、董事会会议的情况下，通过伪造签名、伪造决议而炮制的所谓决议，因不具备决议成立的基本要件，属于不成立的决议。

但在有限责任公司，全体股东以书面形式一致同意股东会某重大决策事项的，可以不召开会议，直接作出决定并由全体股东在该决定文件上签名或者盖章。

第二，股东会、董事会会议未对决议事项进行表决。

这是指公司尽管召开了股东会、董事会会议，但会议并未对有关事项进行表决，会后，个别股东或者董事通过伪造他人签名形成决议的书面文件。"决议行为的根本特征在于其根据程序正义的要求采取多数决的意思表示形成机制，决议结果对团体全体成员都有法律约束力。"[1] 因此，会议未对决议事项进行表决，未通过决议程序将个人意思汇聚成公司意思，事后虚构的决议以股东或者董事的个人意思代替公司意思，不能产生决议行为的效力。此种情况下的决议不成立。

第三，出席会议的人数或者所持表决权数未达到本法或者公司章程规定的人数或者所持表决权数。

股东会、董事会决议行为的正当性在于股东会、董事会决议的足够代表性，即该决议代表了多数股东、多数表决权股东或者多数董事的意思。股东会、董事会会议出席人数或者所持表决权数未达到《公司法》或者公司章程规定的人数或者所持表决权数的，属于严重的程序瑕疵，直接影响股东会、董事会决议的代表性和正当性，应当视为未有效召开会议，该决议不成立。

第四，同意决议事项的人数或者所持表决权数未达到《公司法》或者公司章程规定的人数或者所持表决权数。

决议行为的代表性和正当性不仅取决于出席会议的人数或者所持表决权数，更取决于同意决议的人数或者所持表决权数。多数决是公司决议存在的意思合意要件。同意决议事项的人数或者所持表决权数未达到《公司法》或者公司章程规定的人数或者所持表决权数的，表明公司决议的意思表示没有形成，未形成团体意思，应当视为股东会或者董事会未作出任何意思表示，该决议不成立。

二、股东会、董事会决议不成立与决议无效

股东会、董事会决议不成立是指股东会、董事会决议欠缺决议的成立要件，

---

[1] 邓峰、许德峰、李建伟主编：《最高人民法院公司法解释（四）理解适用专题讲座》，中国法制出版社2018年版，第18页。

属于程序上的瑕疵；股东会、董事会决议无效以决议成立为前提，指已经成立的股东会、董事会决议因内容违反法律、行政法规的强制性规定而无效，属于内容瑕疵。

无效的股东会、董事会决议是自始的、当然的、确定的无效，是无法补救的、无法通过股东追认而得到补正的。股东会、董事会决议被确认无效后，股东会、董事会不能再次作出与此内容相同的决议。股东会、董事会决议不成立，则可能因其他股东的事后追认而得到补正从而成立并生效。股东会、董事会决议被确认不成立的，股东会、董事会还可以依法作出与此内容相同的决议。

三、股东会、董事会决议不成立与决议可撤销

决议不成立与决议可撤销主要有以下区别：

第一，程序瑕疵的严重程度不同。

导致决议不成立的程序瑕疵是极其严重的程序瑕疵，严重到破坏决议成立的基础；导致决议可撤销的程序瑕疵是一般的程序瑕疵，并没有影响决议成立的基础，只是因为程序瑕疵损害到公司正当的内部治理，因此，赋予股东请求法院撤销该决议的权利。同时，如果决议仅有轻微程序瑕疵，对决议未产生实质影响的，还可以豁免撤销。决议可撤销是以决议成立为前提的，是对已成立的决议的法律价值判断；而决议不成立是事实判断问题。

第二，决议不成立之诉与决议撤销之诉的性质不同。

决议不成立之诉是确认之诉，决议撤销之诉是形成之诉。可撤销的股东会、董事会决议在被撤销之前已经发生效力；法院撤销该决议后，该决议自始失去效力。

第三，提起诉讼的期间不同。

决议不成立之诉，没有起诉期间的限制；提起决议撤销之诉，要受起诉期限的限制。

◆ **适用疑难解析**

伪造签名的会议决议的效力

伪造签名的会议决议效力如何？长期以来理论界和实务界观点不一。事实上，实践中，伪造签名的情形往往与伪造决议、未履行通知程序等原因事实牵连发生，也存在被伪造签名者默认或者事后追认的情形。因此，伪造签名的股东会、董事会决议效力问题不能一概而论，要区分伪造签名的具体情形具体分析。

首先，对于伪造签名与伪造决议牵连的行为，伪造签名只是伪造决议的手段，其违法性被伪造决议吸收。通过伪造签名虚构的决议，因会议并未实际召开或者未进行表决没有形成决议，因而属于不成立的决议。①

其次，对于伪造签名与通知瑕疵或者召集程序瑕疵牵连的行为，即实际召开了会议，但未通知部分股东或者董事参会，并伪造未被通知的股东或者董事的签名形成决议的，因会议召集程序有瑕疵，属于可撤销决议，如在艾某某、何某某与西藏林芝江南实业有限责任公司决议效力确认纠纷案②中，最高人民法院再审认为，涉案股东会决议内容本身并无违反法律、行政法规的规定；艾某某、何某某主张江南实业公司未通知其参加股东会，其也未在决议上签字，实际上是对股东会的召集程序提出异议，可以采取自决议作出之日起60日内行使撤销权的救济方式。但是，若扣除被伪造签名的表决比例，达不到《公司法》或者公司章程规定的决议通过比例的，则因未达到规定表决权数，决议不成立。

最后，对于被伪造签名的会议决议，如果有证据能够证明该决议内容是被伪造签名者的真实意思表示或者有证据能够证明被伪造签名的股东或者董事事后知晓并追认的或者事实上接受并履行了决议内容的，该决议有效。如在刘某忠、福建红星美凯龙置业有限公司等公司决议效力确认纠纷案③中，刘某忠主张股东会决议上的"刘某忠"签名并非其所签，该股东会决议并非其真实意思表示，是伪造的，应当属无效决议。最高人民法院二审、再审结合案件证据认定案涉股东会决议内容是刘某忠的真实意思表示，且不违反法律、行政法规的规定，因此，刘某忠以该决议为伪造并非其真实意思表示，违反公司法规定从而主张无效的主张，不能得到支持。

另外，如果伪造签名与决议内容违法牵连，即伪造签名的决议内容本身违反法律、行政法规规定的，则伪造签名的违法性被决议内容违法吸收，该决议属无

---

① 参见吴飞飞：《伪造股东签名决议效力之判别——兼论意思表示瑕疵规则与公司决议瑕疵规则的适用对接》，载《南大法学》2020年第3期。
② 参见（2020）最高法民申6122号。
③ 参见（2021）最高法民申5662号。

效决议。①

综上，存在伪造签名的事实并不必然导致决议无效或者不成立，需要结合涉案决议是否存在内容违法或者程序违法、是否符合当事人真实意思表示、是否被当事人追认等进行综合判断。

◆ 案例指引

姜某某、李某某等与江苏某投资发展有限公司决议效力确认纠纷案

【裁判要旨】

有限责任公司具有较强的人合性，若公司章程规定涉及公司重大事项的股东会决议的通过比例高于法定表决比例，并不因此有违公司法规定。公司章程是股东共同一致的意思表示，是规范公司组织与活动的基本准则，在不存在违反法律、行政法规强制性规定的情形时，应当对全体股东具有约束力。股东会存在会议的表决结果未达到公司法或者公司章程规定的通过比例的情形，当事人主张决议不成立的，人民法院应予支持。

【案号】

一审：（2020）苏01民初3027号

二审：（2021）苏民终232号

【案情】

原告：姜某某等。

被告：江苏某投资发展有限公司（以下简称投资公司）。

投资公司成立于2008年5月5日，股东为姜某某等，终止日期为2018年5月4日。2008年4月28日，全体股东制定章程。章程第十五条规定，股东会作出的所有决议，必须经代表三分之二以上表决权的股东通过。第十七条规定，股东会会议应当对所议事项作出决议，决议应当由全体股东表决通过。第三十条规定，修改公司章程应当由全体股东表决通过。

2018年8月6日，投资公司向各股东发送关于召开临时股东会的通知，通知

---

① 参见吴飞飞：《伪造股东签名决议效力之判别——兼论意思表示瑕疵规则与公司决议瑕疵规则的适用对接》，载《南大法学》2020年第3期。

载明会议召集人为执行董事姜某某，并载明会议时间、地点及关于延长公司经营期限等会议所议事项。8月8日，蒋某某、杨某某回函投资公司称公司通知召开的临时股东会内容和程序违法，不同意公司延长经营期限。8月29日，投资公司召开临时股东会，出席股东共计3人，分别为姜某某、李某某、赵某某，表决结果为：持有公司75%表决权的股东投赞成票，股东会决议内容为：（1）将公司经营期限延长为长期；（2）据此对公司章程作相应修改。9月25日，投资公司向南京市工商行政管理局申请延长公司营业期限的变更登记。南京市工商行政管理局于2018年10月12日向投资公司发出了登记驳回通知书。

姜某某、李某某、赵某某向江苏省南京市中级人民法院提出诉讼请求：判令确认投资公司于2018年8月29日作出的股东会决议有效。

【审判】

江苏省南京市中级人民法院一审判决驳回原告姜某某、李某某、赵某某的诉讼请求。姜某某、李某某、赵某某不服一审判决，向江苏省高级人民法院提起上诉。

江苏省高级人民法院经审理认为，投资公司于2018年8月29日作出的股东会决议不成立。理由如下：根据《公司法司法解释（四）》（2020）第五条规定，股东会存在会议的表决结果未达到公司法或者公司章程规定的通过比例的情形，当事人主张决议不成立的，人民法院应予支持。本案中，对于股东会决议通过比例，投资公司章程第十五条、第十七条、第三十条存在矛盾之处，但第三十条明确"修改公司章程应当由全体股东表决通过"，系对股东会涉及修改公司章程的决议通过比例作出特别规定，不违背全体股东的意思表示，也不违反《公司法》（2018）关于"股东会会议作出修改公司章程……决议，必须经代表三分之二以上表决权的股东通过"的限制要求，按照特别优于一般的原则，本案争议的2018年8月29日股东会决议结果为延长公司经营期限及修改公司章程，可适用章程第三十条规定。该股东会决议仅经姜某某、李某某、赵某某代表75%表决权的股东通过，未达到章程第三十条规定的表决通过比例，依法应当认定不成立。

第二十八条　【决议被宣告无效、撤销或者确认不成立的法律后果】

公司股东会、董事会决议被人民法院宣告无效、撤销或者确认不成立的，公司应当向公司登记机关申请撤销根据该决议已办理的登记。

股东会、董事会决议被人民法院宣告无效、撤销或者确认不成立的，公司根据该决议与善意相对人形成的民事法律关系不受影响。

◆ **新旧对照解读**

本条第一款的内容承继了旧法第二十二条第四款，与新法"三分法"的决议瑕疵类型保持一致，相应增加了决议被人民法院"确认不成立的"情形；同时，因根据公司股东会、董事会决议所作的登记不限于变更登记，新法将旧法中的"变更登记"修改为"登记"。

本条第二款内容源于《民法典》第八十五条和《公司法司法解释（四）》（2020）第六条。《民法典》第八十五条涉及的是营利法人的决议被撤销后对第三人的效力，《公司法司法解释（四）》（2020）第六条规定的是股东会、董事会决议被判决确认无效或者撤销后对第三人的效力。公司决议被确认无效、被撤销、被确认不成立，从决议行为本身来讲，其实质后果都是该决议行为被否定，如果公司基于该决议已经与第三人建立法律关系，该决议被确认无效、不成立或者被撤销后，都会涉及对第三人的效力问题。因此，为维护交易安全、保护善意相对人对公司决议效力的合理信赖，本条第二款与《公司法》"三分法"的决议瑕疵类型保持一致，规定公司股东会、董事会决议被人民法院宣告无效、撤销或者确认不成立的，公司根据该决议与善意相对人形成的民事法律关系不受影响。

◆ **条文释义**

本条规定的是公司股东会、董事会决议被人民法院宣告无效、撤销或者确认不成立时的法律后果。

公司决议行为所涉事项可能需要到公司登记机关办理登记，公司根据该决议办理登记后产生公示力，会对第三人产生影响。因此，股东会、董事会决议被人民法院宣告无效、撤销或者确认不成立的，公司应当向公司登记机关申请撤销根据该决议已办理的登记。

股东会、董事会决议所涉事项可能只涉及公司内部关系，如关于董事、监事的选任、报酬等；也可能针对公司外部关系，如公司对外投资或者提供担保；也可能既涉及内部关系又涉及外部关系，如公司招募新股东的增资决议等。股东会、董事会决议只涉及内部关系的，该决议被法院宣告无效、撤销或者确认不成立的，该判决效力在公司内部具有溯及力，已经执行的，应当恢复到未执行时的状态；同时，公司决议一经被生效判决否定的，向将来生效，如果该决议尚未执行的，不得再执行。

股东会、董事会决议既涉及内部关系又涉及外部关系，或者单纯涉及外部关系的，因决议行为是公司内部行为，决议瑕疵是公司内部治理中的瑕疵，基于商事外观主义和保障交易安全的考虑，该决议被法院宣告无效、撤销或者确认不成立的，公司根据该决议与善意相对人形成的民事法律关系的效力不受该决议效力的影响。如果相对人非善意，则其根据决议与公司之间形成的民事法律关系可能会受到该决议效力的影响。

◆ 案例指引

郑某某等与北京某房地产开发有限公司公司决议效力确认纠纷案

【裁判要旨】

从体系解释出发，不成立的决议当然不具有法律约束力。决议不成立与决议无效、可撤销一样，可以作为公司向登记机关申请撤销变更登记的情形之一。

股东会决议被确认不成立后，对公司因该决议与公司以外的相对人发生的其他法律关系是否具有溯及效力，取决于相对人是否属于善意相对人。案涉股东会决议内容并不涉及公司以外的相对人的，案涉股东会决议被确认不成立后，公司应当向登记机关申请撤销原变更登记。

【案号】

一审：（2020）京 04 民初 434 号

二审：（2021）京民终78号

【案情】

原告：郑某某、李某某、郑某军。

被告：北京某房地产开发有限公司（以下简称房地产公司）。

第三人：徐某、王某、徐某1。

2002年10月14日，房地产公司经工商行政管理机关核准登记成立，注册资本1000万元，股东为王某、郑某某、郑某军、李某某。

2002年10月20日，郑某某、王某、李某某、郑某军共同向徐某出具《借据》，内容如下："本房地产公司注册资金1000万元，出资人为徐某，各股东分别向徐某借款额为：王某260万元，郑某军240万元，李某某250万元，郑某某250万元。立此借据为证。本借据一式五份，由徐某、王某、郑某军、李某某、郑某某各执一份，签字生效。"

公司章程第十七条规定，股东会对公司增加或者减少注册资本、分立、合并、解散或者变更公司形式、修改公司章程作出决议，应当由代表三分之二以上表决权的股东表决通过。

2018年10月15日，房地产公司作出两份股东会决议，一份协议内容如下："会议应到4人，实到4人，会议形成决议如下：1.同意增加新股东徐某1。2.同意免去王某、郑某某、郑某军的董事职务。3.同意免去李某某的监事职务。4.同意修改公司章程。"该决议由王某签名。徐某认可该决议中"郑某某""李某某"和"郑某军"的签名均为徐某所签。另一份决议内容如下："会议应到5人，实到5人，会议形成决议如下：1.同意注册资本变更为3000万元，其中股东徐某1出资2000万元，其余股东出资额不变。2.同意由李某某、王某、徐某1、郑某某、郑某军组成新的股东会。3.同意选举王某为执行董事。4.同意选举徐某1为监事。5.同意修改公司章程。"该决议由王某、徐某1签名。徐某认可该决议中"郑某某""李某某"和"郑某军"的签名均为徐某所签。

同日，房地产公司依据上述股东会决议修改了公司章程并提交工商行政管理机关备案；工商行政管理机关依据上述股东会决议进行了变更登记。

郑某某、李某某、郑某军向北京市第四中级人民法院起诉请求依法确认房地产公司于2018年10月15日形成的两份股东会决议不成立并请求依法判令房地产公司向工商行政管理部门申请撤销依上述股东会决议所作的变更登记内容，恢复原登记内容。

【审判】

北京市第四中级人民法院经审理作出一审判决：确认房地产公司于2018年10月15日形成的两份股东会决议不成立；房地产公司向工商行政管理机关申请撤销依据两份股东会决议作出的变更董事、变更监事的工商登记变更，恢复原登记内容；驳回郑某某、李某某、郑某军的其他诉讼请求。

郑某某等各方当事人均不服一审判决，向北京市高级人民法院提起上诉。

北京市高级人民法院经审理认为：

房地产公司、徐某、王某、徐某1均未举证证明房地产公司于股东会决议作出当日召开股东会并对决议进行表决。各方亦认可案涉股东会决议上，徐某代郑某某、李某某、郑某军签字，但未得到郑某某、李某某、郑某军的确认。也无证据证明徐某与郑某某、李某某、郑某军存在股权代持法律关系。因此，一审法院依据现有证据认定徐某在案涉股东会决议上签字的行为不能认定为股东行使表决权，作出案涉两份股东会决议不成立的判决，符合相关法律规定。

从体系解释出发，不成立的决议当然不具有法律约束力。决议不成立可以作为公司向登记机关申请撤销变更登记的情形之一。《公司法司法解释（四）》（2020）第六条也适用于股东会决议不成立的情形。根据该条规定，股东会决议被认定不成立后，对公司因该决议与公司以外的善意相对人发生的其他法律关系没有溯及效力。案涉股东会决议增加的股东为徐某1，该股东会决议被认定不成立后，是否对房地产公司及其股东与徐某1之间投资关系有溯及力，应当取决于徐某1是否属于善意相对人。本案中，徐某认可徐某1系代其持有房地产公司的股权，徐某1对此不持异议。即依据案涉两份股东会决议与房地产公司建立增资法律关系的主体是徐某而不是徐某1。故案涉股东会决议内容并不涉及公司以外的相对人。据此，应当撤销基于案涉两份股东会决议增加徐某1为股东，以及变更相关注册资本和公司章程的登记事项。

北京市高级人民法院二审判决案涉两份股东会决议不成立，房地产公司向工商行政管理机关申请撤销依据两份股东会决议进行的变更登记内容，恢复原登记内容。

第二章 公司登记

◆ 本章概述

本章为本次《公司法》修订的新设章节，将"公司登记"独立成章，明确了公司设立登记、变更登记、注销登记的事项和程序，同时对公司登记机关优化登记流程、提高登记效率和便利化水平提出要求，明确电子营业执照法律效力以及企业信息公示等事项。

> **第二十九条 【公司设立登记】**
> 设立公司，应当依法向公司登记机关申请设立登记。
> 法律、行政法规规定设立公司必须报经批准的，应当在公司登记前依法办理批准手续。

◆ 新旧对照解读

本条根据《公司法》（2018）第六条第一款、第二款修订，将原第六条第一款第二句独立为第三十一条，意在按登记流程排序，并无实质修改。

◆ 相关规定

《民法典》第五十八条第一款、第三款，第七十七条

《民事诉讼法解释》（2023）第六十二条第一项

◆ 条文释义

本条是关于公司设立依法登记的规定。

公司登记属于法人登记，目的是创设法律人格，赋予公司企业法人资格，使其获得依法独立享有民事权利和承担民事责任的资格，公司的股东对公司承担有限责任。

我国公司登记实行准则主义为主、核准主义为辅的原则。

根据本条第一款规定，我国公司登记普遍实行准则主义，即公司设立申请人按法定程序向公司登记机关提出申请，只要符合法律规定的公司设立条件，公司登记机关就应当允许设立公司。

根据本条第二款规定，我国部分行业的公司设立实行核准主义。核准主义也称行政许可主义或者核准登记主义，指公司设立需经过相关行政机关的审批许可，再经公司登记机关登记方可设立，主要适用于金融业、保险业、证券业以及有其他特别规定的公司的设立。

本款既是对公司登记申请人的要求，也是对公司登记机关的要求。公司登记机关在收到此类公司登记的申请后，应当审查申请人是否已经依照法律、行政法规的规定，取得有关部门的批准文件。

第三十条　【设立公司所需材料】

申请设立公司，应当提交设立登记申请书、公司章程等文件，提交的相关材料应当真实、合法和有效。

申请材料不齐全或者不符合法定形式的，公司登记机关应当一次性告知需要补正的材料。

◆ **新旧对照解读**

本条根据《公司法》(2018) 第二十九条修订。删除了"股东认足公司章程规定的出资后"这个前置条件，与现行"资本认缴制"保持一致；删除了"由全体股东指定的代表或者共同委托的代理人向公司登记机关报送"的要求，增加了"申请设立公司，应当提交设立登记申请书、公司章程等文件"，简化了登记流程。增加了"提交的相关材料应当真实、合法和有效""申请材料不齐全或者不符合法定形式的，公司登记机关应当一次性告知需要补正的材料"。

◆ 相关规定

《市场主体登记管理条例》第六条第二款、第十三条、第十七条、第十九条

◆ 条文释义

本条是关于公司设立申请材料的要求。

本条删除了"认足出资"的要求，"认足"意为"认缴+全部实缴"。从《公司法》（1993）施行至今，公司设立注册资本经历了从严苛的"法定资本制"到相对宽松的"法定资本制+分期缴纳"再到宽松的"认缴登记制"的历程。《公司法》（1993）分别规定了有限责任公司、发起设立的股份有限公司和募集设立的股份有限公司注册资本最低限额，公司股东（发起人）在缴足出资或者股款并经法定验资机构验资后，方可申请设立登记。意图构建一种事前防范的机制，以公司资本真实、充实来保障社会交易安全。但在实务中，虚假出资、抽逃出资、中介垫资等现象相当普遍，且严苛的注册资本实缴制提高了公司设立的门槛，抑制了大众创业的热情，限制了市场竞争活力，阻碍了经济社会发展。《公司法》（2005）规定，设立公司不必一次性全额足缴注册资本，最低限额标准也大幅降低。《公司法》（2013）规定，除法律、行政法规以及国务院决定另有规定外，取消了关于公司股东（发起人）应当自公司成立之日起两年内缴足出资，投资公司可以在五年内缴足出资的规定；取消了一人有限责任公司股东应当一次足额缴纳出资的规定；取消了注册资本最低限额；不再限制公司设立时股东（发起人）的首次出资比例；不再限制股东（发起人）的货币出资比例；公司登记时，不需要提交验资报告。这大大放宽了市场主体准入管制，简化了公司设立登记手续和流程，对优化营商环境、激发市场活力、改善创业环境起到积极促进作用。

申请设立公司，应当提交设立登记申请书、公司章程等文件。《公司法》修订前，负责办理公司设立登记的人必须由全体股东指定或者共同委托。实务中需提供全体股东出具的委托书。《公司法》修订后，相关文件只需公司法定代表人签署，节省了公司登记材料准备过程中的人力成本、沟通成本和时间成本。

登记机关对公司设立申请材料仅负有"形式审查"责任，对申请材料齐全、

符合法定形式的予以确认并当场登记；申请材料不齐全或者不符合法定形式的，应当一次性告知需要补正的材料。材料真实性、合法性和有效性法律责任由申请人承担，提交虚假材料，取得公司登记的，由公司登记机关责令改正，没收违法所得，并处罚款；情节严重的，吊销营业执照。

◆ 案例指引

王某、王某元诉无锡市锡山区市场监督管理局撤销公司注销登记案——被冒用签名的公司登记行政机关应予以撤销①

【裁判要旨】

虽然申请文件、材料的真实性由申请人负责，但对于提交虚假材料取得公司登记的，公司登记机关应当采取责令改正、罚款、撤销公司登记或者吊销营业执照等措施进行纠正或者处罚。本案中由于申请人提供虚假材料取得注销登记，从而导致公司主体资格被不当终结，因此被诉注销登记行为应予以撤销。

【案号】

一审：（2015）锡法行初字第00001号

二审：（2015）锡行终字第00214号

【案情】

上诉人（原审原告）：王某、王某元。

被上诉人（原审被告）：无锡市锡山区市场监督管理局。②

无锡市锡洲房地产开发有限公司（以下简称锡州公司）于2001年8月31日经无锡市锡山区工商行政管理局（以下简称锡山工商局）核准登记成立。2013年1月23日，锡州公司以股东会决议解散为由委托王某寅向锡山工商局申请注销登记，锡山工商局于同年1月25日受理审查，并于同日核准注销登记。2014年12月，王某、王某元以股东大会决议及清算报告上签字并非本人所签，向锡山工商局举报，后向原审法院提起行政诉讼。另，南京师范大学司法鉴定中心对锡州公司向锡山工商局提交的《股东大会决议》《锡州公司清算报告》上"王某""王某元"签名的真伪进行鉴定，认定该签名与鉴定样本签名不是同一人书写

---

① 载《江苏省高级人民法院公报》2017年第6辑。
② 因职权调整，原锡山工商局的公司登记职权由锡山区市场监督管理局承继。

形成。

原审法院经审理认为，行政机关只对申请人所提交材料是否符合法定形式、法定要求进行审查，申请人对材料实质内容的真实性负责，即使《鉴定意见书》认定申请材料上签名与鉴定样本上签名不是同一人书写形成，也不能免除锡州公司对材料真实性负责的义务，更不能必然证明锡山工商局的行政行为存在违法行为。王某、王某元要求撤销锡山工商局作出的注销登记的理由不能成立，不予支持。

王某、王某元上诉称，即使被上诉人在起初审查锡州公司提供的申请材料时已尽到审慎审查义务，但在《鉴定意见书》出具后已可以确认被上诉人存在"因申请人提供虚假材料导致登记错误"的情形，被上诉人应予以更正。

锡山区市场监督管理局答辩称，被上诉人在锡州公司申请注销过程中，已经严格按照法律规定履行职责，所作程序符合法律规定。

【审判】

本案中锡州公司向公司原登记机关锡山工商局提供了申请注销登记书面材料，锡山工商局经审查，认为申请材料齐全且符合法定要求，依法核准注销登记，已尽到审慎审查义务，并无不当。申请人提供虚假材料取得注销登记，从而导致公司主体资格被不当终结，被诉注销登记行为应予以撤销。

综上，原审法院判决驳回原审原告的诉讼请求不当，应予以纠正，判决撤销（2015）锡法行初字第00001号行政判决，撤销无锡市锡山区市场监督管理局出具的（02830211-3）公司注销（2013）第01250003号《公司准予注销登记通知书》。

第三十一条 【公司设立登记规定】

申请设立公司，符合本法规定的设立条件的，由公司登记机关分别登记为有限责任公司或者股份有限公司；不符合本法规定的设立条件的，不得登记为有限责任公司或者股份有限公司。

◆ 新旧对照解读

本条源自《公司法》（2018）第六条第一款。本条文仅为排列顺序调整，不涉及内容变更。

◆ 相关规定

《市场主体登记管理条例》第十九条

◆ 条文释义

本条文是对公司登记机关的要求，公司登记机关在收到设立公司的申请文件后，应当审查其是否符合本法规定的公司设立条件。

第三十二条　【公司登记事项】

公司登记事项包括：

（一）名称；

（二）住所；

（三）注册资本；

（四）经营范围；

（五）法定代表人的姓名；

（六）有限责任公司股东、股份有限公司发起人的姓名或者名称。

公司登记机关应当将前款规定的公司登记事项通过国家企业信用信息公示系统向社会公示。

◆ 新旧对照解读

本条文第一款为新增条文，将《市场主体登记管理条例》的相关内容上升为法律。

第二款根据《公司法》（2018）第六条第三款修订，将不特定的社会公众查询公司登记事项的权利，改为公司登记机关主动公开，即将"依申请公开"改为"主动公开"。

◆ **相关规定**

《市场主体登记管理条例》第八条、第九条、第十条、第三十五条

《民法典》第六十六条

◆ **条文释义**

本条第一款规定公司设立申请人应当向公司登记机关提出的需要由公司登记机关进行审查并在公司设立登记中予以记载的内容。此处仅仅规定了登记事项，至于备案事项在《公司法》中没有提及，而是规定在《市场主体登记管理条例》第九条中，包括章程、经营期限、有限责任公司股东或者股份有限公司发起人认缴的出资数额，公司董事、监事、高级管理人员、市场主体登记联络员、公司受益所有人相关信息以及法律、行政法规规定的其他事项。

第二款明确了公司登记事项公示的主体、内容及渠道，将公司登记事项公示，公众可通过国家企业信用信息公示系统查询企业有关信息，了解企业情况，有利于保障交易安全。

第三十三条 【公司营业执照】

依法设立的公司，由公司登记机关发给公司营业执照。公司营业执照签发日期为公司成立日期。

公司营业执照应当载明公司的名称、住所、注册资本、经营范围、法定代表人姓名等事项。

公司登记机关可以发给电子营业执照。电子营业执照与纸质营业执照具有同等法律效力。

◆ **新旧对照解读**

本条文修改自《公司法》(2018)第七条，前两款没有修改，将原第七条第三款关于登记记载事项变更的内容移至第三十四条。新增第三款明确电子营业执照法律效力。

◆ **相关规定**

《民法典》第七十八条
《市场主体登记管理条例》第二十一条
《电子营业执照管理办法（试行）》第二条

◆ **条文释义**

本条是关于公司成立时间、营业执照载明事项、电子营业执照法律效力的规定。

公司营业执照是确立公司成立的法律文件，营业执照签发日期为公司成立之日。自此，公司成为独立的法律主体，独立参加民事活动、独立承担民事责任。

营业执照应当载明的事项有：

1. 公司名称。公司名称是公司区别于其他公司和市场主体的标志，营业执照上载明的公司名称，是公司的法定名称。

2. 公司住所。公司都必须有住所，指的是其主要办事机构所在地。营业执照上载明的公司住所，是公司的法定住所，是确定公司相关权利义务关系的依据。

3. 公司注册资本。指以货币表示的各股东认缴的出资额的总和。

4. 公司经营范围。公司从事经营活动，应当有明确的行业、经营项目的种类，并经依法登记，有些还需经依法审批。

5. 公司法定代表人姓名。公司的法定代表人代表公司对外作出法人意思表示。

为顺应信息化时代的发展，充分利用信息化建设成果，明确电子营业执照与纸质营业执照具有同等法律效力。

◆ **适用疑难解析**

公司设立阶段民事责任如何承担？

营业执照签发日期为公司成立之日。但在设立筹备过程中，必然要进行一系列的经济活动，如为公司租赁办公场所、购进办公用品、雇用员工等，而此时拟设立的公司尚未成立，设立人以拟设立的公司名义进行上述活动理论上构成无权代理。为此，《民法典》第七十五条第一款规定，"设立人为设立法人从事的民事活动，其法律后果由法人承受；法人未成立的，其法律后果由设立人承受，设立人为二人以上的，享有连带债权，承担连带债务"。《公司法司法解释（三）》（2020）第二条至第五条也有相应规定。总的来说，公司设立成功时，公司发起人在设立过程中以公司名义对外从事公司设立必要行为的，其行为法律后果应当由成立后的公司直接承担。公司发起人在设立过程中以公司名义对外开展与设立公司无关的民事行为，其效力待定。债权人可以对成立后的公司进行催告，要求其对是否追认予以明确。公司不追认的，则相对人只能以公司发起人为被告起诉要求其承担民事责任。公司发起人以自己名义为公司设立必要行为时，相对人可以选择要求设立人或者成立后的公司对其承担民事责任。公司设立失败时，发起人对设立行为所产生的债务和费用负连带责任，债权人有权选择由该发起人承担或者由全体发起人承担连带责任。某一发起人对外承担责任后，可以要求其他发起人承担相应的民事责任。

第三十四条　【公司变更登记】

公司登记事项发生变更的，应当依法办理变更登记。

公司登记事项未经登记或者未经变更登记，不得对抗善意相对人。

◆ **新旧对照解读**

本条根据《公司法》（2018）第七条第三款、第三十二条第三款修订，与修订前立法精神基本一致,并吸收了《民法典》第六十五条立法精神,将"不得对抗第三人"修订为"不得对抗善意相对人"。"不得对抗第三人"只看客观状态,不评价主观动机;而"不得对抗善意相对人"需要评价相对人的主观动机,一般考量相对人是否具有知道或者应当知道的情形。

◆**相关规定**

《民法典》第六十四条、第六十五条

◆**条文释义**

本条是关于公司变更登记的规定。公司成立后,可根据客观需要,对公司营业执照载明事项作出调整,如对公司名称、住所、注册资本、经营范围、法定代表人姓名等事项进行变更。变更必须依法登记,由登记机关换发营业执照。公司的实际情况与登记的事项不一致的,不得对抗善意相对人。这里所指善意相对人,是指不知道或不应当知道公司的实际情况与登记的事项不一致,基于对登记外观信任而作出交易决定的人。

◆**案例指引**

黄某鸣、李某俊与皮某、广元市蜀川矿业有限责任公司案外人执行异议之诉案[1]

【裁判要旨】

当事人之间的股权代持关系虽真实有效,但其仅在双方之间存在内部效力,对于外部第三人而言,股权登记具有公信力,隐名股东对外不具有公示股东的法律地位,不得以内部股权代持关系有效为由对抗外部债权人对显名股东的正当权利。

【案号】

一审:(2015)德民一初字第 15 号

终审:(2017)川民终 1160 号

---

[1] 周江洪:《民法判例百选》,法律出版社 2020 年版,第 52 页。

再审：(2019) 最高法民再 45 号

【案情】

再审申请人（一审原告、二审被上诉人）：黄某鸣、李某俊。

被申请人（一审被告、二审上诉人）：皮某。

一审第三人：广元市蜀川矿业有限责任公司。

再审申请人黄某鸣、李某俊因与被申请人皮某及第三人广元市蜀川矿业有限责任公司（以下简称蜀川公司）案外人执行异议之诉一案，不服四川省高级人民法院（2017）川民终 1160 号民事判决，向最高人民法院申请再审。

黄某鸣、李某俊申请再审称，确定股权善意取得制度的适用主体仅限于与名义股东存在交易的第三人，商法外观主义原则的立法目的在于维护交易安全，其适用范围应当局限于就相关标的从事交易的第三人，而不是基于股权登记查询的任意第三人。皮某作为债权人，寻找蜀川公司的财产还债，仅仅是基于工商登记的外在形式，并无获得股权的实质性要件，并无信赖利益的保护的需要。

皮某辩称，其与蜀川公司的借款纠纷经法院判决后，依法申请强制执行，并冻结了蜀川公司持有的新津小贷公司 5% 的股权合理合法。黄某鸣、李某俊与蜀川公司签订的《确认书》中对股权权属的认定仅具有内部效力，对于外部第三人而言，股权登记才具有公信力，隐名股东对外不具有公示股东的法律地位，不得以内部股权代持协议有效为由对抗外部债权人对显名股东的正当权利。

一审法院认定事实：黄某鸣、李某俊系夫妻关系。黄某鸣原系蜀川公司的股东并兼任公司法定代表人。后黄某鸣将其持有的蜀川公司全部股份转让给权某先并退出公司。2012 年 2 月 13 日，蜀川公司与四川广达建筑安装工程集团有限公司及其他 16 位自然人股东发起设立新津小贷公司。2011 年 12 月 19 日，黄某鸣将 500 万元转入蜀川公司指定的银行账户。2011 年 12 月 20 日，蜀川公司将黄某鸣转入的 500 万元投资款转入新津小贷公司的银行账户。国家企业信用信息公示系统显示，蜀川公司系新津小贷公司的登记股东，投资额为 500 万元，占公司 5% 股权。2012 年 5 月 31 日，黄某鸣、李某俊与蜀川公司签订《确认书》，载明：2011 年 12 月 19 日黄某鸣向蜀川公司转账 500 万元，2011 年 12 月 20 日以蜀川公司名义向新津小贷公司出资 500 万元，占公司 5% 股份；现各方确认该股份实际系黄某鸣出资，股份归黄某鸣所有，其股东权利义务由黄某鸣享有和承担；蜀川公司只是名义上的持股人，不实际享有公司股东权利和承担股东义务；公司股份在具备过户条件时，按照法律规定过户给黄某鸣，在未过户前，该股份由黄某鸣行使股东权利和履行股东义务。2011年12月27日，新津小贷公司召开第一次股东会，黄某鸣作为蜀川公司的委派代表参加会议并被选举为公司监事。在新津小贷公司以后召开的多次股东会会议中，黄某鸣、李某俊作为蜀川公司的委派代表或者以新津小贷公司股东身份参加会议并行使表决权；在多次监事会会议中，黄某鸣、李某俊以监事身份参加会议并行使表决权。2015年4月3日，新津小贷公司通过中国工商银行将2012年度和2013年度的股东分红共41万元直接转入黄某鸣指定的银行账户。

另查明，皮某与蜀川公司民间借贷纠纷一案，2015年10月30日，一审法院作出（2015）德民一初字第15号民事判决书，判决蜀川公司于判决生效后15日内归还皮某借款452万元。判决生效后，蜀川公司没有主动履行其还款义务，皮某于2016年6月向一审法院申请强制执行。2016年6月21日，一审法院作出执行裁定书，冻结了蜀川公司持有的新津小贷公司5%案涉股权。2016年6月22日，一审法院向新津小贷公司作出协助执行通知书。2016年11月9日，黄某鸣、李某俊向一审法院提出执行异议申请。一审法院受理后，依法进行审查后驳回黄某鸣、李某俊的异议请求。

【审判】

2017年1月11日，黄某鸣、李某俊向一审法院提起执行异议之诉。一审法院判决：确认登记在蜀川公司名下的新津小贷公司5%的股权属于黄某鸣、李某俊所有；不得执行登记在蜀川公司名下的新津小贷公司5%的股权。

皮某不服一审判决提出上诉。

二审法院查明的事实与一审查明的事实一致。二审法院认为，工商登记公示信息显示蜀川公司对新津小贷公司享有5%的股权，该信息是蜀川公司对外公示的权利外观。皮某作为与蜀川公司进行交易的第三人，对蜀川公司享有新津小贷公司5%股权的权利外观存在合理的信赖利益。本案中，并无证据证明皮某明知实际享有新津小贷公司5%股权利益的主体是黄某鸣和李某俊，皮某在与蜀川公司交易中系善意无过错的相对人，蜀川公司因未清偿到期债务被列为被执行人，皮某有权依照工商登记信息载明的股权归属申请对蜀川公司享有的新津小贷公司

5%股权强制执行，黄某鸣、李某俊不能基于其对案涉股权所享有的利益排除法院的强制执行。

再审法院认为，根据商事外观主义原则，有关公示体现出来的权利外观，导致第三人对该权利外观产生信赖，即使真实状况与第三人信赖不符，只要第三人的信赖合理，第三人的民事法律行为效力即应当受到法律的优先保护。名义股东的非基于股权处分的债权人亦应当属于法律保护的"第三人"范畴。本案中，李某俊、黄某鸣与蜀川公司之间的股权代持关系虽真实有效，但其仅在双方之间存在内部效力，对于外部第三人而言，股权登记具有公信力，隐名股东对外不具有公示股东的法律地位，不得以内部股权代持关系有效为由对抗外部债权人对显名股东的正当权利。故皮某作为债权人依据工商登记中记载的股权归属，有权向人民法院申请对该股权强制执行。

> **第三十五条　【公司变更登记材料规定】**
>
> 　　公司申请变更登记，应当向公司登记机关提交公司法定代表人签署的变更登记申请书、依法作出的变更决议或者决定等文件。
>
> 　　公司变更登记事项涉及修改公司章程的，应当提交修改后的公司章程。
>
> 　　公司变更法定代表人的，变更登记申请书由变更后的法定代表人签署。

◆ **新旧对照解读**

本条为新增条文，将《市场主体登记管理条例》关于变更登记的一些规定上升为法律。

◆ **相关规定**

《市场主体登记管理条例》第二十四条至第二十七条

◆ **条文释义**

本条规定公司申请变更登记提交材料要求。

公司章程是规定其名称、宗旨、资本、组织机构等对内对外事务的基本法律文件，是公司内部的"小宪法"。公司变更登记事项涉及公司章程的，应当向公司登记机关提交修改后的公司章程。公司章程修改未涉及登记事项的，公司应当将修改的公司章程或者公司章程修正案送公司登记机关备案。

公司变更法定代表人的，变更登记申请书由变更后的法定代表人签署。在实践中，尤其是在公司控制权的争夺中，法定代表人职位的争夺最为关键。因此，在变更法定代表人的实务中，常有旧法定代表人把持公章，拒不做公司法定代表人变更登记的情形。本次修订规定，公司变更法定代表人的，变更登记申请书只需变更后法定代表人签署即可，无需旧法定代表人配合。

第三十六条　【变更换发营业执照】

公司营业执照记载的事项发生变更的，公司办理变更登记后，由公司登记机关换发营业执照。

◆ **新旧对照解读**

本条与《公司法》（2018）第七条第三款基本一致，无实质修改。

◆ **相关规定**

《市场主体登记管理条例》第二十八条

◆ **条文释义**

本条是对公司登记机关的要求。公司营业执照是表明公司身份的法律文件，具有确认公司身份的效力。公司变更登记后，要及时换发营业执照，以方便公司开展业务，维护相对人交易安全。

> **第三十七条　【公司注销登记】**
>
> 公司因解散、被宣告破产或者其他法定事由需要终止的，应当依法向公司登记机关申请注销登记，由公司登记机关公告公司终止。

◆ **新旧对照解读**

本条根据《公司法》（2018）第一百七十九条第一款、第一百八十八条修改，增加了"其他法定事由"这个兜底条款。

◆ **相关规定**

《民法典》第七十二条第三款、第七十三条

《企业破产法》第一百二十一条

《市场主体登记管理条例》第三十一条、第三十二条、第三十三条、第三十四条

◆ **条文释义**

本条是对公司注销登记的规定。企业法人依登记成立的，企业解散、被宣告破产或者其他法定事由需要终止的，也应当办理注销登记，注销登记宣告企业法人消亡。

> **第三十八条　【分公司登记】**
>
> 公司设立分公司，应当向公司登记机关申请登记，领取营业执照。

◆ **新旧对照解读**

本条根据《公司法》（2018）第十四条第一款修订。删除了"公司可以设立

分公司"的表述，意为行文简洁，没有实质改动。删除了"分公司不具有法人资格，其民事责任由公司承担"，使其与《民法典》第七十四条第二款立法精神保持一致。

◆ 相关规定

《民法典》第七十四条
《市场主体登记管理条例》第二十三条

◆ 条文释义

公司根据生产经营的需要，可以设立分公司。设立分公司应当依法登记，领取营业执照。分公司是相对于总公司而言的，它是总公司的分支机构，在法律上、经济上没有独立性，是总公司的附属机构。分公司以自己的名义从事民事活动，产生的民事责任由总公司承担；也可以先以该分公司管理的财产承担，不足的由总公司承担。

◆ 案例指引

长沙广大建筑装饰有限公司诉中国工商银行股份有限公司广州粤秀支行、林某武、长沙广大建筑装饰有限公司广州分公司等第三人撤销之诉案[①]

【裁判要旨】

公司法人的分支机构以自己的名义从事民事活动，并独立参加民事诉讼，人民法院判决分支机构对外承担民事责任，公司法人对该生效裁判提起第三人撤销之诉的，其不符合《民事诉讼法》（2012）第五十六条规定的第三人条件，人民法院不予受理。

【案情】

2011年7月12日，林某武与中国工商银行股份有限公司广州粤秀支行（以下简称工商银行粤秀支行）签订《个人借款/担保合同》。长沙广大建筑装饰有限公司广州分公司（以下简称长沙广大广州分公司）出具《担保函》，为林某武在

[①] 最高人民法院指导案例149号。

工商银行粤秀支行的贷款提供连带责任保证。后因林某武欠付款项，工商银行粤秀支行向法院起诉林某武、长沙广大广州分公司等，请求林某武偿还欠款本息，长沙广大广州分公司承担连带清偿责任。此案经广东省广州市天河区人民法院一审、广州市中级人民法院二审，判令林某武清偿欠付本金及利息等，其中一项为判令长沙广大广州分公司对林某武的债务承担连带清偿责任。

2017年，长沙广大建筑装饰有限公司（以下简称长沙广大公司）向广州市中级人民法院提起第三人撤销之诉，以生效判决没有将长沙广大公司列为共同被告参与诉讼，并错误认定《担保函》性质，导致长沙广大公司无法主张权利为由，请求撤销广州市中级人民法院作出的（2016）粤01民终15617号民事判决。

【审判】

广州市中级人民法院裁定：驳回原告长沙广大建筑装饰有限公司的起诉。宣判后，长沙广大建筑装饰有限公司提起上诉。广东省高级人民法院裁定：驳回上诉，维持原裁定。

法院生效裁判认为，提起第三人撤销之诉的"第三人"是指有独立请求权的第三人，或者案件处理结果同他有法律上的利害关系的无独立请求权第三人，但不包括当事人双方。在已经生效的（2016）粤01民终15617号案件中，被告长沙广大广州分公司系长沙广大公司的分支机构，不是法人，但其依法设立并领取工商营业执照，具有一定的运营资金和在核准的经营范围内经营业务的行为能力。根据《民法总则》第七十四条第二款"分支机构以自己的名义从事民事活动，产生的民事责任由法人承担；也可以先以该分支机构管理的财产承担，不足以承担的，由法人承担"的规定，长沙广大公司在（2016）粤01民终15617号案件中，属于承担民事责任的当事人，其诉讼地位不是《民事诉讼法》（2012）第五十六条规定的第三人。因此，长沙广大公司以第三人的主体身份提出本案诉讼不符合第三人撤销之诉的法定适用条件。

> **第三十九条** 【公司登记欺诈法律责任】
> 虚报注册资本、提交虚假材料或者采取其他欺诈手段隐瞒重要事实取得公司设立登记的，公司登记机关应当依照法律、行政法规的规定予以撤销。

◆ 新旧对照解读

本条根据《公司法》（2018）第一百九十八条修订，删除了对虚报注册资本进行罚款的具体规定。

◆ 相关规定

《市场主体登记管理条例》第四十条

《行政许可法》第六十九条第一款、第二款

◆ 条文释义

本条是关于公司登记撤销的法定情形，包括"虚报注册资本""提交虚假材料"和兜底条款"采取其他欺诈手段隐瞒重要事实"。

值得注意的是，自《公司法》（2013）将注册资本"实缴制"改为"认缴制"后，虚报注册资本问题，仅适用于法律、行政法规或者国务院决定实行注册资本实缴制的公司。实行认缴制的公司，其注册资本登记时无需提交验资证明，也就不存在虚报注册资本的问题。

◆ 案例指引

因身份信息被冒用诉请撤销公司设立登记案[①]

【裁判要旨】

在诉请撤销公司设立登记案件中，利害关系人若有充分证据证明确实存在冒

---

① 李伟伟：《因身份信息被冒用诉请撤销公司设立登记的裁判思路》，载《人民司法》2020年第32期。

用其身份信息办理公司登记的行为，人民法院应当综合考量违法行为对现实利益的侵害程度、受害人是否知情或者追认、社会危害程度等因素，仅应当对工商登记机关设立登记中存在错误的部分作出裁判，而不宜作出否认公司法人人格的撤销判决。

【案号】

一审：（2018）苏 8602 行初 1327 号

二审：（2019）苏 01 行终 719 号

【案情】

原告：张某。

被告：江苏省南京市栖霞区行政审批局（以下简称栖霞区审批局）。①

第三人：南京宝之灵自动化设备有限公司（以下简称宝之灵公司）。

2015 年 7 月 24 日，宝之灵公司全体股东委托代理人朱某成向原栖霞区工商分局申请公司设立登记，提交了相关材料。其中，申请张某为该公司法定代表人、股东、执行董事。2015 年 7 月 24 日，原栖霞区工商分局准予宝之灵公司登记。

2018 年 6 月，张某通过某网站发现，其被登记为宝之灵公司的法定代表人。宝之灵公司已被列入经营异常企业名录，导致张某无法正常注册公司和办理银行贷款。张某认为，原栖霞区工商分局对于宝之灵公司工商注册资料审核不严，导致其身份信息被冒用注册公司，遂提起本案诉讼，请求撤销原栖霞区工商分局作出的宝之灵公司准予设立登记的行为。

【审判】

一审法院认为：宝之灵公司委托代理人朱某成提交了公司申请设立登记的相关书面材料，登记机关收到后经审查在法定期限内准予设立登记，符合相关法律法规，并无不当。在案证据不足以证明宝之灵公司设立登记中提交虚假材料且情节严重，判决驳回原告张某的诉讼请求。

张某不服一审判决，提起上诉。

二审法院认为：准确认定伪造他人签名申请公司登记的行为是否属于情节严

---

① 因职权调整，原栖霞区工商分局的公司登记职权由栖霞区审批局承继。

重,是本案审理的关键。应当着重考量违法行为对现实利益的侵害程度、受害人是否知情或者追认,综合违法事实、社会危害程度予以认定。经具有法定鉴定资质的鉴定机构鉴定,宝之灵公司登记材料中涉及张某的签名,并非上诉人本人所签,可以证实宝之灵公司设立登记时所提交的张某签名字迹的申请材料系虚假材料,导致宝之灵公司设立登记错误。登记机关在本案诉讼期间未能予以更正,应当判决撤销宝之灵公司设立登记行为。鉴于判决撤销设立登记是对所有登记事项的全盘否定,将导致公司法人格的消灭,兼具否定第三人民事主体资格的效果,因此,行政判决仅应当对工商登记机关设立登记中存在错误的部分作出裁判,撤销宝之灵公司设立登记中有关张某的部分。

据此,二审法院判决撤销一审判决;撤销原栖霞区工商分局作出的宝之灵公司设立登记中关于张某为宝之灵公司股东和法定代表人的登记。

第四十条　【公司信息公示事项】

公司应当按照规定通过国家企业信用信息公示系统公示下列事项:

(一)有限责任公司股东认缴和实缴的出资额、出资方式和出资日期,股份有限公司发起人认购的股份数;

(二)有限责任公司股东、股份有限公司发起人的股权、股份变更信息;

(三)行政许可取得、变更、注销等信息;

(四)法律、行政法规规定的其他信息。

公司应当确保前款公示信息真实、准确、完整。

◆ 新旧对照解读

本条为新增条文,将《企业信息公示暂行条例》关于企业信息公开的一些内容上升为法律。

◆ **相关规定**

《市场主体登记管理条例》第三十五条

《政府信息公开条例》第十条

◆ **条文释义**

在注册资本登记从实缴制到认缴制改革的大背景下，我国企业登记门槛大幅降低，"宽进"态势业已形成，《市场主体登记管理条例》将过去的登记行政许可制明确改为确认制。与"宽进"相对应的是要规范企业信息公示，明确企业信息公开责任，强化企业信用约束，促进企业诚信自律，提高政府监管效能，扩大社会监督范围，维护市场稳定与交易安全。

第四十一条　【提升公司登记服务水平】

公司登记机关应当优化公司登记办理流程，提高公司登记效率，加强信息化建设，推行网上办理等便捷方式，提升公司登记便利化水平。

国务院市场监督管理部门根据本法和有关法律、行政法规的规定，制定公司登记注册的具体办法。

◆ **新旧对照解读**

本条为新增条文，是对公司登记机关提升公司登记服务水平的规定。明确了制定公司登记注册具体办法的责任主体。

◆ **相关规定**

《市场监管总局等六部门关于进一步优化企业开办服务的通知》（国市监注〔2020〕129号）

◆ **条文释义**

本条是在全面贯彻落实党中央、国务院决策部署，深化"放管服"改革，持续打造市场化、法治化、国际化营商环境背景下，对公司登记机关进一步优化企业开办服务、做到企业开办全程网上办理、提高公司登记效率、提升公司登记便利化水平提出的要求。明确了制定公司登记注册具体办法的责任主体为国务院市场监督管理部门。

第三章　有限责任公司的设立和组织机构

◆ **本章概述**

本章在本次修订时篇幅增减变化较大，删除了"一人有限责任公司的特别规定""国有独资公司的特别规定"，扩大了股东知情权的范围和途径，新增了未按期足额缴纳出资的股东失权制度、股东出资期限加速到期制度，明确了董事未履行催缴义务承担赔偿责任、非货币财产显著低于认缴出资的股东补足和赔偿责任。

第一节　设　　立

第四十二条　【有限责任公司的股东人数限制】
有限责任公司由一个以上五十个以下股东出资设立。

◆ **新旧对照解读**

自我国《公司法》诞生以来，有限责任公司的股东人数上限一直被设定为五十人，而关于有限责任公司的股东人数下限，也即一人能否设立有限责任公司以及对其有何特殊规制的问题，立法上则发生过几次重大变动。

在《公司法》于2005年修订之前，我国并不认可一人有限责任公司的存在（国有独资公司除外），而在该次修订后，一人有限责任公司则进入了公众的视野。作出这种修改的原因之一在于，此前大量投资者为了满足法律对股东人数的要求，选择让其配偶、子女或其他亲友充当挂名股东，而在这种情况下，一旦发生纠纷，不仅法律关系相对复杂，亲友间的信任关系也往往遭受重创，并由此引发一系列的矛盾。而允许设立一人有限责任公司，不仅能够简化法律关系，也能够增强个人的投资积极性。

但与此同时，《公司法》（2005）对一人有限责任公司也规定了相对严格的设立条件。彼时二人以上的有限责任公司已开始适用有限制的认缴制，但一人有限责任公司不仅注册资本最低限额为10万元，远高于二人以上有限责任公司的3万元，且必须一次性缴足。

《公司法》（2013）对于一人有限责任公司给予了更多的重视，用第二章第三节整节共7个条文对其予以规制，规制的内容包括一人有限责任公司的法律适用原则、设立限制、登记公示、内部治理、财务审计、举证责任等方面。

而本次修法则又"反向而行"，对一人有限责任公司的规定进行了大刀阔斧的删减，直接取消了"一人有限责任公司的特别规定"这一节，并着意淡化"一人有限责任公司"的概念，转而采用"只有一个股东的有限责任公司"的表述方式，且仅用第二十三条和第六十条对其作出特殊规制。这是对《公司法》体例的精练，也是由于公众已经熟悉并接受了一人有限责任公司这个曾经的"新兴产物"，故而，对于一些非个性化的问题，不再用单独的条文加以规定。

需要特别注意的是，本次修法删除了"一个自然人只能投资设立一个一人有限责任公司。该一人有限责任公司不能投资设立新的一人有限责任公司"的规定。这是由于在实践中，现实存在一个自然人控制多个一人公司的需求。为满足这种需求，个人往往选择通过代持或令他人以极小比例参股的方式规避监管。本次修法将这一规定删除，能够起到为经营者减轻不必要负担的效果。

综上可知，法律对一人有限责任公司的特殊规制经历了由简而繁，由繁而简的过程，其与二人以上有限责任公司的区别则是被不断弱化。这反映了国内市场经济的成熟，是一种与时俱进的完善。

◆ **条文释义**

本条是关于有限责任公司股东人数限制的规定。

有限责任公司兼具资合与人合的性质，要求股东之间存在一定的信任关系。基于此种原因，同时也出于便于公司经营决策的考虑，我国《公司法》规定有限责任公司股东人数上限为五十人。一个自然人或一个法人也可以设立有限责任公司。

◆ 适用疑难解析

若因继承等事由导致有限责任公司股东人数超过法定上限,该如何处理?

在实务中,如果发生继承等特殊事由,导致有限责任公司的股东数量实际上超出五十人,该部分"超额"股东很难办理工商登记。一方面,法院在审判时往往会避免直接判决办理登记,而只就当事人主张的实体权利作出判决。另一方面,即便法院确认了超出公司法定人数限制的股东的资格,登记机关一般也不允许进行相应的变更登记。在这种情况下,"股东"往往只能通过代持、设立股权信托等方式行使股东权利。

如在华某滨、潘某英股东资格确认纠纷案中,某公司在 1998 年改制时存在 245 名实际出资股东。受《公司法》登记股东人员数额的限制,公司通过选举股东代表作为挂名股东的方式进行了工商注册登记。后部分隐名股东向法院起诉,要求为其办理工商登记。再审法院认为,如将出资股东全部进行工商显名登记,违反当时《公司法》"有限责任公司由五十个以下股东出资设立"的规定,并据此认定一、二审判决驳回该部分股东进行工商登记的诉请有相应依据。[①]

> **第四十三条 【有限责任公司设立协议】**
>
> 有限责任公司设立时的股东可以签订设立协议,明确各自在公司设立过程中的权利和义务。

◆ 新旧对照解读

本条是《公司法》新增条文,借鉴了《公司法》(2018)第七十九条的规定。与《公司法》(2018)第七十九条规定相比,除了将"股份有限公司"表述更改为"有限责任公司",将"发起人"表述更改为"设立时的股东",将"应当"表述更改为"可以",将"发起人协议"表述更改为"设立协议",其他内容一致。

---

① (2020) 浙民申 36 号。

◆条文释义

本条规定的是有限责任公司设立时的股东签订设立协议的必要性以及其目的。

实践中,有限责任公司设立时,因出资人之间缺乏书面的设立协议,导致各自的权利和义务边界不清,当公司设立过程中出现与预期结果不一致的情况时,就会增加纠纷和诉讼的可能性。而且这种潜在的不确定性法律风险将一直持续存在于公司股东之间,不利于公司的长远发展。

在公司不能依法成立的情形下,设立协议显得格外重要。例如,可以根据设立协议确定公司不能合法设立的原因、判定出资人的违约行为以及确定违约人的赔偿责任等。然而当公司设立协议并没有明确约定权利义务以及违约责任时,法律风险同样存在。

◆适用疑难解析

设立协议和公司章程冲突时的优先适用规则[①]

实践中,公司设立时的股东在签订设立协议时可能会对公司治理中的一些事项先行约定,而制定公司章程时,也会对相关事项约定。如果出现公司设立协议和公司章程中对同一事项的约定不一致,就涉及二者冲突时的优先适用规则。对此,应当结合以下几个标准来综合判断。

第一,有效性标准。

在设立协议和公司章程冲突时,首先应审查两份文件及冲突条款是否都合法有效。如果其中只有一份文件合法有效,那么当然以该文件及其条款约定的内容为准;如果两份文件及相关条款均合法有效,再参照其他标准进行判断。

第二,时间标准。

在公司设立纠纷发生时,若公司尚未成立,此时公司章程还不具备公司基本准则的性质,只能认定为股东之间的一种协议。因此,就同一事项先后两份协议约定不一致的,应认定后一份协议约定的内容是对前一份协议的变更,此时应以

---

① 王曦萍:《发起人协议与公司章程的冲突及效力认定——以一则案例的分析为切入点》,载《中国市场》2017年第36期。

后面签订的协议内容为准。若纠纷发生在公司成立后，公司章程已经成为公司的基本规则，此时，公司章程在公司治理中具有重要作用，其效力自然不应轻易否定。

第三，内外有别标准。

当争议涉及第三人时，以形式要件为主，优先以公司章程为准。公司章程作为登记备案必备文件需要对外公示，而设立协议无需登记备案，所以客观上涉及对外法律关系处理时，第三人很难知晓公司设立阶段的协议内容，但是其完全可以通过事后救济调取公司内档查明公司章程的约定。故而考虑到对外公示效力，以及设立协议的相对性，一般在涉及第三人时，应优先考虑善意第三人的利益，优先以公司章程为准。

当争议发生在不涉及第三人的公司内部时，以实质要件为主。理论上而言，对于在公司设立协议以及公司章程没有特殊约定的情况下，相互冲突的部分，应当考虑到章程在后的特性，视为各股东通过事后章程的约定对于设立协议约定的变更。

◆ 案例指引

北京每日传媒投资有限公司、风雅文房（北京）文化投资有限公司等与北京一得阁墨业有限责任公司合同纠纷一案

【裁判要旨】

《股东协议》[1] 和公司章程签订时，是当事人真实意思表示，且不违反法律、行政法规的强制性规定时，均应属有效。在股东协议签订后，协议签订各方可以新确认的公司章程对股东协议中股权转让相关内容进行修改。当股东协议与公司章程就同一个问题约定了不同的规则时，公司成立后，应当优先适用公司章程，公司章程是股东经过协商一致确立的，作为公司设立、运行的基本规则，是公司及股东均必须予以遵循的准则。

【案号】

一审：（2019）京 0102 民初 32109 号

---

[1] 此处的《股东协议》即有限责任公司设立时的股东签订的设立协议。

二审：（2020）京 02 民终 2735 号

【审判】

北京市西城区人民法院经审理认为：每日传媒公司、风雅文房公司与一得阁墨业公司签订的《股东协议》，是当事人真实意思表示，并不违反法律、行政法规的强制性规定，应属有效。在股东协议签订后，协议签订各方盖章确认的公司章程对其中股权转让相关内容进行了修改。该种修改亦为当事人各方真实意思，且不违反法律、行政法规的强制性规定，作为一得阁文化公司的股东，均应受该份公司章程的约束。

北京市西城区人民法院作出民事判决：驳回北京每日传媒投资有限公司、风雅文房（北京）文化投资有限公司的全部诉讼请求。

每日传媒公司、风雅文房公司不服一审判决，提起上诉，认为《股东协议》应当优先于公司章程适用，一得阁墨业公司退出一得阁文化公司违反《股东协议》约定，应承担违约责任。

北京市第二中级人民法院经审理认为：首先，从签订时间的角度，一得阁文化公司章程签订时间晚于《股东协议》签订时间。其次，就股东对外转让股权的问题，《股东协议》与一得阁文化公司的章程作出了不同的规定，但是这种区别的本质是针对同一个问题选择不同的规则，并非针对特殊问题与一般问题作出不同的规定。最后，公司章程是股东经过协商一致确立的，作为公司设立、运行的基本规则，是公司及股东均必须予以遵循的准则。根据前述认定，一得阁文化公司关于股东对外转让股权的问题，应当适用公司章程的规定，现每日传媒公司、风雅文房公司依据《股东协议》，主张一得阁墨业公司退出一得阁文化公司违反约定，北京市第二中级人民法院不予支持。

北京市第二中级人民法院判决驳回上诉，维持原判。

第四十四条　【有限责任公司设立时的股东责任】

有限责任公司设立时的股东为设立公司从事的民事活动，其法律后果由公司承受。

公司未成立的，其法律后果由公司设立时的股东承受；设立时的股东为二人以上的，享有连带债权，承担连带债务。

设立时的股东为设立公司以自己的名义从事民事活动产生的民事责任，第三人有权选择请求公司或者公司设立时的股东承担。

设立时的股东因履行公司设立职责造成他人损害的，公司或者无过错的股东承担赔偿责任后，可以向有过错的股东追偿。

◆ 新旧对照解读

本条是《公司法》新增条文，融合了《民法典》第七十五条与《公司法司法解释（三）》（2020）第五条的内容。与《民法典》第七十五条规定相比，新《公司法》第四十四条将"法人"表述更改为"有限责任公司"，将"设立人"表述更改为"设立时的股东"，其所包含的假设适用条件、行为模式和法律后果均已经包括在《民法典》相应的一般条款中；并且新《公司法》第四十四条第四款吸收了《公司法司法解释（三）》（2020）第五条有关设立时的股东因履行设立职责造成他人损害的责任承担的规范，并将相关表述进行了概括。

◆ 相关规定

《民法典》第七十五条

《公司法司法解释（三）》（2020）第五条

◆ 条文释义

本条是关于有限责任公司设立时的股东在公司设立过程中如何承担责任的规定。

有限责任公司是法律承认的具有民事主体资格的组织，具有法人资格，能够作为民事主体参与民事活动，并独立承担从事民事活动产生的民事责任。但有限责任公司作为一个组织，并不能自行产生，需要设立时的股东等自然人以设立公司为目的从事一系列的设立行为。有限责任公司自设立到成立的过程中，设立时的股东为公司设立需与他人进行交易，作出各种民事法律行为，形成各种民事法律关系，而最终产生的民事法律责任该如何承担，需要法律加以明确规定。

◆ 适用疑难解析

一、公司设立过程中订立合同的责任由公司承担还是由设立时的股东承担？[1]

设立时的股东是设立中公司的机关，承担公司筹办事务。在公司设立阶段设立时的股东对外订立的合同，有的是为了设立公司即为了公司利益，有的则可能是为了实现自身利益。一般来讲，前一类合同中的责任应当由公司承担，后一类合同中的责任应当由设立时的股东自己承担。但是实践中，上述合同的相对人往往并不能确切地知道该合同是为了实现谁的利益，也不知道该合同最终的利益归属，所以如果按照利益归属标准来确定合同责任主体，将使合同相对人的利益面临较大风险。为了适当降低合同相对人的查证义务、加强对相对人利益的保护，总体上应按照外观主义标准来确定上述合同责任的承担，即以形式标准为主，实质标准为辅。

二、设立时股东为设立公司从事非法律行为的责任承担

设立时的股东为设立公司从事的非法律行为，相应法律责任是否应由成立后的公司或者不成立时的其他股东承担，应根据设立时的股东从事的民事活动是否属于设立公司所必要的标准进行判断。如设立时的股东从事的民事活动是设立公司所必要的，所产生的赔偿责任由成立后的公司承担；公司未成立的，由全体股东承担连带责任。且按照本条第四款规定，公司或者无过错的股东承担赔偿责任后，可以向有过错的股东追偿。如设立时的股东所从事的民事活动并非设立公司之所必要，且成立后的公司以及其他设立时股东均不认可时，应由该设立时的股东自己承担赔偿责任。

---

[1] 《最高人民法院民二庭负责人就〈关于适用《中华人民共和国公司法》若干问题的规定（三）〉答记者问》，载最高人民法院网站，https：//www.court.gov.cn/jianshe-xiangqing-2501.html。

三、公司设立失败时的股东的责任承担

公司未能设立，即设立失败时，相关的民事法律责任应由全体设立时的股东承担。从理论上看，全体设立时的股东内部属于合伙关系，故对设立公司期间产生的债务应承担连带责任。设立时股东可以对责任负担进行约定，但这种约定仅在设立时的股东之间有法律效力，不能对抗债权人。

◆ 案例指引

北京中易文星雕塑院与谢某斌土地租赁合同纠纷案

【裁判要旨】

为了保护合同相对人的信赖利益，解决公司设立后合同责任的承担主体问题，《公司法司法解释（三）》（2020）第二条以及《民法典》第七十五条均规定，法人设立后合同相对人可以选择请求法人或设立人承担合同责任。结合立法目的及法律条文表述可知，上述两条规定均适用于"相对人提起诉讼要求承担合同责任"的情况，在此种情形下相对人可以选择由设立人或法人承担责任；而并非在法人或设立人提起诉讼要求合同相对人承担合同责任时，相对人有选择权。

【案号】

一审：（2020）京 0105 民初 71880 号

二审：（2022）京 03 民终 726 号

【审判】

北京市朝阳区人民法院经审理认为：在本案当中，被告明确表示其合同系和谢某斌签订，不认可原告系合同相对方。故原告并非本案适格主体，原告的起诉应当予以驳回。北京市朝阳区人民法院作出民事裁定：驳回原告北京中易文星雕塑院的起诉。

北京中易文星雕塑院不服一审裁定，提起上诉，认为其具备本案适格的原告主体资格。

北京市第三中级人民法院经审理认为：雕塑院与涉诉标的存在直接利害关系，具有本案原告主体资格，理由如下：为设立公司所为之行为，法律后果由公司承受。根据《民法典》第七十五条的规定，设立人为设立法人从事的民事活动，其法律后果由法人承受。聂某兴与谢某斌签订涉诉合同行为系属设立人为设

立法人从事的民事活动。因此产生的法律后果应由设立的法人即雕塑院承受，故雕塑院与本案诉争标的具有直接利害关系，其可以作为本案适格原告。

一审裁定适用法律错误，裁定如下：撤销北京市朝阳区人民法院（2020）京0105民初71880号民事裁定；本案指令北京市朝阳区人民法院审理。

> **第四十五条　【公司章程制定】**
> 设立有限责任公司，应当由股东共同制定公司章程。

◆ 新旧对照解读

本条源自《公司法》（2018）第二十三条第（三）项。

◆ 条文释义

公司章程是设立有限责任公司的必要条件，是公司内部治理的"小宪法"。一方面，公司内部的公司章程作为股东之间的合意，对股东身份、出资义务、各项权利的规定具有对内效力，与此相对工商登记中的公司章程具有对外效力，在公司内部与工商登记的公司章程所载内容不一致时，公司依据工商登记对外承担责任，公司依据公司章程对股东内部追责。另一方面，公司章程依据《公司法》制定，而《公司法》赋予商事主体任意性规范的空间，使得公司章程对于股东权利义务、董事、监事、高级管理人员权利义务、股东会与董事会的运行与职权、反收购、关联关系等可以作出具体可落实或者创设性的规定。总而言之，公司章程在公司设立、运行、存续、解散、清算、注销等企业的整个生命周期中都发挥着重要作用。

◆ 适用疑难解析

一、公司章程是认定股东身份的文件之一

实践中公司章程被作为认定股东身份的文件之一。在刘某、贾某等案外人执行异议之诉一案中，最高人民法院再审的焦点为应否追加华润天能公司为被执行人，即在实体法上判断华润天能公司是否应当对禄恒能源公司债务承担补充赔偿

责任，在本案中即判定华润天能公司是否在明知原股东未履行出资义务的情况下仍然受让了股权。最高人民法院的论证为："禄恒能源公司成立于2004年12月，其成立时的投资人为美国禄恒集团公司及香港康宏国际投资集团有限公司。2006年12月华润天能公司受让禄恒能源公司原股东香港康宏国际投资集团有限公司持有的30%股权；（2016）黑民终31号判决已经查明，工商档案中2006年12月6日禄恒能源公司股东会议记录股东签名处加盖了'江苏天能集团公司（系华润天能前身，笔者注）'公章；工商档案中《徐州禄恒能源化工有限公司章程》（2006年12月6日）第一条已经明确，修改2004年12月28日制订的公司章程，'由江苏天能集团公司、鸡西市佳源煤业（集团）有限公司共同出资'。华润天能公司虽主张工商档案中的《股权转让协议书》首页被替换、工商档案中《徐州禄恒能源化工有限公司章程》其未作为股东盖章，但并不否认《股权转让协议书》首页以外其他工商档案材料的真实性，亦未举证证明其他工商档案材料虚假。且工商档案中的《股权转让协议书》亦加盖了'江苏天能集团公司'的印章，可以认定各方对于案涉股权转让行为并无异议，华润天能公司所持《股权转让协议书》与工商备案的《股权转让协议书》是否一致，并不影响华润天能公司受让了禄恒能源公司的股权。"华润天能公司主要的主张为未在公司章程盖章以否认其股东身份，法院以股东会会议记录、股权转让协议书和公司章程相互印证认定了华润天能公司的股东身份。

二、公司章程是确定股东出资义务的依据之一

公司章程是确定股东出资义务的主要依据。刘某、贾某等案外人执行异议之诉一案中，认定禄恒能源公司未完全履行出资义务的论述为"根据2006年11月29日徐州市外贸局《关于徐州禄恒能源化工有限公司股权转让的批复》（徐外经贸企〔2006〕324号）及工商档案中公司章程记载，禄恒能源公司注册资本为22620万元，其中天能公司认缴股份为6786万元，首期缴付1373.45万元。截至2008年12月15日，天能公司应缴付5412.55万元，但至今未缴足出资额"。

> **第四十六条 【公司章程内容】**
>
> 有限责任公司章程应当载明下列事项：
>
> （一）公司名称和住所；
>
> （二）公司经营范围；
>
> （三）公司注册资本；
>
> （四）股东的姓名或者名称；
>
> （五）股东的出资额、出资方式和出资日期；
>
> （六）公司的机构及其产生办法、职权、议事规则；
>
> （七）公司法定代表人的产生、变更办法；
>
> （八）股东会认为需要规定的其他事项。
>
> 股东应当在公司章程上签名或者盖章。

◆ 新旧对照解读

本条是对《公司法》（2018）第二十五条的修改，共有三处，第一处为将第一款第（五）项中的"出资时间"修改为"出资日期"；第二处为第一款第（七）项增加的"产生、变更办法"；第三处为将第二款中的顿号修改为"或者"。结合实践中公司章程的规定情况及目前司法实践的案例，本条并未作出实质性修改。

自1993年《公司法》出台，关于有限责任公司章程载明事项的规定为第二十二条："有限责任公司章程应当载明下列事项：（一）公司名称和住所；（二）公司经营范围；（三）公司注册资本；（四）股东的姓名或者名称；（五）股东的权利和义务；（六）股东的出资方式和出资额；（七）股东转让出资的条件；（八）公司的机构及其产生办法、职权、议事规则；（九）公司的法定代表人；（十）公司的解散事由与清算办法；（十一）股东认为需要规定的其他事项。股东应当在公司章程上签名、盖章。"此后1999年、2004年未作修改，2005年作了5处修改，删掉了第（五）项、第（七）项、第（十）项，将第（六）项修改为"（五）股东的出资方式、出资额和出资时间"，将第（十一）项修改为"（八）

股东会会议认为需要规定的其他事项"。2013 年、2018 年未作修正。

从修改的沿革中可以发现，立法一方面更多地将章程规定的自主权交给公司，另一方面不断修订实践中公司订立章程的细节问题。

◆ 相关规定

《市场主体登记管理条例》第八条

◆ 条文释义

一、法定代表人在章程中的规定分析

根据修订后的条款，公司章程中应该就法定代表人的产生方式及变更程序进行明确约定。《公司法》规定，公司的法定代表人按照公司章程的规定，由代表公司执行公司事务的董事或者经理担任。鉴于《公司法》并未就法定代表人的变更程序进行具体规定，因此，在符合《公司法》关于公司董事或者经理变更程序规定的基础上，根据公司实际情况可进行变更程序细化约定。

二、股东签名或者盖章的效力分析

公司章程的性质之一是股东之间、股东与公司之间形成的契约关系。根据《民法典》第四百九十条，当事人采用合同书形式订立合同的，自当事人均签名、盖章或者按指印时合同成立。合同订立只需要签名、盖章或者按指印择一即可。《公司法》此次的修改符合《民法典》的规定及实践中公司股东签订章程的通常做法。公司的股东可分为自然人股东和法人股东，自然人股东签名、法人股东盖章已经可以保证各股东对公司章程内容的了解和认可，及自愿受到章程达成合意之约束。

三、公司章程的自治性分析

公司章程因各股东之间达成合意而被赋予合法性，比如离职即无偿回收股权的规定，看似是"霸王条款"，但对于现实中的科创型公司，技术人才入股的目的是激励，技术人才的出走对于公司冲击很大，股东合意通过的"霸王条款"应当对股东有法律上的约束力。本条第一款第（八）项"股东会认为需要规定的其他事项"的规定还赋予公司章程可自主决定规定其他事项和在《公司法》条文基础上另有规定的事项。比如实践中公司章程存在高于《公司法》规定的决议标准

的情形。综上，该项规定使得公司章程充分体现出公司的自治性。

◆ 案例指引

河南天海电器有限公司与董某凤股东权确认纠纷上诉案

【裁判要旨】

河南天海电器集团有限公司章程是天海公司股东的真实意思表示，该章程中有关"在职持股，退职转股、退股"的约定具有公司自治的特点，不违反法律的强制性规定。

【案号】

一审：（2013）鹤民二初字第 13 号

二审：（2013）豫法民二终字第 188 号

再审：（2015）民申字第 710 号

【案情】

原告：董某凤。

被告：河南天海电器有限公司（以下简称天海公司）。

被告的前身为原河南天海电器（集团）公司（以下简称天海集团公司），其在 2006 年 7 月进行改制，对高级管理人员进行配股，配股比例 1∶5，同年 9 月，企业名称进行核准变更。原告在改制中，现金出资 36 万元，依方案获配 180 万元，股权共计 216 万元。改制中制定了河南天海电器集团有限公司章程，该章程第十四条规定，"与本公司终止劳动合同、解除劳动关系及因组织调动离开本公司及其他原因离开公司或人民法院依照法律规定强制执行转让股东的股权时，其认缴现金获得的股权必须按第十二条规定转让募集资金，获得的配股权和放弃募集资金获得的送股权由公司无偿收回"。2007 年 7 月 16 日，天海公司董事会以公司与原告解除劳动合同为由发出退股通知，原告认为该通知没有法律效力，拒绝退股。

【审判】

最高人民法院认为，"河南天海电器集团有限公司章程"中约定的"在职持股，退职转股、退股"，是基于天海公司进行企业改制的特殊背景而形成的意思自治约定，该规定已经经过股东代表会议一致通过且实施，是全体股东意思自治的结果，也是全体股东真实意思表示。根据"河南天海电器集团有限公司章程"第十二条及第十四条以及天海公司首届五次董事会 2007 年 4 月 12 日通过的"关于对董事长代持职工离职时所转移股权的决议"，董某凤持有的 36 万元股权由天海公司董事长代持，36 万元认缴现金由工会借支给董事长，再由董事长退还给董某凤。该种安排实为天海公司职工股权转让的形式，目的是保证天海公司注册资本的完整，该约定不违反禁止抽逃出资的规定。判决驳回董某凤的再审申请。

第四十七条　【有限责任公司的注册资本】

有限责任公司的注册资本为在公司登记机关登记的全体股东认缴的出资额。全体股东认缴的出资额由股东按照公司章程的规定自公司成立之日起五年内缴足。

法律、行政法规以及国务院决定对有限责任公司注册资本实缴、注册资本最低限额、股东出资期限另有规定的，从其规定。

◆ **新旧对照解读**

本条是对《公司法》（2018）第二十六条的修改，共有两处。第一处为第一款中增加"全体股东认缴的出资额由股东按照公司章程的规定自公司成立之日起五年内缴足"；第二处为第二款中增加"股东出资期限"。结合目前司法实践问题，本条规定有限责任公司股东出资期限不得超过五年。

◆ **相关规定**

《证券法》第一百二十一条

《保险法》第六十九条

◆ **条文释义**

本条规定的是有限责任公司的注册资本，包括普通有限责任公司的注册资本和特殊有限责任公司的注册资本。

一、普通有限责任公司的注册资本

除法律、行政法规以及国务院决定另有规定的情况外,有限责任公司采用资本认缴制,认缴资本的实缴期限为五年。

我国《公司法》对有限责任公司注册资本的规定是随着社会经济发展水平和政府对市场监管方式的变化而变化的。2005年以前,基于管制立场,我国实行完全的实缴制,要求股东出资在公司成立前全部缴纳,以此保护公司债权人利益,维护市场秩序。而在2005年,我国对市场的监管方式发生了改变,并因此开始采用有限制的认缴制,一方面在较大程度上降低了有限责任公司注册资本的最低限额,另一方面规定除了不得低于注册资本百分之二十的首次出资额,其余认缴资本可以在自公司成立之日起两年(五年)内缴足。而直到2013年,现行的完全认缴制才得以确立。其背景是国务院在上海自由贸易试验区推行相关改革措施,便利企业设立,改善营商环境,并期望将自贸区相关经验推广至全国。

认缴制的优势不仅在于尊重公司自治,满足不同类型公司的多样化、个性化需求,放宽投资条件,提高资本利用效率,还在于能够降低政府的监管成本和公司的经营成本。在我国市场发展的初期,市场主体不够成熟,投资者缺乏经验和学习途径,政府对公司的强力监管即强制实缴注册资本是必要的。而当我国市场经济已经相对成熟,投资者的素质也普遍得到了提高的情况下,政府的过分干预就变得不合时宜。将实缴制改为认缴制,并废弃最低资本额制度的意义在于,可以降低投资门槛,激发市场活力,提高资本的运营效率,降低企业的运营成本。2013年实行完全认缴制后,因出现部分公司认缴出资期限过长,实践中公司债权人利益经常得不到保护,最高人民法院设立股东认缴出资加速到期规则,并推出措施将欠缴出资且无法还债的投资人纳入失信名单。《公司法》本次修订后,在综合考虑相关因素基础上,规定股东应在五年内完成实缴义务,既是对市场主体利益的一种平衡措施,也是与时俱进的一种务实举措。

二、特殊有限责任公司的注册资本

尽管政府没有必要对所有有限责任公司进行强力监管,但在特殊领域,政府仍然需要通过资本实缴制和资本最低限额来保障市场安全。我国《证券法》第一百二十一条明确规定证券公司注册资本最低限额为五千万元、一亿元、五亿元不等,且要求证券公司的注册资本应当是实缴资本。另《保险法》第六十九条第一款明确规定"设立保险公司,其注册资本的最低限额为人民币二亿元"。

因此,对于从事银行、证券、保险、信托等特殊业务的公司,法律并未放松管制,对其注册资本仍然设定有较高的要求。

第四十八条　【股东出资方式】

股东可以用货币出资,也可以用实物、知识产权、土地使用权、股权、债权等可以用货币估价并可以依法转让的非货币财产作价出资;但是,法律、行政法规规定不得作为出资的财产除外。

对作为出资的非货币财产应当评估作价,核实财产,不得高估或者低估作价。法律、行政法规对评估作价有规定的,从其规定。

◆ 新旧对照解读

相较于《公司法》(2018)第二十七条,仅增加了"股权、债权"两种非货币出资的形式。

◆ 相关规定

《市场主体登记管理条例》第十三条

条文释义

本条是关于股东出资方式的规定。

过于宽松的出资形式规制有利于股东和公司,却可能有害于债权人的债权实现;过于严苛的出资形式规制有利于保护债权人,却可能阻碍投资自由和公司运营。从目前的立法现状观之,虽然我国公司法在立法价值上同时强调对公司、股东、债权人的合法权益的保护,但在公司出资形式规制的问题上,现行法的主要价值系维护债权人的利益,或者说,保护债权人的价值优于其他价值得以适用[①]。

[①] 刘斌:《股东出资形式的规制逻辑与规范重构》,载《法学杂志》2020年第10期。

一、出资形式

出资形式可以分为货币出资、非货币出资两大类。本条是对于非货币出资形式的规定，采用了有限列举加上开放描述的方式。其中实物、知识产权、土地使用权是《公司法》（2018）原先就已经列举的形式，股权、债权为新增列举形式，意图以法律形式明确股权、债权出资形式的合法性。

二、非货币形式出资的要求

非货币出资相较于货币出资具有特殊性，相应出资要求具备可评估作价和可转让性。对于可评估作价要求非货币出资必须能得以评估，以确定出资额，无法进行评估的标的物不得用于出资。

可转让性要求出资人应对标的物享有完全的支配权，对于禁止转让、限制转让之物或者无法脱离出资人实施转让之标的物不得用于出资。

《市场主体登记管理条例》第十三条规定，公司股东不得以劳务、信用、自然人姓名、商誉、特许经营权或者设定担保的财产等作价出资。因此，非货币出资不能包括"劳务、信用、自然人姓名、商誉、特许经营权或者设定担保的财产"。

有疑问的是"设定担保的财产"是否绝对不允许出资？《公司法司法解释（三）》（2020）第八条规定："出资人以划拨土地使用权出资，或者以设定权利负担的土地使用权出资，公司、其他股东或者公司债权人主张认定出资人未履行出资义务的，人民法院应当责令当事人在指定的合理期间内办理土地变更手续或者解除权利负担；逾期未办理或者未解除的，人民法院应当认定出资人未依法全面履行出资义务。"参照这一条规定，设定担保的财产只有在合理期间内没有解除权利负担的，才属于未依法全面履行出资义务。

◆ 适用疑难解析

一、拟出资股东可否用持有的公司自己的股权出资？

我们认为不能。因为如果允许股东以持有的公司自身的股权出资，则事实上构成重复计算出资份额的问题，显然属于出资不实。所以，《公司法司法解释（三）》（2020）第十一条规定，"出资人以其他公司股权出资，符合下列条件的，人民法院应当认定出资人已履行出资义务……"

二、拟出资股东能否以其对第三人债权进行出资？

拟出资股东以债权进行出资包括两种形式，第一种是拟出资股东以其依法享有的对有限责任公司或者股份有限公司的债权进行出资，即常见的"债转股"。第二种是拟出资股东以其对第三人的债权进行出资。

（一）行政主管部门对"拟出资股东以其对第三人的债权进行出资"持否定的态度

对于第一种债权转股权行为在理论与实务中均没有争议，《公司债权转股权登记管理办法》（已废止）规定，对债权人以其依法享有的对在中国境内设立的有限责任公司或者股份有限公司的债权，转为公司股权，增加公司注册资本的行为进行规范。

相较于"债转股"，拟出资股东以其对第三人的债权进行出资非但没有受到行政主管机关的支持且被明确排除适用。在原工商总局局长就《公司债权转股权登记管理办法》答记者问时表示："……所谓'有限放开'，就是在公司债权转股权的范围方面实行有限度的放开，仅适用于债权人对公司的直接债权转为公司股权等，排除了以第三人债权出资等情形。"[1] 据此可以看出，《公司法》本次修订之前行政主管机关对于拟出资股东以其对第三人的债权进行出资持否定态度。

（二）司法实践领域对"拟出资股东以其对第三人的债权进行出资"的意见不一

第一种为否定性意见，如《江苏省高级人民法院关于审理适用公司法案件若干问题的意见（试行）》（2003年）第四十条曾明确对拟出资股东以其对第三人享有的债权进行出资的效力进行了否定。

另，最高人民法院民事审判第二庭2014年出版（及2018年增订版）的《公司案件审判指导》也对此问题阐述了相应意见："关于以债权出资的问题，现有司法解释的立场是股东以其对第三人享有的债权出资的，应当认定出资无效。但是，以依法可以转让的无记名公司债券[2]出资的，或者用以出资的债权在一审庭

---

[1] 《推动企业减轻债务负担的重要举措——工商总局局长周伯华就〈公司债权转股权登记管理办法〉答记者问》，载中国政府网，https://www.gov.cn/jrzg/2011-11/23/content_2001492.htm。

[2] 新《公司法》已经取消了无记名债券。

审结束前已经实现的，应当认定出资有效。"[1]

第二种为认可性意见，北京市高级人民法院（2019）京民申 4656 号民事裁定书、吉林省高级人民法院（2020）吉民申 694 号民事裁定书中，都认可了股东以第三方债权出资的合法性。

本条的修订可以明显体现出立法者以法律形式明确债权出资合法性的意图，债权出资中也未区分以自身对公司债权进行出资还是其对第三人的债权进行出资，虽未对能否以第三人的债权进行出资问题进行正面回应，但从文义角度理解，不论是股东自身享有的对公司的债权还是其享有的对第三人的债权均可以作为出资形式。

三、债权出资存在的法律和现实障碍

（一）债的真实性、确定性问题

债权具有相对性和隐蔽性的特点，与货币或其他非货币财产相比，不具有货币化的外在表现形式，并且未经过有关部门登记。因此，第三人很难凭借债权合同对其内容的真实性作出合理而有效的判断，可能出现双方恶意串通，捏造虚假债权债务关系等问题。

（二）债的可实现问题

债权虽然是一种财产权，但不具有支配性，是一种请求权。债权只能通过请求债务人履行债务来实现，而无法通过债权人的积极行为来实现。在最终实现之前，很难界定何种债权是能够实现或执行的债权。任何债权都有风险。在实践中，可能出现债务人对债的履行存在疑义，而向公司提出抗辩导致债权无法实现的结果。

（三）债的评估问题

鉴于债权的实现受到债权人、债务人、第三人等众多因素的影响，其实现具有或然性，中介机构很难利用成本评估法、市场评估法、收益现值法等常见手段对债权作合法、合理的评估。但在非政策性债转股情况下，因没有相关部门审批程序，可能存在高估或低估的情况。

---

[1] 最高人民法院民事审判第二庭编：《公司案件审判指导》（第二版），法律出版社 2018 年版，第 185－186 页。

(四) 债的可转让问题

虽然债权本质上具有可转让性，但基于社会政策和保护公共秩序的需要，不是所有的债权都具有可转让性。《民法典》第五百四十五条规定："债权人可以将债权的全部或者部分转让给第三人，但是有下列情形之一的除外：（一）根据债权性质不得转让；（二）按照当事人约定不得转让；（三）依照法律规定不得转让。当事人约定非金钱债权不得转让的，不得对抗善意第三人。当事人约定金钱债权不得转让的，不得对抗第三人。"

此处，第一，依据债权性质不能转让的债权不得出资，如基于个人人身信任关系发生的委托合同、雇佣合同债权。第二，按照当事人约定不得转让的债权是否可以出资要区分非金钱债权和金钱债权两种情形。因为按照《民法典》规定，"当事人约定非金钱债权不得转让的，不得对抗善意第三人。当事人约定金钱债权不得转让的，不得对抗第三人"。所以，如果允许非金钱债权出资，则需要审查接受债权出资的公司是否属于善意第三人，如果是，则出资有效；如果不是，则出资存在瑕疵。而对于金钱债权出资，因接受债权出资的公司显然属于第三人，所以出资一律有效。第三，法律规定不得转让的债权不能出资，如公法上的债权，包括抚恤金债权、退休金债权、劳动保险金债权等，因具有很强的人身性质而不得转让。

四、未到期债权是否可以出资？

新《公司法》并没有规定未到期债权是否可以出资。而《民法典》又没有对债权规定最长期限。因此，股东完全可以通过债权出资来规避五年缴资期限的限制。如股东用一个100年后到期的债权出资（如果债务人是公司，不存在类似于超出自然人生命周期而无法履行的问题），相当于缴资期限为100年。因此，建议细化债权出资规定，将可以出资的债权限制为已经到期的债权或者五年内到期的债权。这样就与有限责任公司现金出资五年缴资期限的要求基本一致了。

五、债权无法实现时如何救济？

新《公司法》既然允许债权出资，就要对出资的债权无法实现这种情形提供救济。可能的解决方案包括：

适用《公司法》非货币财产瑕疵出资责任。《公司法》第五十条规定："有限责任公司设立时，股东未按照公司章程规定实际缴纳出资，或者实际出资的非货币财产的实际价额显著低于所认缴的出资额的,设立时的其他股东与该股东在出资不足的范围内承担连带责任。"债权出资也属于非货币财产出资,应该适用该条规定,即出资的债权到期后如果无法满足出资额,设立时的其他股东与该股东在出资不足的范围内承担连带责任。例如,债权1000万元,作价500万元出资,债权到期后仅仅实现了300万元,则设立时的其他股东与该股东在200万元的范围内承担连带责任。

◆ 案例指引

国家能源集团宁夏煤业集团有限责任公司与陈某华合同纠纷案

【裁判要旨】

股东以对第三人债权进行出资的,如对出资债权进行瑕疵担保,当出资债权无法实现时,出资股东应当承担连带责任。

【案号】

一审:(2017)京0105民初55853号

二审:(2018)京03民终14158号

再审:(2019)京民申4656号

【当事人】

原告(反诉被告):国家能源集团宁夏煤业集团有限责任公司(曾用名神华宁夏煤业集团有限责任公司,以下简称神华公司)。

被告(反诉原告):陈某华。

【审判】

北京市朝阳区人民法院经审理认为,双方均确认该1260.36万元系基于双方签订之《转款协议》而产生,该款项系神华公司以其对凤宸公司的债权作为对百吉金国公司的股权投资的对价款。神华公司承诺其转让之债权应当无瑕疵,但根据陈某华提交之生效法律文书,神华公司对凤宸公司所享有之1260.36万元债权,因凤宸公司原因,无法执行。故神华公司之出资存在瑕疵。神华公司签订《备忘录》,对该笔款项予以确认,并与陈某华约定将该笔款项中的部分款项用于代偿百吉唐乐宫公司的债务,神华公司亦依照该约定实际履行。故神华公司签订《备忘录》的行为应当认定为其承诺对1260.36万元款项继续承担付款责任,神华公司应当依其承诺对该1260.36万元款项的剩余部分继续承担付款责任。故对陈某华要求神华公司支付剩余4717819.4元的反诉请求，予以支持。神华公司未依约履行付款责任，应当赔偿陈某华因此产生之利息损失。

综上，依照《合同法》第六十条（现《民法典》第五百零九条）之规定，北京市朝阳区人民法院判决，原告神华公司应当向被告（反诉原告）陈某华支付剩余4717819.4元的款项及利息，并驳回了其全部诉讼请求。后本案经二审、再审，均维持原判。

> **第四十九条　【股东出资义务的履行】**
> 股东应当按期足额缴纳公司章程规定的各自所认缴的出资额。
> 股东以货币出资的，应当将货币出资足额存入有限责任公司在银行开设的账户；以非货币财产出资的，应当依法办理其财产权的转移手续。
> 股东未按期足额缴纳出资的，除应当向公司足额缴纳外，还应当对给公司造成的损失承担赔偿责任。

◆ **新旧对照解读**

本条是对《公司法》（2018）第二十八条的修改，将"股东不按照前款规定缴纳出资的，除应当向公司足额缴纳外，还应当向已按期足额缴纳出资的股东承担违约责任"修改为"股东未按期足额缴纳出资的，除应当向公司足额缴纳外，还应当对给公司造成的损失承担赔偿责任"。新《公司法》明确了有限责任公司股东未按期足额缴纳出资时对公司的赔偿责任。

◆ **相关规定**

《市场主体登记管理条例》第四十五条

《企业破产法》第三十五条

《公司法司法解释（二）》（2020）第二十二条

《公司法司法解释（三）》（2020）第十三条、第十七条

◆ 条文释义

本条是关于股东足额履行出资义务的规定。

一、出资期限利益

在章程约定的出资期限届满前，认缴出资额的股东享有期限利益，该期限利益受法律保护，仅在以下法律规定的几个特定情况外，股东才需提前实缴出资：

第一，依据《公司法》第四十七条规定，有限责任公司全体股东认缴的出资额由股东按照公司章程的规定自公司成立之日起五年内缴足。

第二，依据《企业破产法》第三十五条的规定，公司破产申请被法院受理后，仍有股东尚未完全履行出资义务的，该出资期限利益不再受法律保护，出资股东应立即履行相应出资义务。

第三，依据《九民纪要》第六条的规定，债权人以公司不能清偿到期债务为由，请求未届出资期限的股东在未出资范围内对公司不能清偿的债务承担补充赔偿责任的，在人民法院穷尽执行措施无财产可供执行，已具备破产原因，但不申请破产的或者是在公司债务产生后，公司股东会决议或以其他方式延长股东出资期限的情况下，可以依法要求该出资股东提前履行出资义务。

第四，依据《公司法》第五十四条规定，当公司不能清偿到期债务的，公司或者已到期债权的债权人有权要求已认缴出资但未届缴资期限的股东提前缴纳出资。本条规定与《九民纪要》第六条的规定底层理念一致，且进一步以法律的形式降低了股东出资义务加速到期的前提条件，进一步强化了股东的出资责任。

二、出资的缴纳程序

股东出资按照出资形式是否为货币，出资方式可以分为货币出资与非货币出资。

1. 股东以货币出资的，应当将货币资金存入拟设立的有限责任公司在银行开设的临时账户，已经成立有限责任公司的，则存入公司的账户。公司章程规定一次性缴纳货币出资的，股东必须一次性足额将货币出资存入公司账户；公司章程规定为分期缴纳货币出资的，股东必须按期足额将货币出资存入公司账户。

2. 股东以实物、知识产权、土地使用权、股权、债权等非货币财产出资的，

应当依法办理其财产权的转移手续：以动产出资的，移交实物；以不动产所有权出资的，办理所有权转让的登记手续，若股东以房产出资，必须到房管部门办理房屋所有权转移的手续，将房屋所有权人由股东改为公司；以知识产权出资的，向公司提交该项知识产权的技术文件资料和权属文件，需要办理登记手续的，必须到专利管理机关、商标注册机关办理权属变更登记手续；以土地使用权出资的，必须到土地管理部门办理土地使用权转让登记手续；以股权出资的，应该办理股东变更登记；以债权出资的，应当通知债务人。即依据《民法典》第五百四十六条规定，债权人转让债权，应当通知债务人。通知后该转让对债务人才发生效力。

◆ **案例指引**

天津滨海泰达酒店开发有限公司等诉天津中盈置业有限公司等股东出资纠纷案

【裁判要旨】

以非货币财产出资的，办理权属变更仅解决财产归属和处分权的问题，出资人应当将财产实际交付公司，从而使公司能够直接使用而直接获得收益，故已经办理权属变更手续但未实际交付的，出资人不享有相应的股东权利。根据权利义务相适应的原则，在出资人完成实际交付且办理权属变更手续而享有相应股东权利的情况下，应当将财产实际交付之日认定为完成出资义务的时间。

【案号】

一审：（2017）津02民初110号

二审：（2017）津民终588号

再审：（2020）最高法民再85号

【当事人】

原告：天津滨海泰达酒店开发有限公司（以下简称泰达酒店）。

被告：天津中盈置业有限公司（以下简称中盈公司）、天津泰盈酒店管理有限公司（原天津市永泰投资有限公司，以下简称泰盈酒店）。

第三人：天津泰达投资控股有限公司（以下简称泰达控股）。

【审判】

最高人民法院经审理认为：中盈公司实际履行出资义务的时间为按照约定将

房屋过户登记至泰达酒店且实际交付之时,具体裁判理由如下:

关于中盈公司何时履行出资义务问题。本案中,中盈公司以其享有所有权的商品房出资,并经评估机构评估确定了房产的价值,符合《公司法》关于实物出资的要求,中盈公司应当将涉案房屋依约交付泰达酒店并办理所有权过户手续以完成出资义务,否则将承担未全面履行出资义务的违约责任。从查明的事实看,中盈公司为履行《增资协议书》约定的出资义务与泰达酒店签订《天津市商品房买卖合同》,该合同中约定了具体的交房日期,中盈公司应当按照买卖合同约定将房屋交付泰达酒店,但中盈公司在买卖合同签订后仅办理了86套房屋的所有权预告登记,并未将涉案房屋实际交付泰达酒店。鉴于中盈公司在一审期间办理了房屋权属证书,中盈公司履行出资义务的时间应当为涉案房屋交付之时,即2017年8月17日。二审判决因已经交付的9套房屋中最早的一套交付时间为2012年3月8日,从而认定2012年3月8日为中盈公司履行出资义务的时间,适用法律错误,予以纠正。

最高人民法院终审判决:中盈公司向泰达酒店承担逾期出资的赔偿责任,泰盈酒店对中盈公司逾期出资的赔偿向泰达酒店承担连带责任;驳回泰达酒店的其他诉讼请求。

第五十条 【股东出资连带责任】

有限责任公司设立时,股东未按照公司章程规定实际缴纳出资,或者实际出资的非货币财产的实际价额显著低于所认缴的出资额的,设立时的其他股东与该股东在出资不足的范围内承担连带责任。

◆ **新旧对照解读**

本条是对《公司法》(2018)第三十条进行了修订。与《公司法》(2018)规定相比,增加了"股东未按照公司章程规定实际缴纳出资,或者实际出资的非货币财产的实际价额显著低于所认缴的出资额的"股东出资不实情形,触发其他股东对出资瑕疵股东出资不足部分承担连带责任。

◆ 条文释义

本条规定的是公司其他股东对出资瑕疵股东承担的法定责任。公司设立时的股东间有催缴出资的权利义务。

我国《公司法》没有对股东出资瑕疵作出明确的法律定义，主要是通过法条列举的方式对出资要求进行明确，只要违反法律规定，均应视为出资瑕疵。本条所指的股东出资瑕疵是指股东作为出资的非货币财产的实际价额显著低于所认缴的出资额的情形。

对于出资标的物的适格要件，我国有学者建议采取五要件说，包含：确定性、价值性、评价的可能性、可独立转让性以及能满足公司目的框架内的收益力。[①] 而《公司法》则表述为"可以用货币估价并可以依法转让"，即"可以用货币估价""合法""可转让"三个要件。股东以非货物财产出资的，存在将特定财产转入公司名下的"权利移转过程"，如发现作为出资的非货币财产的实际价额显著低于所认缴的出资额，该股东应补足差额。其目的是确保设立公司时的出资充实，防止注册资本虚化，属于股东的出资填补责任。

一般认为，该条规定的情况，并不区分股东是否存在过错。《公司法》出资制度规定的目的是确定资本三原则，以保护债权人的利益，维护交易安全。基于此，只要存在本条约定的情形，无论股东是否存在过错，都必须承担填补责任。

◆ 适用疑难解析

鉴于公司股东出资的形式多样，以及部分公司账务管理的不规范等原因，司法实务中对于股东出资瑕疵的认定存在一定难度。司法机关对于前述出资瑕疵的认定主要会从以下几点进行审查：

一、货币瑕疵出资

（一）逾期出资或出资不足

司法机关根据公司章程审查货币出资的数额是否足够、出资期限是否逾期。

[①] 冯果：《股东现物出资若干问题研究》，载《中国法学》1999年第6期。

如果股东未在章程约定的出资期限内足额缴纳出资，则会被认定为出资瑕疵。

（二）抽逃出资

公司股东抽逃出资一般是通过各种形式合法的方式将公司资产转移至个人或者关联方名下，或者免除股东应当对公司承担的债务，一般是采用借款、交易、分配利润等方式。司法机关一般会关注以下几点：（1）核实借款是否约定利息和还款期限，是否已经股东会、董事会审议，是否在公司财务中体现，是否借款金额达到或者超出出资数额；（2）核实交易是否具有交易合意，是否为公司日常经营所必需，是否存在真实交易标的，交易对价是否合理；（3）核实公司利润分配是否经股东会、董事会审议，是否已进行亏损弥补及提取法定公积金，是否真实存在盈利情况。

二、非货币财产瑕疵出资

（一）对非货币财产是否享有处分权

若股东对非货币财产不享有处分权，则司法机关将依据"善意取得"条款对该出资行为的效力以及公司是否取得该财产所有权进行判断。

（二）股东出资时是否经过评估作价

股东以非货币财产出资，未依法评估作价，公司、其他股东或者公司债权人请求认定出资人未履行出资义务的，法院应当委托具有合法资格的评估机构对该财产评估作价。评估确定的价额显著低于公司章程所定价额的，应当认定股东未依法全面履行出资义务。

（三）是否办理权属登记及实际交付

股东以房屋、土地使用权或者需要办理权属登记的知识产权等财产出资，已经交付公司使用但未办理权属变更手续，公司、其他股东或者公司债权人主张认定出资人未履行出资义务的，法院应当责令当事人在指定的合理期间内办理权属变更手续；未在前述期间内办理权属变更手续的，应当认定其未全面履行出资义务。

股东以前述财产出资，已经办理权属变更手续但未交付给公司使用，依然构成未全面履行出资义务，公司或者其他股东有权主张其向公司交付，并在实际交付之前不享有相应股东权利。

（四）是否设定权利负担

股东以划拨土地使用权出资，或者以设定权利负担的土地使用权或其他财产出资，公司、其他股东或者公司债权人主张认定出资人未履行出资义务的，法院应当责令股东在指定的合理期间内办理变更手续或者解除权利负担；逾期未办理或者未解除的，应当认定股东未全面履行出资义务。

> **第五十一条　【董事催缴义务及责任】**
> 有限责任公司成立后，董事会应当对股东的出资情况进行核查，发现股东未按期足额缴纳公司章程规定的出资的，应当由公司向该股东发出书面催缴书，催缴出资。
> 未及时履行前款规定的义务，给公司造成损失的，负有责任的董事应当承担赔偿责任。

◆ 新旧对照解读

本条在《公司法》（2018）基础上新增有限责任公司董事会的催缴义务，及其未履行义务的赔偿责任。

◆ 条文释义

关于公司董事催缴股东出资义务的责任，《公司法司法解释（三）》（2020）已有类似规定，但过去《公司法》没有明确规定公司董事是否应当对出资瑕疵股东承担赔偿责任，新《公司法》对此予以了明确，将公司董事作为责任的承担者，属于董事未尽到忠实与勤勉义务时应当承担的责任。根据该条规定，公司成立后的股东存在未按期足额缴纳出资的，董事应当向该股东发出书面催缴书，否则未履行法定催缴义务的董事应当对其未尽责导致公司损失承担赔偿责任。

一、董事成为催缴义务主体的依据溯源

首先，《民法典》第八十一条中将董事会确立为营利法人的执行机构，在民商法基础上确立了董事会在公司治理中的独立法律地位。

其次，《公司法》（2013）第一百四十七条第一款规定，董事、监事、高级管理人员应当遵守法律、行政法规和公司章程，对公司负有忠实义务和勤勉义务。

再次，《公司法司法解释（三）》（2020）第十三条第四款规定，股东在公司增资时未履行或者未全面履行出资义务，依照本条第一款或者第二款提起诉讼的原告，请求未尽《公司法》（2018）第一百四十七条第一款（新《公司法》第一百八十条）规定的义务而使出资未缴足的董事、高级管理人员承担相应责任的，人民法院应予支持；董事、高级管理人员承担责任后，可以向被告股东追偿。

最后，新《公司法》第五十一条明确规定董事催缴义务及责任。董事催缴义务符合董事履行勤勉义务的内容，是董事在管理公司事务过程中履行勤勉义务的体现。当董事发现公司股东未按照公司章程规定的出资额、出资期限实缴出资的，董事基于善良管理人的注意义务，应当及时通知股东，催促其实缴出资。在（2018）最高法民再366号案中，最高人民法院认为"董事负有向未履行或未全面履行出资义务的股东催缴出资的义务，是由董事的职能定位和公司资本的重要作用决定的"，该段表述是对《公司法司法解释（三）》在司法审判实践中的具体适用，也是对董事勤勉尽责义务原则的合理解读。

二、关于催缴程序

《公司法》第五十一条第一款明确规定，有限责任公司成立后，董事会应当对股东的出资情况进行核查，发现股东未按期足额缴纳公司章程规定的出资的，应当由公司向该股东发出书面催缴书。

首先，向股东履行催缴出资通知，法定程序是必须上董事会，即原则上是否对股东进行催缴由董事会决议作出，公司需按照法定程序召开董事会会议。董事为证明已合法履行勤勉义务，还应注意留存董事会会议通知、表决文件。

其次，催缴出资必须以书面形式发出，公司董事会应注意留存通知副本、快递单据等对应工作证据。

董事依法应按上述程序履行催缴股东出资义务。公司其他股东按照设立协议、股东协议向未缴纳出资股东发出催缴通知，并不能成为董事免除承担《公司法》第五十一条明确规定的责任。

三、董事赔偿责任的承担

对股东进行催缴是董事的法定义务，因董事未履行催缴义务，是否必然导致董事承担赔偿责任。

第一，《公司法》第五十一条第二款规定，只有在董事未尽勤勉尽责的催缴义务，且给公司利益造成了损失，董事才应承担赔偿责任。

第二，若股东未按期足额缴纳出资，董事亦未尽勤勉尽责的催缴义务，但股东出资瑕疵行为未给公司利益造成任何损失的，董事则无需承担赔偿责任。

第三，股东虽未按期足额缴纳出资，若董事已按《公司法》第五十一条规定履行催缴义务，但仍未避免损害发生的，董事仍无需就该等损失承担赔偿责任。

第四，鉴于催缴义务是董事会的义务，因此如果董事会作出不履行催缴义务的决议，则只有依据《公司法》第一百二十五条的规定，经证明在表决时曾表明异议并记载于会议记录的，该董事可以免除责任。

有疑问的是公司董事会作出不履行催缴义务的决议之后任命的新任董事如何免责。鉴于其在董事会召开时不是公司董事，因此也无法表明异议并记载于会议记录。可以有两种解决方案：一是要求董事有义务提议召开新的董事会，并就催缴义务作出新的决议；二是董事可以要求公司记录其异议，从而免除责任。我们认为，从学理和实践来看，第一种方案更为合理。因为公司经营瞬息万变，针对相同问题在不同时期可以作出完全相反的决策。因此，新任董事要求针对催缴义务重新作出决议是完全合理的。而且，由于董事的变动，原来无法通过的决议现在完全可能通过。所以，董事的催缴义务应当要求其有义务提议召开新的董事会，并就催缴事项进行表决。

基于上述逻辑，董事未履行勤勉义务并不必然导致其应承担赔偿责任。

法律给董事设立的催缴股东出资义务，对董事在管理、执行公司相关事务时提出了更高职业要求，董事亦应于任职前充分了解催缴义务和责任，重视新增法律风险的防范。

> **第五十二条　【股东失权制度】**
>
> 股东未按照公司章程规定的出资日期缴纳出资，公司依照前条第一款规定发出书面催缴书催缴出资的，可以载明缴纳出资的宽限期；宽限期自公司发出催缴书之日起，不得少于六十日。宽限期届满，股东仍未履行出资义务的，公司经董事会决议可以向该股东发出失权通知，通知应当以书面形式发出。自通知发出之日起，该股东丧失其未缴纳出资的股权。
>
> 依照前款规定丧失的股权应当依法转让，或者相应减少注册资本并注销该股权；六个月内未转让或者注销的，由公司其他股东按照其出资比例足额缴纳相应出资。
>
> 股东对失权有异议的，应当自接到失权通知之日起三十日内，向人民法院提起诉讼。

◆ 新旧对照解读

本条在《公司法》（2018）基础上新增了股东失权制度。

股东失权制度是本次《公司法》修订中的新面孔，但也并非一次"从无到有"的创新，其相关内容最早出现于2011年生效的《公司法司法解释（三）》，被称为"除名制度"。虽然该司法解释经历过两次修正，但此条文多年来只字未变。

过去的"除名制度"有几大弊端：第一，其只适用于股东"完全"未履行出资义务或者抽逃"全部"出资的情况。在理论上，哪怕某股东仅仅履行了"一元"的出资义务，股东会也无权将其除名。第二，其要求股东会作出有效的除名决议，过程比较繁琐，且由于没有明确规定拟被除名股东所拥有的股权是否可以参与表决，在实践中面临诸多困境。第三，即便股东会成功作出决议，市场监督管理局也往往拒绝办理股权变更登记，而要求公司提供法院出具的生效法律文书。这对于公司而言费时费力，成本属实过高。

本次修法新增的股东"失权制度"，在一定程度上解决了上述问题，既扩宽了制度的适用范围，对相关程序的设置也更加简明，增加了可操作性，更有利于保护公司和其他股东的利益。

◆ 条文释义

该条文第一款规定了有限责任公司成立后董事会的催缴义务。在本次修法之前，"催缴"属于公司的一项"权利"而非"义务"，而现在，"催缴"已经具有一定的强制性，董事会应当代表公司积极行使权利，保障公司资本充足。综观外国的立法，多数国家早已设置了公司的催缴程序，用以保障股东正常履行出资义务，我国《公司法》的最新修改可谓填补了过去立法中的一大疏漏。

该条文第一款还规定了"股东失权"的程序要求，需要注意的有以下几点：首先，被催缴股东拥有不少于六十日的宽限期。这是法律的强制规定，也即无论公司的书面催缴通知是否载明宽限期，以及载明多久的宽限期，被催缴股东所享有的宽限期都不少于六十日。其次，股东未缴纳出资的股权自失权通知发出之日起便已丧失，而无需等到送达之日。如此规定的合理性在于，本条文着重保护的是公司以及其他股东的合法权益。对于受送达的股东而言，其已受到不少于六十日宽限期的保护，是否收到失权通知与其实际丧失股权之间，没有必然的联系。最后，根据该条款，失权股东失去的仅仅是其未缴纳出资的那部分股权，若其缴纳了部分出资，则不会完全丧失股东资格。

该条文第二款规定了公司对失权股东所丧失股权的三种处置方式：（1）依法转让；（2）相应减少注册资本并注销该股权；（3）若在六个月内未能通过前述两种方式进行处置，则应当由公司其他股东按照其出资比例足额缴纳相应出资，以保障公司资本充足。三种处置方式的排列顺序实际上表现出法律的倾向性，由于减少注册资本需要经过股东会决议，程序繁琐，故公司应优先采用将股权依法转让的处置方式。

该条文第三款规定了失权股东的救济措施，即在接到公司发出的失权通知之日起三十日内，有权向人民法院提起诉讼。失权通知只需要公司单方意思表示即可作出，在性质上属于形成权，自失权通知发出之日起该股东即丧失其未缴纳出资的股权。如失权股东认为失权通知违背事实损害其合法权益而应属无效，法律赋予失权股东可以向人民法院提起诉讼的权利。为了避免公司的股权关系长期处于不稳定状态，法律要求失权股东应该在接到失权通知之日起三十日内向人民法院提起诉讼。

◆ 适用疑难解析

一、抽逃出资未列入股东失权制度

《公司法》第五十二条规定，股东失权针对的情形是"股东未按照公司章程规定的出资日期缴纳出资"，但并未将实践中经常出现的"抽逃出资"现象纳入股东失权范围。抽逃出资本质上属于股东未足额出资的情形，仅是股东出资后又将该出资抽走，发生前述情形的时间是在股东按照公司章程规定的出资日期后。股东恶意抽逃出资的行为，相对更隐蔽，公司、其他股东及债权人在遭受损失时的维权难度相对更高，是对诚实信用原则的更大破坏。

未将股东抽逃出资纳入股东失权范围，将使得其他权利主体针对抽逃出资行为无法直接适用《公司法》第五十二条来维权。从学理上来看，抽逃出资是更为严重的违法行为，要承担更重的法律责任。除了依据《公司法》第五十三条要承担返还抽逃的出资的义务以外，给公司造成损失的，负有责任的董事、监事、高级管理人员应当与该股东承担连带赔偿责任。这是抽逃出资的民事责任。同时，《公司法》第二百五十三条还规定了抽逃出资的行政责任。公司的发起人、股东在公司成立后，抽逃其出资的，由公司登记机关责令改正，处以所抽逃出资金额百分之五以上百分之十五以下的罚款；对直接负责的主管人员和其他直接责任人员处以三万元以上三十万元以下的罚款。从这一角度来看，由于抽逃出资规定了更重的行政责任，因此不适用失权制度似乎也不会构成对债权人的保护不足。而按照"举轻以明重"的解释方法，既然更轻的股东未按期缴纳出资行为可以适用股东失权制度，则更重的股东抽逃出资行为似乎也可以适用股东失权制度。当然，具体如何理解还是需要有关机关予以明确。

二、董事会在股东失权制度中的单一路径

启动失权制度，必先启动催缴程序；启动催缴程序，必先经过董事会决议。监事会无法适用《公司法》第五十二条的规定，启动股东失权制度。实践中，如若出现董事会、执行董事怠于启动股东失权制度，则有可能出现对股东进行催告与宣告失权措施在具体公司中的失灵，不利于保护公司债权人、其他股东利益。

因此，我们建议，对于股东出资核查义务主体，应该不限于董事会，还应扩张到监事会。因为在《公司法》有关监事职权中明确规定，监事有权检查公司财务、对董事和高级管理人员执行职务的行为进行监督。

第五十三条　【抽逃出资】

公司成立后，股东不得抽逃出资。

违反前款规定的，股东应当返还抽逃的出资；给公司造成损失的，负有责任的董事、监事、高级管理人员应当与该股东承担连带赔偿责任。

◆ **新旧对照解读**

本条在《公司法》（2018）第三十五条基础上新增了股东抽逃出资的赔偿责任和相关董事、监事、高级管理人员的赔偿责任。

◆ **相关规定**

《公司法司法解释（三）》（2020）第十二条、第十四条、第十六条

《刑法》第一百五十九条

《变更追加当事人规定》（2020）第十八条

◆ **条文释义**

抽逃出资，意指股东未经合法程序而取回其出资财产，但依然保留其股东资格并按原有数额持有股权或股份。公司是企业法人，有独立的法人财产，享有法人财产权。股东的出资，是公司设立并从事生产经营活动的物质基础，股东出资形成有限责任公司的全部法人财产，是维护公司的正常经营与发展的必要条件。[1] 股东按期缴纳出资并不得抽回出资是股东向公司负有的基本义务，也是资本维持

---

[1] 安建主编：《〈中华人民共和国公司法〉释义（最新修正版）》，法律出版社2013年版，第69-70页。

原则的内在要求。公司成立后，股东的出资形成公司的全部法人财产，出资后又抽逃，严重侵蚀公司的资本，公司抵御风险的能力降低，侵犯了公司财产权，使得公司资本处于不确定和不充实状态，进而会危及公司债权人的利益。

◆ 案例指引

北京昌鑫建设投资有限公司等与北京弘大汽车空调散热器有限公司买卖合同纠纷执行裁定书

【裁判要旨】

抽逃出资须具备形式和实质要件，实质要件为"损害公司利益"。

【案号】

（2014）执申字第9号

【审判】

最高人民法院认为，北京昌鑫建设投资有限公司（以下简称昌鑫公司，原北京昌鑫国有资产投资经营有限公司、北京昌鑫国有资产投资经营公司）不构成抽逃出资。主要理由如下：第一，昌鑫公司对北京弘大汽车空调散热器有限公司（以下简称弘大公司）存在合法的在先债权。抽逃出资一般是指不存在合法真实的债权债务关系，而将出资转出的行为。而本案中，对于昌鑫公司在2004年即通过债权受让的方式取得对弘大公司债权的事实，山东两级法院与各方当事人并无分歧。第二，未损害弘大公司及相关权利人的合法权益。法律之所以禁止抽逃出资行为，是因为该行为非法减少了公司的责任财产，降低了公司的偿债能力，不仅损害了公司与其他股东的权益，更损害了公司债权人等相关权利人的权益。而本案并不存在这种情况，昌鑫公司对弘大公司享有债权在先，投入注册资金在后。在整个增资扩股并偿还债务过程中，昌鑫公司除了把自己的债权变成投资权益之外，没有从弘大公司拿走任何财产，也未变更弘大公司的责任财产与偿债能力。第三，不违反相关司法解释的规定。本案中，山东两级法院认定昌鑫公司构成抽逃出资适用的司法解释有两个，一是《最高人民法院关于人民法院执行工作若干问题的规定（试行）》（2008）第八十条，二是《公司法司法解释（三）》（2011）第十二条。《最高人民法院关于人民法院执行工作若干问题的规定（试行）》（2008）第八十条只是规定在执行程序中可以追加抽逃注册资金的股东为被执行人，但是并未规定抽逃注册资金的构成要件。《公司法司法解释（三）》（2011）第十二条具体规定了抽逃出资的构成要件，可以作为执行程序中认定是否构成抽逃注册资金的参照。该条文规定的要件有两个，一个是形式要件，具体表现为该条罗列的"将出资款项转入公司账户验资后又转出""通过虚构债权债务关系将其出资转出"等各种具体情形。另一个是实质要件，即"损害公司权益"。本案虽然符合该法条规定的形式要件，但是如上所述，实质要件难以认定。所以无法按照上述两个条文的规定认定昌鑫公司构成抽逃注册资金，在执行程序中追加昌鑫公司为被执行人证据不足。

> **第五十四条　【股东出资加速到期】**
> 公司不能清偿到期债务的，公司或者已到期债权的债权人有权要求已认缴出资但未届出资期限的股东提前缴纳出资。

◆ 新旧对照解读

本条在《公司法》（2018）基础上新增了股东出资加速到期制度。

◆ 相关规定

《变更追加当事人规定》（2020）第十七条

《九民纪要》第六条

◆ 条文释义

2014年3月1日起，有限公司注册资本由实缴制改为认缴制。修改后，公司股东无需在注册公司时就实缴出资，具体的缴纳期限，可以在公司章程中另行约定。该修订无疑让设立公司变得更为便捷，成本更为低廉。但相应的问题随之而来，部分股东通过延长实缴期限逃避股东出资义务，一旦公司负有债务，股东往往以其出资期限尚未届满拒绝承担出资的责任，债权人的合法权益完全无法得到有效保障。

股东出资期限是否应当加速到期，在实践中本身即具有争议。一种观点认为，尽管公司章程对股东的出资期限有明确的约定，但该期限不应当影响公司的日常经营，不得损害第三方的合法权益，当公司现有资产不足以清偿债务时，股东所负出资义务应当加速到期。另一种观点则认为，公司在无法偿还到期债务的情况下，不应当以单个债权人的角度主张加速到期，而是应当以全体债权人的角度，通过破产程序解决。

《九民纪要》第六条认为，在满足一定条件的情况下，股东出资可以加速到期。实务操作上，债权人往往是在执行案件中，依照《变更追加当事人规定》第十七条之规定以及《九民纪要》第六条主张，追加未实缴出资的股东为案件的被执行人，在未出资范围内承担责任。

但在处理此类案件中，不同法院对于是否应当追加存在不同意见，且在该阶段存在无法送达，直接被裁定驳回追加申请的风险。一旦申请被驳回，债权人不得不继续通过执行异议程序再次进行救济，无疑会进一步增加诉讼成本以及时间成本。

本次《公司法》修订，对股东出资是否加速到期的问题通过第五十四条进行了明确规定。该条款规定，在公司不能清偿到期债务的情况下，股东应当提前缴纳出资。按此规定，进入破产或清算程序或明显缺乏清偿能力不再作为要求股东提前缴纳出资的前置性要件。

不仅如此，债权人和公司均可以主张提前缴纳出资。该条款无疑将极大地保护公司及债权人的合法权益，使得相关主体在设立公司时，更加谨慎地设定出资/认缴的金额。

◆ **案例指引**

北京峰博行投资顾问有限公司等与北京红黄蓝儿童教育科技发展有限公司申请执行人执行异议之诉

【裁判要旨】

在执行终本、被执行人财产不足以清偿债务的情况下，债权人以被执行人财产不足以清偿生效裁决确定的债务，主张被执行人股东不享有认缴出资的期限利益为由，申请追加被执行人股东为被执行人，在其未依法出资的范围内承担补充赔偿责任，有事实依据和法律依据，应予支持。

【案号】

(2021) 京民终 890 号

【审判】

根据相关规定,在注册资本认缴制下,股东依法享有期限利益。债权人以公司不能清偿到期债务为由,请求未届出资期限的股东在未出资范围内对公司不能清偿的债务承担补充赔偿责任的,人民法院不予支持。但是,公司作为被执行人的案件,人民法院穷尽执行措施无财产可供执行,已具备破产原因,但不申请破产的情形除外。

本案中,上浦公司暂无财产可供执行,北京市第三中级人民法院于 2020 年 11 月 26 日作出(2020)京 03 执 1487 号之一执行裁定书,终结北京仲裁委员会作出的(2020)京仲案字第 1781 号仲裁裁决的本次执行程序,而上浦公司至今未提出破产申请。据此,本案事实符合"公司作为被执行人的案件,人民法院穷尽执行措施无财产可供执行,已具备破产原因,但不申请破产"的情形。

综上,法院判定追加北京峰博行投资顾问有限公司为被执行人,在未实缴出资的范围内承担责任。

第五十五条　【出资证明书】

有限责任公司成立后,应当向股东签发出资证明书,记载下列事项:

(一)公司名称;

(二)公司成立日期;

(三)公司注册资本;

(四)股东的姓名或者名称、认缴和实缴的出资额、出资方式和出资日期;

(五)出资证明书的编号和核发日期。

出资证明书由法定代表人签名,并由公司盖章。

◆ **新旧对照解读**

本条在《公司法》（2018）第三十一条基础上进行了修改。本条出资证明书的生效条件发生变化，新增了"法定代表人签名"这一条件。

◆ **相关规定**

《公司法》第一百四十九条

《公司法司法解释（三）》（2020）第二十三条

《人民法院强制执行股权的规定》第十七条

◆ **条文释义**

出资证明书是证明投资人已经依法履行缴付出资义务，成为有限责任公司股东的法律文件，是股东对公司享有权利、承担责任的重要依据。股东凭出资证明书，可以向公司请求将自己的姓名记入股东名册，享有股东权利。为了使出资证明书的记载明确、规范，保证其效力，本条对出资证明书的记载内容作出了规定。出资证明书的法定记载事项有五项：一是公司名称，这是为了明确股东是哪个公司的出资人并具有股东资格；二是公司成立日期，已经成立的有限责任公司签发的出资证明书才具有法律意义，公司营业执照签发日期为公司成立日期；三是公司注册资本，这是公司全体股东认缴出资的总额；四是股东的姓名或者名称、认缴和实缴的出资额、出资方式和出资日期；五是出资证明书的编号和核发日期。向股东签发出资证明书是公司的义务。股东分期缴纳出资的，公司应当就其每一期出资，向其颁发出资证明书，新的出资证明书颁发后，公司应当收回并注销原出资证明书。

出资证明书应当由法定代表人签名，并由公司盖章。本条新增了"法定代表人签名"的生效条件。尽管公章是公司对外作出意思表示的重要外在表现形式，但法律并未规定法定代表人以外持有公司公章的人仅凭其持有公章的事实就能够直接代表公司意志，故出资证明书由法定代表人签字，同时外在表现上加盖公司公章。

> **第五十六条　【有限责任公司股东名册】**
>
> 有限责任公司应当置备股东名册，记载下列事项：
>
> （一）股东的姓名或者名称及住所；
>
> （二）股东认缴和实缴的出资额、出资方式和出资日期；
>
> （三）出资证明书编号；
>
> （四）取得和丧失股东资格的日期。
>
> 记载于股东名册的股东，可以依股东名册主张行使股东权利。

◆ 新旧对照解读

本条是《公司法》修改条文，与《公司法》（2018）第三十二条对比分析如下：（1）关于"出资额"，在股东名册上明确了出资额的缴纳方式、出资方式、出资日期，细化记录了股东相关的出资情况，与公司章程、出资证明书记录的股东出资情况进行统一记录，便于股东查看相关的出资情况，同时也利于有限责任公司的运营管理。（2）关于"取得和丧失股东资格的日期"，在《公司法》（2018）未出现，但在新《公司法》中首次出现，将"取得和丧失股东资格的日期"记载于股东名册，这样能清楚了解有限责任公司股东及股权的变更情况，同时，在出现股东资格确认纠纷时，可依股东名册的记载来确定谁是对公司享有权利并承担义务的股东，助力股东资格确认纠纷的解决。

◆ 相关规定

《公司法司法解释（三）》（2020）第二十三条

◆ 条文释义

本条是关于有限责任公司股东名册主要内容及其效力的规定。

有限责任公司股东依据自己的出资对公司享有权利，承担责任，为了表明股东的地位，确定股东对公司的权利义务，有限责任公司应当向股东出具出资证明书，同时，有限责任公司还应当在公司住所置备股东名册。股东名册的法定记载事项有四项内容：一是股东的姓名或者名称及住所；二是股东认缴和实缴的出资额、出资方式和出资日期；三是股东出资证明书编号；四是取得和丧失股东资格的日期。

公司置备股东名册，在出现股东转让其出资情形时，可依股东名册的记载来确定谁是对公司享有权利并承担义务的股东。股东名册在处理各股东关系上具有确定的效力，即记载于股东名册的股东，可以依股东名册的记载主张行使股东权利。

◆ 案例指引

重庆市蓬江食品有限公司与倪某洋股东资格确认纠纷上诉案——未实际出资仍可享有股东资格

【裁判要旨】

有限责任公司增资纠纷中，公司章程、工商登记材料、验资报告等文件上均载明股东，该股东参与公司管理，享受股东分红等股东权利，可认定为具有股东资格。实际出资是股东享有权利的基础，未实际出资并不一定不具有股东资格。

【案号】

一审：（2017）渝 0114 民初 1369 号

二审：（2019）渝 04 民终 570 号

【当事人】

原告：重庆市蓬江食品有限公司（以下简称蓬江食品公司）。

被告：倪某洋。

【审判】

重庆市黔江区人民法院于 2018 年 12 月 21 日作出（2017）渝 0114 民初 1369 号民事判决：确认倪某洋不具备蓬江食品公司的股东身份。

倪某洋不服，提起上诉。

重庆市第四中级人民法院经审理认为：首先，本案多处事实表明倪某洋具备公司股东身份，且实际享有相关权利并履行了部分义务。蓬江食品公司的工商登记材料、公司章程、验资报告等均记载倪某洋为股东，倪某洋在公司增资过程中自愿提供身份证、在公司章程上署名、向公司转入增资款项等事实充分显示其具有成为股东的真意。公司章程是公司设立的最主要条件和最重要文件之一,是股东就公司重要事务经协商制订的规范性和长期性安排,属于股东之间的合同,倪某山、倪某河、倪某洋三人共同署名,说明倪某山、倪某河亦同意倪某洋通过增资扩股的形式成为蓬江食品公司股东。且在蓬江食品公司2009年增资后直到2014年3月的数年间,倪某山、倪某河明知倪某洋具备公司股东身份,并未对倪某洋的股东身份和其他相关事实提出异议,倪某洋也参与了公司经营管理,并分得了股份分红。其次,依据现有证据不能认定本案存在公司或股东虚假增资情形。公司增加注册资本是指在公司成立后,经公司权力机构如股东会、董事会等决议,依法定程序在原有注册资本的基础上予以扩大,增加公司实有资本总额的法律行为,目的通常是拓展业务、扩大经营规模、提高公司资信度等。而虚假增资是通过提交虚假证明文件等其他手段骗取验资报告,取得公司登记,但实际并未交付货币、实物或者未转移财产权的行为,将在一定程度上危害社会经济秩序和交易安全,为法律所禁止。本案没有充分证据显示存在虚假增资情形。最后,根据《公司法司法解释(三)》(2014)第十三条第一款、第十八条第一款的规定,实际出资只是股东享有权利的基础,未实际出资说明其为瑕疵股东,但并不一定不具有股东资格。本案中,即使倪某洋的增资有瑕疵,未实际履行增资义务,蓬江食品公司、倪某山、倪某河可以请求倪某洋履行义务。若经过公司催缴后倪某洋未缴纳的,公司可以股东会决议解除倪某洋的股东资格,在未解除之前并不代表倪某洋不具有公司股东资格。综上,重庆市第四中级人民法院撤销一审判决,驳回蓬江食品公司的诉讼请求。

第五十七条 【股东知情权】

股东有权查阅、复制公司章程、股东名册、股东会会议记录、董事会会议决议、监事会会议决议和财务会计报告。

股东可以要求查阅公司会计账簿、会计凭证。股东要求查阅公司会计账簿、会计凭证的,应当向公司提出书面请求,说明目的。公司有合理根据认为股东查阅会计账簿、会计凭证有不正当目的，可能损害公司合法利益的，可以拒绝提供查阅，并应当自股东提出书面请求之日起十五日内书面答复股东并说明理由。公司拒绝提供查阅的，股东可以向人民法院提起诉讼。

股东查阅前款规定的材料，可以委托会计师事务所、律师事务所等中介机构进行。

股东及其委托的会计师事务所、律师事务所等中介机构查阅、复制有关材料，应当遵守有关保护国家秘密、商业秘密、个人隐私、个人信息等法律、行政法规的规定。

股东要求查阅、复制公司全资子公司相关材料的，适用前四款的规定。

◆ 新旧对照解读

本条是对《公司法》（2018）第三十三条的修改，共有四处。

第一处系在第一款增加"股东名册"，股东有权查阅、复制公司股东名册；

第二处系在第二款增加"会计凭证"，股东除可以查阅公司会计账簿外，还可以要求查阅公司财务会计凭证，并将第二款"公司拒绝提供查阅的，股东可以请求人民法院要求公司提供查阅"修改为"公司拒绝提供查阅的，股东可以向人民法院提起诉讼"；

第三处系新增第三款，内容为"股东查阅前款规定的材料，可以委托会计师事务所、律师事务所等中介机构进行"；

第四处系新增第四款，内容为"股东及其委托的会计师事务所、律师事务所等中介机构查阅、复制有关材料，应当遵守有关保护国家秘密、商业秘密、个人隐私、个人信息等法律、行政法规的规定"。

◆ 条文释义

本条规定的是公司股东对公司享有知情权。实践中，股东知情权常见纠纷包括原告股东适格、股东行权履行前置程序、"不正当目的"问题。

一、原告股东适格问题

（一）股东的股东是否有权行使股东知情权

上海市第二中级人民法院在（2013）沪二中民四（商）终字第 S1264 号案二审中认为，公司可以在公司章程中将股东知情权范围扩大到《公司法》规定之外的公司自身资料、子公司资料中，以及可以规定对公司及子公司进行审计等，章程中的此类规定原则上有效。因此，若公司章程有规定，"股东的股东"原则上可以对子公司行使知情权。

（二）隐名股东是否有权行使股东知情权

根据（2020）沪 02 民终 8776 号、（2019）豫 01 民终 15667 号两个案例裁判宗旨可知，隐名股东若能提供股权代持协议及投资款的支付凭证，且具有股东会出具认可其隐名股东身份的决议文件等，隐名股东行使股东知情权可获得法院的支持。

二、股东行权履行前置程序问题

公司股东行使股东知情权的前置程序是指股东要求查阅公司会计账簿、会计凭证时，要求行权股东应当向公司提出书面请求，并说明查阅的目的。

公司股东行使股东知情权的前置程序仅针对查阅公司会计账簿、会计凭证，查阅、复制公司章程、股东名册、股东会会议记录、董事会会议决议、监事会会议决议和财务会计报告不受前置程序限制。

三、"不正当目的"问题

在辨别公司股东查阅目的是否正当时，通常参考《公司法司法解释（四）》（2020）第八条的规定。

实践中，股东近亲属经营与股东所在公司同类业务存在市场竞争关系时，股东要求查阅公司会计账簿、会计凭证，可认定构成《公司法》规定的"有不正当目的，可能损害公司合法利益"的情形，有权拒绝查阅会计账簿、会计凭证。

在判断股东与公司是否构成实质性竞争关系时，实践中还会考虑工商登记中的经营范围是否存在重叠交叉，若无相关证据予以证明双方主营业务构成实质性竞争关系，则一般不认为股东与公司构成实质性竞争。

股东为了自己其他诉讼案件的目的，且不存在损害公司合法利益可能的，申请查阅公司会计账簿，并不属于"不正当目的"。最高人民法院在（2019）最高法民申 1756 号裁判中对此予以明确。

◆ 案例指引

阿特拉斯设备有限公司、河北阿特拉斯设备制造有限公司股东知情权纠纷案

【裁判要旨】

在认定主营业务时应当主要考虑该项业务对公司稳定利润的贡献，兼顾在营业收入中的比重，河北阿特拉斯公司作为渣浆泵生产企业，渣浆泵的生产应当为其主营业务。实质性竞争关系则是指股东和公司之间存在利益冲突，其情形需要根据案件事实综合认定。

【案号】

二审：（2018）冀民终 4 号

再审：（2020）最高法民再 170 号

【当事人】

再审申请人（一审原告、二审上诉人）：阿特拉斯设备有限公司（Atlas Equipment Company, Inc.，以下简称阿特拉斯公司）。

被申请人（一审被告、二审被上诉人）：河北阿特拉斯设备制造有限公司（以下简称河北阿特拉斯公司）。

【审判】

本案争议焦点为，阿特拉斯公司行使股东知情权目的是否正当。

河北阿特拉斯公司以股东自营或者为他人经营与公司主营业务有实质性竞争关系业务为由主张阿特拉斯公司具有不正当目的，对此负有证明义务。在认定主营业务时应当主要考虑该项业务对公司稳定利润的贡献，兼顾在营业收入中的比重，河北阿特拉斯公司作为渣浆泵生产企业，渣浆泵的生产应当为其主营业务。实质性竞争关系则是指股东和公司之间存在利益冲突，其情形需要根据案件事实综合认定。河北阿特拉斯公司的经营范围为研究、设计、生产渣浆泵、脱硫泵、疏浚泵、其他工业水泵及泵系统，生产耐磨机械部件、销售自产产品并提供咨询、维修等配套服务。阿特拉斯公司的经营范围为泵件销售，在生产环节二者不存在竞争关系。在销售环节，合作初期，AtlasLLC 采购河北阿特拉斯公司的产品在北美地区销售，二者存在分工合作的关系。合资公司股东双方产生争议后，根据一审法院从海关调取的证据，AtlasLLC 从其他公司购买过同类产品，但阿特拉斯公司与 AtlasLLC 均为鲁克夫出资设立的公司，两公司之间不存在控股关系，以此认定阿特拉斯公司的查阅要求具有不正当目的，理据不足。河北阿特拉斯公司主张阿特拉斯公司系通过其控股的 AtlasLLC 从事与河北阿特拉斯公司相同的销售业务，亦缺乏事实依据。河北阿特拉斯公司没有证据证明阿特拉斯公司与 AtlasLLC 存在主体混同的情形，其以公司关联关系为由限制合资一方查阅会计账簿的权利，没有法律依据。综上，河北阿特拉斯公司并未提供有效证据证明阿特拉斯公司查阅合资公司会计账簿具有不正当目的。二审判决认定阿特拉斯公司查阅合资公司会计账簿具有不正当目的，认定事实错误，予以纠正。

最高人民法院经审理认为：阿特拉斯公司请求查阅公司会计账簿的主张成立，予以支持。

第二节　组织机构

第五十八条　【股东会的组成及法律地位】

有限责任公司股东会由全体股东组成。股东会是公司的权力机构，依照本法行使职权。

◆ **相关规定**

《民法典》第八十条

◆ **条文释义**

本条是关于有限责任公司股东会的组成及法律地位的规定。

股东会由全体股东组成。无论出资数额多少，股东是股东会的当然成员。召开股东会时，应当依照法律和章程的规定通知全体股东。任何非法剥夺或者变相非法剥夺股东参加股东会的做法都是错误的。

股东会是公司的权力机构，对公司内部重大事项作出决策。股东会以会议形式行使职权，不设日常办公机构和办公人员。

> **第五十九条　【股东会的职权与书面议事方式】**
>
> 股东会行使下列职权：
>
> （一）选举和更换董事、监事，决定有关董事、监事的报酬事项；
>
> （二）审议批准董事会的报告；
>
> （三）审议批准监事会的报告；
>
> （四）审议批准公司的利润分配方案和弥补亏损方案；
>
> （五）对公司增加或者减少注册资本作出决议；
>
> （六）对发行公司债券作出决议；
>
> （七）对公司合并、分立、解散、清算或者变更公司形式作出决议；
>
> （八）修改公司章程；
>
> （九）公司章程规定的其他职权。
>
> 股东会可以授权董事会对发行公司债券作出决议。
>
> 对本条第一款所列事项股东以书面形式一致表示同意的，可以不召开股东会会议，直接作出决定，并由全体股东在决定文件上签名或者盖章。

◆ 新旧对照解读

本条源自《公司法》（2018）第三十七条。本次修订主要有以下改动：

一是删除了旧法列举的"决定公司的经营方针和投资计划""审议批准公司的年度财务预算方案、决算方案"两项职权，避免了旧法中"决定公司的经营方针和投资计划"的股东会职权与"决定公司的经营计划和投资方案"的董事会职权界限不清的问题。该两项职权可以由公司章程规定属于股东会职权还是董事会职权。

二是增加一款作为第二款，明确规定股东会可以授权董事会对发行公司债券作出决议。对发行公司债券作出决议，本质上属于公司开展经营活动的事项，并非所有者的固有权力。因此，本条第二款规定，股东会可以授权董事会作出决议。

三是一些文字性改动：删除了旧法第一款第（二）项职权中"非由职工代表担任的"文字表述；删除了旧法第一款第（四）项职权中"或者监事"的文字表述；将旧法第二款中的"前款"修改为"本条第一款"，将"签名、盖章"中的顿号修改为"或者"。前两处文字修改并不改变法条原意。根据《公司法》第六十八条、第七十六条规定，从体系解释的角度，无论第（一）项中是否明确排除职工代表担任的董事、监事，股东会也无权选举和更换职工代表担任的董事、监事。根据《公司法》第八十三条规定，在不设监事会设监事的有限公司，其监事的地位等同于监事会。本条第一款第（三）项中"监事会"既包括普通的监事会，也包括不设监事会行使监事会职权的监事，删除"或者监事"的表述，语言更为精练。因本条增加一款，第三款中的"前款"相应修改为"本条第一款"；第三款中"签名、盖章"中的顿号改为"或者"，消除了实践中存在的理解上的歧义，指"签名""盖章"二选一即可，语义更为明确。

◆ **条文释义**

本条是关于股东会职权与书面议事方式的规定。

一、股东会的职权

股东会作为公司的权力机构，对关系公司存续、发展及投资者权益等方面的重大事项享有决策权。具体包括：

（一）人事决定权

股东会有权选举董事、监事，对不合格的董事、监事，有权予以更换。此处股东会选举和更换的"董事""监事"，不包括职工代表董事、职工代表监事。董事、监事的报酬事项包括报酬数额、支付方式等，均由股东会决定。

（二）审批权

股东会享有对公司重大事项的审批权：一是审议批准公司董事会、监事会向股东会提出的报告；二是审议批准公司的利润分配方案和弥补亏损方案。

（三）决议权

股东会有权对公司增加或者减少注册资本、发行债券、合并、分立、解散、清算或者变更公司形式作出决议。股东会可以授权董事会对发行公司债券作出决议。

（四）公司章程修改权

公司章程是公司组织与活动的根本准则，是充分体现股东自治的重要法律文件，是公司设立时由全体股东共同制定的。因此，其修改也应当由股东会决定。

（五）公司章程规定的其他职权

除了上述列举的职权外，公司章程可以规定股东会享有的其他职权，这是股东通过公司章程实现公司自治的重要体现。

二、股东会的书面议事方式

书面议事方式是对以会议形式作出股东会决议的替代方式。通常情况下，股东会应当按照法律和章程规定的议事方式和表决程序，通过召开股东会会议作出决议的形式行使职权。但基于有限公司的人合性，从提高决策效率、降低决策成本的角度出发，当全体股东对股东会决策事项一致表示同意的，也可以不召开股东会会议，直接作出决定。需要注意的是，必须是全体股东一致同意，且是以书面形式一致表示同意，并由每位股东在决定文件上签名或者盖章。这种书面议事方式只适用于有限责任公司。

◆ **适用疑难解析**

一、股东会中心主义、董事会中心主义、经理人中心主义的含义

在公司治理中，何者为公司权力的中心或者公司治理结构的核心，存在股东会中心主义、董事会中心主义和经理人中心主义的不同治理模式。如何判断股东会、董事会、经理人为公司权力的中心，学者们意见不一，众说纷纭，其中最具影响力、更受广泛认同的是最终决定权标准或者独立经营权标准，对于公司治理中的各种事项，如果股东会对董事会分工负责的公司事项享有否决或者最终决定的权力，则属于股东会中心主义，如果董事会可以完全独立行使其法定职权，股东会无权干涉或者否决董事会依职权作出的决议，则属于董事会中心主义。[1]

赵旭东教授认为，公司的治理事项和治理权力可以分为所有者权力和经营者

---

[1] 参见赵旭东：《股东会中心主义抑或董事会中心主义——公司治理模式的界定、评判与选择》，载《法学评论》2021年第3期。

权力，经营者权力是衡量公司治理权力中心的参照坐标，是不同公司治理模式的根本差异所在；最终决定权和剩余权力归属，是衡量何谓公司治理中心的重要的、具有特殊权重的指标；判断何者为公司治理中心，科学方法是进行综合判断，应当对公司经营者权力中的各项职权和各种因素进行比较衡量，并在其达到明显的主次差异和突出的权力优势时，才能形成股东会或者董事会成为公司治理中心的结论。[1]

一般认为，在公司机关制度化的初期，各国公司法均奉行股东会中心主义，股东会在公司诸机构中处于最高的万能机构的地位，股东会享有公司的各项权力，可以决定公司的一切事务，董事会只是股东会决议的执行者，股东会可以随时就任何公司经营行为向董事会发号施令。[2] 随着股份市场的发达，大规模现代股份公司日益崛起，公司经营活动日趋复杂化和专业化，股东持股不断分散，股东对参与经营管理变得"理性冷漠"，"搭便车"心理和"用脚投票"行为盛行，各国公司法开始由股东会中心主义向董事会中心主义转化。董事会中心主义的治理模式中，股东会权力受到限制，董事会不再附属于股东会，"董事会成为拥有最充分权力的公司机关"，是公司经营决策的核心，享有公司法和公司章程赋予的独立的经营决策权力，"股东会只对有关公司存续和发展以及直接关系股东利益的根本性事项进行决策"[3]，不能干涉董事会在职权范围内作出的决策。

股东会中心主义和董事会中心主义主要是对各国公司立法模式的讨论，经理人中心主义则主要是事实层面的讨论。有学者用两句话概括董事会在当代各国公司治理机构中的法律地位：立法上的"董事会中心主义"，事实上的"经理人中心主义"。"董事会将经营决策权、业务执行权再委托给执行董事、经理或者其他代理人，而且将选聘、监督中低层管理人员的权力也委任给经理"，被法律、章程授予的董事会权力在行使过程中进一步"下沉"，公司经理事实上掌握了公司的经营管理权，立法上的"董事会中心主义"便演化为事实上的"经理人中心主

---

[1] 参见赵旭东：《股东会中心主义抑或董事会中心主义——公司治理模式的界定、评判与选择》，载《法学评论》2021年第3期。
[2] 参见刘俊海：《公司法学》（第三版），北京大学出版社2020年版，第232页；赵旭东：《股东会中心主义抑或董事会中心主义——公司治理模式的界定、评判与选择》，载《法学评论》2021年第3期。
[3] 李建伟：《公司法学》（第五版），中国人民大学出版社2022年版，第312页。

义"。① 因经理由董事会聘任，经理的职权来源于董事会的委托，"经理人中心主义"可以视为"董事会中心主义"的亚型。

股东会中心主义、董事会中心主义、经理人中心主义，反映了股东会、董事会、经理在公司治理结构、公司权力配置中的不同地位和作用，对于公司经营管理各有优势，能够适应和满足不同公司和投资者的差异化需求。公司类型、公司规模、股东及其股权结构，与股东会中心主义和董事会中心主义的取舍紧密相连。一般来说，应当赋予有限责任公司更多的股东自治，不宜强行推行董事会中心主义或者经理人中心主义；而对于股份有限公司尤其是公众公司来讲，董事会中心主义更为适宜。

二、股东会权利与董事会权利的区分

划分股东会权利与董事会权利，一直是各国公司法普遍关注的重要问题之一。股东是公司的投资者和实际所有者，公司作为营利法人，其核心特征是"取得利润并分配给股东"，其初心和使命在于"追求股东价值最大化、持续增进股东最佳利益"。② 因此，无论是股东会中心主义还是董事会中心主义，各国公司法一般均将公司权力中关系公司存续、发展与股东投资权益方面的所有者权力分配给股东会。而股东会与董事会何者为公司经营决策权的中心，则因股东会中心主义和董事会中心主义而不同。

《公司法》第五十九条第一款明确列举了股东会享有的八项法定职权，除"对发行公司债券作出决议"的职权可以授予董事会行使外，其余职权从性质上均属于所有者权利，属于股东会的专属职权。第六十七条明确列举了董事会享有的九项法定职权，其中第（一）（二）项职权反映了董事会与股东会的实质联系；第（四）（五）（六）项职权是对股东会享有最终决定权的重大事项制订方案的职权，体现了董事会参与公司重大事项决策的权利；第（三）（七）（八）（九）项职权是董事会经营决策权的体现。《公司法》通过明确列举的方式，厘清了股东会职权与董事会职权的划分，同时规定股东会享有公司章程规定的其他职权，董事会享有公司章程规定或者股东会授予的其他职权，为股东自治预留了空间。

---

① 参见李建伟：《公司法学》（第五版），中国人民大学出版社2022年版，第312页。
② 刘俊海：《股东中心主义的再认识》，载《政法论坛》2021年第5期。

对于《公司法》没有规定的职权，公司可以公司章程的形式规定属于股东会享有还是董事会享有；公司章程规定属于股东会的职权，除《公司法》第五十九条第一款列举的七项专属股东会的职权外，可以授予董事会行使。

◆ 案例指引

白某章、李某通与福建某建筑工程有限公司利润分配纠纷案[①]

【裁判要旨】

公司股利的分配属于公司自治的范畴，股利分配不仅取决于公司是否有可资分配的利润，更为关键的是股利分配方案是否得到股东会的批准通过。否则，股东不能直接起诉要求司法干预，强制公司分配股利。

【案号】

一审：（2011）安民初字第2510号

二审：（2011）泉民终字第1987号

【案情】

原告：白某章、李某通。

被告：福建某建筑工程有限公司（以下简称建筑公司）。

建筑公司成立于2004年2月18日，注册资本为人民币685万元。白某章、李某通均是建筑公司的原始股东，合计持股50%。

白某章、李某通诉称：根据全体股东于2004年2月24日签订的《建筑公司章程》第十条约定，股东有"按照出资比例分取红利"的权利。公司自开办以来，发展良好，盈利总计在人民币600万元以上，但是公司执行董事谢某荣不能依法履行职责，几年来既不通报公司账务，也不按照公司章程约定制订公司的利润分配方案，合理分配股东应当得的红利，经多次交涉未果。只好诉诸法律，请求法院判决建筑公司支付给白某章、李某通应当得的红利。

【审判】

福建省安溪县人民法院经审理认为：在没有由公司执行董事制订、再由股东会审议批准的分配方案的情况下，原告直接请求法院判决被告支付应当分配的红

[①] 李溪洪、陈秀环：《司法不应干涉公司的股利分配自治权》，载《人民司法·案例》2012年第12期。

利,不符合公司法规定,应予驳回。故裁定驳回原告白某章、李某通的起诉。

白某章、李某通不服,提起上诉。

建筑公司辩称:股东未经股东会决议要求公司分配公司盈余的起诉,不属于法院受理范围。请求二审法院维持原裁定。

福建省泉州市中级人民法院经审理认为:白某章、李某通作为建筑公司工商登记的股东,提起公司盈余诉讼的主体是适格的。但根据《公司法》有关规定和建筑公司的章程规定,只有建筑公司的执行董事制订公司的利润分配方案和弥补亏损方案,且由股东会审议批准利润分配方案的情况下,股东才具有实际参与股利分配的权利。目前,白某章、李某通无证据证明建筑公司股东会已决定进行公司利润分配而不予分配,因此,法院对此不予干预较妥。

故白某章、李某通的上诉理由不能成立,裁定驳回上诉,维持原裁定。

【评析】

长期以来,司法实践中对于股东是否有权直接向法院提起股利分配之诉存在争议。事实上,当公司存在可分配利润时,有的股东希望将盈余留作公司经营以期待获取更多收益,有的股东则希望及时分配利润实现投资收益。我国公司法将审议批准公司利润分配方案的职权赋予股东会,因此,原则上,股东之间关于是否进行利润分配以及分配多少的分歧应当通过公司内部治理机制按照资本多数决由股东会作出决议来解决,个别股东无权作出决定。在股东会未形成利润分配决议的情况下,个别股东如果越过股东会,直接向法院提起诉讼请求分配利润,法院不应当予以支持,否则将过度介入公司自治。本案中,两审法院均认为,公司股利是否分配以及分配的数额,属于公司自治和股东自治的范围。在未有证据证明公司股东会已经作出利润分配决议的情况下,法院不予干预较妥。

但并非只要股东起诉时未提交股东会利润分配决议,其利润分配请求就一概不会被支持。根据《公司法司法解释(四)》(2020)第十五条规定,当存在股东滥用股东权利不分配利润给其他股东造成损失的情况时,股东起诉请求公司分配利润的,即便未提交载明具体分配方案的股东会决议,法院也应当在认定公司具备利润分配前提条件的基础上就公司利润分配作出判决。[1]

> **第六十条　【一人有限责任公司股东行使职权的要求】**
>
> 只有一个股东的有限责任公司不设股东会。股东作出前条第一款所列事项的决定时，应当采用书面形式，并由股东签名或者盖章后置备于公司。

◆ **新旧对照解读**

本条源自《公司法》（2018）第六十一条。本次修订主要有三处文字性修改：一是将"一人有限责任公司"修改为"只有一个股东的有限责任公司"。新《公司法》删除了旧法"一人有限责任公司的特别规定"专节，删除了对"一人有限责任公司"的概念界定。因此，本条将旧法中的"一人有限责任公司"修改为"只有一个股东的有限责任公司"，强调该类有限责任公司的本质特征是"只有一个股东"；同时，并未限制该股东为自然人股东或法人股东。二是将"本法第三十七条第一款所列决定"修改为"前条第一款所列事项的决定"，并没有改变法条内容。三是将"签名"修改为"签名或者盖章"，增加了"或者盖章"的规定，更具有合理性，实际上明确了一人股东可以为法人或者其他组织。

◆ **条文释义**

本条是关于一人有限责任公司股东行使职权时的书面形式要求的规定。

只有一个股东的有限责任公司，不涉及多个股东利益之间的协调问题，无需设立股东会，因而法律规定其不设股东会，由一人股东行使《公司法》规定的股

---

[1] 如在甘肃居立门业有限责任公司与庆阳市太一热力有限公司、李昕军公司盈余分配纠纷案〔（2016）最高法民终528号，载《最高人民法院公报》2018年第8期〕中，最高人民法院认为："一般而言，即使股东会或者股东大会未形成盈余分配的决议，对希望分配利润股东的利益不会发生根本损害，因此，原则上这种冲突的解决属于公司自治范畴，是否进行公司盈余分配及分配多少，应当由股东会作出公司盈余分配的具体方案。但是，当部分股东变相分配利润、隐瞒或者转移公司利润时，则会损害其他股东的实体利益，已非公司自治所能解决，此时若司法不加以适度干预则不能制止权利滥用，亦有违司法正义。"

东会的职权。但为区分公司行为与股东个人行为，为使交易相对人在与公司交易时充分了解公司的状况，保障交易安全，一人股东在行使股东会职权对公司重大事项作出决定时，应当以书面形式作出，并应当在签名或者盖章后置备于公司公共场所或者公众能够知悉的地方供相关公众查询。

《公司法》（2005）第五十八条第二款规定："本法所称一人有限责任公司，是指只有一个自然人股东或者一个法人股东的有限责任公司。"按照此规定，一人有限责任公司的股东只能是自然人或者法人。但新法取消了这一限制，因此只有一个股东的公司（包括本条规定的有限责任公司和第一百一十二条规定的股份有限公司）的股东既可以是自然人，也可以是法人或者其他组织。

第六十一条　【首次股东会会议】

首次股东会会议由出资最多的股东召集和主持，依照本法规定行使职权。

◆ 条文释义

本条规定的是首次股东会会议。

首次股东会会议，是指第一次召开的由全体股东参加的会议。通常情况下，股东会会议由董事会召集、董事长主持。但因董事由股东会选举和更换，在第一次召开股东会会议之前，公司还没有选举董事，董事会尚未组成，董事长也没有确定，当然也就无从召集和主持股东会了。因此，《公司法》规定，首次股东会会议由出资最多的股东召集和主持。"出资最多的股东"指认缴出资额最多的股东。召集和主持股东会会议，主要是负责会议的筹备和组织，通知各个股东并掌控会议的进程，推动有关各项决议的通过等。

关于首次股东会会议的职权，本条作了原则性规定即"依照本法规定行使职权"，一般包括本法第五十九条规定的事项。实践中，首次股东会会议通常包括选举公司董事、监事，讨论公司的经营方针等。

> **第六十二条 【定期会议和临时会议】**
> 股东会会议分为定期会议和临时会议。
> 定期会议应当按照公司章程的规定按时召开。代表十分之一以上表决权的股东、三分之一以上的董事或者监事会提议召开临时会议的,应当召开临时会议。

◆ 新旧对照解读

本条源自《公司法》(2018)第三十九条。本次修订主要是文字性修改,将"依照"改为"按照",删除了"或者不设监事会的公司的监事",将"代表十分之一以上表决权的股东"后面的逗号修改为顿号,将"三分之一以上的董事"后面的逗号修改为"或者",实质内容没有变化。根据《公司法》第八十三条,从体系解释的角度,删除"或者不设监事会的公司的监事"并不改变法条原意,不设监事会的公司的监事仍然有提议召开临时股东会会议的权利。

◆ 条文释义

本条是关于股东会会议类型及其召开方式的规定。股东会会议分为定期会议和临时会议。

一、定期会议

定期会议也叫例会,是指按照公司章程或者法律规定必须定期召开的会议。定期会议主要决定股东会职权范围内的例行重大事项。

对于有限责任公司的定期会议,我国《公司法》并没有强制性规定,公司可以在公司章程中具体规定公司定期会议的召开,可以是年度会议、半年度会议,甚至是季度会议。定期会议的召集和主持,应当遵守《公司法》第六十三条的规定。

二、临时会议

临时会议是指遇有特殊情形不定期召开的会议,是在例行会议召开时间之外由于法定情形出现而召开的会议。理解本款规定,需要注意以下几点:

第一,提议召开股东会临时会议的主体必须符合法定条件。股东提议召开临时会议的,股东代表的表决权比例须达到十分之一以上,董事提议召开临时会议的,董事人数比例必须达到三分之一以上。此处的"以上"包括本数。而除不设监事会的有限公司的监事,有权提议召开临时股东会会议外,设立监事会的有限公司的监事无权单独提议召开临时股东会会议,应当由监事会作出决议,由监事会提议召开。

第二,代表十分之一以上表决权的股东、三分之一以上的董事、监事会提议召开临时股东会会议的,就应当或者必须召开股东会临时会议。法定人员提议召集的,董事会没有裁量权,必须无条件地及时予以召集。具体应当在多长时间内召集会议,法律对有限公司没有强制性规定,可以由公司章程规定。

第三,临时会议的召集和主持应当遵守《公司法》第六十三条的规定。提议召开临时股东会会议的,应当向董事会提议召集,董事会接受提议同意召集的,由董事会召集,董事长主持。董事会拒绝提议,不召集股东会临时会议的,由监事会召集和主持。监事会不召集和主持的,代表十分之一以上表决权的股东可以自行召集和主持。

第六十三条　【股东会会议的召集和主持】

股东会会议由董事会召集,董事长主持;董事长不能履行职务或者不履行职务的,由副董事长主持;副董事长不能履行职务或者不履行职务的,由过半数的董事共同推举一名董事主持。

董事会不能履行或者不履行召集股东会会议职责的,由监事会召集和主持;监事会不召集和主持的,代表十分之一以上表决权的股东可以自行召集和主持。

◆ 新旧对照解读

本条源自《公司法》(2018)第四十条。本次修订主要是文字性修改。根据《公司法》第七十五条和第八十三条的规定,在不设董事会设董事、不设监事会设监事的有限公司,董事或者监事有权行使董事会或者监事会的职权,包括股东会会议的召集。因此,本次修订将原第四十条第二款删除,内容吸收到第一款中,同时删除第三款中"或者执行董事""或者不设监事会的公司的监事""或者监事"的文字表述,由三款变为两款。另外,将第一款中"半数以上"修改为"过半数",尤其在董事会人数为偶数时,更能体现多数董事的意思。

◆ 条文释义

本条规定的是股东会会议的召集和主持。除首次股东会会议,无论是定期会议还是临时会议,都应当依照本条规定进行召集和主持。

一、董事会召集、董事长主持

董事会召集是指以董事会的名义通知会议召开、安排会务等,董事长主持是指由董事长掌控会议的进程、维持会议秩序等。基于主观或者客观的原因,实践中,存在董事长不履行或者不能履行职责的情形;当董事长不能履行职务或者不履行职务时,由副董事长主持;副董事长不能履行职务或者不履行职务的,由过半数的董事共同推举一名董事主持。此处"不能履行职务"是指因生病、出差在外等客观上的原因导致无法履行职务的情形,"不履行职务"是指不存在生病、出差在外等无法履行职务的客观原因,而以其他原因不履行职务或者根本没有任何理由却不履行职务的情形。规模较小或者股东人数较少的有限公司不设董事会设董事的,由董事召集和主持。

二、监事会召集和主持

实践中,在董事长由大股东担任或者董事会由大股东掌控的情况下,大股东出于维护自身利益的需要,可能存在不召集、主持董事会,进而不召集股东会会议的可能;当公司的经营决策层出现问题,难以正常发挥作用时,也存在董事会无法召集股东会会议的情况。当董事会不能履行或者不履行召集股东会会议职责时,由监事会召集和主持。规模较小或者股东人数较少的有限公司不设监事会设监事的,由监事召集和主持。

三、代表十分之一以上表决权的股东自行召集和主持

实践中,既存在董事会和董事长怠于履行召集、主持股东会会议职责的情况,也存在监事会怠于履行召集和主持股东会会议职责的情况。监事会不召集和

主持股东会会议的，由代表十分之一以上表决权的股东自行召集和主持。

需要注意的是，股东会会议的召集人和主持人是有先后次序的，董事会是第一顺序的召集人，董事长是第一顺序的主持人，监事会位于第二顺序，代表十分之一以上表决权的股东位于第三顺序。只有当前一顺序的主体不能履行或者不履行股东会会议召集职责时，才能由后一顺序的主体召集和主持。董事会召集股东会会议时，会议的主持人也是按照先后次序的，首先由董事长主持，董事长不能履行职务或者不履行职务的，才能由副董事长主持；副董事长也不能履行或者不履行职责的，才可以由过半数的董事共同推举一名董事主持。违反本条程序性规定召集、主持股东会会议的，可能会导致作出的股东会决议被撤销。

◆ **案例指引**

韩某进与北京某酒店管理有限公司公司决议撤销纠纷案

【裁判要旨】

根据《公司法》和公司章程规定，执行董事①具有召集和主持股东会会议的权利。监事提议召集临时股东会会议，执行董事未在监事提议限定的日期内召开，但召集时间并未违反《公司法》或者公司章程提前15日通知的规定的，应当视为执行董事已经履行召集股东会会议的职责。监事提议召开临时股东会时并未提出明确的会议议题的，无法认定执行董事是否在会议议题上落实监事召集股东会的要求，无法据此认定执行董事构成不履行召集股东会会议的职责。在执行董事已经履行召集股东会会议职责的情况下，监事自行召集临时股东会，召集程序不符合法律和公司章程的规定，应予撤销。

【案号】

一审：（2017）京0106民初25850号

二审：（2019）京02民终13832号

再审：（2020）京民申3396号

---

① 新《公司法》下，不设董事会的有限公司，设一名董事行使董事会的职权，不再称作"执行董事"。

第三章·第六十三条 【股东会会议的召集和主持】 199

【案情】

原告：韩某进。

被告：北京某酒店管理有限公司（以下简称酒店管理公司）。

第三人：胡某伟、胡某华、李某。

2016年12月1日，酒店管理公司依法制定的公司章程规定：由王某、李某、胡某华、胡某伟、韩某进等八方出资设立酒店管理公司，公司注册资本为1020万元，其中，胡某华、李某出资分别为150万元、300万元，出资期限均为2016年12月1日，出资方式均为货币。公司不设董事会，设执行董事一人……股东会会议由执行董事召集和主持。执行董事不能履行或者不履行召集股东会会议职责的，由监事召集和主持……

2016年12月11日，酒店管理公司召开股东会，同意选举李某为监事。2017年6月23日、25日，监事李某分别以快递、短信形式向执行董事王某发送《关于提议召开临时股东会的通知》，要求王某收到提议之日起3日内召集，并在20日内召开。

2017年6月28日，李某向包括王某在内的各股东发送短信《关于召开北京某酒店管理有限公司2017年第一次临时股东会会议的通知》，对监事召集和主持临时股东会会议的理由以及临时股东会会议的时间、地点、参会人员、议题等有关内容进行了通知。后李某又多次通过快递向各股东邮寄上述通知。

2017年6月30日，王某向酒店管理公司各股东发送《北京某酒店管理有限公司2017年第一次临时股东会会议的通知》，就会议时间、地点、召集人和主持人、出席对象、会议议题等进行了通知。

2017年7月17日，包括王某、韩某进、李某、胡某华、胡某伟在内的八位股东均参加了王某召集的临时股东会，会议形成决议，解除李某、胡某华股东资格，未足额出资的450万元公司注册资本由股东王某、韩某进、赵某霞、郭某民、孔某按照各自现有持股比例认购。

2017年7月18日，胡某伟、李某、胡某华参加了李某召集的临时股东会，会议形成决议，罢免王某公司执行董事、经理、法定代表人职务，同意选举胡某伟为公司执行董事、法定代表人等三项决议。

原告韩某进向法院提起诉讼，请求依法撤销被告股东会于2017年7月18日作出的《酒店管理公司临时股东会决议》，诉讼费由被告承担。

【审判】

北京市丰台区人民法院判决撤销酒店管理公司2017年7月18日的临时股东会会议决议。第三人胡某伟、胡某华、李某不服该判决，提起上诉。

北京市第二中级人民法院判决：驳回上诉，维持原判。胡某伟、胡某华、李某不服二审判决，申请再审。

北京市高级人民法院经审理认为：王某系酒店管理公司执行董事，李某系酒店管理公司监事。李某于2017年6月23日、25日分别以快递、短信形式向执行董事王某提议召开临时股东会，要求王某收到提议之日起3日内召集，并在20日内召开。王某未在李某提出的3日内召集，于收到提议后5日内，即2017年6月30日发出召开2017年7月17日临时股东会的通知。召集时间并未违反公司法或者公司章程提前15日通知的规定，应当视为执行董事已经履行召集股东会会议职责。在此情况下，李某于2017年7月18日主持召开临时股东会，会议的召集程序不符合公司法和公司章程的规定。胡某伟、胡某华、李某主张执行董事召开的7月17日临时股东会表决审议内容与监事李某要求的内容不符，不是对监事召集股东会要求的落实，但监事提议召开临时股东会时并未提出明确的会议议题。因此无法认定执行董事构成不履行召集股东会会议职责，监事有理由自行召集7月18日临时股东会。

北京市高级人民法院裁定驳回胡某伟、胡某华、李某的再审申请。

第六十四条 【股东会会议的通知和记录】

召开股东会会议，应当于会议召开十五日前通知全体股东；但是，公司章程另有规定或者全体股东另有约定的除外。

股东会应当对所议事项的决定作成会议记录，出席会议的股东应当在会议记录上签名或者盖章。

◆ **新旧对照解读**

本条源自《公司法》（2018）第四十一条。本次修订新增"盖章"作为确认股东会会议记录的方式，更具有合理性，尤其是当股东为法人股东时。

◆ 条文释义

本条是关于股东会会议通知和会议记录的规定。

一、会议通知

关于股东会会议通知，需要注意以下几点：

第一，无论是定期会议还是临时会议，均应当于会议召开十五日前通知全体股东。此处的通知时间应当采用"到达主义"，即召开股东会会议，应当于会议召开十五日前通知到全体股东。

第二，必须通知到股东名册上记载的全体股东。

第三，通知方式既可以采取书面形式，也可以是电话通知、当面口述等口头方式，或者是公告形式，具体可以由公司章程规定。无论采用何种通知方式，都应当做到能够有效通知到全体股东，而非仅仅从形式上走一下通知程序。

第四，本条关于提前十五日通知的规范属于任意性规范，公司章程可以根据本公司的实际情况作出另外规定，既可以缩短，也可以延长。如果公司章程没有规定，全体股东也可以根据公司经营的实际情况、会议所议事项的紧急程度等对某次股东会会议的通知时间有另外的约定。但是，如果不是公司章程另有规定，必须是全体股东一致约定才可以。否则，均应当遵守提前十五日的通知时间，未遵守的则构成通知时间违法，可能导致股东会所作决议被撤销。

二、会议记录

股东会会议记录，是指股东会召开会议时，对会议的主要议题和该议题的讨论过程、各股东发表的意见以及最后决定所作的书面记录。股东会会议的召集人、主持人，应当安排专人负责记录工作，作成会议记录，出席会议的股东应当在会议记录上签名或者盖章确认。

股东会会议记录的留存，便于股东事后查阅，了解公司对重大问题的决策，也为日后异议股东依法请求公司按照合理的价格收购其股权提供了证据支持。

◆ 案例指引

刘某兰等诉新沂市某机械有限公司决议纠纷案①

【裁判要旨】

根据公司法的立法精神，公司通知股东参加股东会的通知，应当为实质意义通知，而不能为仅走形式的程序性通知。公司因未经有效通知而召开股东会所作出的决议，未能参会的股东有权请求人民法院予以撤销。

【案号】

一审：（2007）新民二初字第 279 号

二审：（2007）徐民二终字第 504 号

【案情】

原告：刘某兰等。

被告：新沂市某机械有限公司（以下简称机械公司）。

原告刘某兰等均系机械公司股东。2003 年 12 月，机械公司股东会选举林某等五人组成董事会，由林某担任董事长；曹某红等三人组成监事会，由曹某红担任监事会主席。2006 年 12 月，该届董事会、监事会成员任职到期。2007 年 2 月 19 日，机械公司董事会在其单位公告栏内张贴公告，决定于 2007 年 2 月 28 日召开股东会。但 2007 年 2 月 28 日因故休会。2007 年 3 月 2 日，董事会再次张贴公告，决定于 2007 年 3 月 18 日继续召开股东会。2007 年 3 月 18 日，董事会在新沂市亚欧大酒店召开了由林某、庄某文、曹某红等 12 人参加的股东会（该 12 人的股权份额占到公司股权总额的 70% 以上）。大会通过无记名投票的方式选举出了新一届董事会、监事会，原董事会、监事会成员全部连任。

原告刘某兰等诉称：2007 年 3 月 18 日，被告在未通知原告等人的情况下召开股东会，选举了董事会、监事会，被告的行为侵犯了原告的知情权、表决权，要求撤销被告召开上述股东会所作出的董事会、监事会改选决议。

被告机械公司辩称：原告诉称被告召集的股东会未通知原告等人，无事实依据。2007 年 3 月 2 日公司董事会向各股东通告，定于 2007 年 3 月 18 日在新沂市

---

① 林操场、王光慧：《参加股东会的通知应为实质意义通知》，载《人民司法·案例》2008 年第 24 期。

亚欧大酒店召开股东会暨董事会、监事会选举大会，并张贴在公司公告栏内，视为已告知全体股东。故机械公司于 2007 年 3 月 18 日召集召开的股东会暨董事会、监事会选举大会的召集程序和决议形成程序以及内容均符合法律规定，请求驳回原告的诉讼请求。

【审判】

江苏省新沂市人民法院一审判决驳回原告的诉讼请求。一审判决后，原告刘某兰等提起上诉。

江苏省徐州市中级人民法院二审认为，从公司法的立法精神来看，设计股东会会议通知制度的目的在于成功地向股东通知开会事宜，股东会会议通知是股东得以参加股东会并行使其干预权的前提，尤其是在经营者和控股股东合二为一的情况下，股东会已成为少数股东要求大股东解释其政策并提出反对意见的唯一场所。不论采用何种通知形式，成功地通知股东始终是通知制度应当实现的第一位目标，而提高通知效率、节约通知成本只能作为第二位的附属目标。机械公司召开股东会，仅是在其单位的公告栏内张贴公告，并未通过多种途径通知股东，不能使所有权利人都得到通知，因此，刘某兰等股东获得通知的权利事实上被剥夺。因其通知的方式存在瑕疵，从而导致股东会会议召集程序违法，故机械公司股东会作出的决议应予撤销。

江苏省徐州市中级人民法院判决：撤销一审判决；撤销机械公司于 2007 年 3 月 18 日召开的股东会所作出的董事会、监事会改选决议。

第六十五条 【股东表决权】

股东会会议由股东按照出资比例行使表决权；但是，公司章程另有规定的除外。

◆ 相关规定

《九民纪要》第七条

◆ 条文释义

本条是关于股东表决权基础的规定。

股东表决权是指股东基于出资人地位而享有的出席股东会会议并对所议事项表示自己同意、不同意或者放弃发表意见的权利。股东表决权的行使原则上按照出资比例行使。出资多的股东表决权比例就多，出资少的股东表决权比例就少。

有限公司股东之间通常具有相互信赖的密切关系，公司经营固然需要大股东的出资，但小股东的经营管理经验或者商业人脉对公司的发展贡献可能更大，如果只以出资比例行使表决权，可能不利于公司的发展和股东之间的协作。因此，本条赋予公司章程更大的自治权。公司章程可以规定不按出资比例行使表决权，可以规定股东一人一票，可以规定按照实缴的出资比例行使表决权，也可以缩减大股东表决权、分配给小股东更多的表决权等。

◆ 适用疑难解析

出资比例是实缴出资比例还是认缴出资比例？

"股东会会议由股东按照出资比例行使表决权"，此处的"出资比例"到底是"认缴出资比例"还是"实缴出资比例"，本条并没有明确。

除了本条以外，《公司法》中提到"出资比例"的分别是第五十二条、第六十五条、第八十四条、第二百一十条、第二百二十七条、第二百三十六条。其中，第五十二条规定的是股东丧失其未缴纳出资的股权时由公司其他股东按照其出资比例足额缴纳相应出资的义务，其他均为权利，包括股东优先购买权、利润分配权、对公司增资的优先认缴权、剩余财产分配权。仅在第二百一十条和第二百二十七条明确规定有限公司股东的利润分配权和对公司增资的优先认缴权原则上按照实缴的出资比例进行。从法律概念应当具有严谨性和统一性的角度，本条"出资比例"不应当解释为"实缴的出资比例"。同时，如果解释为"实缴的出资比例"，当全体股东认缴出资均未缴纳的情况下，将没有股东享有表决权，股东会将无法正常运作。在注册资本认缴制下，投资人基于认缴出资取得股东资格，享有股东权利。表决权属于共益权，表决权的行使是股东参与公司管理的重要手段，如果某个暂未出资的股东需要等到实际出资后才能行使表决权，在此之前将公司命运完全交给其他股东支配的话，是不公平的，甚至可能会损害公司的整体利益。另外，若一味强求按照实缴的出资比例行使表决权，只会引导股东为了享有表决权而缴纳公司暂不需要的资金，这显然违背了公司认缴制度设立的宗旨。① 因此，在股东认缴出资未届履行期限，公司章程没有作出规定的情况下，股东应当按照认缴的出资比例行使表决权。因此，本条中的"出资比例"原则上应当理解为"认缴的出资比例"。

本条没有明确股东是按照实缴出资比例还是认缴出资比例行使表决权，实际上考虑到各公司的不同实际，给公司章程自治预留了充分的空间。公司和股东应当充分重视公司章程的作用，在公司章程中对股东是按认缴出资比例行使表决权还是按实缴出资比例行使表决权作出具体规定。

◆ 案例指引

梁某力与俞某根、某科技公司等股东会决议效力纠纷案②

【裁判要旨】

股东表决权是股东的一项法定权利。股东表决权应否因股东瑕疵履行出资义务而受到限制，公司法对此并未作出明确规定。《公司法司法解释（三）》（2011）第十七条 [《公司法司法解释（三）》（2020）第十五条] 规定可以限制股东自益权，但未指向共益权。表决权作为股东参与公司管理的经济民主权利，原则上属于共益权，但又具有一定的特殊性。股东通过资本多数决的表决权机制选择或者罢免董事、确立公司的运营方式、决策重大事项等，借以实现对公司的有效管理和控制，其中也包括控制公司财产权，故表决权实质上是一种控制权，同时亦兼有保障股东自益权行使与实现之功能，具有工具性质和双重性格。公司对瑕疵出资股东的表决权进行合理限制，符合《公司法》和司法解释相关规定的立法精神，亦能体现法律的公平公正，可以得到支持，但对股东表决权限制应当属于赋权性限制，非强制性限制。

【案号】

一审：（2012）玄商初字第 507 号

---

① 参见雷霆：《公司法实务应用全书》（第二版），法律出版社 2018 年版，第 18 页。
② 樊荣禧：《瑕疵出资股东表决权的行使与限制》，载《人民司法·案例》2013 年第 10 期。

二审：（2012）宁商终字第 991 号

【案情】

原告：梁某力。

被告：俞某根、华某平、江苏南京某科技实业有限公司（以下简称科技公司）。

科技公司于 2006 年 3 月成立。2010 年 3 月 25 日，科技公司召开股东会作出决议（以下简称 3.25 股东会决议），决定增资扩股 320 万元，并一致同意由梁某力货币出资 300 万元（分两期）；增资后注册资本为 408 万元，其中，梁某力出资 300 万元，股权比例为 51%……

2010 年 4 月 25 日，科技公司召开股东会，全体股东共同签署股东会决议（以下简称 4.25 股东会决议），内容包括通过新的公司章程（以下简称 4.25 公司章程）等，其中股东出资额及股权比例与 3.25 股东会决议相同。

2010 年 5 月 14 日，经会计师事务所验资，科技公司核定注册资本为 408 万元，新增注册资本 320 万元，第一期增资 150 万元（其中梁某力出资 130 万元），实收资本 238 万元。2010 年 5 月 18 日，科技公司申请办理了公司变更登记。工商备案的科技公司章程记载：梁某力出资 300 万元，出资比例为 73.53%；梁某力自公司成立之日起 24 个月内缴付 170 万元；股东会会议按股东出资比例行使表决权。股东会对公司人事、修改公司章程作出的决议，应当由代表三分之二以上表决权的股东表决通过等。

2010 年 5 月 20 日，俞某根、华某平、李某莲、梁某力签订股东会议协议书，约定：股东依据 3.25 股东会决议和 4.25 公司章程确定的股权比例执行股东权利，非依出资比例；因工商局只接受其制定的公司章程用于备案，其部分内容（例如股权比例）与我公司实际情况不同，于此共同声明公司章程以 4.25 公司章程为准；梁某力的第二期出资须于 2011 年 5 月 9 日前全部到位等。

2011 年 1 月 26 日，科技公司召开临时股东会，对变更公司法定代表人等事项进行决议。梁某力、李某莲、郑某同意变更法定代表人为梁某力，俞某根、华某平反对，股东范某和未表达意见。因双方对梁某力的表决权的计算发生分歧，俞某根拒不执行股东会决议，故梁某力于 2011 年 5 月 5 日诉至法院，请求确认科技公司 2011 年 1 月 26 日股东会决议有效，并判令俞某根配合办理工商变更登记。

梁某力认为，工商备案的公司章程记载其出资比例为73.53%，其表决权应当为73.53%，即便按4.25股东会决议确定的股权比例51%，其表决权应当为51%，加上另两位同意股东，赞成票数也超过三分之二；俞某根则认为，梁某力应当按4.25股东会决议确定的股权比例51%来计算表决权数，但因实际出资为130万元，故可行使的表决权为22.10%，加上另两位同意股东，赞成票未达到三分之二。

【审判】

江苏省南京市玄武区人民法院判决科技公司2011年1月26日的股东会决议有效。俞某根不服一审判决，向南京市中级人民法院提起上诉。

南京市中级人民法院经审理认为，本案双方争议的焦点问题是股东会决议是否经过有三分之二以上表决权的股东表决通过，包括两个方面：一是如何确定梁某力享有的表决权数；二是梁某力在未足额出资前其表决权的行使应否受到限制。

关于表决权数的问题，根据《公司法》规定，出资与表决权可以适度分离，是依据出资比例还是依据股权比例来确定股东表决权，可归于公司自治权。本案中，工商备案的公司章程载明梁某力的出资比例为73.53%，而股东会会议却载明梁某力占公司股权51%，两者不相一致，但结合股东签名确认的股东会协议书可以明确，梁某力出资300万元、占公司股权51%应当是科技公司各股东的真实意思表示，符合公司法规定，故梁某力在科技公司享有的表决权数应当为51%。

关于未足额出资股东表决权应否受到限制的问题。表决权是股东的一项法定权利，是否因股东未履行或者未全面履行出资义务而受到限制，公司法对此并未作出明确规定。《公司法司法解释（三）》（2011）第十七条虽然明确规定公司可对瑕疵出资股东的利润分配请求权、新股优先认购权、剩余财产分配请求权等股东权利进行限制，但限制的权利范围只明确为股东自益权，并未指向股东共益权。表决权作为股东参与公司管理的经济民主权利，原则上属于共益权，但又具有一定的特殊性，股东通过资本多数决的表决权机制选择或者罢免董事、确立公司的运营方式、决策重大事项等，借以实现对公司的有效管理和控制，其中也包括控制公司财产权，故表决权实质上是一种控制权，同时亦兼有保障自益权行使和实现之功能，具有工具性质。如果让未尽出资义务的股东通过行使表决权控制公司，不仅不符合权利与义务对等、利益与风险一致的原则，也不利于公司的长远发展。因此，公司通过公司章程或者股东会决议对瑕疵出资股东的表决权进行合理限制，更能体现法律的公平公正，亦符合《公司法》和司法解释有关规定之立法精神。就本案而言，首先，梁某力在行使表决权时第二期出资期限尚未届满，其分期出资的行为具有合法性。其次，科技公司章程、股东会决议或者协议书均未作出有关梁某力在第二期出资期限届满前应当按其实际出资比折算股权比例来行使表决权等类似规定。因此，俞某根主张梁某力 51% 股权只能行使 22.10% 表决权，缺乏依据。二审法院据此判决：驳回上诉，维持原判。

> **第六十六条　【股东会的议事方式和表决程序】**
>
> 股东会的议事方式和表决程序，除本法有规定的外，由公司章程规定。
>
> 股东会作出决议，应当经代表过半数表决权的股东通过。
>
> 股东会作出修改公司章程、增加或者减少注册资本的决议，以及公司合并、分立、解散或者变更公司形式的决议，应当经代表三分之二以上表决权的股东通过。

◆ 新旧对照解读

本条源自《公司法》（2018）第四十三条。本次修订有两处修改：一是增加一款作为第二款，明确规定了股东会普通决议的表决规则，即股东会作出决议应当经代表过半数表决权的股东通过。二是语言表述上的变化，删除了旧法第二款中的"会议"；将旧法第二款中的"必须"修改为"应当"，强制性意蕴降低，为实践中有限公司通过公司章程将特别决议通过比例规定为高于三分之二以上等预留了解释空间。

◆ 条文释义

本条是关于股东会议事方式和表决程序的规定。

议事方式是指公司以什么方式就公司重大问题进行讨论并作出决议,表决程序是指股东如何表决以及需要多少股东赞成决议才能获得通过等。基于有限公司的人合性,以及各公司的不同实际,为保护各方合法权益,对于股东会的议事方式和表决程序,《公司法》只作了一些原则性规定,除《公司法》有规定的外,由公司章程规定更为详细、具体的操作规则。

本条第二款是对股东会普通决议事项的表决规定。对于普通决议事项,股东会作出决议应当经代表过半数表决权的股东通过。此处的"过半数"不同于"二分之一以上""半数以上","过半数"不包括半数,"二分之一以上""半数以上"包括半数;此处的"过半数表决权"是指全体股东所持表决权的过半数。

本条第三款是对股东会特别决议事项的表决规定,这些事项包括:(1)修改公司章程;(2)增加或者减少注册资本;(3)公司合并、分立、解散;(4)变更公司形式。这些事项对公司及股东意义重大,属于公司重大事项,应当经代表三分之二以上表决权的股东通过,公司章程不得作出低于三分之二的规定。这里的三分之二以上表决权指全体股东表决权的三分之二以上,不是指出席会议股东所持表决权的三分之二以上。

◆ 案例指引

姚某某与鸿大(上海)投资管理有限公司、章某等公司决议纠纷案[①]

【裁判要旨】

有限责任公司章程或者股东出资协议确定的公司注册资本出资期限系股东之间达成的合意。除法律规定或者存在其他合理性、紧迫性事由需要修改出资期限的情形外,股东会会议作出修改出资期限的决议应当经全体股东一致通过。公司股东滥用控股地位,以多数决方式通过修改出资期限决议,损害其他股东期限权益,其他股东请求确认该项决议无效的,人民法院应予支持。

【案号】

一审:(2019)沪0109民初11538号

二审:(2019)沪02民终8024号

[①] 载《最高人民法院公报》2021年第3期。

【案情】

原告：姚某某。

被告：鸿大（上海）投资管理有限公司（以下简称鸿大公司）。

第三人：章某等。

2017年6月27日，章某（甲方）、姚某某（乙方）、蓝某某（丙方）、何某某（丁方）、鸿大公司（戊方）共同签订《合作协议书》，约定："一、基于戊方将取得代理Tesla在中国大陆设立外商投资企业事宜的授权的预期，乙方、丙方、丁方愿意溢价投资入股戊方。其中乙方拟出资700万元，占增资后戊方15%的股份；丙方、丁方拟各出资350万元，各占增资后戊方7.5%的股份……二、乙方、丙方、丁方应当在本协议签署后的三日内将各自认缴的出资额全部实缴至戊方……九、本协议系各方合作的初步法律文件，未来可根据具体情况适时修改、调整、细化、充实……各方均在该协议上签字或者盖章。"

2017年7月17日，鸿大公司形成新的公司章程，载明："第四条 鸿大公司注册资本1000万元；第五条 章某出资700万元，姚某某出资150万元，蓝某某、何某某各出资75万元，出资时间均为2037年7月1日……"

2017年7月21日，鸿大公司股东变更为：章某、姚某某、蓝某某、何某某，持股比例分别为70%、15%、7.5%、7.5%。

2018年10月30日，鸿大公司向公司登记机关内档材料中姚某某的身份证所载地址快递送达2018年第一次临时股东会通知，通知载明会议时间、地点及会议审议事项。

2018年11月18日，鸿大公司形成2018年第一次临时股东会决议，载明：应到会股东4人，实际到会股东3人，占总股数85%，姚某某收到股东会通知后未出席股东会，也未委托其他人出席股东会，会议由执行董事主持，到会股东一致同意形成四项决议，其中第二项决议为通过章程修正案，载明如下内容：将鸿大公司章程第五条姚某某等作为鸿大公司股东的出资时间2037年7月1日修改为出资时间2018年12月1日。上述章程修正案落款处由章某作为鸿大公司法定代表人签名，落款时间为2018年11月18日。

姚某某诉至法院，要求判令确认鸿大公司于2018年11月18日作出的临时股东会决议第二项无效。

【审判】

上海市虹口区人民法院经审理认为：出资期限提前涉及股东基本利益，不能通过多数决的方式予以提前。一审法院判决确认涉案临时股东会决议中第二项决议无效。

一审宣判后，鸿大公司不服，向上海市第二中级人民法院提起上诉。

上海市第二中级人民法院二审认为：本案争议焦点为：（1）上诉人鸿大公司2017年7月17日章程是否系对《合作协议书》约定的股东出资作出了变更；（2）本案修改股东出资期限是否适用资本多数决规则；（3）鸿大公司是否存在亟须股东提前出资的正当理由。

1. 关于争议焦点一。鸿大公司在姚某某并未按照《合作协议书》约定时间实缴出资的情况下，仍将其列为公司股东，且明确股东出资时间为2037年7月1日。并且，2017年7月21日，鸿大公司进行了相应工商变更登记，将姚某某正式登记为公司股东。故此，从各方实际履行来看，姚某某作为鸿大公司股东的出资时间已变更至2037年7月1日。此外，《合作协议书》亦明确载明，其仅是各方合作的初步法律文件，"未来可根据具体情况适时修改、调整、细化、充实"。由此，鸿大公司将姚某某的出资时间调整至2037年7月1日，亦符合《合作协议书》之约定，且并不违反法律规定，合法有效。本案临时股东会决议第二项通过章程修正案将股东出资时间从2037年7月1日修改为2018年12月1日，显然属于要求股东姚某某提前出资的情形。因此，鸿大公司关于本案并非要求股东提前出资而是按照《合作协议书》要求姚某某出资的主张，与事实不符，不能成立。

2. 关于争议焦点二。根据《公司法》相关规定，修改公司章程须经代表全体股东三分之二以上表决权的股东通过。本案临时股东会决议第二项系通过修改公司章程将股东出资时间从2037年7月1日修改为2018年12月1日，其实质系将公司股东的出资期限提前。而修改股东出资期限，涉及公司各股东的出资期限利益，并非一般的修改公司章程事项，不能适用资本多数决规则。理由如下：

首先，我国实行公司资本认缴制，赋予公司股东出资期限利益，允许公司各股东按照章程规定的出资期限缴纳出资。股东的出资期限利益，是公司资本认缴制的核心要义，系公司各股东的法定权利，如允许公司股东会以多数决的方式修改出资期限，则占资本多数的股东可随时随意修改出资期限，从而剥夺其他中小股东的合法权益。

其次,修改股东出资期限直接影响各股东的根本权利,其性质不同于公司增资、减资、解散等事项。后者决议事项一般与公司直接相关,但并不直接影响公司股东之固有权利。如增资过程中,不同意增资的股东,其已认缴或者已实缴部分的权益并未改变,仅可能因增资而被稀释股份比例。而修改股东出资期限直接关系到公司各股东的切身利益。如允许适用资本多数决,不同意提前出资的股东将可能因未提前出资而被剥夺或者限制股东权益,直接影响股东根本利益。

最后,股东出资期限系公司设立或者股东加入公司成为股东时,公司各股东之间形成的一致合意,股东按期出资虽系各股东对公司的义务,但本质上属于各股东之间的一致约定,而非公司经营管理事项。法律允许公司自治,但需以不侵犯他人合法权益为前提。公司经营过程中,如有法律规定的情形需要各股东提前出资或者加速到期,系源于法律规定,而不能以资本多数决的方式,以多数股东意志变更各股东之间形成的一致意思表示。

3. 关于争议焦点三。一般债权具有平等性,但司法实践中,具有优先性质的公司债权在一定条件下可以要求公司股东提前出资或者加速到期。如公司拖欠员工工资而形成的劳动债权,在公司无资产可供执行的情况下,可以要求公司股东提前出资或者加速到期以承担相应的法律责任。而本案并不属于该种情形。本案当事人对上诉人鸿大公司是否继续经营持不同意见,且双方均确认《合作协议书》的合作目的已无法实现,目前也并无证据证明存在需要公司股东提前出资的必要性及正当理由,因此,一审判决认定本案要求股东提前出资不具有合理性且不符合常理,并无不当。章某、何某某、蓝某某等股东形成的临时股东会决议,剥夺了被上诉人姚某某作为公司股东的出资期限利益,限制了姚某某的合法权益。一审判决确认该项决议无效,于法有据,予以认可。

上海市第二中级人民法院判决驳回上诉,维持原判。

第六十七条　【董事会的地位和职权】

有限责任公司设董事会，本法第七十五条另有规定的除外。

董事会行使下列职权：

（一）召集股东会会议，并向股东会报告工作；

（二）执行股东会的决议；

（三）决定公司的经营计划和投资方案；

（四）制订公司的利润分配方案和弥补亏损方案；

（五）制订公司增加或者减少注册资本以及发行公司债券的方案；

（六）制订公司合并、分立、解散或者变更公司形式的方案；

（七）决定公司内部管理机构的设置；

（八）决定聘任或者解聘公司经理及其报酬事项，并根据经理的提名决定聘任或者解聘公司副经理、财务负责人及其报酬事项；

（九）制定公司的基本管理制度；

（十）公司章程规定或者股东会授予的其他职权。

公司章程对董事会职权的限制不得对抗善意相对人。

◆ 新旧对照解读

本条源自《公司法》（2018）第四十四条第一款和第四十六条。本次修订主要有三处重要修改：一是删除了"董事会对股东会负责"的表述；二是删除了第（四）项"制订公司的年度财务预算方案、决算方案"的职权，并新增股东会可以授予董事会"其他职权"；三是增加一款作为第三款，规定"公司章程对董事会职权的限制不得对抗善意相对人"。相比旧法，新法进一步厘清了股东会职权与董事会职权的界限，明确了董事会有权行使股东会授予的职权，增加了保护善意相对人的规定。

◆ 相关规定

《民法典》第八十一条

◆ 条文释义

一、董事会的设置和法律地位

除规模较小或者股东人数较少的有限责任公司可以不设董事会外，董事会是有限公司的必设机构。新《公司法》删除了《公司法（2021）修订草案》一审稿中"董事会是公司的执行机构"的表述。因为，在理论上，执行机构的内涵和外延并不清楚。从法律规定来看，董事会的权利均为决策权和内部执行权，并无对外执行公司事务的权利。因此，如果使用"董事会是公司的执行机构"的表述，要明确其与法定代表人或经理等代理人的对外执行公司事务的权利之间的差异，明确董事会仅为内部执行机构。

董事会与权力机构股东会之间的关系为，股东会作出的重大决策需要董事会来负责执行，董事会要向股东会报告工作。同时，董事会是负责公司经营管理的机构，要从公司利益出发，对股东会职权之外的各项经营管理事务作出决策并付诸实施。董事会是集体执行公司事务的机构，任何董事均不能以个人名义行使董事会的职权。

二、董事会的职权

董事会作为公司的执行机构，一方面负责执行股东会的决策，向股东会报告工作，同时为股东会享有最终决策权的重大事项制订方案；另一方面也是公司的实际管理者，对公司经营管理事项享有决策权。本条列举了董事会享有的十项职权，前九项属于法定职权，第十项属于公司章程规定或者股东会授予的职权，是公司自治的体现。具体包括：

（一）召集股东会会议、执行股东会决议的职权

董事会作为公司的执行机构，一定程度上是股东会的执行机构，负责召集股东会会议，并向股东会报告工作，执行股东会的决议。这既是董事会的职权，也是董事会的义务。

（二）方案制订权

审议批准公司的利润分配方案和弥补亏损方案，对公司增加或者减少注册资

本以及发行公司债券、公司合并、分立、解散、清算或者变更公司形式作出决议，是股东会的职权。制订公司的利润分配方案和弥补亏损方案、增加或者减少注册资本以及发行公司债券的方案，公司合并、分立、解散或者变更公司形式的方案属于董事会的职权。董事会可以通过制订方案参与这些重大事项的决策。

（三）决策权

董事会有权决定公司的经营计划和投资方案、决定公司内部管理机构的设置，有权制定公司的基本管理制度。

（四）人事决定权

董事会有权决定聘任或者解聘公司经理及其报酬事项，并根据经理的提名决定聘任或者解聘公司副经理、财务负责人及其报酬事项。

（五）公司章程规定或者股东会授予的其他职权

除《公司法》第五十九条第一款列举的股东会的八项法定职权和本条列举的董事会的九项职权外，公司可以根据实际情况，以公司章程形式赋予董事会其他职权。股东会也可以将公司章程规定属于自己享有的职权以决议形式授予董事会享有。同时，根据《公司法》第五十九条第二款的规定，股东会可以授权董事会对发行公司债券作出决议。

三、公司章程对董事会职权的限制

董事会作为负责公司经营管理的执行机构，以会议形式行使职权，董事会决议的对外法律效力需要借助法定代表人或者代理人的意思表示行为。当公司的法定代表人或者代理人根据董事会决议对外开展经营活动，与第三人进行交易时，为保护交易安全，公司章程对董事会职权的限制不得对抗善意相对人。董事会违反公司章程的职权限制作出决议的，公司与善意相对人之间根据该决议建立的民事法律关系不受该决议效力的影响。此处的"善意"指相对人在与公司交易时不知道且不应当知道公司章程对董事会职权的限制。

◆ **适用疑难解析**

一、《公司法》规定属于股东会的职权是否可以以公司章程形式授予董事会行使？

赵旭东教授从法律规范属性的角度对公司立法关于股东会的职权是否专属于

股东会进行了分析。公司组织机构职权规范的强制性和任意性应当根据不同机构及其职权的固有性质加以确定，当某种职权必然专属于某种机构时，该职权规范就应当属于强制性规范，否则即应当属于任意性规范。就股东会职权的法律性质而言，可以将《公司法》所列各项职权分解为所有者权利和经营者权利。《公司法》第五十九条所列九项职权中，对发行公司债券作出决议的职权，属于公司开展经营活动的事项，并非所有者的固有权利，应当赋予其任意性，可以根据公司的意愿交由公司的经营管理机构享有；其余职权属于所有者权利，只能归所有者的行权机构股东会享有，法律就此所作的规定应当具有强制性。①

曹兴权教授将股东会权利分为基础性权利和经营性权利，从权利配置基础结构维持原则角度对股东会授权董事会行使职权进行了分析。公司立法关于股东会与董事会之间权利配置基础结构的规定是股东之间交易合作的基础，也是股东会授权董事会行使职权的自治边界；权利配置基础结构维持原则应当是判断股东会授权董事会行使职权是否合理的底线；应当在界分股东会基础权利与经营性权利的基础上，构建以正当程序机制和信义义务机制为核心的股东会授权董事会行使职权的授权机制。②

《公司法》第五十九条列举的九项职权中，前八项属于法定职权，第九项属于章定职权；在列举股东会各项职权后，《公司法》明确规定股东会可以授权董事会对发行公司债券作出决议。因此，结合学界观点，除"对发行公司债券作出决议"的法定职权可以授予董事会行使外，其余七项法定职权均属于股东会的专属职权，不能以公司章程形式授予董事会行使。对于公司章程规定属于股东会的其他职权，公司可以通过修改章程将其配置给董事会享有，股东会也可以根据需要以决议形式授予董事会行使。

二、当董事会决议与股东会决议发生冲突时，董事会是否可以不执行股东会决议？

董事会决议与股东会决议发生冲突，可能存在两种情形：一是该决议事项属

---

① 参见赵旭东：《中国公司治理制度的困境与出路》，载《现代法学》2021年第2期；赵旭东：《公司法修订中的公司治理制度革新》，载《中国法律评论》2020年第3期。
② 参见曹兴权、黄超颖：《股东会授权董事会的底线：权利配置基础结构维持原则》，载《财经法学》2017年第3期。

于股东会职权，董事会超越权限作出了与股东会决议相冲突的决议；二是该决议事项属于董事会职权，股东会超越权限作出了与董事会决议相冲突的决议。

原则上来说，股东会和董事会应当遵守公司法和公司章程划定的职权边界。股东会在自己职权范围内作出决议，董事会作为公司的执行机构，理应执行股东会的决议。因此，当董事会决议与股东会决议发生冲突，而该决议事项本属于股东会职权范围内的事项，董事会应当执行股东会决议。

当董事会决议与股东会决议发生冲突，而该决议事项本属于董事会职权范围内的事项，董事会是否可以不执行股东会决议呢？这在理论上涉及股东会与董事会在公司治理中的地位问题。股东会中心主义治理模式中，董事通常被认为是公司的代理人或者授信人，董事会的权限来源于公司的授权，而股东会的意思即公司的意思，董事会必须听从股东会的控制，股东会可以对董事会如何行使经营管理权发号施令。[①] 因此，当董事会决议与股东会决议相冲突时，董事会必须执行股东会的决议。董事会中心主义治理模式中，股东会一般只享有公司法和公司章程明确规定的职权，董事会是公司经营决策的核心，享有独立于股东会的职权，其职权不是来源于股东或者公司的让渡，而是来源于法律或者公司章程的规定，不受股东会的干预。因此，当董事会决议与股东会决议发生冲突，而该事项本属于董事会职权范围内的事项时，董事会无须执行股东会决议。

我国《公司法》并非典型的股东会中心主义或者董事会中心主义模式。[②] 新《公司法》第五十九条和第六十七条明确列举了股东会、董事会的职权，进一步厘清了股东会职权和董事会职权的边界，除法定职权外，公司可以以公司章程形式在股东会、董事会之间进行其他职权的配置。《公司法》第六十七条明确规定董事会有权执行股东会的决议，这既是董事会的职权，也是董事会的义务。但在世界多数国家的公司法已由股东会中心主义过渡到董事会中心主义的背景下，从体系解释的角度，此处股东会的决议应当限于股东会在其合法权限内所作的决议。

[①] 参见罗培新：《股东会与董事会权力构造论：以合同为进路的分析》，载《政治与法律》2016年第2期。
[②] 参见甘培忠、马丽艳：《董事会中心主义治理模式在我国公司法中的重塑》，载《财经法学》2021年第5期。

股东会和董事会应当依照公司法和公司章程的规定行使职权，除非修改公司章程，股东会原则上不得超越职权就董事会职权范围内的事项作出决议。股东会不能随意否决董事会决议，一方面因为董事会职权并非来自股东会的授予，另一方面，董事会代表公司所作的决策经常涉及第三人，随意否决董事会决议将有损公司信誉。[1] 如果有股东对董事会决议不满意或者认为违法等，可以通过诉讼方式请求人民法院否定该决议的效力；而不是越俎代庖，或者再通过股东会决议宣告该董事会决议无效。[2] 同时，如果股东会对董事会不满，股东会可以更换董事，或者修改公司章程调整董事会职权。当然，如果公司章程对股东会行使董事会职权的特别情形作了明确规定，则该规定应当得到遵守。因此，当董事会决议与股东会决议相冲突，而该决议事项本属董事会职权事项，则除非符合公司章程的特别规定，董事会可以不执行该股东会决议。

另外，根据新《公司法》规定，董事会有权行使股东会授予的职权。如果董事会行使的是股东会授予的职权，该职权根据公司章程属于股东会享有，则当董事会所作决议与股东会所作决议冲突时，董事会应执行股东会的决议。

第六十八条　【董事会的组成】

有限责任公司董事会成员为三人以上，其成员中可以有公司职工代表。职工人数三百人以上的有限责任公司，除依法设监事会并有公司职工代表的外，其董事会成员中应当有公司职工代表。董事会中的职工代表由公司职工通过职工代表大会、职工大会或者其他形式民主选举产生。

董事会设董事长一人，可以设副董事长。董事长、副董事长的产生办法由公司章程规定。

---

[1] 参见刘俊海：《公司法学》（第三版），北京大学出版社2020年版，第234页。
[2] 参见李建伟：《公司法学》（第五版），中国人民大学出版社2022年版，第294页。

◆ **新旧对照解读**

本条源自《公司法》（2018）第四十四条。本次修订主要有两处重要修改：一是取消了董事会人数上限的规定，规定董事会人数为三人以上。该规定解决了实践中有些董事会人数超限引起的关于董事会人数规定是任意性规定还是强制性规定的争议，给予公司根据自身规模和股东情况等合理确定董事会人数的充分自治空间。二是为进一步强化公司民主管理，维护职工合法权益，扩大了设置职工董事的公司范围，不再按公司所有制类型对职工董事的设置提出要求，而是综合考虑企业职工人数等因素，在明确有限公司董事会成员中可以有公司职工代表的基础上，对职工人数在三百人以上的有限公司提出要求，规定："职工人数三百人以上的有限责任公司，除依法设监事会并有公司职工代表的外，其董事会成员中应当有公司职工代表。"

◆ **条文释义**

本条是关于董事会组成的规定。

一、董事会人数

董事会由三个以上董事组成，公司可以根据自身经营规模的大小和公司治理的实际需要确定董事会的规模，在公司章程里规定董事会成员的具体人数。董事必须是自然人。

二、职工代表董事

为保障职工参与公司民主管理、民主监督，维护职工合法权益，有限公司董事会成员中可以有公司职工代表。对于职工人数三百人以上的有限公司，如果公司依法设监事会并有公司职工代表的，其董事会成员中可以有职工代表；依法不设监事会的，其董事会成员中应当有职工代表。董事会中职工代表的具体人数由公司章程规定。为保障职工董事能够真正代表职工参与公司民主管理，职工董事应当由公司职工通过职工代表大会、职工大会或者其他形式民主选举产生。

三、董事长、副董事长的设置及产生办法

有限公司设董事会的，须设董事长一人，负责召集和主持董事会等，可以根据公司实际需要设副董事长，协助董事长工作，也可以不设副董事长。董事长、副董事长的产生办法由公司章程规定，既可以规定直接由股东会选举产生，也可以规定董事会成立后由董事会选举产生，还可以规定董事长、副董事长人选的确定标准等。董事长、副董事长属于董事会的成员。

> **第六十九条　【审计委员会】**
> 有限责任公司可以按照公司章程的规定在董事会中设置由董事组成的审计委员会，行使本法规定的监事会的职权，不设监事会或者监事。公司董事会成员中的职工代表可以成为审计委员会成员。

◆ 条文释义

本条为新增条款。

根据该条规定，公司可以根据自身实际选择单层制治理结构，在董事会内部将经营职能和监督职能分离，设置审计委员会，不设监事会或者监事；也可以选择设监事会或者监事，不设审计委员会。具体选择哪种监督机制，由公司章程自治，公司可以结合公司规模、股权结构、管理成本等因素进行自主选择。

审计委员会由公司董事组成，公司董事会成员中的职工代表可以成为审计委员会成员。组成审计委员会的董事人数、是否包括职工代表董事及职工代表董事的人数等，由公司章程自治。设审计委员会的有限责任公司，不再设监事会或者监事，审计委员会行使《公司法》规定的监事会的职权。

审计委员会与监事会或者监事的二选一设置，避免了机构设置烦冗和职权重叠。该规定加强了公司治理结构的灵活性，体现了私法自治的原则，优化了营商环境，有利于我国企业走出去及外商到我国投资。

第七十条 【董事任期、辞任】

董事任期由公司章程规定，但每届任期不得超过三年。董事任期届满，连选可以连任。

董事任期届满未及时改选，或者董事在任期内辞任导致董事会成员低于法定人数的，在改选出的董事就任前，原董事仍应当依照法律、行政法规和公司章程的规定，履行董事职务。

董事辞任的，应当以书面形式通知公司，公司收到通知之日辞任生效，但存在前款规定情形的，董事应当继续履行职务。

◆ 新旧对照解读

本条源自《公司法》（2018）第四十五条。本次修订首先是将旧法中的"辞职"修改为"辞任"。新法之下，董事会成员中可以有职工代表，职工人数三百人以上的有限责任公司不设监事会的，董事会成员中应当有公司职工代表，董事可能与公司同时存在劳动关系。董事在任期内辞去董事职务，并不必然从公司辞职，与公司解除劳动关系。将"辞职"修改为"辞任"，明确了其"辞去董事剩余任期"的内涵，避免了辞去董事职务与从公司辞职的歧义。其次，旧法允许董事在任期内辞职，但并未规定董事辞职的形式及生效时间等，导致实践中产生诸多争议。本次修订结合公司治理的实践经验对董事辞任制度进行了完善，明确规定董事辞任的，应当以书面形式通知公司，明确规定董事辞任自公司收到通知之日生效，若董事辞任导致董事会成员低于法定人数、需要在改选出的董事就任前继续履行职务的，该董事应当继续履行职务，统一了裁判标准，避免了实践中的争议。

◆ 条文释义

本条是关于董事任期和辞任的规定。

一、董事任期

董事任期是指董事担任职务的时间限制。公司可以根据实际情况在公司章程中对董事的任期作出具体规定，但每届任期最长不得超过三年。董事任期届满，又通过股东会或者职工民主选举的，可以连续担任下一届的董事。法律并没有限制董事连任的届数，公司章程可以作出具体规定。

二、董事继续履职

在以下两种情况下，原董事仍应当依照法律、行政法规和公司章程的规定，履行董事职务：

第一，董事任期届满未及时改选。

公司治理实践中，会存在因某种原因无法及时选举出下一届董事的情况。此时，如果上一届董事因任期届满不再履行董事职务，就可能会因无人履职导致董事会陷入瘫痪，影响公司的正常运营。因此，在改选出的董事就任前，原董事仍应当依照法律、行政法规和公司章程的规定，履行董事职务。原董事不能以任期届满为由拒绝履行。

第二，董事在任期内辞任导致董事会成员低于法定人数的。

董事在任期届满前可以辞任，董事辞任的，董事职位就出现空缺，董事会就可能出现成员低于法定人数无法正常履职的情形，影响公司的正常经营。因此，董事在任期内辞任导致董事会成员低于法定人数的，在改选出的董事就任前，原董事仍应当依照法律、行政法规和公司章程的规定，履行董事职务直至补选出的董事就任。原董事不能以自己已经辞任为由拒绝履行董事职务。

三、董事辞任

董事和公司之间属于委任关系，董事在任期内，可以随时辞任。关于董事辞任，需注意以下几点：

第一，董事辞任的，应当以书面形式通知公司，不能仅以口头方式。

第二，董事辞任的，不是直接向选举他的股东会或者职工大会等会议提出，而是向公司提出，具体由哪一机构代表公司接受董事辞任，可以由公司章程规定。

第三，董事辞任，书面通知公司即可，无须经过股东会或者董事会会议讨论并批准。

第四，董事辞任自公司收到通知之日即生效，如果因董事辞任导致董事会成员低于法定人数而新任董事尚未就任，原董事应当继续履职至新董事就任。

第七十一条　【董事的解任及赔偿】

股东会可以决议解任董事，决议作出之日解任生效。

无正当理由，在任期届满前解任董事的，该董事可以要求公司予以赔偿。

◆ 新旧对照解读

本条为新增条款，源自《公司法司法解释（五）》（2020）第三条。

关于股东会是否可以在任期内解除董事职务，《公司法》（1993）出于维护董事会稳定的目的，采取了有因解除的观点，规定"董事在任期届满前，股东会不得无故解除其职务"，《公司法》（2005）删除了这一规定，一定程度上体现了向无因解除的倾斜。

《公司法司法解释（五）》（2020）第三条第一款对解除董事职务明确采取了无因解除的规则，规定："董事任期届满前被股东会或者股东大会有效决议解除职务，其主张解除不发生法律效力的，人民法院不予支持。"为维护董事合法权益，在采取无因解除的同时，该条第二款规定："董事职务被解除后，因补偿与公司发生纠纷提起诉讼的，人民法院应当依据法律、行政法规、公司章程的规定或者合同的约定，综合考虑解除的原因、剩余任期、董事薪酬等因素，确定是否补偿以及补偿的合理数额。"

《公司法司法解释（五）》（2020）第三条是从法院审判角度作出的规定。本条是从股东会解任权和董事赔偿权角度对董事解任及赔偿制度的一般规定。相比《公司法司法解释（五）》（2020）第三条，本次修订一方面确认了股东会对董事的无因解除权，另一方面将董事要求补偿的权利修改为要求赔偿的权利，同时明确了解任生效的时间，强调了董事要求赔偿的条件为"无正当理由"解任，但规定更为原则，没有对赔偿标准作出规定。

◆ 条文释义

本条是关于董事解任及赔偿的规定。

一、无因解任董事

公司和董事之间的关系是委任关系,基于委任关系的法理,双方均有任意解除权。因此,在董事任期内,董事可以随时辞任,股东会也可以提前解任董事,无须理由。提前解任董事的,应当依法作出股东会决议。需要注意的是,股东会有权解任的董事只能是股东会选举产生的董事,股东会无权解任职工董事。股东会决议解任董事的,决议作出之日解任生效。

二、解任董事的赔偿机制

股东会可以在董事任期届满前随时将其解任,这充分尊重了股东会选任董事的自由。但董事的合法权益也应当得到保护。因此,无正当理由,在任期届满前解任董事的,该董事可以要求公司予以赔偿。需要注意的是,只有在股东会决议解任董事无正当理由时,该董事才可以要求公司予以赔偿。何谓"正当理由"?《公司法》第一百七十八条规定了董事、监事、高级管理人员任职的消极条件,董事在任职期间出现这些消极情形的,公司应当解除其职务。因此,股东会因董事不再具备任职资格而提前解除其职务的,构成正当理由。另外,董事对公司负有忠实义务和勤勉义务,董事在任职期间违反忠实义务或者勤勉义务损害公司利益的,股东会可以解任董事,构成正当理由。具体哪些情况构成正当理由,股东会可以提前解任董事,公司章程可以作出具体规定。

◆ **适用疑难解析**

无正当理由,在任期届满前解任董事的,公司应当按照什么标准赔偿董事?

我国公司法理论与实践中的主流观点认为,公司与董事之间为委托(委任)关系,依股东会的选任决议与非职工董事同意任职而成立委托合同。[①] 基于委托合同法理,董事可以随时辞任,公司也可以随时解任董事,但随时解任董事不能损害董事合法权益。根据《民法典》第九百三十三条规定,因解除合同造成对方损失的,除不可归责于该当事人的事由外,有偿委托合同的解除方应当赔偿对方的直接损失和合同履行后可以获得的利益。新《公司法》遵循了委托合同"赔偿损失"的思路,但并未明确赔偿标准。股东会在任期届满前解任董事的,一方面

[①] 参见李建伟:《公司法学》(第五版),中国人民大学出版社2022年版,第346页。

会给董事造成预期内的薪酬损失，另一方面还可能会给董事的职业发展造成重大不利影响。因此，股东会无正当理由解任董事的，应当对解任给董事造成的损失进行赔偿，赔偿的核心要件应当是公平。

有学者认为，公司无正当理由解任董事的，赔偿数额应当相当于董事所余任期的应得报酬。①《公司法司法解释（五）》（2020）第三条第二款规定："……人民法院应当依据法律、行政法规、公司章程的规定或者合同的约定，综合考虑解除的原因、剩余任期、董事薪酬等因素，确定是否补偿以及补偿的合理数额。"借鉴本条规定，无正当理由，在任期届满前解任董事的，可以从董事剩余任期、董事薪酬等方面确定赔偿数额。董事剩余任期为从解任之日到任期届满之日的期限；董事薪酬应当以公司章程和董事与公司的合同为依据，包括董事为公司服务所获得的固定薪金、红利性质的报酬以及作为固定津贴的"车马费"等。有限公司可以通过公司章程或者公司与董事之间的委任合同对赔偿的具体标准进行规定或者约定，可以结合剩余任期的长短、董事薪酬的构成、董事之前的服务年限、董事对公司经营成果的贡献度等进行综合考量。

第七十二条 【董事会会议的召集和主持】

董事会会议由董事长召集和主持；董事长不能履行职务或者不履行职务的，由副董事长召集和主持；副董事长不能履行职务或者不履行职务的，由过半数的董事共同推举一名董事召集和主持。

◆ **新旧对照解读**

本条源自《公司法》（2018）第四十七条。与《公司法》第六十三条的修改保持一致，本次修订将董事共同推举召集人和主持人的比例由"半数以上董事"修改为"过半数的董事"，更能体现多数民主。

---

① 范健、王建文：《公司法》（第三版），法律出版社2014年版，第400页。

◆ 条文释义

本条是关于有限公司董事会召集和主持的规定。

一、董事长召集、主持

董事会作为一个集体议决机构，需要由具体的自然人来负责召集和主持。董事长是召集和主持董事会会议的第一责任人。董事会会议首先由董事长召集和主持。召集和主持董事会会议不仅是董事长的权力，也是其职责所在。

二、董事长不履行或者不能履行召集和主持职务的补救

实践中经常会出现董事长因出差、生病或者其他原因等不能履行或者怠于履行、拒绝履行召集和主持职务的情况，董事长不能履行职务或者不履行职务的，由副董事长召集和主持；副董事长不能履行职务或者不履行职务的，由过半数的董事共同推举一名董事召集和主持。需要注意的是，这些召集人和主持人之间是有先后次序的。同时，只要董事长不能履行或者不履行职务的，副董事长就可以直接召集和主持董事会会议；副董事长也不能履行或者不履行职务的，过半数的董事共同推举的董事就可以直接召集和主持董事会会议，无论董事长、副董事长是否同意召集。这样才能保证董事会制度的正常运行。

◆ 案例指引

北京中证万融医药投资集团有限公司与曹某某、西安世纪盛康药业有限公司等公司决议效力纠纷案

【裁判要旨】

公司和董事之间属于委任关系，在法律和公司章程没有相反规定的情况下，公司董事辞职一般应当于董事辞职书送达公司董事会时发生法律效力。

"董事长不能履行职务或者不履行职务"应当指董事长召集和主持董事会的职责，而非指董事长的其他职责，不能以董事长履行其他职责为由主张董事长不构成不履行职责。《公司法》并未规定在副董事长或者半数以上董事推举的董事依法召集董事会会议前必须提请或者催告董事长召集，董事长长期不履行召集和主持董事会会议职责的，副董事长召集和主持董事会会议程序合法。

【案号】

一审：（2014）西中民四初字第 00180 号

二审：（2014）陕民二终字第 00124 号

再审：（2015）民申字第 1648 号、（2017）最高法民再 172 号

【案情】

原告：北京中证万融医药投资集团有限公司（以下简称万融公司）。

被告：西安世纪盛康药业有限公司（以下简称盛康公司）、曹某某等。

2009 年 9 月 3 日，盛康公司的三名股东与万融公司签订《增资及股权转让合作框架协议》，约定：盛康公司的股东愿意将其持有的盛康公司的部分股权转让给万融公司，万融公司同意以认购增资的形式向盛康公司注入资本。2009 年 9 月 28 日，盛康公司股东杨某、舒某某作为甲方，万融公司作为乙方，盛康公司作为丙方，签订了《增资扩股协议书》，约定：本次增资扩股完成后，盛康公司应当调整董事会的人员组成，其中董事长在万融公司委派的董事中产生。本协议作为解释股东之间权利义务的依据长期有效，除非各方达成书面协议修改，本协议在不与新盛康公司章程明文冲突的情况下，视为对新盛康公司股东权利和义务的解释并具有最高法律效力。根据上述约定，2009 年 9 月 28 日盛康公司修订了公司章程。2009 年 9 月 29 日，增资扩股后的盛康公司法定代表人变更为赵某某。2010 年 1 月 20 日，盛康公司召开股东会，就杨某和舒某某向万融公司转让部分股份以及增选王某某、蔡某某为公司董事形成决议。股权转让后万融公司持股比例为 70%。

2014 年 3 月 3 日，曹某某等以盛康公司已经两年多没有召开股东会和董事会，并鉴于赵某某不能履行或者不履行董事长职务，给公司生产经营造成了很大损害为由，推选和提议副董事长吴某尽快召开董事会。2014 年 3 月 4 日，吴某签署了召开盛康公司董事会会议通知，并向赵某某、王某某送达了会议通知。2014 年 3 月 20 日，董事会会议（以下简称 320 会议）在公司会议室召开，曹某某、金某某、蔡某某等五人参加，赵某某、王某某未参加。会议主要内容是：免去赵某某担任的董事长兼法定代表人职务，选举吴某为董事长兼法定代表人等。会后，董事会向赵某某、王某某送达了会议决议，并要求万融公司在 3 日内将盛康公司的所有生产经营证照和印鉴交还盛康公司。

2014年5月6日，原告向法院提起诉讼，请求撤销盛康公司2014年3月20日董事会决议（以下简称320决议）。

【审判】

西安市中级人民法院一审判决驳回原告全部诉讼请求。宣判后，万融公司不服，向陕西省高级人民法院提起上诉。陕西省高级人民法院作出二审判决，驳回上诉，维持原判。

万融公司不服二审生效判决，向最高人民法院申请再审。

最高人民法院经审理认为：再审争议焦点为320决议是否应予撤销，具体包括：金某某、蔡某某、曹某某在参加320会议时是否具备盛康公司董事资格；320会议召开前赵某某是否存在不能履行或者不履行董事长职务的情形、320决议内容是否违反公司章程规定。

1. 关于金某某、蔡某某、曹某某在参加320会议时是否具备盛康公司董事资格的问题。公司和董事之间属于委任关系，在法律和公司章程没有相反规定的情况下，公司董事辞职一般应当于董事辞职书送达公司董事会时发生法律效力。金某某、蔡某某分别于2011年10月31日、11月11日向盛康公司提交了关于辞去盛康公司董事职务的辞职书。当时，赵某某系盛康公司法定代表人，可以依法代表盛康公司，因其认可已经收到该两份辞职书，故金某某、蔡某某的辞职已经生效。金某某、蔡某某在辞职时虽表示"望公司批准"，以及万融公司虽在金某某、蔡某某辞职后作出召集盛康公司临时股东会会议决议免除其董事职务等意思表示，但均属相关主体对公司与董事法律关系性质以及董事辞职何时生效的法律认识偏差，不影响金某某、蔡某某辞职生效。曹某某已被2013年11月28日盛康公司召集并主持的临时股东会会议免去董事职务，该决议效力在经有权部门根据当事人诉请依法裁判否定之前应当视为有效。

2. 关于320会议召开前赵某某是否存在不能履行或者不履行董事长职务的情形的问题。"董事长不能履行职务或者不履行职务"应当指董事长召集和主持董事会的职责，而非指董事长的其他职责，故对万融公司以赵某某履行了盛康公司董事长其他职责为由，认为320会议召集不符合公司法关于董事会召集和主持规定的主张，最高人民法院不予支持。由于万融公司未能提交赵某某自其于2012年2月7日主持召开董事会会议至2014年3月4日副董事长吴某召集320会议前，在长达两年的时间内曾召集或者主持盛康公司董事会会议的相关证据，而盛康公司章程规定董事会会议应当每半年至少召开一次，因此320会议的召集符合公司法关于董事会召集和主持规定的前提条件。《公司法》并未规定在副董事长或者半数以上董事推举的董事依法召集董事会会议前须提请或者催告董事长召集，故对万融公司关于320会议召集前未要求赵某某召集董事会不符合公司法关于董事会召集和主持规定的主张，最高人民法院不予支持。

3.320决议选举吴某为盛康公司董事长，而吴某并非万融公司委派的董事，故该决议内容违反了全体股东及公司对公司章程的解释，应当视为违反了公司章程的规定。

综上，320会议召集和举行时，五名参会人员中曹某某、蔡某某、金某某已不具有董事资格，故320会议召集程序及表决方式存在重大瑕疵，320决议内容亦违反公司及全体股东对公司章程的解释。该决议应予撤销。

最高人民法院作出再审判决：撤销原一审判决和二审判决，撤销320决议，驳回万融公司其他诉讼请求。

第七十三条　【董事会的议事方式、表决程序和会议记录】

董事会的议事方式和表决程序，除本法有规定的外，由公司章程规定。

董事会会议应当有过半数的董事出席方可举行。董事会作出决议，应当经全体董事的过半数通过。

董事会决议的表决，应当一人一票。

董事会应当对所议事项的决定作成会议记录，出席会议的董事应当在会议记录上签名。

◆ **新旧对照解读**

本条源自《公司法》（2018）第四十八条。本次修订有两处修改：

一是增加规定了董事会会议的最低出席人数和决议通过的比例。董事会作为一个集体议决机构，出席人数过少，影响决策的科学性与民主性，其合法性也会遭到质疑，毕竟少数不能代表多数意见。因此，本次修订增加规定："董事会会议应当有过半数的董事出席方可举行。董事会作出决议，应当经全体董事的过半数通过。"

二是文字性修改，将"实行"一人一票，修改为"应当"一人一票，强调了董事会"一人一票"的正当性，但实质内容并无变化。董事作为公司和全体股东的受托人，贵在贡献经营智慧，群策群力。因此，不同于股东会的资本多数决，董事会实行一人一票和少数服从多数原则，一人一票更有利于实现董事的科学决策。

◆ 条文释义

本条是关于董事会议事方式和表决程序的规定。

一、公司章程自治

董事会的议事方式是指董事会采用何种形式来讨论问题，表决程序是指董事会对所议事项作出决定的步骤、方式等。议案的提出、临时会议的召集建议、会议通知、讨论问题的方式、审议规则、表决方式等均属于董事会的议事方式和表决程序。由于有限公司的人合性较强，公司情况也千差万别，因此，董事会的议事方式和表决程序除《公司法》有规定的外，由公司章程根据公司实际情况作出规定。

二、出席人数和决议的表决

董事会会议应当有过半数的董事出席方可举行。出席人数达不到全体董事的过半数，即便会议作出决议，也会因出席人数不符合要求影响决议的成立。

董事会作出决议，应当经全体董事的过半数通过。未经全体董事过半数表决通过的决议不成立。需要注意的是，出席人数和表决通过比例中的"过半数"不包括"半数"，均是全体董事人数的过半数。

董事会决议的表决，应当一人一票。"一人一票"即每一名董事，都有一票表决权。无论是董事长、副董事长，还是普通董事，无论是股东董事还是职工董事，也无论是大股东派出董事还是小股东派出董事，均有一票表决权。这与股东会的表决规则不同。

三、会议记录

董事会会议记录是记明董事会会议对议决事项所作决定的书面文件。董事会在召开会议时，会议的召集人和主持人应当安排人员记录会议的举行情况。董事会会议记录应当载明决议事项、出席会议董事、表决情况、决议结果等情况，出席会议的董事应当在会议记录上签名确认，以保证董事会会议记录及董事会决议的真实性和效力。在董事会会议记录上签名，是出席会议董事的权利，任何人不得剥夺。

> **第七十四条　【经理的任免和职权】**
> 有限责任公司可以设经理，由董事会决定聘任或者解聘。
> 经理对董事会负责，根据公司章程的规定或者董事会的授权行使职权。经理列席董事会会议。

◆ 新旧对照解读

本条源自《公司法》（2018）第四十九条。本次修订删除了经理的法定职权，不再对经理职权进行列举，而是概括规定为"根据公司章程的规定或者董事会的授权行使职权"。旧法列举了经理的八项职权，同时规定"公司章程对经理职权另有规定的，从其规定"。因此，旧法明确列举的职权实际上是在公司章程没有规定的情况下起到一个补充作用，"主要是为了在市场经济的初级阶段上方便人们参照"[1]。从本质上看，无论依据旧法还是依据新法，经理的职权都属于公司自治的范畴，经理有权按照公司章程的规定行使职权，也有权行使董事会授予的职权。

◆ 条文释义

本条规定的是经理的任免和职权。

一、经理的设立

经理是指由董事会决定聘任或者解聘、负责组织公司日常经营管理活动的公

---

[1] 朱锦清：《公司法学》（修订本），清华大学出版社2019年版，第251页。

司高级管理人员。此处的"经理"专指董事会聘任的辅助董事会进行经营管理的人员，在实践中通常称为"总经理"或者"总裁"，不包括负责某一部门具体管理工作的部门经理等。

经理的设置属于公司自治的范畴，由公司根据自身的治理结构或者董事会的工作方式等决定是否设立。经理属于公司的高级雇员，由董事会决定聘任或者解聘，在董事会领导下工作，对董事会负责。

二、经理的职权

经理的职权属于公司自治的范畴，经理可以按照公司章程的规定行使职权，也可以根据董事会的授权行使职权。根据《公司法》第六十七条规定，经理对聘任或者解聘公司副经理、财务负责人具有提名权。董事会聘任经理的，通常由经理辅助执行董事会的各项决议，为更好地执行董事会的决议，经理有权也应当列席董事会会议。

◆ 适用疑难解析

经理职权与董事会职权的区别

一般来说，既设董事会又设经理的，需要由集体行使的中观决策或者战略决策权由董事会享有，微观决策或者公司日常事务的经营管理由经理负责。经理的职权大体包括：执行董事会决议、任免公司其他管理人员及职员、负责公司日常事务管理等。公司可以结合自身实际，在公司章程里明确列举董事会和经理的职权，也可以由董事会授权经理行使职权。公司章程规定的经理职权可以上收董事会，董事会享有的职权也可以授予经理行使。董事会与经理签订聘任合同的，可以在聘任合同里对经理职权作出约定。

◆ 案例指引

李某某诉上海佳动力环保科技有限公司公司决议撤销纠纷案

【裁判要旨】

人民法院在审理公司决议撤销纠纷案件中应当审查：会议召集程序、表决方式是否违反法律、行政法规或者公司章程，以及决议内容是否违反公司章程。在未违反上述规定的前提下，解聘总经理职务的决议所依据的事实是否属实，理由是否成立，不属于司法审查范围。

【案号】

一审：（2009）黄民二（商）初字第 4569 号

二审：（2010）沪二中民四（商）终字第 436 号

【案情】

原告：李某某。

被告：上海佳动力环保科技有限公司（以下简称佳动力公司）。

原告李某某系被告佳动力公司的股东，并担任总经理。佳动力公司股权结构为：葛某某持股 40%，李某某持股 46%，王某某持股 14%。三位股东共同组成董事会，由葛某某担任董事长，另两人为董事。公司章程规定：董事会行使包括聘任或者解聘公司经理等职权；董事会须由三分之二以上的董事出席方才有效；董事会对所议事项作出的决定应当由占全体股东三分之二以上的董事表决通过方才有效。2009 年 7 月 18 日，佳动力公司董事长葛某某召集并主持董事会，三位董事均出席，会议形成了"鉴于总经理李某某不经董事会同意私自动用公司资金在二级市场炒股，造成巨大损失，现免去其总经理职务，即日生效"等内容的决议。该决议由葛某某、王某某及监事签名，李某某未在该决议上签名。

原告李某某诉称：被告佳动力公司免除其总经理职务的决议所依据的事实和理由不成立，且董事会的召集程序、表决方式及决议内容均违反了公司法的规定，请求法院依法撤销该董事会决议。

被告佳动力公司辩称：董事会的召集程序、表决方式及决议内容均符合法律和章程的规定，故董事会决议有效。

【审判】

上海市黄浦区人民法院于 2010 年 2 月 5 日判决撤销被告佳动力公司于 2009 年 7 月 18 日形成的董事会决议。宣判后，佳动力公司提出上诉。

上海市第二中级人民法院经审理认为，董事会决议可撤销的事由包括：第一，召集程序违反法律、行政法规或者公司章程；第二，表决方式违反法律、行政法规或者公司章程；第三，决议内容违反公司章程。

从召集程序看，佳动力公司于 2009 年 7 月 18 日召开的董事会由董事长葛某某召集，三位董事均出席董事会，该次董事会的召集程序未违反法律、行政法规或者公司章程的规定。从表决方式看，根据佳动力公司章程规定，对所议事项作出的决定应当由占全体股东三分之二以上的董事表决通过方才有效，上述董事会决议由三位股东（兼董事）中的两名表决通过，故在表决方式上未违反法律、行政法规或者公司章程的规定。从决议内容看，佳动力公司章程规定董事会有权解聘公司经理，董事会决议内容中"总经理李某某不经董事会同意私自动用公司资金在二级市场炒股，造成巨大损失"的陈述，仅是董事会解聘李某某总经理职务的原因，而解聘李某某总经理职务的决议内容本身并不违反公司章程。

董事会决议解聘李某某总经理职务的原因如果不存在，并不导致董事会决议撤销。首先，公司法尊重公司自治，公司内部法律关系原则上由公司自治机制调整，司法机关原则上不介入公司内部事务；其次，佳动力公司的章程中未对董事会解聘公司经理的职权作出限制，并未规定董事会解聘公司经理必须有一定原因，该章程内容未违反公司法的强制性规定，应当认定有效，因此佳动力公司董事会可以行使公司章程赋予的权力作出解聘公司经理的决定。故法院应当尊重公司自治，无须审查佳动力公司董事会解聘公司经理的原因是否存在，即无须审查决议所依据的事实是否属实，理由是否成立。综上，原告李某某请求撤销董事会决议的诉讼请求不成立，依法予以驳回。

第七十五条　【设董事不设董事会的情形】

规模较小或者股东人数较少的有限责任公司，可以不设董事会，设一名董事，行使本法规定的董事会的职权。该董事可以兼任公司经理。

◆ 新旧对照解读

本条源自《公司法》（2018）第五十条。本次修订主要有以下修改：

一是将董事会的替代机构"执行董事"修改为"董事"。和外国公司法中与非执行董事相对的执行董事的概念不同，旧法形成了独特的执行董事的定义。新法不再使用"执行董事"的表述，规模较小或者股东人数较少的有限公司可以不设董事会，设一名"董事"。

二是修改了董事会替代机构的职权依据，将原来的"由公司章程规定"改为"行使本法规定的董事会的职权"。旧法之下，执行董事的职权由公司章程规定，可以等同于董事会，也可以超出或不及董事会的职权。① 不设董事会的公司的董事，其本身就是为提高运营效率等而设置的董事会的替代机构，其地位等同于董事会，因此，新法规定，其"行使本法规定的董事会的职权"。

另外，调换了"规模较小"与"股东人数较少"的排列顺序，实质内容没有变化。

◆ **条文释义**

本条是关于有限公司设董事不设董事会的规定。

一般来说，有限责任公司设董事会，作为公司的执行机构。公司设置董事会，实行集体决策的重要原因在于：让股东都能够通过代表其利益的董事，参与公司的经营管理。但是，实践中有的公司规模很小，虽然股东有多名，但公司经营管理事务没有那么烦杂，股东都认为没有必要专门设立董事会；有的公司股东人数较少，甚至只有一个股东，没有必要强制要求其必须设置一个三人以上的董事会。有限公司具有较强的人合性，为提高公司运营效率，本条赋予规模较小或者股东人数较少的有限公司选择不设董事会的自主权。公司可以根据本公司经营管理实际，选择不设董事会，只设一名董事。

不设董事会的有限公司的董事，其地位类似于董事会，有权行使《公司法》规定的董事会的职权。

为了进一步提高公司运营效率，有限责任公司可以根据本公司实际，进一步精简公司业务执行机构，由该董事兼任公司经理。该董事兼任公司经理的，既享有《公司法》规定的董事会的职权，又行使《公司法》规定的经理的职权，同时是公司的法定代表人。

---

① 参见安建主编：《〈中华人民共和国公司法〉释义（最新修正版）》，法律出版社2013年版，第88-89页。

> **第七十六条　【监事会的设置、组成和监事会会议】**
>
> 有限责任公司设监事会，本法第六十九条、第八十三条另有规定的除外。
>
> 监事会成员为三人以上。监事会成员应当包括股东代表和适当比例的公司职工代表，其中职工代表的比例不得低于三分之一，具体比例由公司章程规定。监事会中的职工代表由公司职工通过职工代表大会、职工大会或者其他形式民主选举产生。
>
> 监事会设主席一人，由全体监事过半数选举产生。监事会主席召集和主持监事会会议；监事会主席不能履行职务或者不履行职务的，由过半数的监事共同推举一名监事召集和主持监事会会议。
>
> 董事、高级管理人员不得兼任监事。

◆ 新旧对照解读

本条内容源自《公司法》（2018）第五十一条。第五十一条内容在新法中体现在第七十六条和第八十三条，第八十三条单独对有限责任公司不设监事会、不设监事的情形及不设监事会的公司的监事的职权作了规定。相比旧法，本次修订对监事会成员的数量作了文字性修改，由"其成员不得少于三人"修改为"三人以上"，语言的强制性意蕴降低，实质内容没有变化；与第六十三条和第七十二条的修改保持一致，将监事推举监事会会议召集人和主持人的比例由"半数以上"修改为"过半数"，提高了比例要求，在监事会成员为偶数时，更能体现多数监事的意见。

◆ 条文释义

本条是关于监事会的设立、组成和监事会会议的召集和主持的规定。

一、监事会的设立

监事会是指依法产生，对董事、经理层的经营管理行为及公司财务等进行监督的机构，属于股东会之下与董事会平行的机构。

在监督机构的设置上，本次修订同时借鉴了英美单层制的审计委员会制度，规定有限责任公司可以通过公司章程规定在董事会中设审计委员会行使监事会的职权，不设监事会或者监事。对于规模较小或者股东人数较少的有限公司，新法赋予了更大的自治权，既可以设监事会，也可以只设一名监事，还可以根据全体股东的一致同意不设监事。除依法不设监事会或者监事的外，有限公司设监事会。

二、监事会的组成

监事会成员为三人以上。具体人数由公司根据自身规模、业务管理、经营范围等在公司章程里进行规定。

监事会由股东代表监事和职工代表监事组成。关于职工代表监事，需要注意以下几点：一是职工代表监事必须从公司职工中产生，与公司没有劳动关系的人员不能成为职工代表监事。二是职工代表监事必须由公司职工通过职工代表大会、职工大会或者其他形式民主选举产生，不能由董事长或者经理等指定。三是职工代表监事的比例不得低于三分之一，具体比例由公司章程规定。

三、监事会会议的召集和主持

监事会会议由监事会主席召集和主持。监事会设主席一人，由全体监事过半数选举产生。为保障监事会正常履行职责，当监事会主席不能履行职务或者不履行职务时，由过半数的监事共同推举一名监事召集和主持监事会会议。"不能履行职务"指因客观原因导致监事会主席不能履行职务，"不履行职务"指主观上故意不履行职务。

四、监事的消极资格

设立监事会的目的是对公司董事、经理等经营管理层进行监督，为保障监事会行使职权的独立性和公正性，监事作为公司监事会的成员，其身份应当具有独立性。因此，董事、高级管理人员不得兼任监事。

◆ 案例指引

上海保翔冷藏有限公司诉上海长翔冷藏物流有限公司公司决议效力确认纠纷案

【裁判要旨】

有限责任公司监事会中的职工代表监事应当具有该公司职工的身份，职工代表监事的产生方式应当符合《公司法》（2013）第五十一条（新《公司法》第七十六条）规定的职工民主选举产生的程序，并符合公司法规定的代表比例。公司股东会作出任命职工代表监事的决议，如果该被任命监事并非本公司职工，或者该被任命监事的产生程序、代表比例违反公司法规定的，该部分决议内容应当无效。

【案号】

一审：（2015）宝民二（商）初字第1817号

二审：（2017）沪02民终891号

【案情】

原告：上海保翔冷藏有限公司（以下简称保翔公司）。

被告：上海长翔冷藏物流有限公司（以下简称长翔公司）。

第三人：上海江阳水产品批发交易市场经营管理有限公司（以下简称江阳公司）、魏某礼、魏某鸿、徐某福、孔某志。

保翔公司、江阳公司各持长翔公司50%股权。2014年4月，长翔公司召开临时股东会并形成系争股东会决议，其中第二项规定：设立公司监事会，聘请徐某福、孔某志为股东代表监事，免去魏某鸿监事职务，另一名职工代表监事由魏某礼担任。

魏某礼2008年已届退休年龄，其担任长翔公司法定代表人至2013年卸任，涉讼时其仍是江阳公司法定代表人，但在诉讼过程中卸任。另无证据证明魏某礼自2014年4月以来与长翔公司之间存在劳动关系。

在长翔公司工商登记备案材料中有一份落款时间为2014年4月30日的长翔公司职工代表大会决议，主要内容为：长翔公司职工代表大会于2014年4月30日召开，应到职工代表5人，实到5人，会议由魏某礼主持；会议选举魏某礼为公司职工监事；同意5人，占职工代表总数的100%；与会职工签名落款处未见魏某礼签名，有"朱某某""范某""杨某某""凌某某""张某"五人作为"职工代表"签名。但该五名"职工代表"在2014年5月之后均非由长翔公司缴纳社会保险费。经审查其他证据材料，只有范某、张某与长翔公司建立劳动关系的证据较为充分，难以证明另三人与长翔公司存在劳动关系。另缺乏能够证明该五人被长翔公司全体职工选举为职工代表或者可代表长翔公司全体职工意志的相关证据。

保翔公司向上海市宝山区人民法院提起诉讼，请求确认长翔公司于 2014 年 4 月通过的股东会决议关于公司监事会组成的决议条款无效。

【审判】

上海市宝山区人民法院判决长翔公司于 2014 年 4 月 30 日作出的股东会决议第二项无效。

江阳公司、魏某礼不服一审判决，向上海市第二中级人民法院提起上诉。

上海市第二中级人民法院二审认为：与公司签订劳动合同或者存在事实劳动关系是成为职工代表监事的必要条件，上诉人魏某礼并不具备担任长翔公司职工代表监事的资格，系争股东会决议相关条款无效。理由如下：

第一，职工代表大会是协调劳动关系的重要制度，职工代表须与公司存在劳动关系。本案中魏某礼于系争股东会决议作出时已不在长翔公司任职，未在长翔公司领取薪水，即与长翔公司不存在劳动关系，故魏某礼不具备作为职工代表的资格。

第二，职工代表监事应当通过职工代表大会、职工大会等形式，从职工代表中民主选举产生。《公司法》（2013）第五十一条第二款（新《公司法》第七十六条第二款）规定监事会应当包括公司职工代表，说明职工代表资格是成为职工代表监事的前提。本案中魏某礼并非职工代表，因此不具备担任长翔公司职工代表监事的资格。另《公司法》（2013）第五十一条第二款（新《公司法》第七十六条第二款）规定监事会中职工代表的比例不得低于三分之一，该比例系公司法上效力性强制性规定，本案中魏某礼不具备职工代表资格，另外两名监事系股东代表，职工代表比例为零，违反前款规定。

第三，因魏某礼不具备职工代表资格，无论签字职工是否具有表决资格，均无法改变监事会中无职工代表的事实，亦无法补正系争股东会决议相关条款的效力。

上海市第二中级人民法院二审判决驳回上诉，维持原判。

> **第七十七条　【监事的任期、选任和辞任】**
>
> 监事的任期每届为三年。监事任期届满，连选可以连任。
>
> 监事任期届满未及时改选，或者监事在任期内辞任导致监事会成员低于法定人数的，在改选出的监事就任前，原监事仍应当依照法律、行政法规和公司章程的规定，履行监事职务。

◆ 新旧对照解读

本条源自《公司法》（2018）第五十二条。与第七十条修改保持一致，本次修订将"辞职"修改为"辞任"。根据《公司法》的规定，监事会中应当有公司职工代表，职工代表监事与公司之间具有劳动关系。职工代表监事辞去监事职务，并不必然从公司辞职。将"辞职"修改为"辞任"，明确了其"辞去监事剩余任期"的内涵，避免了辞去监事职务与从公司辞职的歧义。

◆ 条文释义

本条是关于监事任期及监事延期履职的规定。

一、监事的任期

监事任期是对监事担任职务的时间限制。监事任期每届为三年，该三年是法定期间，不同于董事每届任期不得超过三年的规定。监事任期届满，可以通过股东会或者职工选举，继续担任下一届监事。法律并未限制董事可以连任几届，具体可以由公司章程规定。

二、监事的延期履职

在以下两种情形下，监事必须继续履职：

第一，任期届满未及时改选。

监事任期届满，应当及时进行改选。但实践中难免会出现公司因各种原因不能及时改选监事的情况，在这种情况下，原监事仍应当按照法律、行政法规和公司章程的规定，履行监事职务，直至公司选出新的监事。原监事不能以任期届满为由，拒绝履行监事职务。

第二，监事在任期内辞任导致监事会成员低于法定人数。

监事可以因自身原因提前辞去监事职务。当监事在任期内辞任而公司未补选新的监事时，监事职位就出现空缺。当监事在任期内辞任导致监事会人数少于三人时，在补选出的监事就任前，原监事仍应当依照法律、行政法规和公司章程的规定，履行监事职务，直至新的监事就任。原监事不能以自己已经辞任为由，拒绝履行监事职务。

> **第七十八条　【监事会的一般职权】**
>
> 监事会行使下列职权：
>
> （一）检查公司财务；
>
> （二）对董事、高级管理人员执行职务的行为进行监督，对违反法律、行政法规、公司章程或者股东会决议的董事、高级管理人员提出解任的建议；
>
> （三）当董事、高级管理人员的行为损害公司的利益时，要求董事、高级管理人员予以纠正；
>
> （四）提议召开临时股东会会议，在董事会不履行本法规定的召集和主持股东会会议职责时召集和主持股东会会议；
>
> （五）向股东会会议提出提案；
>
> （六）依照本法第一百八十九条的规定，对董事、高级管理人员提起诉讼；
>
> （七）公司章程规定的其他职权。

◆ 新旧对照解读

本条直接承继旧法第五十三条的内容。本次修订有四处文字性修改，一是在新法第八十三条明确规定不设监事会的监事行使本法规定的监事会的职权的基础上，删除了"不设监事会的公司的监事"的表述，文字更为简洁；二是将第（二）项中的"执行公司职务"改为"执行职务"，语言更为精练；三是将第

(二)项中的"罢免"改为"解任",与第七十一条股东会可以决议解任董事的表述保持一致;四是相应调整了第(六)项中的条文序号。

◆ 相关规定

《民法典》第八十二条

◆ 条文释义

本条是关于监事会职权的一般规定。根据本条规定,监事会主要享有下列职权:

第一,财务检查权。监事会有权对公司的财务状况进行检查,有权查阅公司账簿和其他会计资料,有权查阅、审核公司财务会计报告、资产负债表、损益表、财务状况变动表、财务状况说明书等会计资料,审查其制作、内容是否合法,是否符合公司章程的规定。

第二,业务监督权。一是违法人员弹劾权:监事会有权对董事、高级管理人员执行职务的行为进行监督,发现董事、高级管理人员有违反法律、行政法规、公司章程或者股东会决议的情形的,有权向其选任机关提出解任建议。二是违法行为纠正权:当董事、高级管理人员的行为损害公司的利益时,有权要求其停止该行为并予以纠正。

第三,提案权。监事会有权就其监督事宜直接向股东会提案,供股东会讨论决策,如提出解任董事的议案等。

第四,召开临时股东会会议的提议权和特定情况下股东会会议的召集和主持权。监事会为履行其监督职能,认为需要召开股东会会议对有关事项进行讨论的,可以提议召开临时股东会会议。如果董事会不履行召集和主持股东会会议的职责,监事会有权直接召集和主持股东会会议,从而可以更好地实现其监督职能。

第五,代表诉讼权。当董事、高级管理人员违反法律、行政法规或者公司章程的规定执行职务,给公司造成损失时,监事会有权应股东的请求代表公司对董事、高级管理人员提起诉讼,要求董事、高级管理人员赔偿损失。监事会代表公司提起诉讼的,公司是原告,依法由监事会主席代表公司进行诉讼。

第六，公司章程规定的其他职权。公司可以根据自身情况和实现监事会监督职能的需要，通过公司章程赋予监事会更多的职权。

需要注意的是，本条规定的监事会的职权是监事会整体享有的职权，须以监事会的名义行使，不能以监事个人的名义行使。规模较小或者股东人数较少的有限责任公司只设一名监事的，监事地位等同于监事会，有权行使监事会的职权。

> **第七十九条　【监事的质询权、建议权和监事会的调查权】**
>
> 监事可以列席董事会会议，并对董事会决议事项提出质询或者建议。
>
> 监事会发现公司经营情况异常，可以进行调查；必要时，可以聘请会计师事务所等协助其工作，费用由公司承担。

◆ 新旧对照解读

本条直接承继旧法第五十四条的规定，只进行了文字性修改，在新法第八十三条明确规定不设监事会的监事行使本法规定的监事会职权的基础上，删除了第二款"不设监事会的公司的监事"的表述，内容无变化。

◆ 条文释义

本条强化了监事会事前和事中监督的权限。

一、董事会会议列席权、质询权、建议权

本条第一款规定的是监事个人可以单独行使的职权。

为增强监事会监督的针对性和监督效果，监事可以列席董事会会议。董事会应当在召开会议前，及时通知监事列席会议。

监事在列席董事会会议、了解董事会决议事项的基础上，如果认为董事会决议事项存在问题，有权提出质询或者建议。对监事提出的质询，董事会应予以解释或者说明，对监事提出的建议，董事会应当认真研究，该采纳的要及时采纳。

二、监事会的调查权

由于监事并不参与公司的日常经营管理，监事履行监督职责需要董事、经理等予以配合或者协助。但实践中，经常出现董事、经理不予配合甚至拒绝、阻挠监事会履行监督职责的情况；往往是董事、经理违法执行职务的行为给公司造成损害时，监事才发现并进行监督，这严重影响了监事会监督效果的发挥。因此，本条第二款规定了监事会的调查权。监事会发现公司经营情况异常，可以进行调查，包括查阅公司财务文件，对董事、高级管理人员进行询问，要求其对某一具体事项进行说明等。这种调查权是独立的，无须事先同意。

监事会行使调查权时，在必要的时候，监事会可以以公司名义聘请会计师事务所、律师事务所等中介机构协助其工作，无须董事长或者经理签字，由此产生的费用由公司承担。这弥补了监事会专业知识的不足，有利于保障监事会监督的效果。

但为不影响公司的运营效率，监事会行使调查权以发现公司经营情况异常为前提，聘请会计师事务所协助其工作，以必要为前提，且行使时应当尽量避免影响公司的日常经营管理工作。但何为"经营情况异常"，法律并没有给出具体的标准或者指引性规定，实践中由监事会根据商业经验和具体情况进行判断。

另外，要注意该项调查权是一项监事会的集体权利，监事个人无权单独行使。

第八十条　【监事会的知情权及董事、高级管理人员的协助义务】

监事会可以要求董事、高级管理人员提交执行职务的报告。

董事、高级管理人员应当如实向监事会提供有关情况和资料，不得妨碍监事会或者监事行使职权。

◆ 新旧对照解读

本条第一款为本次修订新增内容；本条第二款承继旧法第一百五十条第二款的内容，删除了"或者不设监事会的有限责任公司的监事"的表述，实质内容无变化。本条第一款规定，监事会可以要求董事、高级管理人员提交执行职务的报告，赋予监事会新的监督手段，有利于监事会更好地了解董事、高级管理人员执行职务的情况，从而更有效更有针对性地行使监督权。

◆ **条文释义**

监事会监督权的有效行使，建立在监事会对董事、高级管理人员的职务行为有充分了解的基础上，但监事会并不直接参与公司的经营管理，因此，为保障监事会监督权的有效行使，本条第一款规定了监事会的知情权，监事会有权要求董事、高级管理人员提交执行职务的报告，监事会要求董事、高级管理人员提交执行职务的报告的，董事、高级管理人员应予提交。同时，本条第二款规定了董事、高级管理人员的协助义务，董事、高级管理人员应当如实向监事会提供有关情况和资料，不得提供虚假资料，不得妨碍监事会或者监事行使职权。本条规定强化了监事会的职权。

新法在赋予公司单层制治理模式选择权的同时，进一步强化了监事会的法律地位和职权，为选择设监事会的公司提供了优化的制度供给，有助于公司内部监督力量的优化配置。

第八十一条　【监事会的会议制度】

监事会每年度至少召开一次会议，监事可以提议召开临时监事会会议。

监事会的议事方式和表决程序，除本法有规定的外，由公司章程规定。

监事会决议应当经全体监事的过半数通过。

监事会决议的表决，应当一人一票。

监事会应当对所议事项的决定作成会议记录，出席会议的监事应当在会议记录上签名。

◆ 新旧对照解读

本条源自《公司法》（2018）第五十五条。本次修订主要有两处修改：

一是修改了监事会决议的通过比例，将原来的"经半数以上监事通过"，修改为"经全体监事的过半数通过"。"全体"二字明确了计算决议通过比率的基数是全体监事而非出席会议的监事，消除了旧法可能存在的理解上的歧义。"半数以上"改为"过半数"更加科学合理，尤其是当监事会人数为偶数时，"过半数"可以达到多数决，更能集合多数监事的意见形成监事会集体意思。

二是增加规定"监事会决议的表决，应当一人一票"，明确了监事会决议的表决权规则。监事会作为监督机构，与董事会一样实行少数服从多数的原则，无论是监事会主席还是普通监事，每一监事都有一票表决权。

◆ 条文释义

本条是关于监事会会议制度的规定。

一、监事会会议的召开

监事会会议分为定期会议和临时会议。关于定期会议，监事会每年度至少召开一次会议。这是监事会会议次数的法定最低要求，具体的召开次数和召开时间由公司章程作出具体规定。关于临时会议，监事可以提议召开临时监事会会议。监事提议召开临时监事会会议的，召集人应当履行召集义务。公司章程可以对临时监事会会议的召开情形作出具体规定。

二、监事会会议的议事方式和表决程序

监事会会议的议事方式和表决程序包括如何通知监事参加会议、由谁召集和主持会议、会议有效出席人数、讨论问题的方式、议事规则、表决方式等。本法第七十六条第三款规定了监事会的召集和主持，除本法有规定的外，有限责任公司可以根据本公司实际情况通过公司章程对监事会的议事方式和表决程序作出具体规定。

监事会决议的表决，应当一人一票。监事会成员在监事会会议上地位平等，享有相同的权利，监事会决议在表决时，以监事人数计算，每一监事都有一表决权。

监事会决议由全体监事的过半数通过方为有效。这里的"过半数"是全体监

事的过半数，而非出席监事的过半数；"过半数"不包括"半数"。

三、监事会的会议记录

监事会会议记录包括监事会会议所议事项、监事讨论意见以及讨论后得出的结论等。为方便日后对监事会决议的真实性和合法性进行查询，监事会应当对所议事项的决定作成会议记录，出席会议的监事应当在会议记录上签名。

第八十二条　【监事会履职费用的承担】
监事会行使职权所必需的费用，由公司承担。

◆ 新旧对照解读

本条源自《公司法》（2018）第五十六条。本次修订只进行了文字性修改，删除了"不设监事会的公司的监事"的规定，实质内容并无变化。

◆ 条文释义

本条是关于监事会行使职权所需费用的承担的规定。

监事会在依法履行监督职责的过程中，难免会产生一些费用。而公司的财务大权由董事会、经理等人员负责。董事会、经理等人员对于监督自己的监事会往往持排斥态度，对于监事会行使职权所需的费用往往不愿意提供或者拖延支付。因此，为保障监事会依法履职，本条专门强调，监事会行使职权所必需的费用，由公司承担，董事、高级管理人员不得以任何理由拒绝或者拖延支付。

需要注意的是，由公司承担的费用是监事会行使职权所"必需"的费用，如监事会召集、主持董事会会议所需要的会议经费，依法对董事、高级管理人员提起诉讼所支付的诉讼费和律师代理费等，由公司承担。如果该费用并非监事会行使职权所必需，或者与监事会行使职权无关，则公司可以拒绝支付。监事会行使职权所"必需"的费用都包括哪些项目，可以由公司章程作出具体规定。

另外，此处"监事会行使职权所必需的费用"应该扩大解释为包括监事因行使个人权利而产生的费用，如第七十九条第一款规定的列席董事会会议，并对"董事会决议事项提出质询或者建议"的权利而产生的费用。

> **第八十三条　【不设监事会、监事的情形】**
>
> 规模较小或者股东人数较少的有限责任公司，可以不设监事会，设一名监事，行使本法规定的监事会的职权；经全体股东一致同意，也可以不设监事。

◆ 新旧对照解读

本条源自《公司法》（2018）第五十一条第一款，本次修订主要有以下修改：一是与第七十五条保持一致，调换了"规模较小"与"股东人数较少"的排列顺序，实质内容无变化；二是修改了监事的数量，将"可以设一至二名监事，不设监事会"修改为"可以不设监事会，设一名监事"；三是增加了"行使本法规定的监事会的职权"的表述，明确规定不设监事会的监事行使本法规定的监事会的职权；四是给予规模较小的有限责任公司更大的自治权，规定"经全体股东一致同意，也可以不设监事"。

◆ 条文释义

监事会的运作，需要相应的监督成本。从平衡监督成本与监督效能的角度出发，同时为了进一步提高公司治理的灵活性，本条对有限责任公司监督机制的精简作了规定。

根据本条规定，规模较小或者股东人数较少的有限责任公司，不仅可以不设监事会，只设一名监事，如果全体股东一致同意，也可以不设监事。不设监事会只设监事的有限责任公司，由监事行使本法规定的监事会的职权。

新法之下，有限责任公司监督机制的选择更具灵活性。"追根溯源，公司监督的权力其实来源于股东，或者说公司股东本来就当然享有监督董事和高级管理人员的权力。"[①] 对于规模较小或者股东人数较少的有限责任公司，如果全体股东一致同意不设监事的，全体股东也可以根据本公司经营管理实际对公司监督机制作出约定，如约定由股东或股东会来行使监督权。

---

① 赵旭东：《中国公司治理制度的困境与出路》，载《现代法学》2021年第2期。

第四章　有限责任公司的股权转让

◆ **本章概述**

本章共七条，主要内容为有限责任公司股权转让的规定。较《公司法》（2018）相比，主要有以下四大变化：完善了向股东以外的人转让股权时股东优先购买权机制、新增了未实缴出资及瑕疵出资股权转让时的处理规则、股权转让后的变更登记要求、公司回购股权的时间要求。本章在结合及吸纳了原司法解释部分内容的基础上补充和完善了股权转让的相关条款，使其在实务中更具有可操作性，进一步加强了对股权转让的规范及安全的保障。

第八十四条　【股权转让规则及优先购买权】

有限责任公司的股东之间可以相互转让其全部或者部分股权。

股东向股东以外的人转让股权的，应当将股权转让的数量、价格、支付方式和期限等事项书面通知其他股东，其他股东在同等条件下有优先购买权。股东自接到书面通知之日起三十日内未答复的，视为放弃优先购买权。两个以上股东行使优先购买权的，协商确定各自的购买比例；协商不成的，按照转让时各自的出资比例行使优先购买权。

公司章程对股权转让另有规定的，从其规定。

◆ **新旧对照解读**

与《公司法》（2018）第七十一条相比较，本次修订对于有限责任公司股东之间相互转让股权的规定没有修改。就股东将股权转让给股东以外的人，取消了股东对外转让时其他股东对该转让行为的同意权，以及如果不同意转让时的购买义务，也强调了原有股东所享有的是"优先购买权"，而非对股东对外转让股权的"同意权"。同时，本次修订对转让股权的书面通知的内容进行明确，通知内容不能含糊表述，应当明确股权转让的数量、价格、支付方式和期限等事项。

◆ 相关规定

《公司法司法解释（四）》（2020）第十七条至第二十一条

《民法典婚姻家庭编解释（一）》第七十三条

《九民纪要》第八条、第九条

◆ 条文释义

本条是关于自愿转让有限责任公司股权的规定。考虑到转让股权很有可能影响其他股东在公司的权益，本条对于两种不同情况特别是向股东以外的人转让股权的程序作了规定，并规定了其他股东的优先购买权，若公司章程对股权转让另有规定的，从其规定。

一、向股东以外的人转让股权应当遵守法定的程序

股东向股东以外的人转让股权，将引入新股东进入公司，基于有限公司人合性的特点，本条专门规定了向股东以外的人转让股权的程序。相比《公司法》（2018），本条取消了向股东以外人员转让的"同意权制度"。

1. 向股东以外的人转让股权时无需获得其他股东过半数同意。修订后的《公司法》取消了公司的"同意权制度"，股权转让方只需向其他股东发出书面通知即可。

2. 向股东以外的人转让股权时其他股东有优先购买权。股东的"优先购买权"不是义务，而是权利。但是，这种权利是以"在同等条件下"为限制的。多个股东同时行使优先购买权，如果协商不成，则按照转让时各自的出资比例行使优先购买权。

3. 向股东以外的人转让股权时其他股东优先购买权有行权期限。

二、公司章程可以对股东自愿转让股权另行规定

公司章程对股权的内部和外部转让均可另行规定，这是充分尊重股东自治权的体现。一旦公司章程对股权转让作出了不同的规定，就应当依照公司章程的规定执行。

◆ **适用疑难解析**

一、侵犯其他股东优先购买权的《股权转让合同》是否有效？

根据《九民纪要》的规定，侵犯其他股东优先购买权的《股权转让合同》并不必然无效。在优先购买权人被确认具有优先购买权却没有行使的情形下，赋予原合同在出让人与外部第三人之间继续履行的效力，更有利于股权出让目的的实现，也有利于平衡优先购买权人、出让人、外部第三人之间的权利义务关系。

二、国有股权转让时，其他股东未进场交易，是否构成放弃优先购买权？

在法律无明文规定且股东未明示放弃优先购买权的情况下，享有优先购买权的股东未进场交易，不能根据交易所自行制定的"未进场则视为放弃优先购买权"的交易规则，得出其优先购买权已经丧失的结论。

◆ **案例指引**

艾某、张某某与刘某某等五人股权转让纠纷案——夫妻一方擅自转让其名下股权的效力认定案

【裁判要旨】

股权作为一项特殊的财产权，除其具有的财产权益内容外，还具有与股东个人的社会属性及其特质、品格密不可分的人格权、身份权等内容。如无特别约定，对于自然人股东而言，股权仍属于商法规范内的私权范畴，其各项具体权能应当由股东本人独立行使，不受他人干涉。在股权流转方面，我国《公司法》确认的合法转让主体也是股东本人，而不是其所在的家庭。

【案号】

一审：（2013）陕民二初字第00006号

二审：（2014）民二终字第48号

【案情】

上诉人（原审原告）：艾某、张某某。

被上诉人（原审被告）：刘某某。

原审第三人：王某、武某某、张某二、折某某。

张某某与艾某系夫妻关系。2011年10月26日，张某某与刘某某签订一份

《协议》,约定:张某某自愿将其在榆林市榆阳区常乐工贸有限责任公司(以下简称工贸公司)的原始股份额660万元以13200万元转让刘某某。同年12月16日,双方签订一份《股权转让协议》,约定:张某某自愿将其在工贸公司的500万元原始股份转让给刘某某,转让价款为18960万元。

上述两份协议签订后,刘某某共向张某某付款7600万元。张某某按刘某某的要求,将其在工贸公司的股权分别变更为:刘某某占14.28%,王某占10.99%,武某某占5.49%,张某二占10.99%,折某某占13.18%,总计变更在刘某某及四位第三人名下的股权为54.93%。

2011年12月26日,张某某将7600万元付款全部退回刘某某。此后,艾某、张某某以股权转让未经艾某同意,协议无效为由,向陕西省高级人民法院提起诉讼,请求判令确认张某某与刘某某签订的股权转让协议无效,刘某某返还张某某在工贸公司持有的54.93%的股权。

【审判】

最高人民法院经审理认为,张某某因转让其持有的工贸公司的股权事宜,与刘某某签订了《股权转让协议》,双方从事该项民事交易活动,其民事主体适格,意思表示真实、明确,协议内容不违反我国法律的强制性规定,该股权转让协议应当认定有效。

陕西省高级人民法院一审判决驳回艾某、张某某的诉讼请求,最高人民法院维持一审判决,驳回上诉。

第八十五条　【强制执行程序转让股权时的股东优先购买权】

人民法院依照法律规定的强制执行程序转让股东的股权时,应当通知公司及全体股东,其他股东在同等条件下有优先购买权。其他股东自人民法院通知之日起满二十日不行使优先购买权的,视为放弃优先购买权。

◆ 新旧对照解读

本条延续《公司法》(2018)第七十二条,未做修改。该条款是基于人民法院依照强制执行程序对股权进行处置时其他股东的优先购买权问题。即使是法院执行程序，也应当保护原股东的优先购买权。需要注意，该条对于优先购买权行使的期限是二十日，短于股东自主对外转让的三十日规定。

◆ **相关规定**

《证券法》第一百四十一条

《公司法司法解释（四）》（2020）第二十二条

《最高人民法院关于人民法院执行工作若干问题的规定（试行）》（2020）第三十九条、第四十条

《最高人民法院关于人民法院民事执行中拍卖、变卖财产的规定》（2020）第二条

◆ **条文释义**

强制执行的法定程序及公司人合性保护

1. 人民法院应当通知公司及全体股东。通知公司是为了使其协助执行，通知其他股东则是为了保障其行使优先购买权。

2. 其他股东在同等条件下有优先购买权，有权以股东以外的人所出的条件优先购买该转让的股权，但应当于人民法院通知之日起二十日内提出。

◆ **适用疑难解析**

公司章程、股东会决议等对股权对外转让的限制能否阻却人民法院对股权的执行？

根据《人民法院强制执行股权的规定》第十四条第一款第（四）项的规定，人民法院依法对被执行人持有的股权进行处置时，并不因章程、股东会决议的限制性条款而中止对股权的拍卖等程序。

◆ 案例指引

中森华投资集团有限公司、湖北徐东（集团）股份有限公司合资、合作开发房地产合同纠纷执行审查类执行案

【裁判要旨】

法院依照规定通过直接告知及发布公告的方式，将拟拍卖案涉股权及其他股东享有优先购买权的情况告知长航公司及其全体股东，履行了法定的义务；对案涉股权进行拍卖，除被执行人之外的其他股东在同等条件下有优先购买权。该权利的行使，属于其他股东意思自治的范畴，应当由其自行决定，自行主张。

【案号】

（2020）最高法执监103号

【案情】

申诉人（被执行人）：中森华投资集团有限公司（以下简称中森华公司）。

申请执行人：湖北徐东（集团）股份有限公司（以下简称徐东公司）。

湖北省武汉市中级人民法院（以下简称武汉中院）在执行徐东公司与中森华公司合资、合作开发房地产合同纠纷一案中，裁定拍卖中森华公司持有的武汉长江航运中心实业有限公司（以下简称长航公司）15%股权（以下简称案涉股权），中森华公司不服，提出执行异议称在本案执行程序中，法院没有通知其他股东，侵害了其他股东的优先购买权，中森华公司请求中止对涉案股权的拍卖。

【审判】

武汉中院先后通过直接告知及发布公告的方式，将拟拍卖案涉股权及其他股东享有优先购买权的情况告知长航公司及其全体股东，履行了《公司法》（2018）第七十二条（新《公司法》第八十五条）规定的拍卖前告知义务。根据武汉中院查明的事实，2019年1月11日，长航公司的股东港城公司向武汉中院来函，确认该公司愿意作为优先购买权人参加对案涉股权的竞买。至于长航公司的其他股东在同等条件下是否行使优先购买权，由该其他股东自行决定主张。综上，湖北高院（2019）鄂执复95号执行裁定认定事实清楚，适用法律正确，予以维持，裁定驳回申诉人的申诉请求。

第四章·第八十六条 【公司违反股权登记义务拒绝或者在合理期限内不予答复时对股东的救济】

> **第八十六条　【公司违反股权登记义务拒绝或者在合理期限内不予答复时对股东的救济】**
>
> 　　股东转让股权的，应当书面通知公司，请求变更股东名册；需要办理变更登记的，并请求公司向公司登记机关办理变更登记。公司拒绝或者在合理期限内不予答复的，转让人、受让人可以依法向人民法院提起诉讼。
>
> 　　股权转让的，受让人自记载于股东名册时起可以向公司主张行使股东权利。

◆ **新旧对照解读**

　　本条为《公司法》新增条文，吸收了《公司法司法解释（三）》（2020）第二十三条内容，阐明了股东依法继受股权后，公司有义务在出资证明书、股东名册上进行记载或者变更并依法办理工商登记。如果公司未颁发出资证明书或者未在股东名册中记载而引起纠纷，只要股东能证明其已依法继受了股权，可以要求公司履行颁发出资证明书、记载或者变更股东名册的义务。公司未办理工商登记的，股东可以按照公司法的规定要求公司履行其登记义务，并赋予转让人和受让人在公司拒绝或者在合理期限内不予答复时的救济权力。此外，本条明确了股权受让人可以自记载于股东名册时起向公司主张行使股东权利。

◆ **相关规定**

《公司法司法解释（三）》（2020）第二十三条

《市场主体登记管理条例》第九条

◆ **条文释义**

　　本条是关于公司违反股权登记义务拒绝或者在合理期限内不予答复时对股东的救济。

一、转让股权的股东请求公司变更登记权

股东名册能够反映公司股东的真实情况，对公司内部产生效力；公司登记机关的股东登记情况决定了股东能否对抗善意第三人。在股东转让其股权时，应当以书面的形式通知公司请求变更股东名册并向公司登记机关办理变更登记，公司无正当理由不得拒绝。

二、公司拒绝或者在合理期限内不予答复时的诉权

在没有正当理由的情况下，公司拒绝或者在合理期限内不予答复的，对于股权转让人、受让人均存在较大的风险，也无法保护善意第三人的利益。因此，本条赋予转让人、受让人同样的诉权，均可以依法向人民法院提起诉讼。

适用疑难解析

一、境外相关立法与实践

德国、意大利等国家的公司法也有类似规定，比如《德国有限责任公司法》第四十条规定："管理董事应当向商业登记机关提交一份由其签名的股东名单。"《意大利民法典》有限责任公司部分规定："股份转移自在股东名册登记时起对公司有效。股份转让书，在对签名公证后，应当由受理公证的公证人负责在三十日内于公司所在地的企业登记机关登记备案。"

从这些规定中可以看出，很多国家都把此项义务规定为公司的法定义务，在涉及公司内部具体的责任分配时，又把它划归为董事会或者董事的义务。

二、公司不作为侵权的责任

（一）公司的责任

根据不作为侵权行为理论，签发出资证明书、置备股东名册、办理登记机关登记都是有限责任公司的法定义务，当公司怠于履行这些义务且符合不作为侵权行为构成要件时，应当承担相应的民事责任。

（二）行为人的责任

在公司侵权的法律责任方面，要求公司的员工要对公司的侵权行为负有一定的责任，我国《公司法》专章规定公司董事的资格和义务，明确了董事的任职资格以及对公司负有忠实义务和勤勉义务，并相应规定了其违反义务的责任及救济途径。

董事和高级管理人员对股东和第三人承担侵权责任的根据在于董事在实施此种侵权行为时，违反了公司法规定其应当履行的义务，符合侵权行为的要件，故其本人亦应当承担连带赔偿责任。

◆ 案例指引

如皋市金鼎置业有限公司、南通正达房地产开发有限公司等股东资格确认纠纷案

【裁判要旨】

本案中，根据《股东会议纪要》、2013年10月20日的《股权确认书》等证据，能够证明被申请人已实际投资并享有如皋市金鼎置业有限公司（以下简称金鼎公司）20%的股份。被申请人受叶某某的委托主持股东会议，与其他股东共同推荐董事，已实际参与公司经营管理活动，行使股东权利。

【案号】

一审：（2017）苏06民初128号

二审：（2019）苏民终1194号

再审：（2021）最高法民申1074号

【案情】

再审申请人（一审被告、二审上诉人）：金鼎公司。

再审申请人（一审第三人）：南通正达房地产开发有限公司（以下简称正达公司）。

被申请人（一审原告、二审被上诉人）：吴某某。

二审上诉人（一审被告）：叶某某。

一审第三人：福建涵江大地房地产开发有限公司（以下简称大地公司）。

金鼎公司系2005年9月9日由叶某某投资设立的外商独资企业。2008年9月3日，经主管部门批准，该公司变更为中外合资经营企业，股东为叶某某（占股99.9%）和大地公司（占股0.1%）。吴某某与叶某某、郑某某等人就金鼎公司股权问题签订了多份协议，认定吴某某享有金鼎公司20%的股权，该部分股权隐名于叶某某名下。2013年10月20日，金鼎公司召开股东会，会议由吴某某主持，叶某某、吴某某等人参会，会议形成《股东会议纪要》一份，确认吴某某股份为20%。叶某某同意办理工商登记变更，将工商登记在其名下的金鼎公司股份，根据会议确认的比例分别转让给吴某某等实际所有人或者实际所有人成立的全资公司成为显名股东，以上登记在2013年11月15日前完成。后叶某某未按照该股东会议纪要的要求将上述股份转让至吴某某名下，吴某某遂诉至法院。

【审判】

南通中院经审理认为，吴某某系金鼎公司隐名股东，其股权由叶某某代为持有，根据《最高人民法院关于审理外商投资企业纠纷案件若干问题的规定（一）》第十四条的规定，当事人之间约定一方实际投资、另一方作为外商投资企业名义股东，实际投资者请求确认其在外商投资企业中的股东身份或者请求变更外商投资企业股东的，人民法院不予支持。同时具备以下条件的除外：（1）实际投资者已经实际投资；（2）名义股东以外的其他股东认可实际投资者的股东身份；（3）人民法院或者当事人在诉讼期间就将实际投资者变更为股东征得了外商投资企业审批机关的同意。本案中，实际投资人吴某某已满足上述条件，其主张将叶某某持有的金鼎公司20%股权变更登记至其名下的诉请符合上述规定，应予支持。二审法院判决驳回上诉，维持原判。

金鼎公司、正达公司向最高人民法院申请再审，最高人民法院认为：本案中，根据股东会议纪要、2013年10月20日的《股权确认书》等证据，能够证明被申请人已实际投资并享有金鼎公司20%的股份。被申请人受叶某某的委托主持股东会议，与其他股东共同推荐董事，已实际参与公司经营管理活动，行使股东权利。被申请人于2017年6月26日提起本案诉讼，正达公司于2018年10月18日受让叶某某名下的金鼎公司股份，根据已经生效的3988号裁定、1220号判决、1463号判决的认定，再审申请人有关二审法院未考虑正达公司意见，存在错误的主张不能成立。

最高人民法院审理后驳回了金鼎公司、正达公司的再审申请。

第八十七条 【转让股权后关于出资证明书的规定】

依照本法转让股权后,公司应当及时注销原股东的出资证明书,向新股东签发出资证明书,并相应修改公司章程和股东名册中有关股东及其出资额的记载。对公司章程的该项修改不需再由股东会表决。

◆ 新旧对照解读

本条删除《公司法》(2018)第七十三条中"第七十一条、第七十二条"的具体描述,并增加"及时"二字,对有限责任公司在股东转让股权后应当履行的程序性义务的期限作出适当限制。因股权转让而需要对章程进行的修改仅涉及股权变化结果的记载,所以,无须股东就此事项再召开股东会决议进行表决。

◆ 相关规定

《公司法司法解释(三)》(2020)第二十七条

《市场主体登记管理条例》第二十四条

◆ 条文释义

本条是关于转让股权后应当履行的相关手续的规定。

一、股权转让后公司的程序性义务

有限责任公司的股东依照本法转让股权后,公司应当及时履行两项程序性义务:第一,注销原股东的出资证明书,向公司新股东签发出资证明书。第二,根据股东及其股权的变化情况修改公司章程、修改股东名册并记载变更后各股东的出资额。通过"及时"二字对公司应当履行的程序性义务的期限作出适当限制。

二、简化股权转让后公司章程修改的生效条件

修改章程本应当属于股东会的法定审议和表决事项。但是,考虑到股东之间已经就股权转让达成书面协议或者同意、视为同意,本条规定对公司章程的该项修改不需要再由股东会表决。上述有关文件的注销与签发、修改与变更,均是公司的法定义务,如果公司拒绝依法受让股权的股东履行上述行为的,受让股权的股东可以向人民法院提起诉讼。

◆ **适用疑难解析**

一、转让股权后相关手续的履行

(一)出资证明书的效力

我国《公司法》规定了出资证明书的法定记载事项,出资证明书的作用是表明股东履行了出资义务,是股东行使股东权利的凭证。但是,出资证明书只能对抗公司和股权的转让人,不能对抗善意第三人,效力只及于公司与股东之间或者股权转让双方之间。

(二)股东名册的效力

股东名册具有确定的效力、相对的效力、推定的效力和免责的效力。[1]

确定的效力,即权利人在尚未完成股东名册记载或者股东名册的股东变更记载前,不能向公司主张行使股权。相对的效力,即股东名册对公司以外的第三人不发生法律效力。推定的效力,即公司可以仅以股东名册上记载的股东推定为本公司的股东,给予股东待遇。免责的效力,即公司按照股东名册上记载的股东姓名或者名称及住所履行了通知公告、新股认购、支付股利、分配财产等义务的,公司可以免除相应的责任。

(三)股权转让的变更登记

公司登记机关对公司股东的登记或者变更登记,在股东资格认定时具有相对优先的效力,但不具有决定性的效力,虽未将实际股东在登记机关进行登记或者变更登记,但并不影响实际股东的股东地位,只不过未经登记的事实不具有对抗第三人的效力。

二、境外相关立法与实践

《日本有限责任公司法》第二十条规定:"份额的转让,非在股东名册上记载取得者的姓名、住所及移转的出资股数,不得对抗公司及第三人。"该条是将在股东名册上登记作为对抗公司的要件。而《德国有限责任公司法》第十六条也将

---

[1] 王建敏、邱天利、李红等:《公司诉讼的理论与实务问题研究》,人民法院出版社2008年版,第210页。

向公司申报视为对公司发生效力的要件。

◆ 案例指引

王某、青海省中国旅行社有限公司等股东资格确认纠纷案

【裁判要旨】

王某作为青海省中国旅行社有限公司（以下简称青旅公司）的原始股东，后续争议发生的股权转让、增资等事实，均未得到双方的一致认可，故王某的股东资格及所持股权比例，并未发生变化，其要求青旅公司签发出资证明、记载于股东名册并办理变更工商登记手续的诉求，于法有据。

【案号】

（2021）最高法民申 4921 号

【案情】

再审申请人（一审原告、二审上诉人）：王某。

再审申请人（一审被告、二审上诉人）：青旅公司。

再审申请人（一审第三人、二审上诉人）：王某二。

再审申请人（一审第三人、二审上诉人）：铁某。

再审申请人（一审第三人、二审上诉人）：赵某。

再审申请人（一审第三人、二审上诉人）：西宁青美会务会展有限公司。

王某系青旅公司的原始股东，基于其与王某二等人签订的股权转让协议无效，并请求确认其在青旅公司的全部股权、青旅公司为其签发出资证明书并记载于股东名册等。

【审判】

最高人民法院根据王某、王某二等人的再审申请理由，在本案中主要审查了以下问题：

……

对于第二个问题，关于王某是否具有原告主体资格，本案中，王某系青旅公司的原始股东，基于其与王某二等人签订的股权转让协议无效，并请求确认其在青旅公司的全部股权、青旅公司为其签发出资证明书并记载于股东名册等。王某的诉讼请求具体而明确，其作为实际出资人主张投资权益的归属，符合《民事诉讼法》（2017）第一百一十九条（现为第一百二十二条）规定的起诉条件，应当具有原告的主体资格。王某二等人申请再审称，王某不是青旅公司登记的股东，其以青旅公司为被告，应当裁定驳回其起诉，没有事实和法律依据。

……

对于第五个问题，青旅公司应否为王某签发出资证明、记载于股东名册并办理变更工商登记手续。王某作为青旅公司的原始股东，后续争议发生的股权转让、增资等事实，均未得到双方的一致认可，故王某的股东资格及所持股权比例，并未发生变化，其要求青旅公司签发出资证明、记载于股东名册并办理变更工商登记手续的诉求，于法有据。王某请求青旅公司为其办理股东资格登记的请求，并不属于《公司法司法解释（三）》（2011）第二十五条第三款之规定的情形……王某二、赵某、铁某等人申请再审称，二审判决适用法律错误，理由不能成立。

最终，法院裁定驳回王某、青旅公司、王某二、赵某、铁某、西宁青美会务会展有限公司的再审申请。

第八十八条　【瑕疵出资股权转让后的责任承担】

股东转让已认缴出资但未届出资期限的股权的，由受让人承担缴纳该出资的义务；受让人未按期足额缴纳出资的，转让人对受让人未按期缴纳的出资承担补充责任。

未按照公司章程规定的出资日期缴纳出资或者作为出资的非货币财产的实际价额显著低于所认缴的出资额的股东转让股权的，转让人与受让人在出资不足的范围内承担连带责任；受让人不知道且不应当知道存在上述情形的，由转让人承担责任。

◆ **新旧对照解读**

本条为《公司法》新增条款，该款吸收了《公司法司法解释（三）》（2020）第十八条的部分内容，旨在明确瑕疵股权转让后转让方、受让方的出资责任承担问题。

◆ 相关规定

《公司法》第四十九条至第五十三条

《企业破产法》第三十五条

《公司法司法解释（三）》（2020）第十八条、第十九条、第二十条

《变更追加当事人规定》（2020）第十九条

◆ 条文释义

本条是关于瑕疵出资股权转让后出资责任承担的规定。

一、未届缴资期限

本条明确了原股东在出资义务尚未到期的情况下转让股权，不属于出资期限届满而不履行出资义务的情形，但本条也强化了股东的出资责任，即受让人未按期足额缴纳出资的，出让人对受让人未按期缴纳的出资也要承担补充责任，进一步加强了在认缴资本制下对债权人权益的长效保护。

二、瑕疵股权转让

在出资期限届满后，有限责任公司股东未实缴出资即转让公司股权，属于"未履行出资义务"的情形，在此情形下，转让人未履行实缴出资义务，构成转让人违约，知道或者应当知道存在上述情形的受让人应当在出资不足的范围内与该转让人承担连带责任。

三、瑕疵股东在公司治理中的权利受到限制

对未出资、未完整出资和抽逃出资的股东及其继受股东等瑕疵股东的权利限制包括：表决权受到限制、利润分配权和新股认购权受到限制、公司破产、解散、清算时的资本补交责任、剩余财产分配权受到限制、瑕疵股东对资本补充责任不享有时效抗辩权等。

◆ 适用疑难解析

一、认缴制下的资本补足责任承担

本次《公司法》修订在第八十八条第一款明确，股东转让已认缴出资但未届

缴资期限的股权的，由受让人承担缴纳该出资的义务，受让人未按期足额缴纳出资的，出让人对受让人未按期缴纳的出资承担补充责任。而第二款则旨在明确瑕疵出资情况下资本不足的责任承担。

（一）出资瑕疵股东的资格认定

根据"权利与义务相一致、风险与利益相一致"的原则进行判断，出资瑕疵的股东不应当与足额出资的股东享有相同的权利，应当通过法律对此加以限制区别，如在利润分配请求权、新股认购优先权等方面设定适当的限制。此外，需要强调的是，瑕疵股权虽有瑕疵，但不等于非法权利，不丧失其可转让性。

（二）受让人继受未实缴出资的责任以签订股权转让协议时"明知或者应当知道"为限

受让方"明知"或者"应当知道"是一种价值判断，诉讼程序中公司或者公司债权人如何举证是难题。股权转让行为是典型的商事行为，在以追求效率与安全为目标的商事规则下，商主体在从事商行为的过程中必须尽到合理审慎的注意义务，其行为亦被推定为是经过深思熟虑的结果，商主体应当为其作出的决定负责。

（三）受让人向公司债权人承担清偿责任后，是否有权向转让人追偿

股权转让合同存在瑕疵出资的，受让人可以自身不知并不应当知道出资瑕疵为由对抗公司债权人、主张不承担相应责任。如受让人知道或应当知道受让股权存在出资瑕疵，根据《公司法司法解释（三）》（2020）的规定，受让人承担责任后，有权向转让人追偿。

二、境外相关立法与实践

境外立法及实践中，一般都是直接或者间接地承认瑕疵股权转让合同的效力，并在此基础上进一步划分转让人与受让人之间的出资责任承担。

1. 大陆法系和英美法系不同国家和地区在承认瑕疵股东资格方面的做法大同小异。一般都认为，只要没有相反的证据，根据公司股东名册记载等形式要件即可确认股东资格，进而并不会对认定股权转让合同效力产生负面影响。

2. 在界定转让人与受让人出资责任方面，大陆法系与英美法系存在诸多不同。大陆法系国家多规定转让人与受让人在补足出资方面承担无过错连带责任。如《德国有限责任公司法》规定"对于在申报时股份中尚未缴付的款项，购买人

与转让人共同承担责任"。而英美法系国家则多强调只有当受让人并非真诚或者善意时，才应当对公司或者公司债权人承担出资责任，否则，一般由转让股东承担出资补足责任。

◆ 案例指引

刘某、贾某等案外人执行异议之诉——能否在执行异议之诉程序中追加被执行人

【裁判要旨】

由于执行程序对效率的追求，为避免执行程序中对实体权利义务判断与当事人之间的实际法律关系出现明显背离，因此，执行法院在执行程序中追加股东为被执行人，应当以股东承担责任的事实具有外观上的明显性为基础。在审理追加变更被执行人的异议之诉中，不应当简单审理执行法院在执行程序中作出追加裁定是否有直接的程序法律依据，而应当在实体上判定被追加的继受股东是否应当承担责任。

【案号】

（2021）最高法民再218号

【案情】

再审申请人（一审被告、二审被上诉人）：刘某。

再审申请人（一审被告、二审被上诉人）：贾某。

被申请人（一审原告、二审上诉人）：华润天能徐州煤电有限公司（以下简称华润天能公司）。

被申请人（一审被告、二审被上诉人）：宋某某。

被申请人（一审被告、二审被上诉人）：徐州禄恒能源化工有限公司（以下简称禄恒能源公司）。

刘某、贾某与宋某某、禄恒能源公司民间借贷纠纷一案执行过程中，一审法院追加华润天能公司为被执行人，在注册资金不实的范围内对申请执行人刘某、贾某承担责任。华润天能公司提出书面异议，一审法院审查后裁定驳回异议人华润天能公司的异议。华润天能公司不服此裁定，向二审法院申请复议，二审法院撤销一审裁定，发回一审法院重新审查。一审法院裁定驳回异议人华润天能公司的异议。华润天能公司不服此裁定，提起本案执行异议之诉。

【审判】

最高人民法院审理认为，本案再审的焦点问题是：应否追加华润天能公司为被执行人。

（一）关于是否可以在执行异议之诉程序中审理是否追加华润天能公司为被执行人

华润天能公司主张对继受股东责任的认定，涉及实体责任认定，应当通过诉讼程序解决，不能直接在执行程序中予以追加。根据《公司法司法解释（三）》（2020）第十三条、第十八条规定精神，有限责任公司的股东未履行或者未全面履行出资义务即转让股权，受让股东对此知道或者应当知道的，受让人应当与转让人就公司债务不能清偿部分向债权人连带承担补充赔偿责任。由于受让人是否知道或者应当知道转让股东未履行或者未全面履行出资义务这一事实，通常不具有外观上的明显性，因此，一般不宜在执行程序中依据《变更追加当事人规定》（2020）第十七条的规定，由执行法院裁定追加受让股东为被执行人。但由于华润天能公司应当承担补充赔偿责任的有关事实有工商档案材料佐证且已经有生效裁判确认，执行法院依据外观上具有明显性的事实，在申请执行人债权未能及时获得清偿的情况下，依法作出（2015）哈执异字第6号以及（2017）黑01执异80号执行裁定，追加华润天能公司为被执行人，驳回其异议，执行程序并无明显不当。

（二）关于华润天能公司是否应当对禄恒能源公司债务承担补充赔偿责任

不论是从华润天能公司持有《股权转让协议书》还是从工商档案所存《股权转让协议书》的内容看，华润天能公司知道或者应当知道香港康宏国际投资集团有限公司未足额缴纳出资，但其仍自愿受让案涉股权，成为被执行人禄恒能源公司的股东，根据《公司法司法解释（三）》（2020）第十八条的规定，应当对原股东未全面履行出资义务承担相应的责任。华润天能公司在受让股权后，未在分期缴付期限内缴足应当缴付的出资额，负有补足出资的义务，应当在未出资本息范围内对公司债务不能清偿部分承担相应补充赔偿责任。禄恒能源公司债务不能清偿范围应当由执行法院根据执行程序中对禄恒能源公司强制执行的情况依法确定。若华润天能公司因他案强制执行已经承担了部分补充赔偿责任，亦可以依法在执行程序中主张扣减，由执行法院依法审查确定是否支持其主张。

最高人民法院审理后认为刘某、贾某的再审请求成立。

第八十九条 【公司股权回购的情形】

有下列情形之一的，对股东会该项决议投反对票的股东可以请求公司按照合理的价格收购其股权：

（一）公司连续五年不向股东分配利润，而公司该五年连续盈利，并且符合本法规定的分配利润条件；

（二）公司合并、分立、转让主要财产；

（三）公司章程规定的营业期限届满或者章程规定的其他解散事由出现，股东会通过决议修改章程使公司存续。

自股东会决议作出之日起六十日内，股东与公司不能达成股权收购协议的，股东可以自股东会决议作出之日起九十日内向人民法院提起诉讼。

公司的控股股东滥用股东权利，严重损害公司或者其他股东利益的，其他股东有权请求公司按照合理的价格收购其股权。

公司因本条第一款、第三款规定的情形收购的本公司股权，应当在六个月内依法转让或者注销。

◆ 新旧对照解读

本条在《公司法》（2018）第七十四条基础上作出部分字词修改，还增加了对于如何处置按上述情形回购本公司股权的规定，明确公司回购的股权应当在六个月内依法转让或者注销。该规定和《公司法司法解释（二）》（2020）第五条第二款关于解散公司诉讼案件中公司回购股权"应当自调解书生效之日起六个月内将股份转让或者注销"的规定相一致。同时新增股东要求公司回购股权的情形，进一步完善中小股东权利保护相关规定，规定控股股东滥用股东权利，严重损害公司或者其他股东利益的，其他股东有权请求公司按照合理的价格收购其股权。

◆ 相关规定

《公司法司法解释（一）》（2014）第三条

《公司法司法解释（二）》（2020）第五条

《九民纪要》第五条

◆ 条文释义

本条是关于有限责任公司股东在特殊情况下可以请求公司回购其股权而退出公司的规定。基于有限责任公司兼具人合性与资合性的特点，股东随意退出有可能会影响公司正常经营。因此，在立法上需要给有限责任公司的股东退出情况加以限制。同时，为了防止有限责任公司的控股股东或者利用股东会决议的方式损害中小股东权益，《公司法》也为其提供法律制度的保障。

一、股东可以退出公司的法定条件

公司回购股权本质上是公司通过受让股东股权的方式使股东达到撤回投资，退出公司的目的。只有出现本条规定的三种情形之一，并且股东会在该股东投反对票的情况下依然作出了有效的决议，该投反对票的股东才可以请求公司按照合理的价格收购其股权。除此之外，新增控股股东滥用股东权利，严重损害公司或者其他股东利益时，其他股东有权请求公司按照合理的价格收购其股权。该规定有助于完善对中小股东的权益保护。

二、股东退出公司的法定程序

1. 请求公司收购其股权。股东要求退出公司时，应当以公开市场上一般人认可的合理价格请求公司收购其股权。

2. 依法向人民法院提起诉讼。股东请求公司收购其股权，应当首先通过协商的方式解决，协商不成才可以依据本条规定的时限和程序向人民法院提起诉讼。

3. 公司收购的本公司股权应当依法转让或者注销。公司依照本条第一款、第三款规定收购的本公司股权，应当在六个月内依法转让或者注销。

◆ 适用疑难解析

一、股东请求公司回购股权的合理价格如何确定？

关于公司收购股东股权的收购价格，首先要看公司章程中是否有规定。若没有规定，则各方可协商确定。在协商不能的情形下，法院可以指派第三方中介机构对公司的净资产进行审计，以净资产为计算标准，计算异议股东的股权收购价格。如果公司不配合应当由公司承担不利后果。

二、异议股东回购请求权的形式需要满足哪些具体条件？

一是主体上限定为异议股东，即对股东会相关决议投出反对票的股东。二是具备本条规定的三种情形。三是需要先进行协商程序，自股东会决议作出之日起六十日内，股东与公司不能达成股权收购协议的，异议股东可以向人民法院提起诉讼。

◆ 案例指引

深圳市广华创新投资企业、大连财神岛集团有限公司请求公司收购股份纠纷案

【裁判要旨】

公司有效资本是维持公司正常运营、获得持续盈利能力、保障债权人利益的基础。因此，我国采取严格的公司资本维持制度，原则上禁止有限责任公司收购本公司股权，仅针对个别情形作出例外规定。

【案号】

一审：（2018）辽02民初611号

二审：（2019）辽民终1198号

再审：（2020）最高法民再350号

【案情】

再审申请人（一审原告、二审上诉人）：深圳市广华创新投资企业（有限合伙）（以下简称广华投资企业）。

被申请人（一审被告、二审被上诉人）：大连财神岛集团有限公司（以下简称财神岛公司）。

被申请人（一审被告、二审被上诉人）：李某。

被申请人（一审被告、二审被上诉人）：于某某。

被申请人（一审第三人）：深圳市广华集团有限公司。

被申请人（一审第三人）：刘某某。

2012年3月30日，财神岛公司（甲方）和广华投资企业（乙方）签订《协议书》。该协议记载：鉴于乙方于2011年出资3000万元参股甲方，双方共同追求的目标是财神岛公司改制上市，甲方具体负责公司的日常运作。甲、乙双方补充协议如下：如不能完成上市，则甲、乙双方无条件同意，以乙方投资额3000万元为基数，以2011年1月1日为始点，以年利率10%为标准，由甲方全额收购乙方投资的财神岛公司股权。任何一方违反前述规定，应当对由此给对方造成的损失承担全部赔偿责任。

后广华投资企业向辽宁省大连市中级人民法院起诉请求财神岛公司收购广华投资企业持有的公司全部20%的股份。

【审判】

有限责任公司收购本公司股权减少注册资本均以保障公司债权人清偿利益为前提。如正常经营期间，有限责任公司依约以现金价款收购其股东股权必然导致公司现金量减少，流动性降低，可能出现财务困难危及公司的正常运营，进而损害盈利能力。有限责任公司收购本公司股权使公司有效资本减少还可能直接导致公司不能清偿到期债务，且资产不足以清偿全部债务或者明显缺乏清偿能力而超越破产边界，导致公司停止经营。因此，在没有法定程序保障的前提下，该种可能严重损害清偿能力的交易安排不仅损害公司债权人的合法利益，还可能危害公司的持续经营能力，并给股东之间串通抽逃有效资本留有空间。基于以上理由，案涉各份协议中关于在不能上市时由财神岛公司收购广华投资企业股权的条款，属于股东滥用公司法人独立地位和股东有限责任，可能严重损害公司债权人利益，违反了《公司法》（2018）第二十条的规定，不能得到法律认可而应当归于无效。

辽宁省大连市中级人民法院一审判决驳回广华投资企业的诉讼请求。

辽宁省高级人民法院二审驳回广华投资企业的上诉请求，维持原判。

最高人民法院再审判决李某、于某某向广华投资企业共同返还2250万元股权收购款并支付利息，驳回广华投资企业要求回购股份等其他诉讼请求。

> **第九十条　【股东资格的继承】**
> 自然人股东死亡后，其合法继承人可以继承股东资格；但是，公司章程另有规定的除外。

◆ 新旧对照解读

本条延续了《公司法》（2018）第七十五条的规定，未作修改。

◆ 相关规定

《民法典》第一千一百二十二条
《公司法司法解释（四）》（2020）第十六条
《市场主体登记管理条例》第二十四条

◆ 条文释义

本条是关于自然人股东死亡后其股东资格如何继承的规定。

1. 《民法典》关于继承的规定调整的范围仅限于财产权，而有限责任公司中的股东资格具有人身专属性，因此在股权继承时身份权应当随财产权一同继承。

2. 公司章程可以作出除外规定。考虑到有限责任公司具有人合性，股东之间的合作基于相互间的信任，而股东资格被继承，其实质就是股权转让，因此《公司法》允许公司在公司章程中就股东资格继承问题另行规定。

◆ 适用疑难解析

一、限制行为能力人能否依据本条规定通过继承方式取得股东资格？

法律并未规定限制行为能力人不能取得股东资格，国家工商行政管理总局于2007年6月25日下发了《关于未成年人能否成为公司股东问题的答复》，明确指出"《公司法》对未成年人能否成为公司股东没有作出限制性规定。因此，未成年人可以成为公司股东，其股东权利可以由法定代理人代为行使"。

二、股东去世后公司能否以修订公司章程的方式对去世股东的股东资格继承作出限制？

在公司股东去世后，其股东资格能否由其继承人继承，应当以该股东在世时通过的最后一版有效的公司章程为依据，对股东资格能否继承作出认定。在股东去世后，其他股东通过修订公司章程对股东资格作出限制，不适用于该去世股东的股东资格继承。同时应当注意，公司章程只能限制继承人继承股东资格，不得违反继承法的基本原则，剥夺继承人获得与股权价值相适应的财产对价的权利。

◆ 案例指引

启东市建都房地产开发有限公司、周某乙股东资格确认纠纷案

【裁判要旨】

一审法院和二审法院都认可公司可以通过章程约定排除股东资格的继承，之所以产生不同的判决结果，关键在于对本案中章程约定的内容理解不同。一审法院认为该公司章程的内容在逻辑上不周延，没有涵盖本案股权继承的问题，并不能得出章程排除了本案情况下股东资格继承的结论。二审法院则认为章程已经明确排除了股东资格继承，理由是如何处理股权（并非股东资格）并非本案讨论的问题，股东资格继承已经被明确排除。

【案号】

一审：（2016）苏民初10号

二审：（2018）最高法民终88号

【案情】

上诉人（原审被告）：启东市建都房地产开发有限公司（以下简称建都公司）。

被上诉人（原审原告）：周某乙。

周某甲对建都公司出资2100万元，占注册资本42%。建都公司自2009年以来至诉讼前先后四次修改章程。其中2009年2月11日、2009年4月29日、2012年3月29日的章程规定："股东不得向股东以外的人转让股权。"

2015年1月，建都公司经股东会决议修改公司章程，在原章程第四章第七条

中增加规定一款作为第三款"对正常到龄退休（返聘除外）、长病、长休、死亡的股东，应当及时办理股权转让手续，股东退股时，公司累计有盈余的（经会计师事务所审计确认），持股期间按本人持股额每年享受20%以内回报"。

周某乙系周某甲女儿，周某甲于2015年11月23日立下遗嘱，明确其死后持有的建都公司42%的股权由周某乙继承。同年12月4日，周某甲逝世。建都公司于2017年10月3日召开临时股东会，明确因周某甲已因病去世，需办理减资手续。周某乙未参加该股东会。后周某乙因股权继承与建都公司发生纠纷，周某乙起诉，请求判决确认周某乙享有建都公司42%的股权，并判令建都公司将周某乙载入股东名册、办理将上述股权变更登记至周某乙名下的相应变更登记手续。

【审判】

最高人民法院二审认为：

1. 正确理解章程条款，应当在文义解释的基础上，综合考虑章程体系、制定背景以及实施情况等因素加以分析。自2009年起章程中删除了继承人可以继承股东资格的条款，且明确规定股东不得向股东以外的人转让股权，可以反映出建都公司具有高度的人合性和封闭性特征。2015年1月10日的公司章程第七条第三款对死亡股东股权的处理已经作出了规定，虽然未明确死亡股东的股东资格不能继承，但结合该条所反映的建都公司高度人合性和封闭性的特征，以及死亡股东应当及时办理股权转让手续的表述，可以认定排除股东资格继承是章程的真实意思表示。其他股东也按照章程规定进行了处理，印证了股东离开公司后按照章程规定不再享有股东资格的实践情况。因此，综观建都公司章程的演变，并结合建都公司对离职退股的实践处理方式，本案应当认定公司章程已经排除了股东资格的继承。

2. 排除股东资格继承后，标的股权如何处理属于公司治理事项，不影响本案股东资格的判断。建都公司作为有限责任公司，具有独立的法人人格和治理结构，案涉股权排除继承后，究竟是由公司回购还是由其他股东受让，均可通过公司自治实现。这两种方式均有利于打破公司僵局，维持公司的人合性和封闭性，体现公司意志，保护股东权益。

3. 周某乙虽无权继承股东资格，但其财产权利可以得到保障。根据2015年1月10日公司章程第七条的相关规定，其依然能取得退还的股本金和按照持股额每年计算一定比例的回报款。因此，周某乙作为周某甲的继承人，能够从建都公司获取较为丰厚的财产收益，对其权益的保护亦属合理。同时，建都公司目前离职的股东均采取这种收回股本金和领取一定比例回报款的方式获得补偿，遵照公司章程对股东权益平等予以保护，符合本案实际情况。

遂判决撤销一审判决，驳回周某乙的诉讼请求。

第五章　股份有限公司的设立和组织机构

◆ **本章概述**

本章共包括五十一条，其中：第九十一条至第一百一十条规定了股份有限公司的设立，第一百一十一条至第一百一十九条规定了股份有限公司的股东会，第一百二十条至第一百二十九条规定了股份有限公司的董事会、经理，第一百三十条至第一百三十三条规定了股份有限公司的监事会，第一百三十四条至第一百四十一条是关于上市公司组织机构的特别规定。

本章部分关于股份有限公司的规定与关于有限责任公司的规定有所重叠，在本部分解读中不做过多赘述。关于一人股份有限公司的设立、授权资本制的引入等新增内容则是本次修订中的亮点，解读中也以更多篇幅进行论述。

第一节　设　　立

> **第九十一条　【设立方式】**
> 设立股份有限公司，可以采取发起设立或者募集设立的方式。
> 发起设立，是指由发起人认购设立公司时应发行的全部股份而设立公司。
> 募集设立，是指由发起人认购设立公司时应发行股份的一部分，其余股份向特定对象募集或者向社会公开募集而设立公司。

◆ **新旧对照解读**

本条基本沿用了《公司法》（2018）第七十七条的规定，明确了股份有限公司的两种设立方式：发起设立和募集设立。在第二款和第三款中增加了"设立公司时"。

◆ **条文释义**

本条是关于股份有限公司的设立方式的规定。

根据在设立时是否向社会公众发行股份，股份有限公司的设立方式可分为两种：发起设立和募集设立。

1. 发起设立，是指由发起人认购设立公司时应当发行的全部股份而设立公司。即设立公司时应当发行的全部股份均由发起人认购，而不向发起人之外的任何社会公众募集股份。以此方式设立的股份有限公司，在发行新股之前，其全部股份都为发起人持有，公司的全部股东都是设立公司的发起人。由于不向社会公众发行股份，不涉及其他投资者的利益，发起设立方式的程序要求较为简便，只要发起人认足股份即可向公司登记机关申请设立登记。但该方式要求发起人本身具备较为雄厚的资金条件。

2. 募集设立，是指由发起人认购设立公司时应当发行股份的一部分，其余股份向特定对象募集或者向社会公开募集而设立公司。即以募集设立方式设立股份有限公司时，部分股份由发起人认购，部分股份向发起人之外的其他投资者募集认购。发起人之外的其他投资者，根据对象是否特定，可分为两种情况：一是不特定对象，即广大的社会公众；二是特定对象，即一定范围内的特定群体，如特定的机构投资者等。设立规模较大的股份有限公司，所需资金较多，而发起人通过募集设立的方式，只需要投入较少的资金，就能够迅速从社会上汇聚大量资金，使公司满足设立所需的较大资本数额。但由于发起人之外的其他投资者与发起人之间存在信息不对称等问题，为充分保护广大投资者的利益，维护公平公正的经济秩序，募集设立的程序要求较为严格。

第九十二条　【发起人的限制】

设立股份有限公司，应当有一人以上二百人以下为发起人，其中应当有半数以上的发起人在中华人民共和国境内有住所。

◆ **新旧对照解读**

本条在沿用《公司法》（2018）第七十八条的基础上，将"二人"修改为"一人"，即不再控制股份有限公司的发起人数下限，从法律层面上明确允许一个自然人或者一个法人以发起设立的方式设立一人股份有限公司。将"中国"改为全称"中华人民共和国"。这一规定提高了投资者选择组织形式的自由度，能够让市场主体更方便地以股份有限公司的身份参与各项市场活动，从而进一步激发市场主体的积极性，充分释放市场活力。

◆ **条文释义**

本条是关于发起人的人数、资格的规定。

一、发起人的人数

根据本条规定，股份有限公司发起人的最低人数为一人，最高人数为二百人。发起人的人数限制在公司法中已几经修改。在最低人数上，《公司法》（1993）规定设立股份有限公司应当有五人以上的发起人，《公司法》（2005）将其修改为二人以上，是为了充分保障当事人意思自治，本次修订后，又将发起人的最低人数降低为一人，允许自然人或者法人以发起设立的方式设立一人股份有限公司。在最高人数上，《公司法》（1993）未作规定，《公司法》（2005）则规定了二百人以下的人数限制，以防止利用大量名义上的发起人设立股份有限公司，实质上却是进行非法集资的情况。最高人数限制的规定同时也是考虑到如果发起人人数过多，在处理设立股份有限公司的诸多事务时将难以及时有效地形成一致意见和采取一致行动。

二、发起人的资格

根据本条规定，股份有限公司的发起人可以是自然人也可以是法人，但作为自然人的发起人，应当是完全行为能力人，无行为能力人或者限制行为能力人不能作为发起人。发起人可以是中国人也可以是外国人，但必须有半数以上的发起人在中华人民共和国境内有住所。自然人的住所是指其户籍所在地，经常居住地与户籍所在地不一致的，经常居住地视为住所。法人的住所是指其主要办事机构所在地。发起人在中华人民共和国境内有住所，对中国公民而言，是指公民户籍所在地或者经常居住地在中华人民共和国境内；对外国公民而言，是指其经常居住地在中华人民共和国境内；对法人而言，是指其主要办事机构所在地在中华人民共和国境内。对住所进行如此限制，是为了保障公司的顺利设立，确保有一定数量的发起人能够负责实际办理设立的各种手续，同时也方便国家进行监管，防止发起人损害社会公众利益。

此次修改在涉及外国人和外国公司的条款中统一将原来的"中国"表述修改为"中华人民共和国"，如本条和第十三章"外国公司的分支机构"的规定。

三、一人股份有限公司

一人公司是指公司的全部出资或者所有股份都由单一股东（自然人或者法人）持有的公司。一人公司是公司的特殊类型，由于其一人性的特征与公司组成成员的多数性相悖，突破了公司作为社团法人的传统属性，其合法性和合理性一直备受争议。法人为股东的一人公司相对更易被接受，而对于由一个自然人投资设立的一人公司，在社会信用机制不够完善的情况下可能会严重影响市场秩序，也就难以被广泛认同。在国外立法例中，对一人公司的态度经历了由否定到肯定的转变，一人公司的优点及其事实存在使得对一人公司法律地位的承认成为各国立法的普遍趋势。个人投资者通过一人公司的形式可以获得较多社会信用，可以利用公司独立人格和有限责任原则规避经营风险。同时，一人公司中一人股东决定一切，无须经过通知、会议、表决等程序，没有沟通、争议、协调等问题，可以极大减少公司设立、运营和监督等成本。即使法律禁止设立一人公司，也无法阻止事实上一人公司的存在，反而可能促使投资者恶意规避法律而产生更多社会矛盾。赋予一人公司法律地位，则可以通过法律规定来规范一人公司的设立、经营，防止唯一股东滥用一人公司形式损害债权人利益。

一人公司包括一人有限责任公司和一人股份有限公司两种类型。《公司法》（2005）修订中首次允许设立一人有限责任公司，但秉持着审慎态度，对一人股份有限公司的法律地位则一直没有予以承认，直到本次修法才通过修改发起人最低人数限制允许设立一人股份有限公司，这也是我国市场经济发展的必然要求。

一人股份有限公司是指由一个自然人或者一个法人以发起方式设立的股份有限公司。一人股份有限公司的发起人只有一个，可以是自然人也可以是法人，其单独持有公司的全部股份，是公司的唯一股东。因为只有一个发起人，要满足

"半数以上的发起人在中华人民共和国境内有住所"的条件，则该发起人必须在中华人民共和国境内有住所。同时，一人股份有限公司只能以发起设立的方式设立，不能向其他人募集股份。

由于新《公司法》取消了一人公司的称呼，而使用了"只有一个股东的公司"（第二十三条）的叫法，因此今后一人公司仅仅是学理上的名称，规范称呼应该是"只有一个股东的公司"，包括只有一个股东的有限责任公司和只有一个股东的股份有限公司。《公司法》上称呼的优点在于排除了实质意义上的一人公司，即只要公司名义上多于一个股东，如股东为夫妻二人，或者需找一位名义股东仅持有少量股份（如一股），就不需要遵守《公司法》对其更为苛刻的规制要求。如，第二十三条规定的法人人格否认方面的举证责任倒置。

> **第九十三条　【发起人的义务】**
> 股份有限公司发起人承担公司筹办事务。
> 发起人应当签订发起人协议，明确各自在公司设立过程中的权利和义务。

◆ **新旧对照解读**

本条完全沿用了《公司法》（2018）第七十九条的规定，明确了股份有限公司发起人在公司设立过程中的法定义务，即承担公司筹办事务和签订发起人协议。

◆ **相关规定**

《公司法司法解释（三）》（2020）第四条、第五条

◆ **条文释义**

本条是关于发起人义务的规定。

根据本条规定，股份有限公司的发起人在公司设立过程中应当承担两项法定

义务：

1. 承担公司筹办事务。股份有限公司设立过程中的各项事务需要发起人筹办并依法承担责任。采取发起设立方式的，发起人应当承担制定公司章程，认缴并及时缴纳出资，选举董事会和监事会，办理有关行政审批和设立登记等筹办事务。采取募集设立方式的，发起人还应当负责对外募集股份的相关事务，包括申请公开发行股票核准，履行信息披露义务，依法公告招股说明书、制作认股书，与证券公司签订承销协议，与银行签订代收股款协议，让法定的验资机构验资并出具证明，依法召开公司成立大会等。

2. 签订发起人协议。发起人协议是指发起人之间签订的、明确各个发起人在公司设立过程中的权利和义务的协议。股份有限公司的设立过程中发起人之间可能因各自的权益冲突、责任范围、权利事项不明确等问题产生各种纠纷，这容易导致公司无法设立或者为日后公司治理留下隐患，因此有必要签订发起人协议对权利义务进行事前约定，如发起人各自认购的股份数、出资方式、未按约定履行出资义务的违约责任、对公司筹办事务的分工、公司设立失败时的责任分担等，以尽可能保证公司顺利设立并预防纠纷发生。

第九十四条　【公司章程制定】

设立股份有限公司，应当由发起人共同制订公司章程。

◆ **条文释义**

本条是关于发起人共同制定公司章程的规定。

股份有限公司的公司章程，是指以书面形式表现出来的，关于公司组织和行动的基本规则。设立公司必须依法制定公司章程，这是公司自治的基本依据，对公司、股东、董事、监事以及高级管理人员均具有约束力，其效力贯穿自公司设立开始至公司解散并清算终止的整个存续期间。本条作为新增条款，明确了股份有限公司设立时应当由发起人共同制定公司章程。这意味着，股份有限公司章程的制定主体为发起人，且要求由发起人共同制定，即所有发起人都必须参与公司章程的制定，章程经全体发起人一致同意并由全体发起人签名或者盖章后生效，这充分显示了公司章程是发起人共同意志的体现。

> **第九十五条　【公司章程内容】**
>
> 股份有限公司章程应当载明下列事项：
>
> （一）公司名称和住所；
>
> （二）公司经营范围；
>
> （三）公司设立方式；
>
> （四）公司注册资本、已发行的股份数和设立时发行的股份数，面额股的每股金额；
>
> （五）发行类别股的，每一类别股的股份数及其权利和义务；
>
> （六）发起人的姓名或者名称、认购的股份数、出资方式；
>
> （七）董事会的组成、职权和议事规则；
>
> （八）公司法定代表人的产生、变更办法；
>
> （九）监事会的组成、职权和议事规则；
>
> （十）公司利润分配办法；
>
> （十一）公司的解散事由与清算办法；
>
> （十二）公司的通知和公告办法；
>
> （十三）股东会认为需要规定的其他事项。

◆ **新旧对照解读**

本条在沿用《公司法》（2018）第八十一条规定的基础上，对以下内容进行了调整：（1）将原第（四）项"公司股份总数、每股金额和注册资本"修改为"公司注册资本、已发行的股份数和设立时发行的股份数，面额股的每股金额"；（2）增加了第（五）项"发行类别股的，每一类别股的股份数及其权利和义务"；（3）删除了原第（五）项中的"和出资时间"；（4）将原第（七）项"公司法定代表人"修改为"公司法定代表人的产生、变更办法"；（5）将原第（十二）项中"股东大会"修改为"股东会"，并删去"会议"二字。

修改后的条文对股份有限公司章程内容的要求较原来更为周延。一方面，不再将出资时间作为公司章程应当载明事项进行明确列举，进一步减少投资限制，适应投资市场的发展需求。另一方面，引入了类别股概念并对面额股和类别股两种不同类型的股份规定了不同的应当载明事项，这是为配合后续的无面额股制度、类别股制度引入而进行的对公司章程要求的相应修改。此外，对公司法定代表人的记载事项具体为其产生和变更办法，而不再要求记载法定代表人由具体某人担任。但公司登记事项（《公司法》第三十二条）包括法定代表人的姓名。这说明公司设立时不仅需要考虑法定代表人的具体人员，也要对法定代表人的产生、变更办法进行重点考量，通过科学合理的制度设计，做好人员选任和管理工作，促进公司长期健康发展。

◈ **条文释义**

本条是关于股份有限公司章程内容的规定。

根据本条规定，股份有限公司章程应当载明下列内容：

1. 公司名称和住所。公司名称是指公司用来指代自己以区别于其他公司的文字符号。公司住所是指公司的主要办事机构所在地。

2. 公司经营范围，即公司可以从事的经营活动的范围。

3. 公司设立方式，即公司是采取发起还是募集的方式设立的。

4. 公司注册资本、已发行的股份数和设立时发行的股份数，面额股的每股金额，即公司在公司登记机关登记的已发行股份的股本总额，已经发行的股份数额，公司设立时应当发行的股份数额。如果公司设立时发行的是面额股，即在股票票面上注明其股数和金额的股份，公司章程应当载明面额股每一股所代表的金额。此项对注册资本、已发行的股份数和设立时发行股份数进行了分别列举，区分了这三个概念，从而更好与授权资本制相匹配；删除了出资时间，进而与第九十八条明确的股份公司资本实缴制相匹配；此外还明确了发行无面额股场景的记载事项，从而与第一百四十二条引入的无面额股制度相衔接。

5. 发行类别股的，类别股的股份数及其权利和义务。如果发行的是类别股，公司章程应当载明其股份数量以及相应的权利和义务。本项规定与第一百四十四条至第一百四十六条类别股有关规定相衔接，有利于保障类别股股东的合法权益。在本法中,"普通股"作为参照基准,是指具有完整的股东权利、正常的权利顺位、没有特殊的权利负担的股份,而"类别股"则是相对于"普通股"而言,在投票权、优先购买权、出售、限制转让、清算优先权等方面存在特殊情形的股份。如果在章程中仅记载类别股的名称,不足以区分并准确把握不同类别的类别股的真正内涵,且市场发展的需求可能会催生新的类别股实践,因此必须在公司章程中清晰完整地载明该等股份的具体权利和义务。

6. 发起人的姓名或者名称、认购的股份数、出资方式,即自然人发起人的姓名、法人发起人的名称、各发起人所认购的股份数额及其是用货币出资还是用实物、知识产权、土地使用权等非货币财产出资。

7. 董事会的组成、职权和议事规则,即董事会成员的具体数额和人员,董事会所行使的职权范围,以及董事会召集、举行会议、作出决议所应当遵守的规则。

8. 公司法定代表人的产生、变更办法。法定代表人是对外代表公司行使职权的人员,公司章程需载明其产生、变更的办法,包括人员选任范围、条件、程序等,这一规定有利于消弭公司实践中因为法定代表人确定方式存在争议而引发的纠纷。

9. 监事会的组成、职权和议事规则,即监事会成员的具体数额和人员,监事会所行使的职权范围,以及监事会召集、举行会议、作出决议所应当遵守的规则。

10. 公司利润分配办法,即公司对其弥补亏损和提取公积金后所余税后利润,按照股份比例或者按照其他办法进行分配的具体规则。

11. 公司的解散事由与清算办法,即可以导致公司解散的事件、情形,以及公司解散后如何进行清算。

12. 公司的通知和公告办法,即公司以何种方式进行通知和公告,如邮寄、登报等。

13. 股东会会议认为需要规定的其他事项,即除上述事项以外,股东会根据公司的具体情况认为还需要在章程中规定的其他事项。

> **第九十六条 【注册资本】**
>
> 股份有限公司的注册资本为在公司登记机关登记的已发行股份的股本总额。在发起人认购的股份缴足前,不得向他人募集股份。
>
> 法律、行政法规以及国务院决定对股份有限公司注册资本最低限额另有规定的,从其规定。

◆ 新旧对照解读

本条在沿用《公司法》(2018) 第八十条规定的基础上,不再根据不同的设立方式对股份有限公司注册资本的界定作出差异化规定,而是统一规定股份有限公司的注册资本为"在公司登记机关登记的已发行股份的股本总额"。可见,新法是以股份是否已发行作为注册资本的认定标准,这符合股份有限公司资合性及公众性的特征。同时,这一变化也使得原条文第一款中"在发起人认购的股份缴足前,不得向他人募集股份"的适用范围从只针对发起设立的股份有限公司扩展到募集设立的股份有限公司。这一限制可以防止部分发起人借由向他人募集的方式进行不正当投机,以损害其他投资者的利益。

◆ 相关规定

《公司法司法解释(二)》(2020) 第二十二条

◆ 条文释义

本条是关于股份有限公司注册资本的规定。根据本条规定,无论是采取发起设立还是募集设立方式设立的股份有限公司,其注册资本均为在公司登记机关登记的已发行股份的股本总额。

因为《公司法》第九十八条第一款规定:"发起人应当在公司成立前按照其认购的股份全额缴纳股款。"因此,不允许发起人分期缴纳出资。同时,在发起人认购的股份缴足前,不得向他人募集股份。这是为了防止发起人在自身尚未缴足出资时借由向他人募集股份进行不正当投机，损害其他投资人的利益。

此外，本条虽然未规定股份有限公司的最低注册资本，但保留了例外情形，即法律、行政法规以及国务院决定对其注册资本最低额度另有规定的，从其规定。公司的注册资本是公司经营的物质条件基础，也是一定程度上的公司债权人利益的担保。基于权利义务相一致、利益与风险相适应的民商法原则，公司作为从事经营活动的主体，应当具备基本的责任能力，以承担与其行为相适应的义务和风险，这同时也是保护债权人利益的需要。对于部分特定行业的经营，其需要的经营资本金额较大，可能的风险损失也较大，如果资本不够雄厚、风险承受能力不够强大的公司从事该类行业的经营活动，可能会给市场带来难以应对的风险。因此，对特定行业的经营需严格控制资本不足的企业涉足，以保证公司经营、保护债权人利益和维护市场安全稳定运行，例如《商业银行法》对商业银行最低注册资本的规定。

> **第九十七条　【发起人认购股份】**
>
> 以发起设立方式设立股份有限公司的，发起人应当认足公司章程规定的公司设立时应发行的股份。
>
> 以募集设立方式设立股份有限公司的，发起人认购的股份不得少于公司章程规定的公司设立时应发行股份总数的百分之三十五；但是，法律、行政法规另有规定的，从其规定。

◆ 新旧对照解读

本条基本沿用了《公司法》（2018）第八十三条第一款和第八十四条第一款的规定，明确了两种设立方式下股份有限公司发起人分别应当承担的认购责任。同时将原条文中"公司章程规定其认购的股份"和"公司股份总数"两处表述均统一修改为"公司章程规定的公司设立时应发行的股份"，以发行股份作为确定发起人认购责任的基础，突出了股份有限公司的公众性特征。

◆ 相关规定

《公司法司法解释（三）》（2020）第六条

◆ 条文释义

本条是关于股份有限公司设立时发起人认购股份要求的规定。

本条对不同设立方式下股份有限公司的发起人应当承担的认购股份责任作出了不同规定。

一、发起设立方式设立的股份有限公司的发起人的认购股份责任

根据本法规定，发起设立，是指由发起人认购设立公司时应当发行的全部股份而设立公司。因此，本条第一款明确，以发起设立方式设立股份有限公司的，发起人应当认购公司章程规定的公司设立时应当发行的全部股份，而不能由发起人之外的其他人认购。具体到每一位发起人，应当按照公司章程的规定承担相应的认购责任。本条还强调必须"认足"，这具有两层含义：一是全体发起人认购的股份总额应当达到章程规定的公司设立时应当发行的股份总额；二是每一位发起人应当按章程的规定认足自己应当认购的股份数额。否则，发起人认购的股份总数小于公司设立时应当发行的股份，公司将无法以发起设立的方式成功设立。另外，本条不再要求通过书面方式认足。

二、募集设立方式设立的股份有限公司的发起人的认购股份责任

根据本法规定，募集设立，是指由发起人认购设立公司时应当发行股份的一部分，其余股份向特定对象募集或者向社会公开募集而设立公司。本条第二款对发起人应当认购的"一部分"的数量进行了限制，即以募集设立方式设立股份有限公司的，发起人认购的股份不得少于公司章程规定的公司设立时应当发行股份总数的百分之三十五；但是，法律、行政法规另有规定的，从其规定。这是因为募集设立涉及广大社会公众投资者的利益，发起人实质上是在利用他人资本进行公司经营，如果发起人出资过少，则其他投资者将负担更多出资责任，很可能导致发起人通过设立公司进行欺诈性集资，损害广大投资者的利益，破坏市场秩序，故而应对发起人应当认购的股份数量作出一定要求。应当注意，此处"发起人认购的股份"是指所有发起人认购的股份总额，个别发起人认购的股份可以很

少，只要所有发起人认购的股份总额不少于公司设立时应当发行股份总数的百分之三十五即可。此外，此处的比例限制只针对募集设立公司的情形，如果公司成立之后又发行新股，使得发起人所持股份少于公司股份总额的百分之三十五的，并不违反本条规定。本条调整表述为不少于"公司设立时应发行股份总数"而非"公司股份总数"的百分之三十五，以避免产生该歧义。

> **第九十八条　【足额缴纳股款与出资方式】**
> 发起人应当在公司成立前按照其认购的股份全额缴纳股款。
> 发起人的出资，适用本法第四十八条、第四十九条第二款关于有限责任公司股东出资的规定。

◆ 新旧对照解读

本条第一款明确了发起人应当按照其认购的股份足额缴纳股款，虽是新增条款，但实质上该内容在《公司法》（2018）第八十三条以及相关司法解释规定中已有相应体现。第二款在《公司法》（2018）第八十二条的基础上，根据本法条文编排变化进行相应修改，明确了股份有限公司发起人以非货币财产出资适用有限责任公司股东的相关规定，而不再单独对此制定规则。

◆ 相关规定

《公司法司法解释（三）》（2020）第六条

◆ 条文释义

本条是关于发起人足额缴纳股款及出资方式的规定。

股东出资构成公司资本，发起人缴纳的股款是公司的初始财产，也是公司进行经营的基础。为了保障股份有限公司顺利设立且在成立后能够持续运营，发起人应当在公司成立之前，按照其认购的股份全额缴纳股款，这是发起人对公司的基本义务。这意味着发起设立方式下的发起人认缴义务为实缴义务。因为授权资本制下公司可以根据需求灵活调整资本额,所以不必再给予发起人期限利益,采取发起设立的股份有限公司应当在发起人实缴后成立。

关于股份有限公司发起人的出资,本条以准用性条款明确其适用本法第四十八条、第四十九条第二款关于有限责任公司股东出资的规定。因此,股份有限公司中只有发起人可以采用非货币形式出资,并应该遵守法律有关非货币出资的要求。

> **第九十九条 【发起人间的连带责任】**
> 发起人不按照其认购的股份缴纳股款,或者作为出资的非货币财产的实际价额显著低于所认购的股份的,其他发起人与该发起人在出资不足的范围内承担连带责任。

◆ **新旧对照解读**

本条在沿用《公司法》(2018)第八十三条第二款、第九十三条第一款规定的基础上进行了细化和完善,删除了瑕疵出资股东的违约责任规定,明确了在发起人不按照认购的股份缴纳股款,或者作为出资的非货币财产的价额显著低于所认购的股份的情形下,其他发起人与该发起人在出资不足的范围内承担连带责任。

◆ **相关规定**

《公司法司法解释(三)》(2020)第十三条

◆ **条文释义**

本条是关于发起人间的连带责任的规定。

发起人的出资情况关系到公司资本是否充实、真实、有效,如果发起人没有全额缴纳股款,或者其非货币出资的实际价值远低于其应当出资的价额,将造成公司资本不实,无法顺利设立或者影响后续运营。在本条中,虽然删除了此前关于瑕疵出资股东的违约责任的规定，但仅是提示性条款的删除，并不意味着瑕疵出资股东无须承担相应违约责任。公司发起人依法负有确保公司资本充实的义务，不仅要对自己违反出资义务的行为承担法律责任，还应对其他发起人未履行或未全面履行出资义务的行为承担连带责任。

> **第一百条　【募集股份的公告和认股书】**
> 发起人向社会公开募集股份，应当公告招股说明书，并制作认股书。认股书应当载明本法第一百五十四条第二款、第三款所列事项，由认股人填写认购的股份数、金额、住所，并签名或者盖章。认股人应当按照所认购股份足额缴纳股款。

◆ 新旧对照解读

本条基本沿用了《公司法》（2018）第八十五条的规定，明确股份有限公司向社会公开募集股份的，发起人必须公告招股说明书并制作认股书。但在认股书应当载明事项中将"签名、盖章"改为"签名或者盖章"，前者存在疑义，可以理解为需要同时具备认股人的签名和盖章，后者则意味着签名和盖章只需要具备其一即可。

◆ 条文释义

本条是关于发起人募集股份必须公告招股说明书并制作认股书的规定。

发起人向社会公开募集股份的，必须公告招股说明书。招股说明书，是指股份有限公司公开发行股票时就公司状况、募股事宜作出的说明文件。根据《证券法》第十一条的规定，设立股份有限公司公开发行股票，应当向国务院证券监督管理机构报送招股说明书等文件。本条是在此基础上，要求招股说明书必须向社会公众公告。公告招股说明书是公司履行信息披露义务的一部分，同时也是公司向投资者发出的要约邀请。通过公告招股说明书，可以使社会公众了解公司的相关情况和发行股票的相关事项，这一方面可以吸引更多投资者认购公司股份，另一方面也帮助投资者获得更多信息以作出理性的投资决策，防止发起人以不正当手段募集股份侵害社会公众利益。

发起人向社会公开募集股份的，还必须制作认股书。认股书，是指为了便于社会公众认购所发行股份，股份有限公司发起人事先准备的由认购人在认购股份时签署的书面文件。认股书应当载明本法第一百五十四条第二款、第三款所列事项。发起人依法制作认股书后，认购股份的人应当在认股书上填写认购的股份数、金额、住所，并签名或者盖章。认股书是发起人向社会公众发出的要约，认股人填写认股书即为承诺，因此认股书经认股人填写并签名或者盖章后，合同即成立。发起人和认股人作为合同的当事人对彼此承担相应的义务。

发起人有义务使认股人能够购买其所认购的股份，认股人则应当按照所认购的股份数足额缴纳股款，否则就应当依法承担相应的违约责任。因此，对于向社会公开募集股份的认股人必须实缴出资。这一点第一百零一条也可以佐证，该条规定："向社会公开募集股份的股款缴足后，应当经依法设立的验资机构验资并出具证明。"从中也可以推论出公开募集设立的股份有限公司无论是发起人还是认购人都采用出资实缴制。

有疑问的是，定向募集是否采用实缴制。彭冰教授认为，因为旧《公司法》（2018）第八十条第二款规定，股份有限公司采取募集方式设立的，注册资本为在公司登记机关登记的实收股本总额。该条明确规定所有募集设立都采用实缴制。但该条在新《公司法》中被删除了，就使得该问题反而模糊不清。按照《市场主体登记管理条例》第十三条第一款的规定，除法律、行政法规或者国务院决定另有规定外，市场主体的注册资本或者出资额实行认缴登记制。因此，在新《公司法》特意将旧《公司法》中关于募集设立的股份公司全采用实缴制修改为只明确规定公开募集设立的股份公司采用实缴制，而对定向募集的股份公司是否采用实缴制没有明确规定，其他行政法规和国务院规定又没有明文规定的情况下，定向募集设立的股份公司应当被解释为是认缴制。

但这一结论显然不符合公司法改革要求。彭冰教授认为，在已经取消最低注册资本要求的情况下，股东出资没有金额限制，采用实缴制是最为简单易行的方案，避免了很多纠纷和扯皮成本。创业者有钱就多出一点，没钱就少出一点，未来公司需要新资金投入了，可以随时增资。至于有人提出的，很多行业或者竞投标活动，对企业注册资本有最低要求，那只是说明这些行业规则或者竞投标规则有问题，需要修改，而不是用公司法去迁就这些不合理的要求。注册资本的大小与企业实力并无关系，在认缴制下，其关联度就更少。行业、招投标对企业注册资本的最低要求，背后是传统落后的资本信用观念，公司法当年采用认缴制时，就确定了该观念的过时落后。因此，需要修改的是这些陈旧的规定，而不是公司法。

因此，彭冰教授认为，国务院应该及时出台办法，明确定向募集设立的股份公司应当采用实缴制，厘清法律的模糊规定。[①]

> **第一百零一条 【验资】**
> 向社会公开募集股份的股款缴足后，应当经依法设立的验资机构验资并出具证明。

◆ 新旧对照解读

本条沿用了《公司法》（2018）第八十九条第一款中关于股份有限公司募集股款后必须验资的规定，但删去了关于召开创立大会的内容，其原因在于，本法第一百零三条对股份有限公司成立大会另有明确规定，此处不再重复。将"发行股份的股款缴足后"修改为"向社会公开募集股份的股款缴足后"，实质上放松了对一般发起设立时的验资要求。

◆ 条文释义

本条是关于股份有限公司验资要求的规定。

根据本条规定，向社会公开募集股份的股款缴足后，应当经依法设立的验资机构验资并出具证明。依法设立的验资机构一般为会计师事务所、审计师事务所，由其对公司的股款实收情况、变更情况进行审验，并出具证明资金真实性的文件。这是为了保证公司资本的足额、真实、合法，防止虚假出资，保护公司和

[①] 参见彭冰：《股份公司从认缴到实缴》，载微信公众号"北京大学金融法研究中心"，1月4日。

债权人的利益。

根据该条规定,股份有限公司发起人缴纳的出资无须"经依法设立的验资机构验资并出具证明",这一点跟有限责任公司股东出资要求一致。

> **第一百零二条　【股东名册】**
> 股份有限公司应当制作股东名册并置备于公司。股东名册应当记载下列事项:
> (一) 股东的姓名或者名称及住所;
> (二) 各股东所认购的股份种类及股份数;
> (三) 发行纸面形式的股票的,股票的编号;
> (四) 各股东取得股份的日期。

◆ 新旧对照解读

本条在沿用《公司法》(2018)第一百三十条规定的基础上,对以下内容进行了调整:(1) 删除了关于无记名股票的相关规定。(2) 将原第(二)项"各股东所持股份数"修改为"各股东所认购的股份种类及股份数",表明股份有限公司认定股东权利义务的依据是"认购"的股份而非"持有"的股份,同时配合类别股的相关规定,要求载明所认购的股份种类和相应数量。(3) 将原第(三)项"各股东所持股票的编号"修改为"发行纸面形式的股票的,股票的编号",明确了纸面形式股票的记录要求,这也意味着电子形式的股票无须在股东名册中记载股票编号。

◆ 条文释义

本条是关于股东名册的规定。

股东名册,是指股份有限公司制作并置备于公司的,记载股东个人信息和股权信息的法定簿册,是公司处理其与股东间法律关系的依据。公司置备股东名册的意义在于:(1) 股东名册记载了所有股东的个人信息和股权信息,公司可以通过股东名册掌握其股东信息和股权分布情况，方便其运营和决策。（2）股东名册是股东向公司主张行使股东权利的依据。股东根据其所持股票的情况对公司享有权利，其股东权利行使的前提是持股情况与股东名册的记载相一致，如其持股情况与股东名册的记载不一致的，应当以股东名册的记载为准。（3）股东名册是公司确认股东身份、向股东履行义务的依据。公司根据股东名册的记载向股东派息分红、派发新股或者通知召开股东会等。

根据本条规定，股份有限公司应当制作股东名册并置备于公司。股东名册应当记载下列事项：（1）股东的姓名或者名称及住所；（2）各股东所认购的股份种类及股份数；（3）发行纸面形式的股票的，股票的编号；（4）各股东取得股份的日期。

第一百零三条　【公司成立大会的召开】

募集设立股份有限公司的发起人应当自公司设立时应发行股份的股款缴足之日起三十日内召开公司成立大会。发起人应当在成立大会召开十五日前将会议日期通知各认股人或者予以公告。成立大会应当有持有表决权过半数的认股人出席，方可举行。

以发起设立方式设立股份有限公司成立大会的召开和表决程序由公司章程或者发起人协议规定。

◆ 新旧对照解读

本条在沿用《公司法》（2018）第八十九条第一款和第九十条第一款规定的基础上，进行了以下调整：（1）删去了关于验资的内容，以避免与本法第一百零一条产生重复规定。（2）将"创立大会"修改为"成立大会"，并将其举行条件由"代表股份总数过半数的发起人、认股人出席"改为"应当有持有表决权过半数的认股人出席"，以表决权数替代股份数，意味着间接允许股份有限公司发行特殊表决权股，而不再要求股份有限公司必须"同股同权"。（3）新增第二款，规定发起设立方式设立的股份有限公司由公司章程或者发起人协议规定成立大会的召开和表决程序。在公司成立大会的召开和表决程序上，赋予了发起设立的股份有限公司更大的自主权，不同于募集设立的股份有限公司必须依法召开成立大会，其可自行选择是否召开成立会议以及采取何种表决程序形成决议。

◆ **条文释义**

本条是关于召开公司成立大会的规定。

募集设立股份有限公司的发起人应当自公司设立时应发行股份的股款缴足之日起三十日内召开公司成立大会。发起人应当在成立大会召开十五日前将会议日期通知各认股人或者予以公告。

公司成立大会是指在股份有限公司成立之前召开的，决定是否设立公司并决定公司设立过程中以及公司成立之后的重大事项的会议。其具有通过公司章程、选举董事和监事、审核发起人用于抵作股款的财产的作价等与股东会类似的职权。它是公司成立前的决议机关，需确认发起人行为的正当性，一旦其认可了发起人的行为，则该行为所产生的权利义务关系需由成立后的公司承担。这涉及所有股东的利益，必须有相当部分的股东出席才具有代表性。因此本条规定，成立大会举行的前提是有持有表决权过半数的认股人出席。由此可知，发起人是否出席，以及出席数量不影响成立大会召开的效力。这是因为，在成立大会上行使表决权的只有认股人（《公司法》第一百零五条）。当然，实践中发起人一般都会出席公司成立大会。因为发起人负有成立大会的召集义务，并且成立大会上还要审议发起人关于公司筹办情况的报告、审核公司的设立费用以及发起人非货币财产出资的作价。发起人作为当事人应该有权作出说明和解释。

本法允许股份有限公司发行特殊表决权股，每份特殊表决权股的表决权数量不同于每份普通股，不再是"同股同权"（每一股份有一表决权），因此本条规定以表决权数量过半的认股人出席为成立大会举行的条件，而不再是股份总数过半。只要出席股东的表决权数量超过半数，即使其所持股份总数并未过半，成立大会也是有效的。

采用发起设立方式设立的股份有限公司，由其公司章程或者发起人协议来决定公司成立大会的召开和表决程序。其可以自主决定召开或者不召开、何时召开公司成立大会，自主选择成立大会作出决议的表决程序。赋予其此项自主权的原因在于，不同于募集设立的股份有限公司涉及众多社会公众投资者的利益，发起设立的股份有限公司在成立之前仅涉及发起人的利益，即使公司不能成立，也不会造成较大影响。

> **第一百零四条　【公司成立大会的职权和表决程序】**
> 公司成立大会行使下列职权：
> （一）审议发起人关于公司筹办情况的报告；
> （二）通过公司章程；
> （三）选举董事、监事；
> （四）对公司的设立费用进行审核；
> （五）对发起人非货币财产出资的作价进行审核；
> （六）发生不可抗力或者经营条件发生重大变化直接影响公司设立的，可以作出不设立公司的决议。
> 成立大会对前款所列事项作出决议，应当经出席会议的认股人所持表决权过半数通过。

◆ **新旧对照解读**

本条基本沿用了《公司法》（2018）第九十条第二款和第三款的规定，明确了股份有限公司成立大会的各项职权及表决方式。仅对个别表述作出调整，将"董事会成员""监事会成员"修改为"董事、监事"，"创立大会"修改为"成立大会"。

◆ **条文释义**

本条是关于公司成立大会的职权和表决程序的规定。

根据本条规定，公司成立大会的职权包括：

1. 审议发起人关于公司筹办情况的报告。根据本法规定，股份有限公司发起人承担公司筹办事务。成立大会有权审议发起人关于公司筹办情况的报告。

2. 通过公司章程。公司章程是规范公司组织和行为的准则，对每个股东都具有约束力。根据本法规定，由发起人共同制定公司章程，所以应当由成立大会通过。

3. 选举董事、监事。根据本法规定，董事会应当授权代表于公司成立大会结束后三十日内向公司登记机关申请设立登记，因此成立大会应当选出相应的组织机构成员，使其能够行使职权。有疑问的是董事、监事应该由谁提名？参照其他国家公司法的规定和实践做法，应该理解为发起人有权提名董事、监事候选人。在公司成立大会上，由认股人对此进行表决，发起人对此没有表决权。

4. 对公司的设立费用进行审核。合理的公司设立费用将由成立后的公司承担，因此应当由成立大会进行审核。

5. 对发起人非货币财产出资的作价进行审核。根据本法规定，发起人可以用货币出资，也可以用实物、知识产权、土地使用权、股权、债权等可以用货币估价并可以依法转让的非货币财产作价出资。对作为出资的非货币财产应当评估作价，核实财产，不得高估或者低估作价。作价的真实性将影响公司资本是否足额、真实、合法，因此应当由成立大会进行审核。

6. 发生不可抗力或者经营条件发生重大变化直接影响公司设立的，可以作出不设立公司的决议。成立大会有权在具备法定事由时终结未完成的设立活动，作出不设立公司的决议。

由于公司成立大会所决议的事项相当重大，其决议应当经出席会议的认股人所持表决权过半数通过。此外的表决权数量要求应当与公司成立大会举行的表决权数量相区分：所有股东中，持有表决权过半数的认股人出席，方可举行公司成立大会；出席公司成立大会的认股人中，所持表决权过半数的认股人同意，方可通过所作决议。

> **第一百零五条 【返还股款、不得任意抽回股本】**
>
> 公司设立时应发行的股份未募足，或者发行股份的股款缴足后，发起人在三十日内未召开成立大会的，认股人可以按照所缴股款并加算银行同期存款利息，要求发起人返还。
>
> 发起人、认股人缴纳股款或者交付非货币财产出资后，除未按期募足股份、发起人未按期召开成立大会或者成立大会决议不设立公司的情形外，不得抽回其股本。

◆ **新旧对照解读**

本条第一款在沿用《公司法》（2018）第八十九条第二款内容的基础上，将认股人可要求发起人返还所缴股款并加算利息的其中一种情形由"发行的股份超过招股说明书规定的截止期限尚未募足"修改为"公司设立时应发行的股份未募足"，仅要求发起人对应发行股份而非授权资本制之下公司可以发行但尚未发行的全部股份未募足时承担返还责任。第二款基本沿用了《公司法》（2018）第九十一条的内容，将"抵作股款的出资"修改为"非货币财产出资"，将"创立大会"修改为"成立大会"，明确了发起人和认股人应当遵循资本维持原则，不得任意抽回其股本。

◆ **条文释义**

本条是关于认股人有权要求返还股款和发起人、认股人不得任意抽回股本的规定。

一、认股人有权要求发起人返还股款

具体有两种情形：

1. 根据本法规定，招股说明书应当载明本次募股的起止期限及逾期未募足时认股人可以撤回所认股份的说明。因此本条规定，如果公司设立时应发行的股份未募足，即超过本次募股的截止期限，公司设立时向社会公开募集的应发行的股份还没有全部募足，则认股人有权要求发起人返还其所缴股款，并加算银行同期存款利息。

2. 根据本法规定，募集设立股份有限公司的发起人应当自公司设立时应发行股份的股款缴足之日起三十日内召开公司成立大会。因此本条规定，发行股份的股款缴足后，发起人在三十日内未召开成立大会的，认股人有权要求发起人返还其所缴股款，并加算银行同期存款利息。

二、发起人、认股人不得任意抽回股本

资本是公司运营的基础，资本维持原则要求公司在其存续过程中维持与资本总额相当的财产。因此，在公司设立阶段，应当确保公司资本因股东切实履行出资义务而得以充实。根据本法规定，募集设立股份有限公司的发起人应当自公司设立时应发行股份的股款缴足之日起三十日内召开公司成立大会。向社会公开募集股份的股款缴足后，必须经依法设立的验资机构验资并出具证明。董事会应当授权代表，于公司成立大会结束后三十日内向公司登记机关申请设立登记。如果允许发起人、认股人缴纳股款或者交付抵作股款的出资后可以随意抽回其股本，将导致实收股款变动，需要重新验资，由此会提高公司设立的成本，还可能因股本变动而无法在时限内召开成立大会或者申请设立登记。对于有注册资本最低额度要求的公司而言，还可能导致因资本低于最低限额而不能设立。因此本条规定，发起人、认购人缴纳股款或者交付非货币财产出资后，在一般情况下不得抽回其股本。只有在以下情形中其可以抽回股本：

1. 未按期募足股份，即在招股说明书规定的募股期限内未募足公司设立时应发行的股份。

2. 发起人未按期召开成立大会，即发起人在公司设立时应发行股份的股款缴足之日起三十日内未召开公司成立大会。

3. 成立大会决议不设立公司，即因发生不可抗力或者经营条件发生重大变化直接影响公司设立，成立大会作出不设立公司的决议。

需注意，本条规定是针对公司设立阶段，发起人、认股人在公司成立之后，可以通过依法转让所持股份抽回其股本。

> **第一百零六条　【申请设立登记】**
> 董事会应当授权代表，于公司成立大会结束后三十日内向公司登记机关申请设立登记。

◆ 新旧对照解读

本条对《公司法》（2018）第九十二条进行了大幅度简化，删去了关于股份有限公司设立时应当报送文件的罗列式规定，因为本法第二章已对公司登记的法定事项作出明确，此处不再重复规定。增加了董事会应授权代表进行设立登记的规定。

◆ 条文释义

本条是关于董事会授权代表申请公司设立登记的规定。

根据本条规定，在公司成立大会依法召开并作出决议后，由大会选举的董事会成员组成的董事会应授权代表向公司登记机关申请设立登记而非自身进行设立登记，时间应当在公司成立大会结束后三十日内。但并未对未在时限内提出设立登记申请或者拖延不提出设立登记申请应当如何处理作出规定。

根据本法规定，申请公司设立登记，应当向公司登记机关提交公司法定代表人前述的设立登记申请书、公司章程等文件，并对提交材料的真实性、合法性和有效性负责。股份有限公司的登记事项包括公司名称、住址、注册资本、经营范围、法定代表人的姓名以及发起人的姓名或者名称。

> **第一百零七条　【出资瑕疵、抽逃出资】**
> 本法第四十四条、第四十九条第三款、第五十一条、第五十二条、第五十三条的规定，适用于股份有限公司。

◆ 相关规定

《公司法司法解释（三）》（2020）第十三条、第十四条、第十七条

◆ **条文释义**

本条是关于股份有限公司股东出资瑕疵、抽逃出资责任的规定。

本条是新增条款，属于引致条款，明确股份有限公司可以直接适用有限责任公司关于设立中公司的责任承担、公司资本充实等相关规定。针对公司资本充实，此前既有司法实践中法院已然类推适用，此次修订后，以明确的成文法法条起到提示和背书的作用。具体规定包括股东的差额填补责任、损害赔偿责任及催缴失权机制，公司成立后董事会的核查、催缴义务及损害赔偿责任，抽逃出资的股东责任及过错董事、监事、高级管理人员的连带责任等。

第一百零八条 【有限责任公司变更为股份有限公司的要求】

有限责任公司变更为股份有限公司时，折合的实收股本总额不得高于公司净资产额。有限责任公司变更为股份有限公司，为增加注册资本公开发行股份时，应当依法办理。

◆ **新旧对照解读**

本条在《公司法》（2018）第九十五条规定的基础上，增加了"注册"二字，表述改为"注册资本"。明确了有限责任公司变更为股份有限公司时应当按照净资产折合实收股本，以及可以为增资而公开发行股份。

◆ **相关规定**

《首次公开发行股票注册管理办法》第十条

◆ **条文释义**

本条是关于有限责任公司变更为股份有限公司的要求的规定。

有限责任公司变更为股份有限公司后，其资产便成为股份有限公司的资产，有限责任公司的原股东也因此持有由有限责任公司的资产折合而成的股份。有限责任公司在其经营过程中，既有资产也有负债，其资产总额是由净资产与负债共同组成。将有限责任公司的资产折合为股份有限公司的股份时，应当减去其负债的部分，即计入股份有限公司股本的有限责任公司的资产，应当是有限责任公司的净资产，而不是其资本总额。股份有限公司从原有限责任公司中实际收到的股本总额是由资产总额减去负债后的净资产折合而成的，因此折合的实收股本总额应当不高于公司净资产额。

有限责任公司经依法批准变为股份有限公司后，其为增加资本公开发行股份，关系到广大社会公众的利益，也关系到社会经济秩序的稳定，因此应当依法办理，不得擅自发行。具体而言主要是应当遵守以下几项要求：（1）应当向国务院证券监督管理机构递交募股申请，并报送有关文件，由国务院证券监督管理机构核准；（2）应当聘请具有保荐资格的机构担任发行保荐人；（3）应当制作并公告招股说明书，招股说明书应当附有公司章程；（4）应当制作认股书；（5）应当与证券承销机构签订承销协议，与银行签订代收股款的协议；（6）必须经法定验资机构验资并出具证明等。

第一百零九条　【重要资料的置备】

股份有限公司应当将公司章程、股东名册、股东会会议记录、董事会会议记录、监事会会议记录、财务会计报告、债券持有人名册置备于本公司。

◆ **新旧对照解读**

本条基本沿用了《公司法》（2018）第九十六条的规定，删除"公司债券存根"，将"股东大会"修改为"股东会"，增加"债券持有人名册"，明确股份有限公司应当将公司章程、股东名册等重要资料置备于本公司。

◆ **条文释义**

股份有限公司的大部分股东并不参与公司的日常经营活动，但作为公司的投资者，其利益与公司息息相关，有权了解公司的相关情况，而其了解公司情况的重要途径就是查阅相关文件资料。为了方便股东查阅，确保股东能够及时、准确了解公司的有关情况，同时也方便监管部门依法对公司进行必要监督，本条规定股份有限公司应当将公司章程、股东名册、股东会会议记录、董事会会议记录、监事会会议记录、财务会计报告、债券持有人名册置备于本公司。

> **第一百一十条　【股东的查阅、复制、建议、质询权】**
>
> 股东有权查阅、复制公司章程、股东名册、股东会会议记录、董事会会议决议、监事会会议决议、财务会计报告，对公司的经营提出建议或者质询。
>
> 连续一百八十日以上单独或者合计持有公司百分之三以上股份的股东要求查阅公司的会计账簿、会计凭证的，适用本法第五十七条第二款、第三款、第四款的规定。公司章程对持股比例有较低规定的，从其规定。
>
> 股东要求查阅、复制公司全资子公司相关材料的，适用前两款的规定。
>
> 上市公司股东查阅、复制相关材料的，应当遵守《中华人民共和国证券法》等法律、行政法规的规定。

◆ 新旧对照解读

本条第一款基本沿用了《公司法》（2018）第九十七条的规定，增加了"复制"，删除了"公司债券存根"，将"股东大会"改为"股东会"，明确了股份有限公司股东的查阅、复制权以及建议、质询权。

本条第二款至第四款是新增条款，规定了符合条件的股份有限公司股东可以查阅公司的会计账簿、会计凭证，股东有权要求查阅、复制公司全资子公司相关材料，以及上市公司股东查阅、复制相关材料的，应当遵守《证券法》等相关规定。

◆ 相关规定

《公司法司法解释（四）》（2020）第七条至第十二条

◆ 条文释义

本条是关于股东查阅、复制、建议、质询权的规定。

一、查阅、复制权

查阅权，是指股东对公司的章程、股东名册、股东会会议记录、董事会会议决议、监事会会议决议、财务会计报告进行查阅的权利。查阅权是股东行使其他权利的基础，只有查阅权得到充分保障，才能方便股东了解公司相关情况，参与股东会表决，监督公司运营。复制权，是指股东对上述文件进行复制的权利。根据本条规定，股东有权查阅、复制以下文件：

1. 公司章程。公司章程是股东通过股东会制定的，明确公司的组织规范和股东、各机构以及董事、监事、高级管理人员的行为准则，是保障股东权利的基本文件，股东应当有权查阅。

2. 股东名册。股东名册，是指由公司制作并置备于公司的，记载股东个人信息和股权信息的法定簿册。股东名册是公司确定股东身份，允许其行使股东权利的凭证。公司向股东发放股息、派发新股或者通知召开股东会，往往需要确定股东名册。

3. 股东会会议记录。股东会会议记录，是指股东会对所议事项及结果所做成的并有主持人和出席会议股东的签名的会议记录。作为股东会成员的股东，有权通过股东会会议记录来了解股东会举行会议时的各项情况，检查股东会的决议是否侵犯了股东的合法利益，以及股东会的决策是否违反法律、行政法规、公司章程的规定等，从而决定自己应当采取何种行为。

4. 董事会、监事会会议记录。董事会会议记录，是指董事会对所议事项及结果所做成的并由出席会议董事签名的会议记录。监事会会议记录，是指监事会对所议事项及结果所作成的并由出席会议监事签名的会议记录。公司的董事会、监事会由股东会选举的成员组成，其对公司经营管理和监督的重要事项所作的决议，对公司的运营有重大影响，应当对公司股东公开，允许股东查阅。这既有利于股东了解公司的经营管理状况，又有利于股东对董事、监事的监督。

5. 财务会计报告。财务会计报告，是指企业对外提供的反映企业某一特定日期财务状况和某一会计期间经营成果、现金流量的文件。财务会计报告分为年度、半年度、季度和月度。年度、半年度财务会计报告应当包括：会计报表、会计报表附注、财务情况说明。会计报表应当包括资产负债表、利润表、现金流量表及相关附表。季度、月度财务会计报告通常仅指会计报表，会计报表至少应当包括资产负债表和利润表。财务会计报告是反映公司一年中的财务状况和经营状况的最重要文件，公司股东有权通过查阅公司财务会计报告了解公司资产运用、经营成果、盈余分配情况，以作出自己的判断，决定自己的对策。

根据本条规定，股份有限公司中符合条件的股东，可以适用本法第五十七条第二款、第三款、第四款的规定，查阅公司的会计账簿、会计凭证。有权请求查阅的股东，应当符合连续一百八十日以上单独或者合计持有公司百分之三以上股份的条件。这一条件包含两个要素，时间上需连续一百八十日以上，股份数量上需一名股东单独或者数名股东合计在公司股份总数的百分之三以上，同时意味着该权利可以由一名股东单独行使，也可以是多名股东联合起来行使。公司法修订草案一审稿中规定的合计持股比例是百分之一，二审稿中修改为百分之三，这提高了查阅会计账簿、会计凭证的门槛。但同时也规定公司章程对其有较低规定的，从其规定。因此股东仍可以通过公司章程约定更低的合计持股比例，这体现了对意思自治的充分尊重。

此外，第三款将上述股东查阅、复制相关材料的权利扩展到了全资子公司，第四款规定上市公司股东查阅、复制相关材料的，应当遵守《证券法》等法律、行政法规的规定。

二、建议、质询权

建议权，是指股东对公司提出有关经营管理方面的意见、改善措施、方案的权利。质询权，是指股东质疑公司的决策事务、管理不当、高级管理人员的不尽职或者失职行为，要求其改正的权利。股东作为公司的出资人和最终受益人，除可以通过股东会来决定公司重大事项外，还可以通过对公司的经营管理提出建议或者质询来改善公司的经营管理活动，督促公司董事、监事、高级管理人员忠实、勤勉履行职责，维护股东权益。

第二节 股 东 会

> **第一百一十一条 【股东会的组成与地位】**
> 股份有限公司股东会由全体股东组成。股东会是公司的权力机构，依照本法行使职权。

◆ **新旧对照解读**

本条款基本沿用了《公司法》（2018）第九十八条的规定，唯一修改之处便是将"股东大会"改为"股东会"，采取与有限责任公司一致的表述。

◆ **相关规定**

《民法典》第八十条

◆ **条文释义**

本条是关于股份有限公司股东会的组成、地位以及职权行使的规定。

一、股东会的组成

股份有限公司的股东人数通常较多且股东以其认购的股份为限对公司承担责任，因此出于公司运营效率和股东有限责任两方面考虑，并非每一位股东都有直接参与公司管理的积极性。但是，股东有了解公司的状况、对公司的重大事项作出决策以及对公司的生产经营活动进行监督等权利。也就是说，股东虽不直接参与公司的经营管理，但仍有必要通过一定的机制行使出资人权利，即由全体股东组成股东会，通过召开股东会来形成公司团体意志，决定公司重大事项。

二、股东会的地位

股东会作为股份有限公司的权力机构，由全体股东组成，而股东又是公司的最终所有人，拥有公司重大事项的决策权。因此，股东会作为股东集体意志的产生机构,是公司的最高权力机构,拥有最高决策权。

三、股东会的职权行使

股东会作为公司的权力机构,其职权是特定的,包括公司法明确规定的职权和公司法授权公司章程规定的其他职权。股东会依照本法行使职权,是指股东会应当行使法律和公司章程明确规定的职权,并在行使职权时遵守法律和公司章程规定的议事方式、表决方式及相应的程序。

第一百一十二条　【股东会的职权】

本法第五十九条第一款、第二款关于有限责任公司股东会职权的规定,适用于股份有限公司股东会。

本法第六十条关于只有一个股东的有限责任公司不设股东会的规定,适用于只有一个股东的股份有限公司。

◆ 新旧对照解读

本条第一款沿用了《公司法》(2018)第九十九条关于股份有限公司股东会职权适用有限责任公司股东会职权的规定,将股份有限公司的"股东大会"表述为"股东会"。本条最大的变化是新增了允许只有一个股东的股份有限公司不设立股东会的第二款规定,具体情况适用只有一个股东的有限责任公司的相关规定。

◆ 条文释义

本条是关于股份有限公司股东会的职权以及只有一个股东的股份有限公司不设股东会的规定。

一、股份有限公司股东会的职权

股东会是股份有限公司的非常设权力机构,只有重大事项才需要由股东会决定。股份有限公司股东会职权适用有限责任公司股东会职权的规定,分为公司法明确规定的职权和公司章程规定的职权,具体职权内容及释义参照上文第五十九条第一款、第二款。

二、只有一个股东的股份有限公司不设股东会

关于股东会的规定，只有一个股东的股份有限公司参照只有一个股东的有限责任公司，不设立股东会，因为只有一个股东的股份有限公司并无组成股东会形成集体意志的需要。股东依法行使股东会职权时，应当采用书面形式，并由股东签名或者盖章后置备于公司。具体释义参照上文第六十条。

第一百一十三条　【股东会和临时股东会的召开】

股东会应当每年召开一次年会。有下列情形之一的，应当在两个月内召开临时股东会会议：

（一）董事人数不足本法规定人数或者公司章程所定人数的三分之二时；

（二）公司未弥补的亏损达股本总额三分之一时；

（三）单独或者合计持有公司百分之十以上股份的股东请求时；

（四）董事会认为必要时；

（五）监事会提议召开时；

（六）公司章程规定的其他情形。

◆ **新旧对照解读**

本条较《公司法》（2018）第一百条的变化除了将"股东大会"修改为"股东会"，并在"股东会"后增加"会议"二字以外，临时股东会召开的法定情形也有所修改。《公司法》（2018）的表述为"公司未弥补的亏损达实收股本总额三分之一时"，本法的表述为"公司未弥补的亏损达股本总额三分之一时"，将"实收股本"改为"股本"，这是配合股份有限公司股东出资全面实缴制所作的修改。

◆ **相关规定**

《上市公司股东大会规则》第四条

◆ 条文释义

本条是关于股东会的种类以及临时股东会的规定。

一、股东会的种类

股份有限公司的股东会分为股东会年会和临时股东会。

股东会年会是公司法要求股份有限公司每年必须召开一次的会议。由于公司利润分配、亏损弥补等事项一年进行一次，而公司的注册资本等事项一般不会轻易发生变动，因此股东年会应当每年召开一次。此规定既可以对公司的重大事项作出决策，又可以节省召开股东会及参会股东的各种成本。

临时股东会是指由于在两次股东会年会之间出现了临时召集股东会的法定事由而召集的股东会。在股份有限公司遇有特殊情况时，必须由股东会在较短时间内作出决议，无法等待股东会年会的到来，这时就需要临时召集股东会，以对这些临时发生的事项作出决议，从而切实保障股东权利以及公司持续顺利地运营。

二、临时股东会的召开情形

股份有限公司在出现召开临时股东会的法定事由时，应当在法定期限即两个月内召开临时股东会。临时股东会召开的主要情形有：

1. 董事人数不足本法规定的人数或者公司章程所定人数的三分之二时。

2. 公司未弥补的亏损达股本总额三分之一时。在此情形下，公司不仅没有达到其营利的目的，而且长期下去会影响股东和债权人的利益。这时，公司应当召开临时股东会，由股东形成集体意志对此情况进行处理。需要注意的是，本条款改变了《公司法》（2005）以来对实收资本和认缴资本的态度，规定股份有限公司股东全部采用实缴制，取消了分期缴资的规定，因此股份有限公司实收资本应该与认缴资本相等。

3. 单独或者合计持有公司股份百分之十以上的股东请求时。由于股份有限公司股东人数较多、股权分散，如果赋予每一股东此项权力而不给予必要的限制，可能影响公司的正常经营。因此本条规定，单独或者合计持有公司股份百分之十以上的股东请求时，公司应当召开临时股东会。

4. 董事会认为必要时。公司在进行经营活动时，如果董事会认为某事项应当由股东会作出决议，在股东年会已经举行或者还未到举行下次股东年会时，为保障公司经营活动的正常运行，公司应当召开临时股东会。

5. 监事会提议召开时。值得注意的是，一经监事会提议，公司必须在法定期限内召开临时股东会。

6. 公司章程规定的其他情形。这主要是为了满足不同公司的个性化需求，在不违反法律强制性规定的情况下，充分赋予公司召开临时股东会的自主权。

总之，临时股东会的存在主要是为了避免股东年会间隔期间发生对公司有不利影响的重大事项，防止对股东利益造成侵害，使公司的权力机构发挥其应当有的作用。

> **第一百一十四条　【股东会会议的召集与主持】**
>
> 股东会会议由董事会召集，董事长主持；董事长不能履行职务或者不履行职务的，由副董事长主持；副董事长不能履行职务或者不履行职务的，由过半数的董事共同推举一名董事主持。
>
> 董事会不能履行或者不履行召集股东会会议职责的，监事会应当及时召集和主持；监事会不召集和主持的，连续九十日以上单独或者合计持有公司百分之十以上股份的股东可以自行召集和主持。
>
> 单独或者合计持有公司百分之十以上股份的股东请求召开临时股东会会议的，董事会、监事会应当在收到请求之日起十日内作出是否召开临时股东会会议的决定，并书面答复股东。

◆ **新旧对照解读**

本条款在沿用《公司法》（2018）第一百零一条规定的基础上，有两处表述上的修改，一是将"股东大会"修改为"股东会"，二是将"半数以上"修改为"过半数的"。另外，新增第三款规定，即"单独或者合计持有公司百分之十以上股份的股东请求召开临时股东会会议的，董事会、监事会应当在收到请求之日起十日内作出是否召开临时股东会会议的决定，并书面答复股东"。这一规定明确了董事会、监事会对于符合条件的股东请求召开临时股东会会议时需要在十日内作出决定并书面答复股东，进一步加强了对股东合法权利的保护。

◆ 相关规定

《上市公司股东大会规则》第六条至第十二条

◆ 条文释义

本条是关于股东会会议的召集和主持的规定。

一、股东会会议的召集

一般情况下，股东会会议由董事会召集。董事会作为公司的常设机构，决定除由股东会决定的其他公司重大事项，因此由董事会召集股东会具有合理性。同时，股东会会议的具体事项，如会议时间、地点、股东通知方式等，都由董事会决定并公布。

监事会是法定的第二顺序的股东会召集人，在董事会不召集或者无法召集股东会且必要时，公司的监事会应当从维护公司及其股东利益的角度出发召集股东会。

监事会不召集的，连续九十日以上单独或者合计持有公司百分之十以上股份的股东可以自行召集。股东是公司的最终所有者，因此为了最大程度上保护股东的合法权益，防止董事会和监事会由于主客观原因而无法召集股东会，赋予一定条件的股东自行召集股东会的权利。但同时出于效率考虑，对于可以召集股东会的股东也施加一定的限制，即持股比例、持股期限以及董事会和监事会均没有召集。该条款在一定程度上赋予广大中小股东对抗大股东和实际经营者的能力，在防止股东滥用权利的基础上同时保护其利益，体现出公司法的弱者保护机制。

需要注意的是，股东会的法定召集顺序为：董事会、监事会、连续九十日以上单独或者合计持有公司百分之十以上股份的股东，不得越位召集。

二、股东会会议的主持

（一）董事长、副董事长或者董事主持

当股东会会议由董事会正常召集时，一般情况下由董事长主持；当董事长不能履行职务或者不履行职务时，由副董事长主持；副董事长不能履行职务或者不履行职务的，由过半数的董事共同推举一名董事主持。

（二）监事会出席、监事会副主席或者监事主持

该法条并没有明确规定监事会召集时的股东会会议主持人，只表述为"监事会应当及时召集和主持"。根据董事会召集时的一般主持人为董事长的原则，此时也可以认为监事会召集时的主持人为监事会主席，监事会主席因故不能主持的，由副主席主持，没有副主席或者副主席不能主持的，由过半数的监事推举一名监事主持。

（三）连续九十日以上单独或者合计持有公司百分之十以上股份的股东自行主持

在符合条件的股东自行召集的情况下，法条也没有明确说明此时股东会会议的主持人，但一般情况下可认为此时的主持人可由召集该次会议的股东自主决定或者推选。

三、符合条件的股东请求召开临时股东会会议

本款明确规定，当单独或者合计持有公司百分之十以上股份的股东请求召开临时股东会会议时，为了保护股东合法权利及保证时效性，董事会、监事会应当在收到请求之日起十日内作出是否召开临时股东会会议的决定，并书面答复股东。

第一百一十五条 【股东会的通知期限、临时议案】

召开股东会会议，应当将会议召开的时间、地点和审议的事项于会议召开二十日前通知各股东；临时股东会会议应当于会议召开十五日前通知各股东。

单独或者合计持有公司百分之一以上股份的股东，可以在股东会会议召开十日前提出临时提案并书面提交董事会。临时提案应

> 当有明确议题和具体决议事项。董事会应当在收到提案后二日内通知其他股东，并将该临时提案提交股东会审议；但临时提案违反法律、行政法规或者公司章程的规定，或者不属于股东会职权范围的除外。公司不得提高提出临时提案股东的持股比例。
>
> 公开发行股份的公司，应当以公告方式作出前两款规定的通知。
>
> 股东会不得对通知中未列明的事项作出决议。

◆ 新旧对照解读

本条款在基本沿用《公司法》（2018）第一百零二条规定的基础上，对现行条文进行了部分调整：

第一，将"股东大会"改为"股东会"，在本条第一款"临时股东会"及第二款"可以在股东会"后面增加"会议"二字。

第二，本条款较《公司法》（2018）删除了关于"无记名股票"的规定，即删去了现行条文中关于发行无记名股票应当提前三十日公告会议时间、地点和审议事项的内容，表明新《公司法》对于股份有限公司召开股东会会议仅设置了两类提前通知的时间要求，即临时会议提前十五日和定期会议提前二十日。另外，删去了《公司法》（2018）中关于无记名股票持有人应当将股票交存公司的规定，原因在于新《公司法》第一百四十七条不再允许股份有限公司发行无记名股票。

第三，股东的临时提案权主体有所修改。根据《公司法》（2018）的规定，只有单独或者合计持有公司百分之三以上股份的股东才享有临时提案权，而本次修改将其修改为"单独或者合计持有公司百分之一以上股份的股东"，降低了该权利主体的范围门槛，扩大了可以进行临时提案的股东范围，体现了对中小股东权利的保护。同时，新增"公司不得提高提出临时提案股东的持股比例"的规定，明确排除公司以章程形式提高临时提案股东的持股比例，加强对股东临时提案权的保护。

第四，关于临时提案权内容的除外情形有所修改。在原有的"不属于股东会职权范围"基础上,新增了"违反法律、行政法规或者公司章程的规定"。

第五,增加对公开发行股份公司的规定,即公开发行股份的公司,在股东会的通知期限、临时议案通知等方面,应当以公告方式作出,体现了信息披露的要求,加强了对社会公众的保护。仍需注意的是,发行股票的公司不一定是上市公司,很多非上市公司也能发行股票,虽然不能上市流通,但可以转让。

◆ 相关规定

《上市公司股东大会规则》第十三条至第十九条

◆ 条文释义

本条是关于召开股东会的通知、公告以及临时提案的规定。

一、股东会会议的通知和公告

股东会的顺利召开离不开股东的出席。因此,股东会的召集和主持主体,如董事会,需要将股东会会议的召开时间、地点以及会议上审议的事项提前通知股东,以使得尽量多的股东参与股东会会议。

根据本条规定,当公司并未公开发行股份时,股东会会议的通知分为两种情形:一是召开股东会年会即定期会议,由于股东人数有限,召开股东会会议的通知只需要到达股东即可,通知的时间为会议召开二十日前,通知的内容包括会议召开的时间、地点以及会议审议事项。二是召开临时股东会时,通知的期限要短于召开股东会年会的时间,为会议召开十五日前。当公司公开发行股份时,则无论是召开股东会年会,还是召开临时股东会,均应当以公告方式进行通知,公告的时间参考未公开发行股份公司的通知期限。公告是由于股东人数较多,出于公司的效率以及股东的利益保护角度考虑,公告告知更加便捷。

二、股东提出临时议案必须符合法定要求

股东的提案权是指符合条件的股东依照法定程序提出提案作为股东会会议审议事项的权利。股东提出临时议案必须符合本法规定的要求,可分为积极要件和消极要件。

积极要件包括:(1)提出临时议案的股东必须符合一定的条件,即单独或者合计持有公司百分之一以上的股份;(2)临时议案的提出必须在股东会召开十日

前进行并提交通知董事会；(3) 临时提案应当有明确议题和具体决议事项。消极要件为：临时提案不得违反法律、行政法规或者公司章程的规定，或者不属于股东会职权范围。

董事会应当在收到提案后二日内通知其他股东，并将该临时提案提交股东会审议。公开发行股份的公司，对于股东的临时提案也应当以公告方式作出通知。同时，为了防止公司通过意思自治形式减损股东权利，本条款明确规定了公司不得提高提出临时提案股东的持股比例。

三、股东会不得对通知和公告中未列明的事项作出决议

股东会是公司的权力机构，其所审议的事项事关公司的生存和发展以及股东的权益。所以，在股东会召开前的一定期限内，有关股东会的通知和公告应当载明审议的事项。如果临时提出审议事项，公告或者通知中并没有载明该事项，则股东会不得就这一事项作出决议。股东会的审议事项必须是股东会会议的召集人在通知中列明的事项，包括召集人主动在通知中列明的事项，也包括根据法定程序在通知中列明的提案人的提案。

第一百一十六条　【股东表决权的计算方法以及股东会决议】

股东出席股东会会议，所持每一股份有一表决权，类别股股东除外。公司持有的本公司股份没有表决权。

股东会作出决议，应当经出席会议的股东所持表决权过半数通过。

股东会作出修改公司章程、增加或者减少注册资本的决议，以及公司合并、分立、解散或者变更公司形式的决议，应当经出席会议的股东所持表决权的三分之二以上通过。

◆ 新旧对照解读

本条基本沿用了《公司法》(2018) 第一百零三条的规定，明确了股份有限公司股东会的表决方式和程序，而新增规定的"类别股股东除外"的内容表明股

份有限公司发行股份的多样化，并且可以根据相关法律法规以及公司章程的规定对类别股股东设定特殊的表决权，如优先股股东绝大多数情况下没有表决权。同时，本条删除了"但是"的表述、将"必须"修改为"应当"，增加了法条的简洁性与规范性。

◆ **相关规定**

《上市公司股东大会规则》第二十三条

◆ **条文释义**

本条是关于股份有限公司股东表决权的计算方法以及股东会决议的规定。

一、股东表决权的计算方法

股东的表决权是股东对于股东会决议事项表达赞成或者否决的意思表示的权利。表决权是股东基于其所拥有的股份而产生的权利，是股东固有的权利，公司章程和股东会的决议都不能将其剥夺。股份有限公司股东在股东会的表决权以股东所持股份数来计算，股东会所议事项实行资本多数决，表决原则为一股一票表决权，即除特殊情况外，股东所持每一股份有一表决权。本次公司法的修订增加了类别股的表决权规定。不同于一般股，其具体所代表的表决权比例由其他法律法规或者公司章程所规定。从学理角度而言，"同股同权"原则符合资本逻辑，但也只是公司法变迁过程中的阶段性原则，而类别股在防止恶意收购、增强公司治理效能方面则具有独特的效用。

二、公司持有的本公司股份没有表决权

公司在减少注册资本、与持有本公司股份的其他公司合并、将股份奖励给本公司职工等情况下，可以收购本公司的股份，从而持有本公司的股份。由于公司为独立法人，其股东应当为公司以外的第三人，否则会导致公司与股东之间人格混同。因此，公司可以依法取得本公司股份，但不能依其所持股份享有表决权。

三、股东会作出的决议分为普通决议和特殊决议

普通决议是指在股东会举行会议时，适用于公司重大事项以外的普通事项，以简单多数表决权即可通过的决议，即经过出席会议的股东所持表决权的过半数

同意即可通过。股东会举行会议，凡是法律没有规定需要作出特别决议的事项，如任免董事、监事并决定其报酬有关事项，发行公司债券等，都可以通过作出普通决议来决定，适用一般表决权规则。

特殊决议是指在举行股东会会议时，以绝对多数表决权方能通过的决议，为一般表决权规则的例外情形，即必须经出席会议的所持三分之二以上表决权的股东同意方能通过。特殊决议适用的法定事项是指公司重大事项，包括修改公司章程，增加或者减少注册资本，公司合并、分立、解散以及变更公司形式等。

四、出席股东会会议的所有股东的最低股份数要求

本条未规定所有出席股东会会议的股东所应当持有最低股份数，这是因为在召开股东会会议前，董事会已经依法定程序通知股东或者进行公告，股东不参加股东会会议，表明其放弃了自己的权利，股东会会议经出席会议的股东进行表决即可。同时，公司法虽未规定关于参与股东会会议的最低股份数，但各公司可根据自己的实际情况，在公司章程中予以规定。

> **第一百一十七条　【累积投票制】**
>
> 股东会选举董事、监事，可以按照公司章程的规定或者股东会的决议，实行累积投票制。
>
> 本法所称累积投票制，是指股东会选举董事或者监事时，每一股份拥有与应选董事或者监事人数相同的表决权，股东拥有的表决权可以集中使用。

◆ 新旧对照解读

本条款基本沿用了《公司法》（2018）第一百零五条的规定，明确了股份有限公司股东会可采用累积投票制选举董事和监事，但前提是公司章程有规定或者股东会形成决议。较《公司法》（2018）只有措辞上的修改，其一是将"股东大会"修改为"股东会"，其二是将"依照"修改为"按照"。

◆ **相关规定**

《上市公司治理准则》第十七条
《上市公司股东大会规则》第三十二条

◆ **条文释义**

本条是关于股份有限公司累积投票制的规定。

一、累积投票制的适用范围及适用条件

根据本条规定，股份有限公司股东会选举董事、监事时，可以根据公司章程的规定或者股东会的决议，实行累积投票制。本法对于股份有限公司董事、监事的选举是否采取累积投票制，实行任意主义而非强制主义，赋予公司自主权。

二、累积投票制的含义

累积投票制是指股份有限公司股东会选举董事或者监事时，每一股份拥有与应选董事或者监事人数相同的表决权，股东拥有的表决权可以集中使用的表决制度。在累积投票制下，股东所持有的每一有表决权的股份都享有与应选董事或者监事人数相同的表决权，股东的表决权既可分散投于多人，也可集中投于一人，董事、监事人选按照得票多少确定。通过累积投票制，中小股东提名的董事、监事候选人有可能进入董事会、监事会，参与公司的经营决策和监督，反映中小股东的意见。与传统的资本多数决原则相比，累积投票制使中小股东通过将选票局部集中的方式选出代表其利益的董事，从而对股份有限公司小股东的保护具有重要意义。累积投票制将制约机制引入董事会内部，通过选举代表不同利益的董事来架构并完善董事会的内部制衡机制，从而在一定程度上弥补了股东会与外部制衡机制的不足。但同样需要认识到，当小股东所持有的股份数过少，或者大股东的股份数足够多，或者董事、监事的任期交错时，该制度都可能难以发挥应有的作用。

应当注意，累积投票制在我国并非当然适用，只有股份有限公司章程有明确规定或者股东会有明确决议时才在股东会选举董事、监事时予以适用。

> **第一百一十八条　【股东委托代理人出席股东会会议行使表决权】**
>
> 股东委托代理人出席股东会会议的，应当明确代理人代理的事项、权限和期限；代理人应当向公司提交股东授权委托书，并在授权范围内行使表决权。

◆ **新旧对照解读**

本条基本沿用了《公司法》（2018）第一百零六条的规定，明确了股份有限公司股东可以委托代理人出席股东会并行使表决权，但新增"应当明确代理人代理的事项、权限和期限"的规定。另外两处修改是将"股东大会"调整为"股东会"，并将"股东可以委托代理人出席股东大会会议"的表述调整为"股东委托代理人出席股东会会议的"。

◆ **条文释义**

本条是关于股东委托代理人出席股东会会议行使表决权的规定。

一、股东可以委托代理人出席股东会会议

在股份小额化和分散化的情况下，为使股东能够最大限度地行使表决权，各国公司法均规定股东可以亲自行使表决权，也可以采用其他法定的方式行使表决权。[①] 出席股东会会议并行使表决权，不仅是股东固有的权利，也是股东表达自己利益诉求的重要机会。因此当股东由于某些原因无法参加股东会会议时，股东拥有委托其他人代理自己出席股东会会议并在其授权范围内行使表决权的权利。

二、代理人出席股东会会议应当提交股东授权委托书

股东在委托代理人时，应当明确代理人代理的事项、权限和期限，向公司出具书面的授权委托书，并由股东在授权委托书上签名盖章。明确授权范围主要是为了防止受托人对股东没有授权的事项进行表决，或者违背股东的真实意思，损害股东的利益，同时可能影响股东会决议。代理人出席股东会时，应当向公司提

---

① 徐晓松主编：《公司法》（第五版），中国政法大学出版社2018年版，第164页。

交股东开具的授权委托书,除了书面的委托书,其他的形式如口头、视频、电话授权都是无效的,并不具有法律效力,公司不予认可。经审查,公司认为代理人提交的授权委托书合法有效时,代理人才能出席股东会。

特别指明一点,本法条的授权委托是意定代理,因此基于法定代理权而行使表决权时,无须出具授权委托书,如无行为能力的股东的监护人、法人股东的法定代表人,但并不代表不需要其他证明法定代理合法有效的证明文件。

三、代理人应当在授权范围内行使表决权

根据代理的基本原理,股东的委托代理人应当在授权的范围内以股东的名义行使表决权,对授权的事项以股东的名义表示同意、不同意或者放弃。代理人超出股东的授权范围行使表决权的,若股东不予追认,则该表决行为无效,公司应当拒绝其超出授权范围内的投票或者将其投票作为废票处理。代理人违背股东的意思投票,但未超出授权范围的,该投票对公司有效,由此给股东造成损失的,代理人应当承担赔偿责任。

第一百一十九条　【股东会会议记录】

股东会应当对所议事项的决定作成会议记录,主持人、出席会议的董事应当在会议记录上签名。会议记录应当与出席股东的签名册及代理出席的委托书一并保存。

◆ 新旧对照解读

本条款基本沿用了《公司法》(2018)第一百零七条关于股东会会议记录及其保存的规定。较《公司法》(2018)只将"股东大会"的表述修改为"股东会"。

◆ 相关规定

《上市公司股东大会规则》第四十一条

◆ **条文释义**

本条是关于股东会会议记录的规定。

一、股东会应当将所议事项的决定作成会议记录

股份有限公司的股东会会议记录，是载明股东会对所议事项的决定的书面文件，一般由负责召集会议的董事会以及主持会议的董事长安排工作人员详细记录会议的情况。

针对上市公司，《上市公司股东大会规则》第四十一条第一款对此作了细化规定，即股东会会议记录由董事会秘书负责，会议记录应当记载以下内容：（1）会议时间、地点、议程和召集人姓名或名称；（2）会议主持人以及出席或列席会议的董事、监事、董事会秘书、经理和其他高级管理人员姓名；（3）出席会议的股东和代理人人数、所持有表决权的股份总数及占公司股份总数的比例；（4）对每一提案的审议经过、发言要点和表决结果；（5）股东的质询意见或建议以及相应的答复或说明；（6）律师及计票人、监票人姓名；（7）公司章程规定应当载入会议记录的其他内容。

二、会议记录由主持人、出席会议的董事签名

股东会一般由董事会召集并由董事长主持，因此会议的主持人以及出席会议的董事对股东会的召开及事项决议具有重要作用。《上市公司股东大会规则》第四十一条第二款规定，会议记录由主持人、出席会议的董事签名，可以明确上述主体对股东会会议所需要承担的责任，进而保证会议记录内容真实、准确以及完整。会议记录应当与现场出席股东的签名册及代理出席的委托书、网络及其他方式表决情况的有效资料一并保存，保存期限一般不少于十年。

三、会议记录与签名册及委托书一并保存

会议记录形成之后，应当与出席股东的签名册及代理出席的委托书一并保存，置于公司，以便股东后续查阅本次股东会的会议内容。此外，股东会会议做成会议记录，也为将来在某种情况下了解股东会会议情况提供了便利的条件。

第三节　董事会、经理

> **第一百二十条　【董事会的组成、任期及职权】**
> 股份有限公司设董事会，本法第一百二十八条另有规定的除外。
> 本法第六十七条、第六十八条第一款、第七十条、第七十一条的规定，适用于股份有限公司。

◆ **新旧对照解读**

本条内容较之前有所调整，《公司法》（2018）规定股份有限公司的董事会成员为五人至十九人，新《公司法》规定董事会成员为三人以上，不设上限。

◆ **条文释义**

本条规定了股份有限公司董事会的组成、任期和职权。

一、董事会职权

董事会是股份有限公司的执行机构，行使《公司法》和公司章程规定的属于股东会职权之外的职权，在股份有限公司治理体系中处于关键地位。新《公司法》第六十七条采取列举方式，进一步明确了有限责任公司董事会的职权范围，该规定同样适用于股份有限公司的董事会。这一规定既避免了股份有限公司董事会与股东会职权边际不清、权力真空等弊端，同时保证了立法和适用上的一致性。

二、董事会人数

《公司法》（2018）规定了董事会人数的上、下限，即五人至十九人。新《公司法》取消了董事会人数上限，同时将人数下限降至三人。

股份有限公司可以根据自身规模和业务需要，合理设定和调整董事会的董事人数，不受人数上限的限制。这一调整，扩大了公司经营管理自主权。对于规模较小的股份有限公司，可避免因董事会人数设置过多所造成的人浮于事、浪费公司资源的问题；对于规模较大的公司，可不受人数限制，组成人数较多的董事会，提高公司的内部治理能力。

三、董事的分类

（一）董事长及副董事长

《公司法》规定股份有限公司的董事长及副董事长由董事会以全体董事的过半数选举产生。实务中董事长通常是公司的法定代表人，也是董事会的首脑，《公司法》将公司的法定代表人扩展至执行公司事务的董事或者经理，不再局限于董事长，副董事长协助董事长的工作。

（二）职工代表董事

职工人数在三百人以上的股份有限公司，其董事会成员中应当有公司职工代表；职工人数少于三百人的股份有限公司，其董事会成员中可以有公司职工代表，也可以不设。董事会中的职工代表由公司职工通过职工代表大会、职工大会或者其他形式民主选举产生。职工代表董事与股东选举或者指派的董事地位平等，依法享有董事权利，履行董事职责。

（三）独立董事

上市公司应当设立独立董事。独立董事是指独立于公司股东且不在公司内部任职，并与公司或者公司经营管理者没有业务或者其他联系，能够对公司事务作出独立判断的董事。《公司法》第一百三十六条规定，上市公司设独立董事，具体管理办法由国务院证券监督管理机构规定。

独立董事具有独立性、专业性及兼职性的特点。[1] 独立性，表现在独立董事的财产、业务、人格等方面均应当独立于上市公司及其股东。专业性及兼职性表现在独立董事多是财务、金融、法律、管理等领域的专业人士，并有自己的职业，担任公司独立董事是其兼职工作。

---

[1] 雷霆：《公司法实务应用全书——律师公司业务基本技能与执业方法》（第二版），法律出版社2017年版，第270页。

第一百二十一条　【审计委员会】

股份有限公司可以按照公司章程的规定在董事会中设置由董事组成的审计委员会，行使本法规定的监事会的职权，不设监事会或者监事。

审计委员会成员为三名以上，过半数成员不得在公司担任除董事以外的其他职务，且不得与公司存在任何可能影响其独立客观判断的关系。公司董事会成员中的职工代表可以成为审计委员会成员。

审计委员会作出决议，应当经审计委员会成员的过半数通过。

审计委员会决议的表决，应当一人一票。

审计委员会的议事方式和表决程序，除本法有规定的外，由公司章程规定。

公司可以按照公司章程的规定在董事会中设置其他委员会。

◆ 新旧对照解读

本条是《公司法》的新增条文，股份有限公司可以选择单层制的公司治理结构，即可以按照公司章程的规定在董事会中设置由董事组成的审计委员会。明确了审计委员会的人数、任职要求及议事规则。新增股份有限公司亦可以按照公司章程的规定在董事会中设置其他委员会。

◆ 相关规定

《上市公司治理准则》第三十八条、第三十九条

◆ 条文释义

为了优化公司治理，加强公司的财务监管机制，本条规定股份有限公司可以采取单层制治理结构，只设董事会、不设监事会。公司只设董事会的，应当在董事会中设置审计委员会行使监事会职权。审计委员会旨在负责监督审查公司的内

部控制和财务流程，提升公司风险管理水平和信息披露质量。明确职工董事可以成为审计委员会成员，完善了职工董事制度。

一、单层制公司治理模式

本条系《公司法》新增条文。允许股份有限公司根据自身需要，采用单层制治理模式，这是《公司法》优化公司组织机构设置及管理的重要部分，其目的在于精简公司组织机构，进一步突出董事会在公司治理中的核心地位，避免实务中机构臃肿、人浮于事、相互推诿、效率低下等公司治理的弊端。

二、审计委员会的组成与职责

审计委员会由董事会中的董事组成，成员为三名以上，原则上审计委员会成员应当独立于公司日常经营管理事务，且须具有财务、会计等方面的专业知识和实务经验。

审计委员会的主要职责是对公司的财务、会计进行监督，行使监事会的主要职权。

三、审计委员会取代监事会或者监事的条件

满足下列条件的股份有限公司，可以依据公司章程的规定，不设监事会或者监事：（1）股份有限公司在董事会中设立了由董事组成的审计委员会；（2）审计委员会成员为三人以上，过半数成员不得在公司担任除董事以外的其他职务；（3）审计委员会成员不得与公司存在任何可能影响其独立客观判断的关系。

《公司法》对公司治理结构的这一重大调整，实际上将监事会及监事的职责转移给了董事会及董事，这既扩大了董事的职权范围，同时也加重了董事的法定义务。

◆ 适用疑难解析

股份有限公司可以按照公司章程的规定在董事会中设置其他委员会。

2018年9月《上市公司治理准则》修订后，监管机构明确要求上市公司必须设立审计委员会，其他专门委员会可按需设立。

《公司法》将这一要求扩展适用至未上市的股份有限公司，保证了法律适用的一致性及平稳衔接。同时《公司法》未将设立专门委员会作为公司的法定义务，公司可以根据自身情况，选择在董事会中设立包括审计委员会在内的专门委

员会，也可以不设立专门委员会，而保持董事会、监事会的二元治理模式。

除审计委员会外，股份有限公司还可以根据需要，设立战略、提名、薪酬与考核等专门委员会。

战略委员会应当对公司长期发展战略和重大投资决策进行研究并提出建议，对发展目标和战略规划进行可行性研究和科学论证，形成发展战略建议方案；必要时，可借助中介机构和外部专家，为其履行职责提供专业咨询意见。

提名委员会负责研究董事、高级管理人员的选择标准和程序，并提出建议；遴选合格的董事人选和高级管理人员人选；对董事人选和高级管理人员人选进行审核并提出建议。

薪酬与考核委员会负责研究和制定董事与高级管理人员的考核标准，对其履职表现进行考核并提出相应建议；研究和审查董事、高级管理人员的薪酬政策与方案。

除上述专门委员会外，股份有限公司还可以设置预算管理委员会、风险管理委员会、内部控制委员会等专门委员会。各专门委员会应当按照公司章程的规定履行相应的职责。

> **第一百二十二条　【董事长的产生及职权】**
>
> 董事会设董事长一人，可以设副董事长。董事长和副董事长由董事会以全体董事的过半数选举产生。
>
> 董事长召集和主持董事会会议，检查董事会决议的实施情况。副董事长协助董事长工作，董事长不能履行职务或者不履行职务的，由副董事长履行职务；副董事长不能履行职务或者不履行职务的，由过半数的董事共同推举一名董事履行职务。

◆ **相关规定**

《上海证券交易所上市公司自律监管指引第1号》第3.4.1条至第3.4.6条

◆ **条文释义**

本条规定了董事长、副董事长的设置、选举程序及相应职权。

董事会作为公司的执行机构，是股份有限公司法定的常设机构，采取会议制，需设置会议召集人、主持人及会议主席即董事长。董事长负责董事会会议的召集、主持；协调董事会成员之间的关系，检查董事会决议的执行情况。股份有限公司还可以根据实际需要，设副董事长一人，协助董事长工作。

董事长及副董事长均须按照法律及公司章程的规定行使职权。董事长的职权，一般包括：按照法律和公司章程的规定，召集并主持董事会会议，保证董事会的正常运行；检查董事会会议的实施情况，保障董事会决议的实施。副董事长的职责是协助董事长工作。在董事长不能履行职务或者不履行职务时，由副董事长代为履行。

如果出现董事长、副董事长同时不能履行职务或者不履行职务时，由过半数的董事共同推举一名董事，履行董事长职务。

第一百二十三条　【董事会会议的召集】

董事会每年度至少召开两次会议，每次会议应当于会议召开十日前通知全体董事和监事。

代表十分之一以上表决权的股东、三分之一以上董事或者监事会，可以提议召开临时董事会会议。董事长应当自接到提议后十日内，召集和主持董事会会议。

董事会召开临时会议，可以另定召集董事会的通知方式和通知时限。

◆ **相关规定**

《上市公司治理准则》第二十九条、第三十条、第三十一条

◆ 条文释义

本条规定了董事会会议召开次数、会议通知以及临时董事会会议召集程序。

董事会作为公司的执行机构，应当行使法律和公司章程规定的属于股东会职权之外的所有职权。召开董事会并作出董事会决议，是其履行相应职权的法定形式。董事会应当按时召开会议，确保董事会正常运行，保障董事依法、依约履行职权。

董事会应当每年至少召开两次定期会议，股份有限公司还可以根据实际需要，在章程中规定每年召开董事会的次数多于两次。为了确保与会者对会议所涉议题进行充分准备，公司应当在每次会议召开十日前，通知全体董事，并为董事会会议做好会前的准备和安排。此外，公司还应当及时通知全体监事，以便于监事列席董事会会议。

除按照法律及公司章程的规定，召开定期董事会之外，如公司在经营过程中，出现某些特殊情况，可以在必要时召开临时董事会会议。

临时董事会会议的提议人包括：代表十分之一以上表决权的股东，三分之一以上董事，或者监事会。代表十分之一以上表决权的股东，在股东会中地位比较重要，其提出的议案，应予以重视。三分之一以上董事提议，说明该董事会成员对议案具有某种共识。监事会提议召开董事会，是监事会履行对董事会及其成员监督职责的具体体现。召开临时董事会的议案，应当向董事长提出。董事长在收到上述提议之后，应当在十日内召集并主持董事会会议。

召开临时董事会，一般事出紧急，因此可以不受本条对于召集董事会的通知方式和时限的限制，可以采取更为灵活、快捷的方式，通知与会者参会。

第一百二十四条 【董事会会议的议事规则】

董事会会议应当有过半数的董事出席方可举行。董事会作出决议，应当经全体董事的过半数通过。

董事会决议的表决，应当一人一票。

> 董事会应当对所议事项的决定作成会议记录，出席会议的董事应当在会议记录上签名。

◆ 新旧对照解读

本条第三款为《公司法》（2018）第一百一十二条第二款内容，现设置于此处，以法律的形式明确董事会决议事项的形式要件，即董事会应当对所议事项的决定作成会议记录，出席会议的董事应当在会议记录上签名。董事签名机制明确了董事责任，有利于董事依法、全面、审慎行使职权。

◆ 相关规定

《上市公司治理准则》第三十二条

◆ 条文释义

本条规定了董事会会议召开的条件、决议方式及会议记录的要求。

董事会作为集体决策机构，应当由足够数量的董事参加，方可有效召开。董事会会议实行简单多数决，即应当经全体董事的过半数通过，方可作出董事会决议。因此，董事会会议应当由过半数的董事出席，才能举行。如未达到法定出席人数，亦不能作出具有法律效力的决议。

董事会决议的表决，实行一人一票制。董事会的表决机制与股东会不同。股东出席股东会，一般是按所持股份数行使表决权，即一股一票。在董事会中是一人一票，每票的表决力相同，与选举或者指派该董事的股东持股数无关。

董事会会议记录是记明董事会会议对决议事项作出决定的书面文件。董事会在举行会议时，会议的召集人和主持人应当安排特定人员记录会议的举行情况，包括会议举行的时间、地点、召集人、主持人、出席人、会议的主要内容等。董事会作出决议的，应当将所决议的事项、出席会议董事及表决情况、决议结果等做成董事会会议记录。董事会会议记录应当由出席会议的董事签名，以保证董事会会议记录及董事会决议的真实性和有效性。这一规定，进一步规范了董事会决议的表现形式，有利于加强公司的内部管理，并为公司向有过失的董事追责及无过错的董事主张免责提供了法律依据。

> **第一百二十五条 【董事会会议的出席及责任承担】**
> 董事会会议,应当由董事本人出席;董事因故不能出席,可以书面委托其他董事代为出席,委托书应当载明授权范围。
> 董事应当对董事会的决议承担责任。董事会的决议违反法律、行政法规或者公司章程、股东会决议,给公司造成严重损失的,参与决议的董事对公司负赔偿责任;经证明在表决时曾表明异议并记载于会议记录的,该董事可以免除责任。

◆ **新旧对照解读**

本条删除了有关董事会会议记录的规定,相关内容设置于《公司法》第一百二十四条第三款。

◆ **相关规定**

《上市公司治理准则》第二十二条

《上海证券交易所上市公司自律监管指引第1号》第3.3.2条、第3.3.3条

◆ **条文释义**

一、董事出席董事会会议

本条是关于董事出席董事会会议及董事对董事会决议责任承担的规定。

股份有限公司的董事,系由股东会选举产生,受股东委托,执行股东会决议,并负责公司的经营和管理。董事会会议,应当由董事本人出席,谨慎、勤勉地履行董事职责。

如董事因身体、家庭、日程安排等原因,不能出席董事会会议,可以委托代理人出席董事会会议。由于董事会审议决定的是公司重大事项,可能涉及公司的商业秘密,董事委托的代理人应当为其他董事,不能委托董事以外的人员代为出

席董事会会议。董事委托其他董事代为出席董事会，应当向代理人出具书面授权委托书，授权委托书上应当载明当事人的姓名、授权范围等，并由委托人在委托书上签名。除书面委托外，其他委托方式，如口头委托、电话委托等无效。受托的董事应当在授权委托书所载明的授权范围内行使表决权，其超出董事的授权范围行使表决权的，该表决行为无效。

二、董事的赔偿责任及免责

董事会决议由董事集体作出，董事应当对董事会决议承担责任。但董事对董事会决议承担责任，并不意味着所有董事对董事会决议承担连带责任。只有董事会的决议违反法律、行政法规或者公司章程、股东会决议，致使公司遭受严重损失的，参与决议的董事方对公司负赔偿责任。换言之，只有当董事未尽到忠诚及勤勉义务，对董事会决议违反法律、行政法规或者公司章程、股东会决议的情形，存在过错或者过失，并给公司造成严重的经济损失，才会对公司负赔偿责任。

如董事在董事会会议上，对违反法律、行政法规或者公司章程、股东会决议的董事会决议，明确表示反对或者异议，并在表决时投反对票，且上述异议表示明确记载于董事会会议记录上，该董事有权以董事会会议记录的异议记载为依据，主张免除责任。

第一百二十六条【经理的任免与职权】

股份有限公司设经理，由董事会决定聘任或者解聘。

经理对董事会负责，根据公司章程的规定或者董事会的授权行使职权。经理列席董事会会议。

◆ **新旧对照解读**

本条第二款为新增内容，即明确了股份有限公司经理的职权源于公司章程和董事会的授权，经理须对董事会负责并有权列席董事会会议。

◆ **条文释义**

本条规定了股份有限公司经理的设置、聘任、解聘及其职权。

股份有限公司的经理，是指在公司章程或董事会授权范围内，协助董事会经营管理公司事务的人。经理通常不是公司的法定机关，其聘任由董事会决定。经理在授权范围内对外代表公司，并享有经营管理公司事务的广泛权利。股份有限公司可以在公司章程、董事会决议或者公司与经理订立的聘任合同中，对经理的职权予以规范和限制。但公司对经理职权的限制，不得对抗善意第三人。[1]

股份有限公司通常情况下均设置经理，作为董事会的执行辅助机关，由董事会决定聘任或者解聘。经理对董事会负责，向董事会报告工作，接受董事会的监督。经理列席董事会会议。

经理的职权，由公司章程或者董事会的授权予以确定。《公司法》（2018）采取列举方式，规定经理的职权，包括：主持公司的生产经营管理工作，组织实施董事会决议；组织实施公司年度经营计划和投资方案；拟订公司内部管理机构设置方案；拟订公司的基本管理制度；制定公司的具体规章；提请聘任或者解聘公司副经理、财务负责人；决定聘任或者解聘除应当由董事会决定聘任或者解聘以外的负责管理人员；董事会授予的其他职权。公司章程对经理职权另有规定的，从其规定。

新《公司法》取消了上述职权列举，将经理的职权表述为：根据公司章程的规定或者董事会的授权行使职权。这一变化，突出了董事会作为股份有限公司执行机构的核心地位，并进一步扩大了公司股东在公司治理方面的自主权，明确了经理相对于董事会的辅助和从属的地位，避免在公司治理实务中董事会与经理的职权分工不明、重叠等问题。

第一百二十七条　【董事会成员兼任经理】

公司董事会可以决定由董事会成员兼任经理。

---

[1] 安建主编：《〈中华人民共和国公司法〉释义》，法律出版社2013年版，第182-183页。

◆ **条文释义**

本条是关于董事兼任经理的规定。

董事会是股份有限公司的执行机构。理论上，董事作为董事会成员，只能通过在董事会会议上提出议案、发表意见、行使表决权等方式履行职责，发挥作用，而缺乏对公司事务的直接管理权和执行权。

为了保证董事会在公司经营管理中的核心地位，充分发挥董事作用，本条规定，董事可兼任经理，以此赋予董事在公司经营管理事务上的权利。董事会决定董事兼任经理，应当召开董事会会议，并作出董事会决议。

第一百二十八条 【设董事不设董事会的情形】

规模较小或者股东人数较少的股份有限公司，可以不设董事会，设一名董事，行使本法规定的董事会的职权。该董事可以兼任公司经理。

◆ **新旧对照解读**

本条是《公司法》的新增条款，即对股份有限公司设董事不设董事会的规定。

◆ **条文释义**

根据《公司法》（2018）的规定，仅有规模较小的有限责任公司，可以不设董事会，仅设一名执行董事，行使董事会职权。股份有限公司则必须设立董事会。

新《公司法》将上述规定扩大适用至规模较小的股份有限公司。股份有限公司可在章程中规定，不设董事会，仅设一名董事，行使董事会职权。这一立法变化，是精简公司执行机构的举措，在实务中，可避免机构臃肿、人浮于事的现象，便于提高公司的管理效率，降低管理成本。

新《公司法》未具体规定"规模较小"的含义。在不违反法律强制性规定和公序良俗的前提下，如何确立公司的治理结构，提高公司的运营效率，维护股东权益，应当由公司股东根据公司自身发展需要，自行决定。股份有限公司可以在公司章程或者通过股东会决议的形式，对这一事项作出规定。

> **第一百二十九条　【高级管理人员的报酬披露】**
> 公司应当定期向股东披露董事、监事、高级管理人员从公司获得报酬的情况。

◆条文释义

本条是关于董事、监事、高级管理人员的报酬应当定期向股东披露的规定。

董事、监事、高级管理人员的报酬，是指股份有限公司的董事、监事、高级管理人员从公司获得的工资、奖金、各种福利以及基于员工持股或者奖励机制的分红。作为公司高级管理人员，其报酬势必高于公司的其他员工。如报酬过高，必然增加公司经营成本，影响股东的分红利益；如报酬过低，虽然能降低公司管理成本，但又不利于调动这些高级管理人员的积极性。

为了便于公司股东了解董事、监事、高级管理人员从公司获取报酬的情况，并实施必要的监督，公司有义务定期向股东披露董事、监事、高级管理人员从公司获得报酬的情况。

本条未明确公司向股东披露董事、监事、高级管理人员报酬情况的期限及披露方式，依职权分工，应当由公司章程或者股东会决议规定。通常情况下，以一年一次为宜，公司可采取直接向股东告知、在媒体上公告或者由董事会在股东会上报告等方式，向股东进行披露。

第四节 监 事 会

第一百三十条 【监事会的组成及任期】

股份有限公司设监事会,本法第一百二十一条第一款、第一百三十三条另有规定的除外。

监事会成员为三人以上。监事会成员应当包括股东代表和适当比例的公司职工代表,其中职工代表的比例不得低于三分之一,具体比例由公司章程规定。监事会中的职工代表由公司职工通过职工代表大会、职工大会或者其他形式民主选举产生。

监事会设主席一人,可以设副主席。监事会主席和副主席由全体监事过半数选举产生。监事会主席召集和主持监事会会议;监事会主席不能履行职务或者不履行职务的,由监事会副主席召集和主持监事会会议;监事会副主席不能履行职务或者不履行职务的,由过半数的监事共同推举一名监事召集和主持监事会会议。

董事、高级管理人员不得兼任监事。

本法第七十七条关于有限责任公司监事任期的规定,适用于股份有限公司监事。

◆新旧对照解读

本条与原《公司法》(2018)第一百一十七条的规定存在较大差别。修改部分为将"股份有限公司设监事会,其成员不得少于三人"修改为"股份有限公司设监事会,本法第一百二十一条第一款、第一百三十三条另有规定的除外","监事会成员为三人以上"。修改后,根据新《公司法》规定,股份有限公司不一定必须设置监事会,该规定打破了股份有限公司必须设置监事会的壁垒。

此表述在《公司法》(1993)、《公司法》(1999)、《公司法》(2004)、《公司法》(2005)、《公司法》(2013)、《公司法》(2018) 的表述均为"股份有限公司设监事会，其成员不得少于三人"，此次修改，属于自《公司法》实施以来的第一次修改。

◆ **相关规定**

《民法典》第八十二条

◆ **条文释义**

该条主要规定了股份有限公司监事会的组成与任期问题。

本条规定设立监事会并不是股份有限公司的唯一选择，明确了可以不设监事会的情形。一是股份有限公司可以按照公司章程的规定在董事会中设置由董事组成的审计委员会，行使本法规定的监事会的职权，不设监事会或者监事。二是规模较小或者股东人数较少的股份有限公司，可以不设监事会，设一名监事，行使本法规定的监事会的职权。这是自《公司法》公布以来，首次明确股份有限公司可以不设监事会，是根据公司发展及运营实际情况作出的修改。

股份有限公司采取所有权与经营权相分离的方式，股东会是公司的权力机构，决定公司的重大事项，董事会负责公司的具体运营和管理。为了更好地对权力进行有效监督，监事会作为公司的监督机构，对董事、高级管理人员以及公司的运营进行监督，维护公司和股东的权益。根据《公司法》规定，股份有限公司设置监事会的，《公司法》要求设监事会的股份有限公司的监事会成员为三人以上，具体人数由公司章程确定。从目前公司运营实际来看，公司章程规定的监事会成员一般为单数，避免在会议表决等投票环节出现赞成与反对各占一半的情形。

监事会不能全部是股东代表或者全部是职工代表，必须同时包括股东代表和适当比例的职工代表，而且职工代表的比例不得低于三分之一，股份有限公司可在本公司的章程中对这个比例进行具体的规定，也可以设置更高的比例。职工代表的产生方式是职工代表大会、职工大会或者其他形式，必须是民主选举才有效。

2005 年之前修订的《公司法》对监事会设置主席与副主席事宜并没有规定，

考虑到实践中，股份有限公司普遍设置监事会主席、副主席，以便召开和主持会议。此外，监事会主席、副主席也出现过拒不履行职责的问题，影响了监事会的功能作用。因此，自2005年修订的《公司法》明确：监事会设主席一人，可以设副主席。主席和副主席必须经全体监事过半数民主选举产生。一般情况下，监事会主席召集和主持监事会会议。若监事会主席不能履行职务或者不履行职务的，由监事会副主席召集和主持会议。监事会副主席不能履行职务或者不履行职务的，由半数以上监事共同推举一名监事召集和主持监事会会议。2005年之后的《公司法》对这个规定未有修改。

需要特别指出的是，因为公司董事、高级管理人员是监事会主要监督的对象，如果他们担任监事，势必弱化监事会的监督功能，因此，《公司法》作出了"董事和高级管理人员不得兼任监事"的规定。

对于监事任期问题，与有限责任公司监事任期的规定一致，此处不再赘述。

> **第一百三十一条　【监事会的职权及费用】**
>
> 本法第七十八条至第八十条的规定，适用于股份有限公司监事会。
>
> 监事会行使职权所必需的费用，由公司承担。

◆ **条文释义**

本法第七十八条至第八十条有关有限责任公司监事会职权的规定，同样适用于股份有限公司监事会。监事会行使职权所必需的费用，同有限责任公司关于监事会行使职权所必需的费用一致，此处均不再赘述。

> **第一百三十二条 【监事会会议】**
>
> 监事会每六个月至少召开一次会议。监事可以提议召开临时监事会会议。
>
> 监事会的议事方式和表决程序,除本法有规定的外,由公司章程规定。
>
> 监事会决议应当经全体监事的过半数通过。
>
> 监事会决议的表决,应当一人一票。
>
> 监事会应当对所议事项的决定作成会议记录,出席会议的监事应当在会议记录上签名。

◆ **新旧对照解读**

本条主要规定了监事会的会议制度,较《公司法》(2018)修改的地方是"监事会决议应当经半数以上监事通过"修改为"监事会决议应当经全体监事的过半数通过",主要明确了监事会民主决议的人数要求,即经全体监事的过半数通过,因为《公司法》(2018)规定"监事会决议应当经半数以上监事通过",这里容易造成歧义,新《公司法》明确了是全体监事过半数的法定要求。另外,本条较《公司法》(2018)增加了"监事会决议的表决,应当一人一票"的规定。据此,本条强调了监事会决议的表决应遵行两个原则:一是"一人一票"原则,即每个监事享有一人表决权;二是多数通过原则,即监事会决议需经全体监事的过半数通过。

◆ **条文释义**

《公司法》(1993)、《公司法》(1999)、《公司法》(2004)规定,监事会会议的议事方式和表决程序均由公司章程决定,但对监事会每年召开的会议次数、谁提议召开监事会等,均未具体规定。这在一定程度上影响了监事会的监督作用。《公司法》(2005)对该条进行了修订,明确规定:一是监事会作为公司内部监督机构,为了避免监事会常年不召开会议,监督作用流于形式,规定了监事会每六个月至少召开一次会议，这是法定要求，公司章程里对监事会召开的会议次数还可以另行规定，但每六个月至少召开一次。考虑到《公司法》相关规定涵盖不了所有的监事会会议规定，因此，其他的议事方式和表决程序授权公司章程作出规定。二是监事可以提议召开临时监事会会议。这主要是为了方便监事在发现公司运营、董事、高级管理人员等出现问题后，通过召开监事会进行审议和研究，赋予监事召开临时监事会会议法定权力。三是明确了监事会决议通过的法定人数要求，即必须是全体监事的过半数通过。四是明确了监事会决议的表决应当一人一票。五是明确了监事会应当对所议事项的决定作成会议记录，出席会议的监事应当在会议记录上签名，以确保监事会决议的真实性和有效性，督促监事会决议落地落实。

◆ 适用疑难解析

一、关于监事会会议

监事会的主要职能是监督董事、高级管理人员等，是股东实现和维护其权利的重要保障。根据监事会的组成情况，确定监事会议事方式。监事会会议有两种，一种是召开定期会议，一种是召开临时会议。但法定要求是每六个月至少召开一次会议。

二、关于监事会决议方式

《公司法》明确规定，监事会决议应当经全体监事的过半数通过，监事会决议的表决，应当一人一票。即，监事会不实行主席负责制，而是通过民主决议议定事项。另外，以法条的形式明确了监事会应当对所议事项的决定作成会议记录，出席会议的监事应当在会议记录上签名。在会议记录上签名既是监事的法定权利，又是法定义务。

第一百三十三条　【设监事不设监事会的情形】

规模较小或者股东人数较少的股份有限公司，可以不设监事会，设一名监事，行使本法规定的监事会的职权。

◆ 新旧对照解读

本条为新增加的部分。《公司法》(2018)对规模较小或者股东人数较少的股份有限公司并没有简化组织机构设置,规定必须设置监事会。新《公司法》根据股份有限公司实际运营情况及公司运作效率、成本等问题,进一步简化了公司组织机构设置,增加了"规模较小或者股东人数较少的股份有限公司,可以不设监事会,设一名监事,行使本法规定的监事会的职权"的规定。

◆ 条文释义

该条明确规定了监事会并不是股份有限公司进行内部监督的唯一形式。当公司的规模或者人数较少时,可以不设立监事会,设一名监事行使监事会职权,比如检查公司账务,对董事、高级管理人员执行职务的行为进行监督,对违反法律、行政法规、公司章程或者股东会决议的董事、高级管理人员提出罢免的建议等。

第五节 上市公司组织机构的特别规定

> **第一百三十四条　【上市公司的定义】**
> 本法所称上市公司,是指其股票在证券交易所上市交易的股份有限公司。

◆ 新旧对照解读

本条是关于上市公司定义的规定。《公司法》(1993)、《公司法》(1999)、《公司法》(2004)对上市公司的组织机构特别规定没有单独体现在"股份有限公司的设立和组织机构"一章中,《公司法》(2005)将"上市公司组织机构的特别规定"单独作为一节放在"股份有限公司的设立和组织机构"中。《公司法》(2013)、《公司法》(2018)及新《公司法》对该条的内容均没有修改。

◆ **条文释义**

上市公司属于股份有限公司的一种形式，公开发行股票，达到一定的规模后，经依法核准其股票进入证券集中交易市场进行交易。本条规定了上市公司的定义，明确上市公司属于股份有限公司的一种，特别之处在于其股票在证券交易所上市交易。股份有限公司申请其股票上市交易，应当向证券交易所报送有关文件。证券交易所依照《证券法》及有关法律、行政法规的规定决定是否接受其股票上市交易。

◆ **适用疑难解析**

上市公司具有如下特征：一是属于股份有限公司的一种形式。只有股份有限公司享有股票上市交易的权利，其他任何类型的公司，包括有限责任公司等都不具有公开发行股票并使其股票上市交易的权利。同时，也并非所有股份有限公司发行的股票都能上市交易，股票能够上市交易的只是股份有限公司中的一部分，因此，上市公司一定是股份有限公司，但股份有限公司并不一定都是上市公司。二是上市公司的股票上市必须符合法定条件。《证券法》规定，公开发行证券，必须符合法律、行政法规规定的条件，并依法报经国务院证券监督管理机构或者国务院授权的部门注册。申请证券上市交易，应当向证券交易所提出申请，由证券交易所依法审核同意，并由双方签订上市协议。

第一百三十五条 【特别事项的通过】

上市公司在一年内购买、出售重大资产或者向他人提供担保的金额超过公司资产总额百分之三十的，应当由股东会作出决议，并经出席会议的股东所持表决权的三分之二以上通过。

◆ 新旧对照解读

本条将《公司法》(2018)中"上市公司在一年内购买、出售重大资产或者担保金额超过公司资产总额百分之三十的,应当由股东大会作出决议,并经出席会议的股东所持表决权的三分之二以上通过"修改为"上市公司在一年内购买、出售重大资产或者向他人提供担保的金额超过公司资产总额百分之三十的,应当由股东会作出决议,并经出席会议的股东所持表决权的三分之二以上通过",将"担保金额"修改为"向他人提供担保的金额"。此外,将"股东大会"的表述修改为"股东会"。

◆ 条文释义

本条是关于上市公司股东会决议事项的特别规定。新《公司法》规定:上市公司一年内购买、出售重大资产或者向他人担保金额超过公司资产总额百分之三十的,应当由股东会作出决议,并经出席会议的股东所持表决权的三分之二以上通过。《公司法》(2018)第一百二十一条未规定"向他人"担保,即未区分对内担保或者对外担保,新《公司法》将担保限定在对外担保。

◆ 适用疑难解析

股东会决议分为普通决议和特别决议。普通决议包括选举和更换董事、监事,决定有关董事、监事的报酬事项;审议批准董事会的报告;审议批准监事会的报告;审议批准公司的利润分配方案和弥补亏损方案;对发行公司债券作出决议;公司章程规定的其他职权等。特别决议包括对公司增加或者减少注册资本作出决议;对公司合并、分立、解散、清算或者变更公司形式作出决议;修改公司章程等。本条增加规定了两种须经股东会特别决议通过的情形:第一种是上市公司在一年内购买、出售重大资产,超过公司资产总额百分之三十;第二种是上市公司向他人担保金额超过公司资产总额百分之三十。

> **第一百三十六条　【独立董事】**
>
> 　　上市公司设独立董事，具体管理办法由国务院证券监督管理机构规定。
>
> 　　上市公司的公司章程除载明本法第九十五条规定的事项外，还应当依照法律、行政法规的规定载明董事会专门委员会的组成、职权以及董事、监事、高级管理人员薪酬考核机制等事项。

◆ 新旧对照解读

本条进一步强调了独立董事的责任以及上市公司章程应该法定载明的相关事项。将"上市公司设独立董事，具体办法由国务院规定"修改为"上市公司设独立董事，具体管理办法由国务院证券监督管理机构规定"，进一步明确了独立董事管理办法的制定机构。新增了上市公司的公司章程除载明本法第九十五条规定的事项外，还应当依照法律、行政法规的规定载明董事会专门委员会的组成、职权以及董事、监事、高级管理人员薪酬考核机制等事项。

◆ 相关规定

《上市公司独立董事管理办法》第二条、第六条

《上市公司治理准则》第三章第五节

◆ 条文释义

为进一步完善上市公司组织机构的相关规定，强化上市公司治理，新《公司法》作出规定，授权国务院证券监督管理机构对上市公司独立董事的具体管理办法作出规定。在该条中，进一步强调了上市公司章程载明事项的有关规定。

独立董事是指不在公司担任除董事外的其他职务，并与其所受聘的上市公司及其主要股东不存在可能妨碍其进行独立客观判断的关系的董事。独立董事对上市公司及全体股东负责。

◆ **适用疑难解析**

公司治理结构是新《公司法》重点完善的地方。《公司法》（2018）虽然考虑到了独立董事的问题，但并没有把独立董事制度进行具体规定，立法者未给独立董事预留法定监督权限。在上市公司推行独立董事时，独立董事和监事会权限似乎存在一些碰撞。针对目前上市公司监事会监督乏力的现状，立法者似乎力图增大独立董事的法定作用，对独立董事作出更加具体的规定，从而扩大独立董事的作用，以对监事会的监督进一步完善补充。

需要注意的是，此次《公司法》修订，对独立董事和监事会之间的关系并没有细化和完善的具体规定，监事会仍应当依法围绕公司经营的合法性、妥当性对董事（含独立董事）和经理行使《公司法》规定的监督职责。监事会与独立董事都对公司利益负责。本次立法虽然允许公司选择单层制或者双层制，即可以不设监事会，但在董事会之下设审计委员会。而不像有些国家和地区的公司法规定保留监事会的，监事会中设置独立监事，不设监事会的才引入独立董事。因此，在某种意义上，这次《公司法》修订仍然没有从根本上解决监事会和独立董事之间的职责潜在冲突问题。

该条较《公司法》（2018）新增了上市公司的公司章程除载明本法第九十五条规定的事项外，还应当依照法律、行政法规的规定载明董事会专门委员会的组成、职权以及董事、监事、高级管理人员薪酬考核机制等事项。以法律的形式规定了公司章程对董事会专门委员会的规定和有关人员的薪酬考核机制，进一步强化了公司治理。

第一百三十七条　【上市公司审计委员会职权】

上市公司在董事会中设置审计委员会的，董事会对下列事项作出决议前应当经审计委员会全体成员过半数通过：

（一）聘用、解聘承办公司审计业务的会计师事务所；

（二）聘任、解聘财务负责人；

> （三）披露财务会计报告；
> （四）国务院证券监督管理机构规定的其他事项。

◆ 新旧对照解读

本条为《公司法》新增条款。明确上市公司设置审计委员会的职权规定。

◆ 条文释义

本条规定了上市公司审计委员会的职权。主要包含以下几个方面的内容：一是聘用、解聘承办公司审计业务的会计师事务所；二是任免财务负责人；三是披露财务会计报告；四是兜底条款，即国务院证券监督管理机构规定的其他事项。以上涉及的决议应当经审计委员会全体成员过半数通过，这在一定程度上强化了审计委员会的职权。该条款主要目的是进一步完善上市公司组织机构的有关规定，并强化上市公司治理。

> **第一百三十八条　【董事会秘书】**
> 上市公司设董事会秘书，负责公司股东会和董事会会议的筹备、文件保管以及公司股东资料的管理，办理信息披露事务等事宜。

◆ 新旧对照解读

本条较原《公司法》（2018）第一百二十三条未有实质性修改，只是将"股东大会"的表述修改为"股东会"。

◆ 相关规定

《上市公司章程指引》（2023）第一百三十三条

《上海证券交易所股票上市规则》第 4.4.1 条至第 4.4.3 条

《深圳证券交易所股票上市规则》第4.4.1条至第4.4.3条

◆ **条文释义**

本条是关于上市公司董事会秘书的设立规定。上市公司设董事会秘书，负责公司股东会和董事会会议的筹备、文件保管以及股东资料的管理，办理信息披露事务等事宜。

根据本法规定，董事会秘书是公司高级管理人员。董事会秘书由董事会聘任并对董事会负责，是上市公司与证券交易所之间的指定联络人，其主要职责有以下几个方面：

一是负责股东会和董事会会议的筹备、文件保管。董事会秘书应当按照法定的程序筹备股东会和董事会，准备和提交有关会议文件、资料等。负责管理公司股东、董事名册，监事、高级管理人员持有公司股票的资料，股东会、董事会会议文件资料等。

二是负责股东资料的管理。如股东名册等资料的管理等。

三是负责办理信息披露事务。如督促公司制定并执行信息披露管理制度和重大信息的内部报告制度，督促公司和相关当事人依法履行信息披露义务，制定与公司信息披露有关的保密制度，促使董事、监事和高级管理人员以及相关知情人员在信息披露前保守秘密，并在内幕信息泄露时及时采取补救措施等。

◆ **适用疑难解析**

一、董事会秘书的价值

董事会秘书是企业与监管部门以及投资者之间重要的交流沟通渠道，是上市公司治理结构的关键环节。其任职资格、聘任与罢免以及权利和职责等方面都有严格的规定。董事会秘书是否勤勉履职、是否及时履行信息披露义务关乎上市公司信息披露质量。

二、董事会秘书的任职资格

根据《公司法》第二百六十五条第（一）项规定的高级管理人员，是指公司的经理、副经理、财务负责人，上市公司董事会秘书和公司章程规定的其他人员。因此，董事会秘书属于高级管理人员范畴，其任职资格和义务应当符合《公司法》第一百七十八条规定的要求。

> **第一百三十九条　【会议决议的关联关系董事不得表决】**
> 上市公司董事与董事会会议决议事项所涉及的企业或者个人有关联关系的，该董事应当及时向董事会书面报告。有关联关系的董事不得对该项决议行使表决权，也不得代理其他董事行使表决权。该董事会会议由过半数的无关联关系董事出席即可举行，董事会会议所作决议须经无关联关系董事过半数通过。出席董事会会议的无关联关系董事人数不足三人的，应当将该事项提交上市公司股东会审议。

◆ 新旧对照解读

本条主要在董事会决议回避制度上进行了修改。

第一是将"上市公司董事与董事会会议决议事项所涉及的企业有关联关系的"修改为"上市公司董事与董事会会议决议事项所涉及的企业或者个人有关联关系的"，增加了"或者个人有关联关系"的表述，这也是考虑到上市公司在实际运作中，董事有可能与董事会会议决议事项所涉及的个人有关联关系的实际情况，在此种情况下，也需要对该董事的表决权作出限制。新《公司法》完善了该条相关的情况，是对《公司法》（2018）的细化和完善。

第二是较《公司法》（2018），新《公司法》增加了"该董事应当及时向董事会书面报告"的表述。原《公司法》（2018）并没有要求上市公司董事与董事会会议决议事项所涉及的企业或者个人有关联关系的，该董事应当及时向董事会书面报告。新《公司法》强调了进行书面报告的要求，进一步限定了"关联关系"董事参与董事会会议决议的可能性，在一定程度上强化了董事的自我监督功能。

第三是将"股东大会"修改为"股东会"，这也是《公司法》统一修改的地方。

◆ **条文释义**

本条是上市公司的董事对关联关系事项予以回避表决的规定。主要有三个方面的含义：

一是限制董事表决权。上市公司董事对董事会会议决议事项所涉及的企业或者个人有关联关系的，该董事应当及时向董事会书面报告，并且应当回避董事会会议对该事项的表决，包括自己无法行使表决权，也包括不能代理其他董事行使表决权。这主要是考虑到董事在与董事会会议表决事项所涉及的企业或者个人有关联关系的情况下，有可能为了个人或者他人的利益，利用董事职位的特殊性，引导表决事项向个人利益或者他人利益倾斜，从而损害公司和股东的利益。

二是董事会举行条件及决议的有效性。在有关联关系董事的情况下，若举行董事会，必须经无关联关系董事的过半数通过。作出这样的规定，主要是加强对关联关系董事的监督，最终使董事会决议事项体现上市公司和股东的利益。

三是规定出席董事会的无关联关系董事人数不足三人的情况。要求若出席董事会的无关联关系董事人数不足三人的，应当将该事项提交上市公司股东会审议。如果无关联关系董事人数太少，容易造成董事会决议向个人利益倾斜，或者容易造成少数人操纵董事会决议的情况。因此，在无关联关系董事人数不足三人的情况下，将该事项提交上市公司股东会审议，更加符合公司和股东的利益，从而使上市公司的最终决议更加客观公正。

第一百四十条　【依法信息披露及禁止违法代持】

上市公司应当依法披露股东、实际控制人的信息，相关信息应当真实、准确、完整。

禁止违反法律、行政法规的规定代持上市公司股票。

◆ **新旧对照解读**

本条为《公司法》新增条款。

◆ **相关规定**

《上市公司信息披露管理办法》第三条

《首次公开发行股票注册管理办法》第十二条

◆ **条文释义**

本条是新增条款。现实中往往存在股东或实际控制人控制上市公司的情况，因此本次修订明确上市公司应当依法披露股东、实际控制人的信息，相关信息应当真实、准确、完整。这一规定可以防止股东或者实际控制人通过股份代持、股份信托等方式形成一致行动人，在证券公开市场上操纵市场交易或者控制公司运营。

禁止违反法律、行政法规的规定，代持上市公司股票。中国证监会《首次公开发行股票注册管理办法》第十二条第（二）项规定："……发行人的股份权属清晰，不存在导致控制权可能变更的重大权属纠纷……"据此，所有的股份代持行为都因为股权不清晰而不符合首次公开发行并上市的条件。

第一百四十一条 【禁止上市公司交叉持股】

上市公司控股子公司不得取得该上市公司的股份。

上市公司控股子公司因公司合并、质权行使等原因持有上市公司股份的，不得行使所持股份对应的表决权，并应当及时处分相关上市公司股份。

◆ **新旧对照解读**

本条为《公司法》新增条款。

◆ **相关规定**

《上海证券交易所股票上市规则》第 3.4.15 条

《上海证券交易所科创板股票上市规则》第 4.3.17 条

◆ 条文释义

本条明确上市公司控股子公司不得取得该上市公司的股份，对于控股子公司因公司合并、质权行使等原因持有上市公司股份的，不得行使所持股份对应的表决权。此外，结合上交所、深交所股票上市规则，确因特殊原因持有股份的，应当及时依法消除该情形。

上市公司控股子公司取得该上市公司的股份，会带来资本重复计算以及子公司管理层控制上市母公司的后果，既可能侵害上市公司股东的利益，也可能损害上市公司债权人的利益，因此原则上应该禁止，因特殊原因持有上市公司股份的，既不能行使所持股份对应的表决权，也不得参与分配利润（《公司法》第二百一十条第五款），并应当及时处分。

第六章　股份有限公司的股份发行和转让

◆ **本章概述**

本章共包括二十六条，其中，第一百四十二条至第一百五十六条规定了股份有限公司的股份发行，第一百五十七条至第一百六十七条规定了股份有限公司的股份转让。

与《公司法》（2018）相比，新《公司法》在股份有限公司的资本制度、公司治理等方面发生重大变化。一是在股份有限公司中引入授权资本制，允许公司章程或者股东会授权董事会发行股份；二是规定股份有限公司可以发行优先股和劣后股、特殊表决权股、转让受限股等类别股；三是允许公司根据章程择一采用面额股或者无面额股；四是取消了《公司法》（2018）中关于发起人股份转让的限制。这些规定在一定程度上回应了实践中对股份有限公司的现实需求，是本次修订中的亮点内容。

第一节　股　份　发　行

第一百四十二条　【股份及其形式】

公司的资本划分为股份。公司的全部股份，根据公司章程的规定择一采用面额股或者无面额股。采用面额股的，每一股的金额相等。

公司可以根据公司章程的规定将已发行的面额股全部转换为无面额股或者将无面额股全部转换为面额股。

> 采用无面额股的,应当将发行股份所得股款的二分之一以上计入注册资本。

◆ **新旧对照解读**

一直以来,我国《公司法》采取了仅允许股份有限公司发行面额股,禁止发行无面额股的做法。本条第一款是我国在法律层面首次允许股份有限公司发行无面额股,并采取了面额股和无面额股并行的模式,是完善公司资本制度的一个重大举措。与《公司法》(2018)相比,改变了前者第一百二十五条中仅允许股份有限公司发行面额股的规定。

同时,在新旧制度衔接层面上,本条在第二款允许股份有限公司在发行面额股和无面额股间相互转换。但是"全部转换"的表述也意味着,对于某一股份有限公司来说,只能选择发行面额股或者无面额股一种,而不能采取混合发行的形式,这也是对本条第一款的"择一"进行进一步说明。

对于采取发行无面额股的公司,本条第三款进一步增加规定:"应当将发行股份所得股款的二分之一以上计入注册资本。"对于股款分配、注册资本占发行股份所得股款比例等事项,其他国家的普遍做法是不对其进行明确规定而交由公司自行决定,但也有少数国家对于注册资本比例下限进行了限定。本款则主要采取了此种做法。这是由于长期以来我国都仅允许发行面额股,虽然注册资本无法代表公司实际资产情况,但仍有大量投资者或者外部债权人将公司注册资本作为衡量公司情况的重要参考指标,因此放开无面额股的同时彻底取消对注册资本的规制,容易使外界失去了解公司状况的重要渠道,从而失去对公司的信心,引起股票市场产生较大波动。因此在放开无面额股的同时增加本条第三款,可以在一定程度上避免上述情况的发生,维持注册资本这一概念在公司运行中的地位。

◆ **相关规定**

《公司法》第九十六条、第一百四十九条、第一百五十一条、第二百一十三条

◆ 条文释义

本条规定的是股份有限公司发行股份的形式。

一、股份面额

股份可被区分为面额股和无面额股：前者是指股票票面记载一定金额的股份；后者指股票票面不记载金额的股份，但根据发行股份总数计算出其占公司全部资产或者股本总额的比例。[1] 股份面额是指公司股份的票面价值，又称"股票票值""票面价格"，即股份公司在发行股份时在票面上标明的金额，以"元/股"为单位。在传统法定资本制下，股份公司的注册资本即为股票面额和已发行的股份总数的乘积。

二、面额股的制度功能[2]

（一）保障债权人的利益

面额股制度通过规定公司发行的股份具有一定面额，可以保证发行的股份至少收到不低于对应面额的资本，进而使公司整体资本具有真实性，更有利于公司债权人对公司偿债能力的判断与预期。传统公司法理论认为，债权人依据公司资本判断公司的偿债能力，因此资本真实性对于保护债权人利益就显得至关重要。

（二）平等对待股东的需要

面额股制度能够确保公司的股东之间一定程度的公平。在面额股制度下，通过禁止折价发行、标明股票金额等规定，可以保证股东在认购股票时所支付的对价都建立在不低于票面金额的基础之上，从而能够在一定程度上保证股东之间的公平地位。

（三）为投资者提供信息参考

在过去，信息披露的渠道较为单一，外部投资者难以全面了解公司的运营及财务情况。注册资本作为公司工商登记时的必要内容，是外部第三人了解公司的重要方式。在面额股制度下，通过股票的面额结合其发行价格等因素能够使投资

---

[1] 朱慈蕴、梁泽宇：《无面额股制度引入我国公司法路径研究》，载《扬州大学学报（人文社会科学版）》2021年第2期。
[2] 朱慈蕴、梁泽宇：《无面额股制度引入我国公司法路径研究》，载《扬州大学学报（人文社会科学版）》2021年第2期。

者判断股票的价值，一定程度上能够为其购入和转让股份交易提供参考。

因此，综合以上原因，我国长期以来采取面额股制度。

三、引入无面额股的现实需要

首先，在现实情况下，公司一旦开始运营，交易价格就会发生波动，因此股价与其票面金额没有必然联系，后续购买股份的投资者进入公司的价格也不相同，那么单纯通过规定面额的方式保障股东平等的作用是极其有限的。

其次，公司信用实际上无法通过注册资本来衡量，通过规定股票面额来保证资本充实的目的无法达到。如今，外部投资者或者债权人了解公司的途径多样，注册资本已非少有的可以了解公司的方式，并且随着公司资产与资本的脱钩，注册资本也难以为外部投资者、债权人了解公司信用状况提供有益参考。与面额股相比，无面额股具有以下优势。

（一）真实反映公司价值

在随着信息披露各项制度逐渐完备，外部利益相关主体能够通过多方渠道了解公司的实际财务及运营情况，而不仅仅依赖注册资本。实际上，正如上文所分析的，固定的注册资本价值原本也无法评估公司信用状况。而且，取消面额也使得债权人以及可能的投资者必须摒弃对票面金额的依赖，他们无法根据面额判断公司的真实价值，从而必须通过股票的交易价格以及其他公司信用评价机制掌握信息。[1] 这样得到的评价结果才能更接近于公司股票的真实价值。而且从公司发行的角度考虑，公司可以综合经营状况、市场因素等各项指标，根据商业判断规则确定一个符合现实情况的发行价格。这样的定价机制也使得股票的发行价格更能反映其真实的市场价值。

（二）便于灵活设计股权结构

公司发行无面额股，可以灵活安排全部股款以何种比例进行分配，计入注册资本和计入资本公积金的股款如何划分，公司可以借此设计有利于提高经营管理效率、符合公司利益的股权结构。

（三）有利于融资需要

采用无面额股，可以使公司在陷入融资困境时根据其股票的交易价格以及公

---

[1] 参见官欣荣：《论我国无面额股制度之推行》，载《华南理工大学学报（社会科学版）》2013年第5期。

司的融资需求确定发行的股份数量，不必受到"不得低于票面金额发行"的限制，解决上市公司再融资难的问题。

鉴于此，本条第一款首次允许股份有限公司发行无面额股。并且在制度上，本条第二款允许发行的面额股和无面额股相互转换，但必须是"全部转换"，这意味着公司只能发行一种股票。

我国允许发行无面额股也并非完全无限制，根据本条第三款的规定，发行无面额股，应当将发行股份所得股款的二分之一以上计入注册资本，即将发行无面额股所得股款划分为注册资本和资本公积金，且规定了一个最低比例。

> **第一百四十三条　【股份发行的原则】**
>
> 股份的发行，实行公平、公正的原则，同类别的每一股份应当具有同等权利。
>
> 同次发行的同类别股份，每股的发行条件和价格应当相同；认购人所认购的股份，每股应当支付相同价额。

◆ 新旧对照解读

与《公司法》（2018）第一百二十六条相比，本条有两点变化，第一是将"同种类股票"表述更改为"同类别股份"。股份是股份有限公司资本的构成单位，而股票是股份的表现形式，使用"同类别股份"的说法，更加精准。第二是将"任何单位或者个人"表述更改为"认购人"，与之前相比，表述更加简洁。

◆ 条文释义

本条是关于股份发行原则的规定。

根据本条第一款的规定，股份发行实行公平的原则。其主要体现在以下三点：首先，同类别股份具有同等权利；其次，同轮次发行的同类别股份，每股发行条件和价格应当相同；最后，同种股份，不论由哪个主体认购，每股都应当支付相同价额。股票发行实行公正的原则，也即不允许进行内幕交易、价格操纵等不正当行为。

> **第一百四十四条　【类别股的发行】**
>
> 公司可以按照公司章程的规定发行下列与普通股权利不同的类别股：
>
> （一）优先或者劣后分配利润或者剩余财产的股份；
>
> （二）每一股的表决权数多于或者少于普通股的股份；
>
> （三）转让须经公司同意等转让受限的股份；
>
> （四）国务院规定的其他类别股。
>
> 公开发行股份的公司不得发行前款第二项、第三项规定的类别股；公开发行前已发行的除外。
>
> 公司发行本条第一款第二项规定的类别股的，对于监事或者审计委员会成员的选举和更换，类别股与普通股每一股的表决权数相同。

◆ 新旧对照解读

《公司法》（2018）第一百二十六条第一款规定："股份的发行，实行公平、公正的原则，同种类的每一股份应当具有同等权利。"立法者在"每一股份"之先加上了"同种类"的限定词，即不同种类的股份可以具有不同的权利。从侧面肯定了类别股制度的合法性。除此之外，《公司法》（2018）第一百三十一条规定："国务院可以对公司发行本法规定以外的其他种类的股份，另行作出规定"，更是将发行类别股安排的规定权交与国务院，为类别股制度正式写入《公司法》预留了制度空间。而本条则基于《公司法》（2018）第一百三十一条的规定，对类别股进行了详细的规定。

◆ 相关规定

《公司法》第九十五条、第一百一十六条、第一百四十三条、第一百四十五条、第一百四十六条

《国务院关于开展优先股试点的指导意见》一、优先股股东的权利与义务

《优先股试点管理办法》（2023）第二条

《关于在上海证券交易所设立科创板并试点注册制的实施意见》

《最高人民法院关于为设立科创板并试点注册制改革提供司法保障的若干意见》

◆ 条文释义

类别股是指权利义务安排有别于普通股的股份权利。从法理上看，股份权利分为收益性权利和表决性权利。[①] 实践中，公司股东的组成多样，所关注的权利也各有侧重。公司的创始团队更希望能够掌握对公司的控制，而财务投资者则更关注财务上的收益。因此，设置类别股制度能够满足实践中不同股东的需求。本次公司法修订正式将类别股制度纳入法律规范中。

一、类别股的发行主体

在新《公司法》中，与类别股相关的条文主要被放置在第六章，即"股份有限公司的股份发行和转让"中。可见，当前类别股制度仅适用于股份有限公司，有限责任公司并无类别股制度的适用空间。类别股制度的设立为股份有限公司增添了重要的比较优势，使得股份有限公司这种设立形态更多地被创始人选择。

二、类别股的种类

根据本条规定，股份有限公司有权发行的类别股种类有且仅有优先股与劣后股、特别表决权股、转让受限股及国务院规定的其他类别股四种。公开发行股份的公司不得发行特别表决权股及转让受限股。并且，公司无权通过章程记载的方式自行创设类别股。由此可见，我国新《公司法》采用了类别股种类法定的立法模式。该种立法模式在比较法上为以德国、日本、韩国为代表的大陆法系国家广

[①] 赵玲：《我国类别股创设的法律路径》，载《法学杂志》2021年第1期。

泛采用，要求公司必须按照法律规定的种类发行类别股。以英美两国为代表的英美法系国家则更多采取章程自治的立法模式，授予公司章程创设并发行法律规定类型之外的其他类别股的权利。尽管章程自治模式具有立法灵活自由、有利于激发市场活力与创造性等优势，但基于我国尚处于类别股制度建立初期的现实情况，赋予章程自由创设类别股的权利易引发部分投资者甚至是债权人利益受损的情形，目前的规定也是将类别股制度的引入与设置和我国公司发展现状相适应的一种体现。

值得注意的是，在采取类别股种类法定模式的大陆法系国家中，法律大多提供了丰富的类别股种类供公司自由选择。在我国类别股制度平稳落地并运行后，可以考虑通过公司法规定或者国务院配套条文规定的方式扩大可发行的类别股种类，将更多实践中常见的类别股种类纳入法律许可的范围中，推动类别股制度的进一步发展及应用。

三、类别股的公示

本条规定："公司可以按照公司章程的规定发行下列与普通股权利不同的类别股"，第九十五条亦将发行类别股的情形设置为公司章程强制记载事项。上述规定均显示章程强制记载公示是公司发行类别股的必要条件之一。章程强制记载的意义在于通过公示的方式使外部投资者或者债权人了解公司有哪些类别的股份及相关的权利、义务，从而评估对相关交易安排或者债权的影响，及时采取相应措施，避免公司通过发行类别股的方式损害投资者或者债权人的利益，保护交易安全。

四、类别股股东表决权的特殊安排

本条特别规定，公司发行的类别股对于监事会成员或审计委员会成员的选任与普通股每一股的表决权数相同。此规定是为避免拥有"超级表决权"的类别股股东在监事会成员选任、审计委员会成员选任等事项上的干扰，是对类别股制度下公司内部的管理监督与制衡机制的一种有益探索。

第一百四十五条　【类别股的章程记载】

发行类别股的公司，应当在公司章程中载明以下事项：

（一）类别股分配利润或者剩余财产的顺序；

（二）类别股的表决权数；

（三）类别股的转让限制；

（四）保护中小股东权益的措施；

（五）股东会认为需要规定的其他事项。

◆ **条文释义**

在类别股制度下，投资者和公司创始人所关注的权益均能得到满足。投资者收获了多样的投资渠道，以公司创始人为典型的融资方也通过发行类别股的方式维持了公司的控制权。但在部分股东掌握公司控制权的情形下，外部投资者的权利尤其是中小股东的利益极易受到控制股东的侵害与掠夺。在未能掌握公司控制权的前提下，信息披露制度可以在一定程度上为外部股东了解类别股发行及转让的相关情况提供有效渠道，让外部股东对于类别股的相关事项具有知情权，从而避免其在不知情的情况下利益受到侵害。

本条是《公司法》的新增条文，对类别股信息披露制度进行了比较详细的规定。本条以列举的方式规定，发行类别股的公司应当在公司章程中对"类别股分配利润或者剩余财产的顺序""类别股的表决权数""类别股的转让限制""保护中小股东权益的措施"予以披露，清晰明确，法律适用简便，减少法官认定信息披露情形的困难与不确定性，同时设置了兜底条款，赋予股东会决定类别股其他应披露事项的权利。

第一百四十六条　【类别股股东表决权的行使规则】

发行类别股的公司，有本法第一百一十六条第三款规定的事项等可能影响类别股股东权利的，除应当依照第一百一十六条第三款的规定经股东会决议外，还应当经出席类别股股东会议的股东所持表决权的三分之二以上通过。

> 公司章程可以对需经类别股股东会议决议的其他事项作出规定。

◆条文释义

此条是对类别股股东分类表决事项的规定。在类别股制度下，股东基于对财产权和控制权的不同偏好而创设出了相应的安排。出于对类别股股东的保护，在公司决议涉及类别股股东的权利时，需要通过类别股股东会进行投票表决。因此，分类表决制度的实施至关重要。根据本条的规定，对于修改公司章程、增加或者减少注册资本，以及公司合并、分立、解散或者变更公司形式事项或者可能造成类别股股东权利损害事项，除了经出席会议的股东所持表决权的三分之二以上通过外，还应经出席类别股股东会的股东所持表决权三分之二以上通过。

除此以外，本条还授权公司章程对分类表决事项另作约定。正如有学者所指出的，在我国对优先股股东权益保护尚不充分的情况下，允许公司章程增加优先股股东分类表决事项，赋予优先股股东更多的决策权，特别是将那些看似与优先股股东无直接关联的事项纳入分类，可以实现对优先股股东权益保护的前端控制，更好地维护优先股股东的利益。[1] 授权公司章程在法律规定以外增加分类表决事项，不仅充分尊重了公司的意思自治，也保护了类别股股东的合法权益，具有重要的制度价值。然而，值得思考的是，这里的由章程另作约定是仅包括对法定分类表决事项的增加，还是也包括对法定的分类表决事项进行减少呢？从意思自治与权利处分的角度来说，类别股股东有权自愿放弃其有关权益，但考虑到目前我国公司治理体系尚未健全的现状，公司章程减少分类表决事项是否体现了类别股股东的真实意志实难查证，立法在相关问题上理应予以保留。因此，本条中"公司章程可以对需经类别股股东会议决议的其他事项作出规定"倾向于解释为"公司章程可增加类别股股东会议表决事项"，而不包括对法律规定的类别表决事项进行减损。

---

[1] 王建文：《论我国类别股股东分类表决制度的法律适用》，载《当代法学》2020年第3期。

> **第一百四十七条 【公司股票及注名股票】**
>
> 公司的股份采取股票的形式。股票是公司签发的证明股东所持股份的凭证。
>
> 公司发行的股票,应当为记名股票。

◆ 新旧对照解读

本条是在《公司法》(2018)第一百二十五条第二款和第一百二十九条基础上修改而成。与《公司法》(2018)第一百二十九条相比,本条取消了无记名股票,规定股份有限公司发行的股票应当为记名股票。

◆ 条文释义

一、无记名股的基本概念

记名股是在股票票面和股东名册上记载股东姓名的一种股票,否则,即为无记名股。

二、无记名股的优缺点

相较于记名股票,无记名股票优点如下:第一,无记名股票便于流通,因为当股东将无记名股转让给受让方时,转让即生效;第二,无记名股票发行手续简单,易于购买和转让。

无记名股票的缺点则是安全性较差,无记名股票没有通过记载股东姓名的方式公示股票的所有者,因此无记名股票一旦遗失,原股票持有者便丧失了股东权利,且无法挂失。同时,也造成了因股东身份难以为公司所知,公司治理结构上容易出现动荡的风险。并且,主管机关也无法掌握公司的股东情况,不利于公司监管。

三、无记名股取消原因

(一)配合反洗钱、反恐怖融资监管要求

反洗钱金融行动特别工作组(FATF)是当前国际社会最具权威的反洗钱和反恐怖融资专业性政府间国际组织。在 2019 年 4 月,FATF 公布了第四轮《中华人民共和国反洗钱和反恐怖融资措施互评报告》（以下简称《互评报告》），《互评报告》第二十四条中提到我国没有采取任何安全措施以确保无记名股票不被滥用于洗钱，同时对名义股东和名义董事的执行措施也很缺乏。并且由于受益所有权信息难以获得或者交换，导致国际合作也被限制。因此，不法分子极有可能通过设立空壳公司、多层级复杂的所有权和控制权架构、发行无记名股票或者无记名股权凭证、使用名义股东和董事等方式隐匿法人的受益所有人，达到洗钱和恐怖融资的目的。我国现实中反洗钱工作的展开存在的问题，一是针对无记名股的执行措施缺乏；二是无记名股本身存在的缺陷导致受益所有权信息难以透明。考虑到需要提高反洗钱、反恐怖融资的工作力度，因此新《公司法》选择取消无记名股票。

（二）现行规定缺少受益所有人透明度规则

我国公司法规定只要求名义股东信息的登记，但并没有要求应当记载公司的实际所有权和控制权信息，这也意味着公司及主管机关目前并没有掌握公司实际受益所有人信息，我国在受益所有人及其透明度的具体规定方面存在不完善之处。再加上无记名股票本来就难以得到股东的身份信息，其风险就越发凸显，不利于营商环境的发展，因此，新《公司法》中取消了无记名股票。

第一百四十八条 【股票发行的价格】

面额股股票的发行价格可以按票面金额，也可以超过票面金额，但不得低于票面金额。

◆ 新旧对照解读

本条在新《公司法》中仅将《公司法》（2018）第一百二十七条中"股票"修改为"面额股股票"，是为配合无面额股的引入而作的修改，其余部分没有改变。

◆ 条文释义

关于股票的发行价格，从各国公司法的规定看，一般包括以下三种方式：

（1）平价发行，即股票的发行价格与股票的票面价格相同；（2）溢价发行，即股票的发行价格高于股票的票面价格；（3）折价发行，即股票的发行价格低于股票的票面价格。

新《公司法》此条规定了股票面额以及不得低于面额发行的规则，以此保证公司注册资本的真实性，这是法定资本制下公司资本三原则的必然要求。折价发行的股票也被称为"掺水股"，如果折价发行，股东需要承担去除掺水的责任。如果允许公司折价发行，则公司资本的充实就无法保证，章程规定的注册资本也就失去了意义。所以，对于有折价发行需求的公司，例如公司亏损，无法平价或溢价发行股票，此时可以通过将股票由面额股转为无面额股，并发行无面额股来实现融资目的。

第一百四十九条　【股票的形式及载明事项】

股票采用纸面形式或者国务院证券监督管理机构规定的其他形式。

股票采用纸面形式的，应当载明下列主要事项：

（一）公司名称；

（二）公司成立日期或者股票发行的时间；

（三）股票种类、票面金额及代表的股份数，发行无面额股的，股票代表的股份数。

股票采用纸面形式的，还应当载明股票的编号，由法定代表人签名，公司盖章。

发起人股票采用纸面形式的，应当标明发起人股票字样。

◆ 新旧对照解读

新《公司法》在《公司法》（2018）第一百二十八条基础上，首先和无面额股的引入相适应，增加了无面额股股票的载明事项，即应当载明股票代表的股份数；其次修改了表述，明确采用纸面形式的股票应当载明股票编号，而除纸面形式外，国务院证券监督管理机构规定的其他形式的股票则无须载明编号。

◆ 条文释义

本条是关于股票的形式及载明事项的规定。

根据本条第一款的规定，股份有限公司发行的股票应当采取纸面形式或者国务院证券监督管理机构规定的其他形式。传统的股票采取纸面形式，而当前我国现有的股份有限公司大多数是向社会公开发行股票的公司，以在证券登记结算机构记载股东账户的方式发行股票。随着科技的发展，股票并不局限于以上形式。只要该种股票形式能够真实准确地记载股票的内容，方便股东持有，方便交易即可。

股票是一种要式有价证券，只有其形式和记载内容符合法律规定，才具有法律的效力。根据本条规定，股票的记载事项应当包括以下两种：（1）公司的基本情况，包括公司的名称和成立的日期，这些信息对于证明股票持有人或者股票所有人的股东权利是必要的。（2）股票的基本情况，具体包括：股票的发行时间、股票的种类（即股票是普通股股票还是类别股股票，如果是类别股股票，是什么样的类别股，是享有优先分配利润的类别股，还是其他类型的类别股）、股票的票面金额（即股票的票面价值，如果发行无面额股，则需载明股份数）、股票的编号（仅针对采用纸面形式的股票）。如果是发起人的股票，应当标明发起人股票的字样。

第一百五十条 【股票的交付】

股份有限公司成立后，即向股东正式交付股票。公司成立前不得向股东交付股票。

◆ 条文释义

本条是对股票交付的规定，对《公司法》（2018）第一百三十二条未作修改。股份有限公司的股票是一种财产权利，具有流通性，可以自由转让。因此，股票应当具有确定性，即股票所代表的权利应当是确定的、无瑕疵的，这样才能维护正常的交易秩序,保护交易双方的合法权益。因此,本条规定,股份有限公司只有在公司登记成立以后,才能向股东正式交付股票,公司登记成立前不得向股东交付股票。因为,在公司成立之前,股票所代表的权利并不具有确定性。如果允许公司在登记成立前就向股东交付股票,同时该股票在市场上进行了流通,一旦设立中的公司因为种种原因最后没有成立,该股票所代表的股东权利不存在,所有围绕该股票已经发生的交易都会受到影响,将会严重影响市场的交易秩序。域外国家的公司法对这一问题也作出了类似的规定。如《日本商法典》规定,股票非于公司成立后或者新股股款缴纳期日后,不得发行。在公司成立以后,应当立即向股东交付股票,不得迟延。

第一百五十一条 【发行新股的决议】

公司发行新股,股东会应当对下列事项作出决议:

(一) 新股种类及数额;

(二) 新股发行价格;

(三) 新股发行的起止日期;

(四) 向原有股东发行新股的种类及数额;

(五) 发行无面额股的,新股发行所得股款计入注册资本的金额。

公司发行新股,可以根据公司经营情况和财务状况,确定其作价方案。

◆ **新旧对照解读**

本条是在《公司法》(2018) 第一百三十三条和第一百三十五条的基础上修改而成。本次修订中将有限责任公司和股份有限责任公司的股东会和股东大会统一表述成股东会,表述上更加简洁。同时,因无面额股的引入,增加了"发行无面额股的,新股发行所得股款计入注册资本的金额"应当经股东会决议的规定。

◆ **条文释义**

本条是股东会对发行新股作出决议事项的规定。

新股发行，是指在公司成立以后再次发行股份的行为。公司在成立以后，是否需要发行新股，什么时候发行新股，发行新股的数量和价格是多少，应当由公司股东会根据自身的经营情况和资金需求情况以及市场状况等确定。股份的发行包括向社会公开募集发行和向特定对象募集的不公开发行两种方式，对于向特定对象私募进行的新股发行，《公司法》只要求公司发行新股应当由股东会决议；但是，向社会公开募集发行新股，应当符合《证券法》的有关规定。

> **第一百五十二条 【授权董事会发行新股的条件】**
>
> 公司章程或者股东会可以授权董事会在三年内决定发行不超过已发行股份百分之五十的股份。但以非货币财产作价出资的应当经股东会决议。
>
> 董事会依照前款规定决定发行股份导致公司注册资本、已发行股份数发生变化的，对公司章程该项记载事项的修改不需再由股东会表决。

◆ **条文释义**

本条是授权董事会发行新股的程序上的规定，与新《公司法》第一百五十三条结合，是我国引入了授权资本制的重大变革。

就公司资本制度而言，我国长期实行的是法定资本制，其典型特征是在公司成立时，章程明确规定资本总额一次发行或全部认缴完毕，而股东根据法律或公司章程的规定一次实缴或者分期实缴。而此次新《公司法》中引入的授权资本制的典型特点则是在公司成立时，章程明确规定资本总额，但是允许发起人仅认购一部分，剩余不超过已发行股份百分之五十的股份由章程或者股东会授权董事会择机发行。二者在公司资本发行次数与认足比例、增资程序等事宜上均存在差异。与法定资本制相比，授权资本制的优势在于其降低了公司设立门槛，提高了大众创业热情，并且在授权资本制下公司融资的灵活性更高。相比历次公司法修订，本次对公司资本制度进行了跨越式的变革。

法定资本制与授权资本制两者抉择的核心考虑要素在于平衡股东与债权人的利益。法定资本制更倾向于通过一系列严格的制度设计保护公司债权人的利益，关注的是资本信用。授权资本制更倾向于将公司的经营权交给董事，关注的是资产信用。鉴于公司的注册资本自公司实际经营运转后是处于不断变化中的，无法与公司的资产或者净资产一致，公司对外清偿债务主要还是依赖于公司的资产，僵化的法定资本制度实质上无法起到保护债权人的作用。因此，从资本信用理念过渡到资产信用理念是域外公司法的改革和发展趋势。根据我国的国情和公司法的历史沿革和发展现状，在未同步建立完善的监督机制的前提下，完全引入授权资本制可能导致水土不服。同时我国立法机关也注意到授权资本制在提高投融资效率、维护交易安全等方面有其特色和优势，于是在新《公司法》中限制性地引入了授权资本制。其目的在于既方便股份有限公司设立，又赋予公司发行新股筹集资本的灵活性，还能够减少公司注册资本虚化。

首先，在授权资本制的适用范围上，仅适用于股份有限公司。本条文是在第六章"股份有限公司的股份发行和转让"第一节"股份发行"项下，对于有限责任公司的相应章节则没有相关表述，因此，有限责任公司仍然适用的是法定资本制。另外，本条规定以非货币财产作价出资的应当经过股东会决议，因此仅以现金出资的才可以授权董事会决定。

其次，在具体的操作方式上，股份有限公司设立时首先需要确定公司股份总数，公司股份总数由设立时应当发行的股份数和设立时不发行的股份数组成，应当发行股份数与不发行股份数之和就是公司股份总数。新《公司法》规定了公司的董事会可以依据公司章程或者股东会的授权决定发行股份的期限（三年内）和比例（不超过已发行股份百分之五十的股份）。

最后，本条第二款特别明确，董事会依照前款规定决定发行股份导致公司注册资本、已发行股份数发生变化的，对公司章程中该项记载事项的修改不需再由股东会表决，回应了在前次审议稿讨论过程中，对于本条与章程修改股东会表决机制相冲突的担忧。

◆ **适用疑难解析**

一、授权资本制的制度设计不利于债权人利益保护

在授权资本制下，公司章程记载的授权发行股份数和公司资本数额仅仅为一个数字，无法代表公司的实际资产情况，甚至与其相去甚远。若公司债权人无法掌握公司实际资本状况，则其难以对公司偿债能力进行判断，将造成对债权人利益的损害。但遗憾的是，本条并没有针对董事会发行行为造成相关人员损害的救济作出详细规定。对于公司债权人而言，如果发行行为造成债权人的损失，债权人可以通过传统的债权人救济方式，例如出资义务加速到期等实现对自身的救济。

二、授权资本制与认缴制结合将造成融资效率低下

如果将授权资本制与认缴制相结合，则公司的发起人无须认缴全部股本，只需要认缴设立时发行的部分。因此，公司的注册资本、实缴资本，以及已发行股份数之间相脱节，外部第三人很难通过上述信息判断公司资产状况。并且，在认缴制与授权资本制的制度搭配下，新增资的股东可以认缴股份后在认缴时间内享受期限利益的保护，无须实缴任何资产。如此，导致公司融资中一方面公司董事会多次决策发行股份，乃至将授权范围内的股份额度全部发行完毕，公司因此新增众多股东，资本总额大幅增加；而另一方面公司新增的股东全部享有期限利益的保护，在出资期限届至前无须实缴任何股本，公司新融资所需筹集的资产无法在短时间内到位，公司的实际资产较融资前并没有发生变化，授权资本制便利公司融资、提升融资规模的制度价值也就沦为虚设。[①] 因此，本次《公司法》修订在股份有限公司全面取消了认缴制，而改为授权资本制加实缴制。

> **第一百五十三条 【授权董事会发行新股的程序】**
>
> 公司章程或者股东会授权董事会决定发行新股的，董事会决议应当经全体董事三分之二以上通过。

---

① 马更新、安振雷：《重塑资本形成：授权资本制的本土化建构》，载《经贸法律评论》2023 年第 3 期。

◆ 条文释义

为更好兼顾股东与董事会之间的利益平衡以及规范治理，本条对授权资本制框架下的董事会决策提出了更高的要求，要求公司章程或者股东会授权董事会决定发行新股的，应当经全体董事三分之二以上通过，其高于董事会常规决议的半数决。

第一百五十四条 【公开募集股份及招投说明书内容】

公司向社会公开募集股份，应当经国务院证券监督管理机构注册，公告招股说明书。

招股说明书应当附有公司章程，并载明下列事项：

（一）发行的股份总数；

（二）面额股的票面金额和发行价格或者无面额股的发行价格；

（三）募集资金的用途；

（四）认股人的权利和义务；

（五）股份种类及其权利和义务；

（六）本次募股的起止日期及逾期未募足时认股人可以撤回所认股份的说明。

公司设立时发行股份的，还应当载明发起人认购的股份数。

◆ 新旧对照解读

本条是在《公司法》（2018）第八十五条、第八十六条和第一百三十四条第一款的基础上修改而成。首先，明确了向社会公开募集股份的主体为公司而非发行人；其次，将国务院证券监督管理机构对公开发行股份的"核准"调整为"注册"，补足了我国证券发行注册制的上位法基础；最后，为配合无面额股的引入新增了无面额股的相关规定。

◆ **条文释义**

本条是关于公司向社会公开募集股份的规定，明确招股说明书应当附有公司章程以及应当载明的事项。将"（一）发行的股份总数；（二）面额股的票面金额和发行价格或者无面额股的发行价格；（三）募集资金的用途；（四）认股人的权利和义务；（五）股份种类及其权利和义务；（六）本次募股的起止日期及逾期未募足时认股人可以撤回所认股份的说明。公司设立时发行股份的，还应当载明发起人认购的股份数"作为法定应当载明事项。

第一百五十五条　【股票承销】

公司向社会公开募集股份，应当由依法设立的证券公司承销，签订承销协议。

◆ **新旧对照解读**

本条是在《公司法》（2018）第八十七条基础上修改而成。与原条文相比，本条将向社会公开募集股份的主体由发起人改为了公司。

◆ **条文释义**

本条规定公司不能自行向社会公众发售股票，而应当通过依法设立的证券公司承销股票。作出这一规定的主要考虑是，向社会公开募集股份，涉及人数众多，由发行人自己发行股票工作量太大，不利于其募足应当发行的股份。另外，根据《证券法》的规定，证券公司承销证券，应当对公开发行募集文件的真实性、准确性、完整性进行核查，发现有虚假记载、误导性陈述或者重大遗漏的，不得进行销售活动，已经销售的，必须立即停止销售活动，并采取纠正措施，即由证券公司承销向社会公开发行的证券，可以对发行人的发行文件进行审查，并保障其质量。

> **第一百五十六条 【代收股款】**
>
> 公司向社会公开募集股份，应当同银行签订代收股款协议。
>
> 代收股款的银行应当按照协议代收和保存股款，向缴纳股款的认股人出具收款单据，并负有向有关部门出具收款证明的义务。
>
> 公司发行股份募足股款后，应予公告。

◆ 新旧对照解读

本条是在结合《公司法》（2018）第八十八条、第一百三十六条的基础上修改而成。与《公司法》（2018）第八十八条相比，本条将同银行签订代收股款协议的主体由发起人改为了公司。

◆ 条文释义

本条规定公司向社会公开募集股份，应当同银行签订代收股款协议。

公司向社会公开募集股份，虽然是通过证券公司代销，但证券公司并不直接收取发售股份所得的股款。根据本条规定，证券公司承销股票所得的股款，应当通过银行代收。因此，公司向社会公开募集股份，不仅应当与证券公司签订承销协议，而且应当同银行签订代收股款的协议，由银行代公司收取股款。

第二节 股份转让

> **第一百五十七条** 【股份转让】
> 股份有限公司的股东持有的股份可以向其他股东转让,也可以向股东以外的人转让;公司章程对股份转让有限制的,其转让按照公司章程的规定进行。

◆新旧对照解读

本条是在《公司法》(2018)第一百三十七条基础上修改而成。与《公司法》(2018)仅规定可以依法转让相比,本条明确了股份有限公司的股东持有的股份可以向其他股东转让或者股东以外的人转让,同时,允许章程对股份转让进行限制。

◆条文释义

本条是对股份转让的规定。

股份有限公司相对于有限责任公司来说,更强调其资合性,公司的设立和存在,仅依附于股东的出资,股东之间的人身关系对公司是没有意义的。只要股份有限公司的股份总数没有变化,资本总额没有变化,股份持有人的改变不会影响公司的存在,也不会影响公司债权人的利益。因此,各国公司法一般都对股份有限公司股权转让的自由性予以肯定,规定股份有限公司的股权可以自由转让。同时,本条允许公司以章程对股东转让进行限制。允许股份转让有限制后,股份转让受限制的股份有限公司与有限责任公司之间的差异进一步缩小,我国公司形态进一步向英美法系靠拢。因为在英美法系国家,并不存在有限责任公司,所有的公司都可以发行股份,只不过有些公司股份转让不受限制,有些受限制。在这一前提下,我国将来是否需要继续保留有限责任公司这一类型值得反思。

> **第一百五十八条　【股份转让场所和方式】**
>
> 股东转让其股份，应当在依法设立的证券交易场所进行或者按照国务院规定的其他方式进行。

◆ 条文释义

本条是关于股份有限公司股份转让场所和方式的规定。

根据本条规定，股份有限公司的股东转让其股份主要应当在依法设立的证券交易场所进行或者按照国务院规定的其他方式进行。实践中，上市公司的股份转让在证券交易所进行，上海证券交易所、深圳证券交易所、北京证券交易所是我国三大证券交易所。新三板挂牌公司（公司股份在全国中小企业股份转让系统挂牌并公开转让的股份公司）的股份转让在全国中小企业股份转让系统进行。在地方股份交易中心办理了股权托管的股份有限公司，其股份转让在地方股权交易中心进行。实务中，大量的非上市公众公司并未在地方股权交易中心办理股份托管，事实上也并不存在针对此类股份转让的专门监管部门和交易场所。司法实践中，各级法院倾向于认为其不属于禁止性、效力性规范，不影响对股份转让合同效力的认定，并且实践中对未上市股份有限公司的股份交易方式尚未有明确、统一的操作规程，因此不会因非上市公众公司的股份转让未在特定场所进行而认为股份转让协议无效。[1]

---

[1] 参见（2018）最高法民终60号。

> **第一百五十九条 【股票转让】**
>
> 股票的转让，由股东以背书方式或者法律、行政法规规定的其他方式进行；转让后由公司将受让人的姓名或者名称及住所记载于股东名册。
>
> 股东会会议召开前二十日内或者公司决定分配股利的基准日前五日内，不得变更股东名册。法律、行政法规或者国务院证券监督管理机构对上市公司股东名册变更另有规定的，从其规定。

◆ 新旧对照解读

本条为配合无记名股的取消而对《公司法》（2018）第一百三十九条进行了相应修改。

◆ 条文释义

按照本条的规定，股份有限公司的股票由股东以背书方式或者法律、行政法规规定的其他方式转让。所谓背书，是有价证券转让的一种法定形式，对记名股票转让而言，就是指记名股票上所记载的股东作为背书人，在股票上签章，并在股票背面或者股票所粘附的粘单上记载受让人即被背书人的名称或者姓名，以表示将该股票所代表的股东权利转让给受让人的行为。以背书方式转让的股票，由于其形式上的要求，必须为实物券式的股票。而实践中很多股份有限公司的股票是采取无纸化的形式，对于这些股票，应当依据本条规定，由股东以法律、行政法规规定的其他方式转让。如我国目前上市交易的公司股票。

按照本条的规定，股票转让后，必须由公司将受让人姓名或者名称及住所记载于股东名册。股东名册是记载公司的全部股东的文件，也是股东向公司主张行使股东权利的依据。股东按照其股票的记载享有股东权利的前提是与股东名册一致，在两者不一致的情况下，以股东名册的记载为准。因此，在股票转让后，必须将有关事项记载于股东名册，否则公司有权拒绝受让人以股东的身份向公司主张行使股东权利。

第一百六十条　【股份转让限制】

公司公开发行股份前已发行的股份，自公司股票在证券交易所上市交易之日起一年内不得转让。法律、行政法规或者国务院证券监督管理机构对上市公司的股东、实际控制人转让其所持有的本公司股份另有规定的，从其规定。

公司董事、监事、高级管理人员应当向公司申报所持有的本公司的股份及其变动情况，在就任时确定的任职期间每年转让的股份不得超过其所持有本公司股份总数的百分之二十五；所持本公司股份自公司股票上市交易之日起一年内不得转让。上述人员离职后半年内，不得转让其所持有的本公司股份。公司章程可以对公司董事、监事、高级管理人员转让其所持有的本公司股份作出其他限制性规定。

股份在法律、行政法规规定的限制转让期限内出质的，质权人不得在限制转让期限内行使质权。

◆ 新旧对照解读

新《公司法》就《公司法》（2018）第一百四十一条所规定的股份有限公司的发起人、上市后股东，董事、监事以及高级管理人员所持股份的"锁定期"要求进行了调整，具体如下：

1. 删除关于"发起人持有的本公司股份，自公司成立之日起一年内不得转让"的锁定要求，此项修改取消了发起人转让股份的限制。过往实践中，为完成发起人转让股份的交易，甚至出现过先将股份有限公司改制为有限责任公司的情况。

2. 在原有"公司公开发行股份前已发行的股份，自公司股票在证券交易所上市交易之日起一年内不得转让"的基础上，新增"法律、行政法规或者国务院证券监督管理机构对上市公司的股东、实际控制人转让其所持有的本公司股份另有规定的，从其规定"的内容。

3. 根据《公司法》（2018）规定，董事、监事、高级管理人员在任职期间有转让股份限制，并在离职后半年内不得转让所持股份。本条将转让股份限制期间进一步明确为"在就任时确定的任职期间"，避免董事、监事、高级管理人员通过缩短任职期间来规避股份转让限制。

4. 新增要求"股份在法律、行政法规规定的限制转让期限内出质的，质权人不得在限制转让期限内行使质权"。就目前的实践而言，质权人对锁定期内的股份行权确实会导致影响锁定的具体效果，但该等规则也会降低锁定期内的股份的担保价值，给控股股东或者公司进行融资造成一定的不利影响。

◆ 相关规定

《上海证券交易所股票上市规则》第 3.1.10 条
《深圳证券交易所股票上市规则》第 3.1.10 条

◆ 条文释义

本条为股份有限公司股份转让限制规则，主要对公司公开发行前已发行的股份、上市后股东、实际控制人，以及董事、监事、高级管理人员的股份转让进行限制，有利于公司的稳定和运营的连续性，防止上述人员快速套现，侵犯公司利益。目前，该股份转让限制规定在字面上并未包含间接持股的情况。在实践中，股份有限公司的董事、监事和高级管理人员的转让限制仍然基本限定在直接持股层面，对于公司控股股东在上市后的锁定期一般通过实际控制人的锁定期承诺来解决间接持股的问题，但对于其他股东的锁定期是否适用于间接持股则没有明确规定。

第一百六十一条 【异议股东回购请求权】

有下列情形之一的，对股东会该项决议投反对票的股东可以请求公司按照合理的价格收购其股份，公开发行股份的公司除外：

（一）公司连续五年不向股东分配利润，而公司该五年连续盈利，并且符合本法规定的分配利润条件；

> （二）公司转让主要财产；
>
> （三）公司章程规定的营业期限届满或者章程规定的其他解散事由出现，股东会通过决议修改章程使公司存续。
>
> 自股东会决议作出之日起六十日内，股东与公司不能达成股份收购协议的，股东可以自股东会决议作出之日起九十日内向人民法院提起诉讼。
>
> 公司因本条第一款规定的情形收购的本公司股份，应当在六个月内依法转让或者注销。

◆ 新旧对照解读

在《公司法》（2018）第七十四条基础上，本条增加了股份有限公司对股东会项决议投反对票的股东可以请求公司按照合理的价格收购其股份的情形，但公开发行股份的公司除外，与有限责任公司基本保持一致。

◆ 条文释义

异议股东回购请求权是指股东会决议严重影响股东利益的，就该决议投反对票的股东有权请求公司收购其所持公司股权（份）。《公司法》（2018）在第七十四条中对有限责任公司异议股东的回购权进行了明确规定，但股份有限公司中并无相似规则，仅仅是在第一百四十二条规定股份有限公司不得收购本公司股份的除外情形时，间接提及股东因对股东会作出的公司合并、分立决议持异议的，有权要求公司收购其股份。本条正面规定了股份有限公司异议股东的回购请求权，是对相关漏洞的弥补。但是需要注意的是，股份有限公司股东行使回购请求权的情形不包括"公司合并、分立"情形。

第一百六十二条　【公司回购股份的情形及要求】

公司不得收购本公司股份。但是，有下列情形之一的除外：

（一）减少公司注册资本；

（二）与持有本公司股份的其他公司合并；

（三）将股份用于员工持股计划或者股权激励；

（四）股东因对股东会作出的公司合并、分立决议持异议，要求公司收购其股份；

（五）将股份用于转换公司发行的可转换为股票的公司债券；

（六）上市公司为维护公司价值及股东权益所必需。

公司因前款第一项、第二项规定的情形收购本公司股份的，应当经股东会决议；公司因前款第三项、第五项、第六项规定的情形收购本公司股份的，可以按照公司章程或者股东会的授权，经三分之二以上董事出席的董事会会议决议。

公司依照本条第一款规定收购本公司股份后，属于第一项情形的，应当自收购之日起十日内注销；属于第二项、第四项情形的，应当在六个月内转让或者注销；属于第三项、第五项、第六项情形的，公司合计持有的本公司股份数不得超过本公司已发行股份总数的百分之十，并应当在三年内转让或者注销。

上市公司收购本公司股份的，应当依照《中华人民共和国证券法》的规定履行信息披露义务。上市公司因本条第一款第三项、第五项、第六项规定的情形收购本公司股份的，应当通过公开的集中交易方式进行。

公司不得接受本公司的股份作为质权的标的。

◆ **新旧对照解读**

与《公司法》（2018）第一百四十二条相比，本条款的修改主要是文字上的改变,将"股东大会"统一为"股东会"。《立法技术规范(试行)(一)》对实践中使用比较混乱、意思相近且容易引起歧义的一些法律常用词语的使用作了规范,其第 18 条专门规范了"依照、按照、参照"的用法,其中第 18.1 款规定以法律法规作为依据的,一般用"依照";第 18.2 款规定"按照"一般用于对约定、章程、规定、份额、比例等的表述。参照上述规范性指引,本次修订中保留了"依照本法"的表述,但是将"依照公司章程的规定"均改为"按照公司章程的规定"。另外,本条在将股份用于转换公司发行的可转换为股票的公司债券情形中,删去了"上市"字样,拓宽了可应用的情形。

◆ **相关规定**

《关于支持上市公司回购股份的意见》

◆ **条文释义**

本条是关于股份回购的规定。《公司法》将公司回购股份严格限定在六种法定情形。第二款主要是针对股份回购决策程序的规定。公司因减少注册资本和与持有本公司股份公司合并回购股份的,法条无修改仍应当由股东会决议。公司因股权激励、员工持股、发行可转债、为维护公司价值和股东权益而回购股份的,简化决策程序,可以经公司章程及股东会授权董事会,经三分之二以上董事出席董事会决议。

与公司回购股份紧密相连的是回购后的股份处理问题,其中涉及库存股制度。库存股是指公司虽已发行,但通过购入、赠与或者其他方式重新获得,可供再行出售或者注销之用的股票。库存股必须存入公司的独立账户,且一般不能行使表决权、股息分配请求权、剩余资产分配请求权及新股认购权等股东权利。从设立库存股制度的海外国家和地区来看,库存股不同于一般股票可永久存续,当库存股存在情形不满足后,一般要求在一定期限内转让或者注销,以满足公司资本充实原则。本条规定公司合计持有的本公司股份数不得超过本公司已发行股份总额的百分之十,并应当在三年内转让或者注销。但是,本条仅对回购后的股份转让或注销时间作出规定,完善的库存股制度尚需建立。

本条对上市公司股份回购进行规范,规定上市公司回购股份的交易方式并设立引致规范，将上市公司回购股份的信息披露事项引至《证券法》。新《公司法》规定上市公司股份回购应当通过公开的集中交易方式进行，股份回购应当以公开方式进行，包括二级市场竞价和要约方式。

> **第一百六十三条　【禁止财务资助】**
>
> 公司不得为他人取得本公司或者其母公司的股份提供赠与、借款、担保以及其他财务资助，公司实施员工持股计划的除外。
>
> 为公司利益，经股东会决议，或者董事会按照公司章程或者股东会的授权作出决议，公司可以为他人取得本公司或者其母公司的股份提供财务资助，但财务资助的累计总额不得超过已发行股本总额的百分之十。董事会作出决议应当经全体董事的三分之二以上通过。
>
> 违反前两款规定，给公司造成损失的，负有责任的董事、监事、高级管理人员应当承担赔偿责任。

◆ 条文释义

本条是新《公司法》的新增规定。主要围绕三方面构成：一般禁止，例外情形以及董事、监事、高级管理人员的法律责任。

一、一般禁止

第一款前半段规定了一般禁止的情形，该条具体表述为"公司不得为他人取得本公司或者其母公司的股份提供赠与、借款、担保以及其他财务资助"。

二、例外情形

（一）无条件例外

本条第一款规定了无条件例外情形，该条具体表述为"公司实施员工持股计划的除外"。将其纳入无条件例外的原因在于员工持股计划的实施是公司出于员工激励等目的的考量，有利于公司的发展，并未损害债权人的利益。

对于例外情形，总结域外实践经验则可以发现该条的适用重点在于如何识别名为员工激励计划，实为进行财务资助、规避法律的行为。其重点在于揭露商业本质，探究公司进行此项活动背后的真实目的。

(二) 附条件例外

本条第二款规定了附条件例外，该条款中更多强调的是在以公司利益为目的的前提下，程序的合法性，并且提供财务资助的累计数额不得超过已发行股本总额的百分之十。另外规定了董事会作出决议应当以三分之二以上多数决的形式而过半数作出。

三、董事、监事、高级管理人员的法律责任

本条第三款则规定了董事、监事、高级管理人员违规提供财务资助的法律后果是对公司的损失承担赔偿责任，根据《上市公司收购管理办法》第八条第一款的规定可以推断董事、监事、高级管理人员的该项责任基础在于他们对公司的信义义务。

第一百六十四条 【股票遗失、被盗、灭失的救济】

股票被盗、遗失或者灭失，股东可以依照《中华人民共和国民事诉讼法》规定的公示催告程序，请求人民法院宣告该股票失效。人民法院宣告该股票失效后，股东可以向公司申请补发股票。

◆ 相关规定

《民事诉讼法》第二百二十九条至第二百三十四条

◆ 条文释义

本条是关于股票被盗、遗失或者灭失的处理规定。

根据本条规定，股票被盗、遗失或者灭失，股东可以依照《民事诉讼法》规定的公示催告程序，请求人民法院宣告该股票失效。

公示催告程序，是我国《民事诉讼法》第十八章规定的一种非诉程序，是指在票据持有人丧失票据的情况下，人民法院根据权利人的申请，以公告的方式，

告知并催促利害关系人在指定期限内向人民法院申报权利，如不申报权利，人民法院依法作出宣告票据或者其他事项无效的程序，也称为除权程序。

> **第一百六十五条　【上市公司中的股票交易】**
> 上市公司的股票，依照有关法律、行政法规及证券交易所交易规则上市交易。

◆ **相关规定**

《证券法》第十一条、第四十六条至第四十九条

◆ **条文释义**

本条是关于上市公司股票交易的原则规定。上市公司，是指所发行的股票经批准在依法设立的证券交易所上市交易的股份有限公司。上市公司的上市交易应当严格按照相关法律法规进行。

> **第一百六十六条　【上市公司的信息披露】**
> 上市公司应当依照法律、行政法规的规定披露相关信息。

◆ **新旧对照解读**

本条相比于《公司法》（2018）第一百四十五条的规定，仅要求上市公司披露相关信息，而未明确具体披露的信息种类，这是因为在相关法律、行政法规中，已经对上市公司应当披露的信息内容有了全面准确的说明，因此在此条中仅宽泛地提出应披露相关信息。

◆ **相关规定**

《证券法》第七十九条、第一百三十八条

◆ 条文释义

上市公司的股票在依法设立的证券交易所进行交易，面对广大的投资者。为了方便投资者进行投资决策、保护投资者的合法权益，上市公司应当将公司的有关情况及时、准确地予以披露。因此，本条规定，上市公司必须依照法律、行政法规的规定，公开其相关信息。

第一百六十七条　【股东资格的继承】

自然人股东死亡后，其合法继承人可以继承股东资格；但是，股份转让受限的股份有限公司的章程另有规定的除外。

◆ 新旧对照解读

本文对《公司法》（2018）第七十五条进行了修改，明确了公司章程可以限制股份资格的继承。

◆ 条文释义

本条是关于股份公司的自然人股东死亡后其合法继承人对股东资格继承的规定。

遗产继承是财产转让的合法形式之一。根据继承的相关法律规定，遗产是公民死亡时所遗留的个人合法财产。而股权就其本质属性来说，既包括股东的财产权，也包括基于财产权产生的身份权即股东资格，该身份权体现为股东可以就公司的事务行使表决权等有关参与公司决策的权利。本条规定提供了股权继承的一般原则，即自然人股东的合法继承人可以继承股东资格。同时也允许公司章程对股份继承进行限制。

第七章　国家出资公司组织机构的特别规定

◆ **本章概述**

本章系此次修法的亮点之一，对《公司法》（2018）的相应内容作了大幅修改，将原来国有公司特别规范的体例从一节上升为一章，提升了国有公司特别规范在公司法中的地位。本章修订有以下内容较为突出：（1）明确国家出资公司的定义与范围，将国有公司特别规范的适用范围从"国有独资公司"扩张至"国有独资公司"和"国有资本控股公司"（第一百六十八条）；（2）明确党组织在国家出资公司中的领导作用（第一百七十条）；（3）明确规定国有独资公司董事会成员应有过半数为外部董事（第一百七十三条）；（4）明确由董事会下设审计委员会行使监事会职权的国有独资公司不设监事会或监事（第一百七十六条）。此外，本章还明确了履行出资人职责的机构决定事项的范围以及建立健全国家出资公司内部监督管理和风险控制制度等内容，融合了部分《企业国有资产法》的组织性规则，并在此基础上进行体系优化、精简了法条表述。

> **第一百六十八条　【国家出资公司的概念】**
>
> 国家出资公司的组织机构，适用本章规定；本章没有规定的，适用本法其他规定。
>
> 本法所称国家出资公司，是指国家出资的国有独资公司、国有资本控股公司，包括国家出资的有限责任公司、股份有限公司。

◆ **新旧对照解读**

本章关于国家出资公司的特别规定对《公司法》（2018）关于国有独资公司

的特别规定进行了整体置换，本条也将《公司法》（2018）中关于国有独资公司的特别规定适用范围和定义进行了置换。第一款未作实质性修改，只是将"国有独资公司"的表述改为"国家出资公司"；第二款关于"国家出资公司"的范围做了较大调整，不同于《公司法》（2018）关于"国有独资公司"的定义范围"国家单独出资、由国务院或者地方人民政府授权本级人民政府国有资产监督管理机构履行出资人职责的有限责任公司"，调整为"国家出资的国有独资公司、国有资本控股公司，包括国家出资的有限责任公司、股份有限公司"。范围进行了大幅扩张，一是股权结构上的扩张——纳入了国有资本控股公司；二是公司组织形式的扩张——纳入了国家出资的股份有限公司。

◆ **相关规定**

《企业国有资产法》第五条

《企业国有资产交易监督管理办法》第四条

◆ **条文释义**

本条是关于国家出资公司设立和组织机构的法律适用及国家出资公司含义的规定。

发展混合所有制经济，是深化国有企业改革的重要举措。①《公司法》（2018）对国有企业的调整仅限于国有独资公司，并将其作为一人有限公司的特殊情形。为顺应"混改"的需要，本轮《公司法》修订改变了涉及国有企业的制度框架，调整的国有公司类型由原来的国有独资公司扩大至国家出资公司，规范地位也从原来"有限责任公司的设立和组织机构"下的一节上升为独立的一章。

本条第一款规定，国家出资公司的设立和组织机构，适用本章规定；本章没有规定的，适用本法其他规定。这在原规定的基础上并无实质变化，是对国家出资公司法律适用的接引性规定，以此实现国家出资公司特殊规范与《公司法》一般规范的衔接。

本条第二款规定，本法所称国家出资公司，是指国家出资的国有独资公司、

---

① 《国务院关于国有企业发展混合所有制经济的意见》。

国有资本控股公司,包括国家出资的有限责任公司、股份有限公司。这是关于国家出资公司的定义与原来国有独资公司的界定,与修改前有较大变化。国家出资公司在范围上包括了国有独资公司和国有资本控股公司,这是对调整范围的扩充。如前所述,"混改"背景下,《公司法》作为具有基础性地位的组织法,仅仅提供国有独资公司的制度供给是不够的,故而《公司法》将国有独资公司扩展为国家出资公司。通常国家出资公司可以将所有包含国有股的公司都囊括其中,然而对于国有资本参股公司而言,其国有特性相对较弱,不足以适用特殊的组织法规则,故本款又将国家出资公司作了限缩,将国有资本参股公司排除在国家出资公司之外。

需要注意的是,《企业国有资产法》界定的"国家出资企业"范围是包括国有资本参股公司的,这与《公司法》不同。主要原因是《企业国有资产法》的功能侧重于国有资产保护,故对各类型国有企业均有规范的必要;而《公司法》是商事组织法,对国有公司的界定范围需要根据其组织法上的特殊性作出选择。

◆ 适用疑难解析

国家出资公司的子公司是否属于国家出资公司?

《企业国有资产交易监督管理办法》等国有资产监管规范对国有出资企业认定具有穿透性,即把各级符合控制条件的子企业也纳入国有出资企业范畴。例如在"福达控股集团有限公司与上海金桥出口加工区联合发展有限公司加工合同纠纷再审案"中,最高人民法院就认为,金桥公司为上海金桥出口加工区开发股份有限公司的全资子公司,上海金桥出口加工区开发股份有限公司为国有控股公司且第一大股东为国有独资企业,故金桥公司属于《企业国有资产交易监督管理办法》第四条规定的国有企业范围。[①]

但是,在《公司法》框架下,国家出资公司的子公司不属于国家出资公司。国家出资公司需要国务院或地方人民政府代表本级人民政府履行出资人职责、享有出资人权益,并可授权履行出资人职责的机构等履行出资人职责;而国家出资公司设立的子公司由设立该子公司的国家出资公司作为股东,无须人民政府国有

---

① 参见(2021)最高法民申2155号。

资产监督管理机构等履行出资人职责。

> **第一百六十九条 【代表国家出资人的职责和权益】**
>
> 国家出资公司，由国务院或者地方人民政府分别代表国家依法履行出资人职责，享有出资人权益。国务院或者地方人民政府可以授权国有资产监督管理机构或者其他部门、机构代表本级人民政府对国家出资公司履行出资人职责。
>
> 代表本级人民政府履行出资人职责的机构、部门，以下统称为履行出资人职责的机构。

◆ **新旧对照解读**

《公司法》（2018）将履行出资人职责的主体压缩在"国有独资公司"的定义条款中，修订后将其单列为一条，更明确了"国务院或者地方人民政府"履行出资人职责，享有出资人权益，且这一职责可授权国有资产监督管理机构或其他部门、机构行使。

◆ **相关规定**

《企业国有资产法》第四条、第十一条至第十五条

◆ **条文释义**

本条是关于国家出资公司的出资职责的履行主体和享有权益主体的规定。

一、履行出资职责和享有出资人权益的主体

增设本条一方面是吸收了《企业国有资产法》第十二条中关于"履行出资人职责的机构"这一概念的定义，明确国家出资公司由国有资产监督管理机构等根据授权代表本级政府履行出资人职责；另一方面是与《企业国有资产法》第十一条第二款"国务院和地方人民政府根据需要，可以授权其他部门、机构代表本级人民政府对国家出资企业履行出资人职责"的规定等相一致，确保了法律适用的

统一性。

二、国有资本授权委托体制的主体

实践中，随着国有资本授权委托体制的完善，国务院和地方人民政府除可以授权国有资产监督管理机构履行出资人职责外，还可以根据需要授权其他部门、机构履行出资人职责，如《国有金融资本出资人职责暂行规定》授权财政部门对国有金融资本集中统一履行国有金融资本出资人职责。

> **第一百七十条　【国家出资公司的党组织】**
> 国家出资公司中中国共产党的组织，按照中国共产党章程的规定发挥领导作用，研究讨论公司重大经营管理事项，支持公司的组织机构依法行使职权。

◆ **相关规定**

《企业国有资产法》第十七条

《国有企业公司章程制定管理办法》第九条

◆ **条文释义**

本条规定将党对国有企业的领导再次在公司法层面上予以确认，为党组织在公司经营过程中的领导作用提供了制度保障。

一、党对国有企业的领导

本条明确党对国有企业的领导。国家出资公司中党的组织，按照中国共产党章程的规定发挥领导作用，研究讨论公司重大经营管理事项，支持股东会、董事会、监事会、高级管理人员依法行使职权。同时，新《公司法》第十八条继续坚持《公司法》（2018）关于在各类型公司中设立党组织，开展党的活动，公司应当为党组织的活动提供必要条件等规定。

坚定不移地坚持党领导经济社会发展，是现今国有企业最能体现的本质特征和固有的属性及优势，是当代中国特色社会主义现代企业管理制度需要完善和优化路径的最根本要求。《中国共产党国有企业基层组织工作条例（试行）》中，明确规定了国有企业"重大经营管理事项"必须经党委党组研究讨论后，再由董事会或经理层作出决定，这也是首次提出党组织领导作用的具体规定，并要求将党建写入章程。

二、党组织与董事会、经理的决策体制

本条将党对国有企业的领导再次在公司法层面上予以确认，为党组织在公司经营过程中的领导作用提供了制度保障。根据《中共中央办公厅、国务院办公厅关于进一步推进国有企业贯彻落实"三重一大"决策制度的意见》规定，党委（党组）、董事会、未设董事会的经理班子应当以会议的形式，对职责权限内的"三重一大"①事项作出具体决策。董事会、未设董事会的经理班子研究"三重一大"事项时，应事先与党委（党组）沟通，听取党委（党组）的意见。进入董事会、未设董事会的经理班子的党委（党组）成员，应当贯彻党组织的意见或决定。

◆ **适用疑难解析**

党委会与董事会职能行使如何协调？

党组织作为国有企业公司治理结构中的一部分，"三重一大"事项必须先由党委会讨论决定，然后再提交董事会和经理层讨论。在保证党组织作为独立治理结构的前提下，实行"双向进入，交叉任职"的领导体制，所以大多数党委成员还要融入董事会和经理层。这样的话，在国有独资公司和国有资本绝对控股的公司中，董事会和党委会成员可能高度重合；另一种情况是在混合所有制企业中，党委会成员和董事会成员并不高度重合。

董事会决策按照本法规定，"决议的表决，应当一人一票"，具体根据公司章程规定审议并表决。根据议案本身的重要程度，需要获得半数以上或者三分之二以上的董事表决同意。党委会决策根据《中国共产党章程》规定实行民主集中制，党的各级委员会实行集体领导和个人分工负责相结合的制度。凡属重大问题都要按照集体领导、民主集中、个别酝酿、会议决定的原则，由党的委员会集体

---

① 即重大事项决策、重要干部任免、重大项目投资决策、大额资金使用。

讨论作出决定；委员会成员要根据集体的决定和分工，切实履行自己的职责。

> **第一百七十一条　【国有独资公司的章程】**
> 国有独资公司章程由履行出资人职责的机构制定。

◆ 新旧对照解读

本条是在《公司法》（2018）第六十五条的基础上修改而成，规定了国有独资公司章程的制定主体。将《公司法》（2018）第六十五条的"国有资产监督管理机构"修订为"履行出资人职责的机构"，并且删除了"或者由董事会制订报国有资产监督管理机构批准"的表述。由履行出资人职责的机构制定国有独资公司的章程，在表述上不仅更加精确，还实现了公司法规范与其他国资国企监管法律规范的统一。

◆ 相关规定

《企业国有资产法》第十二条、第二十一条
《国有企业公司章程制定管理办法》第十六条

◆ 条文释义

本条是关于国有独资公司章程制定主体和批准程序的规定。

一、国有独资公司章程的制定

公司章程是一个公司组织设立和进行活动必不可少的具有约束力的重要法律文件。公司章程在公司外部关系中，表明该公司的法律形式、公司名称、经营范围、资本数额、公司住所等，是公司登记机关对申请设立公司据以审核的依据，也是交易相对人与该公司进行经济交往时据以了解公司情况的基本依据；公司章程在公司内部关系中，表明股东就设立公司对重要事项达成一致协议，在公司存续期间，公司章程所载事项对公司股东、董事、监事及所聘任高级管理人员具有约束效力。

国有独资公司作为有限责任公司的一种特殊形式，其设立也必须依法制定公司章程。其他有限责任公司是由公司股东会制定公司章程，但国有独资公司不设股东会，其章程由履行出资人职责的机构制定。

二、国有独资公司章程的内容

本条只明确了国有独资公司的章程由谁制定或者批准，至于章程都应当记载哪些事项等则未作规定。有关国有独资公司章程应当载明的事项，适用本法关于公司章程的规定。

第一百七十二条　【国有独资公司股东权的行使】

国有独资公司不设股东会，由履行出资人职责的机构行使股东会职权。履行出资人职责的机构可以授权公司董事会行使股东会的部分职权，但公司章程的制定和修改，公司的合并、分立、解散、申请破产，增加或者减少注册资本，分配利润，应当由履行出资人职责的机构决定。

◆ **新旧对照解读**

本条是在《公司法》（2018）第六十六条的基础上修改而成。延续上条的逻辑，将"国有资产监督管理机构"的表述修改为"履行出资人职责的机构"；应当由履行出资人职责的机构决定的事项中，增加了"公司章程的制定和修改""申请破产""分配利润"，删去了"发行公司债券"，并且整体删除了重要的国有独资公司的相关审批事项。

◆ **相关规定**

《企业国有资产法》第三十条至第三十四条

◆ **条文释义**

本条是关于国有独资公司不设股东会和授权董事会职权范围的规定。

《中共中央关于国有企业改革和发展若干重大问题的决定》提出，要对国有大中型企业实行规范的公司制改革。公司法人治理结构是公司制的核心。要明确股东会、董事会、监事会和经理层的职责，形成各负其责、协调运转、有效制衡的公司法人治理结构。所有者对企业拥有最终控制权。据此，国有独资公司应按照这一精神确保出资人对公司拥有最终控制权。

国有独资公司由国家单独投资设立，并须接受履行出资人职责的机构对公司中的国有资产的监督管理，因此，在公司内部组织机构上，没有设立股东会的必要。本条明确规定，国有独资公司不设股东会，由履行出资人职责的机构行使股东会职权。履行出资人职责的机构可以授权公司董事会行使股东会的部分职权，决定公司事项，但"三重一大"事项必须先由党委会讨论决定，然后再提交董事会和经理层讨论。

通常，国有独资公司董事会行使的股东会的部分职权可以包括审议批准公司的利润分配方案和弥补亏损方案、对发行公司债券作出决议等，具体职权需要根据履行出资人职责的机构的授权确定。

同时，本条又保留了一些必须由履行出资人职责的机构决定的事项，明确规定公司章程的制定和修改，公司的合并、分立、解散、申请破产，增加或者减少注册资本，分配利润，应当由履行出资人职责的机构决定。这些事项在《公司法》里通常被认为是涉及公司所有者权益的核心问题，其最终决定权只能由公司出资人的代表即履行出资人职责的机构来行使。这样规定符合公司法的原理与我国的实际情况，体现了国家对国有独资公司拥有最终控制权的原则。

◆ 适用疑难解析

与国有企业对赌时，股权回购条款须经审批才生效吗？

在参与对赌的目标公司股东或者实际控制人系国有企业尤其是国有独资公司的情况下，基于国有资产监管的特殊要求，相关股权回购条款的生效是否必须以国资监管机构审批为前提，存在争议。

首先，在交易条件允许的情况下，应尽量将投资条款与回购条款约定在同一份交易文件中，避免因单独约定回购条款引发该项是否须经审批的争议。如需单独约定回购条款，不要将审批约定为合同生效条件，同时也尽可能避免在合同中作"完成相关手续后生效"等可能会被解读为需要审批的约定。其次，在交易时，关注作为回购主体之国有企业的公司章程，如章程对相关事项有特殊规定的，应按照章程规定履行，避免因此影响合同效力。最后，应当关注地方性及行业性有关国有资产监管的具体规范性文件或操作指引，提前了解类似交易的一般国有资产监管要求及流程，并在合同签署时及时跟进相关程序性事项的处理进展。

◆ 案例指引

南京诚行创富投资企业（有限合伙）诉江苏省盐业集团有限责任公司股权转让合同纠纷再审案

【裁判要旨】

股权回购条款的生效必须以国资监管机构审批为前提，未经审批不能生效。

【案号】

一审：（2014）宁商初字第 18 号

二审：（2015）苏商终字第 0010 号

再审：（2016）最高法民申 410 号

【案情】

江苏省盐业集团有限责任公司（以下简称盐业集团）于 2011 年 4 月 8 日形成的党政会议纪要载明，在完成本次股权转让 5 年后，如目标公司未上市，同意南京诚行创富投资企业（有限合伙）（以下简称诚行企业）、阳亨公司退股或者由集团收购其退出的股份。盐业集团在 2011 年 8 月 16 日出具的承诺书中亦承诺，在完成本次股权转让 5 年后，如目标公司未上市，其同意诚行企业减资退出或者在诚行企业转让股权时有权行使优先认购权。2013 年 6 月 23 日，诚行企业执行事务合伙人代表狄某、阳亨公司法定代表人刘某、盐业集团常务副总经理杨某华共同签署的股权转让专题会议纪要将退出目标公司事项进一步明确为，盐业集团同意受让诚行企业、阳亨公司持有的目标公司股权。2014 年 1 月 9 日，诚行企业函告盐业集团要求其依据股权转让专题会议纪要约定支付股权转让款，但未果。

【审判】

本案审理过程中的争议焦点是案涉股权回购合同是否因违反法律、行政法规的效力性强制性规定而归于无效？盐业集团提出的最主要的抗辩为：其为国有独资公司，所涉股权回购，属于重大对外投资事项，必须按照《公司法》《企业国有资产法》等相关规定履行审批手续，在未经审批的情况下，应当属未生效合同。

　　一审判决支持了原告观点，得出了合同成立并生效的结论。二审判决则认为根据法律、行政法规规定的文义和立法目的，国有资产重大交易，应当经国有资产管理部门批准，合同才生效。本案中，盐业集团系江苏省国资委独资的国有企业，因此，其因对外重大投资而签订的案涉股权买卖合同需经国资管理部门审批后，合同才能生效。由于审批手续未能完成，故案涉股权转让合同并未生效。最高人民法院再审裁定二审法院适用法律无错误，驳回了诚行企业的再审申请。

> **第一百七十三条　【国有独资公司的董事会】**
> 国有独资公司的董事会依照本法规定行使职权。
> 国有独资公司的董事会成员中，应当过半数为外部董事，并应当有公司职工代表。
> 董事会成员由履行出资人职责的机构委派；但是，董事会成员中的职工代表由公司职工代表大会选举产生。
> 董事会设董事长一人，可以设副董事长。董事长、副董事长由履行出资人职责的机构从董事会成员中指定。

◆ 新旧对照解读

　　本条是在《公司法》（2018）第六十七条的基础上修改而成。将原先规定的"依照本法第四十六条、第六十六条的规定行使职权"修改为"依照本法规定行使职权"，使修改后的法律文本整体性和体系性更强。由于本法第七十条已存在相应规定，本条将"董事每届任期不得超过三年"的规定删除。在董事会成员的规定上，保留了"应当有公司职工代表"的表述，增加了董事会成员"应当过半数为外部董事"的规定。同上，将"国有资产监督管理机构"的表述修改为"履行出资人职责的机构"。

◆ **相关规定**

《企业国有资产法》第三十二条、第三十三条

◆ **条文释义**

本条是关于国有独资公司董事会设立、选举和董事会成员组成的规定。

按照本条第二款的规定,董事会成员中应当有过半数的外部董事,也应当有公司职工代表。为了完善公司法人治理结构,加快建立现代企业制度,适应新的国有资产管理体制的要求,依法规范地行使出资人权利,国有独资公司应当设立董事会。国有独资公司董事会作为公司的经营决策和执行机构,其职权与一般有限责任公司董事会职权基本相同。除《公司法》规定的董事职权外,国有独资公司董事会还由于本法第一百七十二条授权其行使股东会部分职权而比一般有限责任公司董事会职权要广泛,这也是它与一般有限责任公司的不同之处。本条还规定董事会成员中应当有公司职工代表,而普通有限责任公司只有职工人数三百人以上的,才要求董事会中有职工代表。建立职工董事制度是完善公司法人治理结构的重要内容,国有独资公司应当实行职工民主管理,董事会成员中应当有职工代表,职工代表董事由公司职工代表大会选举产生。虽然本条对职工代表董事占董事会成员的比例未作规定,但根据本条,职工代表董事不能空缺。

按照本条第三款的规定,公司董事会成员由履行出资人职责的机构委派;但是,董事会成员中的职工代表由公司职工代表大会选举产生。为了适应公司法人治理结构的要求,维护出资人权益,规定国有独资公司董事会成员由履行出资人职责的机构委派是必要的,这也是国家作为出资人决定国有独资公司重大事项的需要。

按照本条第四款的规定,董事会设董事长一人,可以设副董事长。董事长、副董事长由履行出资人职责的机构从董事会成员中指定。也就是说,董事长、副董事长的产生不是通过董事互选,而是由履行出资人职责的机构在董事会成员中指定,这一点与一般的有限责任公司不同。

◆ 适用疑难解析

外部董事、独立董事的概念辨析

外部董事是指由非本公司员工的外部人员担任的董事，不在公司担任除董事和董事会专门委员会有关职务外的其他职务，不负责执行层的事务。根据《国有企业公司章程制定管理办法》第二条的规定，该办法适用于国家出资并由履行出资人职责的机构监管的国有独资公司、国有全资公司和国有控股公司。因此，该办法第十条第二款规定的外部董事人数超过董事会全体成员的半数，是指国有企业集团公司层面的国有独资公司、国有全资公司董事会。适用于本办法的国有企业集团公司，如未实现外部董事占多数，应结合企业实际，逐步增加外部董事人数。

对于外部董事，国内学界将之与独立董事的等同和混用造成了理解上的困难。根据是否在公司担任除董事以外的职务，可以将董事分为内部董事与外部董事，前者包括担任公司经理的执行董事与职工民主选举的职工董事，后者则可以再区分为独立董事与非独立外部董事（如混合所有制企业中引入的外部股权董事）。由此可见，外部董事相对独立董事而言涵盖的定义范围更广。

第一百七十四条　【国有独资公司的经理】

国有独资公司的经理由董事会聘任或者解聘。

经履行出资人职责的机构同意，董事会成员可以兼任经理。

◆ 新旧对照解读

本条是在《公司法》（2018）第六十八条的基础上修改而成。无实质性改动，除了将"国有资产监督管理机构"改为"履行出资人职责的机构"外，只是删去了"经理依照本法第四十九条规定行使职权"。

◆ 相关规定

《企业国有资产法》第二十二条

◆ 条文释义

本条是关于国有独资公司经理设置、聘任或者解聘和经理职权的规定。

按照本条第一款的规定，国有独资公司设经理。经理作为辅助董事会执行业务的人员，其人选由公司董事会依法聘任或者解聘。在坚持党管干部原则并同市场化选聘企业经营管理者的机制相结合的情况下，董事会以经营知识、工作经验和创新能力等为标准，挑选和聘任适合于本公司的经理，决定经理的报酬及其支付方法，并对经理的业绩进行考核和评价。董事会如果认为聘任的经理不适合本公司，可以依法召开董事会会议决定解聘该经理。

国有独资公司的经理是在董事会领导下从事具体业务的管理人员，这同一般有限责任公司的情况是相同的，因此，其依照本法关于一般有限责任公司经理职权的规定履行经理职务。经理对董事会负责。

按照本条第二款的规定，经履行出资人职责的机构同意，董事会成员可以兼任经理。这是从我国国有企业的实际情况出发，本着精简机构、人员和提高工作效率的原则作出的制度安排。

第一百七十五条　【国有独资公司高层人员的兼职禁止】

国有独资公司的董事、高级管理人员，未经履行出资人职责的机构同意，不得在其他有限责任公司、股份有限公司或者其他经济组织兼职。

◆ 新旧对照解读

本条是在《公司法》（2018）第六十九条基础上修改而成，是关于国有独资公司高层人员兼职禁止的规定。本条无实质性改动，除了将"国有资产监督管理机构"改为"履行出资人职责的机构"外，只是将兼职禁止的范围从《公司法》（2018）的"董事长、副董事长、董事、高级管理人员"改为"董事、高级管理人员"，精简了表述但无适用差异。

◆ **相关规定**

《企业国有资产法》第二十五条

◆ **条文释义**

本条是关于国有独资公司董事、高级管理人员未经同意不得兼职的规定。

国有独资公司董事会成员和高级管理人员是国有独资公司的经营管理者，行使国有独资公司的经营管理权，担负着使国有资产保值增值的重要任务，因此，国有独资公司的董事、高级管理人员，既有对公司投资人忠实服务的义务，又有为国有资产的运营勤勉注意的义务。所以，必须专人专职，固定岗位，明确职责，忠于职守。除经过履行出资人职责的机构的同意，不得兼任其他公司或经济组织的负责人。据此，董事、高级管理人员未经履行出资人职责的机构同意，不得在其他有限责任公司、股份有限公司或者其他经济组织兼职，这是完全必要的。

同时，按照本条的规定，只要经过履行出资人职责的机构同意，国有独资公司的董事、高级管理人员也可以兼职。例如，从实际情况看，国有独资公司根据需要投资设立的子公司，或者与其他经济组织共同投资设立的其他公司或经济组织，国有独资公司作为法人股东，需要派出董事会成员或者经营管理者，参加所投资公司或经济组织的董事会或被任命为高级管理人员。总之，本条的规定既确立了不得兼职的原则，又允许特殊情况下的例外。

◆ **适用疑难解析**

国有独资公司董事、高级管理人员兼职禁止的专任制度与一般有限公司董事、经理的竞业禁止义务的差异

《公司法》第一百八十四条规定了董事、经理的竞业禁止义务，主要是要求董事、经理未按照公司章程经董事会或股东会决议不得自营或者为他人经营与其所任职公司同类的营业，如果不发生与其所任职公司竞业的情形，且所从事的活动并不损害本公司的利益，法律并不限制一般公司的董事、经理对其他公司职务的兼任。而对国有独资公司董事、高级管理人员的兼职禁止规定，则无论兼职是否存在竞业禁止的事由，也不问兼职是否损害本公司利益，原则上对兼职予以禁止，除非经履行出资人职责的机构同意。

因此，对于国有独资公司董事、高级管理人员的兼职禁止较一般有限责任公司董事、高级管理人员竞业禁止的规定更为严格，适用的范围更广泛。另外，兼职禁止的空间范围包括其他有限责任公司、股份有限公司或者其他经济组织，如合伙企业、个人独资企业等。本条规定国有独资公司董事、高级管理人员不得在其他有限责任公司、股份有限公司或者其他经济组织兼职，意味着其不得担任任何职务，包括董事、监事、经理、财务人员等。但是，上述人员兼职限制只限于其他经济组织，而不包括其他非营利性的组织，如各种学会等。

第一百七十六条　【国有独资公司不设监事会和监事的情形】
国有独资公司在董事会中设置由董事组成的审计委员会行使本法规定的监事会职权的，不设监事会或者监事。

◆新旧对照解读

本条是在《公司法》（2018）第七十条基础上大幅修改而成，原法条规定了国有独资公司监事会的成员、结构、产生以及职权行使。本条直接修改了国有独资公司设置监事会或者监事的规定，国有独资公司可以选择在董事会中设置审计委员会，行使监事会或者监事的职权，也可以选择设立监事会或者监事。

◆相关规定

《企业国有资产法》第十九条

◆条文释义

《公司法》第六十九条规定，有限责任公司可以按照公司章程的规定在董事会中设置由董事组成的审计委员会，行使本法规定的监事会的职权，不设监事会或者监事。第一百二十一条第一款规定，股份有限公司可以按照公司章程的规定在董事会中设置由董事组成的审计委员会，行使本法规定的监事会的职权，不设监事会或者监事。《公司法》的上述两条规定明确是否设置监事会或监事由公司在章程中作出规定。

国有独资公司在此处与普通公司保持一致，允许公司在审计委员会和监事会中择一行使监事会职权。

第一百七十七条　【国家出资公司的内部合规管理】

国家出资公司应当依法建立健全内部监督管理和风险控制制度，加强内部合规管理。

◆ 相关规定

《企业国有资产法》第十七条

◆ 条文释义

本条对国家出资公司加强内部合规管理提出了更高要求。

2022年被称为"企业合规管理强化年"，国务院国资委召开了中央企业的工作部署会，推进合规制度落地。事实上，早在2015年12月，国资委发布《关于全面推进法治央企建设的意见》，明确要求央企"加快提升合规管理能力，建立由总法律顾问领导，法律事务机构作为牵头部门，相关部门共同参与、齐抓共管的合规管理工作体系，研究制定统一有效、全面覆盖、内容明确的合规制度准则，加强合规教育培训，努力形成全员合规的良性机制"。2016年8月，国务院办公厅出台《国务院办公厅关于建立国有企业违规经营投资责任追究制度的意见》，指出国有企业违规经营投资责任追究制度的基本原则为"依法合规、违规必究"，应当"严格问责、完善机制，构建权责清晰、约束有效的经营投资责任体系"。2017年7月，国资委制定的《中央企业主要负责人履行推进法治建设第一责任人职责规定》明确了中央企业主要负责人的履行推进法治建设第一责任人的相应职责，并规定将其履职情况列入年终述职，可以将对其在本单位及子企业推进法治建设的定期检查和专项督查情况纳入经营业绩考核，对于不履职或不正确履职的依法依规予以问责。2018年7月，国资委发布《中央企业违规经营投资责任追究实施办法（试行）》，明确了经营者违反国家法律法规和企业内部管理规定的责任追究的范围，并根据工作职责划分经营投资责任为直接责任、主管责任和领导责任，规定了相应的责任追究处理方式，体现了建立完善合规管理体系在违规经营投资责任追究方面的必要性。2018年11月，国资委发布《央企合规指引》，对中央企业全面加强合规管理、提高依法合规经营管理水平提出了具体要求和指导，要求央企应当按照全面覆盖、强化责任、协同联动、客观独立的原则加快建立健全合规管理体系，为企业开展合规体系建设和相关工作提供了政策指导。同时，《央企合规指引》附则部分规定，地方履行出资人职责的机构可以参照本指引，积极推进所出资企业合规管理工作。据查询，截至目前，已经有多个省市制定了所出资企业的合规管理指引（如上海、重庆、江苏、山东、广东、河南等）。

《公司法》响应这一号召，对国家出资公司的内控及风控制度进行了原则性规定，要求国家出资公司加强内部合规管理。

第八章　公司董事、监事、高级管理人员的资格和义务

◆ **本章概述**

　　第八章共十六条。其中，第一百七十八条至第一百八十一条为公司董事、监事、高级管理人员的资格及义务，包括董事、监事、高级管理人员资格的禁止情形，董事、监事、高级管理人员对公司的义务及其行为的禁止；第一百八十二条至第一百八十四条为对董事、监事、高级管理人员自我交易、关联交易、同业竞争的限制及谋取公司机会的规则；第一百八十五条是董事会的回避表决规则；第一百八十六条为公司归入权的规定；第一百八十七条为董事、监事、高级管理人员对股东会的义务；第一百八十八条至第一百九十条为公司董事、监事、高级管理人员违反法律、行政法规或公司章程规定的法律后果及公司、股东的救济途径，包括董事、监事、高级管理人员的损害赔偿责任，公司权益受损的股东救济途径；第一百九十一条为董事、高级管理人员损害第三人利益的责任；第一百九十二条为控股股东、实际控制人的连带责任；第一百九十三条为董事责任保险的规定。

　　本次修订对公司董事、监事、高级管理人员义务进行了补充和完善，将自我交易、关联交易、谋取公司机会、同业竞争等义务予以剥离，分别对相应行为的限制或禁止条件予以明确，增加关联交易等行为的报告义务，并对前述事项的董事会回避表决规则作出明确规定，进一步完善公司内部治理的规定。同时，在法律后果方面新增了董事、高级管理人员以及公司控股股东、实际控制人承担连带责任的情形，完善股东权益的救济途径，在一定层面上加强公司中小股东的权益保护。此外，本次修订首次引入董事责任保险制度，为进一步发展与构建董事责任保险提供了相应的法律依据。

第一百七十八条　【董事、监事、高级管理人员的资格禁止】

有下列情形之一的，不得担任公司的董事、监事、高级管理人员：

（一）无民事行为能力或者限制民事行为能力；

（二）因贪污、贿赂、侵占财产、挪用财产或者破坏社会主义市场经济秩序，被判处刑罚，或者因犯罪被剥夺政治权利，执行期满未逾五年，被宣告缓刑的，自缓刑考验期满之日起未逾二年；

（三）担任破产清算的公司、企业的董事或者厂长、经理，对该公司、企业的破产负有个人责任的，自该公司、企业破产清算完结之日起未逾三年；

（四）担任因违法被吊销营业执照、责令关闭的公司、企业的法定代表人，并负有个人责任的，自该公司、企业被吊销营业执照、责令关闭之日起未逾三年；

（五）个人因所负数额较大债务到期未清偿被人民法院列为失信被执行人。

违反前款规定选举、委派董事、监事或者聘任高级管理人员的，该选举、委派或者聘任无效。

董事、监事、高级管理人员在任职期间出现本条第一款所列情形的，公司应当解除其职务。

◆ 新旧对照解读

本条在《公司法》（2018）第一百四十六条规定的基础上对部分条款进行了修改。修改内容主要体现在以下几方面：

1. 在《公司法》（2018）第一款第（二）项的基础上增加"被宣告缓刑的，自缓刑考验期满之日起未逾二年"的情形，明确了被判处缓刑的人员任职资格限制的具体期限。

2. 在《公司法》（2018）第一款第（四）项的基础上增加"责令关闭"之日作为不得担任董事、监事、高级管理人员职务期限的起算时间，与本项条款前述担任因违法被责令关闭的公司、企业的法定代表人形成对照。

3. 在《公司法》（2018）第一款第（五）项的基础上增加"被人民法院列为失信被执行人"的条件，将"个人因所负数额较大的到期债务未清偿"的条件具体明确为"被列为失信被执行人"。失信被执行人信息通过网络等方式予以公开，便于公司及股东通过公开信息查询其所选举、委派或者其他股东选举、委派的董事、监事及高级管理人员的任职资格。

4. 删除《公司法》（2018）第二款中的主体"公司"二字。选举董事、监事的主体为股东会，委派董事、监事的主体为股东，而聘任高级管理人员的主体则可以为股东会也可以为董事会，《公司法》（2018）将前述事项的主体限定为"公司"，用词失之偏颇。

◆ 相关规定

《刑法》第二编第三章

《公司法》第七十六条第四款、第一百二十一条第二款、第一百三十条第四款、第一百七十五条

《公务员法》第四十四条、第五十九条、第七十四条、第一百零七条

《商业银行法》第二十七条

《证券法》第一百零三条、第一百二十四条、第一百四十四条、第二百二十一条

《保险法》第六十八条、第八十一条、第八十二条

《企业破产法》第十五条、第一百二十五条

《企业国有资产法》第二十三条、第二十五条、第七十三条

《证券投资基金法》第十五条、第十八条

《企业国有资产监督管理暂行条例》第三十九条

《国有重点金融机构监事会暂行条例》第十六条、第十八条、第十九条

《外资保险公司管理条例》第三十七条

《企业破产法若干问题的规定（二）》第二十一条

《股份制商业银行独立董事和外部监事制度指引》第一条至第五条、第十七条

《上市公司治理准则》第三十四条、第四十五条、第六十九条

《上市公司章程指引》（2023）第九十五条、第一百二十五条第一款、第一百二十六条第一款、第一百三十六条

《证券基金经营机构董事、监事、高级管理人员及从业人员监督管理办法》第二条、第三条、第六条、第七条、第九条、第三十九条

《上市公司独立董事管理办法》第六条、第七条、第九条

《银行业金融机构董事（理事）和高级管理人员任职资格管理办法》第三条、第四条、第六条至第十三条

《外资银行管理条例实施细则》第四十四条、第四十五条、第四十七条、第五十条

《保险公司董事、监事和高级管理人员任职资格管理规定》第四条、第七条、第二十四条至第二十六条

《保险机构独立董事管理办法》第九条、第十条

《保险代理人监管规定》第二十六条

《信托公司管理办法》第五十条、第五十二条

《中国银保监会信托公司行政许可事项实施办法》第五十四条至第六十二条

《中国银保监会农村中小银行机构行政许可事项实施办法》第一百零一条至第一百一十条

《国有控股上市公司（境内）实施股权激励试行办法》第四十条

《关于进一步规范党政领导干部在企业兼职（任职）问题的意见》第一条、第二条

《上海证券交易所股票上市规则》第4.2.13条、第4.3.3条、第4.4.4条

《上海证券交易所上市公司自律监管指引第1号》第3.5.2条至第3.5.7条、第5.3条

《深圳证券交易所股票上市规则》第4.3.3条、第4.4.4条

《中国基金业协会关于进一步规范私募基金管理人登记若干事项的公告》第四条

《私募投资基金登记备案办法》第九条、第十条、第十五条、第十六条

《国家发展和改革委员会、中国人民银行、住房和城乡建设部等关于印发〈关于对房地产领域相关失信责任主体实施联合惩戒的合作备忘录〉的通知》第一条、第三条

《关于对重大税收违法案件当事人实施联合惩戒措施的合作备忘录》第一条、第二条第三款、第十二款

《全国中小企业股份转让系统股票挂牌审核业务规则适用指引第 1 号》第 1-10 条

◆ 条文释义

本条是董事、监事、高级管理人员任职资格的消极条件，以及前述人员存在任职资格消极条件的处理方式。

一、任职资格的消极条件

任职资格消极条件，也称任职消极资格，指担任相应职务不得出现的情形，集中体现在《公司法》第七十六条第四款、第一百三十条第四款、第一百七十五条和第一百七十八条第一款中的六类情形：

1. 无民事行为能力或者限制民事行为能力。换言之，董事、监事、高级管理人员应当具备完全民事行为能力，以及执行职务、独立行使权利义务并承担责任的基本条件。

2. 因贪污、贿赂、侵占财产、挪用财产或者破坏社会主义市场经济秩序，被判处刑罚，执行期满未逾五年，或者因犯罪被剥夺政治权利，执行期满未逾五年，被宣告缓刑的，自缓刑考验期开始之日起未逾二年。董事、监事、高级管理人员需履行管理、监督公司财产的职务，诚信度要求较高，对于采取非法手段谋取私利的人员，在刑罚执行期满或者缓刑考验期存续的一定期限内不宜担任公司的领导职务。

3. 担任破产清算的公司、企业的董事或者厂长、经理，对该公司、企业的破产负有个人责任的，自该公司、企业破产清算完结之日起未逾三年。此类型的人员通常在一定程度上缺乏专业知识、行业经验及管理运营公司的能力，有必要设定一定时限的"禁业期"，要求其"回炉再造"、增加实践并提升能力后，再行从

事公司经营管理的工作。

4. 担任因违法被吊销营业执照、责令关闭的公司、企业的法定代表人,并负有个人责任的,自该公司、企业被吊销营业执照、责令关闭之日起未逾三年。法定代表人系代表公司对外执行业务的自然人,其行为通常代表公司的行为。对公司、企业被吊销营业执照、责令关闭等严重违法违规行为负有领导责任的人员,应当着重增强法律观念、培养守法意识,通过以"时间换空间"的方式,待其增强守法合规意识后,再担任公司领导职务,为公司、企业的依法合规经营管理做足准备。

5. 个人所负数额较大的债务到期未清偿被人民法院列为失信被执行人。公司董事、监事、高级管理人员不信守承诺、到期债务不予清偿且被列为失信被执行人,在企业信息公开透明的今天,不仅影响公司的信誉,还在无形之中也增加了公司、企业经营及管理方面的风险,故也不宜作为公司领导。

6. 董事、高级管理人员不得兼任监事。公司董事、高级管理人员作为公司经营决策及执行主体,在公司经营管理中尤如"运动员",而监事所履行的监督职权尤如"裁判员",一人同时扮演两个角色,可能使得监事对公司经营管理的监督职权形同虚设。

二、董事、监事、高级管理人员存在消极任职资格的法律后果

(一)选举、委派或者聘任的行为无效

根据《公司法》第一百七十八条第二款的规定,违反该条第一款规定,即前述董事、监事、高级管理人员任职消极资格的五项情形,选举、委派董事、监事或者聘任高级管理人员的,则该选举、委派或者聘任无效。本条规定中的无效,指相应法律行为自始不发生法律效力,即自始无效。

(二)职务的解除

公司董事、监事、高级管理人员存在消极任职资格的,按照《公司法》的规定,公司应当撤销其职务,重新进行选任。通过有权选任该职务人员的内部决策机构出具有效决议,解除董事、非职工代表监事、高级管理人员的职务。

(三)对任职人员劳动关系的影响

职工代表董事、职工代表监事通常拥有双重身份。一方面,其由公司内部决策机构根据公司章程的规定及经营管理需要选聘担任董事和监事;另一方面,其

与公司之间存在劳动关系，对公司存在身份上的隶属性与经济上的依赖性，受到《劳动法》《劳动合同法》及相关法律法规的调整。但是，法律法规中并未基于公司董事和监事的特殊身份对劳动关系的成立和解除作出特别的规定，为区分普通员工与职工代表董事、职工代表监事在劳动关系解除上的差别，公司可以通过制定的内容合法、程序合法的规章制度，对职工代表董事、职工代表监事的劳动关系事宜作出例外的处理。

> **第一百七十九条　【董事、监事、高级管理人员的基本义务】**
> 董事、监事、高级管理人员应当遵守法律、行政法规和公司章程。

◆ 新旧对照解读

本条在《公司法》（2018）第一百四十七条第一款基础上，将董事、监事、高级管理人员遵守法律、行政法规和公司章程的规定，列为独立条款，并将忠实、勤勉义务的规定从中剥离，作为第一百八十条。

◆ 相关规定

《宪法》第五十三条

《企业国有资产法》第十条、第二十六条

《董事会试点中央企业董事会规范运作暂行办法》第三条

《上市公司治理准则》第二十一条、第五十三条

《上市公司章程指引》（2023）第九十七条、第九十八条、第一百三十三条、第一百三十七条

《证券基金经营机构董事、监事、高级管理人员及从业人员监督管理办法》第四条、第二十二条

《保险公司董事、监事和高级管理人员任职资格管理规定》第六条

《上海证券交易所股票上市规则》第 1.4 条、第 3.4.1 条、第 3.4.13 条、第 4.1.3 条、第 4.3.1 条

《上海证券交易所上市公司自律监管指引第 1 号》第 1.2 条、第 2.1.9 条、第 3.1.1 条、第 3.1.5 条、第 4.1.7 条、第 6.4.1 条、第 7.1.1 条

《深圳证券交易所股票上市规则》第 1.4 条、第 2.2.11 条、第 3.4.1 条、第 3.4.13 条、第 4.1.3 条、第 4.3.1 条、第 4.3.12 条、第 4.4.2 条

《深圳证券交易所上市公司自律监管指南第 1 号》第 1.3 条

◆条文释义

董事、监事、高级管理人员遵守法律的义务源自《宪法》第五十三条之规定，即中华人民共和国公民必须遵守宪法和法律的基本义务。由此延伸至公司治理层面，构成在公司法环境下对公司董事、监事、高级管理人员的基本约束要件。纵观《公司法》的立法沿革，针对董事、监事、高级管理人员遵守法律、行政法规和公司章程的规定，在 1993 年《公司法》制定之初仅从董事、监事、经理应遵守公司章程的规定出发，将其行为"标杆"限定于公司章程的规定。到 2005 年修订《公司法》时，通过第一百四十八条的规定，将董事、监事、高级管理人员遵守法律、行政法规及公司章程的基本义务予以明确，并沿用至今。本次修订，系《公司法》自 2005 年修订后对董事、监事、高级管理人员遵守法律、行政法规和公司章程基本义务的承继。

第一百八十条　【董事、监事、高级管理人员的忠实、勤勉义务】

董事、监事、高级管理人员对公司负有忠实义务，应当采取措施避免自身利益与公司利益冲突，不得利用职权牟取不正当利益。

董事、监事、高级管理人员对公司负有勤勉义务，执行职务应当为公司的最大利益尽到管理者通常应有的合理注意。

公司的控股股东、实际控制人不担任公司董事但实际执行公司事务的，适用前两款规定。

◆ **新旧对照解读**

本条在《公司法》(2018) 规定的基础上，对勤勉义务和忠实义务的内容予以拆分，并分别对勤勉义务和忠实义务的具体要求予以阐释。通过明确董事、监事、高级管理人员行为的禁止及其应当履行的注意义务，对"忠实"和"勤勉"的标准予以界定。值得注意的是，本次修订新增"公司的控股股东、实际控制人不担任公司董事但实际执行公司事务的"，适用忠实、勤勉义务的规定。也就是说，不担任公司董事但实际执行公司事务的公司的控股股东、实际控制人，即"影子董事"，同样适用忠实、勤勉义务的规定，进一步强化了对控股股东和实际控制人的规范。

◆ **相关规定**

《刑法》第一百六十九条之一

《证券法》第一百四十二条

《企业破产法》第一百二十五条

《企业国有资产法》第二十六条

《证券投资基金法》第二十五条

《个人独资企业法》第十九条

《国务院关于进一步提高上市公司质量的意见》第二条第（一）项

《国有金融资本出资人职责暂行规定》第三十条

《国务院关于推进国有资本投资、运营公司改革试点的实施意见》第二条第五款第（二）项

《国务院办公厅关于进一步完善国有企业法人治理结构的指导意见》第二条第四款第（三）项

《董事会试点中央企业董事会规范运作暂行办法》第七条、第六十二条、第六十三条、第九十一条

《股份制商业银行独立董事和外部监事制度指引》第十条、第十八条、第十九条、第二十条

《上市公司治理准则》第四条、第二十一条、第二十二条、第五十三条

《上市公司章程指引》(2023) 第九十七条、第九十八条、第一百零一条、第一百二十五条第二款、第一百三十五条、第一百三十七条

《证券基金经营机构董事、监事、高级管理人员及从业人员监督管理办法》第四条、第二十二条、第二十五条、第三十四条、第四十三条

《上市公司独立董事管理办法》第三条

《银行业金融机构董事（理事）和高级管理人员任职资格管理办法》第八条、第三十条

《保险公司董事、监事和高级管理人员任职资格管理规定》第四十二条

《保险机构独立董事管理办法》第十二条、第二十二条、第二十六条、第五十一条

《中国银保监会信托公司行政许可事项实施办法》第五十五条

《中国银保监会农村中小银行机构行政许可事项实施办法》第一百零二条

《关于进一步规范党政领导干部在企业兼职（任职）问题的意见》第五条

《上海证券交易所股票上市规则》第4.3.1条、第4.3.5条

《上海证券交易所上市公司自律监管指引第1号》第3.1.1条、第3.1.5条、第3.1.6条、第3.3.3条、第6.3.4条

《深圳证券交易所股票上市规则》第4.3.1条、第4.3.5条、第4.3.6条、第4.3.8条、第4.3.9条、第7.5.13条

◆ 条文释义

本条是公司董事、监事、高级管理人员及不担任公司董事但实际执行公司事务的公司控股股东、实际控制人对公司应尽的忠实义务和勤勉义务。

一、忠实义务的基本概念和主要内容

（一）忠实义务的基本概念

忠实义务是指公司董事、监事、高级管理人员在履行其职务时，应当对公司忠诚尽力，为公司利益的最大化实现而努力，当董事、监事、高级管理人员自身利益与公司的利益发生冲突时，应当以公司利益为重，不得将自身利益置于公司利益之上，不得利用其职权谋取不正当的利益。

（二）忠实义务的主要内容

1. 不得利用职权获取非法利益

公司董事、高级管理人员享有公司事务管理权和公司业务执行权，公司监事则享有对公司经营管理事务的监督权，若前述职权被滥用以牟取董事、监事、高级管理人员的个人利益，势必损害公司的合法权益。

2. 不得利用职权收受贿赂或者谋取其他利益

公司董事、监事、高级管理人员在行使其职权或者对外代表公司进行交易时，不得收受公司内部其他人员、公司交易对手、合作伙伴等第三方的贿赂、牟取利益、允诺利益、进行利益交换或者利益输送。

3. 竞业限制的义务

竞业限制指未经法律规定的程序，公司董事、监事、高级管理人员不得自营或者为他人经营与所任职的公司同类的业务。根据《公司法》第一百八十四条的规定，公司董事、监事、高级管理人员从事"竞业"并非完全被禁止，其竞业行为也并非当然无效，在按规定履行报告义务并经相应决策程序后，其仍可从事与本公司存在竞争关系的同类业务。

4. 与公司从事自我交易的限制

自我交易是指董事、监事、高级管理人员自己或者与其有利害关系的第三方与公司进行以经济利益为内容的交易。自我交易在一定程度上避免市场交易中经常出现的信息不对称的情形，董事、监事、高级管理人员对自己或者与其有利害关系第三方的交易及经营状况了解更为充分。在诚信交易的前提下，自我交易可在一定程度上提升交易的效率。但是，如果公司董事、监事、高级管理人员违背忠实义务，将个人利益凌驾于公司利益之上，将有可能损害公司利益。

5. 对关联交易的限制

根据《公司法》第二百六十五条第（四）项的规定，关联关系是指公司控股股东、实际控制人、董事、监事、高级管理人员与其直接或者间接控制的企业之间的关系，以及可能导致公司利益转移的其他关系。换言之，基于关联关系主体之间所发生的交易，即为关联交易。关联关系主体为谋求自身利益最大化，利用其关联关系迫使公司或者公司下级机构与自己或者其他关联方进行不公平的交易，将导致股东、公司及从属于公司的下级机构利益受损。但是，关联交易的正常开展在一定程度有助于稳定公司业务，故《公司法》并未完全禁止关联交易。

6. 不得泄露公司秘密

公司的秘密涉及交易秘密、技术秘密等方面，关系到公司的生存和发展，董事、监事及高级管理人员不得擅自将公司秘密予以披露。否则，应当对由此给公司造成的损害承担法律责任。

7. 其他忠实义务

我国《公司法》第一百八十一条第（六）项是在前五项规定基础上的兜底性补充条款。在司法实践中，违反忠实义务还表现在拒绝或者怠于执行股东会、董事会的相关决议等情形，具体将由法官根据案件情况及案涉董事、监事、高级管理人员的行为，对是否违反忠实义务予以认定。

二、勤勉义务的基本概念和界定

（一）勤勉义务的基本概念

勤勉义务是指公司董事、监事、高级管理人员在履行职权时，其行为标准需以公司利益为出发点，以谨慎勤勉的处理方式、利用其技能并尽到合理注意义务地履行相应职责。若公司董事、监事、高级管理人员未尽到合理的勤勉义务给公司造成损失的，应当对公司承担赔偿责任。

（二）勤勉义务的界定

董事、监事及高级管理人员的勤勉义务，较忠实义务而言，相对抽象，其更多体现在一些原则性的要求之中。因此，有必要在立法层面对勤勉义务作适当的界定，作为判断是否违反勤勉义务的标准。本次修订中明确提出勤勉义务的具体体现形式，即"执行职务应当为公司的最大利益尽到管理者通常应有的合理注意"。

三、"影子董事"

公司的控股股东、实际控制人不担任公司董事但实际执行公司事务的，构成"影子董事"，适用忠实义务和勤勉义务的规定。"影子董事"的概念源自英国公司法，英国《1980年公司法》正式使用了"影子董事"一词，《1985年公司法》开始有标准定义，并在《1986年公司董事资格剥夺法》《1986年金融服务法》以及《1986年破产法》中进行相关规定。"影子董事"是指并没有被正式制定为董事，但公司的董事习惯于对其指导和指示言听计从。① 其本质是要求没有董事之名，但拥有董事之实的人承担董事的义务与责任。新《公司法》吸收了这一做法，规定公司的控股股东、实际控制人不担任公司董事但实际执行公司事务的，适用忠实义务和勤勉义务的规定。这标志着长久以来有关如何规制控股股东行为的争论告一段落。立法者最终否定了曾经占据主流的要求控股股东承担信义义务的主张，而采用了更为合理的"影子董事"规则。②

◆ 适用疑难解析

一、勤勉义务的一般判断标准

董事、监事、高级管理人员的勤勉义务，通常指其在履职过程中所应当承担的注意义务，从国外法律及司法实践来看，一般标准概括为如下三个方面：（1）善意；（2）应尽处于相似位置的普通人在类似情况下所尽到的注意；（3）需合理地相信其行为是为了公司的最佳利益。③

根据公司类型、公司性质及所属行业的不同，对公司董事、监事、高级管理人员勤勉义务的认定标准亦有一定差异。例如，在《董事会试点中央企业董事会规范运作暂行办法》《证券基金经营机构董事、监事、高级管理人员及从业人员监督管理办法》等规定中，分别就央企及证券投资经营机构的董事、监事、高级管理人员提出了勤勉义务的具体要求。

二、司法实践中的判断标准

（一）判断标准需综合主客观因素

法院在判断董事、监事、高级管理人员是否履行勤勉义务时，一方面，需要从客观上以其是否达到普通人在类似情形和地位中所应当具备的知识、经验和合理注意的程度作为衡量标准；另一方面，需要从主观上衡量是否出于善意且为实现公司最大利益而作出决策。例如，在"胡某勇与中国证券监督管理委员会行政

---

① ［英］保罗·戴维斯、［英］莎拉·沃辛顿：《现代公司法原理》，罗培新、赵渊、胡改蓉译，法律出版社2016年版，第496页。
② 范世乾最早系统性论述了我国不应该对控制股东设置信义义务，而应该借鉴"影子董事"的规则。参见范世乾：《控制股东滥用控制权行为的法律规制：中国公司法相关制度的构建》，法律出版社2010年版，第225页。
③ 施天涛：《公司法论》（第四版），法律出版社2018年版，第426页。

处罚案"中,北京市高级人民法院认为:"判断董事的勤勉义务应当采取适度标准,董事应当善意、合理、审慎地履行自己的职责,尽到处于相似位置上的普通谨慎的人在相同或者类似情况下所需要的注意义务。"①

(二)商业判断规则在勤勉义务认定中的适用

在公司治理的领域,董事、监事、高级管理人员是否履行勤勉尽责的义务,通常较为抽象且主观性相对较强。法官若仅基于普通人在同等或者类似条件下的谨慎、合理注意程度作为判断标准,可能难以把握勤勉义务是否履行以及履行程度的认定。若脱离商业判断规则的辅助,基于前述事由认定董事、监事、高级管理人员违反勤勉义务,而由决策人员承担巨额的赔偿,则可能导致承担经营决策及运营管理的人员畏惧商业风险,甚至不愿意担任公司董事、监事、高级管理人员的职务。参照美国法学会《公司治理原则:分析与建议》第4.01条(c)给出的商业判断规则:(1)董事和高级管理人员与所进行的商业决策事项不存在利害关系;(2)董事及高级管理人员知晓决策内容并且决策适当;(3)董事及高级管理人员应当理性地相信其行为符合公司利益最大化。适当引入商业判断规则可在一定程度上放宽对董事、监事、高级管理人员违反勤勉义务的判断标准,限制法官在个案中对公司经营管理等商业活动的过度干扰。②

我国司法实践中,也已经存在依据商业判断规则进行裁判的案件。具体可参见(2014)湘高法民二终字第73号、(2018)黑民申2845号案件裁判文书。

(三)违反勤勉义务的举证责任

司法实践中,董事、监事、高级管理人员违反勤勉义务执行职务所产生的赔偿责任属于侵权责任范畴,需采用构成侵权责任的四要件(行为、过错、损害事实和因果关系)予以认定。依据"谁主张,谁举证"的原则,公司应当对其主张董事、监事、高级管理人员的侵权行为提出证据予以证明,并需要满足侵权责任构成四要件的举证标准。反之,当董事会决议违反法律法规规定的时候,董事如果认为自己已经尽到了勤勉尽责的义务,则应当就自己善意、合理、审慎地履行职责承担相应的举证责任。

---

① 参见(2017)京行终3225号。
② 李东方:《公司法学》,中国政法大学出版社2016年版,第367-368页。

第一百八十一条　【董事、监事、高级管理人员的禁止行为】

董事、监事、高级管理人员不得有下列行为：

（一）侵占公司财产、挪用公司资金；

（二）将公司资金以其个人名义或者以其他个人名义开立账户存储；

（三）利用职权贿赂或者收受其他非法收入；

（四）接受他人与公司交易的佣金归为己有；

（五）擅自披露公司秘密；

（六）违反对公司忠实义务的其他行为。

◆ **新旧对照解读**

本条在《公司法》（2018）第一百四十七条第二款、第一百四十八条第一款的基础上修订，在原条款编排基础上作了如下调整：

其一，将《公司法》（2018）第一百四十七条第二款"不得利用职权收受贿赂或者其他非法收入"及"不得侵占公司的财产"，两项违反忠实义务的具体形式，统一纳入本条忠实义务具体体现形式的第（一）项和第（三）项中。

其二，在《公司法》（2018）第一百四十八条第一款的基础上，将对应忠实义务具体形式的条款剥离出来，单独列为本条的条文，将"挪用公司资金"与"侵占公司财产"共同列为第（一）项，作为对公司财产权侵害的禁止性义务予以明确；"违规借贷资金或者提供担保""违规自我交易的"及"谋取属于公司的商业机会与所任职公司经营同类的业务"的情形并非完全禁止，可通过公司内部有权决策机构根据实际情况作变通处理，故将前述条款从违反忠实义务的具体形式中予以剔除，"自我交易""关联交易""谋取公司商业机会""经营公司同类业务"的情形，分别通过《公司法》第一百八十二条至第一百八十四条从程序上作出明确要求；董事、监事、高级管理人员违规行为的处理，则通过第一百八十六条的规定予以明确。

◆ **相关规定**

《公司法》第八十条、第一百七十九条、第二百一十七条第二款

《证券投资基金法》第二十条

《企业国有资产法》第二十六条

《企业国有资产监督管理暂行条例》第三十八条

《国有重点金融机构监事会暂行条例》第二十一条、第二十二条、第二十四条

《董事会试点中央企业董事会规范运作暂行办法》第六十二条

《股份制商业银行独立董事和外部监事制度指引》第二十九条

《上市公司治理准则》第二十二条第二款、第二十八条、第三十四条、第三十五条、第六十一条、第八十八条、第八十九条

《上市公司章程指引》（2023）第九十七条、第一百三十七条、第一百四十二条

《证券基金经营机构董事、监事、高级管理人员及从业人员监督管理办法》第四条、第九条、第二十六条、第二十八条、第二十九条、第三十一条、第三十二条、第三十四条、第四十八条、第五十一条

《上海证券交易所股票上市规则》第2.1.1条、第2.1.4条、第2.1.6条至第2.1.9条、第2.2.6条、第2.2.9条、第2.2.12条、第4.1.2条、第4.1.3条、第4.2.9条、第4.3.5条、第4.3.12条、第5.2.6条

《深圳证券交易所股票上市规则》第2.1.1条、第2.1.4条至第2.1.8条、第2.2.3条、第2.2.8条、第2.2.11条、第2.3.4条、第4.1.2条、第4.1.3条、第4.2.9条、第4.3.5条、第4.3.12条、第5.2.6条

◆ **条文释义**

本条是公司董事、监事、高级管理人员的禁止性义务。董事、监事、高级管理人员的忠实义务及其基本要求在《公司法》第一百八十条第一款项下已详细阐释，本条中不再赘述。在此，针对本条项下具体条款的内容分析如下：

（一）侵占公司财产、挪用公司资金

侵占公司财产是公司董事、监事、高级管理人员利用其职权，将公司财产归为己有而侵害公司利益的行为。挪用公司资金是董事、监事、高级管理人员利用其分管、负责或者办理业务的职权所形成的便利条件，擅自将公司所有的资金挪作其个人或者与其有利害关系的他人使用。侵占公司财产与挪用公司资金二者的共同特征在于，公司董事、监事、高级管理人员只有基于其身份才能或者才有机会可能为自己或者利害关系人谋取利益。此类行为侵害公司的财产权，影响公司对其财产的支配，必然也会影响到公司正常的经营、投资等活动，给公司利益造成危害，属于严重违反董事、监事、高级管理人员忠实义务的情形，应当明确予以禁止。此外，侵占公司财产、挪用公司资金可能构成挪用资金罪[1]、职务侵占罪[2]等罪名。

（二）将公司资金以其个人名义或者以其他个人名义开立账户存储

在公司与个人没有发生正常交易的情况下，将公司资金以个人名义存储的行为，存在以下几个方面的违规情形，应当予以禁止：首先，从金融管理角度看，此项行为实质上是个人账户违规出借、用于公司经营管理活动的情形，违反《人民币银行结算账户管理办法》第四十五条的规定。其次，从税务征管角度看，可能存在逃避征缴企业税负的情形，不但面临税务稽查带来的行政处罚风险，若构成犯罪的，还将承担偷逃税款相关的刑事责任。最后，从公司资金管理角度上看，以个人账户存储公司资金极易造成公司财产的流失，如因董事、监事、高级管理人员的个人道德风险转移公司资金、因个人原因导致其账户被查封、冻结等情形，将大大增加公司资金安全的风险。

（三）利用职权收受贿赂或者其他非法收入

公司董事、监事、高级管理人员作为公司经营管理决策、执行及监督职权的享有者，把握着公司经营管理发展的动向，一旦存在利用职权收受贿赂或者其他非法收入，为自己或者他人谋取利益的情形，将侵害公司的合法权益，故应当禁止此类行为。此外，利用职权收受贿赂或者其他非法收入不仅存在侵害公司权益应承担民事责任的风险，同时也存在构成犯罪的风险，如非国家机关工作人员受

---

[1]《刑法》第一百八十五条、第二百七十二条。
[2]《刑法》第一百八十三条、第二百七十一条。

贿罪①等。

（四）接受他人与公司交易的佣金归为己有

公司董事、高级管理人员在执行公司经营管理事务，代表公司利益与他人进行交易的过程中，不应当收取佣金。若在公司与他人交易过程中，公司董事、高级管理人员将交易佣金归为己有，极易引发道德风险，变相利用自己的职务便利牟取利益，亦可能存在为牟取佣金利益最大化与不合格供应商交易、明知供应商提供虚假产品资料仍与其交易等损害公司合法权益的情形，故此类行为应当予以禁止。

（五）擅自披露公司秘密

公司秘密通常是指具有商业价值的公司经营管理信息，是涵盖公司商业秘密在内的经营管理信息的综合性概念。公司秘密的披露往往会对公司的市场地位造成影响，甚至可能导致公司丧失竞争优势，给公司经济利益、商业信誉等方面造成损害。董事、监事、高级管理人员作为公司秘密的直接知悉者、掌控者或者因其职务的执行享有获取公司秘密的便利条件，其擅自披露公司秘密的行为将严重违反忠实义务，势必对公司造成不利影响。

（六）违反对公司忠实义务的其他行为

包括拒绝或者怠于执行股东会、董事会的相关决议、隐瞒公司交易真实情况或者有悖于诚实信用的行为等情形，在司法实践中将依据公司经营管理状况及董事、监事、高级管理人员的具体行为综合衡量予以判断。

◆ 适用疑难解析

董事、监事、高级管理人员违反禁止性义务应对第三人承担的责任

（一）缺乏明确规定

根据《公司法》第一百九十一条的规定，公司作为具备独立承担责任的主体，董事、高级管理人员因执行公司事务对第三人造成损害的，将由公司承担由此对第三人造成的损害赔偿责任；董事、高级管理人员存在故意或者重大过失的，应承担赔偿责任。而公司承担责任后，将可以依据《公司法》规定通过股东

---

① 《刑法》第一百六十三条、第一百八十四条。

派生诉讼或者由利益受损害的股东直接发起诉讼，追究责任董事、监事、高级管理人员的赔偿责任。但是，针对监事违反禁止性义务是否需要对包括债权人在内的第三人承担责任，以及董事、监事、高级管理人员违反禁止性义务应对第三人承担责任的范围等问题，《公司法》中并无明确规定。若董事、监事、高级管理人员违反其禁止性义务，未在执行公司事务的环境下造成第三人损害的，容易导致其以公司"有限责任"的"外壳"逃避个人责任，滥用公司独立人格，损害第三人的合法权益。

（二）理论及实务上的争议

针对董事、监事、高级管理人员违反禁止性义务对第三人的责任，主要存在如下几种观点：第一种观点认为，公司具备独立法人人格，董事、监事、高级管理人员仅对公司利益负责，其行为虽违反禁止性规定，但仍系基于公司运营管理体系框架下的行为，故对外仍应当由公司承担责任；第二种观点认为，董事、监事、高级管理人员违反法律规定的行为不应当确定为职务行为，应当设置第三人有权直接向责任人主张赔偿的机制，适当增加董事、监事、高级管理人员责任；第三种观点认为，从社会效果来看，董事、监事、高级管理人员对第三人免除责任或者责任承担的程度过低，将不利于社会整体利益的维护，应当调整董事、监事、高级管理人员对第三人责任承担范围及承担方式。

（三）立法及司法解释层面的突破

《证券法》第八十五条及《公司法司法解释（三）》（2020）第十四条第二款明确规定负有责任的董事、监事或者高级管理人员承担连带责任的情形，虽然适用的对象相对有限，承担责任的范围也相对较窄，但就董事、监事、高级管理人员向第三人承担责任的问题而言，已经取得了突破。在此基础上，本次修订的《公司法》第一百九十一条规定了董事、高级管理人员存在故意、重大过失情形导致第三人损害的，也应对第三人承担赔偿责任，进一步拓宽董事、监事、高级管理人员向第三人承担责任的范围，对董事、监事、高级管理人员的行为规范提出了更高的要求。

> **第一百八十二条　【董事、监事、高级管理人员自我交易和关联交易的限制】**
>
> 董事、监事、高级管理人员，直接或者间接与本公司订立合同或者进行交易，应当就与订立合同或者进行交易有关的事项向董事会或者股东会报告，并按照公司章程的规定经董事会或者股东会决议通过。
>
> 董事、监事、高级管理人员的近亲属，董事、监事、高级管理人员或者其近亲属直接或者间接控制的企业，以及与董事、监事、高级管理人员有其他关联关系的关联人，与公司订立合同或者进行交易，适用前款规定。

◆ 新旧对照解读

本条在《公司法》（2018）第二十条及第一百四十八条第一款第（四）项基础上进行修改，但在前述条款的基础上，进一步明确了自我交易和关联关系的适用对象、关联交易的表决程序。具体体现在以下几方面：

第一，从规制对象上看，将监事纳入自我交易和关联交易的规制范围。

第二，从内容上看，本次修订条款对应《民法典》第八十四条"董事、监事、高级管理人员不得利用其关联关系损害法人的利益"的规定，并未完全否定董事、监事、高级管理人员利用关联关系进行交易的效力，而仅对损害公司利益的情形予以禁止，在按《公司法》规定履行相应前置程序的前提下，仍可进行自我交易和关联交易。

第三，从决策机构角度出发，本次修订将决策机构放宽为按公司章程的规定予以确定，公司可以自主通过公司章程确定由股东会或者是董事会作为自我交易和关联交易的决策机构，有利于通过章程的制定和修订实现公司的"自治"。此外，为避免董事会无法形成有效决议，贻误交易时机，本次修订在第一百八十五条明确规定在无关联关系的董事不足三人，无法形成有效董事会决议的情况下，将自我交易和关联交易相关事宜提交股东会审议，从程序和决策机构两个层面上，确保自我交易和关联交易事宜的公正性，也保障了交易的效率。

第四，结合《公司法》第二百六十五条第（四）项对关联关系的具体定义，本条将董事、监事、高级管理人员相关的自我交易和关联交易通过条款予以区分，便于司法实践中准确适用具体的法律规定。

◆ 相关规定

《民法典》第八十四条

《公司法》第二十二条、第一百三十九条、第一百八十五条、第二百六十五条

《保险法》第一百零八条、第一百零九条

《企业所得税法》第四十一条至第四十六条

《企业国有资产法》第四十三条至第四十六条、第七十二条

《企业所得税法实施条例》第一百零九条至第一百一十五条、第一百一十九条、第一百二十三条

《公司法司法解释（五）》（2020）第一条、第二条

《董事会试点中央企业董事会规范运作暂行办法》第六十二条、第一百零八条

《股份制商业银行独立董事和外部监事制度指引》第十八条、第二十一条、第二十四条

《金融控股公司监督管理试行办法》第三十五条、第三十六条、第五十二条

《上市公司治理准则》第七十四条至第七十七条

《证券基金经营机构董事、监事、高级管理人员及从业人员监督管理办法》第九条、第三十一条、第三十二条、第四十五条

《上市公司章程指引》（2023）第九十七条

《上市公司独立董事管理办法》第二十三条

《企业会计准则第36号——关联方披露》第三条至第十二条

《上海证券交易所股票上市规则》第4.1.3条、第4.3.5条、第6.3.1条至第6.3.8条

《上海证券交易所科创板股票上市规则》第七章第二节

《深圳证券交易所股票上市规则》第 4.3.10 条、第 4.5.3 条、第六章第三节

◆ 条文释义

本条是对董事、监事、高级管理人员自我交易和关联交易行为规制的规定。

一、自我交易的基本概念、表现形式及法律规定

（一）自我交易的概念和特征

自我交易是一种典型的公司利益冲突交易，是指董事、高级管理人员在为公司实施行为时知道他或者其他关联人是该交易的另一方当事人或者与该交易存在经济利益或者与该交易存在密切的关系，并且使人们有理由相信该种利益的存在将会对该董事、高级管理人员的判断产生影响。[1]

从交易效率上看，自我交易有益于增加公司的交易机会、降低信息不对称所带来的交易成本。但是，其危险之处在于，董事、监事、高级管理人员掌握着充分的交易信息而从客观上具备控制公司的条件，公司的利益若不能在此类交易中予以公平的对待，可能导致公司利益受到损害。因此，规制自我交易行为的必要性，体现在董事、监事、高级管理人员尽忠职守履行其职权的需要，当其自身利益与公司利益相冲突时，应当以公司利益为重，这也是忠实义务的具体体现。

自我交易具有如下基本特征：第一，董事、监事、高级管理人员直接或者间接与所任职的公司之间发生交易；第二，董事、监事、高级管理人员与所发生的交易之间存在经济上的利益；第三，董事、监事、高级管理人员在自我交易中的个人利益与公司利益之间存在冲突；第四，自我交易中所构成的利益冲突需达到足以影响董事、监事、高级管理人员从公司利益角度出发作出正确商业决策的程度。

（二）自我交易的表现形式

1. 直接的自我交易，即直接发生在董事、监事、高级管理人员本人与公司之间的自我交易，例如公司直接将其资产出售给董事、监事、高级管理人员个人或者向其购买相应的资产。

---

[1] 施天涛：《公司法论》（第四版），法律出版社 2018 年版，第 435 页。

2. 间接的自我交易，即并非直接发生在董事、监事、高级管理人员本人参与的交易，而是其关联方与公司之间的交易，或者同时在交易双方均担任董事、监事、高级管理人员的公司之间的交易等情形。

(三) 法律对自我交易行为的约束

《公司法》对自我交易并非完全禁止的态度，一方面考虑到自我交易存在有助于提升交易效率的特点，另一方面利益冲突在公司经营管理过程中较为常见且难以避免。因此，《公司法》规定，涉及自我交易的董事、监事、高级管理人员应当将自我交易的合同或者交易有关的事项向董事会或者股东会报告，并按照公司章程的规定，由董事会或者股东会表决形成决议，以此作为自我交易的规制条件。

二、关联交易的基本概念及法律规定

(一) 关联交易的概念

《公司法》第二百六十五条第 (四) 项中明确规定了关联关系的概念及所涉及人群。从其属性上看，关联交易是公司利益冲突的一种。同自我交易相类似，关联交易好比一把"双刃剑"，提升交易效率的同时也存在损害公司利益的风险。

(二) 法律对关联交易的调整

我国《公司法》在 1993 年制定之初，并没有规制关联交易的相关规定，而是通过证监会、财政、税务等行政主管部门从上市公司监管、财务及税务管制等方面的规定，对公司的关联交易予以限制。直至 2005 年修订时，在第二十一条中作了相对原则性的规定并在第一百二十四条中专门针对上市公司关联交易作出限制性规定。在本次修订中，才将"公司的控股股东、实际控制人、董事、监事、高级管理人员不得利用其关联关系损害公司利益"的原则性规定予以拆分，将董事、监事、高级管理人员所涉及的关联交易在《公司法》第一百八十二条第二款中进一步予以明确。

(三) 上市公司关联交易的特别规定

我国《公司法》第一百三十九条在第一百八十二条第二款规定的基础上，对上市公司董事及董事会所涉及关联关系的报告及表决作出了特别的规定，尤其是在无关联董事人数少于三人时，为了确保决议的公正性且考虑到保护中小股东的利益，相关的关联交易事项应提交上市公司股东会审议。

◆ 适用疑难解析

董事、监事、高级管理人员与公司进行自我交易的合同效力判断

（一）自我交易合同效力判断的必要性

根据《公司法》第一百八十六条的规定，董事、监事、高级管理人员违反规定进行自我交易的，公司有权行使归入权。董事、监事、高级管理人员与公司进行自我交易所涉及的合同效力问题，构成公司能否按前述规定行使归入权的前提和基础。特别是在公司章程没有明确规定，又没有经过股东会或者董事会决议的情形下，董事、监事、高级管理人员与公司进行自我交易的合同效力如何界定，关系到归入权的行使以及公司利益的救济途径。

（二）最高人民法院对合同效力判断的观点

基于《民法典》第一百五十三条第一款的规定，对于强制性规定的识别，存在效力性强制性规定和管理性强制性规定的二分法适用规则。2009年最高人民法院通过《关于当前形势下审理民商事合同纠纷案件若干问题的指导意见》提出"违反法律、行政法规的强制性规定"，区分效力性强制性规定和管理性强制性规定的观点。基于此，2019年的《九民纪要》明确对强制性规定识别的基本原则，即涉及金融安全、市场秩序、国家宏观政策等公序良俗，交易标的禁止买卖，交易方式及场所严重违法的，应当认定为效力性强制性规定；关于经营范围、交易时间、数量等行政管理性质的强制性规定，一般应当认定为管理性强制性规定。

根据最高人民法院民二庭的观点，准确适用违法无效规则，首先需坚持如下顺序：(1) 确定是否存在强制性规定。(2) 考察规范对象，根据合同内容、主体资格、合同其他要素及履行行为是否违法来具体认定合同效力。(3) 要从以下几方面进行法益衡量：①要看权衡相互冲突的法益，即考察所要保护的法益是否超过合同自由这一法益；②要考察违法行为的法律后果；③要考察是否涉及交易安全保护问题，主要考察禁止性规范禁止的是一方的行为还是双方的行为；④要考察合同是否已经履行。①

---

① 最高人民法院民事审判第二庭：《〈全国法院民商事审判工作会议纪要〉理解与使用》，人民法院出版社2019年版，第245-246页。

(三) 实务中自我交易合同效力判断的争议

司法实践中，对于违反《公司法》规定进行自我交易的行为，法院对自我交易效力的判定标准并不统一，在有的案件中被认定无效，有的案件中则被认定为有效。

以最高法（2013）民提字第 98 号商品房预售合同纠纷再审案件为例，最高人民法院认为《公司法》（2005 年）中对自我交易的规定的意图在于避免公司董事、经理通过自我交易损害公司利益，因此设置了"公司章程的规定或者董事会同意"的条件，该案中赵某某与其任职的地产公司之间签署的合同并不损害其所任职地产公司的利益，故认定合同有效。（2016）最高法民申 1951 号案件也采用类似认定标准。

而在（2018）最高法民申 3825 号合同纠纷再审案件中，最高人民法院则认为胡某焰与其任职公司之间的转让行为及订立协议行为均未经公司股东会作出合法决议，也不属于公司章程规定允许的行为，故认定未经公司章程授权也未征得股东会同意的董事自我交易行为无效。（2017）最高法民终 83 号案件亦采用类似认定标准。

第一百八十三条　【禁止篡夺公司商业机会】

董事、监事、高级管理人员，不得利用职务便利为自己或者他人谋取属于公司的商业机会。但是，有下列情形之一的除外：

（一）向董事会或者股东会报告，并按照公司章程的规定经董事会或者股东会决议通过；

（二）根据法律、行政法规或者公司章程的规定，公司不能利用该商业机会。

◆ **新旧对照解读**

本条在《公司法》（2018）第一百四十八条第一款第（五）项的基础上，将董事、监事、高级管理人员"禁止篡夺公司机会"的义务单独剥离出来作为独立

条款,并对"禁止篡夺公司机会"的例外情形予以明确。具体体现在以下几方面:

第一,在原规定的基础上,将监事纳入"禁止篡夺公司机会"规定的规制主体范围;

第二,明确董事、监事、高级管理人员原则上不得利用职务便利为自己或者他人谋取公司商业机会;

第三,在禁止董事、监事、高级管理人员篡夺公司机会的基础上,明确在履行报告义务前提下经公司有权决策机构决议通过,以及在公司不能利用商业机会的情形下,公司机会可以为董事、监事、高级管理人员个人所用;

第四,本条但书部分的例外规定对应的公司决策机构,由原规定的股东会作为决策机构调整为由股东会或者董事会决议,并由公司根据实际情况自行通过公司章程确定具体的决策机构。

◆ 相关规定

《上市公司章程指引》第九十七条

《上海证券交易所股票上市规则》第4.3.5条

《上海证券交易所上市公司自律监管指引第1号》第4.2.8条

《深圳证券交易所股票上市规则》第4.3.5条

◆ 条文释义

本条是关于禁止董事、监事、高级管理人员利用属于公司的商业机会牟利的规定,是规制董事、监事、高级管理人员违反忠实义务的一项重要内容。

一、商业机会的概述

商业机会是获取客户和商业利润的机会。公司商业机会是公司董事、监事、高级管理人员在执行其在公司的职务过程中获得的,并且有义务向公司披露的,与公司经营活动有关的商业机会,属于广义上的公司财产的构成。

评估商业机会是否归属于公司,需考量因素有以下几方面:(1)公司能力与个人能力,即以公司能力获得的机会属于公司,以个人能力获得的机会属于个人;一般只要董事、监事、高级管理人员在任职期间获得的机会即被认定为公司机会。(2) 利用该机会的结果是否与公司构成竞争，阻碍公司决策或者构成对公司的不公平行为；董事、监事、高级管理人员是否利用该机会与公司竞争或者发展自己业务或者将该机会出售给公司是衡量公司机会的另一因素，未经公司同意而与公司进行业务竞争是一种不忠实的行为。①

二、禁止篡夺公司商业机会规则

"禁止篡夺公司机会"规则，属于英美法系国家公司法的一项重要原则，是禁止公司受信人将公司拥有期待利益、财产利益或者财产权利的交易机会，或者从公平角度而言应当属于公司的交易机会予以篡夺自用。② 我国《公司法》在2005年全面修订中，首次引入该项原则，并在第一百四十九条第（五）项中明确规定，公司董事、高级管理人员不得"未经股东会或者股东大会同意，利用职务便利为自己或者他人谋取属于公司的商业机会"。

三、合理利用公司商业机会的情形

禁止利用公司商业机会也是商业道德的基本要求，若完全禁止公司商业机会的利用，过于强调公司利益的保护，则可能打击市场活跃度，有碍行业内的良性竞争，无益于市场经济的发展。因此，合理利用公司商业机会，是"禁止利用公司机会"规则在司法适用环节的重要内容。本次修订中，将合理利用公司商业机会的情形明确为以下两方面：

1. 公司批准。即，建立在董事、监事、高级管理人员已通过向公司章程确定的决策机构履行报告义务，向公司披露与公司相关的商业机会的前提下，由该决策机构根据公司章程规定进行表决，确定是否准予董事、监事、高级管理人员以公司商业机会为己用。

2. 公司不能。公司不能利用的商业机会可以分为公司按外部管理规定等要求或者公司章程规定不能利用的商业机会，以及公司客观上因自身财力不足、能力不足等因素不能利用的商业机会。实践中，公司财务状况、经营管理能力等自身原因通常与市场环境、行业竞争、政策导向、公司人力资源配置等多方面要素紧密关联，且所涉及的专业性较强，此类因素可能仅为阶段性或者暂时性的影响因素，故通常不作为公司不能利用商业机会的事由。法律、行政法规规定公司不得

---

① 施天涛：《公司法论》（第四版），法律出版社2018年版，第452-453页。
② 冯果：《"禁止篡夺公司机会"规则探究》，载《中国法学》2010年第1期。

从事的经营事项，股东一致确认或者经有权机关审批的公司章程，客观上具备对公司经营管理行为的规制作用，特别是法律法规的规定可能直接影响公司对外交易行为的效力。故，根据法律、行政法规或者公司章程规定公司不得利用的商业机会，宜直接作为判断董事、监事、高级管理人员合理利用的范围。

第一百八十四条　【同业竞争的限制】

董事、监事、高级管理人员未向董事会或者股东会报告，并按照公司章程的规定经董事会或者股东会决议通过，不得自营或者为他人经营与其任职公司同类的业务。

◆ 新旧对照解读

本条在《公司法》（2018）第一百四十八条第一款第（五）项的基础上的变化，具体体现在以下几方面：

第一，将董事、监事、高级管理人员"同业竞争"的限制作为独立条款；

第二，在原规定的基础上，将监事纳入"同业竞争"的规制主体范围；

第三，明确在未履行报告义务且未经公司章程规定的有权决策机构许可的前提下，禁止董事、监事、高级管理人员自营或者为他人经营与本公司存在竞争关系的同类业务；

第四，董事、监事、高级管理人员能否从事"竞业"的决策机构，由《公司法》（2018）规定的股东会调整为由公司根据实际情况通过公司章程确定股东会或者董事会作为决策机构。

◆ 相关规定

《上市公司章程指引》第九十七条

《上海证券交易所股票上市规则》第4.3.5条

《上海证券交易所上市公司自律监管指引第1号》第4.2.8条

《深圳证券交易所股票上市规则》第4.3.5条

◆条文释义

本条是公司董事、监事、高级管理人员从事与所任职公司同类业务的限制性约束条款。

一、同业竞争的概述

竞业，即竞争性营业，指行为主体从事与所任职或者所服务机构同类的业务。同业竞争是指从事相同或者相近业务，并且构成或者可能构成直接或者间接的竞争关系。本条所涉及同业竞争规则，是解决公司董事、监事、高级管理人员能否自营或者为他人经营与其所任职公司同类业务的问题。针对同业竞争问题，不同法系所持的态度主要有以下三类：

1. 竞业自由。即在市场经济环境下，充分开展自由竞争，法律对公司董事、监事、高级管理人员自营或者为他人经营与所任职公司同类业务不作禁止性的规定，董事、监事、高级管理人员从事竞业也不构成对公司的不正当竞争。

2. 竞业禁止。即法律明确规定禁止公司董事、监事、高级管理人员自营或者为他人经营与所任职公司同类的业务，系大陆法系国家的传统规则。但对这种禁止性的规定质疑声不断，针对董事、监事、高级管理人员及其他与公司存在竞争关系的主体，甚至对公司的交易对手是否公平，是否阻碍市场经济环境下的自由竞争等问题仍有待推敲。

3. 竞业限制。指法律并未完全禁止公司董事、监事、高级管理人员自营或者为他人经营与所任职公司同类的业务，但对前述行为作出了限制性的规定。我国《公司法》采取的是限制竞争的规则，即并非完全禁止董事、监事、高级管理人员从事竞业，而是要求前述人员在从事同业竞争业务前，履行向股东会或董事会报告的义务，同时以公司章程确定的有权决策机构的决议作为其是否可开展同业竞争行为的依据。

二、同业竞争的构成要件

1. 主体：本条项下同业竞争主体为公司的董事、监事、高级管理人员，其对所任职的公司负有忠实义务。

2. 行为：体现在董事、监事、高级管理人员自营或者为他人经营。竞业行为既可发生于公司正常经营阶段，也可发生于公司初创准备阶段甚至公司暂停或者暂时中止营业的阶段。

3. 行为所指向的内容：董事、监事、高级管理人员所任职公司经营的同类业务。自营或者为他人经营的业务是否与所任职公司的业务为同类，是否构成或者可能构成与董事、监事、高级管理人员所任职公司的业务形成竞争关系，是认定同业竞争的核心要素。

◆ 适用疑难解析

同类业务的司法认定标准

认定同业竞争的关键，在于董事、监事、高级管理人员自营或者为他人经营的公司从事的业务与其所任职的公司从事的业务是否属于相同种类，且二者之间是否构成或者可能构成直接或者间接的竞争关系。

通过检索与"同业竞争"相关的"损害公司利益责任纠纷"案件裁判信息，在司法实践中，对同业竞争业务的认定，主要有以下几种观点：

1. 以公司经营范围为判断依据。即对涉及同类业务的两公司经营范围进行对比，通常经营范围存在重合，且结合争议交易的具体交易过程指向交易操纵主体为在公司任职董事或者高级管理人员的，则认定二者存在同业竞争的情形。[①]

2. 以公司实际经营活动及具体经营行为作为判断依据。即综合考虑公司实际的经营范围可能随着经济环境、市场行情及行业政策等因素变动，在经营范围内进行调整或者细化，法院在认定两公司业务是否存在重合时，偏重于以实际经营情况及案涉交易的具体经营行为作为判断依据。[②]

3. 兼顾公司现实利益和预期利益判断同类业务范围。[③]

[①] 参考案例：(2020) 豫民申 2228 号、(2018) 粤民申 10433 号及 (2017) 鲁民申 48 号。
[②] 参考案例：(2020) 云民终 1219 号、(2019) 沪 01 民终 14953 号、(2018) 沪民申 1881 号及 (2017) 沪 01 民终 13408 号。
[③] 参考案例：(2018) 京 01 民终 8475 号及 (2011) 沪一中民四 (商) 终字第 889 号。

> **第一百八十五条　【关联董事表决权】**
>
> 董事会对本法第一百八十二条至第一百八十四条规定的事项决议时，关联董事不得参与表决，其表决权不计入表决权总数。出席董事会会议的无关联关系董事人数不足三人的，应当将该事项提交股东会审议。

◆ 新旧对照解读

本条为本次修订《公司法》的新增条款，借鉴了《公司法》第一百三十九条关于上市公司的关联董事表决回避规则，明确了除上市公司以外的公司在召开董事会会议时，关联董事在自我交易、关联交易和公司商业机会及同业竞争的情形下需要回避表决并且其表决权不计入表决权总数。

同时，本条还规定了出席董事会会议的无关联关系董事人数不足三人的，应当将该事项提交股东会审议。相较于《公司法》（2018），本次新修订《公司法》将关联董事表决回避规则单独列为一条，系强化对于关联董事回避表决管控的体现。

◆ 相关规定

《公司法》第一百三十九条、第一百八十二条至第一百八十四条

《金融控股公司关联交易管理办法》第二十七条

《上市公司章程指引》第一百一十九条

◆ 条文释义

本条规定的是公司董事会对特定事项决议时，关联董事的表决回避规则。

一、董事表决回避制度的概念

董事表决回避制度又称董事表决权排除制度，具体是指当公司董事与董事会决议的事项存在利害关系，可能危害到公司利益时，该董事或者其代理人对该决议的表决权将被暂时排除，同时也不得代理其他董事行使表决权的一种法律

制度。

二、董事适用表决回避的情形

表决权回避最初的规定源于1861年《德国普通商法典》第一百九十条第三款："凡通过表决可望免责或免除义务者，无表决权，亦不允许由他人行使其表决权。此规定适用于涉及与其实施法律行为的表决。"[1] 从国外立法来看，在法律中规定董事表决回避制度，属于通例。就我国立法而言，董事表决回避制度于2005年被正式写入《公司法》，但当时仅对上市公司的董事作出了该限制规定。私法规范的属性向来强调以任意性规范为主，强制性规范为辅，[2] 因此适用董事表决回避制度的情形并不是经常性的，而是特殊情形下的例外。我国学者肖海军、危兆宾在参酌各国立法后认为，董事表决回避制度的基本情形应包括：董事与公司间自我交易的批准和承认；董事竞业的批准；董事兼任；控股董事表决权的部分排除；董事利用公司机会的批准和承认；优先股董事表决权的排除；过错责任董事表决权的排除等。[3]

就本条的规定而言，董事在下列情形中将会被认定为关联董事，从而受到关联董事表决回避制度的规制。具体情形如下：

1. 董事自我交易和关联交易（《公司法》第一百八十二条之规定）；

2. 董事利用属于公司的商业机会（《公司法》第一百八十三条之规定）；

3. 董事从事与所任职公司同类业务，即同业竞争（《公司法》第一百八十四条之规定）。

◆ 适用疑难解析

一、董事表决回避制度的启动

适用董事表决回避制度的首要问题是如何启动这一制度，使得关联董事能够在决议作出前进行有效的回避，具体包括申请主体、申请期限及受理主体等。

---

[1] 高富平、孔洁琼：《论公司决议中的表决权回避》，载《扬州大学学报（人文社会科学版）》2019年第3期。

[2] 温长庆：《论公司决议的形成规则及其在回避表决时的运用——从"万科董事会决议"的争议点切入》，载《法商研究》2018年第1期。

[3] 肖海军、危兆宾：《公司表决权例外排除制度研究》，载《法学评论》2006年第3期。

(一) 申请主体

除了关联董事自行申请回避之外,从立法目的出发,只要董事会决议的事项对公司或利益相关人的利益造成或可能造成损害,公司或利益相关人就可以对关联董事提出表决回避申请。上述利益相关人主要有股东、无关联关系董事、监事等。但是由于没有明确的法律规定且"可能造成损害"等要素,有时并不能够清晰地判断,造成申请主体不确定此类争议,因此在公司章程中明确规定有权申请关联董事回避的主体是十分有必要的。

(二) 申请期限

由于董事表决回避制度具有事前预防性的功能,因此提出回避申请的期限理应在董事会决议作出之前,但具体在什么时间提出,法律没有作出明确规定。有学者主张,申请主体提出董事表决回避的,应于董事会会议召开前 15 日内提出申请,有特殊情况也可以在董事会会议召开时当场提出,但最迟不得晚于决议表决通过时。当然,在公司章程中进行约定同样也是解决此争议的有效办法。

(三) 受理主体

申请主体向谁提出,由谁来受理此类申请对于董事表决回避制度也非常重要。通常而言,由董事会来作为受理主体比较合适,因为作为公司运作的执行机关,董事会最能正确掌控公司信息,从而作出正确判断。但是需要注意的是被申请回避的董事应对此申请的决定当然排除表决权。

二、关联董事未回避表决时决议的效力问题

公司董事会在决议时,如果议案的关联董事没有回避表决,那么该决议的客观性、公正性、法律效力等方面将被质疑。由于《公司法》(2018) 仅规定了上市公司董事的表决回避规则,本次新修订的《公司法》将这一规则的适用主体扩大到所有类型的公司,这样的立法转变旨在强化对于公司董事的监管,从而防止公司董事利用自己的董事地位侵害公司及公司股东的利益。但是这并不意味着关联董事参与表决的决议当然无效。

《公司法》第二十五条至第二十七条对公司董事会的决议无效、可撤销、不成立作出了规定。但判断关联董事未回避表决时决议的效力问题,法院通常不会仅因为董事会决议涉及关联董事而其未回避就认定决议无效,而会重点审查决议是否会损害公司或股东等人的利益,从而作出效力的判断。例如,在(2020)最高法民终 55 号民事判决书中，法官认为虽然表决内容涉及关联交易且关联人员未回避表决，但公司签订《股权转让协议》系其真实意思表示，该协议内容未违反法律、行政法规的强制性规定，应属合法有效。

◆ 案例指引

兖矿公司与东圣公司公司关联交易损害责任纠纷

【裁判要旨】

涉及关联交易的决议是否无效，须判定公司决议是否系股东、董事滥用权利，以及是否损害公司或其他利益相关人的利益，而不能仅因涉及关联交易，则认定股东会、董事会决议当然无效。

【案号】

一审：（2015）黔高民商初字第 14 号

二审：（2017）最高法民终 416 号

【案情】

东圣公司各股东的股权比例分别为：金最公司股权比例 45%，兖矿公司股权比例 40%，恒盛公司股权比例 10%，永峰公司股权比例 5%。

2013 年 12 月 23 日，东圣公司召开了董事会，并作出《董事会决议》，其中决议第 3 项内容为"审议并批准董事潘某提交的《关于收购海隆公司议案》"；第 6 项内容为"一致同意由公司法定代表人王某负责组织收购海隆公司工作，并代表东圣公司与相关方签订系列收购文件"。王某、李某岗、张某山、贾某涛、颜某华、潘某等董事签名。同日，董事长王某主持召开了临时股东会议，并作出《临时股东会议决议》：全体股东一致同意东圣公司收购海隆公司，收购具体工作由王某负责组织实施，并授权王某代表东圣公司与相关各方签订相关文件。陶某、李某岗、王某、张某立作为股东代表签字。

同日，金最公司、东陶公司与东圣公司、海隆公司共同签署了《股权转让协议》，其中载明：金最公司、东陶公司拟将其持有的海隆公司股权转让给东圣公司。股权转让款 10000 万元，为承债式转让，在协议生效后的 3 个工作日内支付股权转让定金 8000 万元；在协议生效后 6 个月内支付股权转让余款 2000 万元并负责使海隆公司能有资金归还债务。股权转让款支付完成且海隆公司归还其全部债务后，金最公司、东陶公司不再持有海隆公司股权。

【审判】

一审认为：公司股东应当依法行使股东权利，不得违反诚实信用原则和公司制度的本质，滥用股东权利或者利用关联关系损害公司或者其他股东的利益。本案东圣公司董事会及股东会决议中的关联交易事项涉及东圣公司部分股东及董事的个人利益，但上述东圣公司股东或者董事明知存在关联关系却不回避，并行使了表决权，违反了《公司法》（2013）的禁止性规定。《股权转让协议》中约定的行为足以认定东圣公司具有关联关系的股东或董事，在行使表决权时掺杂其个人的利益，损害了东圣公司及其他股东的权益。依据《公司法》（2013）的上述规定，其决议内容应属无效。

二审认为：公司决议无效情形是指决议内容违反法律、行政法规的规定。故本案审查的重点是，东圣公司《董事会决议》第三项、第六项及《临时股东会议决议》内容是否存在违反法律、行政法规的情形。东圣公司董事会、股东会作出关于收购海隆公司并授权王某组织收购工作的决议，参与表决的董事及股东代表与决议事项有关联关系，确属于公司关联交易。但涉及关联交易决议的效力，须判定该公司决议是否系股东、董事滥用股东、董事权利，以及是否损害公司或其他股东利益，而不能仅因涉及关联交易，动辄认定股东会、董事会决议当然无效。

最终，二审法院认定股东会、董事会决议有效，撤销一审判决，改判驳回兖矿公司、永峰公司的诉讼请求。

第一百八十六条 【董事、监事、高级管理人员违法所得收入应当归公司所有】

董事、监事、高级管理人员违反本法第一百八十一条至第一百八十四条规定所得的收入应当归公司所有。

◆ 新旧对照解读

本条为《公司法》（2018）第一百四十八条的修改内容，主要规定了董事、监事、高级管理人员违反忠实、勤勉义务所得收入应当归公司所有。

《公司法》（2018）对监事违反忠实、勤勉义务所得收入的归入问题没有明确规定，导致较为严格的法律责任都避开了对监事的约束，在追究监事相关责任时面临"于法无据"。本次新修订《公司法》明确了监事同董事、高级管理人员一样违法所得应当归公司所有的法律规则。

监事是忠实、勤勉义务的当然义务人，监事会成员在履行职责时必须履行忠实、勤勉的义务。我国法律禁止监事兼任本公司董事、高级管理人员，但不禁止其在其他公司任职董事或者高级管理人员，当监事在其他公司任职董事或者高管时，监事可能会披露他在行使监察权时所获得的重要信息。本次新修订《公司法》修改该条规定，系强化对监事的监督制度。

◆ 相关规定

《证券法》第四十四条

◆ 条文释义

本条规定的是董事、监事、高级管理人员违反忠实、勤勉义务收入所得归公司所有，即公司归入权问题。"公司归入权是公司对因利益关联主体违反法律或者公司章程规定实施交易而取得的溢出利益，享有收归公司所有的法定权利。"[1]

一、归入权的概念

我国《公司法》（2018）以及本次新修订《公司法》并没有对归入权作出明确的概念界定，现在所使用的"归入权"是学者们在学理上所总结的一个概念。将学者主流观点与我国《公司法》（2018）以及本次新修订《公司法》中有关归入权的具体条文内容相结合，公司归入权是指公司依法享有的，对公司内部特定人员违反法律所规定的忠实、勤勉义务而获取的利益，公司将这部分收益收归自己所有的法定权利。

二、归入权的性质

在我国《公司法》对归入权行使期限、行使方式、程序等具体实务操作规定

---

[1] 任秀芳：《论我国归入权的适用规则及完善》，载《政治与法律》2009年第4期。

不明确的情况下则更需要探讨公司归入权的性质，从而为立法及诉讼实践提供理论支撑。

对于公司归入权性质的争论大致上可以分为三类，即请求权说、[1] 形成权说、形成权兼具请求权说。

归入权是《公司法》设置用来维护公司利益，促使董事、监事、高级管理人员等遵守忠实、勤勉义务的，公司只要作出明确的行使归入权的意思表示即可，并不需要公司内部特定人员的作为或者不作为为要件。我们认为将归入权的性质定义为形成权比较合适。第一，《公司法》（2018）第一百四十八条以及本次新修订《公司法》第一百八十六条中明文表述了"所得的收入应当归公司所有"，不难发现，解决公司董事、监事、高级管理人员等内部特定人员违背忠实、勤勉义务所取得的利益最终收归于公司所有的问题，正是法律设置公司归入权这项制度的根本目的所在。第二，将归入权的性质定性为形成权后，有助于尽快明晰公司内部及外部的法律关系，维护交易安全与稳定。第三，参考借鉴世界其他国家和地区的立法例，日本、德国对公司归入权行使的期间有规定，过了行使期间，归入权就自动消灭，显然属于排斥期间。根据民法的一般原理，请求权的行使期间为诉讼时效，而归入权的行使期间则为排斥期间。因此，将公司归入权的性质定性为形成权的做法也是有立法实践依据的。

三、行使归入权的主体

归入权诉讼中，董事、监事、高级管理人员违反忠实、勤勉义务，侵害的是公司利益，给公司造成了损失，本质上是一种侵权行为，[2] 故根据侵权责任法的原理，归入权诉讼中的权利主张者应当为利益被损害的一方，即公司。

但在司法实践中常见由公司监事作为原告、公司作为第三人的诉讼，或者由公司的股东为原告、公司作为第三人的诉讼。这是因为该类情形中，损害公司利益的一方往往是公司的实际控制人，掌握着公司的印鉴、证照，实际控制人为了维护自己的利益，不可能起诉自己。实际控制人侵害公司利益，最终受到损害的是公司其他股东，故《公司法》第一百八十九条规定了股东代表诉讼。

---

[1] 雷兴虎：《论公司的介入权》，载司法部法规教育司编：《政法论丛》，法律出版社1998年版，第119-120页。
[2] 杨艳：《公司法上的利益归入：功能界定与计算标准》，载《浙江工商大学学报》2015年第6期。

综上，公司归入权诉讼中起诉主体（原告）列明如下：（1）公司；（2）监事（或者监事会）；（3）执行董事（或者董事会）；（4）股东。在监事（或者监事会）、执行董事（或者董事会）、股东以自己名义起诉时，为查明案件事实，通常会将公司列为无独立请求权第三人一并参加诉讼。

◆ **适用疑难解析**

一、归入权数额的确定

实务中，归入权的数额存在证明难的问题。一般情况下，主张行使归入权的一方需证明公司董事、监事、高级管理人员违反忠实、勤勉义务的事实及归入权的范围，即董事、监事、高级管理人员因违背忠实、勤勉义务而取得的个人收入。[1] 但事实上，权利人往往难以获知违法个人所得。在此情形下，权利人是否就要承担举证不能的责任风险？答案是否定的，若权利人无法确认董事、监事、高级管理人员收入，法院将会结合其他因素酌情确定归入权的范围。

二、归入权与损害赔偿请求权的共同适用

归入权与损害赔偿请求权源于不同的请求权基础，是可以并存的权利，权利人主张归入权的同时，可以一并主张损害赔偿请求权。即当权利人在行使归入权后仍不能弥补公司损失或者无法证明归入的事实时，对无法弥补的部分，权利人仍可依据《公司法》第一百八十八条要求董事、监事、高级管理人员承担损害赔偿责任。如（2017）沪01民终13408号案件中，上海市第一中级人民法院认为："归入权和过错责任损害赔偿权，需逐一予以认定。因此当事人应当分别举证证明归入权部分和损害赔偿请求权部分。"

◆ **案例指引**

谢某诉冷某峰自我交易损害公司利益责任纠纷案

【裁判要旨】

公司法规定，董事、高级管理人员除公司章程规定或者股东会同意外，不得与本公司订立合同或者进行交易。该规定是为了保障董事、高级管理人员对公司

---

[1] 周淳：《公司归入权的体系定位与规范构造》，载《财经法学》2021年第3期。

忠实、勤勉义务的有效履行，必须严格遵守。若公司章程中没有允许董事、高级管理人员同本公司订立合同或者进行交易的明确规定，而董事（高级管理人员）假借他人的名义与本公司订立借款合同，出借资金给公司，并未经股东会同意。该董事（高级管理人员）的前述行为已经违反了公司法的规定，其出借给公司的资金并获得的利息收入应当归公司所有。

【案号】

一审：（2019）渝 05 民初 112 号

二审：（2020）渝民终 543 号

【案情】

云创公司于 2015 年 1 月 4 日注册成立，注册资本为 2000 万元，股东为谢某（持股 50%）、冷某峰（持股 50%）。冷某峰为云创公司的法定代表人，任执行董事兼总经理，谢某任云创公司的监事。

2016 年 1 月至 3 月，云创公司因资金困难需要对外贷款，冷某峰将自有资金假借"夏某平""陶某""李某容"的名义借给云创公司使用。后云创公司按照约定日利率 5‰ 至 6‰ 的利息，向冷某峰支付利息合计 883.2 万元。

谢某向一审法院起诉请求：冷某峰向云创公司支付非法利息收入 13583386 元的资金占用损失。

【审判】

本案的争议焦点为：冷某峰是否侵占云创公司利益或者对云创公司造成损失，以及冷某峰应当返还给云创公司的款项金额。

一审法院认为根据《公司法》（2018）第一百四十八条、第一百四十九条、第一百五十一条之规定，冷某峰任云创公司执行董事兼总经理，属于公司高级管理人员。谢某任云创公司监事，有权就公司高级管理人员违反忠实、勤勉义务给公司造成损失提起诉讼。其中，关于冷某峰未经股东会同意，与本公司订立合同或者进行交易，非法获取高额利息的问题，重庆市第五中级人民法院认为冷某峰虚构"夏某平、陶某、李某容"三个名字，以这三个人的名义把钱借给云创公司。冷某峰未经股东谢某同意，以虚构"夏某平、陶某、李某容"名字的方式，实际与云创公司订立合同进行交易。根据《公司法》（2018）第一百四十八条第一款第（四）项之规定，冷某峰因此获得的收入，即利息收入应当归公司所有。

云创公司举示的证据足以证明支付利息共计 14840435 元，但谢某起诉仅主张 13583386 元，应予以支持。

一审判决：1. 冷某峰于判决生效之日起十日内支付云创公司 13583386 元；2. 驳回谢某的其他诉讼请求。

二审判决：二审法院认为按照《公司法》（2018）第一百四十八条的规定，董事、高级管理人员除公司章程规定或者股东会同意外，不得与本公司订立合同或者进行交易。本案中，冷某峰作为云创公司的执行董事兼总经理，属于该条规定的高级管理人员，理应履行对公司的忠实、勤勉义务。故冷某峰的上诉意见，于法无据，不予支持。

第一百八十七条 【董事、监事、高级管理人员对股东会的义务】

股东会要求董事、监事、高级管理人员列席会议的，董事、监事、高级管理人员应当列席并接受股东的质询。

◆ **新旧对照解读**

本条在《公司法》（2018）第一百五十条第一款基础上，删除了"股东大会"的表述。于本次《公司法》修订中，不再区分有限责任公司的"股东会"和股份有限公司的"股东大会"，而均表述为"股东会"。

◆ **相关规定**

《公司法》第一百一十条第一款

《上市公司治理准则》第七十八条

《上市公司章程指引》第三十三条、第七十一条、第七十三条、第一百四十一条

《上市公司股东大会规则》第二十九条、第四十一条

《上海证券交易所上市公司自律监管指引第 1 号》第 2.1.1 条、第 2.1.9 条

《深圳证券交易所上市公司自律监管指引第 1 号》第 2.1.1 条、第 2.1.14 条

《深圳证券交易所上市公司自律监管指引第 2 号》第 2.1.1 条、第 2.1.14 条

◆ **条文释义**

列席股东会并接受质询的义务，属于公司董事、监事、高级管理人员勤勉义务的表现形式之一。

本条所涉及董事、监事、高级管理人员列席股东会议并接受质询的义务，对应的是公司股东知情权及质询权。在公司所有权和经营权分离的情况下，质询权的设定是公司股东与公司经营管理人员信息沟通的"桥梁"。

根据本条规定，质询权的权利主体为股东，义务主体为公司董事、监事、高级管理人员，质询权行使的场景为股东会议。股东行使质询权的方式为要求董事、监事、高级管理人员列席股东会议，并由股东在股东会议上以公司董事、监事、高级管理人员为对象行使质询权。在股东会提出列席要求的情况下，公司董事、监事、高级管理人员应当按时列席股东会议，不得拒绝列席股东会议或者拒绝接受股东质询。

◆ **适用疑难解析**

股东质询权的司法救济途径

（一）法律规定

《公司法》对股东质询权的规定体现在第一百一十条及本条。其中，第一百一十条明确股东享有对公司的经营提出建议或者质询的权利，本条则规定了质询权行使的方式。但是，针对股东质询权无法行使或者权利受到侵害的救济途径，《公司法》并没有明确规定，《民事案件案由规定》中亦没有直接与质询权救济相关的案由。

（二）司法实践中的操作

股东在质询权无法实现时，将面临实际利益受损和缺乏权利救济法律依据的"双重困境"，不利于股东，特别是中小股东权利的保护。笔者认为，在司法实践中可结合以下方式，在一定程度上实现对质询权的救济，以资参考：

1. 股东知情权之诉

股东知情权和质询权均共同指向股东对公司经营、管理信息的获取与公司状

况的了解,均是股东参与公司重大经营管理事项决策的前提和基础。在质询权救济途径缺乏明确法律法规规定的情况下,股东可依据《公司法》第五十七条的规定,通过行使股东知情权的方式,在一定程度上达到对公司具体经营管理行为提出质询的目的。

2. 公司决议撤销之诉

根据《公司法》第二十六条的规定,可撤销的公司决议分为两类:一类为决议内容上的瑕疵,主要包括决议内容违反公司章程、法律法规或者社会秩序,"多数决"的滥用所造成的不公正决议等;另一类则为程序和形式上的瑕疵,主要体现在召集程序上的瑕疵以及表决方式上的瑕疵。公司董事、监事、高级管理人员没有履行或者没有适当履行接受质询的义务,可能导致股东在无法获得相应的信息情况下作出表决,造成决议不仅在程序上存在瑕疵,内容上也可能存在问题。据此,股东可以通过行使决议撤销权,在一定程度上保障其质询权的实现。但是,为防止股东诉权的滥用,亦应当遵守《公司法》第二十六条规定中对决议瑕疵程度的界定及对撤销权行使的限制性条件。

3. 股东诉讼制度的应用

董事、监事、高级管理人员违反其勤勉义务,拒绝接受质询或者质询过程中所承担的解释、说明义务履行不适当,且对公司利益造成损害的情况下,股东也可依据《公司法》第一百八十八条的规定,结合由此所产生的损害,选择按《公司法》第一百八十九条之规定发起股东代表诉讼,或者在股东利益直接受损的情况下,按《公司法》第一百九十条之规定直接提起诉讼。

第一百八十八条 【董事、监事、高级管理人员的损害赔偿责任】

董事、监事、高级管理人员执行职务违反法律、行政法规或者公司章程的规定,给公司造成损失的,应当承担赔偿责任。

◆ 相关规定

《民法典》第八十四条

◆ 条文释义

本条规定的是董事、监事、高级管理人员执行职务违反法律、行政法规或者公司章程的规定，给公司造成损失的，应当承担赔偿责任。

一、董事、监事、高级管理人员执行职务违反法律、行政法规或者公司章程的司法认定

董事、监事和高级管理人员行使职权、作出决策时，必须以公司利益为标准，以适当的方式尽合理的谨慎和注意义务，履行自己的职责，不得有疏忽大意或者重大过失。判断董事、监事、高级管理人员是否履行了勤勉义务，应当从三个方面加以辨别：第一，须以善意为之；第二，在处理公司事务时负有在类似的情形、处于类似地位的具有一般性谨慎的人在处理自己事务时的注意；第三，有理由相信以为了公司的最大利益的方式履行其职责。[1]

二、董事、监事、高级管理人员执行职务违反法律、行政法规或者公司章程规定的后果

如果董事、监事、高级管理人员在履职过程中不存在违反法律、行政法规或者公司章程规定的情形，即便董事、监事、高级管理人员执行职务时的行为与损失具有一定的因果关系，此时不能依据本条要求董事、监事、高级管理人员承担赔偿责任。[2] 但如果能够证明董事、监事、高级管理人员未尽到勤勉义务，致使公司遭受损失，则可以依据违反勤勉义务追究其赔偿责任。

◆ 适用疑难解析

一、难以认定高级管理人员的身份

《公司法》并未对高级管理人员作出定义，而是通过列举性的称谓进行表述，其法律规范价值有限。高级管理人员是指对在公司中从事高级管理工作的人的称谓。这属于语义上的用法，仅是通常情况下对某类事物具有某种共同属性的表达，但何为高级管理人员并未定义。其后的条文中经理、副经理、财务负责人、上市公司董事会秘书等属于列举方式。公司高级管理人员范围是公司自主决定的

---

[1] （2009）沪一中民三（商）终字第969号。
[2] 王真真：《我国董事监督义务的制度构建：中国问题与美国经验》，载《证券法苑》2018年第2期。

事项。公司法不能对高级管理人员作出定义，仅能以通用用语指称，以前述称谓去判定高级管理人员身份。

对于高级管理人员身份的认定可以从以下几个方面进行判断：首先，应当考察公司章程是否有规定，如果公司章程有明文记载，可以认定其高级管理人员的身份；其次，当事人在公司管理中的权力地位，如股东在公司中享有相应的经营管理权，可以认定其符合高级管理人员的任职要求；再次，当事人的任免手续，高级管理人员通常由董事会或者不设董事会的董事决定聘任和解聘，当公司的聘任或者解聘手续完备时，可推定高级管理人员聘任或者解聘的事实成立；最后，可以间接证明其高级管理人员身份的材料，比如与客户签订的合同契约书、基本住房公积金基数调整汇总表等上的签名，可以认定当事人的身份是高级管理人员。故认定公司高级管理人员的身份，应当坚持形式审查和实质判断相结合的原则，不能仅以工商登记的信息进行认定，而应当从其在公司中享有的职权范围和实际担当工作的重要性和影响力，来考量其是否实际掌握公司经营权或者重大事项的执行决定权。

二、公司利益受损范围难以证明

判断公司利益是否受损以及受损范围，是确定损害赔偿责任的关键。在举证责任的分配上采取"谁主张，谁举证"的归责原则，通常情况下，该类案件原告的举证责任包括：被告违反了忠实义务；违反行为导致公司利益受损；违反忠实义务与利益受损之间存在因果关系。[1]

公司作为商事主体，其目的是赚取利润，很多时候董事、监事、高级管理人员往往会采取博弈行为，即以承担一小部分风险来换取一大部分利益，如果以公司承担部分风险为由，要求董事、监事、高级管理人员承担赔偿责任，忽视其为公司赚取的利益，显然也有失公允。面对如此复杂多变的情形，符合条件的股东很难举证认定董事、监事、高级管理人员执行职务的行为违反法律、行政法规以及公司章程的规定，也难以证明董事、监事、高级管理人员执行职务的行为与公司所遭受的损失之间具有直接因果关系。即便能够认定二者之间存在因果关系，而造成的损失如何计算，也很难界定。

---

[1] 邹学庚：《论董事对股东出资的监督义务——兼评"斯曼特"损害公司利益责任纠纷案》，载《甘肃政法大学学报》2022年第2期。

◆ 案例指引

九州证券股份有限公司与贺某损害公司利益责任纠纷案

【裁判要旨】

高级管理人员，在执行职务过程中存在违反法律、行政法规或者公司章程的行为，并产生了损害公司利益的不利后果，公司高级管理人员应该对损失承担赔偿责任。但是当公司无法举证证明高级管理人员存在违规行为、违反对公司负有的忠实和勤勉义务及造成公司实际损失事实的，不应当要求高级管理人员承担赔偿责任。

【案号】

一审：（2015）青民二初字第 18 号

二审：（2016）最高法民终 265 号

【案情】

贺某系九州证券有限责任公司法定代表人、董事长。孙某系九州证券有限责任公司抚顺营业部（以下简称抚顺营业部）负责人，抚顺营业部系公司分支机构，不具有独立法人资格。2003 年 10 月至 2004 年 2 月，抚顺营业部根据公司经营年会上贺某提出搞"第三方监管理财"的指令，与德恒证券有限责任公司（以下简称德恒证券公司）利用原抚顺财政证券公司的机构账户，挪用客户国债资金 6500 万元。此后，根据证监会的要求，九州证券有限责任公司于 2004 年 3—4 月期间先后三次向抚顺营业部发出纠错和平仓通知。由于股票下跌，平仓后回笼资金 4900 万余元，造成 1469 万余元的直接经济损失。2004 年 4 月，贺某以九州证券股份有限公司名义与海南天雨国际投资控股有限公司（以下简称海南天雨公司）签订《借款协议》，借款 1800 万元用于填补上述损失。

【审判】

本案的争议焦点为：贺某应否对九州证券股份有限公司的资金损失承担赔偿责任，即贺某是否存在违法、违规或者违反公司章程的行为。

一审法院认为，判断贺某应否向九州证券公司承担赔偿责任，应当根据《公司法》（2018）第一百四十九条规定确定。根据该条规定，上述责任的承担应当符合以下条件：一是主体身份必须是公司法规定的高级管理人员。贺某作为九州证券公司的法定代表人应当属于公司高级管理人员范围。二是必须有公司利益受到损害的事实及后果。抚顺营业部挪用客户国债资金 6500 万元，由于股票下跌，平仓后回笼资金 4900 万余元，造成了 1469 万余元的直接经济损失。三是损害系由执行职务过程中违反法律、行政法规或者公司章程的行为产生。孙某将贺某提出的"第三方监管理财"改为"两方理财"，在公司三次下达整改的通知后，孙某置之不理，导致股票下跌，贺某为弥补亏损以九州证券公司的名义向海南天雨公司借款 1800 万元。四是行为与损害后果之间须有因果关系。本案实施"两方理财"的行为人是抚顺营业部，造成本案公司利益受损是抚顺营业部的"两方理财"行为。贺某的行为与损害后果之间没有因果关系，对公司利益不构成损害。一审判决，九州证券公司诉称贺某损害公司利益，应当向其赔偿损失的诉讼请求因缺乏事实和法律依据，依法不予支持。

二审法院认为，九州证券公司所举示的证据，不足以证实贺某指示该营业部从事违规业务及违反了对公司负有的忠实和勤勉义务，且贺某以公司名义对外借款的行为也未给公司造成利益损失，因此判决驳回上诉，维持原判。

第一百八十九条　【公司权益受损的股东救济】

董事、高级管理人员有前条规定的情形的，有限责任公司的股东、股份有限公司连续一百八十日以上单独或者合计持有公司百分之一以上股份的股东，可以书面请求监事会向人民法院提起诉讼；监事有前条规定的情形的，前述股东可以书面请求董事会向人民法院提起诉讼。

监事会或者董事会收到前款规定的股东书面请求后拒绝提起诉讼，或者自收到请求之日起三十日内未提起诉讼，或者情况紧急、不立即提起诉讼将会使公司利益受到难以弥补的损害的，前款规定的股东有权为公司利益以自己的名义直接向人民法院提起诉讼。

> 他人侵犯公司合法权益，给公司造成损失的，本条第一款规定的股东可以依照前两款的规定向人民法院提起诉讼。
>
> 公司全资子公司的董事、监事、高级管理人员有前条规定情形，或者他人侵犯公司全资子公司合法权益造成损失的，有限责任公司的股东、股份有限公司连续一百八十日以上单独或者合计持有公司百分之一以上股份的股东，可以依照前三款规定书面请求全资子公司的监事会、董事会向人民法院提起诉讼或者以自己的名义直接向人民法院提起诉讼。

◆ **新旧对照解读**

本条在《公司法》（2018）第一百五十一条基础上修改而成，主要规定了股东代表诉讼，即董事、监事、高级管理人员在执行职务过程中违反法律、行政法规或者公司章程，给公司造成损失的，股东有权书面申请提起诉讼。如果被申请人怠于提起诉讼，股东可以自己的名义向法院提起诉讼。

同时，第四款增加了股东代表诉讼责任主体，即确立了"双重股东代表诉讼"制度。据此母公司的股东将有机会代表全资子公司提起诉讼，更有利于小股东维护其合法权益。

◆ **相关规定**

《公司法司法解释（一）》（2014）第四条

《公司法司法解释（四）》（2020）第二十三条至第二十六条

《公司法司法解释（五）》（2020）第一条、第二条

◆ **条文释义**

本条规定的是公司董事、监事、高级管理人员违反法律、行政法规以及公司章程规定，损害公司利益，公司股东可以申请诉讼或者以自己的名义提起诉讼。

一、股东代表诉讼的含义

股东代表诉讼作为一种对中小股东合法权益的救济机制，通过保护公司整体上的正当利益，来实现对股东个体权益的保护。这种代表诉讼制度保障了公司和股东的利益，在一定范围内加强了股东对利益维护的自愿度，可减少权利滥用行为对公司利益造成损失的情形。

二、股东代表诉讼的前置程序

代表诉讼是在受损利益无法通过直接诉讼得到保障时，所提供的一种救济性措施，故有别于直接诉讼。根据我国《公司法》的规定，原告只有在履行了相应的前置程序后，才可为被侵害主体公司的利益提起代表诉讼。设置前置程序的目的，一是为督促本应当作为原告的公司内部机构提起直接诉讼，以保障案件审理的效率，节约金钱成本与时间精力；二是为防止行为人通过恶意诉讼的方式，扰乱公司正常经营以达成其不当目的，防止公司因代表诉讼丧失本应当获得的投资机会与竞争能力。

三、双重股东代表诉讼

根据《公司法》（2018）第一百五十一条的规定，股东代表诉讼的被告主体有董事、高级管理人员、监事会、监事；本次新修订的《公司法》中，增加了全资子公司的相关主体，这是在立法层面首次规定了双重股东代表诉讼制度。但同时也严格限制了诉讼的主体条件，即仅全资母公司的股东才有权提起"股东双重代表诉讼"。但需要注意，鉴于代表诉讼的居次地位和补救性质，在单一的股东代表诉讼中，前置程序要求"竭尽公司内部救济"。同理，在双重股东代表诉讼中，也应要求"竭尽母子公司内部救济"，即母公司股东欲提起双重代表诉讼，必须履行双重的前置程序，分别向子公司和母公司提起救济请求，只有当二者均不可行时，才能以自己的名义提起双重代表诉讼。

◆ 适用疑难解析

一、原告资格门槛过高

《公司法》规定，股份有限公司连续180天以上单独持有或者合计持有1%以上股份的股东才符合原告资格。这一立法目的在于通过设置原告资格门槛防止股东滥诉。但与此同时，持股时间与持股比例的双重限制有可能变相剥夺了股东的诉权。此外，股东代表诉讼原告需要具有股东资格，但是在提起诉讼的原告为隐名股东的情形下，需要隐名股东确认股东资格后再提起股东代表诉讼，若公司受侵害时，隐名股东并未确认股东资格的，法院则会裁定驳回起诉。这些现象在我国司法实践中表现得尤为明显。

二、前置程序豁免并未细化规定

在确定提起诉讼的当事人具有原告资格之后，法院接下来需要对股东在起诉前是否履行股东代表诉讼的前置程序进行审查。但是，过分追求前置程序势必会降低救济公司合法权利的效率，导致公司损失难以弥补。司法实践中，法院没有支持原告诉讼请求的最主要原因，就是原告股东没有履行前置程序或者无法证明履行了前置程序。① 虽然《公司法》规定了前置程序豁免的情形，即当出现紧急情况时，可以将前置程序豁免掉，解除股东身上的枷锁，以此更加快速高效地维护公司权益。但实践中的问题在于，法律条文规定的"情况紧急"过于笼统，缺乏明确的适用标准，法官只能结合具体案情，依靠自身主观经验作出判断。

◆ 案例指引

周某春与庄士中国投资有限公司、李某慰、彭某傑及第三人湖南汉业房地产开发有限公司损害公司利益责任纠纷案

【裁判要旨】

股东先书面请求公司有关机关向人民法院提起诉讼，是股东提起代表诉讼的前置程序。一般情况下，股东没有履行前置程序的，应当驳回起诉。但是如果在能够证明依法有权代表公司提起诉讼的公司机关基本不存在提起诉讼的可能性，由原告履行前置程序已无意义的情况下，不宜以股东未履行《公司法》（2018）第一百五十一条规定的前置程序为由驳回起诉。

【案号】

一审：（2017）湘民初 18 号

二审：（2019）最高法民终 1679 号

---

① 陈洪、张娇东：《股东代表诉讼制度可诉性补强研究》，载《法律适用》2016 年第 6 期。

【案情】

湖南汉业房地产开发有限公司（以下简称湖南汉业公司）系2002年在湖南省工商行政管理局注册成立，股东为周某春、范某汉（两人系夫妻关系）。2004年经湖南省人民政府批准，湖南汉业公司变更为有限责任公司（港澳台与境内合资），注册资本增加至人民币2500万元。其中周某春出资人民币250万元；新时代投资有限公司出资人民币2250万元。2011年12月29日，湖南汉业公司的法定代表人由范某汉变更为李某慰。湖南汉业公司董事会由李某慰（董事长）、彭某傑、庄某农、李某心、周某春组成。另查明，庄士中国投资有限公司（以下简称庄士中国公司）2004年至2017年财政年度业绩报告载明，李某心、彭某傑、李某慰系庄士中国公司董事，庄某农系庄士中国公司高层管理人员。

周某春代表湖南汉业公司提起的股东代表诉讼，主张湖南汉业公司两名董事李某慰、彭某傑伙同庄士中国公司，共同损害湖南汉业公司利益，请求共同赔偿公司损失。

湖南省高级人民法院作出（2017）湘民初18号民事裁定，以周某春未履行法律规定的提起股东代表诉讼的前置程序为由驳回周某春的起诉，但周某春认为自己无权依据《公司法》（2018）第一百五十一条的规定提起股东代表诉讼，遂向最高人民法院提起上诉。

【审判】

本案争议焦点为：当董事、监事、高级管理人员有利益关联，共同侵害公司利益的时候，是否必须履行前置程序，才能提起股东代表诉讼。

本案历经一审、二审向最高人民法院上诉，最后经最高人民法院审理，最高人民法院裁判理由及判决如下：

根据《公司法》（2018）第一百五十一条规定，一般情况下，股东没有履行前置程序的，应当驳回起诉。但是该项前置程序针对的是公司治理的一般情况，即在股东向公司有关机关提出书面申请之时，存在公司有关机关提起诉讼的可能性。如果不存在这种可能性，则不应当以原告未履行前置程序为由驳回起诉。具体到本案中，分析如下：

其一，根据《公司法》（2018）第一百五十一条的规定，董事、高级管理人员有公司法规定的情形的，有限责任公司的股东可以书面请求监事会或者不设监事会的有限责任公司的监事提起诉讼。但本案证据无法证明湖南汉业公司设立了监事会或者监事,故周某春对该公司董事李某慰、彭某杰提起股东代表诉讼的前置程序客观上无法完成。

其二,根据《公司法》(2018)第一百五十一条第三款规定,本案中,根据查明的事实,湖南汉业公司董事会由李某慰(董事长)、彭某杰、庄某农、李某心、周某春组成。除周某春以外,湖南汉业公司其他四名董事会成员均为庄士中国公司董事或者高层管理人员,与庄士中国公司具有利害关系,基本不存在湖南汉业公司董事会对庄士中国公司提起诉讼的可能性,再要求周某春完成对庄士中国公司提起股东代表诉讼的前置程序已无必要。

综合以上情况,最高人民法院认为,周某春主张可以不经股东代表诉讼前置程序直接提起本案诉讼的上诉理由成立。一审裁定驳回起诉不当,应予纠正。最终最高人民法院裁定如下:(1)撤销湖南省高级人民法院(2017)湘民初18号民事裁定;(2)本案指令湖南省高级人民法院审理。

> **第一百九十条　【股东直接诉讼】**
> 董事、高级管理人员违反法律、行政法规或者公司章程的规定,损害股东利益的,股东可以向人民法院提起诉讼。

◆ **相关规定**

《民法典》第八十三条

《证券法》第八十四条、第八十五条

《上市公司治理准则》第六十三条、第六十五条

《公司法司法解释(二)》(2020)第一条

◆ **条文释义**

一、条文的规范目的

本条设置的股东直接诉讼制度,为保护公司股东权利提供了积极有效的司法

救济手段。①

在"资本多数决"的原则下,大股东对财产的实际支配是超过其出资比例的,即可以对不属于自己的物行使支配权,这对少数股东是不公平的。"资本多数决"也使得部分股东的表决权没有意义,大股东的意志得以强加于小股东,导致小股东的意志与其财产分离,纵容大股东剥夺小股东的权利。

"资本多数决"公司治理模式的固有缺陷,俨然成为大股东损害小股东利益的工具。着力构建且完善股东直接诉讼制度,有利于强化运用司法救济机制干预公司治理,有利于健全公司的内部监督和制约机制。

二、条文的法理依据

股东直接诉讼既是股东权益的保障制度,同时亦属于董事、高级管理人员违反信义义务的责任制度。随着现代社会公司交易的复杂化以及公司集团现象的普遍化,规范董事、高级管理人员与公司之间利益冲突关系的信义义务,其主体已适度扩张至股东,成为补充调整股东与董事、高级管理人员的特殊机制。②

众所周知,在职务活动中,董事应以维护公司利益为己任。一般情况下,股东利益是公司整体利益的有机组成部分,股东利益蕴含在公司利益之中,董事维护了公司利益,也就满足了股东利益。但在特定情况下,股东个人利益是相对独立于公司利益之外的,此时,董事、高级管理人员的行为在事实上能够对股东的利益产生直接的支配和影响,而受影响和受支配的股东对其选任出来的董事、高级管理人员有极强的信任,而在彼此之间事实上产生了一种信赖关系。这也就意味着董事、高级管理人员信义义务的对象包括公司和股东。当董事、高级管理人员违反对股东的信义义务,受到损害的股东,有权提起股东直接诉讼,维护自身的合法权益。

◆ 适用疑难解析

一、股东直接诉讼的适格当事人

(一)股东直接诉讼的原告首先必须是股东

股东直接诉讼的原告可以是公司的任何股东,没有持股比例的限制,只要提

---

① 姜保忠:《论公司股东权的司法保障——基于股东诉讼案件类型化分析》,载《暨南学报(哲学社会科学版)》2017年第7期。
② 叶林:《董事忠实义务及其扩张》,载《政治与法律》2021年第2期。

起诉讼时具有股东身份即可。因此，对于受让股权或者股份之前的损害行为，受让后的新股东也有权提起股东直接诉讼。①

（二）股东直接诉讼的被告为董事、高级管理人员

股东直接诉讼制度设计的目的就是要在所有者（股东）和经营者（董事、高级管理人员）之间形成制衡，其重点防范的是管理层权利的滥用和信义义务的违反，故被告应当限定在公司内部的董事和高级管理人员。

二、损害的认定

（一）损害是直接损害

该法条规范的法律关系发生在董事、高级管理人员与股东之间，根据债的相对性原理和责任构成要件，只能是股东利益受到董事、高级管理人员背信行为的直接损害，股东才可依据此条向董事、高级管理人员请求损害赔偿。②

公司财产与股东财产不同，股东利益与公司利益并非始终一致。如果公司利益受损，即使股东利益因此间接受损，原则上只能由公司作为原告提起损害公司利益之诉，股东最多可以提起股东代表之诉。只有直接损害股东利益的行为，股东才能依据本条提起股东直接之诉，如被限制甚至是剥夺身份权、知情权、表决权、分红权等。

（二）损害是实际损害

在股东起诉董事、高级管理人员要求赔偿损失的案件中，应以实际损害已经发生或必然发生为前提；如果未造成股东利益的实际损害，就不存在赔偿的问题。

三、股东直接诉讼与股东代表诉讼的区别

股东直接诉讼与股东代表诉讼在外观上均以股东名义提起诉讼，而且所维护的利益，即使是为了公司利益，但某种意义上也是对股东权益的维护，两者具有很大的相似性，在司法实践中容易混淆。在学理上，股东直接诉讼与股东代表诉讼有如下区分：

第一，从诉讼目的看，股东代表诉讼是因为公司利益受到了损害，为了保护

---

① 张华荣：《股东不能同案提起股东派生诉讼和股东直接诉讼》，载《人民司法》2012 年第 10 期。
② 杨姗：《封闭型公司股东权益保护的立法完善——以"股东直接诉讼"为切入点》，载《现代法学》2021 年第 3 期。

公司利益而提起诉讼，属于共益权。股东直接诉讼是因为股东利益受到损害，目的在于保护股东的私益。① 判断股东的诉讼目的，既可以从股东的起诉状和庭审陈述意见加以获知，也可以从股东主张的法律关系予以推知。股东提起诉讼时所主张的法条依据，也是判断诉讼目的的重要依据。比如，根据《公司法司法解释（四）》（2020）第二十四条、第二十五条、第二十六条可知，股东在提起代表诉讼时会直接明确依据《公司法》有关股东代表诉讼的规定。

第二，从诉讼中的被告看，股东直接诉讼只适用于公司及其内部人员侵害股东利益的情况；股东代表诉讼适用的范围则比较广泛，凡是公司依法享有的诉权，只要公司不能或者怠于行使，股东均可以以代表诉讼的形式提起。因此，股东代表诉讼中的被告除了包括前述股东直接诉讼的被告外，还可以是损害公司利益的其他主体。

第三，从诉讼结果的归属看，在股东代表诉讼中，股东胜诉的利益归属于公司，作为原告的股东只能与其他股东一起间接地分享公司由此而获得的利益，如果股东败诉，则由败诉的股东承担自己的诉讼费用，而且还可能承担被告进行诉讼的合理费用；而在股东直接诉讼中，胜诉或者败诉的结果均由作为原告的股东承担。

◆ 案例指引

萍乡市东方汇富投资中心（有限合伙）与雷某剑等损害股东利益责任纠纷案②

【裁判要旨】

只有当董事、高级管理人员在违反法律、行政法规或者公司章程的规定，实施了直接损害股东利益的行为时，股东才可以以损害股东利益为由起诉，维护自身合法权益。如果董事、高级管理人员违反法律、行政法规或者公司章程的规定的行为仅是间接损害了股东的利益，与股东自身财产权益之间并不存在直接的因果关系。股东以其享有公司的"股权比例"为依据，要求董事、高级管理人员赔偿其损失，实质上违反了股东"有限责任"的基本原则。

---

① 张华荣：《股东不能同案提起股东派生诉讼和股东直接诉讼》，载《人民司法》2012 年第 10 期。
② 东方汇富投资中心（有限合伙）与雷某剑等损害股东利益责任纠纷案，(2017) 京 03 民初 384 号。

【案号】

一审：(2017) 京 03 民初 384 号

【案情】

2015 年 4 月 27 日，原告萍乡市东方汇富投资中心（有限合伙）（以下简称东方汇富中心）签署《乐视体育公司股东协议》（A+轮），约定实缴出资 15660733.8 元，持有乐视体育文化产业发展（北京）有限公司（以下简称乐视体育公司）5.28%股权。

2016 年 3 月 25 日，《乐视体育公司 2016 年临时董事会决议》载明："为提高账面资金使用效率，本公司决定给予乐视控股（北京）有限公司 40 亿元人民币借款，借款期限一年，其中 20 亿元借款年化利率 7.83%，另外 20 亿元借款年化利率 7.2%。出席董事一致通过以下决议：同意公司以上借款安排。"董事贾某亭、邓某、高某、柯某伟、雷某剑在该决议签字页签字，董事夏某燕、王某聪未签字。

同时，高某代表出借方乐视体育公司、贾某亭代表借款方乐视控股公司签署了《借款协议》，约定借款方同意按该协议约定的条款和条件向出借方借款，且出借方同意根据该协议约定的条件及条款向借款方提供有偿借款。

原告东方汇富中心作为乐视体育公司的股东，认为被告雷某剑、马某、高某、周某违反公司章程，未经董事会决议合法有效授权，而为乐视控股公司提供约 40 亿元巨额借款，致使乐视体育公司经营严重困难，股东权益严重受损，遂向法院提起诉讼，要求被告雷某剑、马某、高某、周某承担东方汇富中心损失约 1 亿元人民币。

【审判】

北京市第三中级人民法院经审理认为：在本案中虽然存在东方汇富中心所主张的董事高某违反公司章程的行为，但其后果首先是导致乐视体育公司的债务增加，造成债务不能清偿有诸多原因，且即便不能清偿，也仅构成乐视体育公司的损失，仅是间接损害了东方汇富中心作为股东的利益，而与东方汇富中心自身财产权益之间并不存在直接的因果关系。东方汇富中心以其享有乐视体育公司的"股权比例"为依据，要求雷某剑、高某赔偿其损失，混淆了"损失"承受的主体，也违反了股东仅以其出资承担"有限责任"的基本原则，故该项诉讼请求没有法律依据，应予驳回。判决驳回原告东方汇富中心的诉讼请求。

> **第一百九十一条** 【董事、高级管理人员与公司的连带责任】
>
> 董事、高级管理人员执行职务，给他人造成损害的，公司应当承担赔偿责任；董事、高级管理人员存在故意或者重大过失的，也应当承担赔偿责任。

◆ 新旧对照解读

我国《公司法》（2018）并无董事、高级管理人员对公司和股东之外的第三人承担责任的制度，此条属于新增内容。本次《公司法》第一百九十一条首次规定了董事、高级管理人员因职务行为侵权而对第三人承担责任，既是对传统法人机关理论的一次创新性突破，也是对董事、高级管理人员滥用职权行为的适当规制。本条的最大亮点在于明晰了董事对第三人承担责任的法律基础，但是对董事、高级管理人员承担责任的范围，以及该赔偿责任是否具有连带性，本条并未给出详尽的叙述。然而不可否认的是，本条对于第三人利益的保护具有里程碑式的意义。

◆ 相关规定

《公司法司法解释（三）》（2020）第十三条、第十四条

《证券法》第八十五条

◆ 条文释义

通常，因公司的独立主体身份作为壁垒，董事、高级管理人员与第三人之间并不存在直接的权利义务关系，董事、高级管理人员仅对公司有忠诚勤勉的义务。董事、高级管理人员仅作为公司的义务人而非第三人的义务人，若非特别的法律规定，董事不向外部承担责任。即便董事、高级管理人员在执行职务过程中使公司利益蒙受损失，公司意志始终是其洗去责任的最后护城河。

以往的立法如《公司法司法解释（三）》（2020）第十三条、第十四条，虽然也规定了董事、高级管理人员对外向第三人承担责任的情形，但须以董事、高级管理人员疏于履行勤勉管理的义务为要件；若要向董事、高级管理人员主张连带责任，则以该董事、高级管理人员协助侵害公司资产为要件；《证券法》第八十五条所确定的董事、高级管理人员等负责人对未履行披露义务承担责任，其构成要件亦是因自身过错导致投资者损失。前述情形下，债权人突破公司独立主体身份壁垒的前置条件是董事、高级管理人员自身存在过错，从而使权利的天平向债权人一方倾斜，而本次《公司法》第一百九十一条将董事、高级管理人员对外承担责任的情形扩大到了职务行为，而职务行为以往却是公司成员的免责事由。

◆ 适用疑难解析

一、董事责任主体的确定

一般来说，就董事的划分，在学理上基本可以划分为正式董事、事实董事和影子董事。以上三种董事均为对第三人责任的承担主体。

正式董事是指通过法律规定的正当程序选任的董事。目前，我国董事均以获得公司的正式委任为基础，基于公司委任获得的正式董事的身份构成了履行董事职权、承担董事义务与责任之基本前提。[1] 事实董事是相对于正式董事而言的，他是指没有经过公司正式任命，但外观上能够让人产生其是正式董事的确信，例如，未经正式任命但经常参加董事会并积极参与公司决策。[2] 事实董事与正式董事在实质上并无差别，也应当就其职务行为承担相应责任。影子董事是英美公司法上的概念，根据英国法律，影子董事是指虽然不是公司董事会成员但依靠其在公司中的"地位"能够指挥公司如何行为的人，如果实际上进行了指挥，可以令其承担董事责任。实践中，影子董事一般是公司的控股股东或者实际控制人，其有能力干预公司的决策。对此，《公司法》也作出了规制，即控股股东、实际控制人通过操纵行为损害公司或股东利益的，需要承担相应责任。但控股股东和实际控制人是否要就其指示董事给第三人利益造成的损害承担法律责任，《公司法》并未明确。但从实质主义的视角来看，当控股股东操纵公司董事损害第三人利益

---

[1] 刘斌：《重塑董事范畴：从形式主义迈向实质主义》，载《比较法研究》2021年第5期。
[2] 黄爱学：《论董事的概念》，载《时代法学》2009年第4期。

时，控股股东的身份发生转换，成为事实董事，据此也应当将其纳入《公司法》第一百九十一条的规制范围。

二、董事、高级管理人员执行职务行为的认定

因董事、高级管理人员与公司内部存在聘用或委任关系，公司与债权人存在债权债务关系，如果债权人直接起诉董事、高级管理人员就必须建立在董事、高级管理人员行为独立化的基础上。然而，一方面，董事、高级管理人员独立化在理论上无法证成；另一方面，基于董事、高级管理人员对公司的依附性，董事、高级管理人员独立化在实践中也无法落实。[①] 那么，本条中董事、高级管理人员的行为还应当严格限定在"职务行为"范围内。

董事、高级管理人员是否以公司的名义行事，此处的"以公司的名义行事"应当理解为两层含义：第一，即董事、高级管理人员得到公司授权实施的行为和未得到公司正式授权但具有外观，并足以使善意第三人相信董事、高级管理人员是以公司名义行事的行为。第二，董事履行董事职权、高级管理人员履行高级管理人员职权的行为，或其行为与职务行为有客观上的牵连关系。一般认为，董事的职权包括对董事会决议的表决权、监督权和执行董事的对外代表权等；高级管理人员的职权一般由《公司法》、相关法律法规及公司章程来确定。董事、高级管理人员在行使上述职权，或实行与上述职权有客观关联的行为时，其行为结果的利益指向于公司，故此过程中给第三人造成损害，董事、高级管理人员应当与公司承担连带责任。

三、主观要件的认定

本条将董事、高级管理人员的过错限定于故意和重大过失，意味着董事、高级管理人员在执行职务中因一般过失给第三人造成的损害不承担连带责任。本条并未明确董事、高级管理人员对第三人承担侵权责任采取何种归责原则，但综合日本、韩国的立法实践和本条款的立法目的来看，以过错推定原则定位董事、高级管理人员责任，实行举证责任倒置是理性的选择。第一，在信息不对称情况下，第三人作为公司的外部人员，与董事、高级管理人员的地位实际并不对等，对公司信息的了解基本局限于公司信息披露的事项。这就导致第三人在证据收集

[①] 叶林、叶冬影：《公司董事连带/赔偿责任的学理考察——评述〈公司法修订草案〉第190条》，载《法律适用》2022年第5期。

过程中将会面临重重阻力，特别是对于公司内部决议情况难以知悉。而董事、高级管理人员因其职务，在举证时享有极大便利。举证责任倒置更符合客观实际，也有利于诉讼的进行。第二，过错推定原则下虽然推定董事、高级管理人员具有过错，但只要董事、高级管理人员能够举证证明，便无需承担责任，这对于董事、高级管理人员来说就有了行为控制的可能空间和免责通道。① 董事、高级管理人员在执行职务行为时也将对其承担的责任和法律后果产生合理预期，避免了对董事、高级管理人员经营和决策权的不当限制。

四、损害结果的范围

从实践角度，作为原告的债权人通常可以主张与董事、高级管理人员行为有关的一切损失，包含直接损失和间接损失。

关于间接损失应否纳入赔偿范围。《公司法》中规定了股东代表诉讼及股东直接诉讼，分别针对董事、高级管理人员职务行为导致公司利益受损和董事、高级管理人员违法行为导致股东直接利益受损的两类情形。而公司利益受损对股东来讲是间接损害，可见，《公司法》对股东利益保护包含了直接损失和间接损失。若认为董事、高级管理人员对第三人责任包含股东，则第三人的间接损失也应该纳入保护范围。

关于损害赔偿责任是否具有限度。不少学者主张应为董事、高级管理人员赔偿责任设定一定的限度，否则会导致董事、高级管理人员承担责任过重；同时也有国家通过设置若干规则为董事、高级管理人员承担责任设定上限。例如，通过公司与董事、高级管理人员之间的聘用合同对董事、高级管理人员承担责任的范围作出约定，还可以约定公司为董事购买职业保险，或者在判决时依据董事、高级管理人员的实际收入来确定赔偿限额。但如果董事、高级管理人员存在故意违法行为，则无需为其设置赔偿限度。故意违法不同于过失违法，其主观恶意更强，社会危害性更大，如果将此行为与上述行为等同对待，无异于为董事、高级管理人员违法行为设置了规避空间，也与普遍社会价值观念相悖。

---

① 王长华：《董事对第三人责任的认定》，载《西部法学评论》2017年第2期。

◆ 案例指引

顾某骏、刘某君等 11 名投资者诉康美药业股份有限公司证券虚假陈述责任纠纷特别代表人诉讼案

【裁判要旨】

作出虚假陈述行为的上市公司及其董事、监事、高级管理人员和有重大过错的审计机构及其合伙人，应当按照其过错类型、在虚假陈述行为中所起的作用大小等，承担连带赔偿责任。

【案号】

一审：（2020）粤 01 民初 2171 号

【案情】

2020 年 12 月 31 日，顾某骏、刘某君经 11 名原告共同推选为拟任代表人，就康美药业股份有限公司（以下简称康美药业）证券虚假陈述责任纠纷提起普通代表人诉讼，要求康美药业、马某田、许某瑾等 22 名被告赔偿其投资损失。2021 年 3 月 30 日，原告申请追加广东正中珠江会计师事务所（特殊普通合伙）（以下简称正中珠江会计）等 5 名当事人为本案被告，请求判令其与前述 22 名被告承担连带赔偿责任。2021 年 4 月 8 日，中证中小投资者服务中心有限责任公司（以下简称投服中心）受 56 名投资者的特别授权，申请作为代表人参加诉讼。经最高人民法院指定管辖，广东省广州市中级人民法院适用特别代表人诉讼程序审理该案。广州中院查明，康美药业披露的财报中存在虚增营业收入、货币资金等情况，正中珠江会计出具的审计报告存在虚假记载。经专业机构评估，扣除系统风险后投资者实际损失为 24.59 亿元。

【审判】

广州市中级人民法院认为，康美药业进行虚假陈述，造成了投资者投资损失，应承担赔偿责任。马某田、许某瑾等组织策划财务造假，正中珠江会计及相关审计人员违反执业准则，均应对投资者损失承担全部连带赔偿责任。康美药业部分董事、监事、高级管理人员虽未直接参与造假，但签字确认财务报告真实性，应根据过失大小分别在投资者损失的 20%、10% 及 5% 范围内承担连带赔偿责任。2021 年 11 月 12 日，广州市中级人民法院作出相应判决。

> **第一百九十二条　【控股股东、实际控制人的连带责任】**
>
> 公司的控股股东、实际控制人指示董事、高级管理人员从事损害公司或者股东利益的行为的，与该董事、高级管理人员承担连带责任。

◆ **新旧对照解读**

本条为《公司法》的新增内容，主要规定了控股股东、实际控制人在指示公司董事、高级管理人员损害公司或者其他股东利益并造成损失时的连带责任。

《公司法》（2018）关于控股股东及实际控制人的规定相对较少，整部《公司法》（2018）只有第十六条"公司担保"、第二十一条"禁止关联交易"以及附则第二百一十六条这三处中提及，而前述条文也并非专门针对控股股东和实际控制人而设定，是基于控股股东和实际控制人的特殊性而作出的特别规定。

本次新修订《公司法》新增该条规定，系落实党中央关于产权平等保护等要求，总结吸收公司法司法实践经验，完善控股股东和经营管理人员责任制度，也是针对实践中控股股东、实际控制人滥用控制地位侵害公司及中小股东权益的突出问题，以法条形式作出的明确回应。

◆ **相关规定**

《民法典》第八十四条

《公司法司法解释（二）》（2020）第十八条至第二十一条

《上海证券交易所股票上市规则》第四章第五节

◆ **条文释义**

一、控股股东、实际控制人的定义及地位

控股股东，是指其出资额占有限责任公司资本总额百分之五十以上或者其持有的股份占股份有限公司股本总额百分之五十以上的股东；出资额或者持有股份的比例虽然不足百分之五十，但依其出资额或者持有的股份所享有的表决权已足以对股东会的决议产生重大影响的股东。

实际控制人,是指虽不是公司的股东,但通过投资关系、协议或者其他安排,能够实际支配公司行为的人。

二、控股股东及实际控制人对董事、高级管理人员存在的影响力

控股股东和实际控制人对董事、高级管理人员存在的影响力,主要表现在对公司行为的支配力和控制力上,具体表现为通过股东会决议对董事、高级管理人员任免等利益的重大影响。

结合《公司法》约定的资本多数决的表决规则,只要形成控股或者能够实际支配公司行为,就可直接掌控股东会决议的通过和表决;同时,通过《公司法》的职权配置,股东会可以决定董事和监事的任免,董事会又可以选任经理。因此,控股股东或者实际控制人,相当于可以控制公司的决策机关及高级管理人员人事任免,从而成为整个公司治理体系的核心。

三、损害公司或者股东利益行为的司法认定

《公司法》第一百八十一条规定了董事、高级管理人员的禁止行为,该条的规定虽然不是针对控股股东及实际控制人损害公司或者股东利益的禁止性规定,但可以参照理解法律认定的存在损害公司或者股东利益行为的具体表现方式。

实践中,损害公司利益的行为多种多样,且因损害行为人多为公司股东以及董事、监事、高级管理人员等实际控制人,损害行为可能具有合法形式导致难以识别。因此,对于如何分配双方当事人的举证责任,准确界定具有合法形式的损害公司利益行为等,仍需法院在个案中进行实质性审查。

四、承担侵权责任的具体表现形式

根据本条法律规定,控股股东、实际控制人在指示公司董事、高级管理人员损害公司或者其他股东利益并造成损失时,应当与该董事、高级管理人员承担连带责任。

首先,这种侵权责任主要的表现形式为损害赔偿责任,以返还财产、恢复原状、停止侵害、消除影响为补充。需注意的是,损害公司利益纠纷的赔偿范围仅限于公司实际损失。

其次,承担责任的主体为实施侵权行为的董事、高级管理人员,控股股东及实际控制人因自身的不当指示行为,需与该董事、高级管理人员承担连带责任。

五、引入控股股东和实际控制人法律规制的必要性

《公司法》（2018）对于控股股东作出的专项规制几乎为零，控股股东并无任何区别于一般股东的权利也无须承担任何特别的义务，法律规制的缺失与控股股东在公司治理中事实上的重要地位呈现严重的不匹配。

基于这一法律空白，此次新修订《公司法》系对控股股东和实际控制人责任制度的完善与补充。这其中最大的亮点，在于引入了实际控制人的法律规制。随着公司结构的日益复杂化、多元化，能对公司实施控制的主体，已不再局限于公司股东、董事和高级管理人员。实际控制人往往处于公司法人治理结构的顶端，其隐秘又灵活的身份，使其拥有了更多滥用控制地位侵害债权人或者公司、股东权益的可能。因此，从立法领域需要准确把握实际控制人相关认定规则，以法治更好地推动营商环境的改善，促进经济持续健康发展。

◆ 适用疑难解析

一、认定实际控制人困难

实践中对于实际控制人的认定存在一定的程序性困难。这种困难，一是体现在锁定实际控制人身份上，二是体现在如何证明其拥有"公司控制权"上。

对于锁定实际控制人身份而言，其困难程度依据不同的诉讼主体而有所不同。首先，对于公司、股东这类内部主体来说，找到实际控制人并不难，而对于债权人来说，找到背后的实际控制人则存在重大阻碍。由于债权人是外部人，故而存在取证困难。其次，债权人并不能完全肯定实际控制人，故而存在方向错误的可能性；即便债权人举证达到了一定的证明程度，实际控制人一方仍可以利用掌握证据较为充分的优势地位，举证反驳债权人一方所举证据。另外，由于实践中掌握公司控制权的主体是处于不断变动中的，因此，公司控制人只能是一个动态的概念。因此，对于在不断变化中的、表现为不同形态的实际控制人，锁定实际控制人的身份，将存在诸多困难。

对于证明实际控制人拥有"公司控制权"问题，鉴于在实践当中，实际控制人对公司的控制权是综合持股、协议、表决权工具、影响力施加等各种方式叠加其控制力，最终达到实际控制公司的目的。因此，只有充分举证证明实际控制人在以上多个方面，都对公司行为具有支配、控制作用时，才能证实其身份。综上

所述,"通过与相应概念的比较,得出实际控制人持有'公司控制权'的要件:其一,通过协议手段等实际控制;其二,对公司行为产生支配性影响"。①

二、难以认定控股股东及实际控制人实施侵权行为

依据本次新修订《公司法》的这一新增条款,控股股东及实际控制人实施侵权行为,应当承担连带责任。在这一法律规定的前提下,如果实际控制人采取非常隐蔽的手段侵害公司及股东利益,比如不通过自己的银行账户实施关联交易、通过非常隐蔽的手段指示董事及高级管理人员从事损害公司或者股东利益等,这时想要认定实际控制人实施了侵权行为,在取证上就十分困难。因此关于侵权行为的认定,实质在于判断公司利益及股东利益是否被直接损害。

三、难以对控股股东及实际控制人进行归责

一方面,认定侵权行为和损害后果之间具有因果关系以及具体损失金额存在一定困难;另一方面,实际控制人往往会利用其优势地位提出多种抗辩理由而难以反驳。

对于前者而言,现实中,实际控制人及控股股东通过股东权利的行使,影响董事决策、指示高级管理人员、对公司实施过度控制的现象大量存在。"实际控制人滥用控制权一般损害的是公司的利益,尽管会间接损害债权人的债权,但这种间接损害的因果关系难以证明;即使承认间接侵权因果关系,公司的经营决策已经为实际控制人所掌控,对于实际控制人滥用公司人格、侵犯公司利益,并间接侵害债权人利益之事实,作为外部主体的债权人并不容易获知。"② 因此认定侵权行为与损害之间具有直接因果关系存在一定的困难。即便能够认定二者之间存在因果关系,由于影响商事活动的因素往往多元且多变,如何计算控股股东或者实际控制人的侵权行为实际给公司或者其他股东造成了多大的利益损失,又是一个新的难题。

对于后者来说,控股股东及实际控制人往往会因其优势地位而掌握更多核心的资料及数据,甚至可能通过指示公司的董事、高级管理人员等伪造证据材料,

---

① 李敬宜:《实际控制人滥用公司控制力救济——公司法人否认制度之辨析》,载《中国外资》2022年第19期。
② 王艳丽、张枫波:《法人人格否认制度对公司实际控制人的适用与反思》,载《经济问题》2022年第6期。

其他非核心的股东、外部债权人对这些抗辩理由和规避手段,很多时候是很难反驳或者抗辩的。而对于损害公司利益纠纷这类的侵权责任纠纷,证明因果关系及损害后果的举证责任往往均需由原告来完成。

综上所述,因果关系认定困难、损失金额难以准确计算以及举证优势地位的失衡,均导致对控股股东及实际控制人的归责难以顺利进行。

第一百九十三条　【董事责任保险】

公司可以在董事任职期间为董事因执行公司职务承担的赔偿责任投保责任保险。

公司为董事投保责任保险或者续保后,董事会应当向股东会报告责任保险的投保金额、承保范围及保险费率等内容。

◆ **新旧对照解读**

本条为《公司法》的新增内容,系首次在立法中鼓励公司投保董事责任保险,强化了董事责任保险的法律地位。引入董事责任保险制度,可以平衡董事个人的收益和责任,为董事个人提供了转嫁风险的渠道。虽然此次修订并未规定公司需要强制投保,但为进一步发展与构建董事责任保险提供了相应的法律依据。

◆ **相关规定**

《上市公司治理准则》第二十四条

◆ **条文释义**

一、董事责任保险的含义

董事责任保险,全称为董监事及高级管理人员责任保险,它是一种特殊的职业责任保险。董事责任保险的保险标的主要是个人赔偿责任,即当公司董事、监事、高级管理人员的工作存在不当行为,应依法对公司或第三人承担一定的民事赔偿责任,后来董事责任保险的被保险人从董事、监事、高级管理人员个人扩展到其服务的公司实体。董事责任保险的主要目的是降低董事、监事、高级管理人员面临的责任风险，减轻董事、监事、高级管理人员不当行为对公司财务状况的影响，同时也能为广大受损投资者提供赔偿保障。[1]

作为董事的风险分散与权益保障机制，董事责任保险在20世纪30年代的经济大萧条后，由伦敦劳埃德（Lloyd's of London）保险公司率先在美国推出。20世纪70年代至20世纪90年代，董事责任保险得到较快发展并逐渐成熟，现在已经成为欧美绝大多数企业特别是上市公司的"标配"。数据显示，目前有97%的美国公司、约86%的加拿大公司和90%的欧洲公司都购买了董事责任保险。在《财富》世界500强企业中，有多达95%的企业投保了董事责任保险。在当今亚洲的很多国家和地区，董事责任保险也已经非常普及。例如，在新加坡市场，其投保率超过88%；在中国香港特别行政区，强制所有上市公司都要投保董事责任保险，整体的覆盖率在80%—90%之间；而在中国台湾地区，董事责任保险投保率在60%左右。[2]

二、我国董事责任保险的发展进程与现状

2020年5月，瑞幸咖啡因会计不正当行为被美国证券交易委员会调查，由此让董事责任保险走入公众视野。2021年，广州市中级人民法院在关于康美药业集体诉讼案中判决，除了由康美药业主体承担赔款外，其公司几名独董也需要在相应范围内承担连带责任，董事责任保险也被推上"风口浪尖"。根据《中国上市公司董事责任保险市场报告（2023）》[3]显示，近三年来，购买董事责任保险的A股上市公司数量增长较快。2020年董事责任保险投保公司数量同比上升超200%，2021年同比上升超100%，2022年同比上升约36%。2022年共有337家A股上市公司发布董事责任保险投保公告。在2022年购买董事责任保险的上市公司中，民企占比高达78%，中外合资（含港澳台与境内合资）占比10%，国企占比5%，外商投资（包括港澳台投资）占比7%，这与2020年之前国企与外资企

---

[1] 参见王民：《完善我国董事责任保险制度的几点建议》，载微信公众号"中国保险学会"，2023年11月23日。

[2] 参见Jason Kelly：《中国企业推行董事责任保险正当时》，载中国银行保险报网，http://chsh.cbimc.cn/2016-08/29/content_206483.htm，发布时间2016年8月29日。

[3] 参见王大使：《中国上市公司董责险市场报告（2023）》，载微信公众号"CPCU国际大使"，2023年1月3日。

业是购买董事责任保险的主力军相比，情况发生了明显变化。

三、董事责任保险的保险类别

董事责任保险的建立主要通过公司或公司与董事、高级管理人员共同出资购买，与保险公司订立董事责任保险合同。保险类别一般分为董事个人责任保险、公司补偿保险与公司证券责任三个面向。[1] 通常情况下，董事责任保险的投保人是购买该险种的公司，但也存在董事个人出资购买董事责任保险的情形，当董事个人出资时投保人就是董事个人。

董事个人责任保险主要承保范围为董事、高级管理人员在履行职务时发生不当行为，致使第三者在保险期间内向被保险个人提出赔偿请求时，董事个人或第三者可依据法律规定或保险合同约定向保险人请求支付保险赔偿范围内的相应金额。

公司补偿保险主要承保范围为被保险个人因在履行被保险公司董事、高级管理人员职务时发生不当行为，致使第三者在保险期间内向被保险个人提出赔偿请求时，被保险公司可依据法律规定或保险合同向保险人请求支付保险赔偿范围内的相应金额。

董事责任保险中不当行为的认定应主要结合公司章程规定及保险合同中关于保险责任范围、责任免除事项的约定等内容来综合确认。通常情况下的不当行为主要包括被保险人以被保险公司的董事或高级管理人员的身份执行职务时违反职责、因自身疏忽或故意引发的错误行为、误导性陈述或违反相应授权等行为。

四、除外责任

董事责任保险并不能成为企业"护身符"。董事责任保险虽然在一定程度上能够避免公司的董事、监事及高级管理人员因在履行其职务行为过程中的"不当行为"（包括疏忽、错误、误导性陈述及违反职责等）所引起的法律责任而给其个人带来的损失。但同时根据银保监会《责任保险业务监管办法》的规定，被保险人故意导致的赔偿责任、刑事罚金、行政罚款等不在董事责任保险可以赔付的范围内。但是是否属于犯罪和欺诈行为，有一系列的判断标准，不是保险公司单方面说了算，必须要有终审司法裁决，认为有欺诈事实，保险公司才有权利不赔付。

---

[1] Robert P. Sieland and Craig E. Goesel, "D&O Insurance- Avoiding Traps and Keeping Coverage in a Distressed Banking Environment ," The Banking Law Journal, vol. 128, no. 3, 2011, pp. 207-208.

◆ 适用疑难解析

一、配套机制尚不健全，缺乏内在购买需求

董事责任保险的发展高度依赖于相匹配的法律监管体系及资本市场治理制度，而我国董事责任保险的外部配套机制尚未成熟。一是缺乏与董事责任保险相匹配的法律法规。本次修订《公司法》虽增加了关于公司可以投保董事责任保险的规定，但并未强制性要求公司进行投保。境外典型的董事责任保险合同通常包括个人保险责任和公司补偿保险责任。但与两项保险责任相匹配的董事高管民事责任制度、公司补偿责任制度及股东派生诉讼制度，目前在我国实践中仍需完善。二是上市公司治理机制尚不健全。上市公司董事往往是大股东的代言人，只是在形式上履职，无需为形式上的决策行为承担实质性的民事责任，没有购买董事责任保险的内在需求。

二、风险识别能力亟待提高，专业化管理水平不足

董事责任保险在我国属小众险种，从事董事责任保险业务的保险公司较少。董事责任保险业务需要证券、财务等多维度知识储备，且相关风险持续变化。已经开展董事责任保险业务的保险公司普遍缺乏专业风险管理团队，很难有效防范董事、监事、高级管理人员责任风险，也无法协助企业和被保险人较好防范风险。董事责任保险的核保工作主要依赖于上市公司自身的公告和市场公开信息，而部分信息，如被粉饰过的财务、关联交易未披露等情况，对风险识别和判断能力要求较高。由于国内董事责任保险投保率低、理赔案例少等原因，无法完全通过"大数法则"充分评估风险，进而在产品设计、费率厘定方面，对保险公司提出更高要求。

三、条款"责任可分性"较难认定，可能诱发道德风险

"责任可分性"是董事责任保险核心条款，主要用于判断故意违法行为的适用性，对知情及参与故意造假等人员除外。当前国内通行董事责任保险条款主要借鉴欧美市场，并不完全适合国内法律环境，具体保单设计缺少明确分摊的基本原则并且缺少规定分摊发生争议时的解决方式。上市公司可能通过董事责任保险转嫁其所面临的股东诉讼风险，弱化法律机制的威慑和约束作用，进而诱发道德风险。而且，根据新《公司法》第一百九十一条规定，董事、高级管理人员执行

职务，存在故意或者重大过失的，也应当对他人承担赔偿责任。而恰恰故意或者重大过失被董事责任保险排除赔偿。因此，造成一种尴尬的局面：需要董事、高级管理人员承担赔偿责任的，董事责任保险不承担责任；董事、高级管理人员不需要承担赔偿责任的，董事责任保险反而给予了保障。所以，目前董事责任保险实际上只能涵盖《公司法》以外其他法律规定的法定责任，如《证券法》上规定的董事、高级管理人员的法律责任。所以，非上市公司董事、高级管理人员完全没有购买董事责任保险的必要。

四、企业风险意识不足，对董事责任保险存在多项误解

虽然企业特别是上市公司越来越认识到董事、监事、高级管理人员责任风险，但仍存在认识不到位和侥幸心理，法律意识和保险意识较弱。董事、监事、高级管理人员对于过错推定责任认识不到位，往往认为自身只要在权责范围内尽了合理义务就不会有问题。但实际上我国信息披露违法追责采用的是过错推定责任，即除非相应的董事、监事、高级管理人员可明确证明其自身已履行勤勉尽责的义务，否则均需承担相应责任。

◆ 案例指引

中国董事责任保险理赔第一案：广汽长丰虚假陈述民事赔偿案[①]

2009年1月7日，财政部驻湖南省财政监察专员办事处在湖南长丰汽车制造股份有限公司对2007年度会计信息质量进行检查后，向长丰公司送达了《行政处罚决定书》（财驻湘监〔2008〕117号），其中认定长丰公司在会计基础工作方面、会计核算方面和执行国家财税政策方面存在违法行为，此次检查对公司行政处罚金额为人民币18.9万元，同时要求公司补交各种税款共计119.92万元。根据《证券法》与《最高人民法院关于审理证券市场因虚假陈述引发的民事赔偿案件的若干规定》的规定，因上市公司虚假陈述受到中国证监会、财政部等行政处罚且权益受损的投资者可以向有管辖权的法院提起民事赔偿诉讼。所以自2011年1月以来，陆续有李某等13名投资者以证券虚假陈述责任纠纷为案由，要求长丰公司赔偿投资差额损失、投资差额部分的佣金和印花税损失及利息损失，并承

[①] 参见胡国柳、常启国：《董事高管责任保险：理论研究与中国实践》，载《会计之友》2021年第5期。

担本案的全部诉讼费用。

这起由投资者起诉上市公司虚假陈述的案件最终并未经审判，而是经由长沙市中级人民法院主持调解，广汽长丰与李某等原告达成协议，向原告给予一次性补偿累计96.8万元；长丰公司同时负担向法院支付的诉讼费用1.2万元，合计为该起诉讼支付98万元。本案为中国董事责任保险理赔第一案，美亚保险作为保险人，承担董事责任赔偿，最终向广汽长丰理赔80万元人民币。[①]

[①] 参见李某等13人诉广汽长丰证券虚假陈述赔偿一案，(2011)长中民四初字第0075号、(2011)长中民四初字第0076号、(2011)长中民四初字第0145号、(2011)长中民四初字第0147号、(2011)长中民四初字第0155号。

第九章 公司债券

◆ **本章概述**

本章共包括十三条，其中：第一百九十四条至第一百九十五条规定了公司债券的定义、发行、交易、公开发行债券募集的注册和公告，第一百九十六条至第一百九十九条规定了债券票面的载明事项、公司债券应记名、债券持有人名册的置备及载明事项、债券登记结算机构的制度要求，第二百条至第二百零一条规定了公司债券的转让，第二百零二条至第二百零三条规定了可转换公司债券的特别事项，第二百零四条规定了债券持有人会议的设立，第二百零五条至二百零六条规定了债券受托管理人的委任及其义务与责任。

将公司债券发行核准制修改为注册制是本次法律修订的一大亮点，注册制改革简化了公司债券的发行流程、提高了发行效率，更好地让市场在资源配置中发挥决定性的作用；本次修订取消了无记名债券，更有利于维护债券市场的交易安全；同时，新增了债券持有人会议与债券受托管理人的相关规定，完善了债券持有人参与公司治理的渠道，健全了债券持有人的权益保护机制，本章将对以上内容着重进行解读。

第一百九十四条 【公司债券的定义、发行与交易】

本法所称公司债券，是指公司发行的约定按期还本付息的有价证券。

公司债券可以公开发行，也可以非公开发行。

公司债券的发行和交易应当符合《中华人民共和国证券法》等法律、行政法规的规定。

◆ 新旧对照解读

本条规定源自《公司法》（2018）第一百五十三条，本次修订将表述作进一步完善，并明确了公司债券可以公开发行，也可以非公开发行。

主要修改是删除了"依照法定程序"的表述，将"约定在一定期限还本付息"修改为"约定按期还本付息"，将"公司发行公司债券"修改为"公司债券的发行和交易"，在公司债券的期限与种类方面给予公司债券的当事人之间更高的自由度，同时将公司债券的交易也纳入《公司法》第一百九十四条的规制范围，填补了立法缺失，更具有严谨性和科学性。[1]

◆ 相关规定

《证券法》第十五条、第十六条、第十七条

《公司债券发行与交易管理办法》第十条、第十四条

《债券纠纷会议纪要》第二十一条、第二十二条

《关于审理证券市场虚假陈述侵权民事赔偿案件的若干规定》第四条、第十三条

◆ 条文释义

本条是对"公司债券"的定义和发行条件的规定。

一、公司债券的含义与特征

公司债券是一种债权证券，也是证权证券，属于广义公债的一种，是公司与债券投资人之间债权债务关系的证明。[2] 公司债券是公司向社会不特定公众负担的债务，公司债券的购买人一般没有身份、资格等限制，并且可以自由流通。公司债券的期限一般比较长，因公司生产经营需要大量、多种资金，包括永久性资金、长期资金、中短期资金。永久性资金由股东出资提供，长期资金一般由公司发行债券提供，而中短期资金常用借贷、票据拆借的方式进行筹集。

---

[1] 参见郑玉波：《公司法》，三民书局2004年版，第155页。
[2] 参见朱锦清：《公司法学》，清华大学出版社2019年版，第27页。

二、公司债券的发行

（一）发行条件

关于公司债券的发行条件，《公司法》早在 2005 年修订时，就将其中涉及证券的部分内容删除，而改换在《证券法》中进行规定。由此，证券的发行交易等程序不仅需要符合《公司法》的规定，更需要符合《证券法》的法定条件。

《证券法》第十五条对公司首次公开发行债券作出如下限制：公开发行公司债券，应当符合下列条件：（1）具备健全且运行良好的组织机构；（2）最近三年平均可分配利润足以支付公司债券一年的利息；（3）国务院规定的其他条件。公开发行公司债券筹集的资金，必须按照公司债券募集办法所列资金用途使用；改变资金用途，必须经债券持有人会议作出决议。公开发行公司债券筹集的资金，不得用于弥补亏损和非生产性支出。上市公司发行可转换为股票的公司债券，除应当符合第一款规定的条件外，还应当遵守本法第十二条第二款的规定。但是，按照公司债券募集办法，上市公司通过收购本公司股份的方式进行公司债券转换的除外。

《证券法》第十七条对于公司发行公司债券的消极条件作出规定，有下列情形之一的，不得再次公开发行公司债券：（1）对已公开发行的公司债券或者其他债务有违约或者延迟支付本息的事实，仍处于继续状态；（2）违反本法规定，改变公开发行公司债券所募资金的用途。

（二）发行程序

根据《公司法》第五十九条、第六十七条的规定，公司发行公司债券通常需要由董事会制定方案，由股东会作出决议。根据《公司债券发行与交易管理办法》第十条之规定，发行公司债券时股东会作出的决议应当对债券金额、发行方式、债券期限、募集资金用途等事项作出决定。

在公司内部决议作出后，根据《公司法》与《证券法》的相关规定，公司债券欲得以顺利发行还需经过申请注册、发行公告、公开发行、登记结算等诸多程序。

三、对公司债券发行时虚假陈述的规制

信息披露义务是发行人的核心义务，作为"买者自负"的前提，在"卖者尽责"的原则性要求下，债券发行人尽责履行信息披露义务显得尤为重要。发行人

违反信息披露义务存在虚假陈述行为，债券持有人或者投资者可主张发行人承担侵权责任，并提起侵权赔偿之诉。

而在具体的责任承担方面，《证券法》明确了"追首恶，惩帮凶"的立法精神，《关于审理证券市场虚假陈述侵权民事赔偿案件的若干规定》进一步明确了"首恶"与"帮凶"的具体所指。具体而言，"首恶"是指直接造假的发行人董事、经理、财务负责人等核心高级管理人员团队以及上市公司重大资产重组中的交易对方；"帮凶"是指和上市公司串通、出具虚假文件的金融机构以及提供虚假合同、交易凭证等的上市公司供应商和销售客户。

◆ **案例指引**

487名自然人投资者诉五洋建设集团股份有限公司等被告证券虚假陈述责任纠纷案

【裁判要旨】

487名债券投资者（原告）购买了五洋建设集团股份有限公司（以下简称五洋建设）发行在外的公司债券后，因其存在欺诈发行、虚假陈述等违规行为遭受投资损失，起诉请求五洋建设等被告承担责任。发行人财务造假骗取债券发行资格，承销商与中介机构不勤勉尽责履职不当，严重损害市场信用，扰乱市场秩序，侵犯了广大投资者的合法权益。信息披露不实者、怠于勤勉履职者均应当付出违法违规的成本，对投资者的损失予以赔偿。

【案号】

一审：（2020）浙01民初1691号

二审：（2021）浙民终386号

【案情】

原告：王某等487人，债券投资者。

被告：五洋建设、陈某樟、德邦证券股份有限公司（以下简称德邦证券）、大信会计师事务所（特殊普通合伙）（以下简称大信会计）、上海市锦天城律师事务所（特殊普通合伙）（以下简称锦天城律所）、大公国际资信评估有限公司（以下简称大公国际）。

2019年以来，债券投资者陆续起诉至杭州中院称，五洋建设在不符合债券发行条件的前提下，通过制作虚假财务报表欺诈发行"15 五洋债""15 五洋 02"两只公募债券，请求五洋建设偿付债券本息及逾期利息；陈某樟作为实际控制人，德邦证券、大信会计等作为承销商和中介机构承担连带责任。

【审判】

浙江省杭州市中级人民法院经审理认为：发行人、发行人的实际控制人以及债券承销机构、会计师事务所、律师事务所、信用评级机构等中介机构违反证券法律规定，在证券发行或者交易过程中，对重大事件作出违背事实真相的虚假记载、误导性陈述，或者在披露信息时发生重大遗漏、不正当披露信息，导致投资者产生损失的，应当对投资者的损失承担相应赔偿责任。

关于债券发行人五洋建设是否构成侵权应当承担赔偿责任的问题：

五洋建设在编制用于公开发行公司债券的 2012—2014 年度财务报表时，违反会计准则，通过将所承建工程项目应收账款和应付款项对抵的方式，同时虚减企业应收账款和应付账款，导致上述年度少计提坏账准备、多计利润，其自身最近三年平均利润不足以支付公司债券一年利息，并不具备《证券法》规定的发行条件。五洋建设作为发行人，不符合发行条件，以虚假财务数据骗取债券公开发行核准，已构成欺诈发行；其行为误导原告在一级市场购入债券，导致原告在债券到期后未能获得本息兑付而产生损失。五洋建设应当就其欺诈发行行为对从一级市场购入债券的原告承担赔偿责任。

杭州市中级人民法院判决：陈某樟、德邦证券、大信会计就五洋建设对叶某芳、陈某威等原告的总计 494303965.14 元债务本息承担连带赔偿责任；对五洋建设的上述第二项债务承担连带赔偿责任。

德邦证券、大信会计、大公国际、锦天城律所不服一审判决，提起上诉。

浙江省高级人民法院经审理认为：德邦证券作为该案所涉债券的承销商，对提请关注应收账款回收风险问题等未进行审慎核查和必要的调查复核，不适当地省略必要的工作步骤，其因未对影响企业偿债能力的重要内容进行充分核查亦被行政处罚，德邦证券公司的行为足以影响投资人对发行人偿债能力判断，对案涉虚假陈述存在过错。

大信会计作为专业审计机构，在审计过程中具有核实发行人会计账目资料的义务，对发行人财务报告真实性负有主要审核责任，大信会计在未获取充分、适当的审计证据加以验证的前提下，认可五洋建设关于应收账款和应付账款"对抵"的账务处理，出具标准无保留意见的审计报告，出具的审计报告存在虚假记载，应当承担相应责任。

大公国际在应当知悉相关事项的情况下，仍然对五洋建设债券信用等级作出"偿还债务的能力很强、受不利经济环境的影响不大、违约风险很低"的"AA级评级"，存在过错，应当承担相应责任。

锦天城律所对发行人前述重大资产的处置事项未进行必要的关注核查，未能发现相关资产处置给偿债能力带来的法律风险，存在过错。酌情确定的锦天城律所应当承担的民事责任并无不当。浙江省高级人民法院遂判决驳回上诉，维持原判。

第一百九十五条　【公司债券募集的注册和公告】

公开发行公司债券，应当经国务院证券监督管理机构注册，公告公司债券募集办法。

公司债券募集办法应当载明下列主要事项：

（一）公司名称；

（二）债券募集资金的用途；

（三）债券总额和债券的票面金额；

（四）债券利率的确定方式；

（五）还本付息的期限和方式；

（六）债券担保情况；

（七）债券的发行价格、发行的起止日期；

（八）公司净资产额；

（九）已发行的尚未到期的公司债券总额；

（十）公司债券的承销机构。

第九章·第一百九十五条 【公司债券募集的注册和公告】 477

◆ **新旧对照解读**

本条规定源自《公司法》(2018) 第一百五十四条，本次修订的主要修改是将"国务院授权的部门"明确为"国务院证券监督管理机构"、将"核准"修改为"注册"。

本条中，将公司债券发行的核准制改为注册制是顺应《证券法》公开发行证券的规则，也是因可转换公司债券后续可由债券持有人选择转换为股票而需要符合有关上市公司公开发行证券的规则。因此，本条中将核准制改为注册制的改动也并非首创性的变更，而是与《证券法》进行的配套性调整。

◆ **相关规定**

《证券法》第九条、第二十三条
《公司债券发行与交易管理办法》第十三条
《公司信用类债券信息披露管理办法》第十条、第十一条、第十二条

◆ **条文释义**

本条规定的是公司发行债券时，公司债券募集办法的公告要求与应当包含的内容。

一、公司债券发行需公告募集方法

公司发行的公司债，是指长期与社会大众之间的债权债务。为了规范公司债券的募集、维护投资者的权益，我国的法律规定，公司应当制定一套清晰的公司债券募集方式，并在公司提出公司债券发行申请时，向注册机构提交公司债券募集办法。募集办法是注册机构在公司债券发行过程中的一个重要的审查环节。公司发行公司债券的申请，由国务院批准的机构注册后，将公司发布的公司债券募集办法予以公布。公告募集公司债券的方法：一是介绍公司的基本情况和发行条件，以方便公众了解公司背景并进行自愿认购；二是为了保证公司债券发行全过程的公开透明，保证公司债券的发行公平合法，避免出现舞弊现象；三是保障了社会公众对于公司债券发行行为的监督权和证监会等政府部门对公司债券发行进行监管。

二、公司债券发行注册制新规

基于《证券法》在 2019 年修订后全面施行注册制，本次《公司法》修订也进行了配套性的调整。与此前施行多年的"核准制"相比，注册制下对于公司债券的相关发行文件仅需进行形式审查，不进行实质判断。注册制的实施也并非完全摒弃审核制度，而是将审核前置，与核准制有不同的审核重点。

注册制施行相较于核准制有更多优势，更适应现在的市场需求。首先，注册制的核心是债券发行人提供的材料不存在虚假、误导或者任何遗漏，不对该债券的实质价值情况进行评价或者干涉，而是交由市场投资者进行自行判断。其次，注册制下监管部门将重点从事前的审查转移到事后违法的惩处方面，压缩了监管部门进行权力寻租的空间，降低了监管部门的压力，信息更加公开、透明。最后，注册制降低了发行公司的成本，提高债券的发行效率。

第一百九十六条　【公司债券票面必须载明的事项】

公司以纸面形式发行公司债券的，应当在债券上载明公司名称、债券票面金额、利率、偿还期限等事项，并由法定代表人签名，公司盖章。

◆ **新旧对照解读**

本条规定源自《公司法》（2018）第一百五十五条，本次修订将"以实物券方式"发行公司债券修改为以"纸面形式"发行。在 2005 年对《公司法》进行修订时，将原条文中的"由董事长签名"修改为"由法定代表人签名"，规定更为妥当合理，意味着法定代表人的行为才是代表公司的职务行为，法定代表人签名后由公司承诺履行债券上约定的义务与承担法律责任。

传统意义上，有纸化形式的公司债券是主流债券形式。尤其是在 20 世纪末，公司债券主要采用有纸化形式发行实物券。发行人向认购人交付债券凭证，即表明认购人成为持有人或者投资人。因此，《公司法》关于股票与公司债券的规定以纸面形式为基础加以设计。

相较于《公司法》，我国 2019 年修订的《证券法》虽未废除纸质证券，但已不要求必须采取纸质或者其他实物证券的形式。当今，公司债券几乎全部采用无纸化或者非实物券形式。典型做法是发行人将公司债券转入认购人在第三方开立的证券账户。一般来说，发行人签发债券凭证或者将公司债券记载于认购人账户，即可认定债券归属于认购人，从而明确了公司债券的归属。[①]

◆ **条文释义**

本条是关于公司纸面形式债券记载事项的规定。

公司债券是公司向债券认购人出具的债务凭证，是公司债券持有人向公司行使债权的依据。公司债券以纸面形式发行的，应当对表明公司与债券持有人之间债权债务关系的内容作出清楚明确的记载，以便于债券持有人行使权利。根据本条规定，纸面形式的公司债券上应当记载的事项与前条规定的公司债券募集办法中必须载明的主要事项相同，具体包括：公司名称、债券票面金额、利率、偿还期限等。这些事项记载于纸面形式的公司债券上，对作为发行人的公司具有法律约束力。同时，票面上的法定记载事项所载明的内容，应当依据公司股东会或者董事会所作出的决议，并且应当同公司债券募集办法、公司债券持有人名册上所记载的内容相一致。纸面形式的公司债券上应当由公司法定代表人签名，公司盖章。

第一百九十七条 【公司债券应记名】

公司债券应当为记名债券。

◆ **新旧对照解读**

本条规定源自《公司法》（2018）第一百五十六条，本次修订取消了无记名债券，与无记名股票的取消相统一，规定公司债券仅能为记名债券。

[①] 参见叶林：《公司债券的私法本质及规则展开》，载《清华法学》2022 年第 2 期。

◆ 条文释义

本条是关于公司债券须为记名债券的规定。

一、记名债券的定义

记名债券是指券面明确记载有债券持有人的姓名或者名称的债券。当公司债券持有人是自然人时，记名债券记载的是该自然人的姓名。当公司债券持有人是法人时，记名债券记载的是该法人的名称。

二、记名债券的特征

记名债券记载了债券持有人的姓名或者名称，因此记名债券能够有效地保障债券持有人对债券的所有权。当记名债券被盗、遗失或者灭失时，债券持有人可以依照《民事诉讼法》相关规定的公示催告程序，请求人民法院宣告失效。

无记名债券则不利于债券持有人保障其对债券的所有权。当无记名债券被盗、遗失或者灭失时，债券持有人无法通过公示催告程序进行权利补救，尽管其在市场上的流动性优于记名债券，但结合反洗钱金融行动特别工作组 FATF 于 2019 年 4 月公布的第四轮《中国反洗钱和反恐怖融资互评估报告》，本次《公司法》修订取消了无记名股票、无记名债券，能够更好地保障金融交易安全，进一步优化营商环境。

第一百九十八条 【债券持有人名册的置备及其应当载明的事项】

公司发行公司债券应当置备公司债券持有人名册。

发行公司债券的，应当在公司债券持有人名册上载明下列事项：

（一）债券持有人的姓名或者名称及住所；

（二）债券持有人取得债券的日期及债券的编号；

（三）债券总额，债券的票面金额、利率、还本付息的期限和方式；

（四）债券的发行日期。

◆ 新旧对照解读

本条规定源自《公司法》（2018）第一百五十七条，本次修订删除了有关无记名债券的债券存根簿内容相关规定，系本次修订取消了无记名债券的配套修改；同时，将债券存根簿改为债券持有人名册，适应了公司债券无纸化的实践需要。

◆ 条文释义

本条是关于公司发行公司债券应当置备公司债券持有人名册的规定。

一、公司债券持有人名册的含义及必要性

公司债券持有人名册是指依法记载债券持有人及债券有关事项的簿册。它是公司发行公司债券的凭证，是确立债券发行人和持有人债权债务关系的法定依据，其设置及记载事项应当符合法律的规定。

公司债券持有人名册置备意义在于：一是确保公司发行公司债券行为的真实性和证据力，公司必须承诺按照约定履行偿债义务，有利于保障广大债券持有人的合法权益；二是记名债券持有人转让债权时，具有变更债权人名义的职能；三是对记名债券持有人发出通知书或者催告书的依据；四是在记名债券设定质权或者抵押权时，具有记载该债券法律状态的职能。此外，基于电子化和数字化的发展趋势，将公司债券凭证由债券存根簿调整为债券持有人名册，适应了公司债券无纸化的实践需求，有助于提高公司债券交易的便捷性和效率。因此，本条规定，公司在发行公司债券之后，应当制作并置备公司债券持有人名册。公司债券持有人名册的备置属于法定义务，不得违反。发行公司债券应当置备公司债券持有人名册。

二、对公司债券持有人名册的要求

按照本法的规定，公司发行公司债券时，应当在公司债券持有人名册上载明下列事项：债券持有人的姓名或者名称及住所；债券持有人取得债券的日期及债券的编号；债券总额，债券的票面金额，债券的利率，债券还本付息的期限和方式；债券的发行日期。公司应当清楚、明确地记载上述事项，不得含混不清或者有遗漏。

> **第一百九十九条　【债券登记结算机构的制度要求】**
> 公司债券的登记结算机构应当建立债券登记、存管、付息、兑付等相关制度。

◆ 新旧对照解读

本条规定源自《公司法》（2018）第一百五十八条，本次修订中，因取消了无记名债券，因此本条中配套删除了"记名"二字表述，对于债券登记结算机构的制度要求的规定未改变，与最早的 1993 年《公司法》中的规定完全相同，在历次修改中均沿袭此前的条文规定内容。

◆ 相关规定

《证券法》第一百四十五条至第一百四十八条、第一百五十一条

◆ 条文释义

本条是关于公司债券的登记结算机构应当建立相关制度的规定。

一、公司债券的登记结算机构

本条所涉及的记名公司债券的登记结算机构即是证券登记结算机构，关于证券登记结算机构，《证券法》第九章设专章进行明确规定。根据《证券法》的规定，证券登记结算机构为证券交易提供集中的登记、存管与结算服务，其不以营利为目的，具备法人资格。设立证券登记结算机构必须经国务院证券监督管理机构的批准。

二、公司债券的登记结算机构应当建立相关的制度

本条明确规定，公司债券的登记结算机构应当建立债券登记、托管、付息、兑付等相关制度。《证券法》也详细规定了证券的登记、托管、付息、兑付等具体要求。证券登记结算机构应当保证证券持有人名册和登记过户记录真实、准确、完整，不得隐匿、伪造、篡改或者毁损。

实践中，借助登记结算机构办理的其他转让方式，通常适用于上市交易或者挂牌转让的债券。上市交易或者挂牌转让的公司债券系由发行人委托登记结算机

构办理转让事务，登记结算机构接受投资人开户申请，办理结果由发行人概括承受。登记结算机构作出记载，相当于认定债券转让完成、发行人知晓该转让事实。然而，对于非上市交易或者挂牌转让的公司债券，因法律无特别规定，应当由发行人自行办理转让服务。具体而言，发行人应当在接获转让债券通知后，及时修改持有人名册，以免在支付本息时出现错误，或者给第三人造成误解。

> **第二百条 【公司债券的转让价格与转让规则】**
> 公司债券可以转让，转让价格由转让人与受让人约定。
> 公司债券的转让应当符合法律、行政法规的规定。

◆ 新旧对照解读

本条规定源自《公司法》（2018）第一百五十九条，本次修订将公司债券转让的规则限制从"在证券交易所上市交易的，按照证券交易所的交易规则转让"修改为"转让应当符合法律、行政法规的规定"，将非公开发行债券、不在证券交易所上市交易的公开发行债券纳入规制范围，衔接了第一百九十四条明确的公司债券可选择公开发行与非公开发行两种形式的规定。

◆ 相关规定

《公司债券发行与交易管理办法》第三十一条、第三十七条

◆ 条文释义

本条是关于公司债券转让的规定。

一、公司债券的可转让性

公司债券是一种有价证券，流通性（或者可转让性）是公司债券的重要特征。

在公司债券存续期间内，发行人与投资人之间存在一种稳定的资金供给和利用关系。从发行人角度而言，它有权在约定的存续期限内稳定地利用债券资金，有计划地从事生产经营，公司债券规则必须承认并保护发行人的期待利益。从投

资人角度而言，它除有权要求发行人按照约定还本付息外，还要获得自由转让公司债券的权利，以便于有效管理投资风险。

二、公司债券转让时交易价格的形成过程

公司债券转让时的交易价格有赖于转让人与受让人确定，该交易价格的形成不同于公司发行公司债券时的发行价格，债券发行时的价格一般按事先确定的债券票面金额确定，而发行后的债券再转让时，则要根据证券市场对该种债券的需求情况确定。

例如，债券持有人委托证券经营机构卖出该债券时，通过竞价与希望购入的债权人成交，按照各自报价形成转让的价格。又如，债券持有人将债券直接卖给从事自营业务的证券经营机构，以证券经营机构挂牌的买入价成交，以此形成转让的价格；自营的证券经营机构还会挂牌以卖出价将债券售出，希望购入该债券的人，以卖出价与证券经营机构成交，以此形成再转让的价格。总之，公司债券的需求价格受该债券的发行公司经营情况和财产状况的影响，当该公司的偿债能力发生问题时，对该债券的需求必然下降，交易价格也下跌；反之，需求上升，交易价格也上扬。

三、公司债券的转让应当符合相关规定

本条规定公司债券的转让应当符合法律、行政法规的规定。公开发行的公司债券，应当在证券交易场所交易；在证券交易所上市交易的，应当依照证券交易所制定的交易规则进行交易。非公开发行公司债券，可以申请在证券交易场所、证券公司柜台转让；非公开发行公司债券并在证券交易场所转让的，应当遵守证券交易场所制定的业务规则，并经证券交易场所同意；非公开发行公司债券并在证券公司柜台转让的，应当符合中国证监会的相关规定。《公司债券发行与交易管理办法》结合债券市场监管实践调整相关条款，调整公司债券交易场所的强制性规定。

> **第二百零一条　【公司债券的转让方式】**
> 公司债券由债券持有人以背书方式或者法律、行政法规规定的其他方式转让；转让后由公司将受让人的姓名或者名称及住所记载于公司债券持有人名册。

◆ 新旧对照解读

本条规定源自《公司法》（2018）第一百六十条，本次修订配合无记名债券的取消，删除了对无记名债券转让方式的相关规定。对于公司债券的转让方式的规定，在最早的1993年《公司法》中出现，规定了记名公司债券、无记名公司债券的不同转让方式。在其后的修法中，也仅进行文字性的修改，无实质变动。2005年修改了无记名公司债券的转让方式，规定无记名公司债券将债券交付给受让人后即发生转让的效力，不再将无记名债券的交易场所限定在"依法设立的证券交易场所"，增强了交易的便利性。

◆ 相关规定

《公司债券发行与交易管理办法》第九条、第三十七条、第三十八条、第七十六条

◆ 条文释义

本条规定的是公司债券的转让方式。

公司债券进行转让的方式有两种，一是债券持有人可通过背书方式进行转让，二是通过法律、行政法规规定的其他方式转让。通过背书转让记名公司债券需要在该债券上写明受让人的姓名或者名称及住所，写明了受让人信息并交付该债券才是有效的转让。记名公司债券转让后需由公司将受让人的姓名或者名称及住所记载于公司债券持有人名册，以备公司进行存档、核查。否则，该等转让不得对抗发行债券的公司，即对发行公司不产生约束力。我国台湾地区"公司法"也有此类规定，指出记名式公司债券，得由持有人以背书转让之，并将受让人之

姓名或者名称及住所或者居所记载于公司债券持有人名册。

第二百零二条 【可转换公司债券的发行及载明事项】

股份有限公司经股东会决议，或者经公司章程、股东会授权由董事会决议，可以发行可转换为股票的公司债券，并规定具体的转换办法。上市公司发行可转换为股票的公司债券，应当经国务院证券监督管理机构注册。

发行可转换为股票的公司债券，应当在债券上标明可转换公司债券字样，并在公司债券持有人名册上载明可转换公司债券的数额。

◆ **新旧对照解读**

本条规定源自《公司法》（2018）第一百六十一条，本次修订进行了部分修改，将"股东大会"表述更改为"股东会"，将"报国务院证券监督管理机构核准"更改为"经国务院证券监督管理机构注册"；新增了股份有限公司经股东会决议，或者经公司章程、股东会授权由董事会决议，可以发行可转换为股票的公司债券的规定。其中，将"股东大会"修改为"股东会"为此次修订中的统一修改，将股份公司中的"股东大会"称谓统一修改成为"股东会"，将有限责任公司和股份公司的部分表述进行了统一；可发行可转换债的主体不再限于上市公司，而调整为所有股份有限公司。本条中，将可转换公司债券发行的核准制改为注册制是顺应《证券法》的公开发行证券的规则，也是因可转换公司债券后续可由债券持有人选择转换为股票，而需要符合有关上市公司公开发行证券的规则。因此，本条中将核准制改为注册制的改动也并非首创性的变更，而是与《证券法》进行的配套性调整。

◆ **相关规定**

《证券法》第十条、第十二条

《公司债券发行与交易管理办法》第十一条

《可转换公司债券管理办法》第二条至第五条、第七条、第九条至第十六条、第二十一条

◆ **条文释义**

本条规定的是可转换公司债券的发行及载明事项。

一、可转换公司债券的特点

可转换为股票的公司债券，简称可转换公司债券，是指在债券到期后可选择转换为股票的一种特殊公司债券。与普通的公司债券的区别体现在：普通的公司债券在约定的债券期限届满时，发行债券的公司必须兑现债券，向债权人还本付息，解除债务关系；可转换公司债券，在约定的债券期限届满时，公司不向债权人还本付息，而是由债券持有人按照事先约定的比例和方式，可以选择请求公司将其所持债券换发为公司股票。相应地该债券持有人，由公司的债权人转变为公司的出资人或者股东。

可转换公司债券可以转换为类别股或者普通股，以转换为普通股的居多。至于具体的转换方案，如转换的股票种类、转换方式、转换比例、转换期限、转换具体方法等，都必须在可转换公司债券发行之初即在债券合同中列明。

公司发行可转换公司债券一般有两个有利点：一是对认购人有较大的吸引力，特别是经济效益较好、股票市值较高的股份有限公司，对投资者来说，在债券期限届满时能够选择将债券转换为股票，从长远来看，比仅仅获得投资本息而言获得更多收益的可能性更高。二是对发行债券的公司而言，可以筹集到较多长久留存在公司内的资金。如公司发行普通公司债券，一旦期限届满，公司必须还本付息，原来的发行公司债券带来的资金将退出公司。如公司发行可转换公司债券，即使期限届满，债券持有人换发股票后，既解除了原债券发行产生的债权债务关系，又将这笔资金留存在公司内，对维持公司的资本实力和资金需要都将发挥重要作用。同时，如果公司暂时经营不佳，流动资金紧张，也可以避免强制还本付息所造成的逾期兑付情况的出现。

二、发行可转换公司债券的要求

第一，在可转换公司债券的发行主体方面，本次《公司法》修订将可发行可转换公司债券的主体从上市公司扩大到所有股份有限公司，改变了长期以来可转换公司债券发行仅限于上市公司的规范设计。在本次《公司法》修订之前，《公司债券发行与交易管理办法》第十一条已经作出类似规定，即上市公司、股票公开转让的非上市公众公司股东可发行附可交换成上市公司或非上市公众公司股票条款的公司债券。《公司法》的此次修订进一步放宽了非上市股份有限公司融资的渠道和空间，促进公司债券市场的发展。

第二，发行可转换公司债券除需要满足发行普通公司债券的条件要求外，还需要符合股票发行的条件，并需要经国务院证券监督管理机构注册。由于可转换公司债券在到期后可能经债券持有人选择转换为公司股票，因此，上市公司对于可转换公司债券的发行需要同时满足发行公司债券与公司股票的双重要求。

第三，发行可转换公司债券必须标明可转换债券字样，并在公司债券持有人名册上如实记载发行的可转换公司债券的数额。这是为了明确公司向该类债券持有人按照约定换发股票的义务，并明确该类债券持有人有权按约定转换为股票的权利。

第四，发行可转换公司债券需要经股东会决议，或者经公司章程、股东会授权由董事会决议，并在债券募集办法中规定具体转换办法。发行可转换公司债券的决定权原则上属于股东会，但也可通过公司章程或股东会授权由董事会决议，这也是顺应本次《公司法》修订强化董事会职权的趋势，契合《公司法》第五十九条股东会可以授权董事会对发行公司债券作出决议的职权配置。作出的发行决议应当包括以下内容：可转换公司债券的发行总金额；票面金额；可转换公司债券利率；转换比率或者转换价额；转换期；资金募集用途；可转换公司债券还本付息的期限和方式；赎回条款及回售条款等。

第二百零三条 【可转换公司债券的转换】

发行可转换为股票的公司债券的，公司应当按照其转换办法向债券持有人换发股票，但债券持有人对转换股票或者不转换股票有选择权。法律、行政法规另有规定的除外。

◆ 新旧对照解读

本条规定源自《公司法》（2018）第一百六十二条，本次修订补充规定了"法律、行政法规另有规定的除外"。本次《公司法》修订拓宽了可转换公司债券的发行主体，除上市公司外，赋予了非上市股份有限公司发行可转换公司债券的权利，本条新增的但书条款为非上市公司股份有限公司具体转换规则应受到的《证券法》等"法律、行政法规"限制留出了规范空间。对于可转换公司债券的持有人对是否转换股票具有选择权的规定，与最早的1993年《公司法》中的规定完全相同，在历次修改中均未作修改。

◆ 相关规定

《可转换公司债券管理办法》第八条

◆ 条文释义

本条是关于债券持有人对可转换债券享有选择权的规定，在修订前的《公司法》第一百六十二条的基础上，新增了"法律、行政法规另有规定的除外"。

一、发行公司有义务按约定换发股票

按照该条规定，如公司发行可转换公司债券，则意味着公司有义务按照公司债券募集办法中约定的转换方法，向债券持有人换发股票。当债券持有人依法提出请求时，发行人应当向债券持有人换发股票。转换权是以债券持有人一方意思表示决定的。

二、债券持有人有选择权

可转换公司债券的持有人在债券期限届满时，可以要求发行公司换发股票，也可以要求公司对该债券还本付息。可转换公司债券同普通债券一样，都具有债权、债务凭证的性质，公司有义务依该凭证向债券持有人支付本息。同时，可转换债券又有自己的特点，即赋予债券持有人在是否转换为股票上具有选择权。在可转换公司债券转换为股票前，债券持有人不具有股东地位，不享有股东权利，如在可转换公司债券转换期限届满时尚未进行转换，则持有人只能依据债券属性行使债权人的权利。选择权一经债券持有人行使，则该债券转换为公司股票，该

等权利不能再回转，持有人将享有股东地位，行使股东权利。

三、"法律、行政法规另有规定的除外"

本句系本次《公司法》新增的但书条款，主要是为了衔接非上市股份有限公司可以发行可转换公司债券的修订。可转换公司债券的发行、交易与转换，关涉债券和股票两种性质的证券市场，因此应受到比普通公司债券更严格的法律限制。可转换公司债券经由债券持有人选择可转换为股票，因此可转换公司债券的发行和转换还需符合《证券法》等法律、行政法规有关非公开或公开发行股票的转让规则。

第二百零四条　【债券持有人会议】

公开发行公司债券的，应当为同期债券持有人设立债券持有人会议，并在债券募集办法中对债券持有人会议的召集程序、会议规则和其他重要事项作出规定。债券持有人会议可以对与债券持有人有利害关系的事项作出决议。

除公司债券募集办法另有约定外，债券持有人会议决议对同期全体债券持有人发生效力。

◆ **新旧对照解读**

本条为本次《公司法》修订的新增条文，但并非完全没有制度渊源。2007年《公司债券发行试点办法》中首次提出债券受托管理人和债券持有人会议制度，2015年颁布的《公司债券发行与交易管理办法》中对债券持有人会议的表决事项、议事规则等作出了细化规定，2019年《证券法》新增第六章"投资者保护"并于第九十二条明确规定公开发行公司债券情形下的债券持有人会议制度和债券受托人两项制度，《证券法》第九十二条第一款即关于债券持有人会议的规定。最高人民法院在《债券纠纷会议纪要》指出，债券持有人会议是强化债券持有人权利主体地位、统一债券持有人立场的债券市场基础性制度，也是债券持有人指挥和监督受托管理人勤勉履职的专门制度安排。《公司法》在《证券法》

第九十二条第一款的基础上，进一步明确了债券持有人会议的决议效力范围，即针对与债券持有人有利害关系的事项，经债券持有人会议表决后，对同期全体债券持有人发生效力。《公司法》此次明确规定债券持有人会议制度，回应了债券持有人会议的实践需求，旨在改善公司债券持有人基本被排除出公司治理框架的现状，有助于债券持有人有效行使相关知情权。

◆ **相关规定**

《证券法》第九十二条

《公司债券发行与交易管理办法》第十三条、第六十二条、第六十三条

《上海证券交易所公司债券上市规则》第 4.3.1 条至第 4.3.15 条

《上海证券交易所公司债券存续期业务指南第 1 号》第 2.2 条、第 3.1.1 条至第 6.2.3 条

《债券纠纷会议纪要》第十五条、第十六条、第十七条

◆ **条文释义**

一、债券持有人会议的制度必要性

公司债券持有人会议，是为了公司债权人的共同利益设立，通过会议的形式集体行权的法律机制。此次《公司法》修订应将《证券法》中的债券持有人会议移入《公司法》，针对"公司债券持有人相关知情权无法得到有效行使"的情形提供制度供给，同时适应公司债券持有人的整体性特征，提供了更为明确的组织法规范。

首先，从公司债权人保护的角度具有制度必要性。公司债券持有人本质上属于债权人，与公司股东的法律地位泾渭分明。尽管股东承担着公司的经营风险，且在公司清算、破产等剩余财产分配中劣后于公司债权人，但股东作为公司所有者，享有资产收益、参与重大决策与选择管理者等权利，而同样承受着一定公司经营风险的公司债权人，并不参与公司日常经营管理。由于公司的所有者和管理者在管理公司的过程中必然以自我利益为先，这意味着公司与债券持有人之间存在巨大的代理成本。如何确保作为代理人的公司不对作为委托人的债券持有人实施机会主义行为，是公司法上债权人保护的重要目标。债券持有人会议能够有效

避免公司利用优势地位和信息壁垒在债券相关事项中谋取不当利益，防止给债券持有人造成损害，有助于加强债券持有人权益保护。

其次，作为公司债券持有人的整体利益保护制度，具有组织法规范的必要性。因为公司债券合同属于标准化、定型化契约，公司债券所表彰的债权债务关系具有"整体性"或"集合性"①，同一次发行的公司债券的持有人是利益立场相同的群体，但由于分散，每一个公司债券持有人都难以与发行公司抗衡，且分散性特征决定了单个债权人监督发行公司履约的高成本。因此，这种"整体性"决定必须通过组织性规范对债券持有人整体予以保护，持有人之间为平等关系，但必须通过集体行动行使权利，若允许任一债券持有人在公司发生违约事件后单独行动，会损及其他债券持有人以及全部债券持有人的整体利益，债券持有人会议即提供了"整体行权"的组织实体。

二、债券持有人会议的决议事项

《公司法》采取了"与债券持有人有利害关系"事项的概括式规定，并未明确列举债券持有人会议的重要职权，明确了债券持有人会议的决议事项应当以债券持有人的共同利益为限制。具体而言，《公司债券发行与交易管理办法》与《上海证券交易所公司债券上市规则》均对债券持有人通过债券持有人会议行使权利的事项范围作出明确列举，债券存续期间，出现以下可能影响债券投资者权益的重大事项，应当按照规定或者约定及时召集债券持有人会议：（1）拟变更债券募集说明书的约定；（2）拟修改债券持有人会议规则；（3）拟变更债券受托管理人或者受托管理协议的主要内容；（4）发行人不能按期支付本息；（5）发行人发生减资、合并等可能导致偿债能力发生重大不利变化，需要决定或者授权采取相应措施；（6）发行人分立、被托管、解散、申请破产或者依法进入破产程序；（7）保证人、担保物或者其他偿债保障措施发生重大变化；（8）发行人提出债务重组方案；（9）发行人管理层不能正常履行职责，导致发行人偿债能力面临严重不确定性；（10）发行人或相关方无偿或以明显不合理低价处置发行人资产或者以发行人资产对外提供担保，导致发行人偿债能力面临严重不确定性；（11）增信机构、增信措施或者其他偿债保障措施发生重大变化且对债券持有人利益带来

---

① 参见蔡治、甘培忠：《完善〈公司法〉中公司债券规则的基本思路》，载《北京理工大学学报（社会科学版）》2022年第5期。

重大不利影响；(12) 发行人、单独或者合计持有本期债券总额 10% 以上的债券持有人书面提议召开的其他情形；(13) 债券募集说明书约定的其他应当召开债券持有人会议的情形；(14) 发生其他对债券持有人权益有重大影响的事项。

三、债券持有人会议的程序规制

《公司法》仅要求发行人应当在债券募集办法中对债券持有人会议的召集程序、会议规则和其他重要性事项作出规定。

至于债券持有人会议的召集、通知、决策程序等具体程序性事项，《公司法》并未明确，实践中应结合《公司债券发行与交易管理办法》与《上海证券交易所公司债券上市规则》的相关规则进行操作。首先，关于债券持有人会议的召集与主持规则。第一，在召集权人上，《公司债券发行与交易管理办法》第六十三条规定了债券受托管理人应当召集债券持有人会议的十一种情形，如果债券受托管理人应当召集而未召集债券持有人会议时，单独或合计持有本期债券总额百分之以上的债券持有人有权自行召集债券持有人会议；《上海证券交易所债券上市规则》在前述主体范围内增加了发行人作为召集主体。第二，在召集规则上，《上海证券交易所公司债券上市规则》第 4.3.3 条规定，发行人、少数债券持有人向受托管理人提议召开，受托管理人应当自收到书面提议之日起 5 个交易日内向提议人书面回复是否召集持有人会议，并说明召集会议的具体安排或不召集会议的理由；同意召集会议的，除提议人同意延期召开的情况外，应当在 15 个交易日召开，不同意的，前述请求召开会议的主体可以自行召开，但应以履行前述请求为前置程序。

其次，债券持有人会议应分组召开、分组表决。基于公司债券类型的多元化，不同批次的债券持有人的利益诉求存在差异。《公司债券发行与交易管理办法》和《上海证券交易所债券上市规则》均规定，债券持有人会议的参会范围为本批次的债券持有人，与其他批次的债券持有人分别召开会议。

最后，关于关联方的表决会议规则。《上海证券交易所债券上市规则》第 4.3.11 条规定，发行人、发行人的关联方以及对决议事项存在利益冲突的其他债券持有人应当回避表决。

> **第二百零五条　【债券受托管理人的聘任】**
>
> 公开发行公司债券的，发行人应当为债券持有人聘请债券受托管理人，由其为债券持有人办理受领清偿、债权保全、与债券相关的诉讼以及参与债务人破产程序等事项。

◆ 新旧对照解读

本条为本次《公司法》修订的新增条文。2007年《公司债券发行试点办法》第四章"债券持有人权益保护"中首次提出债券受托管理人制度，在第二十三条至第二十五条规定了债券受托管理人的相关规则；2019年《证券法》新增第九十二条明确规定公开发行公司债券情形下债券受托人制度，并于第二款、第三款规定公开发行公司债券的发行人应当为债券持有人聘请债券受托管理人及债券受托管理人的管理职责，债券受托管理人可以接受全部或者部分债券持有人的委托，以自己的名义代表债券持有人提起、参加民事诉讼或者清算程序；2023年修订《公司债券发行与交易管理办法》时，保留了对债券受托管理人的细化规定。本次《公司法》针对公司债券持有人权益保护新增了债券受托管理人制度，基本吸收了《证券法》第九十二条的规定，与债券持有人会议制度配套组成债券持有人意思形成与执行的体系性规范。

◆ 相关规定

《证券法》第九十二条

《公司债券发行与交易管理办法》第五十七条、第五十八条、第六十一条

《债券纠纷会议纪要》第四条、第五条、第六条

◆ 条文释义

一、公司债券受托人与债券持有人的基础法律关系

关于公司债券受托人与债券持有人的基础法律关系性质，我国学界目前存在"委托代理说"与"信托说"两种主流观点。"委托代理说"认为，公司债券受

托管理人与债券持有人系委托关系，受托管理人系受发行人或债券持有人的委托而进行管理。"信托说"认为，发行人与管理人之间的受托契约是信托关系，其本质为债券持有人之权益而存在。债券持有人在公司债券信托构造中有着委托人和受益人的双重地位。债权人通过信托将其享有的财产权利转移给受托管理人，而发行人虽然也是债券受托管理协议中的主体，但其身份应为债券持有人的代理人，在债券真正权利人确定之前代其签订信托合同。一旦投资者认购该债券，即表明无条件认可发行人签订信托契约的代理行为，即将信托契约的意思表示归属于己身。[1]

关于公司债券受托管理制度所依据的究竟是何种基础法律关系，立法并没有予以明确，目前学界观点各有其合理性与不足之处。纯粹的委托代理关系中的代理人角色完全按照被代理人的意志行事，难以发挥自己的主观能动性，债券受托管理人无法凭借自己的专业技能为债券持有人的最大利益行事。"信托说"的问题在于2021年修订后的《公司债券发行与交易管理办法》第五十九条删除了信托财产的表述，似乎立法者在有意规避信托关系和信托财产的表述。同时，由于信托财产具有确定性，但在公司债券未确定信托财产范围及债券持有人时，发行人即已聘请债券受托管理人，因此公司债券受托管理人的模式与信托结构并不完全相符。

二、债券受托管理人的诉讼地位

同期发行债券的持有人利益诉求高度同质化且往往人数众多，具有"整体性"或"集合性"。《债券纠纷会议纪要》指出"采用共同诉讼的方式能够切实降低债券持有人的维权成本，最大限度地保障债券持有人的利益，也有利于提高案件审理效率，节约司法资源，实现诉讼经济。案件审理中，人民法院应当根据当事人的协议约定或者债券持有人会议的决议，承认债券受托管理人或者债券持有人会议推选的代表人的法律地位，充分保障受托管理人、诉讼代表人履行统一行使诉权的职能"。《公司法》明确了债券受托管理人的诉讼主体资格，结合《债券纠纷会议纪要》第五条的规定，债券发行人不能如约偿付债券本息或者出现债券募集文件约定的违约情形时，债券受托管理人根据债券募集文件、债券受托管

---

[1] 参见刘迎霜：《公司债券受托管理的信托法构造》，载《法学评论》2020年第3期。

理协议的约定或者债券持有人会议决议的授权，可以自己的名义代表债券持有人提起、参加与债券相关的民事诉讼，或者申请发行人破产重整、破产清算。

> **第二百零六条　【债券受托管理人的义务与责任】**
> 债券受托管理人应当勤勉尽责，公正履行受托管理职责，不得损害债券持有人利益。
> 受托管理人与债券持有人存在利益冲突可能损害债券持有人利益的，债券持有人会议可以决议变更债券受托管理人。
> 债券受托管理人违反法律、行政法规或者债券持有人会议决议，损害债券持有人利益的，应当承担赔偿责任。

◆ **新旧对照解读**

本条为本次《公司法》修订的新增条文，系《公司法》第二百零五条新增债券受托管理人制度后关于受托管理人义务与法律责任的配套规定，吸收了《证券法》第九十二条第二款关于受托管理人忠实勤勉义务与债券持有人会议可以决议变更债券受托管理人的规定，在此基础上明确了"受托管理人与债券持有人存在利益冲突可能损害债券持有人利益的"的情形下债券持有人会议可变更债券受托管理人的权利；同时，补充规定了"债券受托管理人违反法律、行政法规或者债券持有人会议决议，损害债券持有人利益"时的赔偿责任，以匹配第一款规定的忠实勤勉义务。

◆ **相关规定**

《证券法》第九十二条
《公司债券发行与交易管理办法》第五十八条、第五十九条、第六十条
《上海证券交易所公司债券上市规则》第4.2.1条至第4.2.4条、第4.2.6条
《债券纠纷会议纪要》第二十五条

◆ 条文释义

一、债券受托管理人的信义义务

关于受托管理人与债券持有人间的基础法律关系，学界一直存在"委托代理关系说"与"信托说"两种立场的争议，但其法律关系性质均可以被更上位的概念"信义关系"所涵盖。[1]《证券法》及相关规范性文件对受托管理人的要求是"勤勉尽责""避免利益冲突"，这一规范也被此次《公司法》修改所吸收，信义义务这一抽象的义务群即可兼顾这两大履职要求，有助于解决债券持有人与受托管理人信息不对称问题、防范道德风险。

信义义务要求受信人在受益人的信赖之下，需要以最大限度的诚信、公正、忠诚为受益人的最大利益行事，必须使自己的利益服从于他人的利益，不得利用其优势地位损害受益人的利益。通说认为，信义义务包括勤勉义务与忠实义务，《公司法》规定债券受托管理人应当勤勉尽责，即对应勤勉义务。勤勉义务要求受托管理人在处理管理事务上应尽到以其从事职业和以其社会地位通常应付出的注意。《公司债券发行与交易管理办法》将受托管理人的适格范围限定于本次发行的承销机构或其他经中国证监会认可的机构，因此，作为专业金融机构，受托管理人的能力和知识水平较高，应当承担比善意、普通谨慎人更高的注意义务要求。《公司法》规定受托管理人应公正履行受托管理职责，不得损害债券持有人利益，即为忠实义务。忠实义务要求其不得从事故意不披露发行公司的重大信息、篡夺债券持有人优先受偿的机会、允许个别债券持有人在无充分理由的情况下提起诉讼致使发行公司财产减少等行为。

二、债券受托管理人的责任承担

《证券法》第九十二条并未规定债券受托管理人未能履职的法律责任，《公司法》完善了债券受托管理人的责任规则，契合了"权、义、责相统一"的基本原理，有助于督促受托管理人尽职尽责。

第一，受托管理人的赔偿责任具有信义责任与法定责任的双重性质。不管采取"委托代理说"还是"信托说"，受托管理人与债券持有人间均存在信义关系

---

[1] 参见马更新：《公司债券受托管理人利益冲突的防范与规制》，载《大连理工大学学报（社会科学版）》2023年第3期。

的基础关系，受信人违反信义义务理应向债券持有人承担信义责任。此外，当受托管理人违反其法定的职责与义务，造成债券持有人利益损失时，还可能面临相应的民事侵权责任。

第二，关于承担责任的事项。《公司法》规定了受托管理人应承担赔偿责任的法定事项，即违反法律、行政法规或者债券持有人会议决议；《债券纠纷会议纪要》第二十五条还规定了受托管理人未能勤勉尽责公正履行受托管理职责，损害债券持有人合法利益，债券持有人请求其承担相应赔偿责任，因此，除本条规定的法定事项外，实践中应当根据受托管理人是否履行了信义义务、是否损害债券持有人合法权益，对受托管理人的赔偿责任进行实质判断。

第十章　公司财务、会计

◆ **本章概述**

本章规定了公司的财务、会计制度，共计十一个条文，具体包括：公司建立本公司的财务、会计制度，财务会计报告，财务会计报告的公示，法定公积金、任意公积金与利润分配，违反利润分配的法律责任，利润分配期限，股份有限公司资本公积金，公积金的用途，聘用、解聘会计师事务所，真实提供会计资料，会计账簿。

> **第二百零七条　【公司财务与会计制度】**
> 公司应当依照法律、行政法规和国务院财政部门的规定建立本公司的财务、会计制度。

◆ **新旧对照解读**

本条将原第一百六十三条修改为第二百零七条，具体内容无变化。

◆ **相关规定**

《会计法》第八条

◆ **条文释义**

本条是关于公司建立财务、会计制度的规定。

公司财务、会计制度是指以货币为主要计量形式，对公司的整个财务活动和经营状况进行记账、算账、报账，为公司管理者和其他利害关系人定期提供公司财务信息而形成的制度。公司财务会计制度主要包括财务会计报告制度和收益分配制度。公司财务会计报告制度的基本内容是编制和提供公司财务经营信息。公司财务会计人员通过对公司生产经营活动中大量的、日常的业务数据进行记录、分类和汇总，定期编制和披露反映公司在一定期间内的经营成果和财务状况的报表，如资产负债表、损益表、现金流量表，为有关利益主体提供公司的财务经营信息。公司财务会计报告制度的基本要求是通过会计凭证、账簿、报表等会计资料，系统、真实、准确、全面地反映公司资金运动信息。公司财务会计的服务对象主要是与公司有利害关系的所有人，包括股东、债权人、潜在投资者、潜在的交易对方、政府财税机关等。与公司有利益关系的各主体通过分析公司财务会计报表，了解公司的基本经营情况，以此作为他们进行投资、交易、监督、管理活动的重要决策依据。

国家实行统一的会计制度，公司应当依照《会计法》及有关的行政法规和国务院财政部门关于会计核算、会计监督、会计机构、会计人员以及会计工作管理的有关规定，建立公司的财务、会计制度。

第二百零八条　【财务会计报告】

公司应当在每一会计年度终了时编制财务会计报告，并依法经会计师事务所审计。

财务会计报告应当依照法律、行政法规和国务院财政部门的规定制作。

◆ **新旧对照解读**

本条将原第一百六十四条修改为第二百零八条，具体内容无变化。

◆ **相关规定**

《会计法》第十一条、第二十条第二款

《企业财务会计报告条例》第二条、第七条、第九条至第十六条

◆ **条文释义**

本条是关于公司编制年度财务会计报告的规定。

公司的财务会计报告是公司对外提供的反映某一特定日期财务状况和某一会计期间经营成果、现金流量的文件。其目的在于系统地、有重点地、简明扼要地反映公司的财务状况和经营成果，向公司经营者、股东、债权人、潜在投资者、潜在交易方和政府有关部门等会计报表使用人提供必要的财务资料和会计信息。财务会计报告由会计报表、会计报表附注和财务情况说明书组成。

1. 会计报表是指公司以一定的会计方法和程序，由会计账簿的数据整理得出，以表格的形式反映公司财务状况、经营成果和现金流量的书面文件，是财务会计报告的主体和核心。公司会计报表按其反映的内容不同，分为资产负债表、利润表、现金流量表、所有者权益（股东权益）变动表。

2. 会计报表附注是为便于会计报表使用者理解会计报表的内容而对会计报表的编制基础、编制依据、编制原则和方法及主要项目等所作的解释。会计报表附注是财务会计报告的一个重要组成部分，它有利于增进会计信息的可理解性，提高会计信息可比性和突出重要的会计信息。

3. 财务情况说明书是对公司一定期间内财务、成本等情况进行分析总结的书面文字报告，是财务会计报告的重要组成部分。

我国会计年度采用公历年制，即从公历 1 月 1 日起至 12 月 31 日止。公司应当在每一会计年度终了时制作财务会计报告。公司制作的财务会计报告必须由公司的有关负责人签名或者盖章。公司制作财务会计报告，编制财务报表，应当做到数字真实、计算准确、内容完整，前后各期信息应当具有可比性，并应当及时编报。公司的财务会计报告均实行以会计师事务所为审计主体的强制审计制度，由会计师事务所作为独立第三方，对公司的财务会计报告作出公正客观的评价，从而确保会计信息客观准确，提高公司财务报告的公信力。

> **第二百零九条　【财务会计报告的公示】**
>
> 　　有限责任公司应当按照公司章程规定的期限将财务会计报告送交各股东。
>
> 　　股份有限公司的财务会计报告应当在召开股东会年会的二十日前置备于本公司，供股东查阅；公开发行股份的股份有限公司应当公告其财务会计报告。

◆ **新旧对照解读**

本条将原第一百六十五条修改为第二百零九条，具体内容无变化。

◆ **相关规定**

《证券法》第七十九条

◆ **条文释义**

本条是关于财务会计报告公示，保障股东对公司年度财务会计报告知情权的规定。

财务会计报告的公示制度是公司向社会公开其财务会计报告的制度。它对于保护股东、债权人、交易关系人的利益，维护交易安全和社会经济秩序，确保社会公众利益，都具有重要的作用。

股东作为公司的投资者，有权利了解公司的经营情况和经营成果，并依据公司的经营情况和经营成果作出正确的决策。让公司股东了解反映公司经营情况和经营成果的年度财务会计报告，是公司应尽的义务。

依照本条规定，有限责任公司应当将公司的年度财务会计报告直接送交公司的股东。股份有限公司的年度财务会计报告应当在股东会年会的二十日前置备于公司，让股东能在股东会年会前进行查阅。公开发行股票的股份有限公司的社会投资者是不特定的，为了让他们了解公司的经营情况和经营成果，公司应当向社会公布公司的年度财务会计报告。

第二百一十条　【法定公积金、任意公积金与利润分配】

公司分配当年税后利润时，应当提取利润的百分之十列入公司法定公积金。公司法定公积金累计额为公司注册资本的百分之五十以上的，可以不再提取。

公司的法定公积金不足以弥补以前年度亏损的，在依照前款规定提取法定公积金之前，应当先用当年利润弥补亏损。

公司从税后利润中提取法定公积金后，经股东会决议，还可以从税后利润中提取任意公积金。

公司弥补亏损和提取公积金后所余税后利润，有限责任公司按照股东实缴的出资比例分配利润，全体股东约定不按照出资比例分配利润的除外；股份有限公司按照股东所持有的股份比例分配利润，公司章程另有规定的除外。

公司持有的本公司股份不得分配利润。

◆ **新旧对照解读**

本条将原第三十四条、第一百六十六条合并修改，将原第一百六十六条修改为第二百一十条。

◆ **相关规定**

《证券法》第九十一条

◆ **条文释义**

本条是关于公司税后利润分配、股东收益权的规定。

公司的税后利润，是公司在一定时期内生产经营的财务成果，分为营业利润、投资收益和营业外收支净额。营业利润是公司最基本经营活动的成果，是公司一定时期内经营活动所产生的收益减去营业成本、有关税费后的所得。投资收益，是公司对外投资取得的利润、股利、利息等扣除发生的投资损失后的所得。

营业外收支净额,是指与公司生产经营无直接关系的各项收入减去各项支出后的数额。营业外收入包括固定资产盘盈、处理固定资产收益、罚款净收入等。营业外支出包括固定资产盘亏、处理固定资产损失、各项滞纳金和罚款支出、非常损失、职工劳动保险费支出、法定补偿金等。

公司的税后利润应当按照下列顺序分配:(1)弥补公司的亏损。公司亏损是指在一个会计年度内,公司的赢利低于公司的全部成本、费用及其损失的总和。在公司存续期间内,公司应当经常保持与其资本相当的实有财产。当公司有利润时,应当首先用利润弥补公司的亏损,使公司资本总额得以维持。(2)提取法定公积金。公司当年的税后利润在弥补亏损后,如果仍有剩余,应当提取百分之十列入法定公积金。公司的法定公积金累积金额达到公司注册资本的百分之五十后,可以不再提取。公司不得削减法定公积金的提取比例。(3)提取任意公积金。公司除了提取法定公积金以外,可以根据公司的实际情况,在提取了法定公积金后,由股东会决定另外再从税后利润中提取一定的公积金。此部分是公司自行决定提取的,不是法律强制要求的,被称为任意公积金。任意公积金提取多少,由公司股东会自行决定。(4)支付普通股股利。公司税后利润在进行以上分配后,如仍有剩余,可以按确定的利润分配方案向公司的普通股股东支付股利。

股东作为投资人,其投资的目的就是获得利润,公司的利润在缴纳各种税款及依法提取法定公积金后,是可以向股东进行分配的。法律规定公司的税后利润应当先用于弥补亏损、提取法定公积金,然后才能分配给公司的股东,以保证公司资本的稳定性,维护债权人的利益。股东依法履行出资义务后,依据自己的出资比例享有利润分配的权利,股东分配利润的比例应当与股东实缴的出资比例一致。所谓实缴的出资比例,是指按股东实际缴纳的出资占公司资本总额的比例。在允许股东分期缴纳的情况下,法律规定股东按照实际缴付的出资比例分配利润的原则,有助于明晰股东的权利义务,减少纠纷。同时也给予股东对于利润分配的意思自治权,有限责任公司全体股东有约定的、股份有限公司章程有规定的,按约定或者章程规定分配利润,没有约定或者规定的,按实缴出资比例分配利润。

公司的股东是可以分配利润的,但公司作为经营主体持有的本公司股份则不可以参与利润分配。

第二百一十一条 【违反利润分配的法律责任】

公司违反本法规定向股东分配利润的，股东应当将违反规定分配的利润退还公司；给公司造成损失的，股东及负有责任的董事、监事、高级管理人员应当承担赔偿责任。

◆ **新旧对照解读**

本条将原第一百六十六条部分条款修改为第二百一十一条，对违反本法规定向股东分配利润给公司造成损失的，增加了损失赔偿的相关规定。

◆ **条文释义**

本条是关于违反本法规定向股东分配利润的赔偿责任。

如果公司违反本法关于股东利润分配的规定，在公司弥补亏损和提取法定公积金之前向股东分配利润，股东必须将违反规定分配的利润退还公司，给公司造成损失的，相关责任人还应当承担赔偿责任。

第二百一十二条 【利润分配期限】

股东会作出分配利润的决议的，董事会应当在股东会决议作出之日起六个月内进行分配。

◆ **相关规定**

《公司法司法解释（四）》（2020）第十四条

《公司法司法解释（五）》（2020）第四条

◆ **条文释义**

本条是关于公司分配利润期限的规定。

本条是新增条款，吸纳了《公司法司法解释（五）》（2020）关于公司利润分配时限的规定，但并未照搬，《公司法司法解释（五）》（2020）第四条规定公司股东会作出分配利润的决议后分配利润的时间不能超过一年。审议批准公司利润分配方案的职权专属于股东会，在股东会表决通过利润分配方案前，公司股东只享有利润分配的期待权，不能直接请求公司分配利润。在股东会表决通过利润分配方案后，股东才开始享有给付利润的请求权。股东对公司利润分配方案确定分配给自己的利润享有债权请求权。本条明确了股东会作出分配利润的决议的，董事会应当在股东会决议作出之日起六个月内进行分配。

第二百一十三条 【股份有限公司资本公积金】

公司以超过股票票面金额的发行价格发行股份所得的溢价款、发行无面额股所得股款未计入注册资本的金额以及国务院财政部门规定列入资本公积金的其他项目，应当列为公司资本公积金。

◆ **新旧对照解读**

本条将原第一百六十七条修改为第二百一十三条。增加了无面额股制度相关的表述，要求将无面额股股款未计入注册资本的计入资本公积金。

◆ **相关规定**

《金融企业财务规则》第二十一条第二款

◆ **条文释义**

本条是关于资本公积金的规定。

资本公积金，是指直接由资本或者资产等原因形成的公积金，也就是在公司的生产经营之外，由资本或者资产本身及其他原因形成的股东权益收入。股份有限公司的股票超过票额发行所得净溢价额以及国务院财政部门规定列入公积金的项目，如接受捐赠的财产，资产评估确认的价值或者合同、协议约定的价值与原账面净值的差额以及资本汇率折算差额，都应当按照规定列入资本公积金。

股份有限公司可以根据其公司章程的规定，就其全部股份选择采用面额股或者无面额股。若采用无面额股，则公司应当将其发行股份所得股款的二分之一以上计入注册资本，未计入注册资本的部分应当列入公司的资本公积金。新股发行所得股款计入注册资本的金额应当通过公司股东会的决议决定。

本条增加将未计入注册资本的无面额股股款计入资本公积金的规定，配合无面额股的制度改革。

> **第二百一十四条　【公积金的用途】**
>
> 公司的公积金用于弥补公司的亏损、扩大公司生产经营或者转为增加公司注册资本。
>
> 公积金弥补公司亏损，应当先使用任意公积金和法定公积金；仍不能弥补的，可以按照规定使用资本公积金。
>
> 法定公积金转为增加注册资本时，所留存的该项公积金不得少于转增前公司注册资本的百分之二十五。

◆ **新旧对照解读**

本条将原第一百六十八条修改为第二百一十四条。删去了资本公积金不得弥补亏损的规定，新增了用资本公积金弥补亏损的顺序。

◆ **相关规定**

《企业所得税法》第十八条

《企业会计准则第 2 号——长期股权投资》第十一条

《上市公司监管指引第 1 号》第一条

◆ **条文释义**

本条是关于公司公积金使用的规定。

广义的公司公积金可以分为资本公积金和盈余公积金。资本公积金又可以分为资本或者股本溢价和其他资本公积；盈余公积金可以分为法定公积金（法定盈余公积金）和任意公积金（任意盈余公积金）。

资本公积金中资本或者股本溢价主要包括公司接受投资者投入的资本未计入"实收资本"或者"股本"的部分、可转换公司债券持有人行使转换权利、将债务转为资本等形成的资本公积以及同一控制下控股合并及吸收合并形成的资本公积部分；根据《企业会计准则第2号——长期股权投资》第十一条规定："投资方对于被投资单位除净损益、其他综合收益和利润分配以外所有者权益的其他变动，应当调整长期股权投资的账面价值并计入所有者权益。"这部分属于其他资本公积。

盈余公积金中法定公积金（法定盈余公积金）是指依据法律规定必须强制提取的公积金；任意公积金（任意盈余公积金）是指公司根据章程或者股东会决议提取的公积金。

公司的公积金是按照特定的目的留存，使用时应当做到专款专用。如果公积金的使用违背提取的目的，不仅很难发挥应当有的作用，还会损害公司的股东或者债权人的利益。依照本规定公积金应用于以下几个方面：

1. 弥补公司亏损。当公司出现亏损时，必须设法弥补，否则即违背了资本维持原则。如果公司将盈利所得完全分光，当公司出现暂时亏损时会减少公司的资本，公司将很难发展。公积金弥补亏损实际上起到了维护公司信誉和抗御经营风险的作用。公司应当首先使用公司的任意公积金和法定公积金弥补公司的亏损，当公司的任意盈余公积金和法定盈余公积金不足以弥补上一年度亏损时，可以按照规定使用资本公积金。

2. 扩大公司生产经营。在不增加资本的情况下，用历年所提取的公积金来扩大公司的生产经营，无疑是一条方便而又快捷的重要途径。公司在发展过程中扩大生产经营规模、增强公司的实力，需要增加投入。而公司通过对外募集扩大公司生产经营规模的资金，不仅手续复杂且成本较高。公司用公积金来扩大公司的生产经营规模，手续简单成本也较低。

3. 增加公司资本。增加公司的资本是指增加公司的注册资本。公司可在需要时将公积金转增股本。将公司的公积金用来增加公司的注册资本，有利于公司的发展和壮大，实际上是增加股东的投资，对有限责任公司是按每个股东的出资比例增加其出资额；对股份有限公司，则按股东所持股份比例来增加其出资额，一种是增加公司的股份数，另一种是不改变公司的股份数，增加股份面值。但如果将法定公积金全部转为资本，则有违公积金弥补亏损的效用，所以法律要求留存的公积金不得少于转增前公司注册资本的百分之二十五。

◆ **适用疑难解析**

本条第二款关于可以按照规定使用资本公积金弥补亏损的内容，相对于《公司法》（2018）相关规定是一个重大变化。《公司法》（2018）第一百六十八条明确规定资本公积金不得用于弥补公司的亏损。而本条规定在特定条件下可以使用资本公积金弥补亏损。此前，《公司法》（1993）并未明确规定资本公积金不得弥补亏损，也就是未禁止资本公积金弥补亏损，而自《公司法》（2005）起明确规定资本公积金不得用于弥补亏损。从国家在这个问题上的摇摆也可以看出这个问题的复杂性，允许资本公积金弥补公司亏损，既存在消极方面，也有现实的需求。

证监会在公司法未禁止使用资本公积金弥补亏损前，曾规定公司当年对累计亏损的弥补，应按照任意盈余公积、法定盈余公积的顺序依次弥补，公司采用上述方式仍不足以弥补累计亏损的，可通过资本公积中的股本溢价、接受现金捐赠、拨款转入及其他资本公积明细科目部分加以弥补。而此后《上市公司监管指引第 1 号》第一条规定公司的资本公积金不得用于弥补公司的亏损，该内容保持了与《公司法》（2005）相一致的规定。

弥补亏损通常是在利润分配环节进行的，法定公积金和任意公积金都是从公司的税后利润中提取的，属于留存收益，使用法定公积金和任意公积金弥补公司亏损是应有之举。但资本公积金不是由公司实现的利润转化而来，"无盈利不分配"是利润分配的一项普遍规则，资本公积不得用于分配股利，用资本公积弥补亏损为公司日后分配利润创造了条件，容易成为公司进行财务操纵的工具。但是现实中资本公积的来源多种多样，所以不能一概而论，有些情形下会存在使用资本公积弥补亏损的现实需要。所以"一刀切"地的禁止资本公积金用于弥补亏损可能并非最佳的选择，本法规定的有条件地允许使用资本公积金弥补亏损可以说是考虑到实际情况的折中选择，但什么条件下能使用资本公积金，以及如何使用等问题，有待于国家出台相应规范文件来予以明确。

> **第二百一十五条　【聘用、解聘会计师事务所】**
> 公司聘用、解聘承办公司审计业务的会计师事务所，按照公司章程的规定，由股东会、董事会或者监事会决定。
> 公司股东会、董事会或者监事会就解聘会计师事务所进行表决时，应当允许会计师事务所陈述意见。

◆**新旧对照解读**

将原第一百六十九条修改为第二百一十五条，增加监事会可以聘用、解聘承办公司审计业务的会计师事务所。

◆**条文释义**

本条是关于公司聘用、解聘会计师事务所的规定。

公司聘用或者解聘承办公司审计业务的会计师事务所，应当依照公司章程的规定，由股东会、董事会或者监事会决定。公司经理或者其他高级管理人员不得自行决定聘用或者解聘承办公司审计业务的会计师事务所。公司为明确此项决定权由哪个机构行使，应当在章程中对此作出规定。

为了保证会计师事务所独立、客观、公正地进行审计，避免其因受到不必要的干扰而影响审计质量，真正发挥外部审计的监督作用，防止公司随便解聘会计师事务所，赋予会计师事务所陈述与申辩权。在公司股东会、董事会或者监事会就解聘会计师事务所进行表决时，允许会计师事务所陈述自己的意见。

本条增加了监事会可以聘用、解聘承办公司审计业务的会计师事务所，发挥监事会作为公司专门监督机关的作用。

本条规定只适用于承办公司审计业务，即接受公司委托，对公司的财务会计报告进行独立审计，出具审计意见的会计师事务所。不适用于仅为公司提供会计咨询业务的会计师事务所。

> **第二百一十六条　【真实提供会计资料】**
> 公司应当向聘用的会计师事务所提供真实、完整的会计凭证、会计账簿、财务会计报告及其他会计资料，不得拒绝、隐匿、谎报。

◆ 新旧对照解读

本条将原第一百七十条修改为第二百一十六条。

◆ 相关规定

《会计法》第三十一条

《企业财务会计报告条例》第三条

◆ 条文释义

本条是关于公司向会计师事务所提供会计资料应当履行一定义务的规定。

本条明确了公司有提交会计资料真实完整的法定义务。会计师事务所对公司的财务进行审计，并作出审计报告，需要公司提供真实、准确、完整的会计凭证、会计账簿、财务会计报告及其他会计资料。所谓真实，是指会计凭证、会计账簿、财务会计报告及其他会计资料反映了实际情况，没有弄虚作假；所谓准确，是指会计凭证、会计账簿、财务会计报告及其他会计资料的数据应当与实际情况相符或者是合乎逻辑的推测；所谓完整，是指会计凭证、会计账簿、财务会计报告及其他会计资料没有遗漏。如果公司提供的会计资料不真实、不准确、不完整，将影响会计师事务所审计报告的公正性和客观性。为了保证会计师事务所能获得真实、准确、完整的会计资料，本条规定公司向会计师事务所提供会计凭证、会计账簿、财务会计报告及其他会计资料，不得拒绝、隐匿、谎报。所谓拒绝，是指拒不提供全部或者部分会计凭证、会计账簿、财务会计报告及其他会计资料；所谓隐匿，是指藏而不报；所谓谎报，是指以假充真、真账假做或者假账真做。公司违反本条规定的义务，要受到相应的处罚。

> **第二百一十七条　【会计账簿】**
> 公司除法定的会计账簿外，不得另立会计账簿。
> 对公司资金，不得以任何个人名义开立账户存储。

◆新旧对照解读

本条将原第一百七十一条修改为第二百一十七条。

◆相关规定

《会计法》第十六条
《企业财务会计报告条例》第二十三条

◆条文释义

本条是关于公司会计账簿设立和账户开立的禁止性规定。

会计账簿是指记载和反映公司财产状况和营业状况的各种账簿、文书的总称。在法定会计账簿之外另立会计账簿，就是私设会计账簿。具体来讲，就是在法定的会计账簿、文书之外另设一套或者多套会计账簿、文书，将一项经济业务的核算在不同的会计账簿、文书之间采取种种手段作出不同的反映，或者将一项经济业务不通过法定的会计账簿、文书予以反映，而是通过另设的会计账簿、文书进行核算。会计账簿不仅是公司管理者准确地掌握经营情况的重要手段，也是股东、债权人和社会公众了解公司财产和经营状况的主要途径，在国家税收管理和诉讼程序中还是决定税额的主要依据和重要的诉讼证据。私自设立会计账簿，不仅会损害公司的股东、债权人和社会公众的利益，还会损害国家的利益，是一种严重的违法行为。将公司财产以个人名义存储于银行，不仅逃避了有关机关对公司经济往来的监管，也给一些人侵吞公司财产提供了机会。为了维护国家经济管理秩序，保证公司财产、股东权益和债权人利益不受侵害，本条明确规定禁止将公司资金以任何个人名义开立账户存储。

第十一章　公司合并、分立、增资、减资

◆ **本章概述**

本章共包含十一条，分别规定了公司合并的方式、简易合并、合并的程序、合并前债权债务的承继、分立的程序、分立前债务的承担、减资的程序、简易减资、违法减资的法律后果、增资优先认缴（购）权以及公司增资的相关规定。

> **第二百一十八条　【公司的合并】**
> 公司合并可以采取吸收合并或者新设合并。
> 一个公司吸收其他公司为吸收合并，被吸收的公司解散。两个以上公司合并设立一个新的公司为新设合并，合并各方解散。

◆ **相关规定**

《外资企业合并分立规定》第三条

◆ **条文释义**

本条是关于公司合并形式的规定。

一、公司合并的概念及特征

公司合并，是指两个或者两个以上的公司依法合并成为一个公司的法律行为。公司合并具有以下特征：

1. 公司合并行为的主体是参与合并的各方公司，且系公司之间的契约法律行为。

2. 公司合并必须依照法定程序进行。公司合并不仅涉及各参与公司，还会影

响到股东、债权人、职工等主体的切身利益，故公司合并必须严格依照法定程序进行，必要时还应当经过有关部门的审查与批准，如达到经营者集中申报标准，应当事先向反垄断执法机构申报，未申报的不得实施。

3. 公司合并无需履行清算程序。公司合并实质上仅改变了被解散公司的存在形态，其债权债务应当由存续公司或者新设公司概括承受，故因合并而导致公司解散的，无需成立清算组进行清算。

二、公司合并的形式

根据本条规定，公司合并可以采取以下两种形式：

1. 吸收合并，又称存续合并，是指两个或者两个以上的公司合并时，其中一个或者一个以上的公司并入另一个公司的法律行为。在吸收合并中，存续公司继续享有法人资格；被合并的公司无需清算即可宣告解散，法人资格随之丧失。

2. 新设合并，又称新创合并，是指两个或者两个以上的公司合并成为一个新公司的法律行为。在新设合并中，合并前所有公司法人资格归于消灭；新设公司符合公司设立条件时，取得法人资格，被合并所有公司的股东所持股权（份）转换为新设公司的股权（份）。

◆ 案例指引

中国第十三冶金建设有限公司诉上海致达科技集团有限公司股东损害公司债权人利益责任纠纷案

【裁判要旨】

在无证据证明参与合并的公司均符合破产条件且破产清偿率相同的情况下，以终止所有参与公司为目的而实施的公司合并，即先将各公司合并，然后将合并后的公司直接破产的做法，违背了公司合并制度的立法目的，规避了公司终止应当依法进行清算的规定，损害合并前原资产状况相对较好公司的债权人权益的，构成侵权。作出该合并决定的股东系侵权人，应当承担相应的赔偿责任。

【案号】

一审：徐商初字第 0261 号

二审：（2016）苏民终 187 号

再审：（2018）最高法民申 282 号

【案情】

原告：中国第十三冶金建设有限公司（以下简称十三冶金）。

被告：上海致达科技集团有限公司（以下简称致达科技）。

致达科技系江苏新大纸业有限公司（以下简称新大纸业）和江苏五洲纸业有限公司（以下简称五洲纸业）的唯一股东。十三冶金与新大纸业建设工程施工合同纠纷案件，江苏省高级人民法院作出终审判决。判决执行过程中，新大纸业原股东五洲纸业提供担保后，十三冶金与新大纸业、五洲纸业达成和解协议。后因新大纸业未履行协议，十三冶金于2012年3月申请恢复执行，并追加五洲纸业为被执行人。在执行过程中，2013年7月25日，五洲纸业股东致达科技作出决定，将五洲纸业无偿并入新大纸业，五洲纸业的债权、债务全部由新大纸业承继。同日，五洲纸业、新大纸业签订《合并协议》。2013年9月16日，徐州市新沂工商行政管理局受理五洲纸业的注销申请，并准予注销登记，五洲纸业并入新大纸业。2013年7月26日、8月8日、8月21日，五洲纸业、新大纸业3次在《江苏经济报》发布合并公告。2013年10月11日，新大纸业向新沂法院申请破产。新沂法院于2014年1月30日作出（2013）新商破字第1—2号民事裁定，宣告新大纸业破产。

十三冶金认为致达科技通过股权变更、企业性质变更、企业合并、申请破产等一系列手法，滥用公司法人的独立地位和股东有限责任，逃避公司债务，严重损害十三冶金作为债权人的合法权益，导致其债权无法实现，致达科技应予赔偿。

【审判】

江苏省徐州市中级人民法院经审理认为：首先，五洲纸业并入新大纸业时，仅在报纸上进行了公告，未通知已知债权人十三冶金，其合并程序存在瑕疵，损害了十三冶金的合法利益。其次，虽然公司合并时通知债权人的义务人是公司，但公司合并系公司股东会决议的结果。五洲纸业系法人独资企业，致达科技是唯一股东，五洲纸业的合并及合并程序如何进行完全取决于致达科技的意志，因此，致达科技主观上存在过错，损害了债权人十三冶金的合法利益。最终，徐州市中级人民法院作出判决：致达科技赔偿十三冶金损失。

致达科技不服一审判决，提起上诉，请求撤销一审判决，改判驳回十三冶金的诉讼请求。

江苏省高级人民法院经审理认为：致达科技将五洲纸业无偿并入新大纸业的行为，违反公司合并制度立法目的，侵害了五洲纸业债权人十三冶金的合法权利，造成了十三冶金的损失，构成侵权，应当承担相应的损失赔偿责任。理由是：

首先，五洲纸业和新大纸业之间的"合并"，虽然具备公司法上合并的形式，但其目的是通过先合并、后直接破产的途径，终止所有参与合并的公司，属于特意安排的终止公司系列行为中的一个步骤，违背了合并制度促进参与合并公司整体向好发展的立法目的。

其次，五洲纸业和新大纸业先合并、后直接破产的公司终止方式打破了原本各自独立的公司法人财产的界限，违法越过了清算环节，将本应当分别清算的公司法人财产融合，一并作为合并后公司的破产财产，将所有参与合并的公司各自的债权人一律作为合并后公司的债权人参与分配。这种方式是否会损害合并前公司债权人的利益，取决于合并前公司各自的资产状况，如是否均已符合破产条件、如符合则破产清偿率是否一致等。若将不符合破产条件的公司并入已资不抵债、符合破产条件的公司，然后直接进行破产，必将损害前者债权人的利益。在无证据证明参与合并的公司均已符合破产条件且破产清偿率相同的情况下，本案应当认定五洲纸业和新大纸业的做法损害了债权人十三冶金的利益。

江苏省高级人民法院作出判决：驳回上诉，维持原判。

判决生效后，致达科技向最高人民法院申请再审。最高人民法院经审查认为，致达科技申请再审的理由不成立，裁定驳回再审申请。

第二百一十九条　【简易合并和小规模合并】

公司与其持股百分之九十以上的公司合并，被合并的公司不需经股东会决议，但应当通知其他股东，其他股东有权请求公司按照合理的价格收购其股权或者股份。

> 公司合并支付的价款不超过本公司净资产百分之十的，可以不经股东会决议；但是，公司章程另有规定的除外。
>
> 公司依照前两款规定合并不经股东会决议的，应当经董事会决议。

◆ **条文释义**

本条是关于简易合并和小规模合并的规定。

简易合并，又称略式合并，主要是指控制公司对从属公司的吸收合并，或者称为母公司对子公司的吸收合并。于母公司吸收合并子公司之情形，不同国家或者地区公司法通常要求母公司必须拥有子公司百分之九十以上的股权（份）时，才可适用简易合并之规定。[①] 不同之处在于有的国家或者地区规定母子公司双方均无须股东会决议，如美国；有的国家规定无须母公司一方股东会决议，如德国；有的国家则规定无须子公司一方股东会决议，如韩国。

根据本条第一款之规定，我国采取的是与韩国相同的模式。当母公司持有子公司百分之九十以上股权（份）时，母公司早已实际控制了子公司的股东会，与一般公司合并中的被合并公司就合并事项在股东会决议前存在不确定性的情况不同，子公司被合并的命运早在母公司一方通过自身合并决议时就已被注定。此种情形下召开股东会并非以确定合并决议能否获得通过为出发点，仅仅是为了符合法律的强制性规定，无疑将造成合并效率低下、合并成本增加等负面影响。同时，为了保护子公司其他股东的知情权及财产权，应当通知其他股东，其他股东有权请求公司按照合理的价格收购其股权（份）。

对于母公司而言，由于其对子公司拥有绝对的控制权，尽管子公司具有独立法人资格，但实践中不论是日常经营管理，抑或是财务会计处理，子公司的资产

[①] 例如，《美国示范公司法（修订）》第11.04条规定："任何公司，如至少拥有另一公司各类别发行在外股份总数的90%，可将该公司合并过来而无需双方公司股东表决同意。"我国台湾地区"公司法"第316条规定："控制公司持有从属公司百分之九十以上已发行股份者，得经控制公司及从属公司之董事会以董事三分之二以上出席，及出席董事过半数之决议，与从属公司合并。其合并之决议，不适用第三百六十条第一项至第三项有关股东会决议之规定。"

负债情况和持续经营能力等皆与母公司紧密相连，合并不会对母公司股东利益造成实质影响，并且当"公司合并支付的价款不超过本公司净资产百分之十"时，更是降低了对母公司产生不利影响的可能性，因此，此种情形母公司可以不经股东会决议，但公司章程另有规定的除外。这是对于小规模合并的简化要求。

基于对合并效率的追求，简易合并和小规模合并无须召开股东会进行决议，但因合并终究为合并各方的公司行为，仍需母子公司的内部机构作出决议，体现其作为法律上独立实体之地位。在公司治理结构中，董事会作为公司的执行机构，负责执行股东会所作出的决议。然而，在既定法律框架下，公司董事会的权力来自法律规定，而非股东会的授权。简易合并和小规模合并实质上更类似于一般的商业决策，由董事会对此进行决议并不具有法理上的障碍。因此，本条第三款规定"公司依照前两款规定合并不经股东会决议的，应当经董事会决议"。

> **第二百二十条　【公司合并的程序】**
> 公司合并，应当由合并各方签订合并协议，并编制资产负债表及财产清单。公司应当自作出合并决议之日起十日内通知债权人，并于三十日内在报纸上或者国家企业信用信息公示系统公告。债权人自接到通知之日起三十日内，未接到通知的自公告之日起四十五日内，可以要求公司清偿债务或者提供相应的担保。

◆ **新旧对照解读**

本条是在《公司法》（2018）第一百七十三条的基础上修改而成的。与《公司法》（2018）第一百七十三条相比，本条增加了公司合并信息公示平台，即自合并决议作出之日起三十日内，公司既可以在报纸上发布合并公告，还可以通过国家企业信用信息公示系统向债权人公告。

◆ **相关规定**

《外资企业合并分立规定》第二十六条、第二十七条

◆ 条文释义

本条是关于公司合并的程序以及债权人异议权的规定。

根据本条及本法其他条文的规定，公司合并程序如下：

1. 董事会制订合并方案。《公司法》第六十七条第二款规定："董事会行使下列职权：……（六）制订公司合并、分立、解散或者变更公司形式的方案；……"因此，董事会应当就公司合并事项在充分协商的基础上制订合并方案，并予以表决通过。

2. 股东会作出合并决议。公司合并是导致公司资产重新配置的重大法律行为，直接影响股东利益，系公司重大事项，需由股东会作出特别决议。根据《公司法》第六十六条和第一百一十六条规定，股东会作出合并决议时，必须经有限责任公司代表三分之二以上表决权的股东或者股份有限公司出席会议的股东所持表决权的三分之二以上通过。另根据《公司法》第一百七十二条规定，国有独资公司的合并，应当由履行出资人职责的机构决定。

3. 编制资产负债表和财产清单。资产负债表和财产清单是反映截至基准日前公司资产及负债状况、股东权益的重要依据。在编制资产负债表和财产清单过程中，合并各方应当真实、准确、全面地履行披露义务，反映公司的财产情况，不得隐瞒公司的债权债务。

4. 签订公司合并协议。公司合并协议系合并各方就合并条件经过充分协商后达成的合意，是合并各方实施合并行为的基础和依据。《公司法》充分尊重契约自由，未对合并协议条款加以限制，但一般来说应当包括：合并协议各方及合并后公司的基本信息；合并形式、条件、对价；合并各方现有资产、职工、债权债务情况及其处置方案、安置办法；合并后公司的组织形式、注册资本、投资总额、各出资方出资方式、出资数额及股权比例；合并程序及日期；违约责任、合同解除、争议解决方式等条款。

5. 通知、公告债权人。对于已知债权人，公司应当自作出合并决议之日起十日内通知债权人；对于确实未知或者确实无法得知联系方式的债权人，应当于三十日内在报纸上或者通过国家企业信用信息公示系统公告。本次修订针对通知、公告方式增加了国家企业信用信息公示系统这一路径。之所以如此规定，大概因为《公司法》（2018）虽然规定了报纸公告程序，但有关刊登公告的报纸级别及公告次数均未作出特别规定。实践中为避免出现公告效力瑕疵问题，公司合并公告多选择省级报刊予以刊登。即便如此，仍需要债权人格外留意债务公司的合并信息，以避免错过对公司合并提出异议的时限。而国家企业信用信息公示系统作为最佳信息平台，于此公示公司合并信息，有助于债权人履行注意义务，系充分尊重债权人知情权的表现。但需要注意的是，报纸公告与公示系统公告，系二选一方式，如若合并各方仍选择于报纸上刊登合并信息，债权人依旧被苛以高度的注意义务。

6. 债权人提出异议。由于合并各方实力强弱悬殊，合并存在对债权人利益的潜在威胁。故债权人自接到通知之日起三十日内，未接到通知的自公告之日起四十五日内，可以要求公司清偿债务或者提供相应的担保。倘若债权人未在上述期限内提出异议，则应当视为债权人对公司合并及债务人更换的承认。

7. 办理公司登记。鉴于公司合并涉及存续公司的变更登记、新设公司的设立登记以及解散公司的注销登记，依据《市场主体登记管理条例》相关规定，应当至登记机关办理登记手续。

◆ 案例指引

我爱我家管理有限公司、邓州市上品酒店有限公司合并纠纷案

【裁判要旨】

如果合并协议约定经双方签字后即生效，法律、行政法规没有规定此类协议的生效应当办理批准或登记手续，则以未履行公司法定合并程序和义务为由认定合并协议未发生法律效力的，不予支持。

【案号】

一审：（2017）豫1381民初4572号

二审：（2018）豫13民终7424号

【案情】

原告：邓州市上品酒店有限公司（以下简称上品酒店）。

被告：我爱我家管理有限公司（以下简称我爱我家）。

2015年8月8日，上品酒店与我爱我家签订《合伙协议》，约定上品酒店将其公司（酒店）全部资产作价140万元并另投现金10万元，作为股份并入我爱我家，由上品酒店法定代表人李某按股享受股东的权利义务。上品酒店拥有的产权由我爱我家统一管理。上品酒店在合同签订日前的所有债权、债务、收益归上品酒店，签订日后归我爱我家。合同签订后，上品酒店向我爱我家提交了资产负债表及固定资产明细表，但未通知债权人，双方亦未在报纸上对合并事宜进行公告。2015年10月19日，我爱我家与案外人陈某（系南阳市半岛蓝山酒店管理有限公司负责人）、杨某山签订了项目合作协议书一份，约定三方合作开发原邓州市福林假日酒店，即上品酒店，并更名为邓州市半岛蓝山酒店有限公司。现上品酒店认为双方的合并协议未按公司法规定的条件履行合并事宜，请求判令双方的合并协议未生效。

【审判】

邓州市人民法院经审理认为：上品酒店、我爱我家间的协议名为合伙协议，实为合并协议。上品酒店、我爱我家双方虽签有合并协议，但双方均未编制正式的资产负债表及财产清单，我爱我家虽出示了上品酒店编制的资产负债表及财产明细表，但作为公司合并中被解散公司的债务，须经公告后由债务人申报后才能确认，故上品酒店制作的资产负债表并不能完全反映其真实的债务情况。另外，双方合并时未通知债权人，亦未于报纸上进行公告；合并协议签订后上品酒店、我爱我家未办理注销登记、变更登记。即双方未严格履行公司合并的法定程序和义务，协议的部分履行并不能证明合并协议已生效。故邓州市人民法院支持了上品酒店的诉讼请求。

一审宣判后，我爱我家提起上诉，请求改判认定双方签订的协议为有效协议。

河南省南阳市中级人民法院经审理认为：《合同法》第四十四条①规定，依法成立的合同，自成立时生效。法律、行政法规规定应当办理批准、登记等手续生效的，依照其规定。本案的合并协议约定双方签字后生效，法律、行政法规没有规定此类合同需经批准或者登记后生效，原审适用的《公司法》（2018）第一百七十三条、第一百七十九条也没有公司合并协议需要批准或者登记后生效的规

---

① 现《民法典》第五百零二条规定。

定，因此，原判认定双方签订的合并协议未发生法律效力，没有法律依据。故河南省南阳市中级人民法院撤销了一审法院的判决，改判驳回上品酒店的诉讼请求。

> **第二百二十一条　【公司合并前债权债务的承继】**
> 公司合并时，合并各方的债权、债务，应当由合并后存续的公司或者新设的公司承继。

◆ **相关规定**

《民法典》第六十七条第一款

《企业改制司法解释》（2020）第三十一条、第三十二条、第三十三条

《农民专业合作社法》第四十六条

《外资并购规定》第十三条

◆ **条文释义**

本条是关于公司合并前各方债权、债务承继的规定。

因公司合并涉及法人主体资格的灭失，根据主体承继性原则，合并前各公司的权利、义务应当一概由合并后存续的公司或者新设的公司承继。具体而言，原有公司全部资产一并转移给合并后的公司，依法办理权利转移手续；因合并而引起的债权债务关系亦发生法定的概括转移。需要注意的是，因公司合并而引发的权利义务的概括承受，除实体法上权利义务外，还包括程序法上的权利义务：前者即前文所述资产、负债等；后者则是指存续公司或者新设公司承继被合并公司尚未完结诉讼、仲裁及其他争讼程序的当事人地位。[1]

---

[1] 虞政平：《公司法案例教学》，人民法院出版社2018年版，第1477页。

◆ 案例指引

重庆索特（集团）有限责任公司与忠县农村信用合作联社等借款合同纠纷案

【裁判要旨】

承债式企业合并情形下，原债务企业应当被注销但尚未被注销，且仍有可偿债资产的，应当为债务主体。兼并协议已生效且主要义务已履行的，虽原债务企业尚未依法依约注销、兼并行为尚未全部完成、原债务企业与兼并企业形式上为不同法人主体，但究其实质，两者实为同一民事主体，故兼并方应当对原债务企业的债务承担连带清偿责任。

【案号】

二审：（2007）民二终字第156号

【案情】

原告：忠县农村信用合作联社（以下简称忠县联社）。

被告：重庆索特（集团）有限责任公司（以下简称重庆索特）、忠县国营盐厂（以下简称忠县盐厂）。

1992年3月31日至1996年11月23日，忠县盐厂欠忠县联社1120万元借款本金及利息未还。

1998年6月2日，重庆索特与忠县盐厂签订了《兼并合同书》，约定重庆索特以"承担债权债务式"整体兼并忠县盐厂，合同签订后，报请有关部门审批同意，办理完有关兼并手续，并经公证机关公证后生效。该合同经政府有关部门审批但未公证。《兼并合同书》签订后，重庆索特实际接收和使用了忠县盐厂的主要资产（因土地使用权尚未补偿到位，故未全部占有使用）并根据自身发展规划进行经营管理，一并管理的还有忠县盐厂的劳动、人事、党政事务。重庆索特与忠县盐厂已实际履行兼并合同的主要义务。

忠县盐厂于1999年因未接受年检而被吊销企业法人营业执照，但未被注销。对于其因三峡工程建设而被淹没的26.5亩土地，其享有请求其所在地石宝镇政府进行等数划拨的权利，但尚未取得划拨土地。

因忠县盐厂到期未归还借款，2004年，忠县联社以忠县盐厂、重庆索特为被告向原审法院提起诉讼，请求判令重庆索特承担本案债务本息的清偿责任。

重庆市高级人民法院以其未对忠县盐厂提出诉讼请求为由驳回对忠县盐厂的起诉，以本案兼并协议已生效并实际履行为由作出（2004）渝高法民初字第78号民事判决，判决重庆索特承担本案债务本息的清偿责任。重庆索特不服该判决，上诉至最高人民法院。最高人民法院作出（2005）民二终字第237号民事裁定，以原审判决事实不清为由，撤销了原审法院民事判决，发回重新审理。重庆市高级人民法院受理后，根据忠县联社的申请，依法追加忠县盐厂为被告。

【审判】

重庆市高级人民法院认为：本案兼并协议已由忠县人民政府和万州区人民政府有关主管部门批准，已经发生法律效力。同时，从重庆索特接管并利用忠县盐厂的财产情况和对生产的统筹安排情况、对相关人事的安排情况、对党组织的领导管理等事实，可以认定本案兼并合同已经履行。故重庆市高级人民法院判决：重庆索特于判决生效后10日内偿还忠县联社的借款本金1120万元及利息；驳回忠县联社对忠县盐厂的诉讼请求。

重庆索特不服一审法院判决，向最高人民法院提起上诉，请求撤销原审判决；驳回忠县联社对重庆索特的诉讼请求。

最高人民法院经审理认为：忠县盐厂为本案借款人，其虽被吊销营业执照，但其民事主体资格仍然存在，且仍有据以偿债的可期待财产（土地使用权），故其应当为本案债务主体。一审法院单纯判令重庆索特承担本案债务不妥。若只判决重庆索特承担本案债务，则可能出现忠县盐厂为逃避债务而迟迟不将土地使用权转给重庆索特、影响权利人权利实现的问题。重庆索特以吸收合并方式兼并忠县盐厂并占有、使用其主要资产，其与忠县盐厂虽名为不同法人主体但实为同一民事主体，也应当对本案债务承担清偿责任。

综上，最高人民法院作出判决：忠县盐厂偿还忠县联社借款本金1120万元及利息；重庆索特对上述债务承担连带清偿责任。

> **第二百二十二条 【公司的分立】**
> 公司分立，其财产作相应的分割。
> 公司分立，应当编制资产负债表及财产清单。公司应当自作出分立决议之日起十日内通知债权人，并于三十日内在报纸上或者国家企业信用信息公示系统公告。

◆ **新旧对照解读**

本条是在《公司法》（2018）第一百七十五条的基础上修改而成的。与《公司法》（2018）第一百七十五条相比，本条增加了公司分立信息公示平台，即自分立决议作出之日起三十日内公司既可以在报纸上发布分立公告，还可以通过国家企业信用信息公示系统向债权人公告。

◆ **相关规定**

《农民专业合作社法》第四十七条

《外资企业合并分立规定》第二十六条、第二十七条

◆ **条文释义**

本条是关于公司分立时财产分割及分立程序的规定。

一、公司分立的概念及特征

公司分立，是指一个公司依法分成两个或者两个以上公司的法律行为。公司分立具有以下特征：

1. 公司分立是根据分立前公司单方意思表示作出的法律行为。分立的主体是公司，分立决议亦由公司股东会通过资本多数决原则作出，无需与任何第三方协商。

2. 公司分立无需履行清算程序。公司分立实质上是法人组织形式的变更，其债权、债务原则上由分立后的公司承担连带责任，故因公司分立而导致公司解散的，无需成立清算组进行清算。

二、公司分立的形式

根据公司分立前后组织形态的变化，公司分立分为以下两种形式：

1. 解散分立，又称新设分立，是指公司将全部资产划归至两个及以上新设立的公司，原公司解散。

2. 存续分立，又称派生分立，是指公司以其部分资产设立一个及以上新公司，原公司存续。

三、公司分立的法律后果

1. 原公司法人资格消灭与否因公司不同分立形式而有所区别。在解散分立中，原公司解散，法人资格丧失；在存续分立中，原公司存续，法人资格得以保留。

2. 分立后的新设公司间，存续公司与新设公司间，彼此独立，均为独立法人。

3. 分立前公司的权利义务由分立后的公司概括承受。分立过程中，原公司将其全部财产、债权债务分别转移至新设公司或者存续公司的行为，对任何主体均有效。

4. 分立前公司股东资格原则上不因公司分立而消灭。原公司股东根据分立决议内容转变为新设公司或者存续公司的股东，但若股东对股东会作出的分立决议持有异议，可以要求公司收购其股权（份），退出被分立公司。

四、公司分立的程序

公司分立程序与公司合并程序基本相同，即应当由董事会制订分立方案；股东会作出分立决议；编制资产负债表和财产清单；通知、公告债权人；办理公司登记。

不同之处在于，公司在编制资产负债表和财产清单时，应当一并对其财产进行分割。至于财产分割方式，法律未作限制规定，有关财产分割具体数额和对应办法由股东会讨论，通过分立决议确定。

◆ 案例指引

贵州捷利达贸易有限责任公司、贵州中杭投资有限公司、姚某金与姚某宜股权转让纠纷案

【裁判要旨】

公司分立，其财产作相应的分割，是指公司分立成不同的公司后，就公司财产在不同的公司之间进行分割，而不是指股东对公司的财产进行分割。股东要对公司的财产进行分割，只能在公司进行清算后进行。

【案号】

一审：（2015）筑民二（商）初字第389号

二审：（2016）黔民终74号

【案情】

原告：贵州捷利达贸易有限责任公司（以下简称捷利达公司）。

被告：贵州中杭投资有限公司（以下简称中杭公司）、姚某金、姚某宜。

2010年12月30日，原告捷利达公司的法定代表人申某与被告姚某宜、姚某金及案外人签订了增资扩股协议及补充协议，约定捷利达公司注册资本由1000万元增加至3333.33万元。被告姚某宜出资1666.66万元占股50%，姚某金出资666.66万元占股20%，二人的股东权益仅限于捷利达公司在盘县三个煤矿各40%股份比例的资产权益和经营收益。2011年1月6日、7日，被告姚某宜、姚某金按照合同约定支付了全部股权转让款。嗣后，案外人贵州华能焦化制气股份有限公司（以下简称华能焦化公司）等与捷利达公司签订《盘县英武乡捷吉煤矿、盘县有益煤矿、盘县捷达煤矿增资协议》（以下简称《三煤矿增资协议》），约定成立贵州华能佳源煤业有限公司（以下简称华能佳源公司）作为三煤矿的建设单位，股东构成为案外人华能焦化公司占股30.1%、贵州天健能源投资有限公司占股29.9%、被告姚某金占股28%、捷利达公司的法定代表人申某占股12%。但由于华能佳源公司只接受法人股东，捷利达公司的法定代表人申某与被告姚某宜、姚某金及案外人签订《贵州捷利达贸易有限责任公司公司分立协议》（以下简称《分立协议》），约定依据《三煤矿增资协议》，捷利达公司进行存续式分立，捷利达公司保留主体资格占三煤矿12%的股份，被告中杭公司成立占三煤矿28%的股份。被告中杭公司在取得三煤矿 28%采矿权股份的前提条件下，被告姚某宜、姚某金将持有捷利达公司 70%的股份以 0 元转让给申某的同时退出捷利达公司。2013 年 8 月 29 日《贵州华能佳源煤业有限公司章程》记载，被告中杭公司为占股 28%的股东。原告捷利达公司认为三被告不履行《分立协议》约定的合同义务构成违约，遂起诉至法院请求判令姚某金、姚某宜依约履行签署捷利达公司分立的股东会决议、捷利达公司章程修正案决议等文件，并办理股权转让转移等相关手续；三被告连带支付违约金。

【审判】

贵州省贵阳市中级人民法院经审理后判决姚某宜、姚某金按照《分立协议》的约定履行签署捷利达公司分立的股东会决议、公司章程修正案决议等文件，并办理股权转让等相关手续；驳回捷利达公司其余诉讼请求。

姚某宜、姚某金不服一审判决，提起上诉，请求改判被上诉人捷利达公司在二审判决生效后按照《分立协议》的约定履行财产分割义务，编制负债表及财产清单，返还上诉人在被上诉人公司的全部投资款项。

贵州省高级人民法院经审理认为：根据《公司法》（2013）第三条及第一百八十六条规定，公司成立后，公司对股东投入的资产或者公司购入的资产享有所有权，股东对投入的资产享有股权，股东要收回投入的资产，可以转让股权，或者通过解散公司，对公司资产进行清算后，按照自己的出资额或者股权比例分配公司的剩余财产来实现。《公司法》（2013）第一百七十五条规定的财产分割，是指公司分立成不同的公司后，就公司的财产在不同的公司之间进行分割，而不是指股东对公司的财产进行分割。股东要对公司的财产进行分割，只能按照《公司法》（2013）第一百八十六条规定，对公司进行清算后进行。本案中，上诉人姚某宜、姚某金提出捷利达公司要履行财产分割义务，返还上诉人在捷利达公司投资款，这是作为股东的上诉人与作为公司的被上诉人之间对公司财产进行的分割，这一理由并不符合上述《公司法》（2013）的规定，也不符合《分立协议》中的约定，法院不予支持。

综上，二审法院判决驳回姚某金、姚某宜关于捷利达公司履行财产分割义务，返还二人在捷利达公司投资款的诉讼请求。

第二百二十三条 【公司分立前的债务承担】

公司分立前的债务由分立后的公司承担连带责任。但是，公司在分立前与债权人就债务清偿达成的书面协议另有约定的除外。

◆ **相关规定**

《民法典》第六十七条第二款
《企业改制司法解释》（2020）第十二条、第十三条
《变更追加当事人规定》（2020）第十二条

◆ **条文释义**

本条是关于公司分立前公司债务承担的规定。

一、以分立后的公司承担原公司的债务为原则

公司分立因涉及分割公司财产，原公司在分立前可自由决定如何分配公司财产，包括分割债权债务，因此原公司完全有可能利用分立重组的方式剥离有效资产逃废债务。考虑到对债权人利益的保护，同时又不至于因保护债权人的利益而剥夺公司分立行为的自由，本条规定，公司分立前的债务由分立后的公司承担连带责任。

二、优先适用原公司与债权人间的债务分担协议

公司分立是公司基于商业战略反复考量所作出的重大抉择，是意思自治原则的充分体现。原公司债务承担作为公司分立的重要一环，势必贯穿着意思自治原则。原公司可与债权人就债务清偿问题经充分协商后达成书面协议，确定公司分立前的债务由谁承担或者如何分担，只要该债务承担协议不存在无效事由，即对各方当事人产生法律约束力。此外，协议的效力还应当优先于法律的任意性规定，也就是说，原公司与债权人间的债务承担协议能够排除适用各分立后公司承担连带责任的法律规定，系私法自治原则在企业分立中的具体体现。

但是，公司分立时对债务承担的约定未经债权人同意或者认可的，既不会导致公司分立行为的无效，也不会导致各分立公司间对债务承担的约定无效，只是该等约定不能对抗债权人，对债权人不产生约束力，且分立后公司仍受连带责任

的束缚。这就意味着分立后公司的全部财产均为债权人债权的责任财产,债权人既可以向分立后的所有公司主张债权,也可以向其中部分公司主张债权,而不必按照分立时各公司接受资产的比例确定其债务承担比例。

> **第二百二十四条　【公司减资】**
>
> 公司减少注册资本,应当编制资产负债表及财产清单。
>
> 公司应当自股东会作出减少注册资本决议之日起十日内通知债权人,并于三十日内在报纸上或者国家企业信用信息公示系统公告。债权人自接到通知之日起三十日内,未接到通知的自公告之日起四十五日内,有权要求公司清偿债务或者提供相应的担保。
>
> 公司减少注册资本,应当按照股东出资或者持有股份的比例相应减少出资额或者股份,法律另有规定、有限责任公司全体股东另有约定或者股份有限公司章程另有规定的除外。

◆ **新旧对照解读**

本条是在《公司法》(2018)第一百七十七条的基础上修改而成的。与《公司法》(2018)第一百七十七条相比,本条的修改主要体现在:其一,明确公司履行通知公告义务的起算时间,即自"股东会"作出减资决议之日起;其二,增加了公司减资信息公示平台,即自减少注册资本决议作出之日起三十日内公司既可以在报纸上发布公告,还可以通过国家企业信用信息公示系统向债权人公告;其三,新增公司减资应当同比例进行之规定,即本条第三款。

◆ **相关规定**

《市场主体登记管理条例实施细则》第三十六条第三款

◆ **条文释义**

本条是关于公司减少注册资本的规定。

公司注册资本减少（以下简称公司减资）是指公司对已经登记的注册资本依照法定程序进行削减的法律行为。受资本不变原则约束，公司不得超越法定条件和程序而随意减少注册资本。原因在于，债权人对依法登记并公示的注册资本具有信赖利益，注册资本所代表的公司财产作为债权的一般担保财产，债权人对其享有优先于股东分配剩余财产的权利。鉴于减资会降低公司偿债能力、动摇公司信用基础，因此公司减资必须严格遵守法定程序。至于公司减资程序，与公司合并程序基本相同，包括：由董事会制订减资方案；股东会作出减资决议；编制资产负债表和财产清单；通知、公告债权人；债权人有权提出异议；以及办理公司登记。

此外，为进一步落实产权平等保护要求，完善中小股东权利保护，本次修订新增公司减资应当同比例进行之规定。实践中，减资存在同比例减资和不同比例减资两种情况，后者又被称为"定向减资"，且适用情形较为广泛，包括：公司定向收购某一股东的股权并减资，以实现该股东退出公司之目的；公司与投资人签署对赌协议，当协议中的回购条款成就时，公司和/或公司原股东对投资人所持有的股权予以回购并进行减资。此外，司法审判实践中亦未否认定向减资的效力，并明确了定向减资应当经过全体股东一致同意的裁判规则，如在华某伟诉上海圣甲电子商务有限公司公司决议纠纷案中，法院认为，不同比例减资会直接突破公司设立时的股权分配情况，如只需经过三分之二以上表决权的股东通过即可作出不同比例减资决议，实际上是以多数决形式改变公司设立时经发起人一致决所形成的股权架构，故对于不同比例减资，除非全体股东或者公司章程另有约定，应当由全体股东一致同意。

基于实践中定向减资的适用需求，本条虽然新增同比例减资的原则性规定，但同时也允许有限责任公司全体股东及股份有限公司章程对定向减资作出特别约定，充分考量了不同公司的现实情况和机构投资者的合理诉求。由此，在后续公司投融资交易中，股东协议及股份有限公司章程中应注意对目标公司回购投资人股权（份）的定向减资事宜作出特别约定。

◆ **适用疑难解析**

公司减资未通知债权人，如何认定减资行为的法律效力

根据本条第二款规定，公司应当自股东会作出减资决议后通知、公告债权人。其中,"通知"和"公告"用"并"字连接,表示二者之间并非择一适用关系,"通知"针对的是已知且能够确定联系方式的特定债权人,"公告"则是确实无法得知联系方式或者下落不明的债权人。公告作为一种拟制通知方式,是对直接通知的补充和完善,只有在无法直接通知时,公告才被作为一种替代方式使用。① 然而,实践中不乏公司减资因违反通知公告义务而被债权人诉至法院的案例,其中典型行为表现即是以"公告"代替"通知"。

针对未通知债权人的减资行为的效力,本次修订前法律未予以明文规定。由此,引发理论与实务关于本问题的争议,主要存在以下两种观点:

其一,未通知债权人的减资行为违反公司法的强制性规定,无效。公司减资规则存在"三应当":应当编制资产负债表及财产清单;应当通知并公告债权人;应当清偿债务或者提供相应担保。当公司法规则中出现"应当""必须"等字眼时,通常约定俗成地认为其所属规则系强制性规则。而且减资不仅涉及公司内部权力配置和利润分配,更涉及债权人的保护和减资程序的履行,兼具私法和公法双重属性。故根据《民法典》第一百五十三条第一款规定,不当减资因违反强制性规定,应当被认定为无效。②

其二,未通知特定债权人的减资行为对债权人不产生法律效力。减资中未通知债权人构成瑕疵减资。瑕疵减资损害了对公司减资前的注册资本产生合理信赖利益的债权人权益,并未损害所有债权人的合法利益,并不当然导致减资无效。③ 在梁某与顾某华股东损害公司债权人利益责任纠纷案中,法院认为对于减资行为违反法定程序时的法律效力认定应当综合考量公司、股东及债权人三方利益。公司减资系股东会为实施公司治理而作出的决议,该决议一经作出即在公司内部产生效力,此系公司自治的应有之义。但公司自治并非没有限制,对减资必须通知债权人的规定正是对公司自治中债权人利益保护的程序设置,以避免在公司自治、股东决策过程中滥用权利而损及债权。但若为债权人利益而对公司自治权和股东决策权予以全盘否定,进而认定违反通知程序的减资行为不成立或者无效,

---

① (2020)浙民终858号。
② 周林斌、余斌:《我国"减法"改革中公司减资制度的完善》,载《中山大学学报(社会科学版)》2015年第5期。
③ (2021)京03民终9223号。

无疑又会使利益保护的天平从一端滑向另一端。履行对债权人的通知义务，非减资行为的生效要件，而仅系对抗要件。即公司不为通知义务，或者对于在法定期限内提出异议之债权人不为清偿或者不提供相应担保，并不影响减资行为的效力。① 这也正是司法审判实践中的主流观点。

◆ 案例指引

上海博达数据通信有限公司诉梅斯信息科技（苏州）有限公司、杨某、陈某等买卖合同纠纷案——公司减资过程中债权人利益的实质性保护案

【裁判要旨】

公司减资怠于履行通知义务，有过错的股东应当在实际减资范围内对公司不能清偿部分承担补充赔偿责任。

【案号】

一审：（2017）沪 0115 民初 65504 号

二审：（2018）沪 01 民终 11345 号

再审：（2020）沪民再 28 号

【案情】

原告：上海博达数据通信有限公司（以下简称博达公司）。

被告：梅斯信息科技（苏州）有限公司（以下简称梅斯公司）。

博达公司与梅斯公司先后于 2015 年 10 月 8 日、2015 年 11 月 11 日、2016 年 1 月 5 日签订三份设备买卖合同。博达公司已按约交付设备，梅斯公司尚欠货款人民币 50 万余元。

梅斯公司设立时注册资本 2000 万元，股东为杨某、陈某。梅斯公司股东会于 2015 年 9 月 15 日形成决议：公司注册资本从 2000 万元减少到 1000 万元，杨某林出资金额由 1950 万元减少到 950 万元，陈某出资额 50 万元维持不变。2015 年 10 月 16 日，梅斯公司对上述减资事宜进行了公告。2016 年 8 月，苏州工业园区市场监督管理局核发了新的营业执照。

博达公司以梅斯公司不履行付款义务且未通知减资事宜为由请求法院判令梅

---

① （2021）苏 06 民终 2588 号。

斯公司支付货款以及逾期付款违约金；梅斯公司股东杨某、陈某在1000万元内对上述债务承担连带清偿责任。

【审判】

上海市浦东新区人民法院经审理认为：根据《公司法》（2013）规定，公司应当自作出减少注册资本决议之日起十日内通知债权人。梅斯公司作出减资决议日为2015年9月15日，博达公司与梅斯公司最早的合同签订日为同年10月8日，梅斯公司作出减资决议之日，博达公司并非梅斯公司债权人，梅斯公司就减资事宜对博达公司不负有通知义务。故法院对博达公司就减资事由要求梅斯公司的股东承担补充责任的请求不予支持。

博达公司不服一审判决，提起上诉。上海市第一中级人民法院经审理后判决驳回上诉，维持原判。判决生效后，博达公司向上海市高级人民法院申请再审。

上海市高级人民法院提审本案，经审理认为：减资是公司内部的重大行为，但同时也会影响到外部债权人的利益。认定公司对自股东会的减资决议后至变更登记前产生的债权人均负有通知义务，更符合公司法的立法目的。梅斯公司的减资发生在与博达公司交易期间，博达公司是梅斯公司减资过程中已知的明确债权人，梅斯公司负有通知博达公司的义务。另梅斯公司减少的是股东认缴的尚未实缴的注册资本。尽管公司法规定公司减资时的通知义务人是公司，但公司减资系股东会决议的结果，是否减资以及如何减资完全取决于股东的意志。杨某、陈某在通知债权人一事上亦未尽到合理的注意义务，且二人作为梅斯公司的股东作出减资决议客观上降低了梅斯公司的偿债能力，产生了和股东抽逃出资一致的法律后果，应当对梅斯公司不能清偿的部分在减资范围内承担补充赔偿责任。陈某虽未减资，但股东会决议由其与杨某共同作出，导致公司无法以自身财产清偿债务的后果，陈某应当与杨某在减资范围内承担连带责任。

第二百二十五条　【简易减资】

公司依照本法第二百一十四条第二款的规定弥补亏损后，仍有亏损的，可以减少注册资本弥补亏损。减少注册资本弥补亏损的，公司不得向股东分配，也不得免除股东缴纳出资或者股款的义务。

> 依照前款规定减少注册资本的，不适用前条第二款的规定，但应当自股东会作出减少注册资本决议之日起三十日内在报纸上或者国家企业信用信息公示系统公告。
>
> 公司依照前两款的规定减少注册资本后，在法定公积金和任意公积金累计额达到公司注册资本百分之五十前，不得分配利润。

◆ **条文释义**

本条是关于简易减资的规定。

以公司净资产是否实际减少为划分标准，公司减资可分为实质减资和形式减资，前者造成公司净资产从公司流向股东，减少公司用以清偿或者担保债权人债权的财产；后者仅是注册资本额的减少，类似于"纸面交易"，是财务上的一种技术处理，系公司资产负债表两端科目的等量消除，不直接导致公司净资产的变动，无需向股东返还投资款。[①]

形式减资通常被用于弥补亏损，允许经营不善的公司有限度地使用会计处理方法实现再融资或者避免退市的目的，不必遭受债权人异议的牵绊。若要求形式减资履行与实质减资一样的手续，难免会导致公司陷入繁琐程序而难以自救，增加减资成本的同时，致使公司失去扭亏为盈的机会，进而造成资本不实并危害债权人的利益。[②] 有鉴于此，简易减资应运而生。

一、适用前提：穷尽公积金补亏后仍有亏损

根据《公司法》规定，公司在使用当年利润补亏后存在不足，应当先使用任意公积金和法定公积金，之后才是资本公积金进行弥补，在穷尽公积金补亏后仍有亏损，允许公司简易减资，通过使用资本予以进一步补亏，此即简易减资的适用前提。

有关适用前提中的补亏顺序应当引起重视。之所以将资本补亏作为最后救济途径，系出于维护公司资本信用及保护债权人利益之考量。如果允许资本在当年

[①] （2019）渝 01 民终 1341 号。
[②] 丁辉：《认缴登记制下公司减资制度研究》，载《河北法学》2017 年第 6 期。

利润及公积金前补亏,意味着公司可以通过资本补亏后将当年利润、累积盈余释放出来进行利润分配,实质上在变相地将资本返还给股东,无疑将损害债权人的利益,动摇公司的信用基础。另外,虽然本次修订将"资本公积金不得用于弥补公司亏损"的表述予以删除,但"按照规定使用资本公积金"意味着使用资本公积金进行补亏并非毫无限制。至于如何使用以及使用类别等问题,尚需监管部门出台可操作性强的实践指引或者其他规范性文件进行明确和细化。

二、限制条件:不得向股东进行分配或者免除股东缴纳出资或者股款的义务

本条规定公司进行简易减资时"不得向股东进行分配,也不得免除股东缴纳出资或者股款的义务",系参照德国《股份法》"简易减资"章节中第二百三十条之规定。① 根据该条款,"不得向股东进行分配"除包括不得分配利润外,不得向股东返还资金亦应当囊括其中。事实上,该项限制条件应当属于形式减资的题中之义。形式减资究其实质仅为一类"纸面交易",当然排除向股东分配或者免除股东出资义务的情况,简易减资亦是如此,否则将与一般减资无异,应当适用严格的减资程序以保护债权人利益。

三、程序简化:无需履行决议后通知公告程序及债权人保护程序

简易减资的"简易"主要体现在两方面:其一,无需自股东会作出决议之日起十日内通知债权人,并于三十日内公告;其二,无需针对债权人异议清偿债务或者提供担保。

当公司减免股东出资义务或者返还股东出资财产时,公司净资产从公司流向股东,将导致公司清偿能力减弱,此时公司债务难免存在不能实现之虞,自是应当严格适用债权人保护程序。当公司仅减少注册资本额,而不产生公司资产的流动时,对于公司偿债能力实质上并无重大影响,债权人保护的需求和强度均弱于一般减资场合。但为了防止公司在不符合前提条件情形下仍适用简易减资,致使债权人毫不知情而丧失救济时机,法律赋予债权人知情权以代替异议权,即公司应当自股东会作出减少注册资本决议之日起三十日内在报纸上或者国家企业信用信息公示系统公告。

---

① 胡晓静、杨代雄译:《德国商事公司法》,法律出版社2014年版,第173页。

四、分配限制：法定和任意公积金累计额达到公司注册资本百分之五十前不得分配利润

公司进行简易减资用资本弥补亏损后，如果公司扭亏为盈，不必再行补亏，但在法定公积金和任意公积金累计额达到公司注册资本百分之五十之前，必须将所得盈利留存于公司，不得向股东分配。但若公司在法定公积金和任意公积金累计额未达到注册资本百分之五十之前即分配利润，则构成违法分配，应当根据《公司法》第二百一十一条规定承担责任，即"股东应当将违反规定分配的利润退还公司；给公司造成损失的，股东及负有责任的董事、监事、高级管理人员应当承担赔偿责任"。如此规定的原因在于，避免公司通过简易减资致使股东优先于债权人获得分配的情形发生，即将保护债权人后移至减资完成阶段。

> **第二百二十六条　【违法减资的法律后果】**
>
> 违反本法规定减少注册资本的，股东应当退还其收到的资金，减免股东出资的应当恢复原状；给公司造成损失的，股东及负有责任的董事、监事、高级管理人员应当承担赔偿责任。

◆ **条文释义**

本条是关于违法减资法律后果的规定。

一、适用前提：违反本法规定减少注册资本

根据《公司法》，本条所称"违反本法规定减少注册资本"应当包含以下三种情形：

其一，违反公司一般减资的法定程序。公司未履行减资通知公告程序或者履行不当导致债权人未能及时行使债权人异议权，或者债权人及时行使债权人异议权但公司拒绝清偿债务或者提供担保，均系违反一般减资程序进行不当减资的行为表现，其中在未先行通知已知债权人的情况下直接以登报公告形式代替通知义务于实践中最为常见。

其二，不符合股东失权制度而为减资。有限责任公司股东经催缴仍未缴纳出资而丧失未缴纳出资股权的，公司可以相应减少注册资本并注销该股权，即所谓的股东失权制度。符合股东失权制度之条件而进行的减资一般与违法减资无涉；但当公司不符合条件却仍以此为由进行减资的，则需要适用一般减资的程序性规定来判断其是否构成违法减资。

其三，违反公司简易减资的法定程序。公司在穷尽公积金补亏后仍有亏损，可以进行简易减资。若公司不符合适用前提条件而进行简易减资，可能涉及一般减资程序的违反，应当结合《公司法》第二百二十四条之规定予以判断；若公司在简易减资过程中未进行公告，或者向股东进行了分配或者免除了股东缴纳股款的义务，则属于违法的简易减资。

然而，值得注意的是，根据"股东应当退还其收到的资金"之表述，似乎表明本条规定的违法减资情形限于"实质减资"。至于以"形式减资"为内核标榜的简易减资，以及股东失权制度中股东丧失的未缴纳出资的股权是否在此范畴，不无疑问，尚需司法解释或者审判实践予以明确。

二、效力认定：违法减资行为无效，减资股东须退还减资款项，减免出资的还须恢复原状

本条关于违法减资行为效力及股东责任的认定，与我国当前司法审判实践中法院的普遍观点有所区别。出于尊重公司自治与债权人利益保护之权衡，绝大多数案件中法院均秉持着"未通知特定债权人的减资行为仅对该名债权人不产生法律效力，而不影响减资行为效力"的观点。而本次修订则明令要求公司违法减资后股东应当退还公司减资款项，减免股东出资的应当恢复原状，致使公司资本无论从形式上还是实质上均恢复到违法减资之前的状态，剖其本质，意在明确违法减资行为无效，从而使公司恢复偿债能力，进而债权人重新获得违法减资前同等程度的保障，系基于设置违法责任倒逼公司严格落实各项法定减资程序之考量。

此外，本条所规定的有权要求股东返还减资款项的请求权主体应当仅为公司，而不包含债权人。但结合实践考虑到公司由于与股东利益具有一致性，或者受减资股东实际控制等原因而怠于行权，可以赋予债权人代位行使该项请求权以获得救济。

三、法律后果：股东及负有责任的董事、监事、高级管理人员承担赔偿责任

本次修订明确了股东及负有责任的董事、监事、高级管理人员因违法减资造成公司损失情形下的赔偿责任。针对该项规则，可以从以下几方面理解：

其一，关于承担赔偿责任的主体，"股东"指的应当是违法减资的股东，而不包含其他股东，如若将减资决议中投反对票的其他股东一并囊括其中，无疑不合理地增加了其他股东的负担。另要求负有责任的董事、监事、高级管理人员一并承担责任，是强化上述人员维持资本充实义务的重要体现，亦是针对关于"要求董事在减资的本息范围内对公司不能清偿的债务承担补充赔偿责任缺乏事实和法律依据"观点[1]的现实回应。

其二，公司损失的赔偿范围既包括违法减资股东无法返还的减资款项，还应当包括公司因此所承担的行政罚款以及解决与债权人相关争议的诉讼或者仲裁费用。

其三，当前司法审判实践针对违法减资情形下股东的补充赔偿责任基本达成共识，但针对股东及负有责任的董事、监事、高级管理人员多个主体间，承担的究竟是连带责任抑或是按份责任；以及负有责任的董事、监事、高级管理人员承担责任后，能否向违法减资股东追偿等问题，法律未置明文，尚需司法解释予以细化。

◆ **适用疑难解析**

修订前违反一般减资法定程序的裁判进路

通过检索我国关于公司减资的案例，针对公司减资未通知债权人的责任承担问题，在本法修订以前因缺乏请求权基础，故法院一般类推适用其他法律规则作出裁判。经梳理后发现大抵存在三条裁判进路：其一，类推适用抽逃出资的规定；其二，类推适用出资瑕疵或者出资不实的规定；其三，类推适用侵权责任相关规定。但其中绝大多数判令股东承担补充赔偿责任的案件均选择第一种裁判进路。

在"安徽新集煤电（集团）有限公司与如东县农村信用合作联社、上海恒德置地有限公司借款合同纠纷案"[2] 中，法院认为减资行为虽不属于抽逃出资，但因公司资产的减少缩小了公司承担责任的能力，影响到公司债权人利益，故股东

---

[1] （2019）沪民申1121号。

[2] （2010）民提字第79号。

违反减资的法定程序,应当认定为名为减资、实为抽逃出资性质,减资股东应当在其出资范围内对公司债务承担连带责任。在"中国地质物资供销总公司与上海天重重型机器有限公司纠纷案"①中,法院认为公司减资系股东会决议的结果,是否减资以及如何进行减资完全取决于股东的意志,在对外所负巨额债务未清偿的情形下进行减资并向工商登记部门出具虚假的情况说明,主观上存在过错,客观上损害了公司的偿债能力,侵害了第三人债权。程序瑕疵的减资对已知债权人不发生法律效力,本质上造成同抽逃出资一样的后果,在立法尚未明确的情形下可比照抽逃出资规则进行责任认定。在"湖北银行南湖支行与吴某、郭某等人公司减资案"②中,法院认为公司的注册资本金对公司的债权具有担保作用,公司不当减资实质是股东不适当地收回出资,若公司的减资行为损害了债权人的利益,可比照公司法股东抽逃出资的相关规定处理,公司股东应当在减资范围内对公司债务不能清偿部分对债权人承担补充赔偿责任。

法律类推适用并不是单纯逻辑推理所能自足的,除此之外,还必须对拟处理案型的事实要件与将要援引法律规定的构成要件进行价值上类似性的评判,确认二者所保护法益的一致性,与立法目的不相违背。③因此,在法律未明文规定违反一般减资程序的法律责任时,法院类推适用系在比对分析一般减资与抽逃出资之构成要件基础上所作之选择,主要聚焦于二者客观要件上的一致性。未通知特定债权人即为减资的行为既损害了公司的偿债能力,又构成对已知债权人债权的侵犯,与股东抽逃出资之实质及对债权人造成的损害本质上具有一致性。④此时公司减资在客观行为上产生了与抽逃出资无异之后果,均造成了公司资产的不当流失,实质上属于对资本维持原则的背离。由此可见,当法律针对减资违反通知义务之股东赔偿责任未置明文时,鉴于其与抽逃出资在正当性基础、法律后果等方面的"类似性高度"明显高于其他规则,故而《公司法司法解释(三)》(2020)第十四条第二款更适宜作为股东赔偿责任的请求权基础。⑤

---

① (2013)沪一中民四(商)终字第1831号。
② (2012)鄂民二终字第00084号。
③ 郭富青:《论商法类推适用的依据、范围和正当性》,载《甘肃政法学院学报》2012年第9期。
④ (2016)沪02民终10330号。
⑤ 薛波:《公司减资违反通知义务时股东的赔偿责任——〈最高人民法院公报〉载"德力西案"评释》,载《北方法学》2019年第3期。

> **第二百二十七条 【增资优先认缴（购）权】**
>
> 有限责任公司增加注册资本时，股东在同等条件下有权优先按照实缴的出资比例认缴出资。但是，全体股东约定不按照出资比例优先认缴出资的除外。
>
> 股份有限公司为增加注册资本发行新股时，股东不享有优先认购权，公司章程另有规定或者股东会决议决定股东享有优先认购权的除外。

◆ 新旧对照解读

本条是在《公司法》（2018）第三十四条的基础上修改而成的。与《公司法》（2018）第三十四条相比，本条的修改主要体现在：其一，将"公司新增资本时"修改为"有限责任公司增加注册资本时"，即区分有限责任公司和股份有限公司分设规则；其二，增加"在同等条件下"的表述；其三，增加对股份有限公司新股优先认购权的原则性否定，规定"股份有限公司为增加注册资本发行新股时，股东不享有优先认购权，公司章程另有规定或者股东会决议决定股东享有优先认购权的除外"。

◆ 相关规定

《公司法司法解释（三）》（2020）第十六条

《中小企业股转系统定向发行规则》第十二条、第二十六条

◆ 条文释义

本条是关于有限责任公司股东增资优先认缴权和股份有限公司新股优先认购权的规定。

新股优先认购权是指股东基于其股东身份和地位，在股份有限公司增发新股时，享有按照持股比例优先于外部投资者认购公司股份的权利。[1] 新股优先认购

---

[1] 王东光：《论新股优先认购权及其排除》，载《甘肃政法学院学报》2008年第5期。

权旨在赋予公司原有股东保持比例性利益的机会，故被公认为"一项保全出资比例性价值的重要权利"。① 有别于多国立法模式，我国立法者仿照新股优先认购权设置了有限责任公司股东增资优先认缴权（以下简称"优先认缴权"），且针对有限责任公司与股份有限公司分设不同规定。

一、有限责任公司股东增资优先认缴权

相较于股份有限公司，有限责任公司的人合性和封闭性更强，股东更需要通过优先认缴权保护其在表决权和收益权上的比例性利益，故在有限责任公司中，优先认缴权被作为股东的固有权利而存在，但同时法律允许全体股东约定不按照实缴出资比例认缴出资。具体而言，优先认缴权规则应当着重把握以下四方面内容：

首先，针对优先认缴权规则，其核心要义在于"优先"二字。不言而喻，"优先"的主体当属有限责任公司增资前的原有股东，而"优先"的客体指代的究竟是其他原有股东，抑或是股东以外的外部投资者？对此，我们认为"优先"的客体解释为后者更为妥帖，这一观点也在"聂某英诉天津信息港电子商务有限公司等公司决议侵害股东权案"② 中得以证实。

其次，之所以规则设定按照"实缴出资比例"行使优先认缴权，其立法用意不外乎鼓励股东及时实缴出资。"实缴出资比例"按照文义解释应当定义为某一股东实缴出资额占全体股东实缴出资总额的比例，其中实缴出资额应当是股东为履行其认缴承诺而实际向公司缴纳且被计入注册资本的金额，③ 至于其实际缴纳的被计入资本公积金的部分，则不能被认定为实缴出资额。

再次，优先认缴权之"优先"只是认缴顺位上的优先，而不包含认缴条件上的特殊权力。④ 换言之，优先认缴权应"在同等条件下"方可行使。与《公司法》第八十四条优先购买权相比，优先认缴权意在向原有股东提供维持其比例性利益的机会，而非出于排斥外部投资以保护公司封闭性和人合性的目的。在公司法范畴，公司财产名义上归属公司，实质由股东所有。公司法人格终止后，剩余财产向全体股东分配。从这一层面上讲，股东间是一种附条件的共有关系，优先

---

① ［韩］李哲松：《韩国公司法》，吴日焕译，中国政法大学出版社2000年版，第555页。
② (2006) 津高民二终字第0076号。类似判决还有："武汉长联来福制药股份有限公司、四川联成投资管理有限公司与中国航天三江集团公司公司增资纠纷案"，(2016) 鄂05民终1383号。
③ 王军：《有限责任公司股东增资优先认缴权解析》，载《金融法苑》2019年辑刊。
④ 赵旭东：《公司法学》，高等教育出版社2006年版，第304页。

认缴权实质上是附条件共有人先买权,故原有股东行使优先认缴权应当满足"同等条件"的要求。

最后,立法者针对优先认缴权规则同时设置了例外规定,即全体股东一致约定不按照出资比例优先认缴出资。针对例外规定,实务中一般存在以下三种情形:其一,按照其他比例优先认缴出资。即不论股东实缴资本情况,全体股东协商一致同意按照认缴出资比例或者其他标准行使优先认缴权。其二,全体股东约定放弃行使优先认缴权。为引进外部战略投资、改善公司股权结构,全体股东可以一致约定放弃优先认缴权。其三,限制特定情形排除适用优先认缴权。即全体股东一致同意当某一股东存在同业竞争或者其他损害公司利益情形时,则该名股东丧失优先认缴权。

二、股份有限公司增资新股优先认购权

本次修订增加了股份有限公司增资时股东的新股优先认购权,并针对有限责任公司和股份有限公司分设规定,即有限责任公司除非全体股东另有约定,否则优先认缴权是股东的固有权利;而股份有限公司章程或股东会决议可以赋予股东新股优先认购权,新股优先认购权并非股东的固有权利。

股份有限公司发行新股的核心目的在于引进战略投资、扩大经营规模、开拓市场份额以期许更多效益回报。无疑,新股优先认购权规则设置时必然面临这样的选择:是追求公司融资的机动性与便利性?还是力求防范股东的比例性利益被稀释?显然,根据本条第二款之规定,立法者将股份有限公司的融资的机动性与便利性置于更加重要的地位。授权资本制下允许董事会在授权范围内发行新股的实质内核即是提高股份有限公司的筹资效率,此时如若严格适用法定优先认购权,无异于人为地为外部战略投资者进入设置关卡,贻误投资时机,拖延筹资进度,不利于公司应对变幻莫测的市场形势。

◆ 适用疑难解析

公司股东对其他股东放弃的增资扩股份额是否享有优先认缴权

对于本问题,司法审判实践中主要存在如下两种观点:

(一)优先购买权规则类推适用于股东行使优先认缴权的情形

"天津市高级人民法院在聂某英诉天津信息港电子商务有限公司等公司决议

侵害股东权案"① 中支持了原告关于"公司原股东对其他股东不能认缴的增资享有优先认缴权"的诉请。该法院认为，优先认缴权和优先购买权旨在维护有限责任公司的人合属性，维护公司股东的比例性利益，基于同一考虑和相似法理，对法律未明确规定的"股东对其他股东放弃认缴的增资份额是否享有优先认缴权"的问题，可以从股权转让的相关规定去分析和判断。公司股权是一个整体，股东以外的人若想取得公司股权，只能来自于公司原股东的让与，即原股东向增资人转让股权。在公司增资的情形下，如果由股东以外的人向公司增资，公司原股东的股权比例必定下降，相当于这部分下降的比例由公司的原股东让与了新股东。在此情形下，如果公司的原股东愿意自己出资购买这部分股份，其应当比股东以外的人有优先购买的权利。只有公司原股东均不能认缴增资，才可以由股东以外的人向公司增资。所以，类比优先购买权规则，股东对其他股东放弃认缴的增资份额享有优先认缴权。

(二) 股东对其他股东承诺放弃的增资份额不享有优先认缴权

在"贵州捷安投资有限公司诉贵阳黔峰生物制品有限责任公司等案"② 中，最高人民法院观点与天津市高级人民法院观点相左。最高人民法院认为：

首先，在法律没有明确规定或者公司章程没有约定情况下，对于其他股东承诺放弃认缴的增资份额，公司原股东不享有优先认缴权。优先认缴权作为一种排斥第三人竞争效力的权利，对其相对人影响重大，必须基于法律明确规定才能享有，包括发生要件及行使范围均须以法律的明确规定为根据。有限责任公司股东对新增资本行使优先认缴权的范围仅以该名股东的"实缴出资比例"为限，超出该法定范围，则无所谓权利的存在。当然，股东会完全有权决定将此等事项及可能引起争议的决断方式交由公司章程规定，从而依据公司章程规定的方式作出决议。

其次，增资扩股不同于股权转让，不能将其他股东放弃认缴增资份额，混同于对外转让股权。增资扩股与股权转让的主要区别在于：(1) 从协议价金受领的情况看，二者出资人资金的受让方不同。股权转让中的资金由被转让股权公司的股东受领，资金的性质属于股权转让的对价；而增资扩股中的资金受让方为标的公司，资金的性质属于标的公司的资本金。(2) 从出资后标的公司注册资本的变

---

① (2006) 津高民二终字第 0076 号。

② (2010) 民申字第 1275 号。

化看，股权转让后，出资人履行义务完成时标的公司的注册资本是保持不变的；而增资扩股后，标的公司的注册资本发生了变化。这是二者最明显的区别。（3）支付价金一方的当事人对于标的公司的权利义务不同。股权转让中，支付价金的一方在支付价金取得了公司股东地位的同时，不但继承了原股东在公司中的权利，也应当承担原股东对公司从成立之时到终止之日的所有义务，其承担义务是无条件的；而增资扩股中支付价金一方的投资人是否与标的公司的原始股东一样，对于其投资之前标的公司的义务是否承担，可以由协议各方进行约定，支付价金的一方对其加入该公司前的义务的承担是可以选择的。（4）对公司的影响不同。股权转让导致股东变化，但公司的注册资本并没有增加或者减少，故对公司的发展壮大不会产生太大影响，注重保护的是公司的人合性。而公司增资扩股往往不仅导致新股东的加入，更是为公司增加了注册资本，使公司的经济实力增强，从而可以扩大生产规模、拓展业务，故增资扩股主要涉及公司的发展规划及运营决策，注重保护的是公司的资合性。

最后，如果公司原股东已经按照实缴出资比例优先认缴出资，那么其对公司的支配权和财产权仍维持在原有状态，比例性利益业已得到充分保障，不存在受到侵害的事实和危险。此时，针对原股东相较于股东以外的人继续优先认缴其他股东放弃的增资份额，必然导致股东个人利益与公司整体利益失衡，公司人合属性与公司发展战略冲突，致使公司股东因担心公司控制力在股东之间发生变化而不愿作出增资决定，最终影响公司战略发展。①

第二百二十八条　【公司增资】

有限责任公司增加注册资本时，股东认缴新增资本的出资，依照本法设立有限责任公司缴纳出资的有关规定执行。

股份有限公司为增加注册资本发行新股时，股东认购新股，依照本法设立股份有限公司缴纳股款的有关规定执行。

---

① 载《人民司法·案例》2011年第11期。

◆ **相关规定**

《市场主体登记管理条例实施细则》第三十六条第二款

《外资并购规定》第十六条第二款

◆ **条文释义**

本条是关于公司增加注册资本的规定。

公司增加注册资本（以下简称公司增资）是指公司为扩大经营规模、拓宽业务领域、提高资产信用等，经股东会特别决议，使公司的注册资本在原有基础上予以扩大的法律行为。毋庸置疑，公司增资将提升公司的资产信用和偿债能力。然而，即便公司增资裨益于全体股东，公司仍不得超越法定条件与程序而随意增加注册资本，此系资本不变原则的另一要义。之所以限制公司随意增资，是因为实践中部分增资业已沦为控股股东稀释中小股东股权比例的重要手段。为降低增资扩股带给中小股东的副作用，本法规定公司增资必须经过股东会作出特别决议才能进行，即股东会作出增资决议时，必须经有限责任公司代表三分之二以上表决权的股东通过，或者必须经股份有限公司出席会议的股东所持表决权的三分之二以上通过。

根据本条规定，关于新增资本的出资，有限责任公司和股份有限公司均应当依照本法有关公司设立时的规定执行。即公司增资情形下股东出资应当遵循如下限制性规定：

其一，关于出资方式，股东不得违背法律、行政法规的禁止性规定，即不得以劳务、信用、自然人姓名、商誉、特许经营权或者设定担保的财产等作价出资。

其二，关于出资期限，按照《公司法》第四十七条，全体股东认缴的出资额由股东按照公司章程的规定自公司成立之日起五年内缴足，法律、行政法规以及国务院决定另有规定的从其规定。若股东逾期缴纳出资，按照第四十九条，除应当向公司足额缴纳外，还应当对给公司造成的损失承担赔偿责任；第五十二条，经公司书面催缴后仍未履行出资义务的，公司经董事会决议可以向股东发出失权通知，自通知发出之日起，该股东丧失其未缴纳出资的股权。

其三，关于履行方式，股东以货币出资的，应当将货币出资足额存入公司在银行开设的账户；以非货币财产出资的，应当依法办理其财产权的转移手续。未将出资的不动产转移至公司名下，属股东出资不实。[1]

---

[1] （2021）最高法民申7454号。

第十二章　公司解散和清算

◆ **本章概述**

本章共十四条，对公司出现法律规定解散事由，公司注销前处理公司事务的规定，包括进行清算、处理债权债务、分配财产、参与诉讼、注销证照一系列工作，解散是公司法人资格消灭的重要原因。新法增加了法人的权力机构决议解散的情况下，可以通过修改公司章程或者经股东会决议使得公司续存；公司在存续期间未产生债务，或者已清偿全部债务，经全体股东承诺，可以通过简易程序注销登记；公司被吊销营业执照、责令关闭或者被撤销，满三年未向公司登记机关申请注销公司登记，增加了公司登记机关强制注销制度。修订后的条文使得公司存续、注销方式相对原有规定更加多样，程序也更加便捷。

> **第二百二十九条　【公司解散原因】**
>
> 公司因下列原因解散：
>
> （一）公司章程规定的营业期限届满或者公司章程规定的其他解散事由出现；
>
> （二）股东会决议解散；
>
> （三）因公司合并或者分立需要解散；
>
> （四）依法被吊销营业执照、责令关闭或者被撤销；
>
> （五）人民法院依照本法第二百三十一条的规定予以解散。
>
> 公司出现前款规定的解散事由，应当在十日内将解散事由通过国家企业信用信息公示系统予以公示。

◆ **新旧对照解读**

《公司法》(2018) 第一百八十条第（二）项规定"股东会或者股东大会决议解散"修改为"股东会决议解散"，以保持体系的一致性；增加"公司出现前款规定的解散事由，应当在十日内将解散事由通过国家企业信用信息公示系统予以公示"。

◆ **相关规定**

《民法典》第六十九条
《市场主体登记管理条例》第四十条第一款、第二款

◆ **条文释义**

公司解散是公司营业期限届满或者其他法定事由出现，公司注销前处理一系列公司事务的过程，包括进行清算、处理债权债务、分配财产、参与诉讼、注销证照等工作，公司解散是法人资格消灭的原因之一，在解散过程中，公司丧失的只是从事营业活动的行为能力，其法人资格并未真正消灭，① 公司解散有如下原因。

第一，法人章程规定的存续期间届满或者法人章程规定的其他解散事由出现。出资人或者是履行出资人职责的机构可以自主决定章程的内容，决定法人设立、存续、注销状态。法律对有限责任公司章程的营业期限和其他解散事由并没强制要求，股东可以根据公司经营情况灵活决定。股份有限公司章程应当载明公司的解散事由与清算办法。

第二，股东会决定解散。解散是消灭公司法人主体资格的行为，属于重大事项，《公司法》第五十九条第（七）项规定股东会对公司解散作出决议，第六十六条第三款规定解散的决议，应当经代表三分之二以上表决权的股东通过。

第三，因公司合并或者分立解散。合并是由两个或者两个以上公司经过法定程序最后注册为一个公司，可以分为吸收合并和新设合并。一个公司吸收其他公

---

① 雷霆：《公司法务实用全书》，法律出版社2017年版，第572页。

司为吸收合并，被吸收的公司解散。两个以上公司合并设立一个新的公司为新设合并，合并各方解散。分立是指一个公司经法定程序后分成了两个或者两个以上公司。依被分立的原公司是否还续存可以分为存续分立和解散分立。原公司继续存在，且在原公司的基础上又设立了新公司称为存续分立；原公司解散注销后成立了二个或者二个以上公司为解散分立。公司分立，应当编制资产负债表及财产清单。公司应当自作出分立决议之日起十日内通知债权人，并于三十日内在报纸上或者国家企业信用信息公示系统公告。

第四，公司在生产经营过程中，涉嫌违反法律法规，受到相应的处罚后被动解散。这些行政处罚措施具体包括吊销营业执照、责令关闭，以及依法被撤销。如《关于促进市场公平竞争维护市场正常秩序的若干意见》规定，对于违反法律法规禁止性规定的市场主体，或者达不到节能环保、安全生产、食品、药品、工程质量等强制性标准的市场主体，应当依法予以取缔，吊销相关证照。对未经依法许可的生产经营行为，市场监管部门和负责市场准入许可的部门要及时依法查处，直至吊销营业执照。《关于企业法人营业执照被吊销后，其民事诉讼地位如何确定的复函》中规定吊销企业法人营业执照，是市场监管部门依据国家工商行政法规对违法的企业法人作出的一种行政处罚。企业法人被吊销营业执照后，应当依法进行清算，清算程序结束并办理工商注销登记后，该企业法人才归于消灭。《市场主体登记管理条例》第四十条规定："提交虚假材料或者采取其他欺诈手段隐瞒重要事实取得市场主体登记的，受虚假市场主体登记影响的自然人、法人和其他组织可以向登记机关提出撤销市场主体登记的申请。登记机关受理申请后，应当及时开展调查。经调查认定存在虚假市场主体登记情形的，登记机关应当撤销市场主体登记。相关市场主体和人员无法联系或者拒不配合的，登记机关可以将相关市场主体的登记时间、登记事项等通过国家企业信用信息公示系统向社会公示，公示期为45日。相关市场主体及其利害关系人在公示期内没有提出异议的，登记机关可以撤销市场主体登记。因虚假市场主体登记被撤销的市场主体，其直接责任人自市场主体登记被撤销之日起3年内不得再次申请市场主体登记。登记机关应当通过国家企业信用信息公示系统予以公示。"

第五，人民法院依照本法第二百三十一条的规定予以解散。该条是公司陷入公司僵局，持有百分之十以上表决权的股东，可以请求人民法院解散公司。

第二百三十条　【特殊解散情形下的公司存续】

公司有前条第一款第一项、第二项情形，且尚未向股东分配财产的，可以通过修改公司章程或者经股东会决议而存续。

依照前款规定修改公司章程或者经股东会决议，有限责任公司须经持有三分之二以上表决权的股东通过，股份有限公司须经出席股东会会议的股东所持表决权的三分之二以上通过。

◆ **新旧对照解读**

对比修订前第一百八十一条第一款条文，修订后增加了股东会决议解散的情况下，可以通过修改公司章程或者经股东会决议使得公司续存。企业是社会经济发展的基础要素，其经营状况很大程度上决定了整个社会经济的发展，通过修改此条文，企业存续的方式更具多样性，由此在更大程度上保障社会经济的健康有序发展。同时也避免唯有修改章程这一繁琐程序才能使公司得以续存，制度设计更为宽松，给予股东会更大的灵活性，由此也能够让经济主体更加便捷地参与到经济活动中来。第二款中统一采用股东会的称谓，修改了原来法律中股东大会的称谓。

◆ **条文释义**

该条文第一款包括两种情况下公司出现解散事由：一是公司章程规定的营业期限届满或者公司章程规定的其他解散事由出现；二是股东会决议解散。公司在未完成注销前，依然保留法人资格，相应地必有法人之权力机关。公司股东会仍旧是公司解散后、注销前的权力机关。股东会既然有权决议解散公司，也有权再行作出撤销解散决议的新决议。① 公司股东通过章程、股东协议或者公司决议，可以构造有效率的法人治理结构，并对这些机构的权利义务作符合投资者市场预期的配置，② 公司可以采取修改章程或者股东会决议，使得公司继续存在。《审

---

① 叶林、徐佩菱：《关于我国公司清算制度的评述》，载《法律适用》2015年第1期。
② 邹海林：《关于公司法修改的几点思考》，载《法律适用》2020年第1期。

理公司强制清算案件工作座谈会纪要》规定，公司因公司章程规定的营业期限届满或者公司章程规定的其他解散事由出现，或者股东会决议自愿解散的，人民法院受理债权人提出的强制清算申请后，对股东进行剩余财产分配前，公司修改章程或者股东会决议公司继续存续，申请人在其个人债权及他人债权均得到全额清偿后，未撤回申请的，人民法院可以根据被申请人的请求裁定终结强制清算程序，强制清算程序终结后，公司可以继续存续。

该条文第二款是对第一款通过修改公司章程或者经股东会决议使得公司得以存续的股东会表决的要求，其中有限责任公司是持有三分之二以上表决权的股东通过，股份有限公司是出席股东会会议的股东所持表决权的三分之二以上通过。

> **第二百三十一条　【司法强制解散公司】**
> 公司经营管理发生严重困难，继续存续会使股东利益受到重大损失，通过其他途径不能解决的，持有公司百分之十以上表决权的股东，可以请求人民法院解散公司。

◆ **新旧对照解读**

本条将《公司法》（2018）第一百八十二条持有公司全部股东表决权百分之十以上的股东，修改为持有公司百分之十以上表决权的股东。

◆ **条文释义**

公司僵局（corporate deadlock）是指公司由于股东、董事之间矛盾激化而处于僵持状况，导致股东会、董事会等公司机关不能按照法定程序作出决策，从而使公司陷入无法正常运转，甚至瘫痪的状态。[1] 公司僵局是公司运营出现困难，公司股东不仅不能从公司中获得相应的利润，反而会遭受重大损害。在穷尽其他救济措施后，为了保护公司股东利益，持有公司百分之十以上表决权股东可以请求人民法院解散公司，以减少股东的损失。《公司法司法解释（二）》（2020）

---

[1] 雷霆：《公司法务实用全书》，法律出版社2017年版，第730页。

规定了可以提起解散公司诉讼的经营管理困难情形包括：(1) 公司持续两年以上无法召开股东会，公司经营管理发生严重困难的；(2) 股东表决时无法达到法定或者公司章程规定的比例，持续两年以上不能作出有效的股东会决议，公司经营管理发生严重困难的；(3) 公司董事长期冲突，且无法通过股东会解决，公司经营管理发生严重困难的；(4) 经营管理发生其他严重困难，公司继续存续会使股东利益受到重大损失的情形。

◆ 案例指引

董某琴、长春东北亚物流有限公司公司解散纠纷

【裁判要旨】

长春东北亚物流有限公司股东及董事之间长期冲突，已失去继续合作的信任基础，公司决策管理机制失灵，公司继续存续必然损害荟冠公司的重大利益，且无法通过其他途径解决公司僵局，荟冠公司坚持解散长春东北亚物流有限公司的条件已经成就，有事实与法律依据，法院应予支持。

【案号】

一审：(2015) 长民四初字第 247 号判决书

二审：(2016) 吉民终 569 号判决书

再审：(2017) 最高法民申 2148 号裁定书

【案情】

一审、二审法院查明，2004 年 9 月 20 日长春东北亚物流有限公司（以下简称东北亚公司）注册成立，至 2015 年 12 月东北亚公司工商登记显示，荟冠公司持股 44%，董某琴持股 51%，东证公司持股 5%。(1) 关于董事会方面，东北亚公司董事会有 5 名成员，董某琴方 3 人，荟冠公司方 2 人。公司章程第五十三条规定：董事会会议由董事代股东行使表决权，董事会会议对所议事项作出决议，决议应由代表五分之三以上（含本数）表决权的董事表决通过。根据以上规定，董某琴方提出的方案，无须荟冠公司方同意即可通过。荟冠公司曾 3 次提出修改公司章程，均遭到董某琴的拒绝。此外荟冠公司向东证公司转让部分股权一事，东北亚公司拒绝配合，最终通过诉讼才得以实现。2013 年 8 月 6 日起，东北亚公司已有两年未召开董事会，董事会早已不能良性运转。(2) 关于股东会方面，自

2015年2月3日至今，东北亚公司长达两年没有召开股东会，无法形成有效决议，更不能通过股东会解决董事间激烈的矛盾，股东会机制失灵。（3）关于监事会方面，东北亚公司成立至今从未召开过监事会，监事亦没有依照公司法及公司章程行使监督职权。

同时，一审法院基于慎用司法手段强制解散公司，多次组织各方当事人进行调解。在二审法院调解过程中，荟冠公司、东证公司主张对东北亚公司进行资产价格评估，确定股权价格后，由董某琴收购荟冠公司及东证公司所持东北亚公司的股权，荟冠公司及东证公司退出东北亚公司，最终各方对此未能达成一致意见，调解未果。东北亚公司僵局状态已无法通过其他途径解决。

【审判】

再审法院认为：本案的焦点问题是东北亚公司是否符合公司解散的法定条件。

首先，关于法律适用问题。荟冠公司以东北亚公司经营管理发生严重困难、其股东利益受到重大损害、通过其他途径不能解决僵局等事实为由，请求解散东北亚公司。为充分保护公司股东合法权益，依法规范公司治理结构，促进市场经济健康发展，作出解散东北亚公司的判决，适用法律并无不当。

其次，关于东北亚公司是否符合公司解散的法定条件的问题。（1）东北亚公司的经营管理已发生严重困难。客观上东北亚公司董事会已由董某琴方控制，荟冠公司无法正常行使股东权利，无法通过委派董事加入董事会参与经营管理。东北亚公司的内部机构已不能正常运转，公司经营管理陷入僵局。（2）东北亚公司继续存续会使荟冠公司股东权益受到重大损失。本案中，荟冠公司已不能正常委派管理者。荟冠公司不能正常参与公司重大决策，荟冠公司未能从东北亚公司获取收益，东北亚公司虽称公司持续盈利，但多年并未分红。荟冠公司作为东北亚公司的第二大股东，早已不能正常行使参与公司经营决策、管理和监督以及选择管理者的股东权利，荟冠公司投资东北亚公司的合同目的无法实现，股东权益受到重大损失。（3）通过其他途径亦不能解决东北亚公司股东之间的冲突。基于有限责任公司的人合性，股东之间应当互谅互让，积极理性地解决冲突。在东北亚公司股东发生矛盾冲突后，荟冠公司试图通过修改公司章程改变公司决策机制解决双方纠纷，或通过向董某琴转让股权等退出公司的方式解决公司僵局状态，但均未能成功。

再审法院认为东北亚公司股东及董事之间长期冲突，已失去继续合作的信任基础，公司决策管理机制失灵，公司继续存续必然损害荟冠公司的重大利益，且无法通过其他途径解决公司僵局，荟冠公司坚持解散东北亚公司的条件已经成就，裁定驳回董某琴、东北亚公司的再审申请。

> **第二百三十二条　【清算义务人和清算组】**
> 公司因本法第二百二十九条第一款第一项、第二项、第四项、第五项规定而解散的，应当清算。董事为公司清算义务人，应当在解散事由出现之日起十五日内组成清算组进行清算。
> 清算组由董事组成，但是公司章程另有规定或者股东会决议另选他人的除外。
> 清算义务人未及时履行清算义务，给公司或者债权人造成损失的，应当承担赔偿责任。

◆ 新旧对照解读

新法规定因营业期限届满或者公司章程规定的其他解散事由、股东会决议解散、被吊销营业执照、责令关闭或者被撤销、公司僵局而解散，应当进行清算，清算义务人为董事，把清算工作的责任落实在了公司董事身上。

条文增加了清算义务人未及时履行清算义务，给公司或者债权人造成损失的，承担赔偿责任的规定。

◆ 相关规定

《民法典》第七十条

《市场主体登记管理条例》第三十二条

◆ 条文释义

由于合并或者分立后，债权债务关系均由合并或者分立后的公司承担，所以在该情况下，对公司和债权人没有影响就不用专门再进行清算。原则上，商事主体发生解散事由或者终止营业时，应当经清算程序后，才能办理注销登记手续。[①]清算分为一般清算和特别清算，一般清算是公司对公司的财产及债权债务自行组织的清算。特别清算是公司无法成立清算组或者成立清算组后有不履行清算职责或者其他妨碍清算工作开展的情况，由人民法院介入，组织进行的清算。我国实行清算义务人和清算人（清算组）两元结构，清算义务人可以是清算人也可以不是清算人。清算义务人设置的目的是启动清算工作，只要清算义务人一经依法及时启动清算程序，使清算组组成并开始清算工作，其清算义务就得到了适当履行。而各种具体清算事务的完成，则是清算人的义务，不属于清算义务人的义务。[②]

除了大陆法系国家外，以美国为代表的英美法系国家在公司清算人的选任方面，同样是以公司董事为通常人选。[③] 在我国《公司法》已经明确清算人原则上为董事，让董事担任清算人基于以下理由：

第一，董事会是管理公司事务的机构，在日常管理过程中最熟悉公司的运营状况，由他们进行公司清算能掌握公司现存的权利义务关系，也最熟悉权利义务关系的相对方，能更好地终结公司现存的权利义务关系。

第二，公司对董事有严格的选任条件。《公司法》第八章规定了公司董事的资格，以及忠实和勤勉义务，这些能够保证董事为了公司最大利益而行为。

第三，从董事的人员构成来看，有些公司的董事会成员有职工代表，由董事对公司进行清算，能更好顾全各方利益。

由董事担任清算组成员是一般情形，法律、行政法规另有规定从其规定，由此在制度上为更合适的其他人员来承担清算工作留下处理的空间。公司清算义务人不履职或者履职不到位给公司或者债权人造成损失，要承担赔偿责任。

---

① 钱玉林：《商事主体注销登记争点问题讨论》，载《法学论坛》2021年第4期。
② 王欣新：《论清算义务人的义务及其与破产程序的关系》，载《法学杂志》2019年第12期。
③ 龚鹏程：《民法典时代公司解散清算制度的困境及化解》，载《学海》2021年第6期。

> **第二百三十三条　【法院指定清算组】**
>
> 公司依照前条第一款的规定应当清算，逾期不成立清算组进行清算或者成立清算组后不清算的，利害关系人可以申请人民法院指定有关人员组成清算组进行清算。人民法院应当受理该申请，并及时组织清算组进行清算。
>
> 公司因本法第二百二十九条第一款第四项的规定而解散的，作出吊销营业执照、责令关闭或者撤销决定的部门或者公司登记机关，可以申请人民法院指定有关人员组成清算组进行清算。

◆ **新旧对照解读**

该条文是对原逾期不成立清算组进行清算的，债权人可以申请人民法院指定有关人员组成清算组进行清算的规定进行了细化。向人民法院申请指定清算组的前提由原来的逾期不成立清算组修改为逾期不成立清算组进行清算或者成立清算组后不清算的情况，这是为了防止在实践中，成立清算组后因为各种原因不积极履行清算工作，致清算程序久拖不决，损害公司债权人和股东的利益。

申请人的范围从原条文规定的债权人变更为利害关系人，同时依法作出吊销营业执照、责令关闭或者撤销决定的部门或者作出相应行政行为的机关可以作为申请人。由此破解了原法律条文只有债权人有权申请，造成实践中当清算组不成立、成立清算组后不开展工作时，如果债权人不申请，则无法组成清算组进行清算的局面。

◆ **相关规定**

《民法典》第七十条

《市场主体登记管理条例》第三十四条

◆ **条文释义**

公司清算有三种方式：一为自愿清算，即由公司及其股东自愿、自行组织的清算；二为行政清算，即由行政部门组织的清算，实践中如由政府相关机构对证券公司进行的清算；三为司法清算，是由相关利益主体向司法机关提起司法解散之诉而进行的清算。① 该条文对如何适用以上三种方式，作了具体规定。

未按要求成立清算组，或者成立了清算组但清算组不开展清算工作的情况下，利害关系人根据情况，可以选择申请人民法院指定有关人员组成清算组进行清算。清算义务人出现的主要目标是解决清算启动难的问题，并做好公司解散与清算的衔接工作。② 该种情况下，如果清算组不积极履行清算义务，为了保障利害关系人的利益，法律赋予人民法院组织清算组的权利。人民法院在审理公司强制清算案件时，既要充分保护债权人利益，又要兼顾职工利益、股东利益和社会利益，妥善处理各方利益冲突，实现法律效果和社会效果的有机统一。③

对于公司因违法行为被吊销营业执照、责令关闭或者被撤销的情形，由作出决定的部门或者公司登记机关作为申请权利人向人民法院提出申请，请求法院指定清算组进行清算。与《民法典》规定的主管机关或者利害关系人可以申请人民法院指定有关人员组成清算组进行清算的规定相衔接。

第二百三十四条 【清算组职权】

清算组在清算期间行使下列职权：

（一）清理公司财产，分别编制资产负债表和财产清单；

（二）通知、公告债权人；

（三）处理与清算有关的公司未了结的业务；

（四）清缴所欠税款以及清算过程中产生的税款；

（五）清理债权、债务；

（六）分配公司清偿债务后的剩余财产；

（七）代表公司参与民事诉讼活动。

---

① 虞正平：《公司法案例教学》，人民法院出版社2018年版，第1568页。
② 龚鹏程：《民法典时代公司解散清算制度的困境及化解》，载《学海》2021年第6期。
③ 参见《审理公司强制清单案件工作座谈会纪要》。

◆ 新旧对照解读

该条文系《公司法》(2018) 第一百八十四条内容原文。

◆ 相关规定

《民法典》第七十一条

◆ 条文释义

本条对公司清算组在清算期间的职权进行了列举，概括起来包括三部分，一是摸清家底。对公司的财产进行全面梳理，制定财产清单。二是清理公司对外的债权债务。由清算组发出通知（或者公告），对公司债权、债务进行统计，但在此过程中清算组不得对个别债权人的债务进行清偿。三是了结公司日常事务，如参与诉讼、处理前项公司业务、订单等。法律条文规定分别为清理公司财产、通知或者公告债权人、处理与清算相关业务、清缴税款、清理债权、债务、分配公司剩余财产、参与民事诉讼。

第二百三十五条　【债权人申报债权】

清算组应当自成立之日起十日内通知债权人，并于六十日内在报纸上或者国家企业信用信息公示系统公告。债权人应当自接到通知之日起三十日内，未接到通知的自公告之日起四十五日内，向清算组申报其债权。

债权人申报债权，应当说明债权的有关事项，并提供证明材料。清算组应当对债权进行登记。

在申报债权期间，清算组不得对债权人进行清偿。

◆ 新旧对照解读

本条是在《公司法》(2018) 第一百八十五条基础上修改而成。第一款由清算组应当自成立之日起十日内通知债权人，并于六十日内在报纸上公告，修改为清算组应当自成立之日起十日内通知债权人，并于六十日内在报纸上或者国家企业信用信息公示系统公告，公告方式除了报纸这一传统媒体，增加了国家企业信息公示系统，由此能够大大增加第三人获取公告的渠道。传统通过报纸刊登企业清算相关信息，容易造成信息的发布和需求之间极其不对称。如果是在国家企业信用信息公示系统进行公告，任何第三人都可以登录网站进行查阅，由此保证了信息公示的有效性。

同时，第一款原来规定债权人应当自接到通知书之日起三十日内，未接到通知书的自公告之日起四十五日内，向清算组申报其债权，修改为债权人应当自接到通知之日起三十日内，未接到通知的自公告之日起四十五日内，向清算组申报其债权。债权人接收通知的方式由原规定的"通知书"扩大到了"通知"。这是因为随着信息传播技术的不断进步，信息传输方式由原来的人与人面对面沟通、纸质报刊、书信等，正逐步扩大到电子邮件、手机短信、微信等，其时效性是传统方式无法比拟的。法律条文规定清算组对债权人的"通知"无论采取何种方式，只要把相关信息真实有效告知债权人即可。

◆ **相关规定**

《民法典》第七十一条

《企业破产法》第一百零七条第一款

◆ **条文释义**

清算组通知、公告债权人，履行告知债权人的义务，以便于债权人能及时向清算组申报债权。对能够联系到的债权人是在清算组成立之日起十日内通知，对不确定的债权人则需六十日内在报纸上或者国家企业信用信息公示系统公告。

同时，对于债权人向清算组申报的债权，由清算组进行核实并统计。债权人申报债权，需要提供债权真实存在的相关材料，以便于清算组进行核实，对申报的债权清算组应当进行登记。债权人申报债权应当提交的资料包括债权证明和合法有效的身份证明；代理申报人应当提交委托人的有效身份证明、授权委托书和债权证明。申报的债权有财产担保的，应当提交证明财产担保的证据。人民法院在登记申报的债权时，应当记明债权人名称、住所、开户银行、申报债权数额、申报债权的证据、财产担保情况、申报时间、联系方式以及其他必要的情况。已经成立清算组的，由清算组进行上述债权登记工作。① 在债权申报期间，清算组不能对债权进行个别清偿。如先偿付个别债权，出现资产不足以支付全部债权的情形，会损害到其他债权人的利益。

> **第二百三十六条　【清算分配】**
>
> 清算组在清理公司财产、编制资产负债表和财产清单后，应当制订清算方案，并报股东会或者人民法院确认。
>
> 公司财产在分别支付清算费用、职工的工资、社会保险费用和法定补偿金，缴纳所欠税款，清偿公司债务后的剩余财产，有限责任公司按照股东的出资比例分配，股份有限公司按照股东持有的股份比例分配。
>
> 清算期间，公司存续，但不得开展与清算无关的经营活动。公司财产在未依照前款规定清偿前，不得分配给股东。

◆ **新旧对照解读**

本条将《公司法》（2018）第一百八十六条中股东会、股东大会的表述统一修改为股东会。

◆ **相关规定**

《民法典》第七十二条

◆ **条文释义**

该条文第一款规定了清算组对公司财产进行清理的具体工作，包括编制资产负债表和财产清单，并根据公司财产情况制订清算方案，报经股东会或者人民法

---

① 参见《关于审理企业破产案件若干问题的规定》。

院确认即可。清算方案是指导清算组开展工作的计划性文件，公司自行清算的，清算方案应当报股东会决议确认；人民法院组织清算的，清算方案应当报人民法院确认。未经确认的清算方案，清算组不得执行。如果股东会或者人民法院对清算组报送的清算方案不予认可，清算组应当对清算方案进行修改，直至股东会或者人民法院确认。我国其他法律法规也有类似规定，如《关于依法做好外商投资企业解散和清算工作的指导意见》规定，清算组应当在清算期内缴清企业各项税款。清算结束后，清算组应当制作清算报告，经企业权力机构确认后，报送审批机关，同时向审批机关缴销批准证书。

第二款规定了清算支付顺位。第一顺位是清算费用，这是为了保障清算活动的正常开展。第二顺位是职工的工资，工资是职工劳动应得的收入，是绝大多数职工家庭收入的主要来源，甚至是唯一来源，保障职工工资的重要性不可替代。第三顺位是社会保险费用和法定补偿金。保险和法定补偿金都与职工利益切身相关，比如医疗、养老等保险、企业关闭对职工的经济补偿等。第四顺位是缴纳所欠税款。税收是国家凭借强制力，依照法律规定，无偿征收货币或者实物而形成的再分配方式，是国家收入的主要来源，是支撑国家进行管理活动的经济保障。《公司法》把支付税款排列在清算费用、职工工资、社会保险费用和法定补偿金之后，也体现出让利于民，为民服务的执政理念。清偿以上费用后，公司如果还有剩余财产，有限责任公司按照股东的出资比例分配，股份有限公司按照股东持有的股份比例进行分配。《民法典》规定法人清算后的剩余财产，按照法人章程的规定或者法人权力机构的决议处理。法律另有规定的，依照其规定。也就是在通常情况下剩余财产的处理，按照法人章程的规定或者法人权力机构的决议处理。如果法律有其他规定的，应当优先适用该规定。

清算中的公司处于存续状态，学理上有三种学说，一是拟制续存说、二是同一法人说、三是清算法人说。[①] 清算是为注销公司法人资格做准备，清算期间清算组只能处理清算相关事务，不得开展与清算无关的经营活动。

[①] 安建：《〈中华人民共和国公司法〉释义（最新修正版）》，法律出版社2013年版，第292页。

> **第二百三十七条　【破产申请】**
>
> 清算组在清理公司财产、编制资产负债表和财产清单后，发现公司财产不足清偿债务的，应当依法向人民法院申请破产清算。
>
> 人民法院受理破产申请后，清算组应当将清算事务移交给人民法院指定的破产管理人。

◆ **新旧对照解读**

该条文是在《公司法》（2018）第一百八十七条基础上修改而成。将第一款由原条文应当依法向人民法院申请宣告破产修改为应当依法向人民法院申请破产清算，第二款由原条文公司经人民法院裁定宣告破产后，清算组应当将清算事务移交给人民法院修改为人民法院受理破产申请后，清算组应当将清算事务移交给人民法院指定的破产管理人。

◆ **相关规定**

《民法典》第七十三条

《企业破产法》第二条第一款

◆ **条文释义**

该条文规定公司清算组在清算过程中发现资不抵债的情况，应当依照《企业破产法》规定向人民法院申请破产清算，其目的是规范企业破产程序，公平清理债权债务，保护债权人和债务人的合法权益，维护社会市场经济秩序。债务人不能清偿到期债务并且具有下列情形之一的，人民法院应当认定其具备破产原因：（1）资产不足以清偿全部债务；（2）明显缺乏清偿能力。[1]《企业破产法》规定的"不能清偿到期债务"是指：（1）债务的履行期限已届满；（2）债务人明显缺乏清偿债务的能力。债务人停止清偿到期债务并呈连续状态，如无相反证据，

---

[1] 参见《企业破产法若干问题的规定（一）》。

可推定为"不能清偿到期债务"。①

清算组清理公司财产、编制资产负债表和财产清单后对公司自身的财产状况已经非常清楚，结果可能是资产多于债务或者资不抵债。在资不抵债的情形下，因清算组在清算过程中，行为能力有限，不能对公司的债权债务进行处理，更不能开展新业务以挽救公司的经营状况，该种情况下将清算工作移交给人民法院指定的破产管理人，能够更好地保证清算工作的公平公正，保护债权人的利益，确保社会经济的稳定有序发展。待人民法院作出宣告破产裁定后，原履行清算义务的清算组就可以将前期清算工作资料移交人民法院指定的破产管理人。公司强制清算中，清算组在清理公司财产、编制资产负债表和财产清单时，发现公司财产不足清偿债务的，除依据《公司法司法解释（二）》（2020）第十七条的规定，通过与债权人协商制作有关债务清偿方案并清偿债务的外，应当依据本条和《企业破产法》第七条第三款的规定向人民法院申请破产清算。②

第二百三十八条　【清算组成员的义务和责任】

清算组成员履行清算职责，负有忠实义务和勤勉义务。

清算组成员怠于履行清算职责，给公司造成损失的，应当承担赔偿责任；因故意或者重大过失给债权人造成损失的，应当承担赔偿责任。

◆ **新旧对照解读**

本条文是在《公司法》（2018）第一百八十九条基础上修改而成。将"清算组成员应当忠于职守，依法履行清算义务"修改为"清算组成员履行清算职责，负有忠实义务和勤勉义务"。删除了清算组成员不得利用职权收受贿赂或者其他非法收入，不得侵占公司财产的表述。不得收受贿赂或者其他非法收入、不侵占他人财产是公民应当知道和遵守的法律常识，且民法和刑法对于侵占和收受贿赂

---

① 参见《关于审理企业破产案件若干问题的规定》。
② 参见《审理公司强制清算案件工作座谈会纪要》。

或者其他非法收入的救济、惩罚措施和法律后果都有详细的规定，所以《公司法》就没有必要再作重复规定。

对于清算组清算过程中履行职责的情况进行了更为严厉的规定，原条文规定只有在故意或者重大过失造成损失的情况下清算组才承担赔偿责任，修改后的条文把怠于履行清算职责给公司造成损失也纳入赔偿范围，强化了清算组在清算过程中的责任。

◆ 相关规定

《民法典》第七十条第三款

《公司法》第二百三十二条第三款

◆ 条文释义

该条文是《公司法》对清算组忠实、勤勉履行职责的要求。清算组是对公司注销前已经存在的法律事务进行清理，在保证公司利益最大化的同时也要依法保障债权人的利益。如果涉及对债权申报不予登记、清算期间对个别债权人进行清偿、对债权人提交的材料不进行严格审查致虚假债权予以登记等怠于履行清算职责的情形，清算组成员对公司和债权人承担赔偿责任的构成要件不同。对公司承担赔偿责任的主观要件是一般过失（即"怠于"），而对债权人承担赔偿责任的主观要件是故意或者重大过失。

该条规定与《企业破产法》第一百三十条"管理人未依照本法规定勤勉尽责，忠实执行职务的，人民法院可以依法处以罚款；给债权人、债务人或者第三人造成损失的，依法承担赔偿责任"的规定并不相同。《企业破产法》对破产管理人履行勤勉尽责，忠实执行职务的赔偿责任，并未区分公司和债权人、债务人或者第三人而设置不同的主观要件，因此在破产程序中进行清算应当适用《企业破产法》特别规定，只要未依照《企业破产法》规定勤勉尽责给债权人、债务人或者第三人造成损失的情形，就应该承担赔偿责任。

> **第二百三十九条　【清算结束后公司的注销】**
>
> 公司清算结束后，清算组应当制作清算报告，报股东会或者人民法院确认，并报送公司登记机关，申请注销公司登记。

◆ 新旧对照解读

本条文系在《公司法》（2018）第一百八十八条基础上修改而成，将清算报告由股东会、股东大会或者人民法院确认，修改为由股东会或者人民法院确认，删除了"股东大会"以保持体系的一致性。同时，删除了原条文清算组"公告公司终止"的规定。

◆ 相关规定

《民法典》第七十一条、第七十二条第三款

《公司法司法解释（二）》第十三条第二款

◆ 条文释义

本条是关于公司清算结束后的程序性规定，其中包含三个阶段：第一，由清算组根据清算工作情况，制作完成清算报告；第二，清算报告应报股东会或者人民法院确认，其中公司自行进行清算是报股东会，若是因破产等原因人民法院组织进行清算的情况下，就应当由人民法院进行确认；第三，同时应当将清算报告报送公司登记机关，申请注销公司登记。由此公司拟制人格消灭。

> **第二百四十条　【简易程序注销登记】**
>
> 公司在存续期间未产生债务，或者已清偿全部债务的，经全体股东承诺，可以按照规定通过简易程序注销公司登记。
>
> 通过简易程序注销公司登记，应当通过国家企业信用信息公示系统予以公告，公告期限不少于二十日。公告期限届满后，未有

> 异议的，公司可以在二十日内向公司登记机关申请注销公司登记。
>
> 公司通过简易程序注销公司登记，股东对本条第一款规定的内容承诺不实的，应当对注销登记前的债务承担连带责任。

◆ 相关规定

《市场主体登记管理条例》第三十三条

《关于全面推进企业简易注销登记改革的指导意见》

◆ 条文释义

该条文是《公司法》修改后新增条文，具有两大特点，一是公司没有债务或者债务已经清偿，可以通过简易程序注销，由此节约清算成本，提高公司进行注销的效率。二是在节约成本，提高效率的同时，也不会损害公司债权人的利益。《关于促进市场公平竞争维护市场正常秩序的若干意见》规定，简化和完善企业注销流程，试行对个体工商户、未开业企业以及无债权债务企业实行简易注销程序。因注销后全体股东仍会对注销前的债务承担连带责任，实际上会让股东慎重选择适用简易注销程序注销公司。

在通常情况下，公司仅以公司的财产对外承担责任，在简易注销程序后股东将会对注销前的债务承担连带责任，由此公司债权人可以选择有更多财产的股东要求偿还债务。同时，任一原股东对原债权人的债务进行清偿后，向其他股东行使追偿权会产生大量成本，甚至追偿不能。所以股东对注销前债务承担连带责任的制度设计，对公司股东选择简易注销程序注销公司逃避债务的行为形成了制衡。同时企业在简易注销登记中隐瞒真实情况、弄虚作假的，登记机关可以依法作出撤销注销登记等处理，在恢复企业主体资格的同时将该企业列入严重违法失信企业名单，并通过国家企业信用信息公示系统公示。对恶意利用企业简易注销程序逃避债务或者侵害他人合法权利的，有关利害关系人可以通过民事诉讼，向投资人主张其承担相应的民事责任。投资人违反法律法规规定，构成犯罪的，依法追究其刑事责任。

企业申请简易注销登记应当先通过国家企业信用信息公示系统"简易注销公

告"专栏主动向社会公告拟申请简易注销登记及全体投资人承诺等信息（强制清算终结和破产程序终结的企业除外）。登记机关应当同时通过国家企业信用信息公示系统将企业拟申请简易注销登记的相关信息推送至同级税务、人力资源和社会保障等部门，涉及外商投资企业的还要推送至同级商务主管部门。公告期内，有关利害关系人及相关政府部门可以通过国家企业信用信息公示系统"简易注销公告"专栏"异议留言"功能提出异议并简要陈述理由。公告期满后，无异议企业方可向企业登记机关提出简易注销登记申请。[①]

企业有下列情形之一的，不适用简易注销程序：涉及国家规定实施准入特别管理措施的外商投资企业；被列入企业经营异常名录或者严重违法失信企业名单的；存在股权（投资权益）被冻结、出质或者动产抵押等情形；有正在被立案调查或者采取行政强制、司法协助、被予以行政处罚等情形的；企业所属的非法人分支机构未办理注销登记的；曾被终止简易注销程序的；法律、行政法规或者国务院决定规定在注销登记前需经批准的；不适用企业简易注销登记的其他情形。[②]

> **第二百四十一条　【公司登记机关依职权强制注销公司登记】**
>
> 公司被吊销营业执照、责令关闭或者被撤销，满三年未向公司登记机关申请注销公司登记的，公司登记机关可以通过国家企业信用信息公示系统予以公告，公告期限不少于六十日。公告期限届满后，未有异议的，公司登记机关可以注销公司登记。
>
> 依照前款规定注销公司登记的，原公司股东、清算义务人的责任不受影响。

◆ **相关规定**

《民法典》第七十一条、第七十二条

[①] 参见《关于全面推进企业简易注销登记改革的指导意见》。
[②] 参见《关于全面推进企业简易注销登记改革的指导意见》。

《加快完善市场主体退出制度改革方案》

◆ **条文释义**

该条文是《公司法》修改后新增条文，为解决实践中出现的公司注销难、"三无企业""僵死企业"等已经淘汰企业大量存在且占有大量有限资源的现状，运用国家行政措施，使得该类企业能够通过相对简易程序进行强制注销，以将该类企业所占有的资源重新流归到市场，构建公司登记机关依职权强制注销制度。

2015年以来，根据有效化解过剩产能，提升产业核心竞争力，优化资源配置效率的要求，国有"僵尸企业"的市场退出已成为各级政府的重点工作。在各级法院案多人少的背景下，即使破产案件审结率较低，法院仍要分出相当一部分司法资源来处置本就没有清算价值或清算价值较小的"三无企业"破产案件，这也是导致实践中普遍存在法院破产审理工作效率低、积压案件数量多等情况的重要原因。[1]

强制注销的原因是公司被吊销营业执照、责令关闭或者被撤销，且已经满三年未向公司登记机关申请注销公司登记。此时公司清算或注销程序无法推进，由公司登记机关强制进行注销能够有效解决公司注销难的现状，为司法机关减少不必要的破产案件。注销程序性规则应符合"程序正义、行政干预少、实施成本低"之理念。[2] 同时该条文第二款明确了强制注销公司登记的，原公司股东、清算义务人的责任不受影响，因此不会因强制注销而减轻股东、清算义务人的责任。

> **第二百四十二条　【公司破产清算】**
> 公司被依法宣告破产的，依照有关企业破产的法律实施破产清算。

---

[1] 季奎明：《第三类破产："不算而销"的特别清理程序》，载《政法论丛》2021年第6期。
[2] 张钦昱：《僵尸企业出清新解：强制注销的制度安排》，载《法学杂志》2019年第12期。

◆ **新旧对照解读**

该条系《公司法》(2018) 第一百九十条原文。

◆ **相关规定**

《民法典》第七十三条

◆ **条文释义**

破产是公司财产不足以清偿所有债务,由人民法院裁定进入破产程序,对公司剩余财产按照法律规定的顺序进行分配,不足以分配即终止分配程序,清偿不足部分就不再清偿。《企业破产法》第十章规定,破产清算包含破产宣告、变价和分配、破产程序的终结等步骤。破产清算中清算组的主要职责是:接管破产企业;清理破产企业财产,编制财产明细表和资产负债表,编制债权债务清单,组织破产财产的评估、拍卖、变现;回收破产企业的财产,向破产企业的债务人、财产持有人依法行使财产权利;管理、处分破产财产,决定是否履行合同和在清算范围内进行经营活动;进行破产财产的委托评估、拍卖及其他变现工作;依法提出并执行破产财产处理和分配方案;提交清算报告;代表破产企业参加诉讼和仲裁活动;办理企业注销登记等破产终结事宜;完成人民法院依法指定的其他事项。[1] 关于破产程序的终结,《企业破产法》第一百二十一条规定,管理人应当自破产程序终结之日起十日内,持人民法院终结破产程序的裁定,向破产人的原登记机关办理注销登记。

---

[1] 参见《关于审理企业破产案件若干问题的规定》。

第十三章　外国公司的分支机构

◆ **本章概述**

本章对外国公司及其分支机构进行了解释说明，对外国公司在中国境内设立分支机构的资格条件、批准登记程序、名称与章程、法律地位、权利义务、撤销清算等进行了细化规定，为外国公司设立分支机构提供了基本操作指南。

> **第二百四十三条　【外国公司的概念】**
> 本法所称外国公司，是指依照外国法律在中华人民共和国境外设立的公司。

◆ **新旧对照解读**

与前文条款相一致，本款将"中国"修改为"中华人民共和国"，增强了语言的规范性。同样，本章第二百四十四条、第二百四十五条、第二百四十七条、第二百四十八条、第二百四十九条均进行了修改，以提升全文表述的一致性，本章节内对此类修改将不再赘述。

◆ **条文释义**

本条是关于外国公司含义的规定。

一、外国公司国籍的确定

外国公司是相对于本国公司而言的，两者的区别主要在于公司的国籍不同。对于公司国籍的确定，理论上有设立行为地主义、设立准据法主义、股东国籍主义、住所地主义等学说，其中，以设立准据法主义为通说。本法第二百四十三条规定："本法所称外国公司，是指依照外国法律在中华人民共和国境外设立的公司。"依据该规定，我国公司法对外国公司的概念采设立准据法主义兼设立行为地主义的双重标准，即使是我国企业或者自然人投资设立的公司，只要依照外国法律在外国登记成立，也属于外国公司。

二、外国公司的法律特征

本法所规范的外国公司分支机构中的"外国公司"，具有如下特征：其一，外国公司已经按照外国法律在中国境外组建、注册。外国公司的分支机构是以外国公司法人的存在为前提的，未取得所在国法人资格的外国公司，无权在中国境内设立分支机构。其二，外国公司多具有外国国籍。根据本条规定，外国公司应当依照外国法律在中华人民共和国境外设立，外国公司国籍一般与设立时所依据的法律及注册地国相一致。但是，"境外"并非指国境外，而是指关境外，根据《出境入境管理法》第八十九条规定，香港特别行政区、澳门特别行政区、台湾地区也应当属于我国境外，因此在以上三个地区依当地"公司法"设立的公司，在管理上也视同为外国公司。其三，外国公司须经申请才能取得在中国的直接经营资格。外国公司在我国境内从事生产经营活动，应当按照本法及国务院的有关规定办理审批和登记手续设立分支机构；外国公司违反本法规定，擅自在中国境内设立分支机构的，有关机关有权责令其改正或者予以关闭，并可处以罚款。应该注意这里的分支机构主要是指分公司，而不是子公司。因为如果设立子公司，则应该依据我国法律设立，属于中国公司而不是外国公司。

◆ 案例指引

某锋种业有限公司与某民种业股份有限公司、某谷种业有限公司、某丰种子经销部侵害植物新品种权纠纷一案

【裁判要旨】

侵权公司反向假冒植物新品种并销售获利，植物新品种权利人仅能证明其购买过一次侵权种子、购买地点和数量有限的情况下，不能据此认定侵权公司销售的全部种子均为侵害案涉植物新品种权的侵权种子，不宜以种业大数据平台记录的所有备案销售数量作为计算赔偿数额的依据，而应当综合考虑备案销售数量、侵权行为的情节性质、案涉种子市场利润、侵权后果等因素，酌情确定经济损失赔偿数额。需要注意的是，在判决书中法院明确写道："某锋国际公司系依据美国艾奥瓦州法律组建的外国公司。"表明公司成立依照的外国法律是我国判断外国公司国籍时的主要考虑因素。

【案号】

一审：（2019）甘 01 知民初 176 号

二审：（2020）最高法知民终 1966 号

【案情】

上诉人（原审原告）：山东登海某锋种业有限公司（以下简称登海某锋公司）。

被上诉人（原审被告）：某民种业股份有限公司（以下简称某民公司）。

被上诉人（原审被告）：甘肃华元某谷种业有限公司（以下简称某谷公司）。

被上诉人（原审被告）：原平市原平新某丰种子经销部（以下简称某丰经销部）。

2005 年 5 月 18 日，某锋国际良种公司（以下简称某锋国际公司）向农业部申请案涉玉米品种的品种权，并于 2010 年 1 月 1 日取得授权。2010 年 6 月 24 日，某锋国际公司作为授权人向被授权人登海某锋公司、敦煌种业某锋良种有限公司、铁岭某锋种子研究有限公司出具授权书，授权上述三家公司在中华人民共和国境内享有案涉植物新品种权保护的一切权利，明确上述三家公司对侵权案件享有处理权。

登海某锋公司发现某民公司与某谷公司将案涉种子以其他品种名义进行包装销售，向法院提起诉讼，请求判令本案三家被上诉人停止侵害、共同赔偿经济损失及合理开支、承担案件诉讼费用并在媒体上公开道歉。

【审判】

甘肃省兰州市中级人民法院经审理认为，案涉植物新品种经国家农业部授权，品种权合法有效，登海某锋公司经品种权人某锋国际公司授权作为案涉新品种的利害关系人，其合法权益应当受法律保护。登海某锋公司公证保全的种子成品包装袋上有某民公司的商标，包装袋上显示的品种审定号、生产经营许可证号、公司地址电话等信息与某民公司、某谷公司信息一致，登海某锋公司提交的证据能够证明某民公司与某谷公司案涉种子以 A 品种与 B 品种名义进行包装销售，属于植物新品种反向假冒行为，构成了对案涉植物新品种权的侵害，应当承担停止侵权、赔偿损失的法律责任。某丰经销部经某民公司授权销售 A 品种和 B 品种，登海某锋公司无证据证明某丰种子经销部明知包装袋内的种子系案涉品种而仍以 A 品种和 B 品种名义销售，某丰种子经销部无侵权的主观故意，故某丰种子经销部仅承担停止侵权的责任而不承担损害赔偿责任。

对于某民公司与某谷公司应当承担的经济损失的数额问题，因本案中某民公司与某谷公司实际销售侵权种子的全部数量难以准确确认，所以应当综合考虑某民公司与某谷公司实施侵权行为的情节、性质，本年度案涉种子合理的市场利润、侵权后果等因素，酌定某民公司与某谷公司承担的经济损失赔偿数额。

对于登海某锋公司要求某民公司、某谷公司在《农民日报》《农资导报》等媒体上公开声明消除影响、赔礼道歉的诉讼请求，因登海某锋公司未提交相应证据证明某民公司和某谷公司的侵权行为对其商誉造成影响，对该项诉讼请求不予支持。

兰州市中级人民法院作出民事判决：某民公司、某谷公司、某丰种子经销部立即停止侵害案涉植物新品种权的行为；某民公司、某谷公司于判决生效之日起十日内赔偿登海某锋公司经济损失 50 万元；驳回登海某锋公司的其他诉讼请求。

登海某锋公司不服一审判决，提起上诉，认为某民公司与某谷公司应当共同赔偿某锋公司经济损失及合理开支 300 万元并承担一审和二审案件受理费。

最高人民法院经审理认为，登海某锋公司仅能证明其在某丰种子经销部购买过一次侵权种子，购买地点和数量有限，不能据此认定某民公司与某谷公司销售的全部 A 品种和 B 品种种子均为侵害案涉植物新品种权的侵权种子，不宜以种业大数据平台记录的 A 品种和 B 品种备案销售数量 40 万余公斤作为计算赔偿数额的依据。原审法院以 A 品种和 B 品种备案销售数量作为参考，综合考虑某民公司与某谷公司实施侵权行为的情节、性质、案涉种子合理市场利润、侵权后果等因素，确定的经济损失赔偿数额基本合理。最高人民法院遂驳回上诉，维持原判。

第二百四十四条 【外国公司分支机构的设立程序】

外国公司在中华人民共和国境内设立分支机构，应当向中国主管机关提出申请，并提交其公司章程、所属国的公司登记证书等有关文件，经批准后，向公司登记机关依法办理登记，领取营业执照。

外国公司分支机构的审批办法由国务院另行规定。

◆ 相关规定

《外商投资企业授权登记管理办法》第二条

《市场主体登记管理条例》第二条

◆ 条文释义

本条是关于外国公司在中国境内设立分支机构的批准和登记程序的规定。

一、外国公司的分支机构的概念

外国公司的分支机构，是指外国公司依照东道国法律规定的条件和程序，在东道国境内设立的从事生产经营活动的场所或者办事机构。通常情况下，外国公司被称为本公司或者总公司，外国公司的分支机构被称为分公司或者本公司的分支机构。

二、外国公司的分支机构的设立程序

根据本条第一款的规定，外国公司在中国境内设立分支机构需要经过批准和登记两道程序。为了便于进行监督管理，凡是准备在我国境内设立分支机构的外国公司，都应当向我国主管机关申请批准，这里所说"我国主管机关"主要指商务部门等有关外资监管的政府机关，但如果经营特种行业的业务，主管机关则指该特种行业的管理机关。外国公司申请批准时，应当提交其公司章程、所属国主管机关签发的公司登记证书等有关文件，以明确该外国公司的国籍及责任形式。我国主管机关对外国公司提交的有关证明文件进行审查后，对符合我国法律规定条件的，依法予以批准。外国公司在获得设立批准后，持批准文件及有关证明文件，向公司登记机关申请办理登记手续并领取营业执照，外国公司的分支机构自领取营业执照之日起成立。

根据本条第二款的规定，外国公司分支机构的审批办法由国务院另行规定。考虑到某些行业或者地区存在不宜或者暂时不允许设立外国公司分支机构的情形，因此本法授权国务院另行规定外国公司分支机构的审批办法，根据我国的实际情况对外国公司分支机构的审批办法进行调整。

> **第二百四十五条 【外国公司分支机构的设立条件】**
> 外国公司在中华人民共和国境内设立分支机构，应当在中华人民共和国境内指定负责该分支机构的代表人或者代理人，并向该分支机构拨付与其所从事的经营活动相适应的资金。
> 对外国公司分支机构的经营资金需要规定最低限额的，由国务院另行规定。

◆ 条文释义

本条是关于外国公司在中国境内设立分支机构资格条件的规定。

根据本条第一款的规定，外国公司在中国境内设立分支机构，应当指定该分支机构的代表人或者代理人，以作为分支机构法律行为的执行人进行民事活动，如代表公司对外签订合同、到法院起诉或者应诉等，其行为的法律后果由外国公司承担。其中，"代表人"是指外国公司指定并代表该外国公司分支机构行使职权的负责人，"代理人"是指外国公司授权负责该外国公司分支机构的人。但需要明确的是，该代表人或者代理人既可以是中国公民，也可以是非中国公民。

在资金准备方面，本条第一款同时规定外国公司必须向该分支机构拨付与其所从事的经营活动相适应的资金。资金是外国公司的分支机构赖以存在和独立从事生产经营活动的物质保障。它一方面反映外国公司分支机构的规模和经营能力，另一方面也是外国公司分支机构承担法律责任的经济基础。为保障交易相对人的安全，降低外国公司在我国境内的交易风险，本法规定外国公司必须对该分支机构拨付相应的资金并经登记主管机关核定，否则不得在中国境内设立分支机构。

根据本条第二款的规定，对外国公司分支机构的经营资金需要规定最低限额的，由国务院另行规定。由于不同行业、不同规模的生产经营活动所需要的资金数量不尽相同，为有效配置资源、保障交易安全，设立外国公司分支机构所需要的资金规模最低限额应当由国务院根据具体情况进行规定，以保证外国公司分支机构的资金数量与其所从事的经营活动相适应。外国公司拨付的资金达不到国务院规定的最低限额的，同样不得在中国境内设立分支机构。

第二百四十六条　【外国公司分支机构的形式要件】

外国公司的分支机构应当在其名称中标明该外国公司的国籍及责任形式。

外国公司的分支机构应当在本机构中置备该外国公司章程。

◆ **相关规定**

《关于规范外国公司分支机构名称的通知》

◆ **条文释义**

本条是关于外国公司分支机构的名称要求及置备公司章程的规定。

根据本条第一款的规定，外国公司的分支机构应当在其名称中标明该外国公司的国籍及责任形式。外国公司分支机构的名称是其区别于其他民事主体的标志。为了使交易对象准确了解其法律性质，本条规定外国公司的分支机构应当在名称中标明该外国公司的国籍及责任形式。在国籍方面，一般情况下外国公司的国籍应当与其依法成立国家相一致，外国公司分支机构名称所标明的国籍应当同设立它的外国公司的国籍一致；在责任形式方面，外国公司的分支机构应当在名称中标明其责任形式为有限责任公司、股份有限公司或者无限公司等；在名称方面，还应当标明设立该分支机构的外国公司名称以及反映分支机构的字样，以表明该分支机构是该外国公司设立的分支机构。总而言之，外国公司分支机构的名称必须清楚完整且符合法律要求。

根据本条第二款的规定，外国公司的分支机构应当在本机构中置备该外国公司章程。具体而言，该公司章程应当包括外国公司的责任形式、资信状况、内部组织机构等情况，以方便其交易相对人作出交易决策，同时便于公司登记机关、税务机关及其他有关管理机关检查该分支机构的有关情况，从而降低交易风险、维护社会经济秩序。

> **第二百四十七条　【外国公司分支机构的法律地位】**
> 外国公司在中华人民共和国境内设立的分支机构不具有中国法人资格。
> 外国公司对其分支机构在中华人民共和国境内进行经营活动承担民事责任。

◆ **条文释义**

本条是关于外国公司分支机构的法律地位与民事责任承担的规定。

根据本条第一款的规定，外国公司在中国境内设立的分支机构不具有中国法人资格。法人分支机构是法人的组成部分，直属于设置它的法人，不具有独立法人资格。这在国际上是一项通行的法律原则。因此具体而言，外国公司分支机构是其所属的外国公司的一个组成部分，是外国法人在中国设立的派出机构，它既不同于外国公司在我国的常驻代表机构，也不同于外国公司在我国独资设立的外商独资企业。

外国公司分支机构具有以下法律特征：（1）外国公司分支机构没有独立财产，也不进行独立核算，其经营收入与费用支出纳入总公司财务统一核算；（2）外国公司分支机构不具有公司法人的组织机构，一般不具备独立的股东会、董事会、监事会制度，而是以总公司委派的代表人或者代理人为负责人；（3）外国公司分支机构不独立承担民事责任，而是以总公司的名义享受权利、承担义务。

按照本条第二款的规定，外国公司对其分支机构在中国境内进行的经营活动承担民事责任。由于外国公司的分支机构在中国不具有法人资格，其在我国境内需要以外国公司的名义从事经营活动，因此产生的民事责任也应当由该外国公司来承担。当然，外国公司分支机构所负债务既可以由外国公司直接清偿，也可以在分支机构不能清偿时再由该外国公司进行清偿。

◆ 适用疑难解析

一、外国公司分支机构与法人的区别和联系

根据《民法典》第五十八条和第六十条的有关规定，法人应当具备下列条件：（1）依法成立；（2）有必要的财产或者经费；（3）有自己的名称、组织机构和住所；（4）能够独立承担民事责任。

外国公司的分支机构在外部形式上常表现出一定的法人组织特征，如须经核准登记才能设立并进行业务活动，有自己的名称和组织机构，有可以支配和使用的财产或者经费，这使人们很容易模糊其与外国公司法人之间的法律关系。然而，外国公司的分支机构的民事责任由外国公司承担，也就是说它从属于外国公司，真正具备法人资格的是该外国公司，因此无论外国公司分支机构的经营规模多大，都不能改变其与法人组织完全不同的法律属性。

二、外国公司分支机构与常驻代表机构的区别和联系

《常驻代表机构登记管理条例》第二条规定："本条例所称外国企业常驻代表机构（以下简称代表机构），是指外国企业依照本条例规定，在中国境内设立的从事与该外国企业业务有关的非营利性活动的办事机构。代表机构不具有法人资格。"第十三条规定："代表机构不得从事营利性活动。中国缔结或者参加的国际条约、协定另有规定的，从其规定，但是中国声明保留的条款除外。"第十四条规定："代表机构可以从事与外国企业业务有关的下列活动：（一）与外国企业产品或者服务有关的市场调查、展示、宣传活动；（二）与外国企业产品销售、服务提供、境内采购、境内投资有关的联络活动。法律、行政法规或者国务院规定代表机构从事前款规定的业务活动须经批准的，应当取得批准。"从上述三条规定可以看出，常驻代表机构只能从事非营利性活动，如信息收集、市场研究、客

户维系等活动。

然而，根据本条规定，外国公司分支机构可以在我国境内从事生产经营活动。因此，二者的根本区别在于可以从事的活动范围：外国公司分支机构经批准可以从事生产经营活动，而常驻代表机构不得从事营利性活动。当然，外国公司分支机构与外国企业常驻代表机构都不具有独立的法人资格，属于外国公司（企业）的附属机构，其经营活动或者非营利活动产生的民事责任由外国公司（企业）承担。

◆ 案例指引

江阴市某盛橡塑制品有限公司与某国码头监理有限公司青岛代表处、某国码头监理有限公司买卖合同纠纷案——外国公司承担分支机构民事责任

【裁判要旨】

外国公司在中国境内设立的分支机构不具有中国法人资格，外国公司对其分支机构在中国境内进行经营活动承担民事责任。外国企业派驻我国的代表处，是该外国企业的代表机构，对外代表该外国企业，代表处在我国境内的一切业务活动，由其所代表的外国企业承担法律责任。本案中，码头监理公司代表处的行为应当由码头监理公司直接承担民事责任。

【案号】

一审：（2018）苏02民初281号

【案情】

原告：江阴市某盛橡塑制品有限公司（以下简称某盛公司）。

被告：某国码头监理有限公司青岛代表处（以下简称码头监理公司代表处）。

被告：某国码头监理有限公司（以下简称码头监理公司）。

2015年至2017年，码头监理公司代表处多次向某盛公司订购橡胶护舷产品，双方约定产品必须嵌有"DOCKGUARD"商标、由工厂发到青岛流亭机场、上海指定场站等，付款时间为发货后30天、60天不等，上述订单均加盖有码头监理公司代表处及某盛公司印章。但因码头监理公司代表处未完全按照合同约定的时间付款且双方往来较多，某盛公司已经无法查清具体哪份订单没有结清，只能确认欠款总额。某盛公司与码头监理公司代表处签订《对账函》，显示欠款金额为

1318922.4元，码头监理公司代表处在信息证明无误处加盖了印章。在码头监理公司代表处确认《对账函》上的数额后，其又支付了部分货款，但是后来经过多次催讨，码头监理公司代表处均不支付其余欠款，某盛公司诉至法院，请求码头监理公司代表处、码头监理公司支付货款人民币1312704.8元及利息。

【审判】

江苏省无锡市中级人民法院经审理认为：码头监理公司代表处作为外国公司在中国境内设立的分支机构，不具有中国法人资格，应当由码头监理公司直接承担民事责任。某盛公司要求码头监理公司支付涉案订单所欠货款并承担相应逾期付款损失的请求，符合法律规定。理由是：

本案属于涉外商事案件，根据《涉外民事关系法律适用法》第四十一条规定，本案码头监理公司代表处责任承担问题应当适用中华人民共和国法律。根据《公司法》（2013）第一百九十五条规定，外国公司在中国境内设立的分支机构不具有中国法人资格。外国公司对其分支机构在中国境内进行经营活动承担民事责任。也即代表处在我国境内的一切业务活动，由其所代表的外国企业承担法律责任。本案中，码头监理公司代表处向某盛公司订货并在《对账函》上加盖码头监理公司代表处印章的行为均代表码头监理公司本身，应当由码头监理公司直接承担民事责任。

《合同法》第一百零九条①规定，当事人一方未支付价款或者报酬的，对方可以要求其支付价款或者报酬。《最高人民法院关于审理买卖合同纠纷案件适用法律问题的解释》（2012）第二十四条第四款规定，买卖合同没有约定逾期付款违约金或者该违约金的计算方法，出卖人以买受人违约为由主张赔偿逾期付款损失的，人民法院可以中国人民银行同期同类人民币贷款基准利率为基础，参照逾期罚息利率标准计算。因此，某盛公司要求码头监理公司支付涉案订单所欠货款并承担相应逾期付款损失的请求，符合法律规定，江苏省无锡市中级人民法院予以支持。

江苏省无锡市中级人民法院作出民事判决：某国码头监理有限公司向某盛公司支付货款1312704.8元及逾期利息；驳回某盛公司的其他诉讼请求。

---

① 现《民法典》第五百七十九条。

> **第二百四十八条　【外国公司分支机构的权利义务】**
> 经批准设立的外国公司分支机构，在中华人民共和国境内从事业务活动，应当遵守中国的法律，不得损害中国的社会公共利益，其合法权益受中国法律保护。

◆ **条文释义**

本条是关于外国公司分支机构的权利和义务的规定。

按照本条规定，经批准设立的外国公司分支机构在中国境内从事业务活动，应当遵守中国的法律，这是我国主权原则的体现。外国公司分支机构虽不具有中国法人资格，但其在我国境内从事的所有业务活动都必须接受中国法律的管辖，在法律允许的范围内开展业务活动，否则将会承担相应的法律责任。

另外，外国公司分支机构从事业务活动不得损害我国的社会公共利益。社会公共利益是指全体社会成员的共同利益，我国在立法中对社会公共利益的保护历来是十分重视的。因此，同我国的单位和个人一样，外国公司分支机构在我国境内从事业务活动，不得损害我国的社会公共利益。

本条同时规定，外国公司分支机构的合法权益受中国法律保护。为有效维护公共利益和公共秩序、促进社会健康发展，法律作为一种行为规范，不仅应对违反法律的行为进行制裁，而且要对合法权益进行保护。因此，外国公司在中国境内从事业务活动中的合法权益受中国法律保护，外国公司分支机构的合法经营活动受到不法侵害时，有权在中国提起诉讼，寻求司法保护，维护其合法权益。

> **第二百四十九条　【外国公司分支机构的撤销】**
> 外国公司撤销其在中华人民共和国境内的分支机构时，应当依法清偿债务，依照本法有关公司清算程序的规定进行清算。未清偿债务之前，不得将其分支机构的财产转移至中华人民共和国境外。

◆ 条文释义

本条是关于外国公司分支机构撤销时必须依法进行清算的规定。

外国公司的分支机构经过一定时间的经营，可能会由于某些原因被撤销，结束其生产经营活动。根据中国有关法律、法规和世界通例，外国公司分支机构的解散原因一般分为自愿解散和强制解散。自愿解散的情况有：外国公司作出撤回其在中国的分支机构的决定；外国公司分支机构本身请求撤销；外国公司分支机构的经营期限届满等。强制解散的原因有：外国公司发生合并、分立、破产、自动歇业等事件致使该外国公司不复存在；该分支机构因违反中国法律或者损害中国社会公共利益，被有关部门查封或者责令关闭；该分支机构因不能清偿债务财产被强制执行，不能继续经营；该分支机构设立时有虚假陈述或者提交虚假文件等违法行为，被依法吊销营业执照等。但由于外国公司分支机构不具有中国的法人资格与独立财产，为了保证外国公司分支机构被撤销后对其债务进行应有的清偿，因此本条明确规定，无论基于何种事由被撤销，外国公司撤销其在中国境内的分支机构时，都应当依法清偿债务。

外国公司分支机构的清算，是指分支机构被撤销后，为终结其现存各种法律关系而对债权债务进行清理处分的行为。根据本条规定，外国公司分支机构的清算，按照本法有关公司清算程序的规定进行，主要包括成立清算组织、通知公告债权人、债权申报登记、清理财产和债权债务、制订清算方案、执行清算方案、编制清算报告以及进行注销登记等程序。同公司法人一样，外国公司分支机构清算期间视为未撤销，但不得开展与清算无关的经营活动。

另外，为保护债权人的利益，本条规定外国公司对其分支机构的债务未清偿完全之前，不得将该分支机构的财产转移至中国境外。在中国境内的外国公司分支机构的债务，实质上是该外国公司的债务，因此如果分支机构的现有财产不足以清偿所欠债务时，债务人有权向该分支机构所属的外国公司请求偿还。但由于外国公司的设立地在中国境外，其主要机构和财产也在境外，债务人请求其偿还的难度较大，为了防止外国公司将分支机构财产转移至境外逃避债务，外国公司撤销其在中国境内的分支机构时，应当首先就该分支机构的财产及债务进行清算。

◆ 案例指引

陈某、青岛市外国企业服务总公司劳务派遣合同纠纷案——外国公司撤销分支机构前应当清偿债务

【裁判要旨】

依据我国《公司法》(2013)第一百九十七条规定，外国公司撤销其在中国境内的分支机构时，必须依法清偿债务，依照本法有关公司清算程序的规定进行清算。外国公司撤销其分支机构，应当清偿所负劳动报酬债务，外国公司分支机构无法清偿的劳动报酬债务，应当由外国公司承担。本案外企公司应当对撤销日本某通产业株式会社某代表处产生的债务进行清偿。

【案号】

一审：(2018) 鲁 0202 民初 5483 号

二审：(2019) 鲁 02 民终 9642 号

【案情】

上诉人（原审原告）：陈某。

上诉人（原审被告）：某市外国企业服务总公司（以下简称外企公司）。

被上诉人（原审被告）：日本某通产业株式会社某代表处（以下简称某通会社代表处）。

陈某于 2005 年 9 月 1 日与外企公司签订劳动合同，被派遣至某通会社代表处工作。2012 年 1 月 1 日，陈某与外企公司签订了无固定期限劳动合同，实行标准工时制并继续在某通会社代表处工作，工作期间工资由某通会社代表处支付，具体数额双方存在争议。2015 年 11 月 4 日起陈某病休，至 2016 年 11 月 2 日结束病休。2016 年 8 月 5 日，某通会社代表处向外企公司出具《退回通知》，通知载明某通会社代表处决定于 2015 年 9 月 30 日提前解散，不再经营，将陈某退回，退回时间为 2016 年 9 月 12 日，外企公司收到了上述《退回通知》。陈某在病休后自 2016 年 11 月 2 日至 2017 年 5 月 8 日期间，于正常工作日 8 时 30 分前均前往某通会社代表处要求继续上班，某通会社代表处拒绝，陈某未实际提供劳动。

2018 年 3 月，陈某因劳动报酬争议向青岛市劳动人事争议仲裁委员会提起仲裁，要求：一、被申请人支付 2017 年 5 月 9 日至 2018 年 3 月 29 日的劳动报酬

179378.62 元（包括 2017 年度双薪 15270 元）；二、被申请人某通会社代表处依法为申请人提供劳动条件，安排工作岗位。仲裁机构作出裁决：一、外企公司自裁决生效之日起十五日内支付陈某 2017 年 5 月 9 日至 2018 年 3 月 29 日期间的工资 19436.55 元；二、驳回陈某的其他仲裁请求。陈某及外企公司不服上述裁决提起诉讼。

【审判】

青岛市市南区人民法院经审理认为：陈某于 2005 年 9 月 1 日入职外企公司，并与外企公司签订了劳动合同，被派遣至某通会社代表处工作。2012 年 1 月 1 日，陈某又与外企公司签订了无固定期限合同，并继续在某通会社代表处工作至其作出解散的决定。某通会社代表处在作出关停决定后实际为企业解散、关停到相关部门办理了手续，虽然最终因发生争议未完成关停手续，但能够反映出其提前解散，不再经营的真实意思表示。在此基础上，某通会社代表处 2016 年 9 月 12 日将陈某退回外企公司的行为，符合《劳务派遣暂行规定》第十二条的规定。虽然陈某在 2017 年 3 月 10 日至 2017 年 5 月 10 日期间在正常工作日到某通会社代表处要求继续工作，但因其没有某通会社代表处提供劳动，故不能就此认为在此期间陈某被外企公司派遣至某通会社代表处工作，而是处于退回未安排工作状态。根据我国《劳动合同法》第五十八条第二款与《劳务派遣暂行规定》第十二条规定，对于陈某 2017 年 5 月 9 日至 2018 年 3 月 29 日期间的劳动报酬应当按照同期青岛市最低工资标准确定为 19436.55 元，由外企公司支付，对于陈某主张的拖欠 2017 年年终双薪，因其被退回外企公司，应当视为陈某基于外企公司与某通会社代表处签订《劳务合同》的权利义务已终止，其再按照上述《劳务合同》主张 2017 年年终双薪无事实依据。对于陈某主张的某通会社代表处为其提供劳动条件，安排工作岗位的诉讼请求，因陈某被退回外企公司，陈某与外企公司一直存在劳动关系，如陈某要求某通会社代表处为其提供劳动条件，安排工作岗位，应当由外企公司与某通会社代表处再次签订《劳务合同》将其重新派遣至某通会社代表处工作，而外企公司与某通会社代表处是否再次签订《劳务合同》并将陈某派遣至某通会社代表处工作系企业按照其意愿的自主经营行为，应当通过其双方协商一致同意方可。

青岛市市南区人民法院作出民事判决：外企公司于判决生效之日起十日内支

付陈某 2017 年 5 月 9 日至 2018 年 3 月 29 日期间的劳动报酬 19436.55 元；驳回陈某的其他诉讼请求；驳回外企公司的诉讼请求。

陈某与外企公司均不服一审判决，提起上诉，陈某认为某通会社代表处应当向其支付劳动报酬共计 179378.62 元并为其提供劳动条件，安排工作岗位；外企公司认为其不应当向陈某支付工资 19436.55 元。

山东省青岛市中级人民法院经审理认为：根据《劳务派遣暂行规定》第十二条规定与查明的事实，可以认定某通会社代表处在该段时期确实存在提前解散的意思表示以及行为。某通会社代表处未办理完毕解散相关的行政手续，并不能否定其提前解散的自主决定，企业可以在未办理完毕行政审批手续前退回被派遣员工，陈某要求某通会社代表处为其提供劳动条件、安排工作岗位、赔偿其工资（含双薪）等损失，于法无据。但是，被派遣劳动者退回后无工作期间，劳务派遣单位应当按照不低于所在地人民政府规定的最低工资标准，向其按月支付报酬。陈某被退回原派遣单位后，相应的劳动待遇等应当由派遣单位负担。综上，青岛市中级人民法院遂判决驳回上诉，维持原判。

第十四章 法 律 责 任

◆ **本章概述**

第十四章共包含十五条，前十一条主要规定了欺诈取得公司登记、未依法公示企业信息、虚假出资、抽逃出资、另立会计账簿及财务报告失真、未通知债权人、清算违法行为、公司登记机关未依法履职、逾期未营业、不当停业、未依法变更等公司在诞生、运营和消亡过程当中违反《公司法》的法律责任。第二百六十一条和第二百六十二条分别规定了外国公司擅自设立分支机构以及利用公司名义危害国家安全和社会公共利益的法律责任。最后两条规定了民事责任优先和刑事责任追究的原则。

> **第二百五十条　【欺诈取得公司登记的法律责任】**
>
> 违反本法规定，虚报注册资本、提交虚假材料或者采取其他欺诈手段隐瞒重要事实取得公司登记的，由公司登记机关责令改正，对虚报注册资本的公司，处以虚报注册资本金额百分之五以上百分之十五以下的罚款；对提交虚假材料或者采取其他欺诈手段隐瞒重要事实的公司，处以五万元以上二百万元以下的罚款；情节严重的，吊销营业执照；对直接负责的主管人员和其他直接责任人员处以三万元以上三十万元以下的罚款。

◆ **新旧对照解读**

本条是《公司法》新修改条文，相较于旧条文第一百九十八条，条文内容方面主要有三处变化：一是提高了对公司提交虚假材料或者采取其他欺诈手段隐瞒重要事实的处罚上限；二是对于情节严重的情形，删除了撤销公司登记而仅保留了吊销营业执照的处置措施，新法将撤销登记这一处置方式放在了《公司法》第三十九条；三是增加了对直接负责的主管人员和其他直接责任人员的处罚。

◆ 相关规定

《市场主体登记管理条例》第四十四条、第四十五条

《市场主体登记管理条例实施细则》第七十一条

《刑法》第一百五十八条

《关于严格依法办理虚报注册资本和虚假出资抽逃出资刑事案件的通知》

◆ 条文释义

本条规定的是关于公司采用诸如虚报注册资本、提交虚假材料及其他隐瞒重要事实的欺诈手段取得公司登记的法律责任。

一、欺诈手段取得公司登记

公司登记是国家对公司进行行政管理、规范市场秩序和保护市场主体合法权益的重要依据，同时也是优化营商环境必不可少的法律程序，因此国家对使用欺诈手段隐瞒重要事实取得公司登记的行为予以相应的惩罚。本条所称的"取得公司登记"不仅包括《公司法》第二章公司登记当中的设立登记，也包括变更登记及设立分公司等公司登记。

本条所称的欺诈手段主要包括以下三种：

（一）虚报注册资本

《公司法》第三十二条以及《市场主体登记管理条例》第八条明确规定了"注册资本"为公司登记的事项。公司注册资本在不同公司类型的语境之下，具体指示各有不同：对于有限责任公司而言，公司注册资本为在公司登记机关登记的全体股东认缴的出资额；对于股份有限公司而言，公司注册资本为在公司登记机关登记的已发行股份的股本总额。相较于《公司法》第三十二条规定的名称、住所、经营范围等其他登记事项，公司注册资本是衡量公司经济兜底责任的重要公示事项。

虚报注册资本是指以虚假的、不实的数额在公司登记机关进行登记注册的欺

诈行为。然而值得注意的是，并非所有公司都适用注册资本认缴制和注册资本无最低限额制，法律、行政法规以及国务院决定对公司注册资本实缴、注册资本最低限额另有规定的，从其规定。特别是对于资金和风险密集型的行业主体，如保险公司、商业银行以及基金管理公司等均有特殊的规定和限制。对于对公司注册资本实缴有特殊规定的公司主体，虚报注册资本是指为骗取公司登记故意以不实的数据在登记机关获得注册，但实际上没有按照要求进行实缴的欺诈行为，其关键在于是否按要求进行实际缴纳。对于适用认缴制的公司主体，虚报注册资本关键在于是否存在有效的认缴行为，而有效的认缴行为是股东对公司出资义务的有效承诺，若无实际的认缴行为或者认缴的数额与在公司登记机关登记注册数额不相符的情况下，即为虚报注册资本，因此对于虚报注册资本的行为需要结合不同的公司主体所处的行业之特殊的规定进行综合判断。

（二）提交虚假材料

提交虚假材料主要是指在申请公司设立、变更、注销或者设立分公司等登记的过程中在提交规定的诸如登记申请书、公司章程等文件材料中，隐瞒公司重要事实，意图取得公司登记的欺诈行为。随着《优化营商环境条例》的施行，国家持续精简涉企经营许可事项，依法采取直接取消审批、审批改为备案、实行告知承诺、优化审批服务等方式，为企业取得营业执照后开展相关经营活动提供便利，《市场主体登记管理条例》第十九条和《市场主体登记管理条例实施细则》第十八条规定了登记机关在审查申请材料时原则上仅进行形式审查，如申请材料齐全、符合法定形式的予以确认并进行登记。然而在国家为营商环境提供一定的程序性便利的同时亦强调了申请登记主体对其所提交的材料的真实性、合法性和有效性的责任，《公司法》第三十条、《市场主体登记管理条例》第十七条和第十八条均强调了公司应当对提交材料的真实性、合法性和有效性负责。

（三）采取其他欺诈手段隐瞒重要事实

"采取其他欺诈手段隐瞒重要事实"是指采取除虚报注册资本、提交虚假证明以外的足以影响公司登记事实的欺诈行为。本条当中的"重要事实"是指足以影响公司登记的事实，具体需要结合不同公司的类型以及所处的行业进行综合判断。例如，外国投资者在中国境内设立外商投资企业，相应的主体资格文件或者自然人身份证明原则需要经所在国家公证机关公证，并经中国驻该国使（领）馆认证。例如，募集设立股份有限公司需要提交依法设立的验资机构出具的验资证明；若公开发行股票的，应当提交国务院证券监督管理机构的核准或者注册文件；若涉及发起人首次出资属于非货币财产的，应当提交已办理财产权转移手续的证明文件等。

二、法律责任

（一）行政责任

本条主要规定的是行政责任，因此本条处罚的实施主体为公司登记机关，现为市场监督管理部门；处罚的对象为公司和对公司违法行为直接负责的主管人员和其他直接责任人员；本条规定了处罚手段。本条主要规定了三种行政处理方式：责令改正、罚款以及吊销营业执照。一是责令改正，即公司登记机关对于以欺诈手段获取公司登记的行为责令进行纠正。需要注意的是，《行政处罚法》没有将责令改正规定为处罚的类型，因而责令改正并非一种行政处罚的行为，而是对于违法行为的一种正当纠正。二是处以规定的罚款。三是吊销营业执照。情节严重的情况下，除了处以规定的罚款以外，还会吊销公司的营业执照。吊销公司的营业执照是对公司营业资格和营业能力的一种剥夺和否定，对公司将产生根本性的不良影响，而何为本条规定的"情节严重的"，因实际发生的诈骗取得公司登记的情形千差万别，情况错综复杂，法律法规未能有十分明确的规定，通常情况下如果存在犯罪的行为将不可避免触发情节严重的处罚条款。

（二）刑事责任

申请公司登记使用虚假证明文件或者采取其他欺诈手段虚报注册资本，欺骗公司登记主管部门，取得公司登记，虚报注册资本数额巨大、后果严重或者有其他严重情节的，根据《刑法》第一百五十八条规定，构成虚报注册资本罪，并承担相应的刑事责任。根据《立案追诉标准（二）》第三条的规定立案追诉。

◆ 适用疑难解析

虚报注册资本、虚假出资以及抽逃出资行为罪与非罪之间的界限。

一、法律规定

2005年修订的《公司法》改变了自1993年颁布《公司法》以来注册资本即为实收资本，股东必须足额缴纳公司章程中规定的各自所认缴的出资额的规定，有限责任公司的注册资本为在公司登记机关登记的全体股东认缴的出资额而非实收的资本额,同时进一步规定了,除募集设立的股份有限公司依然需要足额缴纳之外,开始允许有限责任公司及发起设立的股份有限公司股东或者发起人在首次缴纳数额不低于公司注册资本的20%后,其余部分在两年内缴足,其中投资公司可以在五年内缴足。

自2013年后,《公司法》原则上废除了法定最低注册资本制度,同时将此前确立的公司设立注册资本金分期缴纳的制度改为认缴制度,但也留了一道口子,即授权法律法规及国务院决定在必要场合对有限责任公司注册资本实缴、注册资本最低限额进行例外规定。为避免出现因股东认缴期限过长进而影响交易安全或者损害债权人的利益的情形,新《公司法》第四十七条将有限责任公司全体股东认缴的出资额限定为应当按照公司章程规定自公司成立之日五年内缴足。

二、理论与实务中的争议

自2005年公司注册资本的制度变化以来,引起了理论界和实务界当中对于虚报注册资本罪、虚假出资罪和抽逃出资罪的发生、认定和追诉标准的讨论。尤其是2013年全面实施认缴制以来,理论与实务界对于虚报注册资本、虚假出资和抽逃出资的行为认定以及虚报注册资本罪、虚假出资罪和抽逃出资罪的认定和存废均有不同的声音和讨论,主要可以分为两大观点:

一是认为虚报注册资本、虚假出资和抽逃出资的行为和犯罪会减少,尤其是没有了最低公司注册资本的限制以及没有了注册时足额缴纳的要求,对于虚报注册资本、虚假出资和抽逃出资行为在实践当中几乎难以认定,例如,虚报注册资本行为,即使是在注册时虚报了资本,也可以在缴纳时间节点当中变更注册资本总额或者是变更缴纳的时间节点,没有虚报注册资本行为的认定,相应的法律规定及相应的惩罚便形同虚设。

二是认为即使是实行认缴制,虚报公司注册资本、虚假出资和抽逃出资的行为依然存在,甚至不减反增,因为认缴制不会改变股东或者发起人的出资义务,只是在出资时间与期限上作出改变,股东或者发起人依然存在出资以及出资维持义务。值得注意的是,认缴制下的虚报注册资本的行为即为"认缴"行为的虚假和欺诈,如果股东或者发起人不存在认缴的真实意思表示,或者其"认缴"之承诺不真实或者没有法律效力,但是将其在公司机关进行了登记,便构成了虚报注册资本的行为。

新《公司法》将有限责任公司出资期限限定在五年内缴足，在未届出资期限的情况下对于虚报注册资本、虚假出资和抽逃出资的行为认定仍存在不同的看法，但总体来说可在较大程度上避免上述的争议，也在一定程度上有利于维护债权人的权益。

三、全国人大、两高的态度变迁

为了终结此前实务中的观点混乱，全国人大通过发布立法解释、最高人民检察院、公安部、最高人民法院通过发布规范性文件等方式予以界定。

2014年4月，全国人民代表大会常务委员会讨论了公司法修改后刑法第一百五十八条、第一百五十九条对实行注册资本实缴登记制、认缴登记制的公司的适用范围问题，并发布了《关于〈中华人民共和国刑法〉第一百五十八条、第一百五十九条的解释》，在该解释中明确指出刑法第一百五十八条虚报注册资本罪和第一百五十九条虚假出资罪只适用于依法实行注册资本实缴登记制的公司。

2014年5月20日，为了正确执行新修改的公司法和全国人大常委会立法解释，最高人民检察院和公安部就严格依法办理虚报注册资本和虚假出资、抽逃出资刑事案件的有关要求发布了《关于严格依法办理虚报注册资本和虚假出资抽逃出资刑事案件的通知》，强调了充分认识新修改的公司法和全国人大常委会立法解释的重要意义，深刻领会其精神实质，严格把握罪与非罪的界限，认真研究行为性质和危害后果，依法妥善处理虚报注册资本和虚假出资、抽逃出资案件，力争在案件办理工作中准确适用，确保执法办案的法律效果和社会效果。

2016年12月30日，最高人民法院为充分发挥人民法院的审判职能作用，保障我国自由贸易试验区的建设，根据全国人民代表大会常务委员会相关决定，结合审判实践，对人民法院涉自贸试验区案件的审判工作提出了相关意见并发布《关于为自由贸易试验区建设提供司法保障的意见》，在该意见第二条第三款中强调人民法院在审判中注意区分虚报注册资本罪、虚假出资罪、抽逃出资罪以及非法经营罪的罪与非罪的界限。

2019年5月16日，最高人民法院发布依法平等保护民营企业家人身财产安全十大典型案例，其中在第三个案例"顾某军虚报注册资本、违规披露、不披露重要信息、挪用资金案"中对于顾某军等人的虚报注册资本的行为，再审认定情节显著轻微，危害不大，可以不追究刑事责任。该案件属于再审改判案件，历经一审、二审和再审，对于在全面推进依法治国大背景下落实加强产权和企业家合法权益保护、落实优化营商环境方面具有重要的意义。

2023年12月29日通过的新《公司法》将有限公司的注册资本缴纳期限限定在五年之内，对于虚报注册资本的行为、虚假出资的行为以及虚报注册资本罪和虚假出资罪的具体适用将得到进一步明确和完善。

◆ 案例指引

顾某军虚报注册资本、违规披露、不披露重要信息、挪用资金案[①]

【案号】

一审：（2006）佛刑二初字第65号

二审：（2008）粤高法刑二终字第101号

再审：（2018）最高法刑再4号

【案情】

2005年7月，柯林格尔系创始人顾某军因涉嫌虚假出资、虚假财务报表、挪用资产和职务侵占等罪名被警方拘捕。2008年1月30日，广东佛山市中院对格林柯尔系掌门人顾某军案作出一审判决，顾某军因虚报注册资本罪、违规披露和不披露重要信息罪、挪用资金罪，决定执行有期徒刑10年，并处罚金人民币680万元。宣判后，顾某军提出上诉。2009年3月25日，广东省高级人民法院作出刑事裁定：驳回上诉，维持原判。顾某军刑满释放后，向最高人民法院提出申诉。2017年12月28日，最高人民法院公布人民法院依法再审三起重大涉产权案件，顾某军案将由最高人民法院第一巡回法庭提审。2018年6月13日，最高人民法院第一巡回法庭公开开庭审理原审被告人顾某军等虚报注册资本、违规披露、不披露重要信息、挪用资金再审一案。2019年4月10日，最高人民法院终审判决：撤销顾某军原判部分量刑，改判有期徒刑五年。

---

① 最高人民法院2019年发布依法平等保护民营企业家人身财产安全十大典型案例之三。

【审判】

最高人民法院经再审认为，原审认定顾某军、刘某忠、姜某军、张某汉在申请顺德格林柯尔变更登记过程中，使用虚假证明文件以 6.6 亿元不实货币置换无形资产出资的事实存在，但该行为系当地政府支持顺德格林柯尔违规设立登记事项的延续，未造成严重后果，且相关法律在原审时已进行修改，使本案以不实货币置换的超出法定上限的无形资产所占比例由原来的 55% 降低至 5%，故顾某军等人的行为情节显著轻微危害不大，不认为是犯罪。

第二百五十一条　【未依法公示有关信息的法律责任】

公司未依照本法第四十条规定公示有关信息或者不如实公示有关信息的，由公司登记机关责令改正，可以处以一万元以上五万元以下的罚款。情节严重的，处以五万元以上二十万元以下的罚款；对直接负责的主管人员和其他直接责任人员处以一万元以上十万元以下的罚款。

◆ **新旧对照解读**

本条是《公司法》新增条文，为违反《公司法》第四十条规定公司的公示义务的配套法律责任条款，这是首次以法律规定之方式对违反公司的公示义务所产生的法律责任作出规定。

◆ **相关规定**

《企业信息公示暂行条例》第八条至第十一条

◆ **条文释义**

本条规定的是，公司未依法公示企业信息的法律责任。

一、违法行为

本条作为《公司法》新增第四十条的配套条文，规定了违反公司公示义务的法律责任。而何为本条的违法行为，《公司法》第四十条规定，公司应当通过国家企业信用信息系统向社会公众公示的事项为：一是有限责任公司股东认缴和实缴的出资额、出资方式和出资日期，股份有限公司发起人认购的股份数；二是有限责任公司股东、股份有限发起人的股权、股份变更信息；三是行政许可取得、变更、注销等信息；四是法律、行政法规规定的其他信息。同时该条强调公司应当确保上述公示信息真实、准确、完整。

二、法律责任

本条主要规定的是行政责任，因此本条处罚的实施主体为公司登记机关，现为市场监督管理部门；处罚的对象为公司和对公司未依法公示企业信息直接负责的主管人员和其他直接责任人员。本条主要规定了两种行政处理方式：责令改正和罚款。一是责令改正，即对于本条违法行为责令进行纠正，按照《公司法》第四十条的规定进行公示。二是处以规定的罚款。

除此本条规定的行政处罚外，根据《企业信息公示暂行条例》第十七条，如未按规定进行信息公示或企业公示信息隐瞒真实情况、弄虚作假的，将被列入经营异常名录，通过企业信用信息公示系统向社会公示，提醒其履行公示义务，满三年未依照条例规定履行公示义务的，将被列入严重违法企业名单，并通过企业信用信息公示系统向社会公示。被列入严重违法企业名单的企业的法定代表人、负责人，三年内不得担任其他企业的法定代表人、负责人。根据《企业信息公示暂行条例》第十八条，在政府采购、工程招投标、国有土地出让、授予荣誉称号等工作中，将企业信息作为重要考量因素，对被列入经营异常名录或者严重违法企业名单的企业依法予以限制或者禁入。

第二百五十二条　【虚假出资的法律责任】

公司的发起人、股东虚假出资，未交付或者未按期交付作为出资的货币或者非货币财产的，由公司登记机关责令改正，可以处以五万元以上二十万元以下的罚款；情节严重的，处以虚假出资或者未出资金额百分之五以上百分之十五以下的罚款；对直接负

> 责的主管人员和其他直接责任人员处以一万元以上十万元以下的罚款。

◆ 新旧对照解读

本条是《公司法》新修改条文，相较于旧条文第一百九十九条，条文内容主要有三处变化：一是将虚假出资的法律责任的处罚赋予公司登记机关作裁量，可以处以一定范围内的罚款；二是增加了情节严重的处罚；三是增加了对直接负责的主管人员和其他直接责任人员的处罚。

◆ 相关规定

《市场主体登记管理条例》第四十五条第二款

《刑法》第一百五十九条

《关于严格依法办理虚报注册资本和虚假出资抽逃出资刑事案件的通知》

◆ 条文释义

本条规定的是关于公司发起人、公司股东虚假出资的法律责任。

一、虚假出资

公司发起人、股东的出资是构成公司初始资本的来源，而公司资本是一个公司存在和得以正常运转和发展的必要条件，同时出资也是公司发起人和股东的最为基本和重要的义务，因此《公司法》规定了公司发起人和股东根据协议、公司章程等规定按时足额缴纳的义务，同时也对出资的方式、出资的估价以及瑕疵出资的责任进行了规制，以防止虚假出资的行为。

（一）虚假出资行为主体

根据本条的规定，构成本条虚假出资的行为主体为公司的发起人和公司股东。通常来说公司的发起人是公司的股东，但是严格来说，发起人和股东两者之概念并不能完全等同，发起人只有在公司成立后才可能成为股东。股东除了公司设立时的原始股东，还包括公司成立后通过股权或者股份转让、继承等途径继受的股东，以及因公司增资取得资格的股东。尽管《公司法》中"发起人"一词只出现于通过发起设立和募集设立的股份有限公司规定当中，而有限公司的相关规定当中只有"股东"这一表述。《公司法司法解释（三）》（2020）第一条对此进行了明确的规定："为设立公司而签署公司章程、向公司认购出资或者股份并履行公司设立职责的人，应当认定为公司的发起人，包括有限责任公司设立时的股东。"因此本条的发起人不仅包括股份有限公司的发起人，同时也包括有限责任公司的发起人。

（二）虚假出资行为

根据本条的规定，虚假出资行为是指未交付或者未按期交付作为出资的货币或者非货币资产但表示已经出资的欺诈行为。《公司法》第四十八条规定了股东的出资形式，分为货币的出资形式和非货币的出资形式。在股东以货币出资的情况下，股东只需按约定的时间将货币足额存入公司的银行账户即可，货币作为一般等价物，属于出资关系相对简单、较少发生争议和纠纷的出资方式。然而需要注意的是，在实践当中存在以无实际现金或者高于实际现金的虚假的银行进账单、对账单，伪造划拨手续或者支付凭证骗取验资报告从而获得缴纳出资登记的情况；又或者是为了应付验资，将款项短期转入公司账户后又立即转出，公司未实际占有和使用该款项的情况。在非货币出资的情况下，非货币出资通常是指实物、知识产权、土地使用权、股权、债权等可以用货币估价并可以依法转让的非货币财产作价出资。由于以非货币资产作为出资的形式通常需要进行货币估价或者转移所有权，因此判断虚假的出资行为通常与是否已经进行了合理的估价和转移所有权有关，如在以实物、知识产权、土地使用权等非货币出资的情况下，虚假出资手段通常包括虚假估价、以假充真、虚假财产权转移等。

二、法律责任

（一）行政责任

本条主要规定的是行政责任，因此本条处罚的实施主体为公司登记机关，现为市场监督管理部门；处罚的对象为公司发起人或者公司股东和对虚假出资直接负责的主管人员以及其他直接责任人员。本条主要规定了两种行政处理方式：责令改正和罚款。一是责令改正，即公司登记机关对于公司发起人或者公司股东虚假出资责令进行纠正，按时交付足额的货币或者非货币出资。二是处以规定的罚款。

（二）刑事责任

公司发起人、股东违反公司法的规定未交付货币、实物或者未转移财产权，虚假出资，或者在公司成立后又抽逃其出资，数额巨大、后果严重或者有其他严重情节的，根据《刑法》第一百五十九条的规定，构成虚假出资罪，并承担相应的刑事责任。根据《立案追诉标准（二）》第四条的规定立案追诉。

第二百五十三条 【抽逃出资的法律责任】

公司的发起人、股东在公司成立后，抽逃其出资的，由公司登记机关责令改正，处以所抽逃出资金额百分之五以上百分之十五以下的罚款；对直接负责的主管人员和其他直接责任人员处以三万元以上三十万元以下的罚款。

◆新旧对照解读

本条是新修改条文，相较于旧条文第二百条，在法律层面增加了对直接负责的主管人员和其他直接责任人员的行政处罚的相关规定。

◆相关规定

《市场主体登记管理条例》第四十五条第二款

《刑法》第一百五十九条

《关于严格依法办理虚报注册资本和虚假出资抽逃出资刑事案件的通知》

◆条文释义

本条规定的是关于公司发起人、公司股东在公司成立后抽逃出资或者对上述抽逃出资行为直接负责的主管人员和其他直接责任人员的法律责任。

一、抽逃出资

公司成立后，公司发起人和公司股东以货币或者非货币的方式向公司履行出资义务后，其出资的所有权不再属于公司的发起人和公司的股东，而是转变为公司的财产，作为出资的对价，公司发起人和公司股东获得了对应的公司股份或者股权。如前所述，公司发起人、股东的出资是构成公司资本的重要来源，而公司资本是一个公司存在和得以正常运转和发展的必要条件。抽逃出资不仅损害了公司的利益，也给其他的投资者和公司的债权人造成了公司出资资本充足的假象，是滥用公司有限责任的行为，对市场的经济秩序造成了不利影响。因此，《公司法》规定了公司成立后股东不得抽逃出资的义务和责任。

（一）抽逃出资行为主体

与虚假出资的行为主体一样，本条所规定的抽逃出资的行为主体是公司发起人和公司股东。本条当中的公司发起人不仅指股份有限公司的发起人，同样包括有限责任公司当中的发起人。详细请参见虚假出资当中的行为主体的论述。

（二）抽逃出资行为

抽逃出资是指在公司成立后，包括在后续的增资及公司运营过程中，公司发起人、公司股东违反法律规定，未经法定程序，擅自将已向公司实缴的、所有权属于公司的出资抽回，同时又继续持有抽逃出资所对应的股份或者股权从而损害公司权益的行为。

根据《公司法司法解释（三）》（2020）第十二条，构成抽逃出资的具体有两个要件，一是具有抽逃出资的形式要件，二是存在损害公司权益的实质要件。其中，抽逃出资的形式要件可表现为四个方面：一是制作虚假财务会计报表虚增利润进行分配，例如，通过修改资产负债表或者在利润表内进行虚假列报，进而增加对股东的利润的分配；二是通过虚构债权债务关系将其出资转出，例如，通过虚构的交易合同、借款合同等形式转出，或者进行形式上的交易，实际的交易金额与转出的出资额差距过大，数额上不具有合理的匹配性；三是利用关联交易将出资转出；四是其他未经法定程序将出资抽回的行为。实践中抽逃出资的方式层出不穷，对于抽逃出资不能机械适用法条当中规定的类型，而是应当要抓住抽逃出资行为的关键形式，即未经法定的程序将出资转出。另外，上述抽逃出资的形式要件证明了是否存在抽逃出资的事实，而抽逃出资除了需要符合形式的要件之外，还需要存在损害公司权益的实质要件，即存在损害公司、其他公司股东以及公司债权人等相关权利人的权益。

二、直接负责的主管人员和其他直接责任人员

实践中，公司发起人、公司股东抽逃出资的行为往往具有隐蔽性和多样性的特征，若没有公司管理人员的参与或协助，往往难以实施。《公司法》第五十三条及《公司法司法解释（三）》（2020）第十四条等法律法规对股东抽逃出资的行为负有责任的董事、监事、高级管理人员等主体规定了民事责任的承担，本次公司法的修改在本条中增加了对股东抽逃出资行为直接负责的主管人员和其他直接责任人员的行政责任。

本条中直接负责的主管人员一般是指公司的董事、监事、高级管理人员，在公司中负有一定的管理职能，对协助行为起到决定、批准、授意、纵容和指挥等作用，对股东抽逃出资行为的实现具有决定性的影响。相对于直接负责主管人员而言，其他直接责任人员一般来说职位相对较低，通常是在直接负责主管人员的决定、批准、授意以及指挥下协助或者为股东抽逃出资提供便利。

对股东抽逃出资行为负有直接责任的行为在实务中通常表现为协助或者为股东抽逃出资提供便利。而何为协助或者为股东抽逃出资提供便利则需要根据不同责任人员的职责和义务来具体进行判定，例如，对于将出资款转入公司账户进行验资后通过关联交易或者虚假交易的形式再转出的抽逃出资行为，直接参与财务资金管理职责的董事、监事、高级管理人员等人员若在没有核实支付的真实性、合法性的前提下便进行签字、盖章批准，则可在一定程度上认定为协助或者为股东抽逃出资提供了便利；对不直接参与财务资金的抽逃但对公司交易负有审核批准职责的董事、监事、高级管理人员等人员，若在没有履行应尽的审慎义务情况下对公司的虚假交易进行了签字、批准，则可在一定程度上认定为协助或者为股东抽逃出资提供了便利。

三、法律责任

（一）行政责任

本条主要规定的是行政责任，因此本条处罚的实施主体为公司登记机关，现为市场监督管理部门；处罚的对象为公司发起人、公司股东以及对股东抽逃出资行为直接负责的主管人员和其他直接责任人员。本条主要规定了两种行政处理方式：责令改正和罚款。一是责令改正，即公司登记机关对于公司发起人或者公司股东抽逃出资行为以及对协助和提供便利的行为责令进行纠正。二是处以规定的罚款。

（二）刑事责任

公司发起人、股东违反公司法的规定未交付货币、实物或者未转移财产权，虚假出资，或者在公司成立后又抽逃其出资，数额巨大、后果严重或者有其他严重情节的，根据《刑法》第一百五十九条的规定，构成抽逃出资罪，并承担相应的刑事责任。《立案追诉标准（二）》第四条规定了抽逃出资行为的立案追诉标准。

◆ 案例指引

青岛某金属有限公司诉日本某株式会社股东出资纠纷案——股东实质性抽逃出资行为认定[①]

【裁判要旨】

董事会决议将股东出资的 16 万美元的注册资本作为借款资金并每年支付利息的行为构成抽逃出资。上述董事会决议的内容未经法定程序，将已经成为注册资本的被告投入的部分资金性质变更为借款，尽管资金仍在公司内，但根据股东会决议的内容，已经变更成了借款，不再承担资本金的风险，且款项的所有权已经由公司变更为股东，这一变更使原本属于公司的资本金重新成为被告所有的款项，从而决定了股东可以随时将该部分款项收回，构成了对资本金的实质性抽离，而抽离该部分资金后，股东在注册资本中所占的比例和出资金额并未改变，符合抽逃资本的要件。

【案号】

一审：（2007）青民四初字第 25 号

【案情】

2015 年 5 月，原告青岛某金属有限公司 2002 年 1 月设立，注册资金 120 万美元。被告日本某株式会社以 24 万美元发明专利评估出资、21 万美元现汇出资。被告以 24 万美元发明专利评估出资没有到位，经判决确认该出资无效。判决后被告至今未补足该部分出资。经过被告的要求该笔出资在 2005 年 3 月 5 日原告董事会决议中确认：其中的 16 万美元作为青岛某金属有限公司的借款，该决议已

[①] 曲天明、解鲁：《股东实质性抽逃出资行为认定的裁判规则——以青岛森田金属公司诉日本 SAN-R 股东出资纠纷案为例》，载《法律适用（司法案例）》2018 年第 4 期。

经实际履行。被告也已经拿到了该款的利息24917美元。因此，原告要求被告依法缴纳24万美元等值人民币的出资额，并应当依法承担因出资不到位给原告造成的赔偿责任。而被告则辩称：本案原告已经被法院依法强制清算，因此其诉讼主体不适格，本案诉讼请求和事实理由，存在重复诉讼的情况，鉴于本案原告已经强制清算，本案应当不予受理并裁定驳回。

【审判】

青岛中级人民法院经过审理认为，原告青岛某金属有限公司所作出的董事会决议，约定将被告投入的16万美元的注册资本作为借款资金投入并每年支付利息，该等行为已构成抽逃出资。原告青岛某金属有限公司的上述董事会决议的内容未经法定程序，将已经成为注册资本的被告投入的部分资金性质变更为借款，该笔资金虽然仍在公司内，但根据股东会决议的内容，已经变更成了借款，不再承担资本金的风险，且款项的所有权已经由公司变更为股东，这一变更使原本属于公司的资本金重新成为被告所有的款项，从而决定了被告可以随时将该部分款项收回，构成了对资本金的实质性抽离，而抽离该部分资金后，被告在注册资本中所占的比例和出资金额并未改变。因此，该股东会决议关于给付该笔资金利息的约定，违背了公司资本充实原则，违反了我国《公司法》股东不得抽回出资的规定，符合抽逃资本的要件，因此法院支持被告应当补足出资，返还本案所涉利息。

> **第二百五十四条　【另立会计账簿及财务会计报告失真的法律责任】**
>
> 有下列行为之一的，由县级以上人民政府财政部门依照《中华人民共和国会计法》等法律、行政法规的规定处罚：
>
> （一）在法定的会计账簿以外另立会计账簿；
>
> （二）提供存在虚假记载或者隐瞒重要事实的财务会计报告。

◆ 新旧对照解读

本条是《公司法》新修改条文，相较于旧条文，主要有两处变化：一是将旧法第二百零一条会计账簿以外另立会计账簿的法律责任和第二百零二条对依法向有关主管部门提供的财务会计报告等材料上作虚假记载或者隐瞒重要事实的法律责任合为一个法条，同时将"财务会计报告等材料上作虚假记载或者隐瞒重要事实"限缩为"提供存在虚假记载或者隐瞒重要事实的财务会计报告"。二是在处罚方面，对以上两种行为进行统一处罚的规定，具体以《会计法》等法律、行政法规的规定为准。

◆ 相关规定

《会计法》第四十二条、第四十三条、第四十五条

《刑法》第一百六十一条

◆ 条文释义

本条规定的是关于违反公司财务管理制度另立会计账簿和提供存在虚假记载或者隐瞒重要事实的财务会计报告的法律责任。

一、在法定的会计账簿以外另立会计账簿

会计账簿是记载和反映公司财务状况和营业状况的各种账簿、文书的总称。从会计学的角度来看，会计账簿是由具有一定格式、相互联系的账页所组成，以会计凭证为基础，用来全面、系统、序时、分类记录和核算一个企业或者单位经济业务事项的会计簿籍，可以分为序时账簿、分类账簿以及备查账簿等。会计账簿可以把单位的每一项经济业务当中所产生的各种凭证上反映的会计数据进行系统整理登记，可以连续、系统且全面地监督一个经济单位在一定时期内的经济业务情况，是考核企业经济成果、加强经济核算、分析经济活动情况的重要依据，同时也是后期编制会计报表和财务报告的重要数据材料。因此，基于会计账簿的重要性，国家对会计账簿的编制、管理和存档都有相关的规定。《公司法》第二百一十七条第一款也明确规定，公司除法定的会计账簿外，不得另立会计账户。

二、提供存在虚假记载或者隐瞒重要事实的财务会计报告

财务会计报告，是指企业对外提供的反映企业某一特定日期财务状况和某一

会计期间经营成果、现金流量的文件。① 《公司法》第二百零八条明确规定，公司应当在每一会计年度终了时编制财务会计报告，并依法经会计师事务所审计。财务会计报告应当依照法律、行政法规和国务院财政部门的规定制作。股东、公司债权人、投资者以及政府有关部门等可以从公司财务会计报告中了解公司的经营和发展，并且在此基础上作出相应的决策和监管。尤其是上市公司的财务会计报告，不仅可以为公司自身的经营和发展提供有用的决策信息，而且从宏观角度而言有利于促进社会资源的合理配置，因此，财务会计报告只有真实可靠，即建立在与公司的财务状况、经营成果和现金流量相匹配的基础上，才可以发挥其应有的作用。

三、法律责任

（一）行政责任

本条主要规定的是行政责任，其处罚主要依据《会计法》的规定，因此本条处罚的实施主体为县级以上人民政府财政部门。在法定的会计账簿以外另立会计账簿的，根据《会计法》第四十二条的规定，不依法设置会计账簿以及私设会计账簿的，由县级以上人民政府财政部门责令限期改正，可以对单位并处三千元以上五万元以下的罚款；对其直接负责的主管人员和其他直接责任人员，可以处二千元以上二万元以下的罚款；属于国家工作人员的，还应当由其所在单位或者有关单位依法给予行政处分。提供虚假记载或者隐瞒重要事实的财务会计报告的，根据《会计法》第四十三条、第四十四条的规定，伪造、变造会计凭证、会计账簿，编制虚假财务会计报告，隐匿或者故意销毁依法应当保存的会计凭证、会计账簿、财务会计报告的，构成犯罪的，依法追究刑事责任，尚不构成犯罪的，由县级以上人民政府财政部门予以通报，可以对单位并处五千元以上十万元以下的罚款；对其直接负责的主管人员和其他直接责任人员，可以处三千元以上五万元以下的罚款；属于国家工作人员的，还应当由其所在单位或者有关单位依法给予撤职直至开除的行政处分；其中的会计人员，五年内不得从事会计工作。

（二）刑事责任

依法负有信息披露义务的公司、企业向股东和社会公众提供虚假的或者隐瞒

---

① 《企业财务会计报告条例》第二条第二款。

重要事实的财务会计报告，或者对依法应当披露的其他重要信息不按照规定披露，严重损害股东或者其他人利益，或者有其他严重情节的，根据《刑法》第一百六十一条的规定，构成违规披露、不披露重要信息罪，并承担相应的刑事责任。根据《立案追诉标准（二）》第六条的规定立案追诉。

> **第二百五十五条　【公司未通知债权人的法律责任】**
> 公司在合并、分立、减少注册资本或者进行清算时，不依照本法规定通知或者公告债权人的，由公司登记机关责令改正，对公司处以一万元以上十万元以下的罚款。

◆ 新旧对照解读

相较于旧条文第二百零四条第一款，本条条文单独成条，条文内容方面无变化。

◆ 条文释义

本条规定的是关于公司在合并、分立、减少注册资本或者进行清算时未按照《公司法》规定通知或者公告债权人的法律责任。

一、公司合并、分立、减少注册资本或者进行清算时的通知或者告知义务

公司作为市场经济的主要参与者，在公司的成长和发展过程当中随着妥善的管理和经营会进行扩张，但也可能因经营不善导致破产清算。公司的合并、分立、减少注册资本以及进行清算属于公司成长、发展以及终止的状态，会对公司债权人的切身利益产生影响，因而在公司合并、分立、减少注册资本或者清算等对公司债权人的债权利益可能产生不利影响的情况下，要求公司要按照《公司法》的规定向公司债权人进行通知或者公告，以保障公司债权人的合法权益。

在公司进行合并时，公司应当自作出合并决议之日起十日内通知债权人，并于三十日内在报纸上或者统一的企业信息公示系统公告。债权人自接到通知之日起三十日内，未接到通知的自公告之日起四十五日内，可以要求公司清偿债务或

者提供相应的担保。在公司进行分立时，公司应当自作出分立决议之日起十日内通知债权人，并于三十日内在报纸上或者统一的国家企业信用信息公示系统公告。债权人自接到通知之日起三十日内，未接到通知的自公告之日起四十五日内，有权要求公司清偿债务或者提供相应的担保。在公司进行减少注册资本时，公司应当自股东会作出减少注册资本决议之日起十日内通知债权人，并于三十日内在报纸上或者统一的国家企业信用信息公示系统公告。债权人自接到通知之日起三十日内，未接到通知的自公告之日起四十五日内，有权要求公司清偿债务或者提供相应的担保。在公司进行清算时，清算组应当自成立之日起十日内通知债权人，并于六十日内在报纸上或者统一的国家企业信用信息公示系统公告。债权人应当自接到通知之日起三十日内，未接到通知的自公告之日起四十五日内，向清算组申报其债权。

二、法律责任

本条主要规定的是行政责任，因此本条处罚的实施主体为公司登记机关，现为市场监督管理部门；处罚的对象为公司本身，而非公司之中的具体自然人。本条主要规定了两种行政处理方式：责令改正和罚款。一是责令改正，即对于本条违法行为责令进行纠正，按照《公司法》的规定通知及公告公司债权人。二是处以规定的罚款。

◆ **案例指引**

冀某春与某钢铁有限责任公司公司减资纠纷上诉案——有限责任公司减资违反通知义务与股东责任承担[①]

【裁判要旨】

有限责任公司未按照《公司法》规定通知债权人即减少注册资本的，公司债权人可以请求股东在收回出资的范围内对减资前的公司债务承担补充赔偿责任。

【案号】

一审：（2010）海民初字第24292号

二审：（2011）一中民终字第6388号

---

① 高春乾：《冀书春与五矿钢铁有限责任公司公司减资纠纷上诉案——有限责任公司减资违反通知义务与股东责任承担》，载《人民司法·案例》2011年第16期。

【案情】

上诉人（原审被告）：冀某春。

被上诉人（原审原告）：某钢铁有限责任公司（以下简称钢铁公司）。

原审被告：天津某商贸有限公司（以下简称天津商贸公司）、冀某文、顾某杰。

钢铁公司与天津商贸公司签订两份进口钢材代理协议。上述协议签订后，钢铁公司向外商垫付了代理进口协议项下全部货款，天津商贸公司亦提取了全部进口货物，但始终未能付清上述进口代理协议项下剩余货款及其他费用。2008年9月2日，天津商贸公司向钢铁公司出具欠款确认书，确认上述进口代理合同项下，天津商贸公司未能付清全部货款，尚欠钢铁公司货款及其他费用人民币7514299.72元。对此欠款，天津商贸公司同意对该笔欠款自钢铁公司对外付汇之日起按年利率6.12%支付利息，直至支付完毕全部欠款止。在欠款确认书发出后，天津商贸公司仍未向钢铁公司支付任何款项。

2006年1月20日，天津商贸公司作出关于减资的股东会决议，天津商贸公司的三名股东冀某春、冀某文、顾某杰一致同意对天津商贸公司进行减资，将天津商贸公司注册资本由350万元减至100万元，具体为冀某春减资250万元，其他股东投资额不变。减少的注册资本250万元由天津商贸公司以现款及其在北京的房产支付。同日，天津商贸公司还作出了关于减资后债权处理方案的股东会会议决议，三名股东冀某春、冀某文、顾某杰同意冀某春减少注册资本金250万元。冀某春减少投资额250万元后，公司按照新的投资比例分配。股东冀某春减少投资额250万元以前及以后的债权债务均按新的投资比例承担责任及享有权利。同年3月，天津港保税区工商部门批准了天津商贸公司的减资申请。天津商贸公司已将相应的房产和现款退给冀某春。天津商贸公司及其股东冀某春、冀某文、顾某杰并未在作出减少注册资本之日起10日内通知债权人钢铁公司，天津商贸公司仅在天津市本埠的报纸《天津日报》上刊登了减资公告。钢铁公司作为住所地在北京市的公司未能知晓天津商贸公司减少注册资本事宜。在天津商贸公司所提交的验资报告中，未包含编制资产负债表及财产清单。在2008年9月2日，天津商贸公司向钢铁公司出具欠款确认书时，天津商贸公司亦未向钢铁公司披露其已减少注册资本的情况。

钢铁公司遂提起诉讼，请求天津商贸公司偿还钢铁公司货款人民币7514299.72元及贷款利息，股东冀某春、冀某文、顾某杰对天津商贸公司的上述债务在250万元范围内承担清偿责任。

【审判】

北京市海淀区人民法院认为天津商贸公司在召开减资的股东会时，其公司和全体股东均明知天津商贸公司对钢铁公司的大额债务未付清，而在本公司的注册资本仅有350万元的情况下，仍然通过股东会决议减少公司的注册资本，本身即具有逃避公司债务的恶意。天津商贸公司仅在本埠的《天津日报》上发布减资公告，使其大额债权人钢铁公司无从得知其减资情况，亦具有违反公司法关于减资事项的行为。在天津商贸公司向工商行政部门提交的减资文件中，并未提供资产负债表及财产清单，并未向工商部门如实陈述其有大额债务未清偿的真实情况。在2008年9月2日，天津商贸公司向钢铁公司出具欠款确认书时，仍向钢铁公司隐瞒其已减少注册资本的真实情况。冀某春作为股东已实际从天津商贸公司处，得到了房产和现款的减资补偿。股东冀某春的减资行为导致了现在天津商贸公司无法偿还钢铁公司巨额债务。综上，天津商贸公司股东在明知本公司已对钢铁公司具有大额债务的情况下，仍然准予其股东减资，本身具有逃避公司债务的过错。同时，还有上述向工商行政部门故意隐瞒真实情况以获得减资批准的行为；以及故意对其大额债权人钢铁公司隐瞒减资真实情况的行为，作为公司的股东，冀某春、冀某文、顾某杰应当明知上述情况，但仍然同意冀某春的减资请求，该行为必然导致天津商贸公司现在无法以自身的财产偿还所欠钢铁公司全部债务的结果，三股东的行为侵害了天津商贸公司债权人钢铁公司的利益。故冀某春、冀某文、顾某杰应当在冀某春减少注册资本的范围内，对天津商贸公司无法偿还钢铁公司的债务承担赔偿责任。对于三股东冀某春、冀某文、顾某杰关于公司股东对公司债务承担有限责任，即以各股东的出资额为限对公司承担责任，不同意对钢铁公司的债务承担责任的辩称意见，因三股东本身存在该院前已述及的明知公司对钢铁公司存在大额债务未偿还的事实，而仍然同意股东减少注册资本金，必然影响到公司的偿债能力；并且，在整个减资过程中，采用了隐瞒事实的手段；并具有故意不通知钢铁公司的行为，以上行为都直接导致了天津商贸公司现在无法全部偿还所欠钢铁公司债务的结果的发生，因此，三股东的侵害行为与钢铁公司的损失的发生存在因果关系，该关系属一般意义上的普通侵权之债，而不属于公司法中所规定的公司股东有限责任的范畴。该院对于三股东冀某春、冀某文、顾某杰的该项辩称，亦不予采信。综上所述，一审法院基本支持了原告的诉讼请求。

宣判后，冀某春提起上诉。北京市第一中级人民法院经审理后认为，一审判决天津商贸公司向钢铁公司偿付货款及利息并无不当，但一审判决冀某春对天津商贸公司对钢铁公司的债务承担清偿责任，无法律依据，应予纠正。三股东应当在天津商贸公司减少注册资本250万元范围内对天津商贸公司无法偿还钢铁公司的债务承担补充赔偿责任。

> **第二百五十六条　【公司清算违法行为法律责任】**
>
> 公司在进行清算时，隐匿财产，对资产负债表或者财产清单作虚假记载，或者在未清偿债务前分配公司财产的，由公司登记机关责令改正，对公司处以隐匿财产或者未清偿债务前分配公司财产金额百分之五以上百分之十以下的罚款；对直接负责的主管人员和其他直接责任人员处以一万元以上十万元以下的罚款。

◆ **新旧对照解读**

相较于旧条文第二百零四条第二款、第二百零五条和第二百零六条，本次删除了原第二百零五条公司在清算期间开展与清算无关的经营活动的法律责任以及原第二百零六条清算组及其成员违法行为的法律责任的规定。

◆ **相关规定**

《会计法》第四十四条、第四十五条

《刑法》第一百六十二条、第一百六十二条之一、第一百六十二条之二

◆ **条文释义**

本条规定的是关于清算时隐匿财产，对资产负债表或者财产清单作虚假记

载，或者在未清偿债务前分配公司财产的妨害清算行为的法律责任。

一、妨害清算违法行为

除公司因合并或者分立需要解散之外，无论是因为公司自愿解散、行政机关命令解散、司法解散，还是公司破产等情况，公司清算是公司终止的必经程序。公司解散终止是公司主体退出市场，使得公司的法人资格和经营主体资格消灭的行为，这也是市场经济优胜劣汰的体现。公司的终止无可避免地会影响各方利益，尤其是公司的债权人、公司职工的利益，因此必须要按照法定的清算程序来进行，通常而言，公司需要对公司的债务以公司的财产进行清偿并且将公司剩余财产分配完毕之后，才可进行公司的终止注销。在公司的清算中，公司的清算财产的真实性与公司股东、债权人以及公司职工等主体具有直接的利害关系。

本条规定的妨害清算的违法行为主要有三种：一是清算时隐匿公司财产，对公司的货币资金、动产以及不动产等各种财产进行隐匿；二是清算时对公司资产负债表或者财产清单作虚假记载，故意对资产负债表或者财产清单上的财产进行虚报，以达到逃避公司债务的目的，损害债权人和其他人的利益；三是在未清偿债务前分配公司财产，在公司进行清算时，公司财产在分别支付清算费用、职工的工资、社会保险费用和法定补偿金，缴纳所欠税款，清偿公司债务后的剩余财产才可以进行分配，有限责任公司按照股东的出资比例分配，股份有限公司按照股东持有的股份比例分配。

二、法律责任

（一）行政责任

本条主要规定的是行政责任，因此本条处罚的实施主体为公司登记机关，现为市场监督管理部门；处罚的对象为两类，一是公司本身，二是对本条规定的违法行为直接负责的主管人员和其他直接责任人员。本条主要规定了两种行政处理方式：责令改正和罚款。一是责令改正，即公司登记机关对本条规定的违法行为责令进行纠正。二是处以规定的罚款。

（二）刑事责任

公司、企业进行清算时，隐匿财产，对资产负债表或者财产清单作虚假记载或者在未清偿债务前分配公司、企业财产，严重损害债权人或者其他人利益的，根据《刑法》第一百六十二条的规定，构成妨害清算罪，并承担相应刑事责任。

根据《立案追诉标准（二）》第七条的规定立案追诉。

隐匿或者故意销毁依法应当保存的会计凭证、会计账簿、财务会计报告，情节严重的，根据《刑法》第一百六十二条之一的规定，构成隐匿、故意销毁会计凭证、会计账簿、财务会计报告罪，并承担相应刑事责任。根据《立案追诉标准（二）》第八条的规定立案追诉。

公司、企业通过隐匿财产、承担虚构的债务或者以其他方法转移、处分财产，实施虚假破产，严重损害债权人或者其他人利益的，根据《刑法》第一百六十二条之二的规定，构成虚假破产罪，并承担相应的刑事责任。根据《立案追诉标准（二）》第九条的规定立案追诉。

> **第二百五十七条　【中介机构违法行为的法律责任】**
> 承担资产评估、验资或者验证的机构提供虚假材料或者提供有重大遗漏的报告的，由有关部门依照《中华人民共和国资产评估法》、《中华人民共和国注册会计师法》等法律、行政法规的规定处罚。
> 承担资产评估、验资或者验证的机构因其出具的评估结果、验资或者验证证明不实，给公司债权人造成损失的，除能够证明自己没有过错的外，在其评估或者证明不实的金额范围内承担赔偿责任。

◆ **新旧对照解读**

本条是《公司法》新修改条文，相较于旧条文第二百零七条，内容上删除了具体的处罚规定，以《资产评估法》《注册会计师法》等法律、行政法规的规定处罚。1993年颁布的《公司法》只规定了承担资产评估、验资或者验证的机构提供虚假材料以及因过失提供有重大遗漏的报告的法律责任，并未对公司债权人损失承担的法律责任进行规定。2005年修订的《公司法》明确了行政处罚的实施主体，同时增加了吊销营业执照作为处罚，增加了承担资产评估、验资或者验证的机构因过失提供有重大遗漏的报告的罚款的金额，以及增加承担资产评估、验资或者验证的机构因其出具的评估结果、验资或者验证证明不实，给公司债权人造成损失的赔偿责任。

◆ 相关规定

《资产评估法》第四十七条、第四十八条、第四十九条

《注册会计师法》第二十条、第二十一条、第三十九条

《关于审理证券市场虚假陈述侵权民事赔偿案件的若干规定》第十八条、第十九条、第三十五条

《关于审理涉及会计师事务所在审计业务活动中民事侵权赔偿案件的若干规定》

《关于金融机构为企业出具不实或者虚假验资报告资金证明如何承担民事责任问题的通知》

《刑法》第二百二十九条

◆ 条文释义

本条规定的是关于承担资产评估、验资或者验证的机构因提供虚假材料、过失提供有重大遗漏的报告以及承担资产评估、验资或者因出具的评估结果、验资或者验证证明不实，给公司债权人造成损失，不能证明没有过错情况下的法律责任。

一、承担资产评估、验资或者验证的机构

本条所规定的承担资产评估、验资或者验证的机构主要是指承担资产评估、验资、验证、会计、审计、法律服务等职责的中介机构，如资产评估事务所、会计师事务所、审计师事务所、律师事务所等。

二、违法行为

股东的出资形式分为货币的出资形式和非货币的出资形式。在非货币出资的情况下，公司股东可以用实物、知识产权、土地使用权、股权、债权等可以用货币估价并可以依法转让的非货币财产作价出资。与货币出资形式不一样，非货币的出资形式需要进行评估作价，最后以货币的形式反映出来。评估作价需要资产

评估、验资或者验证的机构作为第三方以其专业的知识和经验对作为出资的非货币财产进行评估和作价，并以资产评估、验资或者验证的机构所出具的报告材料作为出资义务的认定标准，因此法律要求作为第三方资产评估、验资或者验证的机构应当要核实财产的价值，在进行评估作价时不得高估或者低估。

（一）提供虚假材料

本条规定的提供虚假材料，是指承担资产评估、验资或者验证的机构在资产评估报告、验资证明、验证证明、审计报告等机构出具的文件报告当中全部或者部分存在不符合事实的内容：例如，在资产评估过程中，资产评估机构没有依照资产的特定用途，没有按照法定的程序和标准对资产进行专业性评定和估算，故意使其低于或者高于资产的合理价值并出具相应的评估结论；在验资的过程中，验资机构没有依照现行的法律、法规以及行业准则等要求对公司股东和公司发起人等认缴或者出资是否到位进行审核检验，故意出具与事实不符的证明材料；如在验证的过程当中，验证机构没有依照法律法规以及行业准则等要求对诸如公司的财务报告的真实性、有效性、准确性以及合法性等方面进行验证，故意出具与事实不符的证明材料。

（二）因过失提供有重大遗漏的报告

本条规定的过失是指资产评估、验资或者验证的机构按照法律法规以及行业准则所规定的步骤和标准出具相应的报告，对于应当发现或者知道，但由于疏忽大意或者是过于自信而没有发现或者知道该重大遗漏，而提供具有重大遗漏的报告。报告当中所遗漏的内容没有对使用该报告的目的，如公司的登记、公司股票以及债券等发行产生影响，则不属于本条所规定的重大遗漏。

（三）评估结果、验资或者验证证明不实给公司债权人造成损失

承担资产评估、验资或者验证的机构因其过错而出具了不实或者具有重大遗漏的评估结果、验资或者验证证明，公司债权人因信任该评估结果、验资或者验证证明而造成损失的，承担资产评估、验资或者验证的机构需要举证证明自己对评估结果、验资或者验证证明不存在过错，否则需要在其评估或者证明不实的金额范围内承担赔偿责任。承担资产评估、验资或者验证的机构通常是具有专业性质的第三方机构，其所出具的评估结果、验资或者验证证明往往是公司债权人作出决策和决定的重要依据，而由于资产评估、验资或者验证通常具有一定的专业

性，对于欠缺相应专业知识的债权人往往难以举证证明机构的过失，因此本条规定了承担资产评估、验资或者验证的机构举证责任倒置的法律责任承担规则，以更好地保护公司债权人的合法权益。

三、法律责任

（一）行政责任

本条规定的行政责任的处罚依据主要为《资产评估法》《注册会计师法》等法律、行政法规。根据《资产评估法》第四十七条和第四十八条的规定，出具有重大遗漏的评估报告的，由有关评估行政管理部门予以警告，可以责令停业一个月以上六个月以下；有违法所得的，没收违法所得，并处违法所得一倍以上五倍以下罚款；情节严重的，由工商行政管理部门吊销营业执照；出具虚假评估报告的，由有关评估行政管理部门责令停业六个月以上一年以下；有违法所得的，没收违法所得，并处违法所得一倍以上五倍以下罚款；情节严重的，由工商行政管理部门吊销营业执照；构成犯罪的，依法追究刑事责任。

根据《注册会计师法》第三十九条的规定，提供虚假材料或者提供有重大遗漏的报告的，对于会计师事务所由省级以上人民政府财政部门给予警告，没收违法所得，可以并处违法所得一倍以上五倍以下的罚款；情节严重的，并可以由省级以上人民政府财政部门暂停其经营业务或者予以撤销；对于注册会计师，由省级以上人民政府财政部门给予警告；情节严重的，可以由省级以上人民政府财政部门暂停其执行业务或者吊销注册会计师证书；构成犯罪的，依法追究刑事责任。

（二）民事责任

承担资产评估、验资或者验证的机构作为第三方专业的机构，其出具的评估结果、验资或者验证证明往往是公司债权人作出决策的关键参考，因而本条明确采用证明责任倒置的规则规定了承担资产评估、验资或者验证的机构因其出具的评估结果、验资或者验证证明不实，给公司债权人造成损失的，除能够证明自己没有过错的外，在其评估或者证明不实的金额范围内承担赔偿责任。

（三）刑事责任

承担资产评估、验资、验证、会计、审计、法律服务、保荐、安全评价、环境影响评价、环境监测等职责的中介组织的人员故意提供虚假证明文件，情节严重的，根据《刑法》第二百二十九条第一款的规定，构成提供虚假证明文件罪，并承担相应的刑事责任。承担资产评估、验资、验证、会计、审计、法律服务、保荐、安全评价、环境影响评价、环境监测等职责的中介组织的人员严重不负责任，出具的证明文件有重大失实，造成严重后果的，根据《刑法》第二百二十九条第三款的规定，构成出具证明文件重大失实罪，并承担相应的刑事责任。根据《立案追诉标准（二）》第八十一条规定立案追诉。

> **第二百五十八条　【公司登记机关未依法履职的法律责任】**
> 公司登记机关违反法律、行政法规规定未履行职责或者履行职责不当的，对负有责任的领导人员和直接责任人员依法给予政务处分。

◆ 新旧对照解读

本条是《公司法》新增条文，整合了旧法第二百零八条公司登记机关违法登记与第二百零九条公司登记机关上级部门强令登记和对违法登记行为包庇的规定，将公司登记机关除旧条文规定的违法行为以外的其他未依法履职等行为所产生法律责任纳入本条。

◆ 相关规定

《市场主体登记管理条例》第五十条
《关于审理公司登记行政案件若干问题的座谈会纪要》
《关于对〈关于审理公司登记行政案件若干问题的座谈会纪要〉的疑问的答复》
《刑法》第四百零三条
《公职人员政务处分法》

◆ 条文释义

本条规定的是关于公司登记机关未依法履职的法律责任，包括但不限于旧法

第二百零八条公司登记机关违法登记与第二百零九条公司登记机关上级部门强令登记和对违法登记行为包庇的行为。

一、公司登记机关未依法履职

（一）公司登记机关违法登记行为

依法登记为公司登记机关重要的履职义务，公司登记机关的登记行为不仅包括设立登记，也包括公司的变更登记和注销登记。公司登记机关违法登记行为有两种：一是对不符合法定条件的登记申请予以登记，指公司登记机关对申请材料不齐全、不符合法定形式的公司登记申请或者对不符合法律、行政法规或者国务院决定规定，或者可能危害国家安全、社会公共利益的公司申请予以确认并登记的违法行为；二是对符合法定条件的登记申请不予登记，指在市场主体的登记申请符合法律、行政法规或者国务院决定规定，不存在可能危害国家安全、社会公共利益的情况下，公司登记机关对申请材料齐全、符合法定条件的登记申请不予以确认和登记的违法行为。

（二）强令公司登记机关违法登记

强令公司登记机关违法登记的违法行为有两种：一是公司登记机关的上级部门明知登记申请材料不齐全、不符合法定形式或者不符合法律、行政法规或者国务院决定规定，或者可能危害国家安全、社会公共利益，仍强制命令公司登记机关予以确认并登记的违法行为；二是公司登记机关的上级部门明知登记申请符合法律、行政法规或者国务院决定规定，不存在可能危害国家安全、社会公共利益的情况，且申请材料齐全、已符合法定登记条件，仍强制命令公司登记机关不予以确认并不予以登记的违法行为。

（三）对公司登记机关违法登记进行包庇

对公司登记机关违法登记进行包庇是指公司登记机关的上级部门明知公司登记机关存在对申请材料不齐全、不符合法定形式的公司登记申请或者对不符合法律、行政法规或者国务院决定规定，或者可能危害国家安全、社会公共利益的公司申请予以确认并登记的违法行为；或者是明知公司登记机关存在市场主体的登记申请符合法律、行政法规或者国务院决定规定，不存在可能危害国家安全、社会公共利益的情况下，对申请材料齐全、符合法定条件的登记申请不予以确认和登记的违法行为，仍通过作假证明或者是隐瞒真实状况不予以追究或者隐瞒不报的违法行为。

二、法律责任

（一）行政责任

本条主要规定的是行政责任，处罚的对象为对公司登记机关未依法履职行为负有责任的领导人员和直接责任人员依法给予政务处分。本条处分为政务处分，根据《公职人员政务处分法》第七条，政务处分有警告、记过、记大过、降级、撤职和开除六种。

（二）刑事责任

国家有关主管部门的国家机关工作人员，徇私舞弊，滥用职权，对不符合法律规定条件的公司设立、登记申请或者股票、债券发行、上市申请，予以批准或者登记，致使公共财产、国家和人民利益遭受重大损失的，根据《刑法》第四百零三条第一款的规定，承担相应的刑事责任。根据《关于渎职侵权犯罪案件立案标准的规定》第十三条规定立案追诉。

上级部门强令登记机关及其工作人员徇私舞弊，滥用职权，对不符合法律规定条件的公司设立、登记申请或者股票、债券发行、上市申请，予以批准或者登记，致使公共财产、国家和人民利益遭受重大损失的，根据《刑法》第四百零三条第二款的规定，对其直接负责的主管人员处五年以下有期徒刑或者拘役。根据《关于渎职侵权犯罪案件立案标准的规定》第十三条规定立案追诉。

◆ 案例指引

海南升辉公司与海南省市场监督管理局撤销股东变更登记纠纷案

【裁判要旨】

关于工商登记机关对登记文件、材料的审查义务，是仅限于形式审查，还是要做到实质审查，法律并未明确规定，但是基于公司登记行为具有行政管理职能的性质，工商登记机关应当在其能力范围内尽到审慎的审查义务。也就是说，工商登记机关在审查登记行为时，主要对于申请材料是否完整和齐备、是否符合法定形式进行审查，对于相关材料的实质真实性、合法有效性，登记机关只能在职责范围内尽审慎的审查义务。

【案号】

一审：（2017）琼 01 行初 1017 号

二审：（2018）琼行终 135 号

再审：（2019）最高法行申 1337 号

【案情】

再审申请人（一审原告、二审上诉人）：海南升辉公司。

被申请人（一审被告、二审被上诉人）：海南省市场监督管理局（原海南省工商行政管理局）。

一审第三人、二审上诉人：海南壮兴公司、海南星辉公司。

法院查明，2015 年，星辉公司与深圳市某股权投资基金管理有限公司、山东五岳公司等作为甲方与作为乙方的壮兴公司签订《五岳股权转让协议》。主要约定：甲方原股东一致同意将所持有的目标公司海南五岳公司 72%股权转让给壮兴公司，其中星辉公司占目标公司的股权比例为 28%，转让价为人民币 1809 万元；甲方和乙方明白和确认，为顺利办理工商税务变更登记，在不违背法律法规的前提下，应当签署有利于甲方、乙方避税的用于办理工商变更登记用途的《股权转让协议》；但办理工商变更登记所用的《股权转让协议》内容与本协议有冲突的，以本协议为准；因星辉公司实有资产仅有目标公司股权，因此生物科技公司与星辉公司协商同意壮兴公司受让星辉公司 100%股权，其股权、法人变更事宜一周内完成，故星辉公司所持有目标公司的 28%股权不予变更。

2016 年 1 月 26 日，升辉公司与壮兴公司共同签署《股权转让协议》。主要约定：升辉公司将所持有星辉公司 100%股权作价 1000 万元转让给壮兴公司。2016 年 1 月 28 日，星辉公司向省市场监管局申请公司变更登记，申请对公司的法定代表人、监事、出资人等内容进行变更，出资人由升辉公司变更为壮兴公司。2017 年 9 月 8 日，升辉公司认为壮兴公司提供虚假材料骗取省市场监管局进行变更登记，省市场监管局未尽到合理审慎的注意义务，遂向一审法院提起本案行政诉讼。另查明，在签订上述股权转让协议时，升辉公司系星辉公司的唯一股东，升辉公司实缴出资额 1000 万元，占星辉公司 100%股权。2016 年 11 月 2 日，升辉公司因壮兴公司未支付该股权转让款向海南省海口市龙华区人民法院提起民事诉讼。庭审中，双方均确认真实的股权转让款为 1809 万元。

【审判】

海南省海口市中级人民法院认为根据《公司登记管理条例》第二十七条第一款、第二款以及第五十一条第一款第（一）项规定，省市场监管局对公司的变更登记申请材料是否齐全、是否符合法定形式进行审查，已尽到了法定的审查职责，也尽到了合理谨慎的注意义务。同时，一审法院根据《公司登记管理条例》第二条第二款规定，申请办理公司登记，申请人应当对申请文件、材料的真实性负责，认为升辉公司及壮兴公司对星辉公司申请股东变更登记材料中提供的《股权转让协议》及《股东会决议》上升辉公司的盖章及其法定代表人签名的真实性没有异议，且升辉公司及第三人在法庭上均认可星辉公司股权转让的价款为1809万元，各方存在争议的问题是升辉公司股权转让的实际价款是1809万元还是1000万元。由于升辉公司系星辉公司的唯一股东，星辉公司实有资产仅有五岳公司股权，在星辉公司所持有五岳公司28%股权不予变更的情况下，星辉公司同意将100%股权转让给壮兴公司，也就是将星辉公司唯一股东即升辉公司100%股权转让给壮兴公司。可见，星辉公司申请将升辉公司所持有100%股权变更为壮兴公司的登记行为，实际上是双方履行《五岳股权转让协议》约定的行为。因此，申请人星辉公司应当对其申请文件、材料的不真实负责。

另外，一审法院根据查明的事实，升辉公司与壮兴公司、星辉公司均清楚和确认壮兴公司受让升辉公司股权的实际交易价款为1809万元，但为了达到所谓的避税或者不交股权转让溢价部分税款的目的，升辉公司与壮兴公司、星辉公司恶意串通，采用隐瞒股权转让的实际价款，提交不真实的股权转让协议和股东会决议，共同骗取了省市场监管局作出核准股东变更等相关登记行为，违反了《公司法》(2018)及《公司登记管理条例》的相关规定，本应当依法予以撤销。但鉴于壮兴公司在取得升辉公司的股权后，已再次将股权转让给案外人并且在工商机关办理了新的股东变更登记。因此，升辉公司主张撤销的行政行为实际已不具备可撤销的内容，应当依法确认违法。

二审法院认为一审判决认定事实清楚，适用法律不当，判决撤销海南省海口市中级人民法院行政判决。升辉公司不服二审判决向最高人民法院申请再审，最高人民法院认为申请人办理公司登记时，应当对申请文件、材料的真实性、合法性、有效性负责。对于申请人到公司登记机关提出申请，提交的申请文件、材料齐全，符合法定形式的，公司登记主管机关在受理后，应当当场作出准予登记的决定。关于工商登记机关对登记文件、材料的审查义务，是仅限于形式审查，还是要做到实质审查，法律并未明确规定，但是基于公司登记行为具有行政管理职能的性质，工商登记机关应当在其能力范围内尽到审慎的审查义务。也就是说，工商登记机关在审查登记行为时，主要对于申请材料是否完整和齐备、是否符合法定形式进行审查，对于相关材料的实质真实性、合法有效性，登记机关只能在职责范围内尽审慎的审查义务。① 本案中，提交的申请材料符合《公司登记管理条例》的要求。省市场监管局对变更登记申请材料是否齐全、是否符合法定形式进行审查，尽到了法定的审查职责。关于《股权转让协议》的真实性，虽然双方对此意见不一，但是双方均未否认该协议中各方签字、盖章的真实性，作为公司登记机关，对于双方签字、盖章真实的协议依法予以认可，已经尽到了合理谨慎的注意义务，不应当再过度增加登记机关的审查注意义务。

第二百五十九条　【冒用公司名义的法律责任】

未依法登记为有限责任公司或者股份有限公司，而冒用有限责任公司或者股份有限公司名义的，或者未依法登记为有限责任公司或者股份有限公司的分公司，而冒用有限责任公司或者股份有限公司的分公司名义的，由公司登记机关责令改正或者予以取缔，可以并处十万元以下的罚款。

◆ 新旧对照解读

相较于旧条文第二百一十条，条文内容无变化。1993年颁布的《公司法》规定了冒用公司名义的法律责任，但尚未包含未依法登记为有限责任公司或者股份有限公司的分公司而冒用有限责任公司或者股份有限公司的分公司名义的内容。2005年修订的《公司法》明确了行政处罚的实施主体，增加了未依法登记为有限责任公司或者股份有限公司的分公司而冒用有限责任公司或者股份有限公

---

① 根据最新的商事登记确认制改革的规定，登记机关不对实质内容进行审查。

司的分公司名义的情形，在罚款方面删除了一万元的最低限额。

◆ 相关规定

《市场主体登记管理条例》第四十三条、第四十六条

《市场主体登记管理条例实施细则》第九条、第三十七条、第六十八条、第六十九条、第七十二条

◆ 条文释义

本条规定的是关于冒用公司名义或者公司分公司名义行为的法律责任。

一、冒用公司名义或者公司分公司名义

本条规定的冒用公司名义或者公司分公司名义主要是指，个人或者单位明知未依法登记为有限责任公司或者股份有限公司、未依法登记为有限责任公司或者股份有限公司的分公司，而冒用有限责任公司或者股份有限公司、股份有限公司的分公司名义的违法行为。

根据《公司法》的规定，我国公司分为有限责任公司和股份有限公司，依照《公司法》设立的有限责任公司，必须在公司名称中标明有限责任公司或者有限公司字样；设立股份有限公司，必须在公司名称中标明股份有限公司或者股份公司字样；公司设立分公司，应当向公司登记机关申请登记，领取营业执照。然而值得注意的是，市场的主体并非仅限于公司及其分支机构，除开公司及其分支机构，还包括：个人独资企业、合伙企业及其分支机构；农民专业合作社（联合社）及其分支机构；个体工商户；外国公司分支机构等市场主体。与其他市场主体相比较之下，成立公司的程序和条件较为严格，需要符合法律以及行政法规规定的设立条件，如股东或者发起人的人数和资格、具备公司章程、公司股东或者发起人已按照规定缴纳或者认缴出资、成立符合要求的公司内部组织等。随着市场经济的发展，公司成为市场经济不可或缺的主体，国家对公司的登记进行规范的管理，公司必须要经过登记、取得营业执照才可以从事经营活动，而在经营过程中也不能超越营业范围从事经营活动。

二、法律责任

本条主要规定的是行政责任，因此本条处罚的实施主体为公司登记机关，现

为市场监督管理部门；处罚的对象为冒用公司名义或者公司分公司名义的行为人，包括法人或者非法人。本条主要规定了三种行政处理方式：责令改正、予以取缔和罚款。一是责令改正，即公司登记机关对本条规定的违法行为责令进行纠正，根据《市场主体登记管理条例实施细则》第七十七条的规定，登记机关确定罚款幅度时，应当综合考虑市场主体的类型、规模、违法情节等因素。情节轻微并及时改正，没有造成危害后果的，依法不予行政处罚。初次违法且危害后果轻微并及时改正的，可以不予行政处罚。二是取缔，公司登记机关对本条规定的违法行为予以命令取消或者禁止。值得注意的是，取缔并非《行政处罚法》的法定处罚类型，取缔可能构成行政处罚也可能构成行政强制，可能是责令停产停业、责令关闭等行为罚，也可能是没收非法财物、没收违法所得等财产罚，需要结合《市场主体登记管理条例》以及《市场主体登记管理条例实施细则》等规定进行处罚。三是处以规定的罚款。

第二百六十条　【逾期未营业、不当停业及未依法变更登记的法律责任】

公司成立后无正当理由超过六个月未开业的，或者开业后自行停业连续六个月以上的，公司登记机关可以吊销营业执照，但公司依法办理歇业的除外。

公司登记事项发生变更时，未依照本法规定办理有关变更登记的，由公司登记机关责令限期登记；逾期不登记的，处以一万元以上十万元以下的罚款。

◆ **新旧对照解读**

相较于旧条文第二百一十一条，条文内容在第一款中增加了开业后自行停业连续六个月以上，但公司依法办理歇业的情况下，不适用公司登记机关吊销营业执照处罚。本次修改吸收了2022年3月1日起实施的《市场主体登记管理条例》关于市场主体歇业规定，根据《市场主体登记管理条例》的规定，市场主体因自然灾害、事故灾难、公共卫生事件、社会安全事件等原因造成经营困难的，可以自主决定在一定时期内歇业。

◆ **相关规定**

《市场主体登记管理条例》第四十六条

《市场主体登记管理条例实施细则》第七十二条

◆ **条文释义**

本条规定的是关于公司无正当理由长期未开业、长期自行停业以及不依法办理变更登记的法律责任。

一、无正当理由超过六个月未开业或者开业后自行停业连续六个月以上

本条第一款规定的"无正当理由超过六个月未开业"是指公司在通过设立登记并取得了营业执照之后超过六个月未正式对外营业的违法行为。而何为本条第一款所称的"正当理由"，根据《市场主体登记管理条例》第三十条和《市场主体登记管理条例实施细则》第四十条关于市场主体歇业的规定，因自然灾害、事故灾难、公共卫生事件、社会安全事件等原因造成经营困难的，市场主体可以自主决定在一定时期内歇业，而因自然灾害、事故灾难、公共卫生事件、社会安全事件等原因通常属于不可抗力的范畴。不可抗力通常独立于人的行为之外，并且不受当事人的意志所支配，因此发生诸如因自然灾害、事故灾难、公共卫生事件、社会安全事件等原因造成经营困难的通常属于"正当理由"的范畴，但现有法律法规并未排除除上述原因之外不属于"正当理由"的规定，因而本条所称的"正当理由"更多为原则性之规定，赋予了公司登记机关依据市场和公司的实际情况来进行认定。

本条所称"开业后自行停业连续六个月以上"是指公司对外营业后自行停止对外营业连续六个月以上的违法行为。自《市场主体登记管理条例》和《市场主体登记管理条例实施细则》增设"歇业制度"后，出现因自然灾害、事故灾难、公共卫生事件、社会安全事件等原因造成公司经营困难的情况，公司原则上可以自主决定在一定时期内歇业。公司决定歇业，应当在歇业前向登记机关办理备案，登记机关通过国家企业信用信息公示系统向社会公示歇业期限、法律文书送达地址等信息，以法律文书送达地址代替住所（主要经营场所、经营场所）的，应当提交法律文书送达地址确认书，同时应当在歇业前与职工依法协商劳动关系处理等有关事项。公司办理歇业备案后，自主决定开展或者已实际开展经营活动的，应当于30日内在国家企业信用信息公示系统上公示终止歇业，公司恢复营业时，登记、备案事项发生变化的，应当及时办理变更登记或者备案。以法律文书送达地址代替住所（主要经营场所、经营场所）的，应当及时办理住所（主要经营场所、经营场所）变更登记。公司歇业期满决定延长歇业期限的，应当于期限届满前30日内按规定办理，歇业的期限最长不得超过3年，公司歇业期限届满，或者累计歇业满3年，视为自动恢复经营，决定不再经营的，还应当及时办理注销登记。

二、未依照本法规定办理有关变更登记

本条第二款规定的"未依照本法规定办理有关变更登记"是指依照《公司法》的规定应当办理公司变更登记但未依法办理变更登记的违法行为。公司的登记事项包括名称、住所、注册资本、经营范围、法定代表人的姓名、有限责任公司股东或者股份有限公司发起人的姓名或者名称。公司登记事项发生变更的，应当自作出变更决议、决定或者法定变更事项发生之日起30日内向登记机关申请变更登记。需要注意的是变更登记事项属于依法须经批准的，公司应当在批准文件有效期内向登记机关申请变更登记。一般而言变更登记通常主要涉及下列事项：

一是公司章程：公司变更事项涉及章程修改的，应当提交修改后的章程或者章程修正案；需要对修改章程作出决议决定的，还应当提交相关决议决定。

二是法定代表人：公司更换法定代表人的变更登记申请由新任法定代表人签署。

三是公司名称：公司变更名称，可以自主申报名称并在保留期届满前申请变更登记，也可以直接申请变更登记。

四是公司住所：公司变更住所（主要经营场所、经营场所），应当在迁入新住所（主要经营场所、经营场所）前向迁入地登记机关申请变更登记，并提交新的住所（主要经营场所、经营场所）使用相关文件。

五是公司增资减资：公司增加注册资本，有限责任公司股东认缴新增资本的出资和股份有限公司的股东认购新股的，应当按照设立时缴纳出资和缴纳股款的

规定执行。股份有限公司以公开发行新股方式或者上市公司以非公开发行新股方式增加注册资本，还应当提交国务院证券监督管理机构的核准或者注册文件；公司减少注册资本，可以通过国家企业信用信息公示系统公告，公告期45日，应当于公告期届满后申请变更登记。法律、行政法规或者国务院决定对公司注册资本有最低限额规定的，减少后的注册资本应当不少于最低限额；外商投资企业注册资本（出资额）币种发生变更，应当向登记机关申请变更登记。

六是公司类型：公司变更类型，应当按照拟变更公司类型的设立条件，在规定的期限内申请变更登记，并提交有关材料。

三、法律责任

本条主要规定的是行政责任，因此本条处罚的实施主体为公司登记机关，现为市场监督管理部门；处罚的对象为公司。本条主要规定了三种行政处理方式：吊销营业执照、责令限期登记、罚款。一是吊销营业执照，对于公司成立后无正当理由超过六个月未开业的违法行为，或者对于开业后自行停业连续六个月以上的违法行为，公司登记机关可以吊销其营业执照。二是责令限期登记，也属于责令限期改正，对于公司登记事项发生变更未依照本法规定办理有关变更登记的违法行为，先由公司登记机关责令限期登记。三是处以规定的罚款。

第二百六十一条　【外国公司擅自设立分支机构的法律责任】

外国公司违反本法规定，擅自在中华人民共和国境内设立分支机构的，由公司登记机关责令改正或者关闭，可以并处五万元以上二十万元以下的罚款。

◆ 新旧对照解读

相较于旧条文第二百一十二条，条文内容无实质性变化。

◆ 相关规定

《市场主体登记管理条例》第四十三条

《市场主体登记管理条例实施细则》第六十八条、第六十九条

◆ **条文释义**

本条规定的是关于外国公司未经批准在中华人民共和国境内擅自设立分支机构的法律责任。

一、外国公司擅自设立分支机构

根据《公司法》的规定，外国公司是指依照外国法律在中国境外设立的公司，外国公司可以在中国境内设立分支机构，分支机构不具有中国的法人资格，外国公司对其分支机构在中国境内进行经营活动承担民事责任。由于外国公司不受我国法律的管辖，因此外国公司若在我国境内设立分支机构，需要向中国主管机关提出申请，并提交公司章程、所属国的公司登记等有关证书，经过批准后才可以向公司机关依法办理登记，领取营业执照。本条所称外国公司擅自在中国境内设立分支机构是指，依照外国法律在中国境外设立的公司未按照中国法律法规的规定未经批准登记擅自在中国境内设立分支机构的违法行为。

二、法律责任

本条主要规定的是行政责任，因此本条处罚的实施主体为公司登记机关，现为市场监督管理部门；处罚的对象为外国公司。本条主要规定了三种行政处理方式：责令改正、责令关闭和罚款。一是责令改正，即公司登记机关对本条规定的违法行为责令进行纠正，登记机关确定罚款幅度时，应当综合考虑市场主体的类型、规模、违法情节等因素。情节轻微并及时改正，没有造成危害后果的，依法不予行政处罚。初次违法且危害后果轻微并及时改正的，可以不予行政处罚。二是责令关闭，即公司登记机关对按照中国法律法规的规定未经批准登记擅自在中国境内设立分支机构责令关闭，不得在中国境内从事任何经营活动。三是处以规定的罚款。

第二百六十二条　【利用公司名义危害国家安全与社会公共利益的法律责任】

利用公司名义从事危害国家安全、社会公共利益的严重违法行为的，吊销营业执照。

◆ 新旧对照解读

相较于旧条文第二百一十三条，条文内容无变化。

◆ 相关规定

《市场主体登记管理条例实施细则》第七十六条

◆ 条文释义

本条规定的是关于利用公司名义从事危害国家安全、社会公共利益的严重违法行为的法律责任。

本条所规制的违法行为主要是社会不法分子利用成立公司这一"合法"外壳掩盖其诸如分裂国家、破坏国家统一或者是生产、销售假冒伪劣产品等不法之目的。根据《市场主体登记管理条例》第二十条以及《市场主体登记管理条例实施细则》第十九条，市场主体登记申请不符合法律、行政法规或者国务院决定规定，或者可能危害国家安全、社会公共利益的，登记机关不予登记，对于上述公司其原本就不能作为合法的实体和市场主体所存在，因此在登记时未予以发现或者公司成立后进行从事危害国家安全、社会公共利益的严重违法行为的，应当吊销其营业执照。

第二百六十三条　【民事赔偿优先原则】

公司违反本法规定，应当承担民事赔偿责任和缴纳罚款、罚金的，其财产不足以支付时，先承担民事赔偿责任。

◆ 新旧对照解读

相较于旧条文第二百一十四条，条文内容无变化。

◆ 相关规定

《民法典》第一百八十七条

《刑法》第三十六条

◆ 条文释义

本条规定的是民事赔偿责任优先原则。

本条当中的"罚款"属于《行政处罚法》第九条规定的处罚种类之一，属于行政责任；而本条当中的"罚金"属于《刑法》第三十四条规定的附加刑的种类之一，属于刑事责任。通常情况下，由于民事责任、行政责任以及刑事责任的构成、违法性以及责任形式之不同，在责任承担上三者相互独立，并不矛盾。因而本条适用是在公司违反《公司法》的规定，产生民事责任、行政责任或者/和刑事责任相互竞合，但公司的财产不足以支付的情况下，应当对民事责任予以优先的赔偿。

> **第二百六十四条　【刑事责任的追究】**
> 违反本法规定，构成犯罪的，依法追究刑事责任。

◆ 新旧对照解读

相较于旧条文第二百一十五条，条文内容无变化。

◆ 条文释义

本条规定的是关于违反《公司法》的规定，构成《刑法》当中的犯罪的，依法追究刑事责任。

本条"构成犯罪的"是指构成《刑法》当中的犯罪，根据罪刑法定的原则，法律明文规定为犯罪行为的，依照法律定罪处刑；法律没有明文规定为犯罪行为的，不得定罪处刑。而何为"犯罪"，根据《刑法》第十三条明确规定，一切危害国家主权、领土完整和安全，分裂国家、颠覆人民民主专政的政权和推翻社会主义制度，破坏社会秩序和经济秩序，侵犯国有财产或者劳动群众集体所有的财产，侵犯公民私人所有的财产，侵犯公民的人身权利、民主权利和其他权利，以及其他危害社会的行为，依照法律应当受刑罚处罚的，都是犯罪，但是情节显著轻微危害不大的，不认为是犯罪。

第十五章 附 则

◆ 本章概述

本章结合实务工作与其他法律法规,对高级管理人员、控股股东、实际控制人、关联关系等法律用语进行了解释,对本法生效时间和出资期限进行了说明。

第二百六十五条 【法律用语】

本法下列用语的含义:

(一)高级管理人员,是指公司的经理、副经理、财务负责人,上市公司董事会秘书和公司章程规定的其他人员。

(二)控股股东,是指其出资额占有限责任公司资本总额超过百分之五十或者其持有的股份占股份有限公司股本总额超过百分之五十的股东;出资额或者持有股份的比例虽然低于百分之五十,但依其出资额或者持有的股份所享有的表决权已足以对股东会的决议产生重大影响的股东。

(三)实际控制人,是指通过投资关系、协议或者其他安排,能够实际支配公司行为的人。

(四)关联关系,是指公司控股股东、实际控制人、董事、监事、高级管理人员与其直接或者间接控制的企业之间的关系,以及可能导致公司利益转移的其他关系。但是,国家控股的企业之间不仅因为同受国家控股而具有关联关系。

◆ **新旧对照解读**

本条第二款删除了"股东大会"一词，与前文条款相一致，本款将股份有限公司"股东大会"的称谓统一为"股东会"。

第三款中删除了"虽不是公司的股东"这一条件，在法律并未明确禁止股东成为实际控制人的情况下，应当认为行为人具备公司股东身份与否不影响实际控制人的认定，第三款对于实际控制人的新定义符合各界对此理解的统一趋势。在此前提下，控股股东和实际控制人可以重合。

除此之外，新《公司法》删除了原第二百一十七条关于与外商投资公司法条竞合问题的规定，因为《外商投资法》第三十一条已经规定了外商投资企业的组织形式、组织机构及其活动准则，适用《公司法》《合伙企业法》等法律的规定，所以新《公司法》中没有重复规定这一项内容。

◆ **相关规定**

《上市公司收购管理办法》第八十四条

《上海证券交易所股票上市规则》第十五章第一条

《深圳证券交易所股票上市规则》第十五章第一条

《北京证券交易所股票上市规则（试行）》第十二章第一条

《全国股转系统信息披露规则》第六十八条

《税收征收管理法实施细则》第五十一条

◆ **条文释义**

本条是关于本法一些用语含义的详细规定。

一、高级管理人员

高级管理人员，是指公司管理层中担任重要职务、负责公司经营管理、掌握公司重要信息的人员，主要包括经理、副经理、财务负责人，上市公司董事会秘书和公司章程规定的其他人员。这里的"经理、副经理"，是指本法第七十四条和第一百二十七条规定的经理、副经理，在实际中，就是公司的总经理、副总经理。根据法律规定，经理由董事会决定聘任或者解聘，对董事会负责；副经理通常指协助总经理实现公司的经营管理目标的某个领域负责人。这里的财务负责人是指全面负责公司的财务管理、会计核算与监督工作的人，一般由总会计师或者财务总监担任。这里的上市公司董事会秘书是本法第一百三十八条规定的上市公司必设机构，负责公司股东会和董事会会议的筹备、文件保管以及公司股东资料的管理，办理信息披露事务等事宜。至于"公司章程规定的其他人员"，则是为了适应公司自治，允许公司自己选择聘任的高级管理人员，但是这些人员的职位等必须在公司章程中明文规定。上述高级管理人员应当符合本法第八章关于公司高级管理人员任职资格的规定，并履行法律和公司章程规定的义务。

二、控股股东

控股股东是能够控制公司重大决策的股东。控股股东和实际控制人对公司存在的影响力，主要表现在对公司行为的支配力和控制力上，具体表现为对股东会决议的重大影响。因此，作为控股股东必须控制一定比例的表决权，控股股东又可以依其直接控股的比例分为绝对控股股东和相对控股股东。根据本条规定，绝对控股股东是指出资额占有限责任公司资本总额超过50%或者其持有的股份占股份有限公司股本总额超过50%的股东。相对控股股东是指其出资额或者持有股份的比例虽然低于50%，但依其出资额或者持有的股份所享有的表决权已足以对股东会的决议产生重大影响的股东。根据资本多数决的原则，当股东持有股份或者出资额占公司有表决权的股份或者出资额总数超过50%时，便可以在公司股东会上通过各种有利于自己的决议，从而享有绝对的控制权。因此，早期各国对控股股东的认定以在公司控股超过50%为绝对形式标准。但是，随着股份有限公司的发展，在大规模的股份公司中股份更加分散，股东之间往往通过联合表决控制公司，因此即使控股股东个人持有的表决权低于50%，也依然可以对公司经营决策产生支配性影响。可见，在现代公司法中，判断某个股东或者某些股东是否构成公司控股股东，不能仅以其所持股份达到50%为绝对标准，而应当依据其是否在事实上通过个人持股或者联合持股的方式对公司存在持续性影响力与控制力进行认定。因此，域外立法与司法实践不仅重视控股股东实质标准，而且结合实际采用灵活的形式标准：美国《投资公司法》规定，"任何持有公司有表决权股票

25%以上者，被认为控制该公司"①，美国法律协会起草的《公司治理原则：分析与建议》第1.10条则进一步以形式与实质相结合的标准界定控股股东。② 德国法同样采用实质标准，如果一个公司直接或者间接地受到了另一公司所施加的控制性影响，那么该公司就具有附属性。③ 因此，本法也根据我国实际情况，将控股股东分为绝对控股股东和相对控股股东。但是，不论是绝对控股股东还是相对控股股东，都必须遵守法律、行政法规和公司章程，依法行使股东权利，不得滥用股东权利损害公司或者其他股东的利益，不得利用关联关系损害公司利益。

三、实际控制人

实际控制人，就是实际控制公司的自然人、法人或者其他组织。过去，我国《公司法》将公司股东排除在实际控制人的概念之外，但是为了适应社会发展现状、与新修订的证券行业规则保持一致，本法拓宽了实际控制人概念的外延。根据本条规定，实际控制人是指通过投资关系、协议或者其他安排，来实际支配公司行为的人。其中，通过投资关系控制公司，是指实际控制人通过股权投资、多层投资、控制显名股东等方式来直接或者间接地控制目标公司；通过协议控制目标公司，是指实际控制人通过托管协议、控制协议、一致行动协议、特许经营协议、原材料供应协议等契约方式取得公司控制权；通过其他安排控制目标公司，则指实际控制人通过控制人事关系或者亲属关系、控制主要印章与核心文件等方式控制目标公司。判定公司实际控制人的关键在于是否对目标公司存在"控制"，在控制能力方面，应当达到排除他方控制的程度；在控制时间方面，应当形成长期、稳定的控制状态；在控制要件方面，应当同时具备控制行为与控制意思。实践中，只有充分举证上述方面，才能认定实际控制人的身份。

四、关联关系

关联关系，主要是指可能导致公司利益转移的各种关系。根据本款规定，关联关系的形式主要包括公司控股股东与其直接或者间接控制的企业之间的关系；公司实际控制人与其直接或者间接控制的企业之间的关系；公司董事、监事、高

---

① 参见《美国〈1940年投资公司法〉及相关证券交易委员会规则与规章》，中国证券监督管理委员会组织编译，法律出版社2015年版，第9页。
② 参见美国法律研究员编：《公司治理原则：分析与建议》（上），楼建波等译，法律出版社2006年版，第15页。
③ 参见施天涛：《关联企业法律问题研究》，法律出版社1998年版，第174页。

级管理人员与其直接或者间接控制的企业之间的关系；可能导致公司利益转移的其他关系等。其中，可能导致公司利益转移的其他关系主要包括同一控股股东或者实际控制人控制下的公司之间的关系，合营企业之间的关系，联营企业之间的关系，主要投资者个人、关键管理人员或者与其关系密切的家庭成员和公司之间的关系，受主要投资者个人、关键管理人员或者与其关系密切的家庭成员直接控制的其他企业和公司之间的关系等。但是，考虑到我国国企的实际情况，本款对此进行了特别规定，即"国家控股的企业之间不仅因为同受国家控股而具有关联关系"。

◆ 案例指引

华阳某基置地公司与湖南某华装饰公司等建设工程施工合同纠纷案——公司股东身份不影响实际控制人的认定

【裁判要旨】

虽然公司法定代表人未在合同上签字确认，但是公司的控股股东、实际控制人代理公司在合同上签名，相对人有理由相信控股股东、实际控制人有权代理公司从事民事行为，因此，控股股东、实际控制人代理公司签字行为的法律后果应当由公司承担。①

【案号】

一审：（2020）陕 08 民初 24 号

二审：（2020）陕民终 1075 号

再审：（2021）最高法民申 4920 号

【案情】

再审申请人（一审被告、二审上诉人）：华阳某基置地有限责任公司（以下简称华阳公司）。

被申请人（一审原告、二审被上诉人）：湖南某华装饰设计工程有限责任公司（以下简称某华公司）。

一审被告：北京华汇某业投资控股有限公司（以下简称华汇公司）。

---

① 最高人民法院在本案中的表述"华阳公司的控股股东、实际控制人刘某 2 代表华阳公司进行了签字"体现了公司实际控制人与公司股东身份之间可兼得的观点。

2010年9月9日，华阳公司与某华公司就某酒店室内装饰工程签订《建筑装饰工程施工合同》，2011年3月28日，双方就工程延期竣工和停工期间经济损失等签订《补充协议》。2011年9月，工程竣工验收合格并交付使用。后某华公司根据合同约定办理了工程竣工结算，并向华阳公司、华汇公司提交全部工程结算文件，工程竣工结算总价为32304956.64元。但华阳公司、华汇公司收到结算文件后不予及时审核，某华公司多次要求进行结算并支付工程款。2015年9月19日，某华公司、华阳公司与华汇公司就案涉工程价款结算事宜，签订了《协议书》，确认装饰装修工程结算造价为2600万元。虽然华阳公司法定代表人刘某1未在该《协议书》上签字确认，但是华阳公司的控股股东、实际控制人刘某2代表华阳公司进行了签字。华阳公司与华汇公司没有按约定付款，某华公司诉至法院，要求判令华阳公司支付工程欠款、逾期付款利息、违约金与财产保全费用；华汇公司承担连带责任；某华公司对清涧某酒店工程折价或者拍卖享有工程款优先受偿权。

【审判】

陕西省榆林市中级人民法院经审理认为，某华公司与华阳公司就清涧某酒店室内装饰工程签订的《建筑装饰工程施工合同》属有效合同。2015年9月19日形成的《协议书》可以作为工程结算及支付剩余工程价款的依据且本案未超过诉讼时效，但某华公司不能就清涧某酒店的建设工程价款行使优先受偿权，理由如下：

第一，该《协议书》载明华汇公司为华阳公司的实际控制人，某华公司的法定代表人杨某、华汇公司的董事长刘某2均在该协议书上签字确认。根据《公司法》(2018)第二百一十六条第（三）项规定，华汇公司的董事长刘某2间接持有华阳公司股权比例达90%以上，系华阳公司的实际控制人，其签字确认行为能够代表该两家公司，系有权代表行为。且协议签订后，华阳公司以一套房屋向某华公司顶抵了部分工程价款。该《协议书》可作为本案支付剩余工程价款的依据，华阳公司应当按照《协议书》约定履行付款义务，华汇公司作为其控股公司，依据协议约定应当对以上债务承担连带清偿责任。

第二，各方当事人于2015年9月19日达成《协议书》确定了工程决算价款和付款日期，诉讼时效中断，应当从协议约定的应付款之日2015年12月30日重新起算，某华公司于2018年1月24日提起诉讼，并未超过诉讼时效期间。

第三，各方当事人在《协议书》中约定的付款日期为2015年12月30日，某华公司作为承包人行使对某酒店的建设工程价款优先受偿权，应当在应付工程价款之日起六个月内进行，现已超过法定行使期限，依法不予支持。

榆林市中级人民法院作出民事判决：华阳公司向某华公司支付工程款7976929.29元及其利息；华汇公司对以上债务承担连带清偿责任；驳回某华公司的其他诉讼请求。

华阳公司不服一审判决，提起上诉，认为华阳公司不应当向某华公司支付上述工程款。

陕西省高级人民法院经审理认为：案涉《协议书》能够作为本案认定工程价款的结算依据，一审判决按照月利率2%支持欠付工程款利息恰当，一审法院具有管辖权。陕西省高级人民法院遂判决驳回上诉，维持原判。

华阳公司不服二审判决，申请再审，认为：一审、二审判决认定《协议书》成立并生效错误，华阳公司未在《协议书》上签名盖章，合同未成立；刘某2仅代表华汇公司，不能代表华阳公司；华阳公司员工刘某3在《结算申请书》上签字，只是某华公司单方所报送的工程价款，并非双方达成工程结算，不能以此推断《协议书》成立并生效；假设《协议书》成立并生效，也应当属于一般债权债务法律关系，不属于专属管辖，而应当按《协议书》约定由某华公司所在地湖南省临澧县人民法院管辖，榆林市中级人民法院及陕西省高级人民法院不具有管辖权。

最高人民法院经审理认为，案涉《协议书》成立并生效，一审法院管辖权问题不能作为再审事由，华阳公司主张的再审事由不成立。理由是：

第一，虽然华阳公司法定代表人刘某1未在该《协议书》上签字确认，但是华阳公司的控股股东、实际控制人刘某2代表华阳公司进行了签字。从案涉《建筑装饰工程施工合同》的签订、履行及《协议书》签订过程看，某华公司知道刘某2不仅是华汇公司的法定代表人，还是华阳公司的控股股东、实际控制人，有权代理华阳公司从事民事行为。即使华阳公司否认刘某2代理公司在《协议书》上签字的行为，但是根据《合同法》第四十九条"行为人没有代理权、超越代理权或者代理权终止后以被代理人名义订立合同，相对人有理由相信行为人有代理权的，该代理行为有效"之规定，刘某 2 代理华阳公司签字行为的法律后果应当由华阳公司承担。而且《协议书》签订后，华阳公司按照约定，以一套商品房向某华公司抵顶了部分工程款，以实际行为履行了《协议书》约定的义务。因此案涉《协议书》有效，可以作为确认案涉工程结算价款的依据。

第二，华阳公司以一审法院管辖错误为再审事由，不符合《民事诉讼法》(2017)第二百条规定的情形，不能作为申请再审本案的理由。

最高人民法院作出民事裁定：驳回华阳公司的再审申请。

第二百六十六条　【生效日期和出资期限】

本法自 2024 年 7 月 1 日起施行。

本法施行前已登记设立的公司，出资期限超过本法规定的期限的，除法律、行政法规或者国务院另有规定外，应当逐步调整至本法规定的期限以内；对于出资期限、出资额明显异常的，公司登记机关可以依法要求其及时调整。具体实施办法由国务院规定。

◆ **新旧对照解读**

为弥补登记认缴制缺陷，解决实践中存在的部分公司盲目认缴、天价认缴、期限过长等突出问题，综合考虑历史、现实和风险等因素，本条呼应新《公司法》第四十七条，新增第二款关于公司出资期限的规定，完善认缴登记制度，采用公司登记机关引导等柔性方式促进存量企业平稳过渡。

◆ **条文释义**

本条是关于本法生效时间和注册资本认缴期限的规定。

一、生效时间

我国当前法律关于生效时间的规定，总体上可以分为三种情况：第一种是在法律文件中直接规定该法的生效日期，一般采用"本法自×年×月×日起施行"的规定方式，但为了做好法律实施前的准备工作，其所规定的生效时间往往晚于法律颁布的时间；第二种是在法律文件中明文规定该法生效的时间与法律颁布的时间相同，即在法律条文中不直接规定具体生效日期，只规定"本法自公布之日起施行"，但法律文件何时公布，则应当根据宪法由国家主席发布主席令来确定；第三种是在法律公布后先予以试行或者暂行，而后由立法部门加以补充修改，再在正式法律通过后公布施行，该法律在试行期间同样具有约束力。本法采用的是第一种规定方式，直接规定了具体的生效时间，即本条规定"本法自2024年7月1日起施行"。

二、注册资本出资期限

本法实施后，存在法律溯及力的问题。包括我国在内的世界各国立法实践中，法律一般都是没有溯及力的，但是本条第二款规定的"本法施行前已登记设立的公司，出资期限超过本法规定的期限的，除法律、行政法规或者国务院另有规定外，应当逐步调整至本法规定的期限以内"存在溯及既往的效力，其中，"本法规定的期限"对应新《公司法》第四十七条"全体股东认缴的出资额由股东按照公司章程的规定自公司成立之日起五年内缴足"之规定，也就是说，在本法修正生效之前已经登记设立的公司，也要在2024年7月1日新《公司法》生效之后遵守五年出资期限的规定。

在新《公司法》生效后，原出资期限超过五年的存量公司将面临三种情况，其一为出资期限在2024年7月1日之前，此种情况下，因本法暂未生效，故不需要调整出资期限。其二为出资期限在2024年7月1日至2029年7月1日之间，此种情况下，倘若某公司为2019年7月2日成立，按照本条规定，该公司出资期限将"超过本法规定的期限"，但要求该公司"调整至本法规定的期限以内"（2024年7月2日）显然缺乏可操作性，也将违背公平原则。为保障上述公司合法利益，应当理解为该部分存量公司可以享有新法的最大期限利益，不需要调整出资期限。其三为出资期限在2029年7月1日之后，此种情况下，公司应当适用本条规定调整出资期限，但因为截止到2024年7月1日上述公司原出资期限已经超过五年，显然无法重新将出资期限调整为五年，可以理解为上述公司的出资期限为在截止到2024年7月1日时已经经过的出资年份数基础上，增加五年的调整时间。

对于出资期限、出资额明显异常的，公司登记机关可依法要求其及时调整，结合下文"具体实施办法由国务院规定"来看，对于"明显异常"的界定，将根据公司登记数据客观分析和实际工作情况，结合经营主体类型、行业领域等情形，由国务院作出科学规定有序引导公司诚信履行出资义务。

◆ 适用疑难解析

一、出资期限修改的方式

本条第二款仅规定"本法施行前已登记设立的公司，出资期限超过本法规定的期限的，除法律、行政法规或者国务院另有规定外，应当逐步调整至本法规定的期限以内"，并未对调整的方式作出进一步说明。根据新《公司法》第四十六条，有限责任公司章程中应当载明股东的出资日期。表面上看，改变股东的出资期限属于修改公司章程事项，参照新《公司法》第六十六条规定，至少应当由股东会特别表决通过。但实际上，股东出资期限的改变，直接影响的是股东的个人权利，而股东个人权利的变化应该经股东同意，因此该事项应该经过所有被改变出资期限的股东同意。

二、调整出资额的程序

新法并未规定公司登记机关对于出资期限、出资额明显异常的，依法要求公司及时调整时应该遵循的程序。即出资额调整是否应该遵守减资程序？如果遵守，债权人是否可以以新《公司法》第二百二十条的规定，要求公司清偿债务或者提供相应的担保？以上问题都有待于国务院作出进一步规定。[①]

三、存量发起设立的股份公司如何过渡

新《公司法》明确将发起设立的股份公司从原来的认缴制修改为实缴制。新《公司法》第九十七条第一款规定："以发起设立方式设立股份有限公司的，发起人应当认足公司章程规定的公司设立时应发行的股份。"同时第九十八条第一款规定："发起人应当在公司成立前按照其认购的股份全额缴纳股款。"因为按照旧《公司法》，发起人可以采用认缴制，而按照新法要求，股东需要全部实缴，应该立即出资。这不仅仅对适用认缴制的发起人是个重大打击，由于发起人之间对各

[①] 彭冰：《存量公司如何平稳过渡——对新〈公司法〉第266条的想象和质疑》，https://mp.weixin.qq.com/s/C1I3egtS67rt3tz9VwOfpA，访问时间2024年1月8日。

自的出资还要承担连带责任（第九十九条），所有发起人都将面临立即实缴出资的责任。

鉴于存量股份公司从认缴改为实缴，相比存量有限公司从过长认缴期限改为五年认缴期限，更为困难，对发起人的压力比较大，因此有学者建议用五年作为过渡期。①

四、未及时调整出资期限和出资额的法律责任

在公司层面，新《公司法》暂未对未及时调整出资期限和出资额的法律责任作出规定。因为不作调整的行为不能认定为新《公司法》第五十四条规定的"不能清偿到期债务"的情形，不符合加速到期制度的构成要件。所以，债权人无法直接要求出资未到期的股东提前缴纳出资。因此，该问题如何处理有待于国务院具体规定。

在股东层面，公司股东可通过减资程序降低压力，如果股东拒绝按期足额缴纳出资，则可能因违反新《公司法》第四十九条而对给公司造成的损失承担赔偿责任，不过，为规范股东出资和股权交易、维护交易安全、建设诚信市场环境，针对公司和股东未及时调整出资期限和出资额等行为的法律责任，仍需要进行进一步的严格规制。

五、公司登记机关调整出资期限和出资额的相关规定

尽管公司登记机关有权依法要求公司及时调整明显异常的出资期限和出资额，但是新《公司法》并未对出资额作出数量规定。有疑问的是，"明显异常"是仅包括"明显过高"，还是包括"明显过低"？我们认为，因为《公司法》原则上取消了的最低注册资本限额要求，并将资本显著不足纳入法人格否认制度规制范畴，因此不需要登记机关额外调整干涉，所以"明显异常"应该仅仅包括"明显过高"。

该项规定明显增加了公司登记机关的职责。为了优化营商环境，简化商事登记，我国实行商事登记确认制，即登记机关只对登记申请进行形式审查。② 而本次修订规定"对于出资期限、出资额明显异常的，公司登记机关可以依法要求其

---

① 彭冰：《股份公司从认缴到实缴》，https://mp.weixin.qq.com/s/SNuNKbbwbfJX94D1LBj2zA，访问时间 2024 年 1 月 8 日。
② 《市场主体登记管理条例》第十九条。

及时调整"。这显然增加了公司登记机关的审查职责。其中,"出资期限明显异常的"审查因为有明确时间点限制,因此基本不需要自由裁量权,所以大体属于形式审查。而且,有限责任公司只要违反了五年缴资期限或者股份有限公司发起人违反了实缴出资要求,都可以直接认定为"异常",没有"明显"和"不明显"之分。所以,法律表述应该是"对于出资期限异常的,登记机关可以依法要求其及时调整"。而"出资额明显异常的"审查因为需要根据行业、企业规模、所处地域等因素来综合考量,因此属于实质审查。

本次修订通过后,国家市场监管总局登记注册局第一时间作出了回应,在官方网站上发布了题为"完善认缴登记制度 营造诚信有序的营商环境"政策解读,指出:"'对于明显异常'的界定,将根据公司登记数据客观分析和实际工作情况作出科学规定,受到影响的将是明显违反真实性原则、有悖于客观常识的极少数公司。""下一步,在国务院制定具体实施办法时,有关方面还要深入调研论证,充分分析经营主体可能存在的问题困难,有针对性地出台政策措施,简化优化减资、文书等办理手续,引导存量公司修改章程合理调整出资期限、出资数额,稳妥审慎推进相关工作。特别是在判断对存量公司注册资本出资期限、出资数额明显异常时,公司登记机关要充分听取当事人说明情况,综合研判,避免一刀切,科学有序引导公司诚信履行出资义务。"[①]

在我们看来,出资额"明显异常"是否有必要进行规制也值得反思。该条规定是针对《公司法》(2018)既无最低注册资本要求,又无缴资期限这两个要素叠加带来的空壳公司这种现象。而新《公司法》由于已经规定了有限责任公司五年缴资期限,股份有限公司又全面采用了实缴制,此时对于出资已经有了出资期限的硬约束,是否还需要登记机关对出资额"明显异常"进行实质审核?而且,登记机关是否有能力进行审核?我们知道,目前我国登记注册存量公司1亿多家。这其中,按照什么标准来认定存量公司出资额"明显异常"?是一刀切还是根据行业不同设定不同的标准?是否需要考虑公司实际经营情况?是否需要考虑公司存续期限?是否需要考虑地域差异?登记机关认为出资额"明显异常",而公司股东不认可的,能否强制公司减资或者注销?股东如果有异议应该如何救

[①] 《完善认缴登记制度 营造诚信有序的营商环境》,载中国政府网,https://www.gov.cn/zhengce/202312/content_6923600.htm,访问时间 2024 年 1 月 9 日。

济？登记机关仅仅是行政机关，是否有能力对公司出资额合理性进行商业判断？

综上，我们认为，完全没有必要对存量公司的出资额"明显异常"进行审核。受五年出资期限约束的有限责任公司股东和实缴约束的股份有限公司发起人，完全可以自主决定公司是否减资或者注销。

后　记

本书主编为范世乾，中国政法大学副教授，中国政法大学经济法研究所支部书记、副所长，法学博士、博士后，长期从事公司法的理论研究和教学工作，其他作者均为高校教师、法官、律师等熟悉公司法实践的专家。本书自2021年公司法修订草案一审稿通过后形成初稿，每一次修订草案颁布后均进行了多次修订。本书由范世乾承担总责，图书每一稿均由其进行了全面梳理和编辑，统一了体例和表述，修改了缺漏之处。中国政法大学2023级硕士研究生王辰、唐瑞、侯博文、杨启璇、林慧雯、谢蕙如、邵雨佳承担了最终稿的编辑工作，在此一并感谢。以下按照承担的条文顺序介绍如下：

高杨，上海道朋律师事务所，中国政法大学法学硕士。承担第一章"总则"第一条至第十条。

范世乾，承担第一章"总则"第十一条。

王菁，北京金诚同达律师事务所合伙人，美国波士顿大学硕士学位。承担第一章"总则"第十二条至第十四条，第十六条至第二十三条。

张凤仙，国家检察官学院河南分院，中国政法大学法学硕士。承担第一章"总则"第十五条、第二十四条至第二十八条，第三章"有限责任公司的设立和组织机构"第二节"组织机构"第五十八条至第八十三条。

莫冬冬，广西桂平市纪委监委预防宣教室主任，中国政法大学法学硕士。承担第二章"公司登记"第二十九条至第四十一条。

胡浩，北京市盈科律师事务所，中国社会科学院法学研究所法律硕士。承担第三章"有限责任公司的设立和组织机构"第一节"设立"第四十二条至第五十七条。

夏建三，北京三帆律师事务所主任，中国社会科学院法学研究所法学博士，英国剑桥大学博士后，访问学者。承担第四章"有限责任公司的股权转让"第八十四条至第九十条。

刘素丽，中共北京市委宣传部，中国政法大学法学硕士。承担第五章"股份有限公司的设立和组织机构"第一节"设立"第九十一条至第一百一十条。

唐昆琪，中国证券监督管理委员会大连监管局，中国政法大学法学硕士。承